中等职业教育汽车专业技能人才培养规划教材
ZHONGDENG ZHIYE JIAOYU QICHE ZHUANYE JINENG RENCAI PEIYANG GUIHUA JIAOCAI

汽车电气设备构造与维修

胡光辉　编著
简玉麟　主审

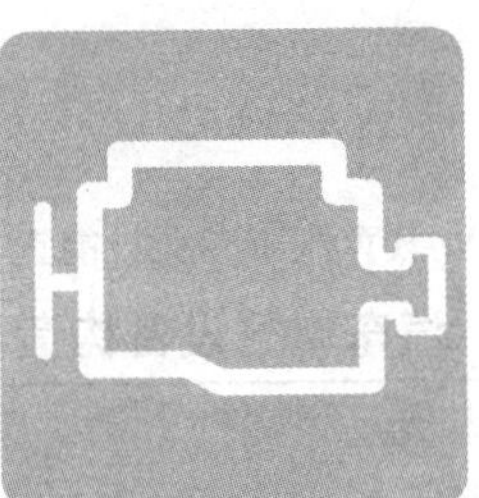

人民邮电出版社
北京

图书在版编目（CIP）数据

汽车电气设备构造与维修 / 胡光辉编著. -- 北京 ：
人民邮电出版社，2010.7(2013.2 重印)
中等职业教育汽车专业技能人才培养规划教材
ISBN 978-7-115-22335-7

Ⅰ. ①汽… Ⅱ. ①胡… Ⅲ. ①汽车—电气设备—构造—专业学校—教材②汽车—电气设备—车辆修理—专业学校—教材 Ⅳ. ①U472.41

中国版本图书馆CIP数据核字(2010)第090043号

内 容 提 要

本书根据中等职业学校“汽车电气设备构造与维修”课程的教学要求，采用理论与实践相结合的方式，介绍了汽车电气设备相关的专业知识和操作技能。

全书共 10 个模块，主要内容包括：绪论，汽车电源系统，汽车起动系统，汽车点火系统，汽车照明、信号系统，汽车仪表、报警系统，汽车辅助电气系统，汽车空调系统，汽车音像系统，汽车电气设备总电路。

本书可作为中等职业学校、技工学校汽车类专业课教材，也可供相关从业人员参考。

中等职业教育汽车专业技能人才培养规划教材

汽车电气设备构造与维修

◆ 编　　著　胡光辉
　主　　审　简玉麟
　责任编辑　曾　斌

◆ 人民邮电出版社出版发行　　北京市崇文区夕照寺街 14 号
　邮编　100061　　电子邮件　315@ptpress.com.cn
　网址　http://www.ptpress.com.cn
　北京鑫正大印刷有限公司印刷

◆ 开本：787×1092　1/16
　印张：19.5　　　　2010 年 7 月第 1 版
　字数：503 千字　　2013 年 2 月北京第 5 次印刷

ISBN 978-7-115-22335-7

定价：32.00 元

读者服务热线：(010)67170985　印装质量热线：(010)67129223
反盗版热线：(010)67171154

前言 PREFACE

近年来，随着汽车技术的不断更新，我国汽车市场迅速发展，汽车的保有量大幅增加对汽车维修行业从业人员的要求越来越高。教育部将汽车运用与维修专业人员列为技能型紧缺人才之一，并起动了“制造业和现代服务业技能型紧缺人才培养培训工程”。汽车维修行业就业机会多，发展前景好，受到社会的高度关注。

为满足汽车技能型人才的培养要求和课程改革的需要，中等职业学校专业教材的内容和形式都必须进行相应的调整。本书采用了模块课题式的编写模式，较好地将基础知识与实践操作结合在一起，在每一个课题后面都安排了一个与课题紧密相关的操作项目，力求达到“理实一体”的教学目标。

本书共 10 个模块，内容涵盖了绪论、汽车电源系统、汽车起动系统、汽车点火系统、汽车照明和信号系统、汽车仪表和报警系统、汽车辅助电气系统、汽车空调系统、汽车音像系统、汽车电气设备总电路。

本书的特色概括如下。

1．本书将相关的专业知识和实践知识组合在一起进行编排，以便于读者理解和掌握。

2．在每一个课题中，都引入不同车型的相关系统电路图，并通过电路分析将汽车电气、电路故障等相关知识有机地结合起来，重点突出汽车电气故障的诊断分析和排除方法。

3．在讲解汽车电路分析部分基本电路识图、电路检修方法、各主要电气系统接线特点与常见故障诊断的基础上，有针对性地介绍德国大众、日本丰田、美国通用、法国雪铁龙等典型车系的电路分析方法。

4．力求内容广泛，保持汽车电路分析知识的完整性。

本书既可作为中等职业学校汽车运用与维修、汽车检测与维修等相关专业的教材，也可供汽车修理工、驾驶员、汽车行业工程技术人员阅读参考。

本书由胡光辉编著，由简玉麟主审。

本书在编写过程中参考了许多国内外公开出版与发表的文献，在此向有关作者表示感谢。

限于编者水平，书中难免存在不妥和错误之处，望广大读者批评指正。

编　者

2010 年 1 月

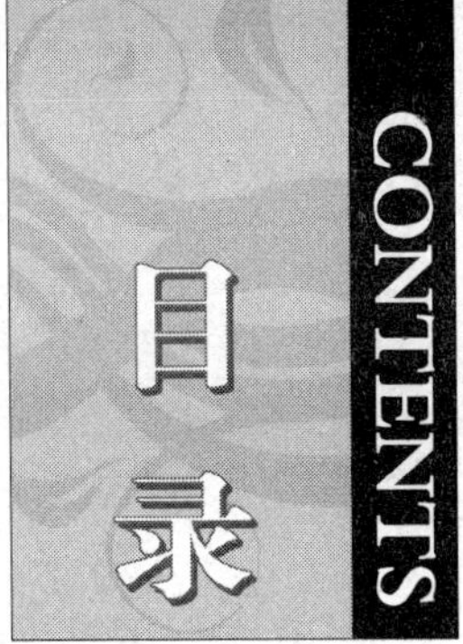
目录
CONTENTS

模块一 1 绪论

学习目标

◎ 了解汽车电子技术的发展现状
◎ 知道汽车电气设备的组成
◎ 掌握汽车电气设备的特点
◎ 掌握本课程的学习方法

基础知识

一、汽车电子技术的现状与发展趋势

当今世界，伴随着电子技术，尤其是微型计算机技术的发展，汽车发生了革命性的变化。汽车微电子技术的应用已成为世界汽车制造业发展的重要标志。随着科学技术的进步，汽车电子技术也已形成一个新的学科——汽车电子学，其研究对象首先是应用电子技术实现汽车机件的电子化，即“机电一体化”，其次是总成或整车自动检测、自动诊断和自动控制。国内外汽车专家一致认为，今后汽车业的竞争就是汽车电子技术的竞争，并预言汽车业将成为电子技术最大的用户之一。

电子技术在现代汽车上的应用是以微处理器对汽车各总成工作过程的控制为主要特点。微处理器实质上是一种比较简单、便宜的单片计算机，它把中央处理器（CPU），一定容量的存储器和输入、输出接口电路集成在一块芯片上。微处理器工作时，通过各种传感器接收输入信息，经过分析、比较、计算后再向执行器发出指令，控制机构动作。由于汽车运行时，发动机和传动系统的工作过程相当复杂，因此，要对其进行适时控制，传统的机械机构已望尘莫及，而微处理器在这方面却能大显身手。因此，电子技术在汽车上的应用前景令人看好。

目前来说，微处理器在汽车上的应用具体体现在：最佳点火时刻控制、最佳空燃比控制、怠速控制、废气再循环控制、安全系统、减振控制系统、操纵系统、信息交换和报警系统、汽车导航系统、语音系统等。由于日益增强的安全、节能与净化要求和激烈的市场竞争，下列技术将在现代汽车上获得应用和发展。

（1）传感器。未来的智能化集成传感器不仅应能提供用于处理的信号，而且还能对信号进行放大和处理。

（2）微处理器。微处理器已广泛地应用于安全、环保、发动机、传动系、速度控制和故障诊断中。目前，8 位的占多数，约占总量的 65%。16 位和 32 位微处理机正在迅速地扩大市场；近两年来，16 位的用量增加约 50%，而 8 位的只增加了 11%。

（3）执行机构和配电系统。它包括目前使用的微型电动机、电磁阀等。此外，还要求有新的执行机构，如电控制可变阀定时系统（发动机控制用）。

（4）软件技术。随着汽车电子技术应用的增加，对有关控制软件的需求也将会增加，并可能要求进一步计算机联网。因此，要求使用多种软件，并开发出通用的高水平语言，以满足多种硬件的要求。

（5）多通道传输技术。多通道传输技术的采用对电子控制集成化的实现是十分必要和有效的。采用这种技术微处理器可通过网络接收其他单元的信号。传感器和执行机构之间要有一个新式接口，以便与多通道传输系统相联系。

（6）集成化技术。汽车电子技术的一个发展趋势是功能集成化，从而实现更经济、更有效以及可诊断的数据中心。

（7）光导纤维。汽车电子技术的进步已使各系统控制走向集中，形成整车控制系统。这一系统除了中心计算机外，甚至包括多达 23 个的微处理器及大量传感器和执行部件，组成了一个庞大而复杂的信息交换与控制系统。车用计算机的容量要求已与现代 PC 不相上下，计算速度则要求更高。由于汽车计算机控制系统的数量日益增多，采用高速数据传输网络日益显得必要。光导纤维可为此传输网络提供传输介质，以解决电子控制系统防电磁干扰的问题。随着光导纤维的成本不断降低，它的应用也将降低汽车各有关方面的成本。此外，采用不同线束的表面安装技术、多层印制电路板和厚膜混合技术，将使电子控制器件变得更为紧凑，因此，光导纤维作为变革电子产品安装形态的关键技术也将起重要的作用。

（8）汽车车载电子网络。由于汽车电子技术功能的日益强大和系统的日益复杂化，汽车电子设备发展的一个重要趋势是大量使用微处理器来改善汽车的性能。随着电控器件在汽车上越来越多的应用，车载电子设备间的数据通信变得越来越重要。

二、汽车电气设备的组成

现代汽车电气设备的种类和数量都很多，总地来说，可以大致分为 3 大部分，即电源系统、用电设备和配电装置及全车电路。

1．电源系统

汽车电源系统的功能主要是发电、储电、供电。其包括两个部分：蓄电池、发电机及调节器。当发动机不工作或转速低于发电机发电转速时，由蓄电池供电；当发动机超过某一转速时，发电机发出电能，在向用电设备供电的同时，也给蓄电池充电（储电）。调节器的作用是在发电机发电时保持其输出电压的稳定。

2．用电设备

用电设备主要由以下几个系统组成。

（1）起动系统。

起动系统用来起动发动机，主要包括起动机及其控制电路。

（2）点火系统。

点火系统用来产生电火花，点燃汽油机气缸中的可燃混合气。它有传统点火系统、电子点火系统和微机控制点火系统之分。

传统点火系统包括蓄电池、点火开关、点火线圈和附加电阻、分电器（断电器、配电器、容电器、点火提前调节装置）、火花塞、高压导线等。

电子点火系统包括蓄电池、点火开关、点火线圈、信号发生器、点火控制器、点火器、火花塞、高压导线等。

微机控制点火系统包括蓄电池、点火开关、传感器（包括曲轴位置、凸轮轴位置等）、发动机控制计算机、执行器（包括点火线圈、点火控制器、火花塞等）。

（3）照明、信号装置。

照明系统提供车辆夜间安全行驶、工作等的照明，包括车外和车内的照明灯具。

信号装置提供安全行车所必需的信号，包括音响信号和灯光信号两类。

（4）仪表及报警装置。

仪表及报警装置用来监测发动机及汽车的工作情况，使驾驶员能够通过仪表及报警装置，及时发现汽车各总成运行的各种参数和异常情况，确保汽车正常运行。它主要包括车速里程表、发动机转速表、水温表、燃油表、电压（电流）表、机油压力表、气压表、各种报警灯、蜂鸣器等。

（5）辅助电气设备。

辅助电气设备包括电动风扇、车窗清洁装置（刮水器、洗涤器、除霜装置）、电动车窗、电动座椅、电动后视镜、汽车防盗装置、汽车空调、汽车音像系统等。辅助电气设备有日益增多的趋势，主要向舒适、娱乐、保障安全等方面发展。车辆的豪华程度越高，辅助电气设备就越多。

（6）汽车电子控制系统。

汽车电子控制系统主要指利用微机控制的各个系统，包括电控燃油喷射系统、电控点火系统、电控自动变速系统、制动防抱死系统、电控悬架系统、自动巡航系统、安全气囊等。电控系统的采用可以使汽车上的各个系统均处于最佳工作状态，达到提高汽车动力性、经济性、安全性、舒适性，降低汽车污染排放的目的。

3．全车电路及配电装置

全车电路及配电装置包括中央接线盒、保险装置、继电器、电线束及插接件、电路开关等，使全车电路构成一个统一的整体。

本教材除了涉及传统电气设备中的电子控制装置外，仅对诸如电控燃油喷射、电子控制自动变速器、制动防抱死等系统进行简单介绍。

综上所述，电气设备的组成如图 1.1 所示。

三、汽车电气设备的特点

1．低压电源

汽车电气设备系统的额定电压有 12V 和 24V 两种。目前汽油发动机普遍采用 12V，而柴油发动机则多采用 24V。

2．直流电源

汽车上的电源之一是蓄电池，系直流电源，汽车起动系统采用的是直流串励式电动机，必须由蓄电池供电，且蓄电池放电后必须用直流电对其进行充电，同时直流电易于存储，所以汽车上采用直流电。

3．单线制

用电设备与电源相连需要用两根导线才能形成回路，一根为相线，另一根为零线。汽车上所有用电设备都是并联的，从理论上讲需要有一根共用的相线和一根共用的零线。汽车的底盘和发动机都是金属制造的，具有良好的导电性，可以将其作为共用零线使用。电源到用电设备就只需用一根导线连接，称为单线制。

由于单线制导线用量少，且线路清晰，安装方便，因此广为现代汽车所采用。

4．负极搭铁

采用单线制时，蓄电池的一个电极须接至车架上，称“搭铁”。若蓄电池的负极接车架就称“负极搭铁”，反之则称“正极搭铁”。负极搭铁对车架或车身的化学腐蚀较轻，对无线电干扰较小。

根据我国 GB 2261—1971《汽车拖拉机用电设备技术条件》的规定，汽车电系规定为负极搭铁。

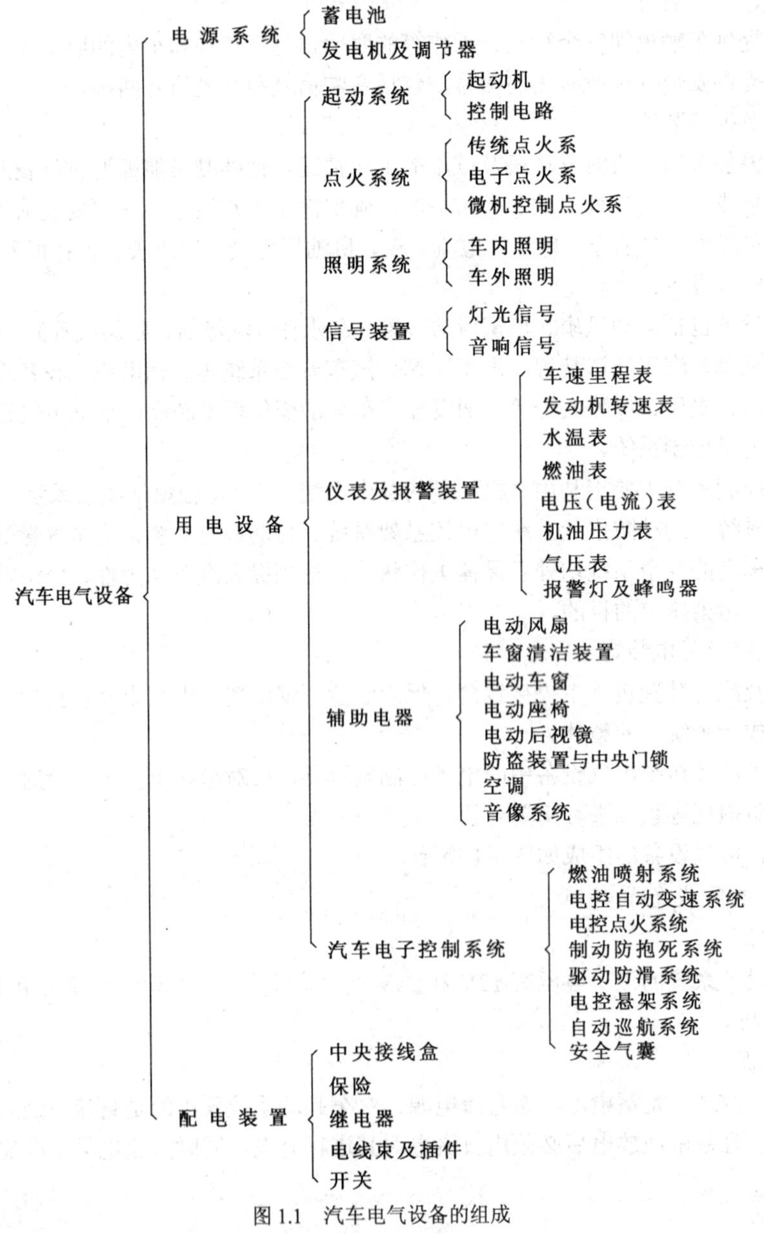

图 1.1 汽车电气设备的组成

四、课程的性质、任务和学习方法

1. 课程的性质、任务

“汽车电气设备构造与维修”是汽车类专业的一门重要的专业课，其主要任务是讲解汽车用各种电气设备的构造、基本工作原理、使用与检修、故障判断与排除等方面的内容。通过本课程的学习，应能够读懂汽车电路图，学会用电路图分析汽车电路的基本工作情况；能根据具体电路进行故障判断和排除；对常用的电气设备能够独立地完成拆装和检修；能正确使用汽车电气设备维修中常用的工具、设备、仪器、仪表。

2．课程的学习方法

在课程的学习中应本着理论与实践并重的原则，加强实践环节，尽可能多地参加动手操作，在实际操作中还要加强操作技能的训练，掌握正确的操作方法。

对于结构复杂及实践性较强的内容，要充分利用实物，采取边学习、边实践的学习方式，加强对所学内容的理解。

对于理论部分的教学内容，应加强预习和复习，以提高学习效果。

思考与练习

1．汽车电气设备由哪几部分组成？

2．汽车电气设备有哪些特点？

模块二 2 汽车电源系统

学习目标

- ◎ 了解蓄电池、交流发电机、电压调节器的结构和工作原理
- ◎ 掌握蓄电池技术状况的检测方法
- ◎ 掌握交流发电机的检测方法
- ◎ 掌握电压调节器的检测方法
- ◎ 学会电源系统故障的诊断方法

课题一 蓄电池的结构

基础知识

一、蓄电池的功用

（1）发动机起动时，向起动机和点火系统供电。

（2）发动机低速运转时，向用电设备和发电机励磁绕组供电。

（3）发动机中、高速运转时，将发电机剩余电能转化为化学能储存起来。

（4）发电机过载时，协助发电机向用电设备供电。

（5）蓄电池相当于一个大电容器，能吸收电路中出现的瞬时过电压，保护电子元件，保持汽车电气系统电压的稳定。

二、蓄电池的结构

蓄电池由正极板、负极板、隔板、电解液、外壳、蓄电池盖、极桩等组成，如图 2.1 所示。

1．极板

极板是蓄电池的核心，在蓄电池充、放电过程中，电能与化学能的转换就是通过正、负极板上的活性物质与电解液中的硫酸进行电化学反应来实现的。

蓄电池极板分正、负极板，由栅架和活性物质组成。活性物质填充在铅锑合金铸成的栅架上，正极板上的活性物质是褐色的二氧化铅（PbO_2），负极板上的活性物质是青灰色海绵状铅（Pb）。目前，国产蓄电池极板厚度在 1.6～2.4mm。

为了增大蓄电池的容量，通常将多片正、负极板分别并联，用横板焊接。安装时，正负极板相互嵌合，中间插入隔板，组成正、负极板组，如图 2.1 所示。同时，横板上铸有极桩，以便连接各个单格电池。

在每个单格电池中，负极板的数量总比正极板多一片。例如东风 EQ1090 汽车所用的 6-Q-105

型蓄电池，每单格中正极板为 7 片，负极板为 8 片。这是因为正极板在进行电化学反应时比负极板强烈，且正极板上的活性物质比较疏松，为防止正极板放电不均匀造成极板拱曲而使活性物质脱落，因此在制造时使正极板处于负极板之间。

2．隔板

为避免正、负二极板彼此接触而导致短路，正负极板间用绝缘的隔板隔开。隔板具有多孔性，以利于电解液渗透，减小蓄电池内阻。此外，其化学稳定性要好，具有耐酸和抗氧化性。

常用隔板的材料有木质、微孔橡胶、微孔塑料（聚氯乙烯、酚醛树脂）、玻璃纤维等，隔板厚度为 1mm 左右。

木质隔板价格便宜，但耐酸性能差，已很少使用。微孔橡胶隔板性能好，寿命长，但生产工艺复杂，成本较高，故尚未推广使用。微孔塑料隔板孔径小，多孔率高，薄而软，生产效率高，成本低，因此目前被广泛使用。

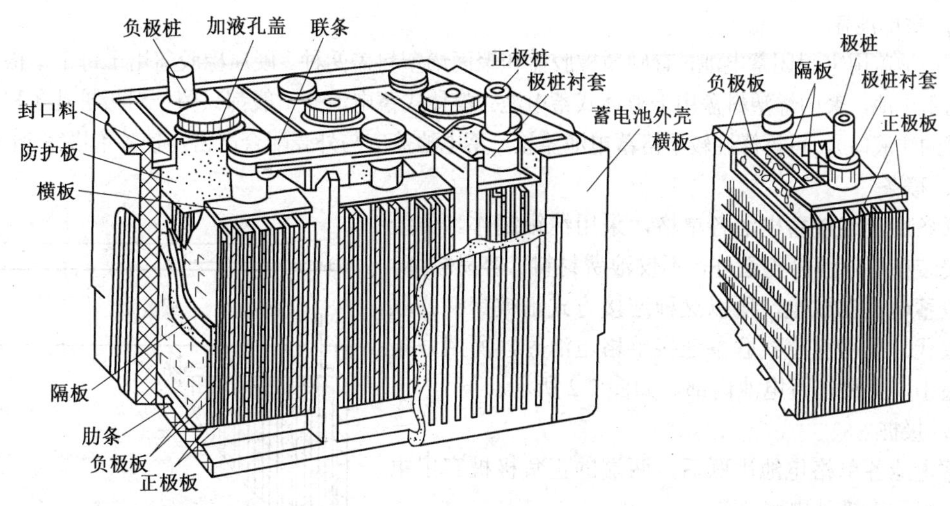

图 2.1　蓄电池的结构

隔板安装时，带槽的一面面向正极板，且沟槽必须与外壳底部垂直。因为正极板在充、放电过程中化学反应剧烈，沟槽既能使电解液上下流通，也能使气泡沿槽上升，还能使脱落的活性物质沿槽下沉。

3．电解液

电解液的作用是与极板上的活性物质发生电化学反应，进行电能和化学能的相互转换。它是用密度为 1.84g/cm^3 的化学纯硫酸和密度为 1g/cm^3 的蒸馏水按一定比例配制而成的。

电解液的密度一般为 1.23～1.30g/cm^3，使用时密度应根据地区、气候条件和制造厂的要求而定，见表 2.1。

表 2.1　适应不同气温的电解液密度　（g/cm^3）

地区气候条件	完全充足电的蓄电池在 25℃时的密度		地区气候条件	完全充足电的蓄电池在 25℃时的密度	
	冬　季	夏　季		冬　季	夏　季
冬季温度低于−40℃	1.30	1.26	冬季温度高于−20℃	1.26	1.23
冬季温度高于−40℃	1.28	1.24	冬季温度高于 0℃	1.23	1.23
冬季温度高于−30℃	1.27	1.24			

使用中应注意，电解液的腐蚀性极强，溅到皮肤上或眼睛里会受伤。如果接触了蓄电池电解液要立即用苏打水冲洗，酸液溅到眼睛里应立即用凉水或医用眼睛冲洗器冲洗，然后进行处置。

4．外壳

蓄电池外壳用于盛放电解液和极板组，大都采用强度高，韧性、耐酸、耐热性好于硬橡胶的聚丙烯塑料外壳，其制作工艺简单，生产效率高，外形美观，成本低，透明且便于观察液面高度。

一组蓄电池正负极板产生的电动势为 2V，为获得 6V 或 12V 电动势，蓄电池需要将 3 组或 6 组极板串联起来，因此在制造蓄电池外壳时，将整个壳体制成 3 个或 6 个互不相通的单格，安装 3 组或 6 组极板，形成 6V 或 12V 的蓄电池。

采用普通隔板的蓄电池为防止极板上的活性物质脱落后造成短路，在每个单格的底部有突起的肋条以搁置极板组，肋条间的空隙用来积存脱落下来的活性物质。采用袋式隔板的蓄电池单格底部无肋条。

5．蓄电池盖

蓄电池盖用来封闭蓄电池，有硬质橡胶盖和聚丙烯塑料盖两种。硬质橡胶盖用于每个单格一个电池盖的蓄电池，聚丙烯塑料盖用于整体式蓄电池。整体式蓄电池盖一般都只留一对极桩孔（和与单格数相等的注液口），可拆修性较单格蓄电池盖差。蓄电池盖应与外壳配合严密，使各单格完全隔开。

6．联条

联条用于连接蓄电池各单格，采用纯铅制作。传统联条安装在蓄电池外壳之外，不仅浪费材料、容易损坏，还导致蓄电池自放电，所以这种连接方式正被穿壁式联条所取代。采用穿壁式联条连接单格电池时，所用联条尺寸很小，并设在蓄电池内部，如图 2.2 所示。

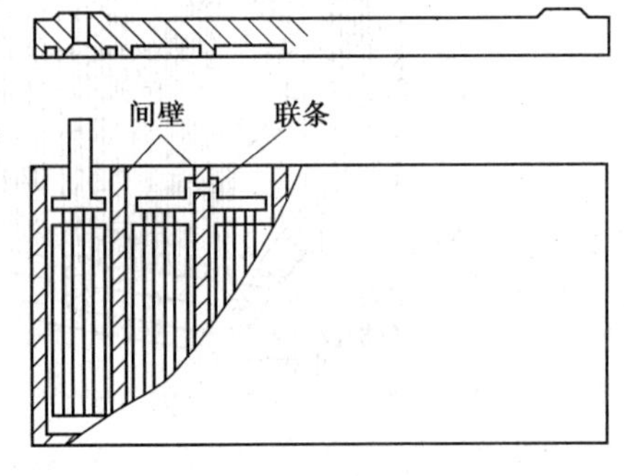

图 2.2 穿壁式联条连接单格电池示意图

7．极桩

蓄电池各单格电池串联后，两端的正负极桩穿出电池盖，用于连接外电路。

正极桩标“+”号或涂红色，负极桩标“−”号或涂蓝色、绿色等。蓄电池极桩用铅锑合金浇铸。

8．防护板

防护板通常由一片布满小孔的 1mm 厚橡胶板或塑料板制成，盖在极板组的上面，保护极板不被碰伤，并防止落入异物使极板短路。

9．加液孔盖

为方便加注电解液，普通铅蓄电池设有加液孔盖。加液孔盖上有通气孔，便于排出蓄电池内因化学反应产生的 H_2 和 O_2，以免发生事故。免维护蓄电池在内部安装有催化装置，不但可以避免水蒸气的溢出，还可以减少水的消耗。

10．封口料

普通铅蓄电池在外壳与蓄电池盖之间的缝隙里填有易熔的封口料。其作用是密封间隙，防止电解液溢出。封口料必须耐酸、耐温、耐寒、具有黏性，软化点应高于 100℃，在零下 60℃时也不开裂。聚丙烯塑料外壳与整体式盖之间可以直接加热熔合，不必使用封口料。

三、蓄电池的型号和选用

1．国产蓄电池的型号和规格

按照 JB/T 2599—1993《起动型铅蓄电池标准》的规定，国产蓄电池的型号共分为 3 段 5 部分，其排列及含义如下。

I	II		III	
1．串联的单格电池数	2．电池类型	3．电池特征	4．额定容量	5．特殊性能

第一部分表示串联的单格蓄电池数，用阿拉伯数字表示，其额定电压为这个数字的 2 倍。3 表示 3 个单格，额定电压为 6V；6 表示 6 个单格，额定电压为 12V。

第二部分表示蓄电池的类型，用汉语拼音字母表示。Q 表示起动用蓄电池；M 表示摩托车用铅蓄电池。

第三部分表示蓄电池特征，用汉语拼音字母表示（无字为干封普通极板铅蓄电池）。有两种特征时，顺序将两个代号并列标示，各代号含义见表 2.2。

表 2.2 铅蓄电池特征代号

特征代号	蓄电池特征	特征代号	蓄电池特征	特征代号	蓄电池特征
A	干荷电	J	胶体电解液	D	带液式
H	湿荷电	M	密封式	Y	液密式
W	免维护	B	半密封式	Q	气密式
S	少维护	F	防酸式	I	激活式

第四部分表示蓄电池的额定容量，我国目前规定采用 20h 放电率的额定容量，不带容量单位。

第五部分表示蓄电池的特殊性能，用汉语拼音字母表示。G 表示高起动率；S 表示塑料槽；D 表示低温起动性好。

目前部分国产起动型蓄电池的型号和规格见表 2.3。

表 2.3 起动型蓄电池的型号和规格

类型	蓄电池型号	单格电池数	额定电压（V）	20h 率放电额定容量（A·h）	最大外形尺寸（mm）			参考重量（kg）		单格电池极板数
					长	宽	高	有电解液	无电解液	
第一类	3-Q-75	3	6	75	197	178	250	17	14	11
	3-Q-90			90	224	178	250	20	15	13
	3-Q-105			105	251	178	250	23	18	15
	3-Q-120			120	278	178	250	25	20	17
	3-Q-135			135	305	178	250	27	22	19
	3-Q-150			150	332	178	250	29	24	21
	3-Q-195			195	413	178	250	41	34	27
第二类	6-Q-60	6	12	60	319	178	250	25	21	9
	6-Q-75			75	373	178	250	33	27	11
	6-Q-90			90	427	178	250	39	31	13
	6-Q-105			105	485	178	250	47	37	15
第三类	6-Q-120	6	12	120	517	198	250	52	41	17
	6-Q-135			135	517	216	250	58	46	19
	6-Q-150			150	517	234	250	63	50	21
	6-Q-165			165	517	252	250	67	54	23
	6-Q-195			195	517	288	250	75	61	27
第四类	6-Q-40G	6	12	40	212	172	250	75	61	—
	6-Q-60G			60	279	172	250	75	61	—
	6-Q-80G			80	346	172	250	75	61	—

2．进口蓄电池的型号

从不同国家进口的蓄电池均根据进口国标准生产，这些标准有 LEC 国际（国际标准）、BS（VBS 系列英国标准）、DIN（PZS 系列德国标准）、JIS（日本标准）、BCI（美国标准）等。下面举几例说明进口蓄电池的型号及其含义。

（1）日本蓄电池。

① NS40ZL。

1979 年，日本标准蓄电池型号的第一部分采用日本 Nippon 的首字母 NA・h；采用日本 JIS 标准。

在第二部分中，S 表示小型化，即实际容量比标称容量 40A・h 小，为 36A・h。

在第三部分中，Z 表示同一尺寸下具有较好的启动放电性能；S 表示极桩端子比同容量蓄电池要粗，如 NS60SL。

在第四部分中，L 表示正极柱在左端；R 表示正极桩在右端，如 NS70R。

② 38B20L（相当于 NS40ZL）。

这是 1982 年以后采用的新代号。

38 表示蓄电池的性能参数。数字越大，表示蓄电池可以存储的电量就越多。

B 表示蓄电池的宽度和高度代号。蓄电池的宽度和高度组合是由 8 个字母中的一个表示的（A～H），字母越接近 H，表示蓄电池的宽度和高度值越大。

20 表示蓄电池的长度约为 20cm。

L 表示正极端子的位置，从远离蓄电池极柱看过去，正极端子在右端的标 R，正极端子在左端的标 L。

③ 汤浅 NXP100-12 蓄电池

NXP 表示汤浅 NXP 系列蓄电池。

100 表示 10h 放电至单格电池电压至 1.8V 的额定容量为 100A・h；

12 表示蓄电池额定电压为 12V。

④ 汤浅 NP100-12 蓄电池

NP 表示汤浅 NP 系列蓄电池。

100 表示 10h 放电至单格电池电压至 1.8V 的额定容量为 100A・h；

12 表示蓄电池额定电压为 12V。

（2）德国 DIN 标准蓄电池。

以 544-34 蓄电池为例，说明如下。

开头 5 表示蓄电池额定容量在 100A・h 以下；开头 6 表示蓄电池容量在 100～200A・h；开头 7 表示蓄电池额定容量在 200A・h 以上。例如 544-34 蓄电池额定容量为 44A・h；610-17MF 蓄电池额定容量为 110A・h；700-27 蓄电池额定容量为 200A・h。容量后两位数字表示蓄电池尺寸组号。MF 表示免维护型。

（3）美国 BCI 标准蓄电池。

以 58-430（12V 430A 80min）蓄电池为例，说明如下。

58 表示蓄电池尺寸组号；430 表示冷起动电流为 430A；80min 表示蓄电池储备容量为 80min。

美国标准的蓄电池也可以这样表示：78-600，78 表示蓄电池尺寸组号，600 表示冷起动电流为 600A。

课题实施

认识蓄电池

准备已经解体的各种蓄电池若干个。仔细观察，比较解体的各种蓄电池的结构特点。

（1）各零部件的装配特点及相互关系。

（2）外部联结式蓄电池和穿壁联结式蓄电池的结构特点。

（3）观察正、负极板组的结构组成及它们的异同点。

（4）观察隔板的安装方法及各类隔板的特征。

（5）观察加液孔盖的结构特点。

（6）观察壳体的结构特点。

基础知识

蓄电池的工作原理就是化学能和电能的相互转化。蓄电池由浸渍在电解液中的正极板（二氧化铅 PbO_2）和负极板（海绵状纯铅 Pb）组成，电解液是硫酸（H_2SO_4）的水溶液。

蓄电池和负载接通放电时，正极板上的 PbO_2 和负极板上的 Pb 都变成 $PbSO_4$，电解液中的 H_2SO_4 减少，相对密度减小。

充电时按相反的方向变化，正、负极板上的 $PbSO_4$ 分别恢复成原来的 PbO_2 和 Pb，电解液中的硫酸增加，相对密度增大。

一、蓄电池的工作原理

1．蓄电池的放电

将蓄电池与电路上的负载接通时，在电动势的作用下，电流 I_f 从正极经过负载流往负极（电子从蓄电池负极经外电路流向正极），使正极电位降低，负极电位升高，破坏了原有的平衡。放电时的化学反应过程如图 2.3 所示。

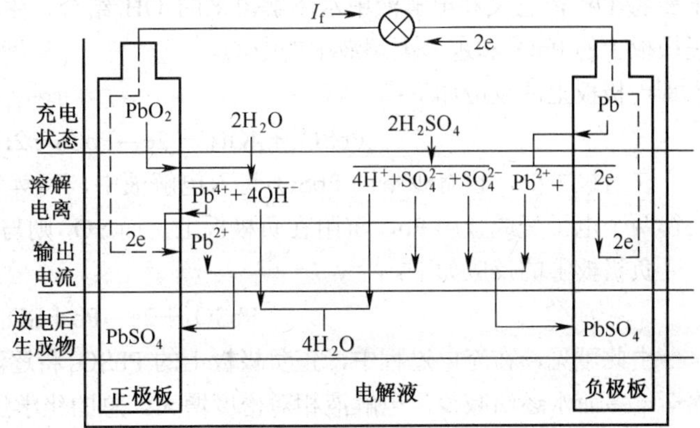

图 2.3 蓄电池的放电过程

在电解液中，硫酸产生电离，变成 H^+ 和 SO_4^{2-}。电解液中的反应如下：

$$2H_2SO_4 \rightarrow 4H^+ + 2SO_4^{2-}$$

$$4H^+ + 4OH^- \rightarrow 4H_2O$$

在正极板处，由 PbO_2 离解出的 Pb^{4+} 和从负极板来的电子结合，变成二价铅离子 Pb^{2+}，Pb^{2+} 与电解液中的 SO_4^{2-} 结合生成 $PbSO_4$ 沉附于极板上。

正极板上的反应如下：

$$PbO_2 + 2H_2O + SO_4^{2-} + 2e \rightarrow PbSO_4 + 4OH^-$$

在负极板处，Pb 原子失去电子后变成 Pb^{2+}，与电解液中的 SO_4^{2-} 结合也生成 $PbSO_4$ 沉附于负极板上，而极板上的金属继续溶解，生成 Pb^{2+}和电子。

负极板上的反应如下：

$$Pb + SO_4^{2-} - 2e \rightarrow PbSO_4$$

如果电路不中断，上述化学反应将不断进行，使正极板上的 PbO_2 和负极板上的 Pb 都逐渐转变为 $PbSO_4$，电解液中 H_2SO_4 逐渐减少而水逐渐增多，电解液相对密度减小。总的化学反应式如下：

$$PbO_2 + 2H_2SO_4 + Pb \rightarrow PbSO_4 + 2H_2O + PbSO_4$$

理论上，放电过程应进行到极板上的活性物质全部变为硫酸铅为止。而实际上是不可能的，因为电解液不能渗透到活性物质的最内层。使用中，所谓放完电的蓄电池实际上只有 20%～30%的活性物质变成了硫酸铅，因此采用薄型极板，增加多孔率，提高极板活性物质的利用率是蓄电池工业的发展方向。

2．蓄电池的充电

充电时将蓄电池的正负极与直流电源的正负极对应相接，当电源电压高于蓄电池的电动势时，在电源力的作用下，电流从蓄电池正极流入，负极流出（电源驱使电子从蓄电池正极经外电路流向负极）。这时，正负极板上发生的化学反应与放电过程正好相反，充电时的化学反应过程，如图 2.4 所示。

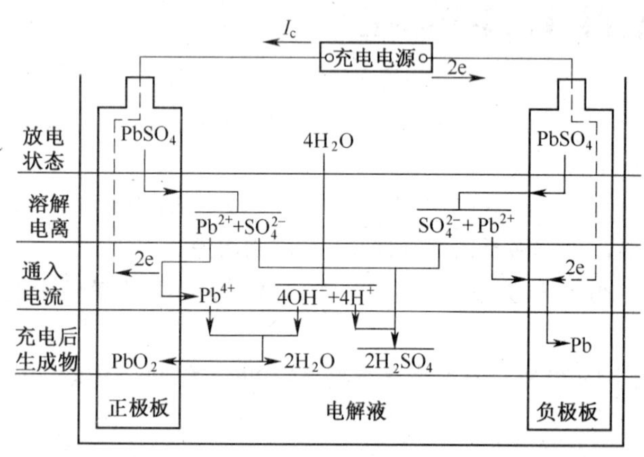

图 2.4 蓄电池的充电过程

在电解液中，水产生电离，变成 H^+ 和 OH^-。电解液中的反应如下：

$$2H_2O + SO_4^{2-} \rightarrow H_2SO_4 + 2OH^-$$

正极板处，有少量 $PbSO_4$ 进入电解液中，离解为 Pb^{2+}和 SO_4^{2-}，Pb^{2+}在电源作用下失去两个电子变为 Pb^{4+}，它又和电解液中水离解出来的 OH^-结合，生成 $Pb(OH)_4$，$Pb(OH)_4$ 又分解为沉附于正极板上的 PbO_2 和进入电解液中的 H_2O。

正极板上的反应如下：

$$PbSO_4 + 4OH^- - 2e \rightarrow PbO_2 + 2H_2O + SO_4^{2-}$$

在负极板处，也有少量的 $PbSO_4$ 进入电解液中，离解为 Pb^{2+}和 SO_4^{2-}，Pb^{2+}在电源力的作用下获得两个电子变成金属 Pb，沉附在负极板上。而 SO_4^{2-} 则与电解液中的 H^+结合，生成硫酸。

负极板上的反应如下：

$$PbSO_4 + 2e \rightarrow Pb + SO_4^{2-}$$

由此可见，在充电过程中，正负极板上的 $PbSO_4$ 将逐渐恢复为 PbO_2 和 Pb，电解液中 H_2SO_4 逐渐增多而水逐渐减少，电解液相对密度增大。总的化学反应式如下：

$$PbSO_4 + 2H_2O + PbSO_4 \rightarrow PbO_2 + 2H_2SO_4 + Pb$$

由蓄电池充放电时的化学反应过程，可以得出如下几点结论。

（1）蓄电池在放电时，电解液中的硫酸逐渐减少，水逐渐增多，电解液密度减小；蓄电池在充电时，电解液中的硫酸逐渐增多，而水逐渐减少，电解液密度增大。因此，可以通过测量电解液密度的方法定性地判断蓄电池充放电程度。

（2）在充放电时，电解液密度发生变化，主要是由于正极板的活性物质发生化学反应的结果，因此要求正极板处的电解液流动性要好。所以在装配蓄电池时，应将隔板有沟槽的一面对着正极板，以便电解液流通。

（3）蓄电池放电终了时，极板上尚有 70%～80%的活性物质没有起作用。因此，要减轻铅蓄电池的质量，提高供电能力，应该充分提高极板活性物质的利用率，在结构上提高极板的多孔性，减小极板的厚度。

二、蓄电池的工作特性

蓄电池的工作特性是指蓄电池的静止电动势、电动势、端电压、电解液密度随充放电时间的变化规律。

1．蓄电池的静止电动势

蓄电池的静止电动势是指蓄电池内部工作物质的运动处于静止状态（不充电也不放电）下的电动势，静止电动势可用直流电压表或万用表直接测量。

静止电动势的大小取决于电解液的密度和温度，在电解液密度为 1.050～1.300 g/cm^3 时，静止电动势可用式（2.1）计算。

$$E_j = 0.84+\rho_{25℃} \tag{2.1}$$

式（2.1）中，E_j——蓄电池的静止电动势，单位为 V；

$\rho_{25℃}$——25℃时电解液的密度。

如果测量电解液密度时的电解液温度不是标准温度 25℃，则需要用式（2.2）进行换算。

$$\rho_{25℃} = \rho_t + \beta（t-25） \tag{2.2}$$

式（2.2）中，ρ_t——实测的电解液密度；

t——测量时的电解液温度，单位为℃；

β——密度温度系数，取 $\beta = 0.000\ 75$。

2．蓄电池的放电特性

蓄电池的放电特性是指恒电流放电时，蓄电池端电压 U_f、电动势 E 和电解液密度 $\rho_{25℃}$、随放电时间变化的规律。完全充足电的蓄电池以 20h 放电率恒流放电的特性曲线如图 2.5 所示。

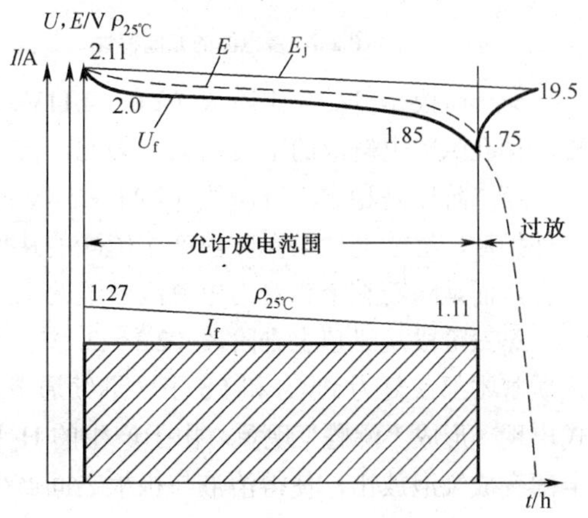

图 2.5 蓄电池的放电特性

由于是恒（定电）流放电，单位时间内消耗的硫酸量相同。所以，电解液的密度 $\rho_{25℃}$ 呈直线下降，静止电动势 E_j 也直线下降。一般电解液密度每下降 0.04g/cm^3，蓄电池放电量约为额定容量的 25%。

从放电特性曲线可以看出，蓄电池单格端电压的变化规律可分为 4 个阶段。

第一阶段是开始放电阶段（2.11～2.0V）。这一阶段，蓄电池端电压 U_f 从 2.11V 迅速下降，这是由于放电之初极板孔隙内的 H_2SO_4 迅速消耗，密度迅速下降的缘故。

第二阶段是相对稳定阶段（2.0～1.85V）。这一阶段，极板孔隙外的电解液向极板孔隙内渗透速度加快，当渗透速度与化学反应速度达到相对平衡时，极板孔隙内的电解液密度的变化速率趋于一致，端电压将随整个容器内电解液密度的降低而缓慢下降到 1.85V。

第三阶段是迅速下降阶段（1.85～1.75V）。这时由于放电接近终了，化学反应渗入到极板内层，而放电时生成的硫酸铅较原来的活性物质的体积大（是 PbO_2 的 1.86 倍，Pb 的 2.68 倍），硫酸铅聚集在极板孔隙内，缩小了孔隙的截面积，使电解液渗入困难，因而极板孔隙内消耗的硫酸难以补充，孔隙内的电解液密度便迅速下降，端电压也随之急剧下降。

第四阶段是过度放电阶段（<1.75V）。蓄电池单格的端电压下降至一定值时（20h 放电率降至 1.75V），再继续放电即为过度放电。过度放电对蓄电池十分有害，易使极板损坏。此时如果切断电源，让蓄电池“休息”一下，由于极板孔隙中的电解液和容器中的电解液相互渗透，趋于平衡，蓄电池的端电压将会有所回升。

由此可见，蓄电池在放电终了有如下特征。

（1）单格电压放电至终止电压（以 20h 放电率放电，单格电压降至 1.75V）。

（2）电解液密度降至最小许可值（约 1.11g/cm^3）。

蓄电池允许的放电终止电压与放电电流有关，放电电流越大，则放完电所用的时间越短，而允许的放电终止电压越低。

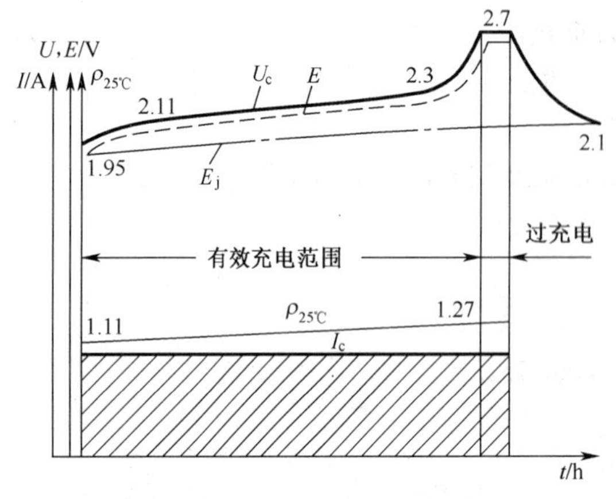

图 2.6 蓄电池的充电特性

3．蓄电池的充电特性

蓄电池的充电特性是指恒流充电时，蓄电池充电电压 U_C、电动势 E 及电解液密度 $\rho_{25℃}$等随充电时间变化的规律。蓄电池以 20h 充电率恒电流充电时的特性曲线如图 2.6 所示。

由于采用恒（定电）流充电，单位时间内生成的硫酸量相同。所以，电解液的密度 $\rho_{25℃}$呈直线上升，静止电动势也随之上升。

从充电特性曲线可以看出，蓄电池单格端电压的变化规律也可分为 4 个阶段。

第一阶段是开始充电阶段（2.0～2.11V）。开始接通充电电源时，极板孔隙内表层迅速生成硫酸，使孔隙中电解液的密度增大，因此，蓄电池单格端电压迅速上升。

第二阶段是稳定上升阶段（2.11～2.3V）。蓄电池单格端电压上升到 2.11V 以后，孔隙内硫酸向外扩散，继续充电至孔隙内产生硫酸的速度和渗透的速度达到平衡时，蓄电池的端电压就不再上升，而是随着整个容器内电解液密度的上升而相应提高。

第三阶段是迅速上升阶段（2.3～2.7V）。蓄电池单格电压达到 2.3～2.4V 时，极板外层的活性物质基本都恢复为 PbO_2 和 Pb 了，继续通电，则使电解液中的水电解，产生 H_2 和 O_2，以气泡形式出现，形成“沸腾”现象。由于产生的 H_2 以离子状态 H^+ 集结在溶液中负极板处，来不及立即全部变成气泡放出，使得溶液与极板之间产生约 0.33V 的附加电压，因而使得蓄电池单格端电压 U 上升至 2.7V 左右。

第四阶段是过充电阶段（≥2.7V）。蓄电池单格端电压 U 上升至 2.7V 时应切断电源，停止充电，否则将会造成“过充电”。长时间过充电易加速极板活性物质的脱落，使极板过早损坏，因此必须避免。

在实际使用中，为保证将蓄电池充足电，往往在出现“沸腾”之后，再继续充电 2～3h，注意测量端电压和电解液密度，如果不再增加，才停止充电。充电停止后由于充电电流为零，端电压迅速回落，极板孔隙内电解液和容器中的电解液密度趋于平衡，因而蓄电池端电压又降至2.11V左右。

可见，蓄电池在充电终了时（充足电）有如下特征。

（1）蓄电池内产生大量气泡，即出现“沸腾”现象。

（2）端电压上升至最大值，且2h内不再增加。

（3）电解液密度上升至最大值，且2～3h内不再增加。

课题实施

蓄电池技术状况的检测

检测蓄电池的技术状况可分为外观的检查、电解液液面高度的检测、电解液密度的检测、端电压的检测及放电程度的检测。

操作一　蓄电池外观的检查

（1）检查蓄电池外壳是否有裂纹、破损漏电解液。

（2）检查蓄电池极桩是否松动、表面是否有氧化物。

（3）检查蓄电池加液孔盖（普通铅蓄电池）是否畅通。

（4）检查蓄电池单格小盖（普通铅蓄电池）密封胶是否干裂。

操作二　电解液液面高度的检测

蓄电池电解液液面高度的检测可采用3种方法，在具体使用时根据蓄电池的结构形式而定。

1．玻璃管检测法

玻璃管检测法如图2.7（a）所示。

① 旋下蓄电池单格小盖，用一带刻度的空心玻璃管插入蓄电池电解液直到接触极板的上平面处。

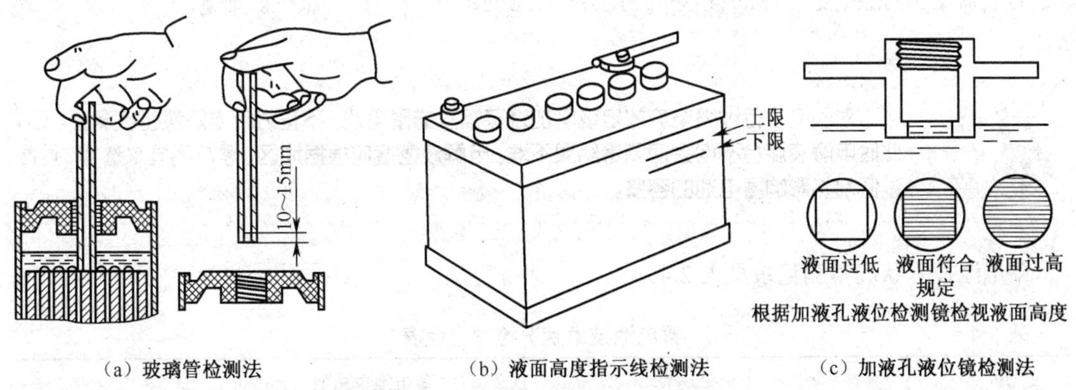

（a）玻璃管检测法　（b）液面高度指示线检测法　（c）加液孔液位镜检测法

图2.7　电解液液面高度的检测

② 用大拇指按紧玻璃管上端，使管口密封。

③ 提起玻璃管（不离开取液口），观察玻璃管内的液面高度，此高度即为蓄电池电解液液面高出极板的高度。标准值为10～15mm，过低应补充蒸馏水，使之符合标准。

2．液面高度指示线检测法

通过观察液面高度指示线可以检测电解液的液面高度，如图2.7（b）所示。

对于使用透明塑料壳体的蓄电池，为检查电解液液面高度，在壳体壁上刻有两条高度指示线。正常液面高度应介于两线之间，低于下线则为液面过低，应加入蒸馏水补充。

3．液位镜检测法

如图 2.7（c）所示，部分进口小汽车在电解液加液孔内侧的标准液面位置处开有检视液面高度的方孔。观察液面在方孔下面为液面过低；正好与方孔平齐时为标准；液面满过方孔而充满加液口底部以上为过多。

当发现电解液液面低于标准值时，应及时补充蒸馏水。除确知液面降低是由电解液溅出所致外，不允许补充电解液（或硫酸溶液）。这是因为电解液液面正常降低是由电解液中的蒸馏水电解和蒸发所致。要特别注意不能加注冷开水、自来水、河水及其他质地的水，这样会造成蓄电池自放电的故障。

操作三　电解液密度的检测

（1）打开蓄电池的加液孔盖。

（2）把密度计下端的橡皮管伸入单格电池的加液口内，如图 2.8 所示。

（3）用手将橡皮球捏一下，再慢慢松开，将电解液吸到玻璃管中。注意控制吸入时电解液不要过多或过少，以便将密度计浮子浮起而不会顶住为宜。

（4）使管内的浮子浮在玻璃管中央（不要相互接触），读出密度计的读数。要求读数时，使密度计刻度线与眼睛平齐。

（5）将测得的密度值换算为标准温度 25℃时的密度，采用式（2.2）校正。

（6）将所测量的密度值与上次充电终了的电解液密度值进行对比，根据密度下降的程度来判断蓄电池的放电程度。

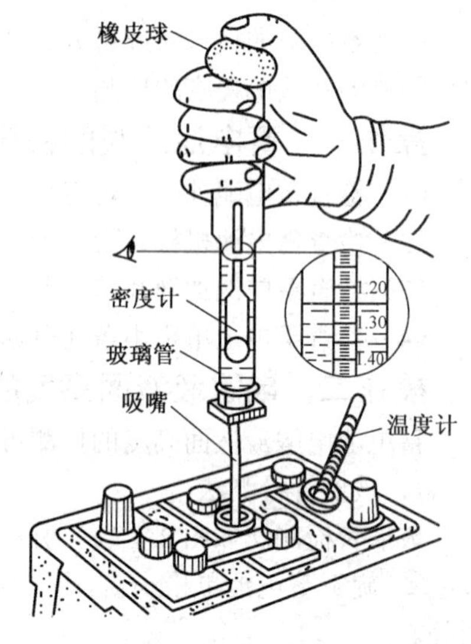

图 2.8　检测蓄电池密度

对于刚进行过强电流放电或刚加过蒸馏水的蓄电池，不宜进行电解液密度测量。因为此时电解液混合不均会使测量结果不准。电解液密度应根据地区、季节不同来选择，过高、过低都将影响蓄电池的容量。

蓄电池技术状况检测记录见表 2.4。

表 2.4　　蓄电池技术状况检测记录表

项　目	蓄电池单格数					
	1	2	3	4	5	6
液面的高度（mm）						
电解液的密度（g/cm^3）						
单格电池端电压（V）						
蓄电池外观、极桩等情况						

操作四　端电压的检测

1．用高率放电计检测单格电池的端电压

目前采用的高率放电计有两种：一种用来检测蓄电池单格电压（已逐渐淘汰）；另一种用来检测整个蓄电池（6 个单格）的电压，如图 2.9 所示。用高率放电计可以检测以下项目。

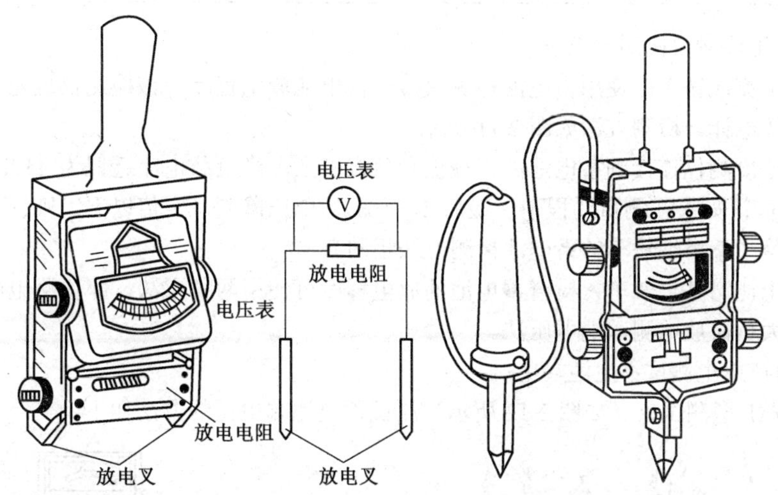

（a）检测单电池用高率放电计　　（b）检测整个蓄电池用高率放电计

图 2.9　高率放电计

（1）检测蓄电池电动势。

① 拆下高率放电计前端的放电电阻。

② 将放电叉的两触针紧压在蓄电池单格（或蓄电池）的正、负极桩上。

③ 读取高率放电计指针指示的蓄电池的电动势。

（2）检测蓄电池正、负极。

① 拆下高率放电计前端的放电电阻。

② 将放电叉的两触针紧压在蓄电池单格（或蓄电池）的正、负极桩上。

③ 观察放电计指针偏转方向（或放电计指示灯点亮的位置），指针偏转（或指示灯亮）的一端为蓄电池正极。

（3）在模拟发动机起动时大电流放电的条件下，检测蓄电池端电压下降情况，判断蓄电池性能，如图 2.10 所示。

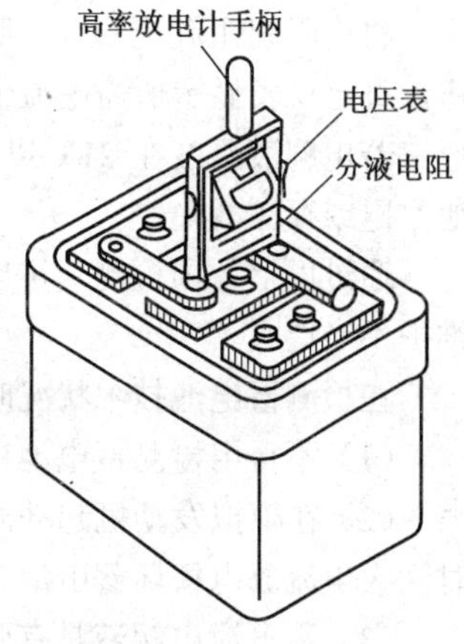

图 2.10　检测蓄电池单格电压

① 装好高率放电计前端的放电电阻，将放电叉的两触针紧压在蓄电池单格（或蓄电池）的正、负极桩上。

② 测量 5s，观察高率放电计指针指示的电压值，记录电压值。

③ 分别检测 6 个单格的电压，此时蓄电池是在大电流放电情况下的端电压，各单格的端电压应在 1.5V（整个蓄电池为 12V）以上，且能稳定 5s。

a．如果各单格的电压低于 1.5V，但 5s 内尚能稳定者为放电过多，应及时进行补充充电。

b．单格电压低于 1.5V，且 5s 内电压迅速下降，表示有故障。

c．某单格无电压指示，说明内部有短路、断路或严重硫化故障。

表 2.5 为负荷电压与放电程度的关系。

表 2.5　　蓄电池单格电池电压与放电程度对照表

放 电 程 度	充 足 电	25%	55%	75%	100%
放电计指示电压（V）	1.8～1.7	1.7～1.6	1.6～1.5	1.5～1.4	1.4

2．用专用检测仪检测端电压

（1）对于奥迪轿车应使用蓄电池检测仪检查蓄电池放电程度。该检测仪也是一种大功率、大量程的高率放电计，检测方法如图 2.11 所示。

将蓄电池检测仪连接到蓄电池的正极桩和负极桩上。当负载电流近似为 110A 时，必须达到最小电压 9.6V；如果在测量过程中（最后 5～10s），电压降到规定值以下，则说明蓄电池已过放电或出现故障（桑塔纳轿车的蓄电池检测方法相同）。

（2）对于切诺基吉普车，检查蓄电池的放电程度可使用两种方法，即检测电解液密度换算放电程度法和大负荷放电测试端电压法。

3．大负荷放电测试蓄电池端电压

使用 SVAT 型测试仪（如图 2.12 所示）测试蓄电池端电压的方法如下。

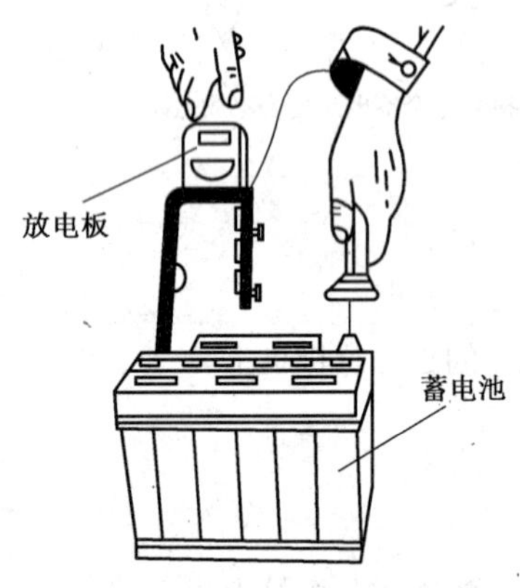

图 2.11　奥迪轿车蓄电池检测

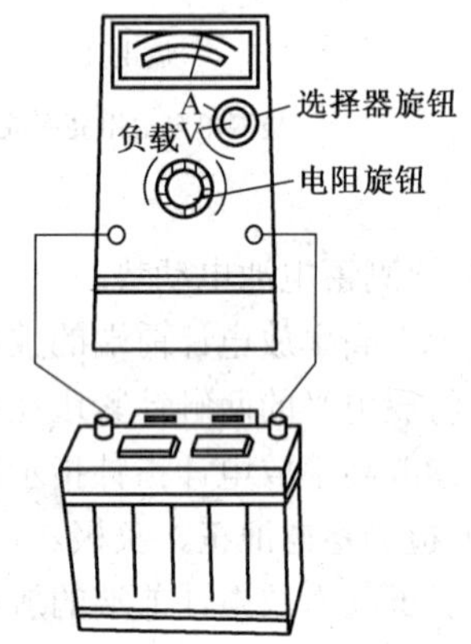

图 2.12　SVAT-40 型检测仪

将电阻旋钮旋至 OFF（断开）挡，选择器旋钮旋至 AMP（安培）挡，顺时针方向旋转负载旋钮，直至仪表显示所需电流值，保持 15s 后，旋转选择器旋钮至 VOLTS（伏特）挡，观察电压数值。若电解液温度在 21℃以上，电压大于 9.6V，说明蓄电池良好；若电压低于 9.6V，说明蓄电池亏电或存在故障。

通过以上各项检测，可以判断蓄电池的技术状况是由充电不足引起还是蓄电池本身有故障或维护不当造成。

在检测蓄电池技术状况时要注意以下几点。

（1）不得用检测蓄电池单格电压的高率放电计检测两个或以上单格的电压。

（2）在模拟发动机起动时大电流放电条件下检测蓄电池端电压时，时间不得超过 5s，以免长时间大电流放电损坏蓄电池。不要用手摸放电电阻，以免烫伤。

（3）蓄电池电解液具有强腐蚀性，不要溅到衣物、皮肤上或眼睛里，一旦溅到衣物、皮肤上或眼睛里应立即用大量清水清洗。接触过电解液的仪器使用后应用清水冲洗、晾干后再收藏。

（4）检测时不要将金属落入蓄电池内部，以免蓄电池短路。

课题三 蓄电池的充电

基础知识

对于新蓄电池、经修理的蓄电池或使用一段时间后的蓄电池，由于各种原因，其容量达不到要求，这时要对蓄电池进行充电。

一、蓄电池的充电设备

1．硅整流充电机

目前使用较多的有 GCA 系列硅整流充电设备，供汽车运输部门、修理厂、维修站及蓄电池充电站作为蓄电池补充电能用的直流电源。硅整流充电机的外形如图 2.13 所示，它具有操作简单，体积小，重量轻，维护方便，整流效率高，寿命长等优点。

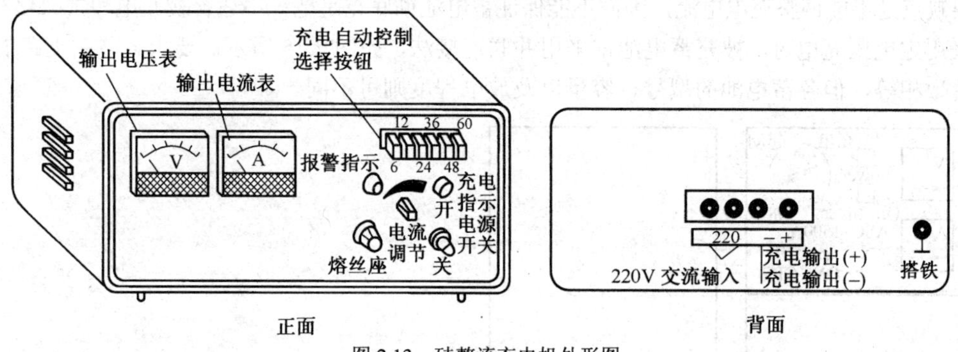

图 2.13 硅整流充电机外形图

2．快速充电机

用常规的方法完成一次初充电需 60～70h，完成一次补充充电需 20h 左右，由于充电时间很长，给使用带来很大不便。快速充电机采用自动控制电路对蓄电池进行脉冲快速充电，可提高充电效率，蓄电池补充充电只需 1～2h。

脉冲快速充电机的优点是充电时间短，空气污染小，节电省能等。因此，在蓄电池集中、充电频繁或应急使用部门，其优点更显突出。

蓄电池脉冲快速充电前，应先检查电解液的密度，并根据其全充电状态时的密度值，计算蓄电池的剩余容量，以确定初充电时间，可参照表 2.6 来预测初充电时间，并将充电设备上的定时器调到相应时间上。多数快速充电机设备都装有温度传感器，将其插入蓄电池的加液孔中，当电解液温度超过 50℃时设备会自动停止充电。

表 2.6 快速充电时间与电解液密度的关系

电解液密度（g • cm^{-3}）	剩 余 容 量	补充充电时间（min）
全充电密度：1.260	100%	0
高于 1.225	75%以上	用小电流充电
1.225～1.200	50%	15
1.200～1.175		30
1.175～1.15		45
低于 1.15	25%以下	60

3．充电电源

这种设备既可用于充电，也可作为起动电源使用。ASC-1500A 充电电源如图 2.14 所示，通过连接背面两组接柱可对不同电压的蓄电池进行充电（12V 或 24V），在汽车蓄电池电压不足时可作为起动电源起动发动机。充电电源具有操作简单，输出电流大，充电效率高，寿命长等优点。

二、蓄电池的充电方法

蓄电池的充电方法有常规充电法和快速充电法两种。常规充电方法有定电压充电和定电流充电两种。

1．定电压充电

在充电过程中，加在蓄电池两端的充电电压保持恒定不变的充电方法，称为定电压充电。

汽车上的蓄电池与发电机为并联，这时对蓄电池的充电即为定电压充电。其特点是充电开始，充电电流很大，随着蓄电池电动势的不断提高，充电电流逐渐减小。充电终了，充电电流将自动减小到零，因而不需要人照管。同时由于定电压法充电速度快，4～5h 内蓄电池就可获得本身容量的 90%～95%，与定电流充电相比时间大大缩短。所以特别适合对不同容量的蓄电池进行补充充电。其主要缺点是不能调整充电电流，因而不能保证蓄电池彻底充足电；不适合初充电和去硫化充电。

采用定电压充电时，被充蓄电池常采用并联连接法，如图 2.15 所示。要求各并联支路的单格电压总数相等，但各蓄电池的型号、容量以及放电程度则可不同。

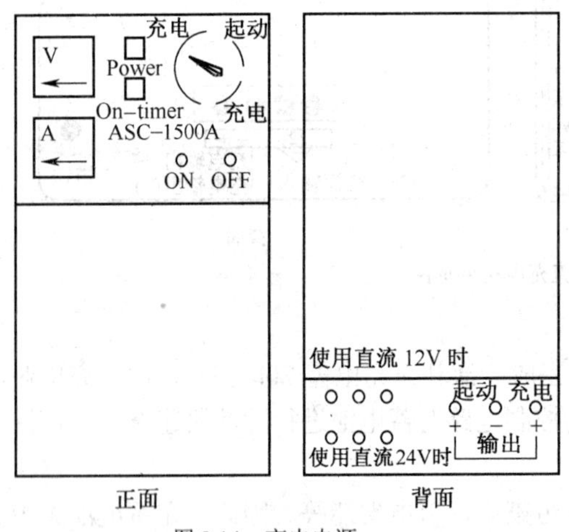

图 2.14 充电电源

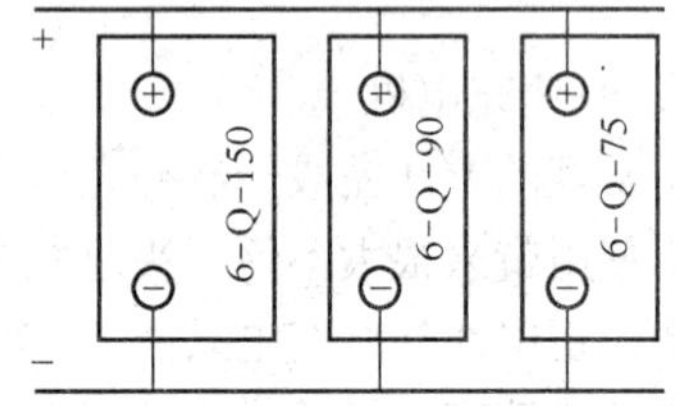

图 2.15 蓄电池并联充电连接图

但要注意，并联蓄电池的数目必须按充电设备的最大输出电流来决定。定电压充电电源的电压调整为蓄电池的总单格数乘以 2.5（V）为宜。

2．定电流充电

蓄电池在充电过程中，其充电电流保持恒定不变的充电方法，称为定电流充电。在该充电过程中，随着蓄电池电动势的逐步升高，应提高充电电压，以保证充电电流不变。当蓄电池单格电压升到 2.4V（电解液开始冒气泡）时，将充电电流减小一半后保持恒定，直到蓄电池完全充足。

在充电工作间使用充电机对蓄电池进行充电时，常采用这种定电流充电法。因为它具有较大适用性，可任意选择和调整电流，适用于各种不同条件（新蓄电池的初充电、使用中的蓄电池补充充电、去硫化充电等）下的蓄电池充电。其主要缺点是充电时间长，需经常人工调节充电电压以保证充电电流的恒定。

定电流充电时，被充蓄电池常采用串联法，如图 2.16 所示，即把同容量的蓄电池串联起来接入充电电源。

连接后，由于充电时每个单格电池充足电需要提供 2.7～2.8V 电压，故可按下列公式计算出串联的蓄电池单格总数和电池只数，即

蓄电池总单格数=充电机的额定电压（V）/2.7（V）

蓄电池的总数=蓄电池总单格数/（6V 蓄电池单格总数+12V 蓄电池单格总数）

如果被充电蓄电池的容量大小不等，可按图 2.17 所示的混联方法连接蓄电池，所有各串联支路的蓄电池，其容量最好相同，否则电流必须按容量最小的蓄电池来选定，而容量大的蓄电池则不容易充足或充得太慢。

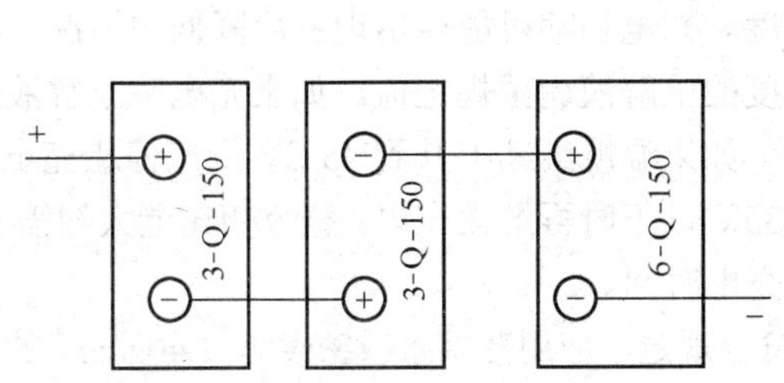

图 2.16 蓄电池串联充电连接图

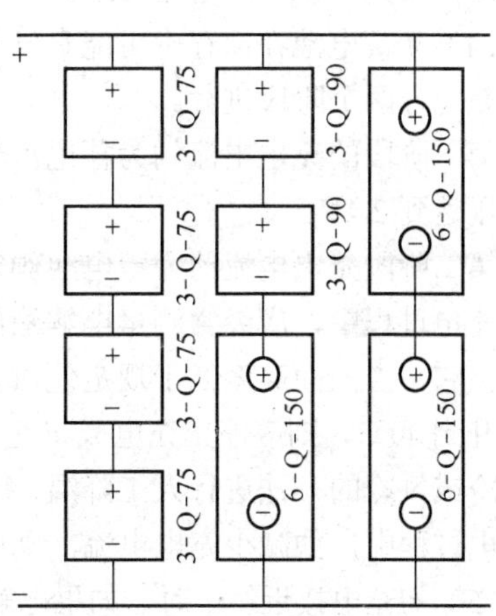

图 2.17 蓄电池混联充电连接图

3．脉冲快速充电法

充电初期采用大电流，使电池在较短的时间内达到额定容量的 60%左右，当单格电压上升到 2.4V，电解液开始分解冒出气泡时，由于控制电路作用，停止大电流充电，进入脉冲充电期。

脉冲期，先停充 24～40ms，接着再放电或反充，使电地反向通过一个较大的脉冲电流，以消除浓差极化和极板孔隙形成的气泡，然后停放 25ms。最后按脉冲期循环充电直到充足。

该充电方法的显著特点是充电速度快，即充电时间大大缩短，补充充电仅需几小时左右。采用这种方法充电的缺点是由于充电速度快，虽然析出的气体总量减少，但出气率高，对极板活性物质的冲刷力强，故易使活性物质脱落，因而对极板的使用寿命有一定影响。下列蓄电池不能进行快速脉冲充电。

（1）未经使用的新蓄电池。

（2）液面高度不正确的蓄电池。

（3）各单格电解液密度不均匀的蓄电池，各单格电压差大于 0.2V。

（4）电解液混浊并带褐色（极板活性物质脱落）的蓄电池。

（5）极板硫化的蓄电池。

（6）充电时电解液温度超过 50℃的蓄电池。

课题实施

蓄电池的充电

蓄电池的充电有初充电、补充充电、去硫化充电和循环锻炼充电 4 种。

操作一 蓄电池的初充电

新蓄电池或修复后的蓄电池（更换极板）在使用之前的首次充电为初充电。具体操作步骤如下。

（1）检查蓄电池外壳有无破裂，拧下加液孔盖的螺塞，检查通气孔是否畅通。

（2）根据不同季节和气温选择电解液密度，将适当密度且温度低于 30℃的电解液从加液孔处缓缓加入蓄电池内，液面要高出极板上沿 10～15mm。

（3）蓄电池加入电解液后，要静置 3～6h，让电解液充分浸渍极板。电解液充分渗透到极板内部后电解液有所减少，液面下降，应再加入电解液把液面调整到规定值。待蓄电池内温度低于 30℃时，将充电机与蓄电池相连，准备充电。

（4）新蓄电池在储存中可能有一部分极板硫化，充电时容易过热，所以初充电选用的电流较小，充电分两个阶段进行。

第一阶段的充电电流约为蓄电池额定容量的 1/15，充电至电解液中有气泡析出，蓄电池单格端电压达到 2.4V。

第二阶段充电电流约为蓄电池额定容量的 1/30。

充电过程中，应经常测量电解液的密度和温度。充电初期可能会出现密度降低的情况，不需要调整它，当液面高度低于规定值时，用相同密度的电解液调至规定值。如果充电时电解液的温度上升到 40℃，则应停止充电或将充电电流减半。如果温度继续上升到 45℃，则应停止充电，采用水冷或风冷的办法进行人工降温，待温度降至 35℃以下时再继续充电。整个初充电大约需 60h，初充电过程中，如减少充电电流，则应适当延长充电时间。

（5）初充电接近终了时，如果电解液密度不符合规定，应用蒸馏水或密度为 1.40g/cm^3 的稀硫酸进行调整，再充电 2h，直至蓄电池单格端电压上升到最大值，并在 2～3h 内不再增加。当电解液密度上升到最大值，也在 2～3h 内不再增加，并产生大量气泡，电解液呈“沸腾”状态时，蓄电池已充满电，应切断电源，以免过充电。

（6）新蓄电池充满电后，应以 20h 放电率放电，如 3-Q-90 型蓄电池以 4.5A 电流连续放电至单格电压 1.75V，然后按补充充电的电流值充足，再以 20h 放电率放电。如果第二次放电时蓄电池容量不小于额定容量的 90%，则可进行一次最后的充电，便可送出使用。

放电的方法如下。

使充足电的蓄电池休息 1～2h，放电时的连接线路图如图 2.18 所示，调整可变电阻（或水阻）以蓄电池额定容量的 1/20 连续放电。放电开始后每隔 2h 测量一次单格电压，当单格电压降至 1.85V 时，每隔 20min 测一次电压，当单格电压降到 1.75V 时应立即停止放电。另外，也可以用车用灯泡作为负载进行放电。

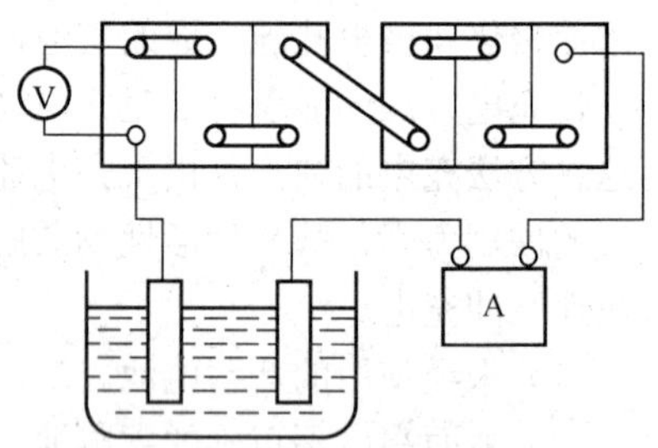

图 2.18 蓄电池的放电

操作二 蓄电池的补充充电

蓄电池在使用中，如果出现下列情况：起动机运转无力，灯光比平时暗淡，冬季放电超过 25%，夏季放电超过 50%，储存不用已近一个月的普通蓄电池，都必须进行补充充电。另外，由于汽车上使用的蓄电池进行的是定电压充电，不可能使蓄电池充足电，为了有效防止硫化，最好 2～3 个月进行一次补充充电。补充充电的具体步骤如下。

（1）从汽车上拆下蓄电池，清除蓄电池盖上的脏污，疏通加液孔盖上的通气小孔，清除极桩和导线接头上的氧化物。

（2）旋下加液孔盖，检查电解液的液面高度，如果高度不符合规定要求，应添加蒸馏水，但如果确定是电解液逸出导致液面下降，则应用密度为 1.40g/cm^3 的稀硫酸调配，使电解液液面高出极板上缘 10～15mm。

（3）用高率放电计检查各单格的放电情况，要求蓄电池的各单格电池电压基本一致。

（4）将蓄电池与充电机相连。补充充电也分两个阶段：第一阶段的充电电流约为蓄电池额定容量的 1/10，充电至单格电压为 2.3～2.4V；第二阶段的充电电流约为蓄电池额定容量的 1/20，充电至单格电压为 2.5～2.7V，电解液密度达到规定值，并且在 2～3h 内基本不变，蓄电池内产生大量气泡，电解液呈“沸腾”状态，此时电池电已充足，时间约为 15h。

（5）将加液孔盖拧紧，擦净蓄电池表面，便可使用。

操作三 去硫化充电法

蓄电池发生极板硫化现象后，内阻将显著增大，充电时温升也较快。硫化严重的蓄电池就只能报废，极板硫化程度较轻的可以用去硫化充电法消除硫化。具体操作如下。

（1）首先倒出原有的电解液，并用蒸馏水清洗两次，然后再加入足够的蒸馏水。

（2）接通充电电路，将电流调到初充电的第二阶段电流值进行充电，当电解液密度上升到 1.15g/cm^3 时倒出电解液，换加蒸馏水再进行充电，直到电解液密度不再增加为止。

（3）以 10h 放电率放电，当单格电压下降到 1.7V 时，再以补充充电的电流进行充电、放电，再充电，直到容量达到额定值 80%以上，即可上车使用。

操作四 循环锻炼充电法

循环锻炼充电是使极板的活性物质得以充分利用，保证蓄电池容量不下降的一种方法，在蓄电池正常补充充电（或间歇充电）之后，用 20h 放电率进行放电，然后再进行正常补充充电。一般要求循环锻炼后蓄电池的容量应达到额定容量的 90%以上，否则应进行多次充放电循环。

在对蓄电池充电时，应注意以下几点。

（1）严格遵守各种充电方法的充电规范。

（2）充电过程中，要密切观察各单格电池的电压和密度变化，及时判断其充电程度和技术状况。

（3）在充电过程中，密切注意蓄电池的温度。

（4）初充电时应连续进行，不能长时间间断。

（5）配制和灌入电解液时，要严格遵守安全操作规则和器皿的使用规则。

（6）充电场所要备用冷水、10%苏打溶液或 10%氨水溶液。

（7）充电室要安装通风装置，并严禁明火。

（8）充电设备不应和蓄电池放置在同一工作间内，充电时应先接牢电池线，再打开充电机的电源开关。停止充电时应先切断电源，再拆下电池线。严防火花出现。

课题四 蓄电池的维修

基础知识

蓄电池的维修包括蓄电池的正确使用、日常维护和修理。

一、蓄电池的正确使用和维护

普通蓄电池的使用寿命一般为1～2年，要想延长其使用寿命，就应掌握正确的使用、维护方法，经常保持蓄电池技术状况良好，发现问题及时处理。

1．蓄电池的正确使用

（1）大电流放电时间不宜过长，使用起动机，每次的时间不超过5s，相邻两次起动之间应间隔15s。

（2）充电电压不能过高，当充电电压升高10%～12%时，蓄电池的寿命将会缩短2/3左右。

（3）尽量避免蓄电池过放电和长期处于亏电状态下工作，放完电的蓄电池应在24h内充电。

（4）冬季使用蓄电池要特别注意保持其处于充足电状态，以免电解液密度降低而结冰。在不结冰的前提下，尽可能采用密度偏低的电解液。如液面过低，需添加蒸馏水时只能在充电前进行，尽可能地使水和电解液混合。冷车起动前，注意发动机和蓄电池的预热。

2．蓄电池的维护

为了使蓄电池经常处于完好的技术状态，对正在使用的蓄电池，应做好以下维护工作。

（1）保持蓄电池外部的清洁。经常清除蓄电池上的灰尘、泥土和极桩、电线头上的氧化物。

（2）经常检查蓄电池在车上安装是否牢靠，极桩是否松动，接线是否紧固。

（3）经常检查蓄电池的放电程度。如低于规定标准，要立即进行补充充电。

（4）定期检查或调整各单格电池内电解液的液面高度，并疏通加液孔盖上的通气孔。

（5）及时根据季节，调整电解液密度。

二、蓄电池常见故障及其排除方法

蓄电池常见故障可分外部故障和内部故障。蓄电池的外部故障有壳体或盖子出现裂纹、封口胶裂纹、极桩松动或腐蚀等；内部故障有极板硫化、活性物质脱落、极板短路、自行放电等。

1．蓄电池常见的外部故障及其排除方法

（1）容器破裂。

蓄电池容器多由硬橡胶或塑料制成，质地硬脆。造成破裂的原因有蓄电池固定螺母旋得过紧、行车剧烈振动、外物击伤和电解液结冰等。检查时可根据电池电解液液面高度以及电池外部的潮湿情况来判断容器是否有裂纹存在，容器的裂纹一般在其上近四角处。蓄电池容器裂纹轻者可修补，重者应更换。

（2）封口胶裂纹。

封口胶因质量低劣或受到撞击容易出现裂纹，封口胶裂纹后，电解液从裂纹中渗出，与杂质或脏物混合会使蓄电池外表电极沟通形成短路，引起自行放电。若封口胶轻有微裂纹，可将其清洁干燥后，用喷灯喷裂纹处烤热熔封。严重者可把封口胶清除干净，重新封口。

（3）极桩螺栓和螺母腐蚀。

蓄电池的极桩螺栓和接线端已腐蚀产生污物，可用竹片将污物刮去，用抹布蘸5%的碱溶液擦去残余的污物和酸液，再用水清洗干净，然后在极桩及接线端表面涂以凡士林油层保护。严重的腐蚀应更换极桩接线螺母及螺栓。

（4）蓄电池爆炸。

蓄电池充电后期，电解液中的水分解为氢气和氧气。由于氢气可以燃烧，氧气可以助燃，如果气体不及时逸出，且与明火接触，则迅速燃烧，从而引起爆炸。所以为了防止蓄电池产生爆炸事故，必须使蓄电池加液孔盖上的通气孔保持畅通，严禁蓄电池周围有明火，蓄电池内部连接处

的焊接要可靠，以免松动引起火花。

2．蓄电池常见的内部故障及其排除方法

（1）极板硫化。

蓄电池长期处于放电状态或者充电不足状态，会在极板上逐渐生成一层白色的粗晶粒硫酸铅，正常充电时，其不能转化为 PbO_2 和 Pb，这种现象称为硫酸铅硬化，简称硫化。

这种粗晶粒的硫酸铅会堵塞极板孔隙，使电解液渗入困难，蓄电池容量降低，且硫化层导电性差，使蓄电池内阻显著增大，起动性能和充电性能下降。

蓄电池硫化主要表现在：极板上有白色的霜状物；蓄电池容量明显下降；用高率放电计检查时，单格电压明显降低；充电时单格电压迅速升高到 2.5V 左右，但电解液密度上升不明显，且过早出现沸腾现象。

硫化的原因主要包括以下几个方面。

① 充电不足的蓄电池长期放置，当温度升高时，极板上一部分硫酸铅溶于电解液中；在温度下降时，溶解度随之减小，部分硫酸铅再结晶成粗大颗粒的硫酸铅附在极板上，使之硫化。

② 电池内液面过低，极板上部与空气接触而氧化（主要是负极板）。在汽车行驶过程中，电解液上下波动与极板氧化部分接触，也会生成粗晶粒的硫酸铅，使极板上部硫化。

③ 电解液密度过大或不纯、气温变化大都能使极板硫化。

补救办法是：当硫化不严重时，可采用去硫化充电法进行充电；当硫化严重时，应予以报废。

（2）自行放电。

充足电的蓄电池放置不用，会逐渐失去电量，这种现象称为自行放电。对于充足电的蓄电池，如果每昼夜容量下降不大于 2%，就是正常的自放电，超过 2%就是有故障了。

自行放电的原因主要有以下几个方面。

① 电解液不纯，杂质与极板之间以及沉附于极板上的不同杂质之间形成电位差，通过电解液产生局部放电。

② 电池溢出的电解液堆积在盖板上，使正负极桩形成通路。

③ 极板活性物质脱落，下部沉淀物过多使极板短路。

④ 蓄电池长期放置不用，硫酸下沉，下部密度比上部大，极板上下部产生电位差引起自行放电等。

对于自行放电不严重的蓄电池，可将蓄电池完全放电或过放电，使极板上的杂质进入电解液中，然后倒掉原电解液。再用蒸馏水倒入各单格电池内，反复清洗几次，最后加入新的电解液进行充电。对于自行放电严重的蓄电池，应倒出电解液，取出极板组，抽出隔板，再用蒸馏水冲洗极板和隔板，然后重新组装，加入新的电解液重新充电。

（3）极板短路。

极板短路是由于隔板损坏、极板拱曲变形或活性物质大量脱落堆积使极板直接接触的现象。

极板短路的外部特征是充电电压低，密度上升很慢，充电末期气泡很少，而且用高率放电计测试时，单格电池电压很低或者为零。

对于短路的蓄电池必须拆开，查明原因并进行故障排除。

（4）极板活性物质脱落。

活性物质脱落主要是指正极板上的 PbO_2 脱落，这是蓄电池过早损坏的原因之一。它使蓄电池容量下降，严重时导致极板短路，在充电时电解液中会有褐色物质从电池底部浮起。

若使用不当，如充电电流过大、过充电、充电时温度过高等都会使活性物质松浮而脱落。蓄电池接起动机的时间过长，放电电流过大，使极板拱曲也会造成活性物质脱落。

对于活性物质脱落不严重的蓄电池，可清洗更换电解液后继续使用，严重时应更换极板或报废。

课题实施

蓄电池的维修

在蓄电池的常见故障中，有的不需要将蓄电池解体即可排除，如极板硫化不严重时，可以采用去硫化充电的方法排除故障。而有些故障发生在蓄电池内部，必须把蓄电池解体，方可排除故障，如极板上活性物质脱落（需要换极板）、极板拱曲等。

操作一　解体蓄电池

解体蓄电池的操作按以下步骤进行。

1．拆除联条

（1）在钻床上用空心铣刀或花钻铣、钻联条与极桩连接处，使联条与极桩分离。也可用气焊枪熔开或用手摇钻，如图 2.19（a）所示，使其与极桩分离。

（2）如果仅仅拆修某一单格极板组，可用钢锯在适当的位置将联条锯断，如图 2.19（b）所示，再连同单格盖一起拉出极板组。

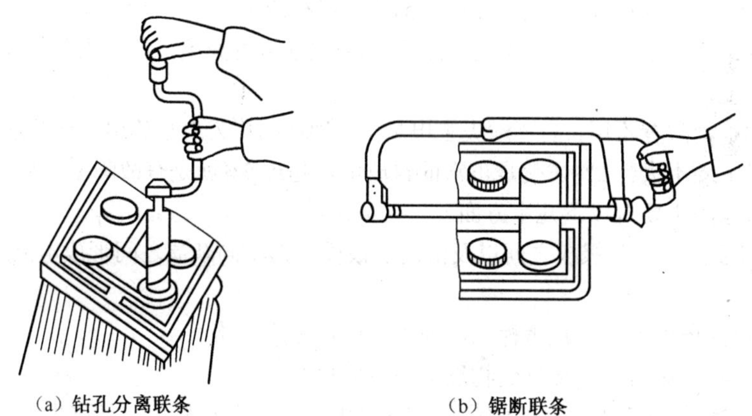

（a）钻孔分离联条　　（b）锯断联条

图 2.19　拆除蓄电池联条

2．除去封口胶

取下单格小盖后用以下方法除去铅蓄电池封口胶。

（1）用加热后的金属铲小心铲除。

（2）用电烙铁剔除。

（3）将铅蓄电池倒放入沸水中浸泡 5～10min，待封口胶软化后，趁热除去。

3．取出极板组

（1）用两个极板组卡钳夹住极桩，提出极板组，如图 2.20 所示，并立即放入洁净的水中，以备检查。

（2）也可用 T 形提钩插入加液口中，钩住单格盖，提出极板组，如图 2.20 所示。

操作二　清洗蓄电池

用清水冲洗解体的蓄电池各零部件，直到清洁为止。极板上的污物可用木质铲刀或软毛刷清除干净，然后晾干即可。

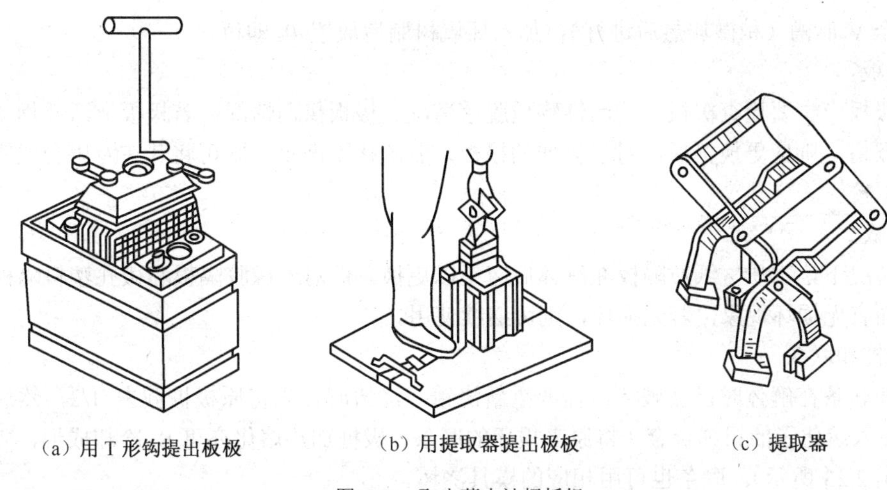

图 2.20 取出蓄电池极板组

操作三 修理蓄电池各零部件

1. 外壳

蓄电池外壳常出现的损坏现象是裂纹。蓄电池外壳裂纹的检查可采用直接观察法、渗透法或试灯法。

（1）直观检查法。

观察蓄电池外壳和中间隔板有无裂缝，并用木棍敲打外壳和隔板，若有破碎声，则有裂纹。尤其是壳壁四侧交界处容易出现裂纹，应仔细检查。

（2）渗透法检查（如图 2.21 所示）。

采用渗透法检查时，先将蓄电池外壳内部擦拭干净，然后将其放入盛满水的槽中，压下蓄电池外壳至水面与壳口距离 10～15mm，经一段时间后，查看是否有水渗入蓄电池外壳内部。若没有水渗入，则说明蓄电池外壳无裂纹。

（3）试灯法检查（如图 2.22 所示）。

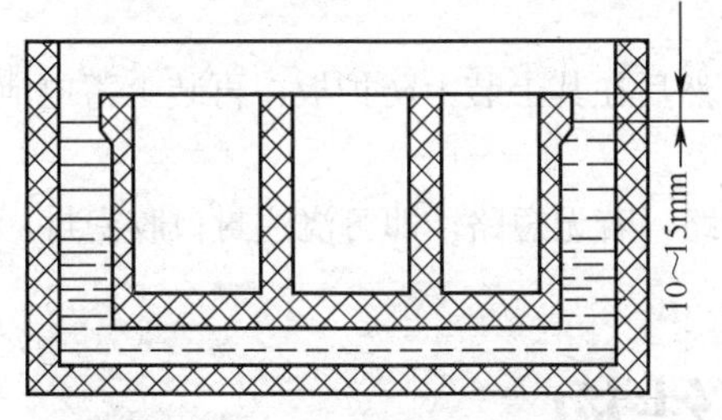

图 2.21 渗透法检查蓄电池外壳

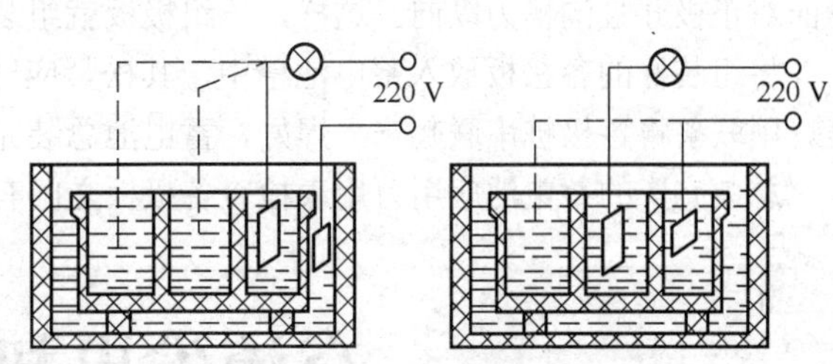

图 2.22 试灯法检查蓄电池外壳

采用试灯法检查时，首先将被检查的外壳洗净吹干，再浸入盛有稀硫酸溶液的容器内（水中加少许硫酸），并使液面离外壳上缘不少于 20～30mm，然后在壳内也加入同样高度的稀硫酸溶液（注意：液面以上的外壳必须保持干燥）。把 220V 交流电源的一端插入容器内的稀硫酸溶液里，另一端通过试灯插入壳内的电解液中。接通电源开关，观察试灯，如试灯不亮，说明该单格电池的外壳是完好的；如试灯亮，则说明有裂缝。用这种方法可以分别检查整个蓄电池外壳和每个单格之间的隔板。

当检测到外壳有裂纹时，可用环氧树脂修补法进行修补。在裂纹的两端各钻一小孔，然后沿裂纹刻一个 V 形槽（稍微加热后进行），加入环氧树脂后放置 4h 即可。

2．极板

检查极板应主要检查极板上的活性物质脱落情况、极板拱曲情况。若极板上活性物质脱落多于 3 个小栅格，则应更换极板。对于拱曲的极板，若硫化不严重，则可将其在专用台虎钳上慢慢夹紧，予以校正。

3．隔板

一般情况下，木质、纸质隔板在解体后应予以更换。而对于橡胶隔板和微孔塑料隔板，则应检查其表面有无损坏现象，若无损坏，则可继续使用。

4．极桩和联条

极桩和联条在解体时已被破坏，需要重新浇铸。浇铸时，先将原极桩截去 1/2，然后将模具套上去，注入熔化了的铅锑合金（将原来损坏的联条、极桩加热熔化亦可），冷却成形，取下模具即可（如图 2.23 所示）。联条也可用相应的模具浇铸。

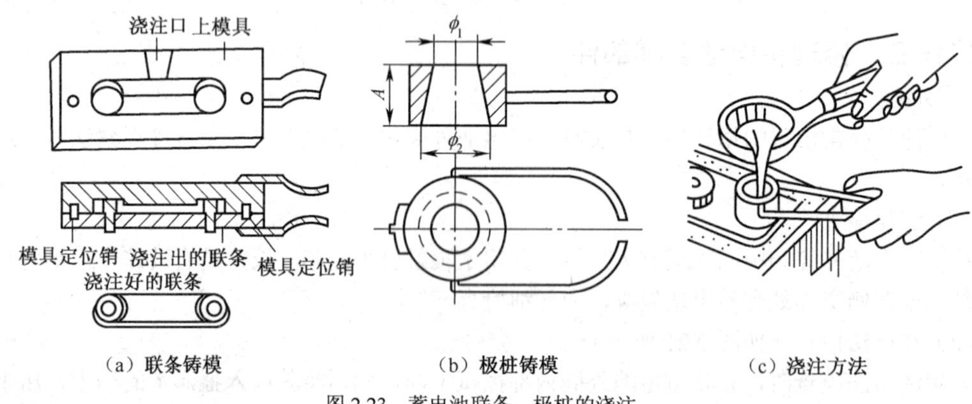

（a）联条铸模　（b）极桩铸模　（c）浇注方法

图 2.23　蓄电池联条、极桩的浇注

操作四　组装蓄电池

将修理好的正、负极板相互交错插在一起，在极板间插入隔板。插入时应注意，让隔板的沟槽面对正极并且沟槽为纵向。这样，一组极板就组装好了。

将组装好的各极板放入蓄电池槽中，其松紧应适中，然后在其上装上防护板，再装上蓄电池盖。用联条将各极桩串联起来，焊好，蓄电池总装完毕。

总装完毕的蓄电池应用万用表检查各极板之间有无短路，若无短路，即可浇注封口胶密封。

课题五　交流发电机的结构

基础知识

一、交流发电机的功用和类型

交流发电机是汽车的主要电源之一，它与电压调节器互相配合工作，其主要任务是对除起动机以外的所有用电设备供电，并向汽车上的蓄电池充电。

交流发电机按总体结构形式可分为普通式（发电机与电压调节器独立安装）、整体式（电压调节器安装在发电机内部）、带真空泵式、无刷式、永磁式等；按励磁绕组的搭铁方式可分为内搭铁式和外搭铁式两种；按整流器的形式可分为6管整流、8管整流、9管整流、11管整流等。

根据国标QC/T 73-1993《汽车电气设备产品型号编制方法》的规定，我国交流发电机的型号如下。

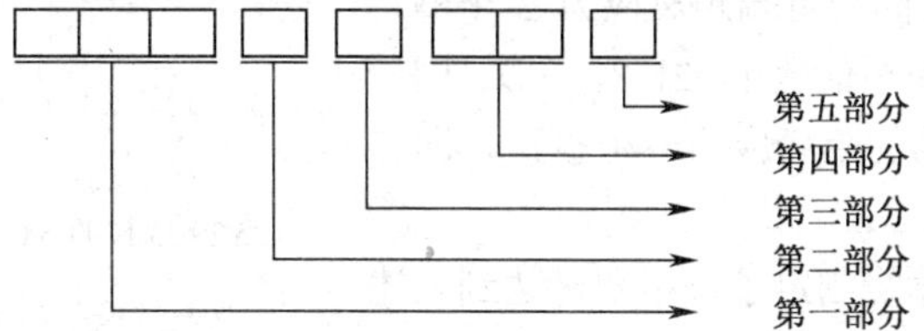

第一部分为产品代号。交流发电机的产品代号有JF、JFZ、JFB、JFW 4种，分别表示交流发电机、整体式交流发电机、带真空泵交流发电机和无刷交流发电机。

第二部分为电压等级代号。其用1位阿拉伯数字表示，1代表12V；2代表24V；6代表6V。

第三部分为电流等级代号。其用1位阿拉伯数字表示，含义见表2.7。

表2.7 车用交流发电机的电流等级代号

电流等级代号	1	2	3	4	5	6	7	8	9
电流（A）	≤19	20～29	30～39	40～49	50～59	60～69	70～79	80～89	≥90

第四部分为设计序号。按产品的先后顺序，用阿拉伯数字表示。

第五部分为变型代号。交流发电机以调整臂的位置作为变型代号。从驱动端看，Y代表右边；Z代表左边；没有变型代号则表示无调整臂或调整臂处于中间位置；若发电机被驱动的旋转方向为逆时针旋转方向，则最后一个字母为N。

二、交流发电机的结构

汽车上的交流发电机大多采用三相同步交流发电机，其结构按类型的不同而异，普通式与整体式车用交流发电机在结构上大同小异，而与无刷式、永磁式有较大的差异。下面以整体式交流发电机为例说明其结构。

整体式交流发电机主要由定子、转子、电刷、整流器、前后端盖、风扇及带轮等组成（电压调节器装在交流发电机后端的防护罩内，但不是交流发电机的组成部分）。

1．定子总成

定子总成用来产生和输出三相交流电，又叫电枢，由定子铁心和定子绕组组成，如图2.24所示。

定子铁心由相互绝缘的内圆带槽的圆形硅钢片叠成。定子槽内置有三相对称绕组，三相绕组大多数采用“Y”形（星形）联结，也有用“△”形联结的。

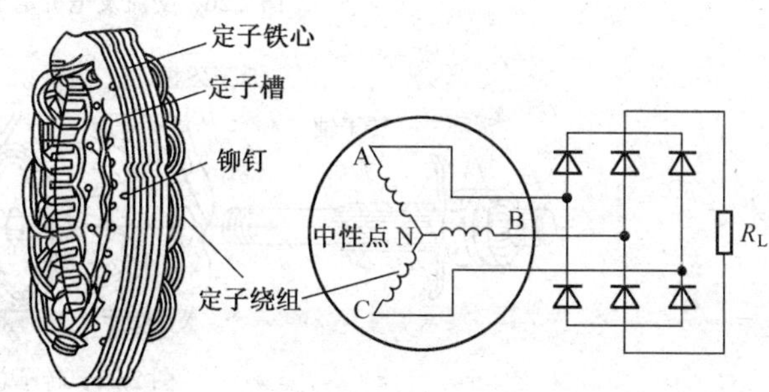

图2.24 定子总成

要产生对称三相交流电，A、B、C三相绕组必须在空间上相距120°；交流发电机两磁极（N与S极之间的极距）在空间上相距180°，即相距/极距=120°/180°=2/3。换言之，只要满足上述（相距/极距=2/3）要求，即可产生对称三相交流电。

一般的交流发电机，定子上嵌线的槽数为36个，磁极对数为6对（即12个），相当于每个磁极对应 36/12=3 个槽，即极距=3 个槽。由前述原理可知，要产生三相交流电，相距（即 A、B、C 三相绕组的首边距离）应等于 2 个槽，即相距/极距=2 槽/3 槽=2/3。也即两个绕组（两相）之间的首端距离应为 2 个槽，或等于 2+3*n* 个槽（*n* 为极距倍数 1，2，3，…）。同一相绕组线圈的首端和末端的距离应为一个极距，即 3 个槽。

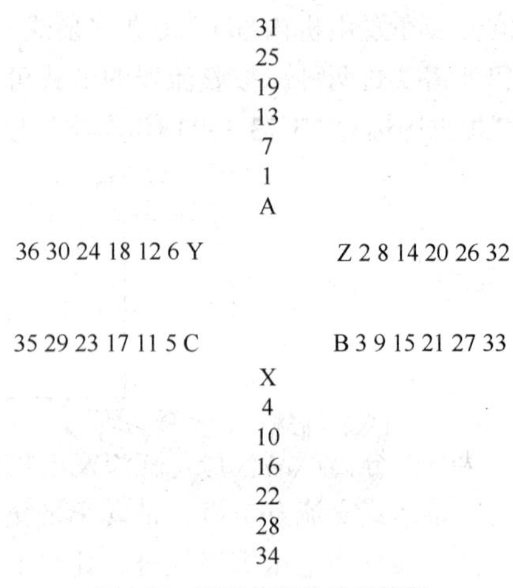

图 2.25 定子绕组绕线规律图

按图 2.25 所示的规律绕制定子绕组即可达到上述要求。图 2.26 为某一交流发电机定子绕组的展开图。

2．转子总成

转子总成又称励磁绕组（也称磁场绕组、磁场线圈），作用是用来产生磁场。由两块爪（鸟嘴）形磁极、磁场绕组、滑环及轴等组成，如图 2.27 所示。

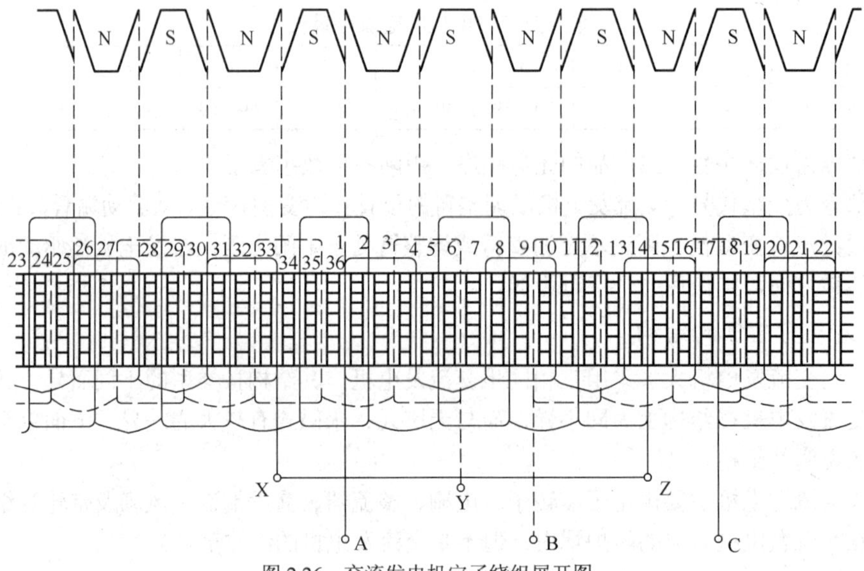

图 2.26 交流发电机定子绕组展开图

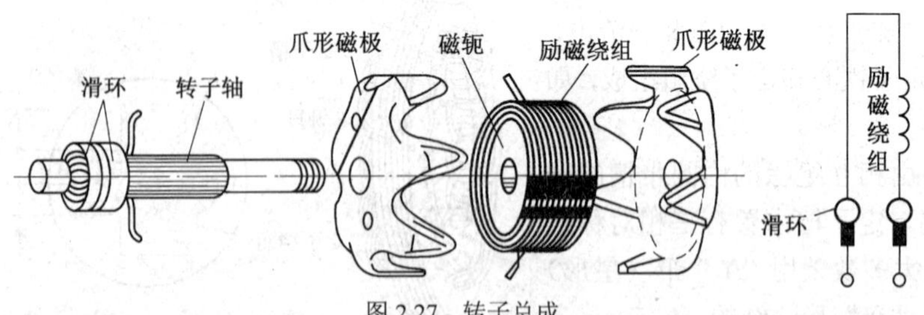

图 2.27 转子总成

两块爪形磁极被压装在转子轴上，且内腔装有磁轭，并绕有励磁绕组。绕组两端的引线分别焊在与轴绝缘的两个滑环上。两个电刷装在与后端盖绝缘的电刷架内，通过弹簧力使其与滑环保持接触。发电机工作时，两电刷与直流电源连通，可为磁场绕组提供定向电流并产生轴向磁通，使两块爪形磁极被分别磁化为 N 极和 S 极，从而形成犬牙交错的 6 对磁极，并沿圆周方向均匀分布。转子旋转时，磁力线便会不断切割安装在定子铁心上的绕组，产生周期个数等于磁极对数的交流电动势。

3．整流器

整流器的作用是将定子绕组输出的三相交流电，通过三相桥式整流变成直流电输出。整流器由正整流板和负整流板组成，如图 2.28 所示。

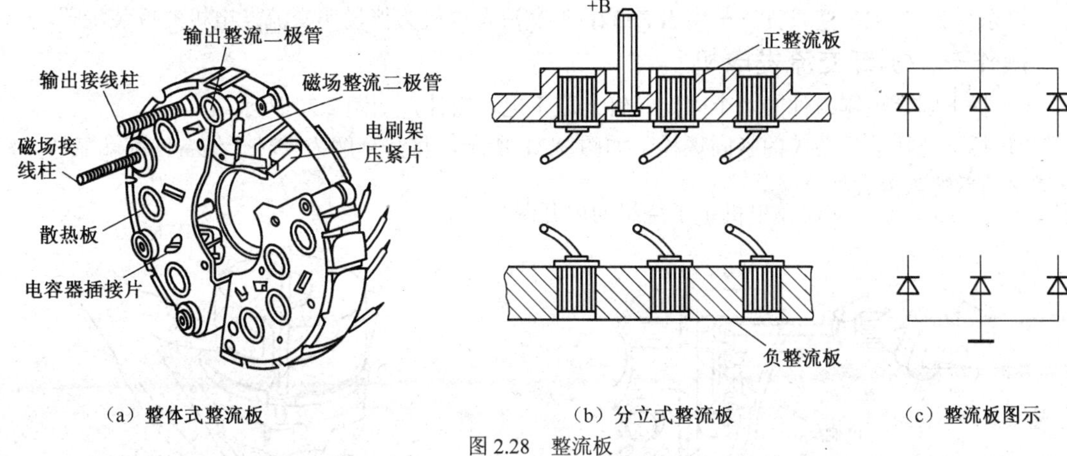

图 2.28　整流板

交流发电机的整流器大多由 6 只硅二极管组成。引出线为正极、外壳为负极的二极管称为正极管，管壳底上有红色标记；引出线为负极、外壳为正极的二极管称为负极管，管壳底上注有黑色标记。

安装二极管的板子称为整流板（也称元件板），通常用铝合金制成以利于散热。现代汽车用交流发电机都有两块整流板，安装 3 只正二极管的整流板（装在外侧）称为正整流板，安装 3 只负二极管的整流板（装在内侧）称为负整流板（也有个别发电机将 3 只负二极管安装在后端盖上），两块板相互绝缘地安装在一起，它与后端盖用尼龙或其他绝缘材料制成的垫片隔离开且固定在后端盖上。

安装在正整流板上并与之绝缘的 3 个接线柱分别固定正、负极管子的引线和来自三相绕组某一相的端头。与正整流板连接在一起的螺栓引至后端盖外部作为发电机的电源输出端，并标记为“+B”（“+”、“A”或“电枢”）。

4．前后端盖

前后端盖是交流发电机的安装基础，用来固定定子、支承转子总成并封闭内部构造，由铝合金制成，具有轻便、阻磁（减少漏磁）、散热性能好等特征。

5．电刷与电刷架

电刷的作用是通过滑环给励磁绕组提供电流。电刷装在电刷架内，通过弹簧与滑环紧密接触，如图 2.29 所示。

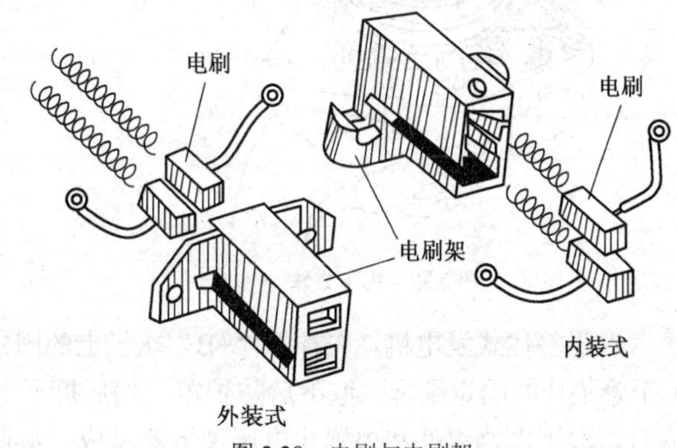

图 2.29　电刷与电刷架

发电机的类型不同，电刷架的安装位置也有所不同。有的安装在发电机的后端盖上（外装式），这种结构便于电刷的维护与更换；有的与整流器安装在一起（内装式），维护或更换电刷时，需要将发电机后端盖上的防护罩拆下。

6．带轮和风扇

发电机由发动机通过其前端装的带轮带动。在带轮后面装有风扇，靠风扇的离心作用给发电机强制通风。前后端盖用 3～4 个螺栓与定子紧固在一起。

课题实施

拆装交流发电机

以东风 EQ1091E 型载货汽车用 JFZ132E 型交流发电机为例说明交流发电机的拆装步骤。

操作一 拆卸交流发电机

① 拆下固定电刷组件的两个固定螺钉，取下电刷组件，如图 2.30 所示。

② 拆下连接前后端盖的紧固螺栓，如图 2.31 所示，将其分解为与转子结合的前端盖和与定子连接的后端盖两大部分。

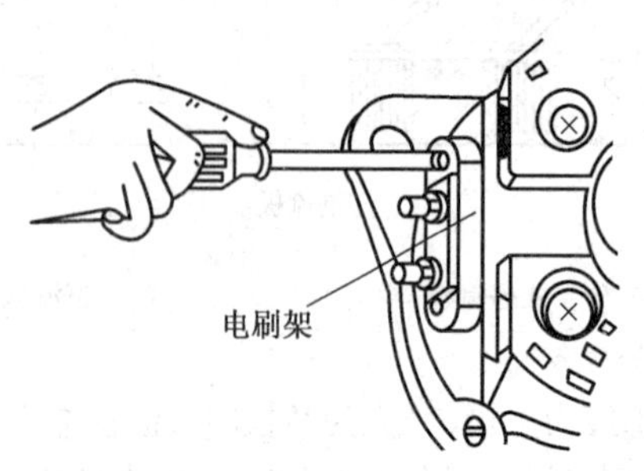

图 2.30 拆下电刷架

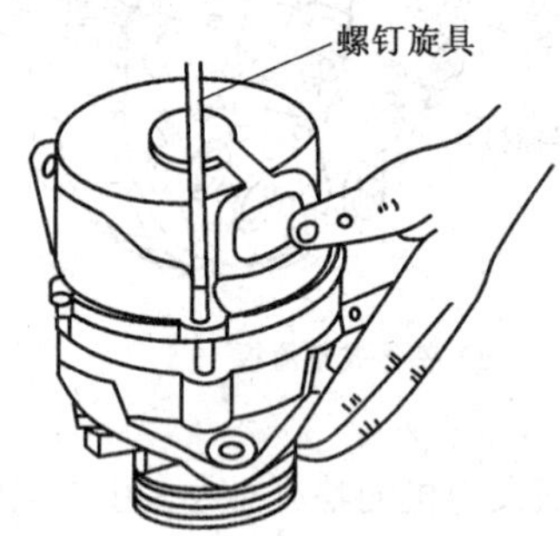

图 2.31 拆下连接前后端盖的螺栓

③ 拆下带轮。将转子夹紧在台虎钳上，拆下带轮紧固螺母（如图 2.32 所示）后，可依次取下带轮、风扇、半圆键、定位套。

④ 分离前端盖与转子，若装配过紧，可用木锤轻敲或用拉器拉开。

⑤ 拆下后端盖外的防护罩。拆掉图 2.33 所示的后端盖上的 3 个螺钉（其中螺钉 3 兼作“−”极接线柱），即可将防护罩取下。

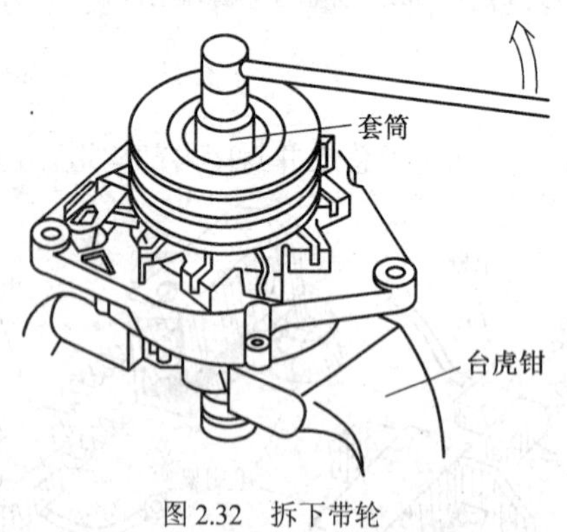

图 2.32 拆下带轮

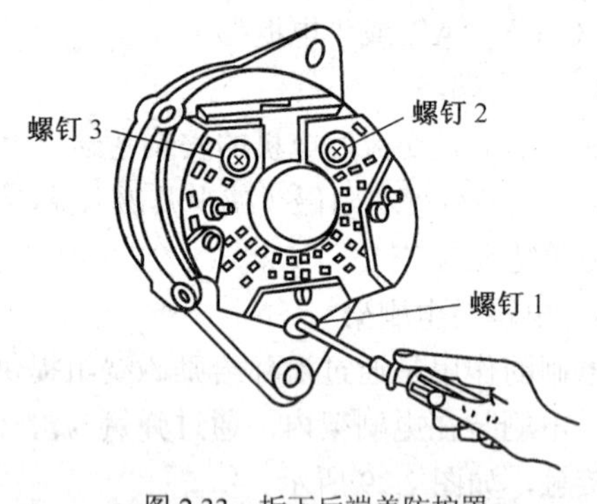

图 2.33 拆下后端盖防护罩

对于整体式发电机，先拧下“+B”端子上的固定螺母并取下绝缘套管；再拧下后防尘盖上的 3 个带垫片的固定螺母，取下后防护罩。然后拆下电刷组件的两个固定螺钉和调节器的 3 个固定螺钉，取下电刷组件和内置式电压调节器总成。最后拧下整流器二极管与定子绕组引线端子的连接螺钉，取下整体式整流器总成。

⑥ 拆下定子绕组与整流器的连接螺钉。拆下定子上 4 个接线端（三相绕组首端及中性点）在散热板上的连接螺母，如图 2.34 所示，使定子绕组与后端盖分离。

⑦ 拆下整流器与后端盖的连接螺钉。拆下后端盖上紧固整流器总成的螺钉，取下整流器总成，

如图 2.35 所示。

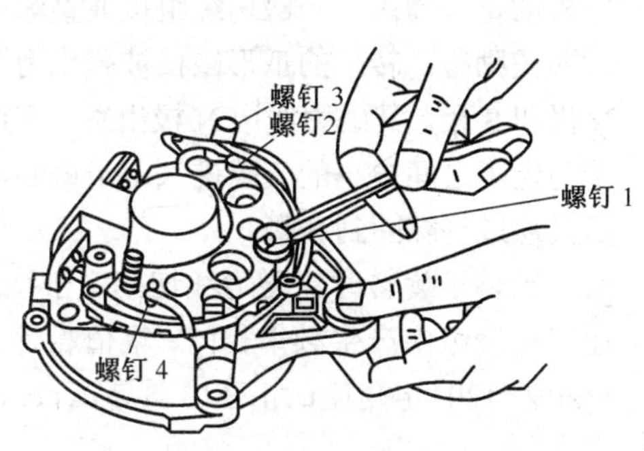

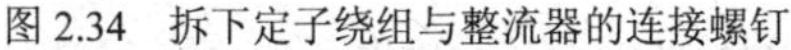
图 2.34 拆下定子绕组与整流器的连接螺钉

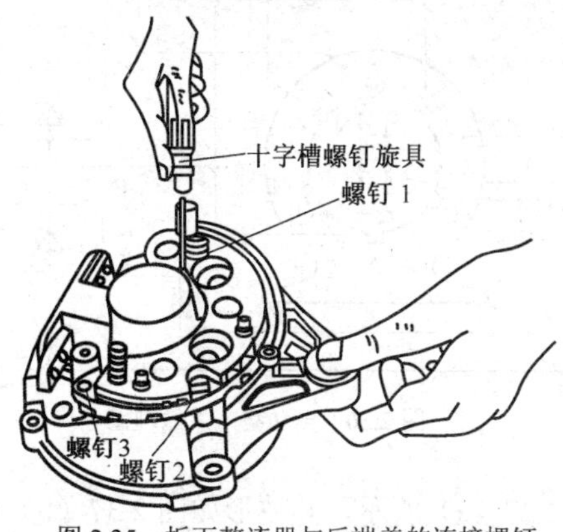

图 2.35 拆下整流器与后端盖的连接螺钉

⑧ 零部件的清洗。机械部分可用煤油或清洗液清洗，电气部分如绕组、散热板及全封闭轴承等表面的尘土脏污宜用干净的棉纱擦拭去除。

在拆卸交流发电机时，要注意以下几点。

（1）发电机的拆卸要按照工艺要求进行，禁止生敲硬拆而损坏机件。拆卸的零件要按照规范清洗并顺序摆放。对于有问题的零件和复杂部位的拆卸顺序及连接方法，必要时要有详细记录。

（2）分离前后端盖时，不能单独将后端盖分离开来，否则会扯断定子绕组与整流器之间的连线（即三相绕组的端头）。

（3）在一般情况下，不必分解 V 形带轮、风扇和前端盖等部件。

操作二 组装交流发电机

① 组装交流发电机各零部件之前，先将轴承填充规定型号的润滑脂（1～3 号复合钙钠基润滑脂或 2 号低温润滑脂），填充量以轴承空间的 2/3 为宜。若过量则易溢出，溅到滑环上会导致电刷与滑环接触不良。

② 将前端盖、风扇、半圆键和带轮依次装到转子轴上，并用螺母紧固。

③ 将整流板、定子绕组依次装入后端盖。

④ 将两端盖装合在一起（注意两端盖的相互位置），并按要求拧紧连接螺栓。

⑤ 装好后端盖防护罩。

⑥ 装好电刷组件。

⑦ 装复完毕后，用手转动驱动带轮，检查转动是否灵活自如；再用万用表检测各接线端子间的电阻值是否符合要求。如无异常，即可进行简单的发动试验。

课题六 交流发电机的工作原理

基础知识

一、交流发电机的工作原理

1．交流电动势的产生

交流发电机电动势的产生原理如图 2.36 所示。

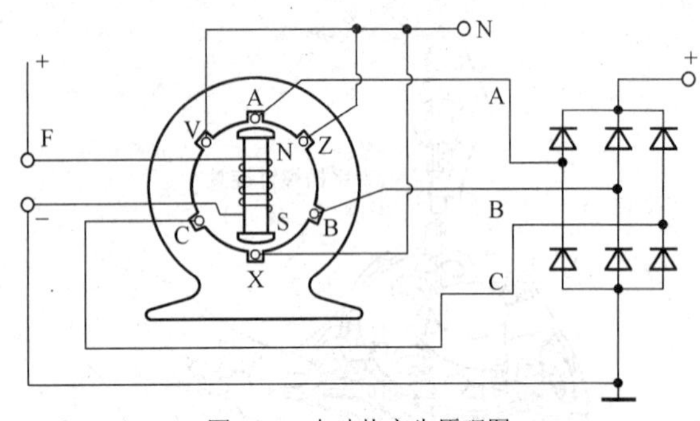

图 2.36 电动势产生原理图

交流发电机定子的三相绕组（AX、BY、CZ）按在空间上相差 120° 的规律排列在发电机的定子槽内。当磁场绕组接通直流电源时即被励磁，转子的爪形磁极被磁化为数对 N 极和 S 极。其磁力线由 N 极出发，穿过转子与定子之间很小的气隙进入定子铁心，最后又通过气隙回到 S 极。

当转子旋转时，磁力线切割定子绕组，在三相绕组中产生频率相同、幅值相等、相位相差 120° 电角度的正弦电动势 e_A、e_B、e_C，如图 2.37（a）所示，其波形如图 2.37（b）所示。

发电机每相绕组所产生的电动势的有效值（单位：V）为

$$E_{\Phi}=4.44KfN\Phi=Cn\Phi \tag{2.3}$$

式（2.3）中，K——定子绕组系数，一般小于 1；

f——感应电动势的频率（单位：Hz）；$f=Pn/60$（P 为磁极对数，n 为转速）；

N——每相绕组的匝数；

Φ——磁极的磁通（单位：Wb）；

C——$4.44KNP/60$。

由此可见，交流发电机的输出电压与频率、定子绕组的匝数及励磁绕组的磁通量成正比，一个交流发电机制成后 K、P、N 等均不变化，则发电机输出电压只与其转速、励磁绕组的磁通量有关。

2．整流过程

以 6 个整流二极管构成的三相桥式整流电路为例，如图 2.37（a）所示。3 个负二极管 VD_2、VD_4、VD_6 的正极并接在负极板上搭铁，3 个正二极管 VD_1、VD_3、VD_5 的负极并接在正极板上输出。每个时刻有两个二极管同时导通，同时导通的两个管子总是将发电机的电压加在负荷的两端。

当 t=0 时，C 相电位最高，而 B 相电位最低，所对应的二极管 VD_5、VD_4 处于正向导通。电流从 C 相绕组出发，经 VD_5→负载 R_L→VD_4→B 相绕组构成回路。由于二极管的内阻很小，所以此时发电机的输出电压可视为 B、C 相绕组之间的线电压。

在 t_1～t_2 时间内，A 相电位最高，而 B 相电位最低，故对应的 VD_1、VD_4 处于正向导通。同理，交流发动机的输出电压可视为 A、B 相绕组之间的线电压。

在 t_2～t_3 时间内，A 相电位最高，而 C 相电位最低，故 VD_1、VD_6 处于正向导通。同理，

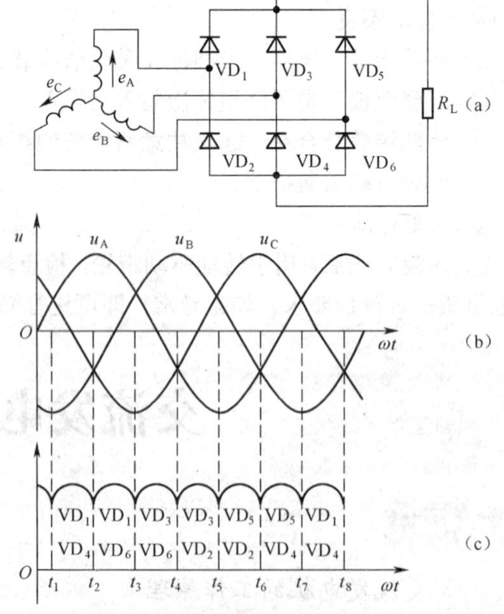

图 2.37 三相桥式整流电路的整流过程

交流发动机的输出电压可视为 A、C 相绕组之间的线电压。

以此类推，周而复始，在负载上便可获得一个比较平稳的直流脉动电压，如图 2.37（c）所示。交流发动机输出的电压的平均值为

$$U_{av} = 2.34\, U_{\Phi} \tag{2.4}$$

式（2.4）中，U_{av}——输出直流电压的平均值（单位：V）；

U_{Φ}——发电机相电压的有效值（单位：V）。

除了部分交流发电机采用 6 个整流二极管构成的三相桥式整流电路外，还有部分交流发电机采用了八管、九管，甚至是十一管构成的整流电路，其整流过程基本相似。

3．励磁方式

为了使交流发电机在低速时具有良好的发电性能，在发电机开始发电时，采用他励方式，即由蓄电池提供励磁电流，增强磁场，使输出电压随发电机转速迅速上升。当发电机输出电压高于蓄电池电压（发电机的转速达到 1 000r/min 左右）时，励磁电流便由发电机自身供给，这种励磁方式称为自励。由此可见，汽车交流发电机在输出电压建立前后分别采用了他励和自励两种不同的励磁方式。

交流发电机励磁电流的控制形式有两种，一种是控制励磁电流的火线，其搭铁可以通过发电机本体直接搭铁，我们通常称这种控制方式为内搭铁（或内搭铁交流发电机），如图 2.38（a）所示；另一种控制方式是控制励磁电流的搭铁，我们通常称这种控制方式为外搭铁（或外搭铁交流发电机），如图 2.38（b）所示。

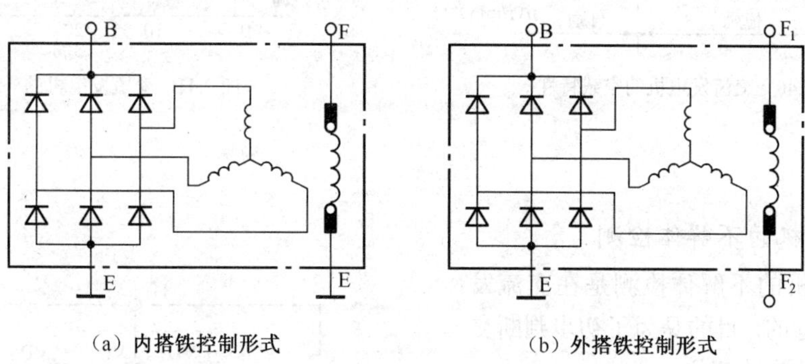

（a）内搭铁控制形式　　（b）外搭铁控制形式

图 2.38　励磁电流的控制形式

二、交流发电机的工作特性

交流发电机的工作特性是指交流发电机转速（n）、输出电压（U）与输出电流（I）三者之间的关系。工作特性包括输出特性、空载特性和外特性，其中以输出特性最为重要。

1．输出特性

输出特性也称负载特性或输出电流特性，是指交流发电机输出电压保持一定时，发电机的输出电流与转速之间的关系。

在实际工作中，通常是测试交流发电机输出电压为 14V（标称电压 12V；标称电压为 24V 时，输出电压为 28V），输出电流为额定电流时，满载转速是否符合技术要求。

输出特性 $I=f(n)$ 曲线如图 2.39 所示。

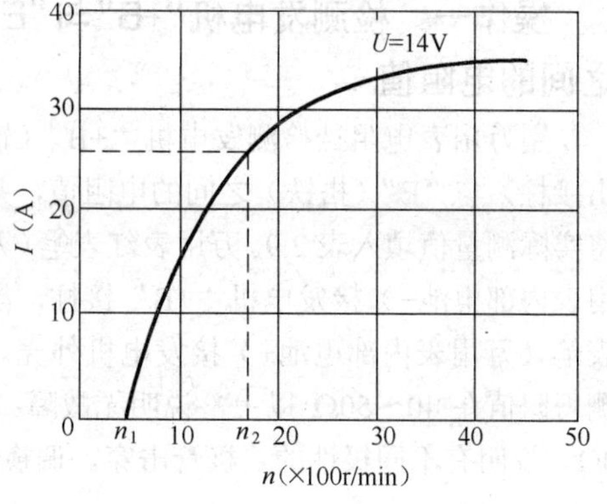

图 2.39　交流发电机的输出特性

2．空载特性

空载特性是指无负荷时，发电机输出电压与转速的变化规律。

在实际工作中，通常是测试交流发电机输出额定电压 14V（标称电压 12V；标称电压为 24V 时，输出电压为 28V）时，空载转速是否符合要求。

空载特性 $U=f(n)$曲线如图 2.40 所示。

3．外特性

外特性是指发电机转速保持一定时，发电机的输出电压与输出电流的关系。

在进行不同恒定转速的试验后，可以绘出一组相似的 $U=f(I)$外特性曲线，如图 2.41 所示。

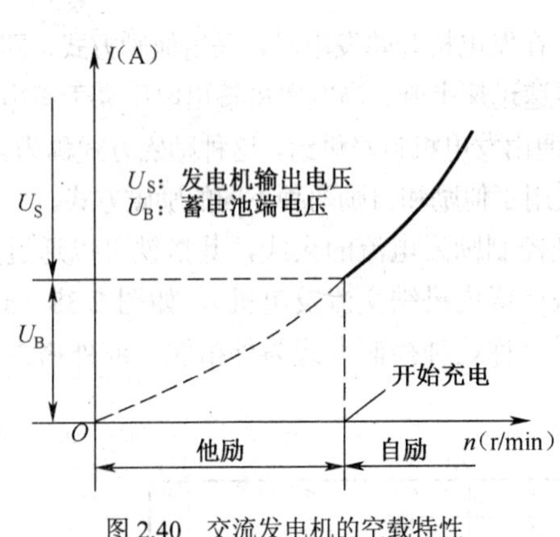

图 2.40 交流发电机的空载特性

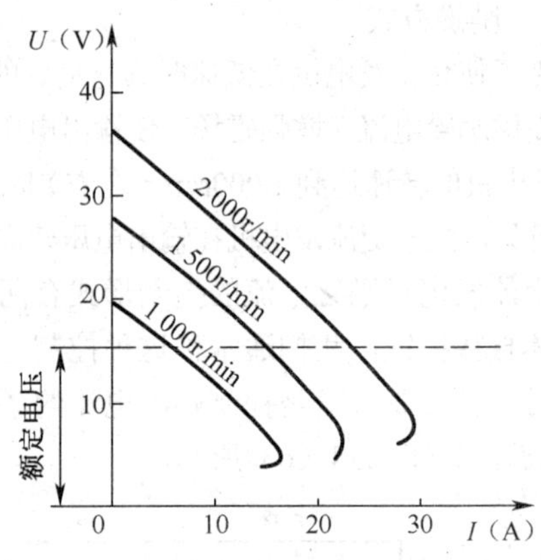

图 2.41 交流发电机的外特性

课题实施

交流发电机的不解体检测

交流发电机的不解体检测是在交流发电机拆解前进行的，目的是为了初步判断交流发电机内部故障的部位。

交流发电机的外部接柱如图 2.42 所示。部分交流发电机各接柱之间的电阻可参照表 2.8。

操作一 检测发电机“+B”与“E”之间的电阻值

用万用表电阻挡检测发电机“+B”（输出接柱）与“E”（搭铁）之间的电阻值，并将实际测量值填入表 2.9。万用表红表笔（万用表内部电池–）接发电机“+B”接柱，黑表笔（万用表内部电池+）接发电机外壳。

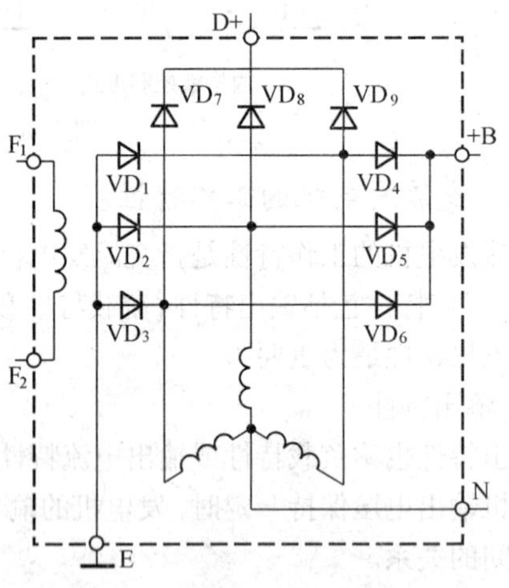

图 2.42 交流发电机的外部接柱

测得阻值在 40～50Ω 以上，说明无故障；若阻值在 10Ω 左右，说明有失效的二极管；若阻值为 0Ω，说明有不同极性的二极管击穿。调换表笔检测，电阻应大于 10kΩ。

表 2.8　　常用交流发电机各接柱之间电阻标准值

交流发电机型号		F与E间（Ω）	B与E间		N与E间	
			正向（Ω）	反向（Ω）	正向（Ω）	反向（Ω）
有刷	JF11、JF13、JF15、JF21	5～6	40～50	＞10 000	10	＞10 000
	JF12、JF22、JF23、JF25	19.5～21				
无刷	JFW14	3.5～3.8				
	JFW28	15～16				

表 2.9　　交流发电机各接柱之间电阻检测记录表

发电机型号	“F”与“E”之间的电阻值（Ω）	“+B”与“E”之间的电阻值（Ω）		“N”与“E”之间的电阻值（Ω）	
		正　　向	反　　向	正　　向	反　　向

操作二　检测发电机“F”与“E”之间的电阻值

用万用表电阻挡检测发电机“F”（磁场，或外搭铁发电机的 F_1）与“E”（搭铁，或外搭铁发电机的 F_2）之间的电阻值，将实际测量值填入表 2.9。一表笔接发电机“F”接柱，另一表笔接发电机“E”接柱，测得电阻值应为 3.5～6Ω；转动转子再测量，电阻基本不变。

操作三　检测发电机“N”与“E”之间的电阻值

用万用表电阻挡检测发电机“N”（中性点）与“E”之间的电阻值，将实际测量值填入表 2.9。测得的正向电阻值应为 10Ω 左右，反向电阻应大于 10kΩ。

操作四　检测发电机“D+”与“E”之间的电阻值

用万用表电阻挡检测发电机“D+（中性点）与“E”之间的正反向电阻值，测量结果应与上述操作一、三的检测结果一致。若 3 个检测结果相差较大，则说明某一组二极管或电枢绕组有断路或短路故障。

拓展训练　交流发电机的性能检测

操作一　交流发电机的就车检测

1．检查蓄电池和电源系统线路连接状况

蓄电池应处于充满状态。若不符合要求，应对蓄电池进行充电，使其达到技术要求。

电源系统电路连接紧固，无锈蚀、松动情况。

2．连接线路

发动机熄火，按如图 2.43 所示连接电压表和电流表。电流表（+）接发电机+B 端子，电流表（−）接导线+B 端子，电压表（+）接发电机+B 端子，电压表（−）搭铁。

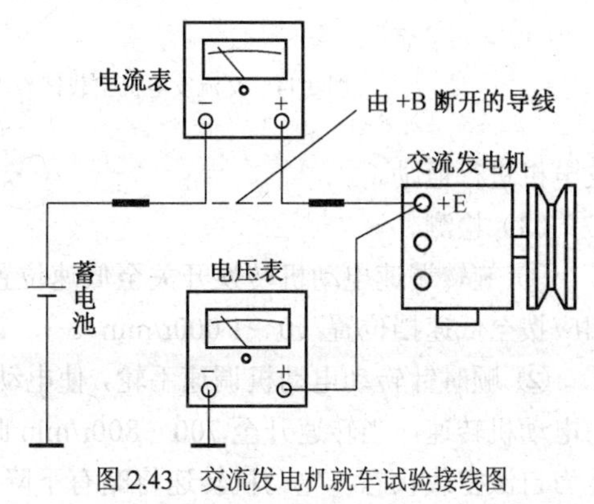

图 2.43　交流发电机就车试验接线图

注意

为避免引起短路，在连接电流表和电压表时，应拆除蓄电池负极柱。

3．无负载性能试验

（1）将所有用电设备开关拧至 OFF。

（2）起动发动机，并使转速达到 2 000r/min。

（3）电流表读数为 10A 以下。

（4）电压表读数为 13.8～14.8V。

4．有负载性能试验

（1）将发动机转速升高至 2 000r/min。

（2）将前照灯及其他用电设备开关拧到 ON。

（3）电流表读数为 30A 以上。

（4）电压表读数为 13.8～14.8V。

操作二　交流发电机的台架检测

1．交流发电机空载试验

（1）安装发电机。

将交流发电机紧固在汽车电器万能试验台的龙门夹具上，调整升降夹具，使交流发电机与调速电动机主轴同心，选用合适的六角套筒、橡皮接头将交流发电机与调速电动机连接。用手转动电动机主轴，观察电动机主轴与发电机是否同心。

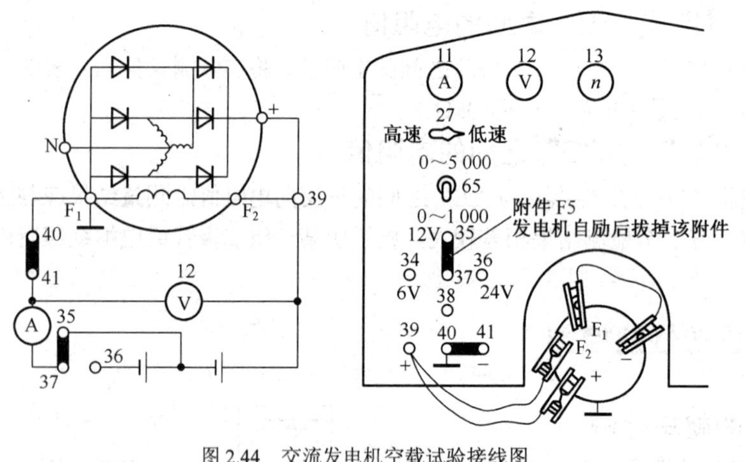

图 2.44　交流发电机空载试验接线图

（2）连接电路。

按图 2.44 所示连接好试验电路。

① 用附件连接试验台上的插座 40、41（此时试验台的蓄电池为负极搭铁）。

② 将附件（电枢、磁场连接线）一头插入插座 39 中，另两头分别接交流发电机的“+”（输出、+B）与“F_2”接柱。

③ 用附件连接 35、37 插座，由试验台的蓄电池对发电机进行他励。

（3）检测。

① 旋转调速电动机转换开关至低速位置，此时调速电动机指示灯亮。将转速表量程控制开关相应拨至低速挡位置（0～1 000r/min）。

② 顺时针转动电动机调速手轮，使电动机检视孔内的指示箭头向右偏移，观察转速表所指示的电动机转速，当转速升至 700～800r/min 时，将连接 35、37 的附件从插座中拔下，此时发电机转为自激空载状态，电动机转速将略有下降。

③ 顺时针转动调速手轮，使转速缓慢上升，同时观察电压表，当电压达到额定值 14V 时，停止升高转速，记录转速表所指示的转速，并将实际测量值填入表 2.10。

④ 检测结束。逆时针转动调速手轮，使电动机检视孔内的指示箭头对正壳体上的“0”位；旋转调速电动机转换开关至中间位置。

2．交流发电机负载试验

（1）安装发电机。

安装步骤与上述空载试验相同。

（2）连接电路。

按图2.45所示连接好试验电路。

（3）检测。

① 将置于试验台面下方的可变电阻手轮逆时针转动到底，将负载电阻调整为最大值。

② 旋转调速电动机转换开关至高速挡位置，此时调速电动机指示灯亮，并将转速表量程开关相应拨至高速挡位置（0～5 000r/min）。

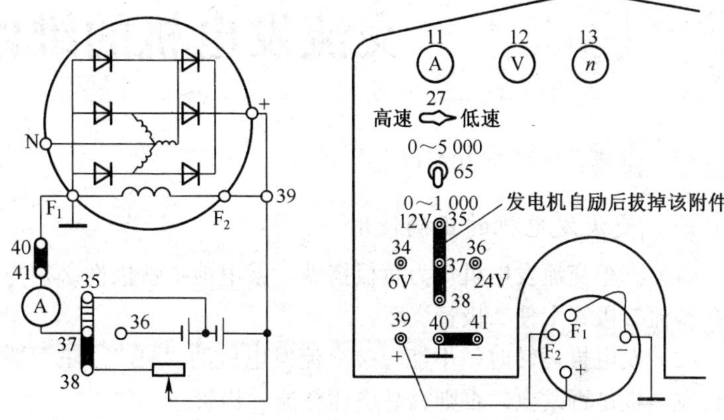

图 2.45　交流发电机负载试验接线图

③ 顺时针转动电动机调速手轮，使调速电动机检视孔内的箭头向右偏移，电动机转速逐渐上升。

④ 当转速上升至 700～800r/min 时，用附件暂时短接 35、37 插座进行他激，同时观察电流表，当转速上升，电流表指针由“0”转至指示 2A 充电电流时，先将 37、38 两插座用附件连接起来，再将连接 35、37 插座的附件拔下，此时交流发电机转入自激发电状态，并向负载（可变电阻）供电。

⑤ 缓慢顺时针转动调速电动机调速手轮，使电动机转速逐渐升高，同时注意观察电压表。当电压表读数达到额定值 14V 时，停止升速。

⑥ 顺时针转动可变电阻手轮，使负载电阻减小，负载电流增大；此时发电机电压将自动随之下降。当电压下降至 13V 时，停止转动可变电阻手轮。

⑦ 重复⑤、⑥两步骤，直至发电压达到额定值 14V，输出电流达到额定值 25A（JF11 型）时，记下转速表的转速读数，并将实际测量值填入表 2.10。

表 2.10　　交流发电机性能检测记录表

发电机型号	检测内容 检测项目	电压（V）	电流（A）	转速（r/min）	
	空载试验			标准	
				实测	
	负载试验			标准	
				实测	

⑧ 检测结束。

⑨ 逆时针转动电动机调速手轮，使调速电动机检视孔内的箭头归“0”；旋转调速电动机转换开关至中间位置。逆时针转动可变电阻手轮将负载电阻调整为最大值。

在进行交流发电机的性能检测时，应注意以下几点。

（1）低压电路未连接好时，不得接通交流电源。

（2）发电机未装夹牢固、发电机中心轴线与电动机中心轴线不一致时，不得进行检测。

（3）发电机进行高转速检测时，不得靠近。

（4）检测完成后，一定要使电动机调速指针回零，将可变电阻调至最大。

课题七 交流发电机的维修

基础知识

一、交流发电机的正确使用

（1）汽车交流发电机均为负极搭铁，蓄电池搭铁极性必须与发电机一致。否则蓄电池将正向加在整流二极管上使二极管烧坏。

（2）发电机运转时，不能短接交流发电机的“+B”、“E”端子（即采用搭铁试火的方法）来检查发电机是否发电，否则容易烧坏整流二极管。

（3）发现发电机不发电或充电电流很小时，应及时找出原因并排除故障。如果继续运转，故障会扩大。例如，1 个二极管短路后，会导致其他两个二极管和定子绕组被烧坏。

（4）当整流器的 6 个整流二极管与定子绕组连接时，禁止使用 220V 交流电源检查发电机的绝缘情况，否则将会损坏二极管。

（5）交流发电机在与调节器配用时，电压等级必须一致。否则充电系统不能正常工作。对于外搭铁型发电机和外搭铁型调节器，磁场电流是由电源正极经点火开关、励磁绕组、调节器“磁场”端子“F”流入调节器，再经调节器内部大功率晶体管（NPN 型晶体管）后，从调节器“搭铁”端子流回电源负极。对于内搭铁型发电机与内搭铁型调节器，磁场电流则是由电源正极经点火开关，从调节器“+”端子流入，先经内部大功率晶体管（PNP 型晶体管），从调节器“磁场”端子“F”流出，再经发电机磁场绕组、搭铁回到电源负极。

由此可见，内搭铁型调节器只能与内搭铁型发电机配用；外搭铁型调节器只能与外搭铁型发电机配用。

（6）汽车停驶时应断开点火开关，以免蓄电池长时间向励磁绕组放电。在汽车上，一旦接通电源，调节器的大功率管就始终处于导通状态，汽车停驶时大功率管始终导通（夜间停驶也是如此），而且此时磁场电流接近最大值，不仅会使电子调节器使用寿命大大缩短，而且还会导致蓄电池亏电。试验证明，当调节器不受开关控制而直接与充足电的蓄电池连通时，使用 5～7d，蓄电池便不能起动发动机，调节器的使用寿命也只有 100d 左右。

二、交流发电机的维护

汽车每行驶 3 万千米，应将交流发电机从车上拆下检修一次，主要检查电刷和轴承磨损情况。新电刷高度为 14mm，磨损至 7～8mm 时，应当换用新电刷；轴承如有显著松动，应换用新轴承。汽车每行驶 1.5 万千米，应当进行以下检查。

1．检查 V 形驱动带外观

目视 V 形带有无裂纹和破损现象，如有则应换用新 V 形带。V 形带安装情况应当符合图 2.46（a）的要求，如果安装情况如图 2.46（b）所示，则应换用新 V 形带。

2. 检查V形驱动带挠度

检查时，在两个V形驱动带轮之间V形带的中央部位施加100N压力，此时V形带的挠度应符合规定指标。新V形带一般为5～7mm，旧V形带（即装车随发动机转动过5min或5min以上的V形带）一般为10～14mm。具体指标以车型手册规定为准，挠度不符合规定应予调整。

3. 检查导线连接

一是各导线的连接部位必须正确；二是发电机“+B”端子必须加垫弹簧垫圈；三是对于采用线束连接器连接的发电机，其插头与插座必须用锁紧卡簧锁紧，不得有松动现象。

4. 检查有无噪声

检查时，逐渐加大发动机油门，同时监听发电机有无异常响声。如有异常响声，则需拆下发电机分解检修。

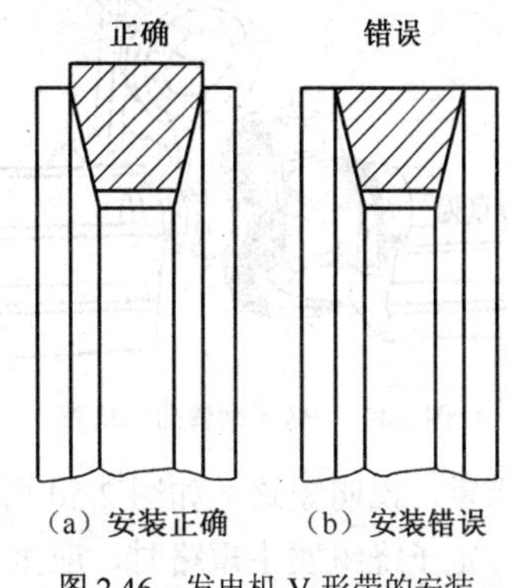

（a）安装正确（b）安装错误

图2.46 发电机V形带的安装

课题实施

检修交流发电机

1. 转子的检测与维修

① 转子绕组短路、断路的检查。用万用表的低电阻挡检测两滑环之间的电阻，应符合技术标准。若阻值为“∞”，则说明断路；若阻值过小，则说明短路。一般阻值约为3.5～6Ω，如图2.47所示。

若转子绕组短路处发生在二滑环之间，可采用清除滑环间引起短路的杂物的方法进行处理；若短路处发生在绕组线圈中，则应拆解转子，重新进行绕制。若转子绕组断路处发生在绕组与滑环的连接部位，可进行重新焊接；若发生的绕组内部，则应重新进行绕制。

② 转子绕组搭铁的检查。检查转子绕组搭铁即检查转子绕组与铁心（或转子轴）之间的绝缘情况。用万用表导通挡检测两滑环与铁心（或转子轴）之间的导通情况。若万用表指示值为零且发出响声，说明有搭铁故障，正常应为“∞”，如图2.48所示。

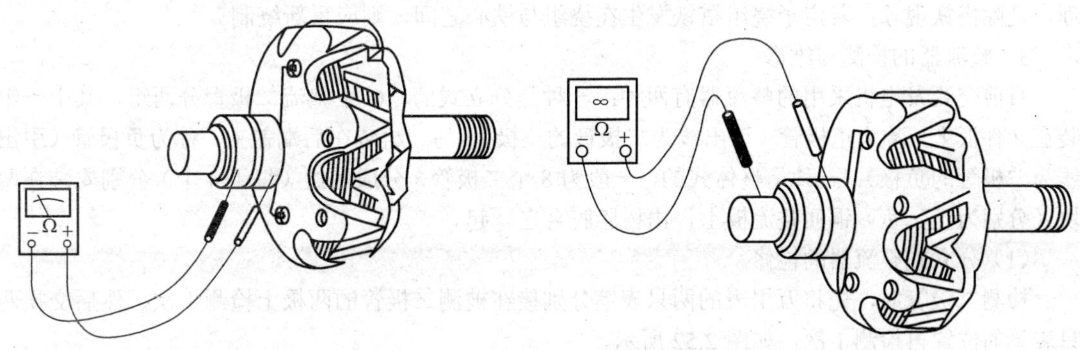

图2.47 转子绕组短路、断路的检查　　图2.48 转子绕组搭铁的检查

若转子绕组发生搭铁故障，应拆解转子，重新进行绕制。

③ 滑环的检查。滑环表面应平整光滑，无明显烧损，否则应用“00”号纱布打磨。两滑环间隙处应无积物。滑环圆度误差不超过0.025mm，厚度不小于1.5mm。滑环厚度小于1.5mm时，应

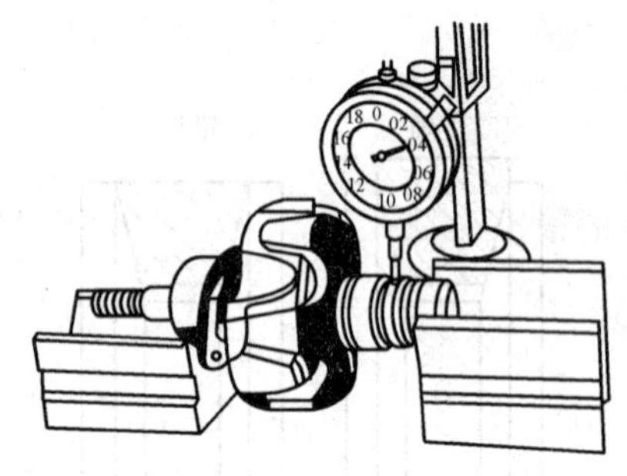
图 2.49 转子轴弯曲的检查

将旧滑环在车床上车除，重新镶嵌滑环，焊接绕组抽头。

④ 转子轴弯曲的检查。用百分表检查转子轴的直线度，应不超过 0.05mm（径向圆跳动公差不超过 0.1mm），否则应予以校正。爪形磁极在转子轴上应固定牢靠，间距相等，如图 2.49 所示。

2．定子的检测与维修

① 定子绕组短路、断路的检查。用万用表的低电阻挡检测定子绕组的 3 个接线端两两之间的电阻值。正常值时电阻值小于 1Ω 且相等。若电阻值为“∞”，说明断路；电阻值为零，说明短路，如图 2.50 所示。

定子绕组发生短路时，应重新进行绕制。若定子绕组断路处发生在引出线处，可进行焊接处理；若发生在绕组内部，则应重新绕制。

② 定子绕组搭铁的检查。检查定子绕组搭铁即检查定子绕组与定子铁心之间的绝缘情况。用万用表导通挡测定子绕组接线端与定子铁心之间的电阻值，若电阻值过小（且万用表发出响声），说明有绝缘不良故障。正常应指示“∞”，如图 2.51 所示。

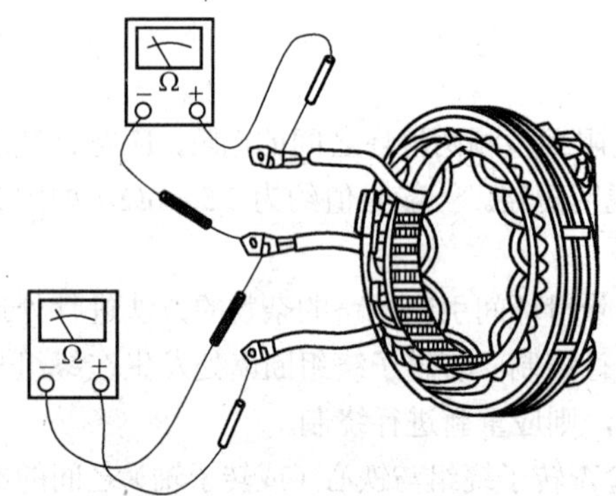

图 2.50 定子绕组短路、断路的检查

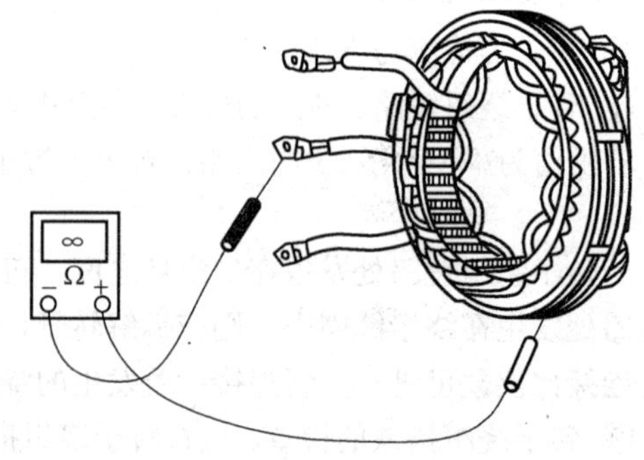

图 2.51 定子绕组绝缘检查

若定子绕组搭铁发生在引出线与铁心之间，可将引出线与铁心分开，对定子绕组进行浸漆处理，消除搭铁现象；若定子绕组搭铁发生在绕组与铁心之间，则应重新绕制。

3．整流器的检测与维修

目前交流发电机采用的整流器有两种：一种是分立式的，6 个整流二极管分两组，其中一组装在元件板上，称为正极管（引出线为二极管的正极），另一组装在后端盖上，称为负极管（引出线为二极管的负极）；一种是整体式的，一般为 8 个二极管，分成两组（每组 4 个）分别安装在两块（分别为正、负）铜质整流板上，由树脂胶合在一起。

（1）分立式整流器的检修。

检测二极管时，先将万用表的两只表笔分别接在被测二极管的两极上检测 1 次，然后交换两只表笔的位置再检测 1 次，如图 2.52 所示。

若两次测得的电阻值为一大（10kΩ 以上）一小（8～10Ω），说明该二极管良好；若两次测得的电阻值均为无穷大，则说明该二极管断路；若两次测得的电阻值均为零，则被测二极管短路。

目前，汽车常用分立式整流器二极管的安装方式有焊接式和压装式两种。对于焊接式安装的二极管整流器，只要有 1 只二极管短路或断路，该二极管所在的正整流板总成或负整流板总成就需换用新品；对于压装式安装的二极管整流器，当 1 只二极管短路或断路后，只需要更换故障二极管即可。更换时应注意二极管与安装孔之间的过盈量和二极管的极性。

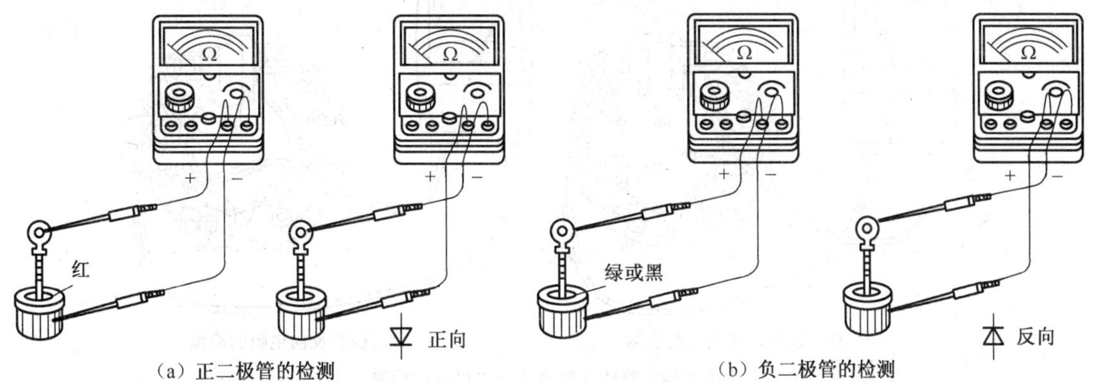

（a）正二极管的检测　　（b）负二极管的检测

图 2.52　分立式整流器的检测

（2）整体式整流器的检修。

① 正二极管的检测。

先将万用表（R×1kΩ 挡）的正极表笔接正整流板，负极表笔分别接 3 个正二极管的引出电极，如图 2.53（a）所示，均应导通。如不导通，说明被测正极管断路，应更换整流器与电刷组件总成。然后调换两表笔进行测试，如图 2.53（b）所示，此时应不导通，如导通，也应更换整流器与电刷组件总成。

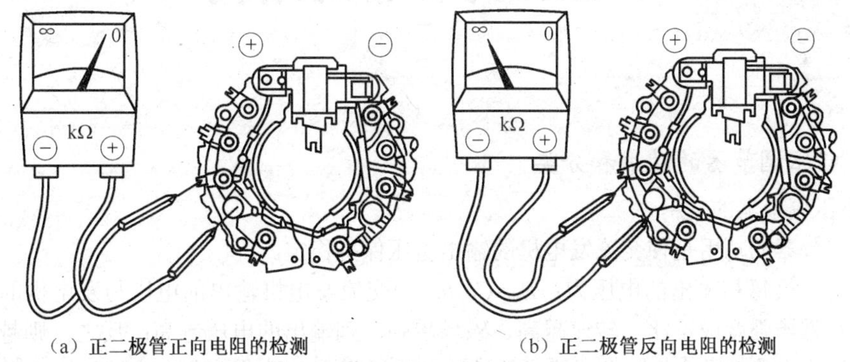

（a）正二极管正向电阻的检测　　（b）正二极管反向电阻的检测

图 2.53　整体式整流器正二极管的检测

② 负二极管的检测。

先将万用表（R×1kΩ 挡）的负极表笔接负整流板，正极表笔分别接 3 个负二极管的引出电极，如图 2.54（a）所示，均应导通。如不导通，说明被测负二极管断路，应更换整流器与电刷组件总成。然后调换两表笔进行测试，如图 2.54（b）所示，此时应不导通，如导通，也应更换整流器与电刷组件总成。

③ 其他二极管的检测。

其他二极管的检测方法与上述方法相同，重要的是找准被测二极管的位置和与其正负极相连接的位置。

4．电刷组件的检修

电刷表面不得有油污，且应在电刷架中活动自如，电刷磨损不得超过原高度的 1/2（标准长度为 10.5mm）；当电刷从电刷架中露出 2mm 时，电刷弹簧力一般为 2～3N；电刷架应无烧损、破裂或变形。当电刷磨损后高度≤7mm 时应进行更换。

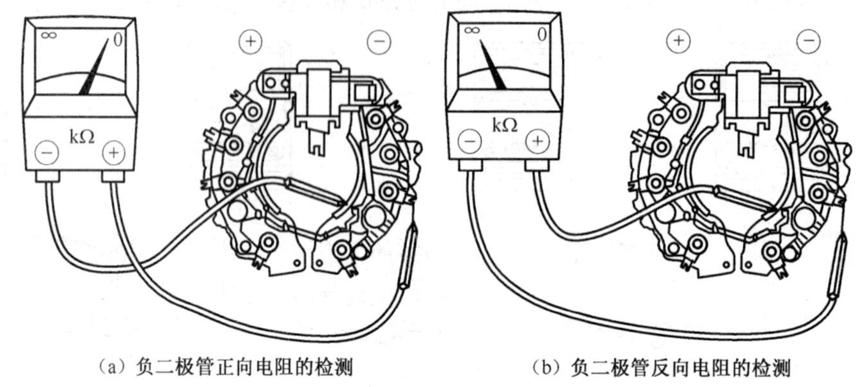

（a）负二极管正向电阻的检测　　（b）负二极管反向电阻的检测

图 2.54　整体式整流器负二极管的检测

5．转子轴承的检修

对于发电机轴前、后的轴承，应检查其轴向和经向磨损量。磨损量未超过标准时，在组装发电机之前应将轴承内填充规定型号和数量的润滑脂（1～3 号复合钙基润滑脂或 2 号低温润滑脂），填充量以 2/3 为宜；磨损量超过标准时，应更换相同型号的轴承。

课题八　电压调节器的结构

基础知识

一、电压调节器的功用和分类

1．电压调节器的功用

电压调节器的功用是使交流发电机的输出电压保持稳定。

交流发电机每相输出的电压为：$E_{\Phi}=Cn\Phi$。即交流发电机输出的电压与发电机的转速和励磁绕组产生的磁场强度成正比。转速越高、磁场越强，则输出的电压越高；反之，则越低。若要使交流发电机输出稳定的电压，必须稳定其转速和磁场强度。即或在其转速升高时，减小磁场强度；或在其转速降低时，增大磁场强度。由于交流发电机由发动机带动旋转，而发动机在汽车行驶时转速变化范围很大（从 600～5 000r/min），因此要稳定交流发电机的输出电压，电压调节器必须在发电机转速升高时，减小进入磁场绕组中的电流，减小磁场强度；在发电机转速降低时，增大进入磁场绕组中的电流，增大磁场强度。

2．电压调节器的分类

电压调节器可分为机械式和电子式两大类。

机械式根据触点个数可分为单触点式和双触点式；根据是否与其他继电器联动可分为单联式、双联式、三联式。

电子式根据电子元件的型式可分为晶体管式、集成电路式和晶闸管式；根据搭铁形式可分为内搭铁式和外搭铁式；根据安装位置分可为内置式和外置式。

3．电压调节器的型号

电压调节器的型号编制如下。

例如，FT126C 表示 12V 的双联机械电磁振动式调节器，第六次设计，第三次变形；FTD152 表示 12V 集成电路调节器，第二次设计。

二、电压调节器的工作原理

如前所述，由于发电机转速是随发动机转速而变化的，因此要稳定发电机输出电压只能通过改变发电机的磁场强度大小来达到目的。而磁场强度的大小是由励磁绕组中电流的大小来决定的，因此，发电机的电压调节一般是通过调节励磁电流的大小来实现的。下面通过分析机械式双级触点式电压调节器、晶体管电压调节器、集成电路电压调节器来了解电压调节的过程。

1．双级触点式电压调节器的工作原理

目前，单级触点式电压调节器已基本被淘汰，双级触点式电压调节器尚有应用，现以 FT61 型双级触点式调节器为例，如图 2.55 所示，说明其工作过程。

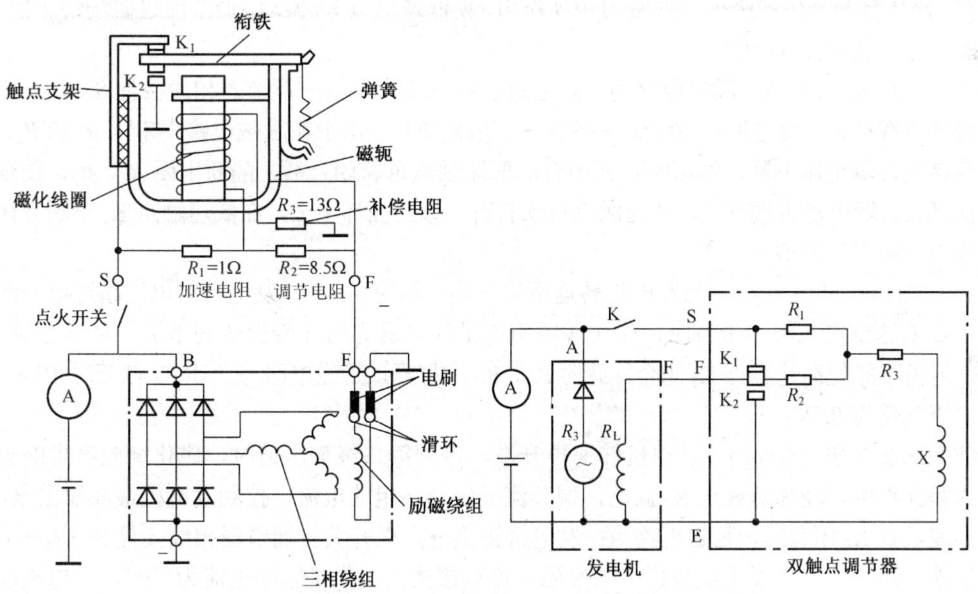

图 2.55 FT61 型双级触点式调节器原理电路

双级触点式电压调节器的工作分为 5 个过程：他励、自励、一级节压、失控区、二级节压，如图 2.56 所示。

（1）他励。接通点火开关 K，当发电机转速很低，其端电压低于蓄电池端电压时，由于流经调节器磁化线圈的电流不够大，磁化线圈所产生的吸力不足以克服弹簧的拉力将衔铁吸下，所以调节器低速触点 K_1 闭合，由蓄电池向发电机提供励磁电流（他励）。

励磁电路为：蓄电池正极→电流表→点火开关→调节器相线接柱 S→低速触点 K_1→衔铁→调节器

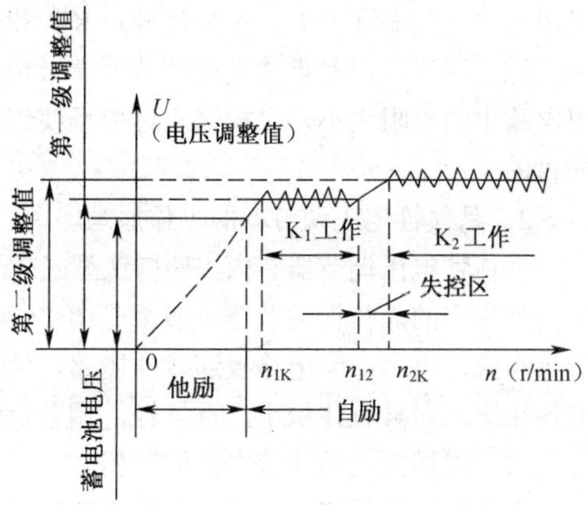

图 2.56 双触点式电压调节器的电压调节过程

磁场接线柱 F→发电机励磁绕组→搭铁→蓄电池负极。

与此同时，磁化线圈电路为：从调节器相线接柱 S 进入的部分电流经 R_1、R_2→R_3→X→搭铁→蓄电池负极。由于流经磁化线圈的电流较小，K_1 保持闭合状态。

上述情况下，用电设备均由蓄电池供电，电流表指向“-”的一侧，调节器不起调节作用。

（2）自励。当发电机转速升高，其输出端电压略高于蓄电池的端电压，但低于一级节压值 14V 时，调节器低速触点 K_1 仍闭合，发电机由他励转入自励而正常发电。

励磁电路为：发电机正极→点火开关→调节器相线接柱 S→低速触点 K_1→衔铁→调节器磁场接线柱 F→发电机励磁绕组→搭铁→发电机负极。

磁化线圈电路为：发电机正极→点火开关→调节器相线接柱 S→R_1、R_2→R_3→X→搭铁→发电机负极。

此时，所有用电设备均由发电机供电（包括给蓄电池作补充充电）。电流表指向“+”的一侧。

（3）一级节压（n_{1k}～n_{12}）。当发动机转速升高（转速＞n_{1k}），发电机的输出电压达到第一级调压值时，磁化绕圈产生的吸力与弹簧力相互作用，使低速触点 K_1 振动，调节流过磁场绕组的电流，但尚不能使高速触点 K_2 闭合。

低速触点 K_1 打开时，励磁电路为：发电机正极→点火开关→调节器相线接柱 S→R_1→R_2→调节器磁场接线柱 F→发电机励磁绕组→搭铁→发电机负极。由于在励磁电路中串入 R_1 和 R_2，使励磁电流减小，端电压下降，低速触点又闭合；低速触点重新闭合后，隔断电阻 R_1、R_2，使励磁电流再次增大，端电压再次升高，低速触点再次打开。如此循环下去，在低速触点 K_1 不断开闭振动下完成第一级电压的调节工作。

（4）失控区（n_{12}～n_{2k}）。当发电机转速继续升高（转速＞n_{12}），发电机的电压超过第一级调压值，而尚未达到第二级调压值时，磁化线圈所产生的电磁力与弹簧力达到平衡，使低速触点 K_1 打开，但尚不能使高速触点 K_2 闭合。此时 K_1、K_2 均打开，励磁电路与上述 K_1 打开时相同。这一区段电压变化为 0.5V。

（5）二级节压（＞n_{2k}）。发电机转速再升高，达到第二级调压值时，磁化绕圈产生的吸力与弹簧力相互作用，使高速触点 K_2 振动，调节流过磁场绕组的电流，控制发电机最高输出电压。

高速触点 K_2 闭合时，励磁电路为：发电机正极→点火开关→调节器相线接柱 S→R_1→R_2→磁轭→衔铁→K_2→搭铁→发电机负极。即励磁电路短接搭铁，于是励磁电流为“0”，发电机端电压急速下降，高速触点 K_2 重新断开，励磁电路又被接通，励磁电流又增大，电压又上升，高速触点又闭合。如此循环下去，在高速触点 K_2 不断开闭振动下完成第二级电压的调节工作。

综上所述，双触点式电压调节器调节电压是通过触点，在不同转速下控制流经发电机磁场绕组电路中的电阻大小，来控制流过磁场绕组的电流从而控制磁场强度，达到调节发电机输出电压的目的。

2．晶体管电压调节器的工作原理

晶体管电压调节器有内、外搭铁型式之分，分别与内、外搭铁型式的发电机配套使用。目前，国内外生产的晶体管调节器一般都是由 2～4 个晶体管，1～2 个稳压管，一些电阻、电容、二极管等组成，再由印制电路板连接成电路，然后用轻而薄的铝合金外壳将其封闭。与机械式电压调节器相比，它具有体积小，重量轻，调节反应敏捷，无触点烧蚀，使用寿命长等优点。

（1）内搭铁式晶体管电压调节器。

内搭铁式晶体管电压调节器的电路原理图如图 2.57 所示。电路由 3 只电阻 R_1、R_2、R_3，两只晶体管 VT_1、VT_2，一只稳压管 VS 和一只二极管 VD 组成。

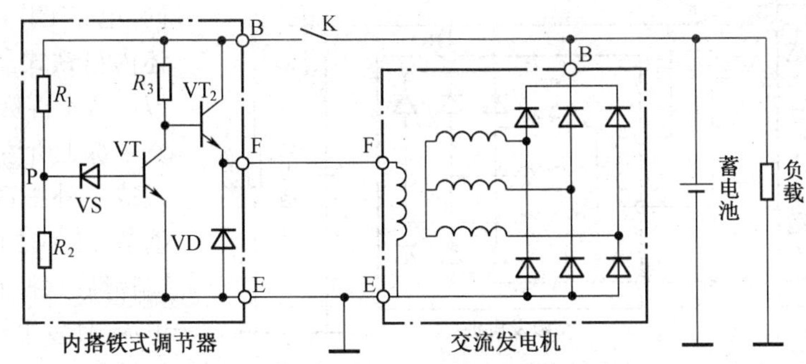

图 2.57 内搭铁式晶体管电压调节器的电路原理图

电阻 R_1 和 R_2 串联组成一个分压器，接在发电机输出端 B 与搭铁端 E 之间，直接检测发电机的输出电压 U_B，分压电阻 R_2 两端的电压 U_P 为

$$U_P = \frac{R_2}{R_1 + R_2} U_B \tag{2.5}$$

由式（2.5）可见，当发电机输出电压 U_B 升高时，分压电阻 R_2 上的电压 U_P 也升高；反之 U_B 下降，U_P 也下降。也就是说电阻 R_2 两端的电压可完全反映发电机输出电压 U_B 的变化。

电路设计思路是：当发电机输出电压 U_B 升高到调节电压上限时，分压电阻 R_2 两端的电压 U_P 加在稳压管 VS 和 VT_1 的基极上，恰好能使稳压管 VS 反向击穿，为 VT_1 提供基极电流，使 VT_1 导通；当发电机输出电压 U_B 下降到调节电压下限时，U_P 不能使稳压管 VS 反向击穿，而使 VT_1 无基极电流而截止。

电路工作原理如下。

① 他励。闭合点火开关 K，发动机不转动时，发电机不发电，蓄电池电压加在分压器 R_1、R_2 上，因 U_P 较低不能使稳压管 VS 反向击穿，VT_1 截止。此时，由于 R_3 的分压作用，VT_2 导通，发电机磁场电路接通（他励完成），由蓄电池供给磁场电流，电路为：蓄电池正极→点火开关 K→调节器 B 接柱→晶体管 VT_2→调节器 F 接柱→发电机 F 接柱→励磁绕组→发电机 E 接柱→搭铁→蓄电池负极。随着发动机的起动，发电机转速升高，发电机他励发电，电压上升。

② 自励。当发电机电压升高到稍高于蓄电池电压时（发电机转速大约在 900r/min 时），发电机自励发电并开始对蓄电池充电，如果此时发电机输出电压 U_B 小于调节器调节电压上限，VT_1 继续截止，VT_2 继续导通，但此时的磁场电流由发电机供给，电路为：发电机正极→点火开关 K→调节器 B 接柱→晶体管 VT_2→调节器 F 接柱→发电机 F 接柱→励磁绕组→发电机 E 接柱→搭铁。由于磁场电路一直导通，发电机电压随转速升高迅速升高。

③ 电压调节。当发电机电压升高到等于调节上限时，电压调节器开始对电压进行调节。此时电阻 R_1、R_2 上的分压 U_P 达到 VS 击穿电压，VS 导通，VT_1 导通，VT_2 截止，发电机磁场绕组电路被切断，由于磁场绕组电路被断路，磁通下降，发电机输出电压下降。发电机电压下降到等于电压调节下限时，电阻 R_1、R_2 分压减小，U_P 下降到 VS 截止电压，VS 截止，VT_1 截止，VT_2 重新导通，磁场绕组电路重新被接通，发电机电压上升。如此周而复始，发电机输出电压 U_B 被控制在一定范围内。

（2）外搭铁式晶体管电压调节器。

外搭铁式晶体管电压调节器的电路原理图如图 2.58 所示。

该电路的特点是磁场绕组连接在电压调节器的 B 和 F 之间，与内搭铁式晶体管调节器显著不

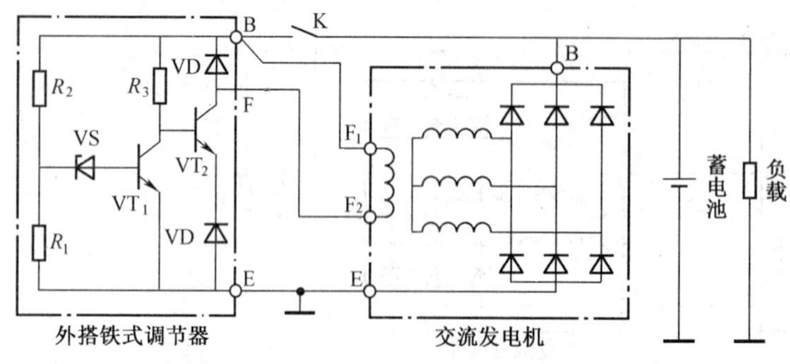

图 2.58 外搭铁式晶体管电压调节器的电路原理图

同，电路工作原理和结构与前述内搭铁式晶体管调节器类似，故不再赘述。

综上所述，不管是内搭铁式或是外搭铁式晶体管电压调节器，都是利用晶体管的开关特性，来控制发电机的磁场电流，使发电机的输出电压保持恒定。

3．集成电路电压调节器的工作原理

集成电路电压调节器又称 IC 电压调节器。其电压调节原理与分立元器件的晶体管电压调节器一样。所不同的是，在集成电路电压调节器上，所有的晶体管都集成在一块基片上，实现了调节器的小型化，并可将其装在发电机内部，减少了外部线路，缩小了整个充电系统的体积。

集成电路调节器可分为全集成电路调节器和混合集成电路调节器。目前国内外生产的集成电路调节器的结构大多采用混合式，即由混合电路加集成电路组成，并没有完全集成化，一般由一个集成块、一个晶体管、一个稳压管、一个续流二极管、几个电阻等部分构成。例如，上海桑塔纳轿车采用的电压调节器应用了混合电路加集成电路技术，集成电路和保护电阻共同贴在一块陶瓷基片上，封装在一个金属盒中，并和电刷架连成一体，便于安装和维修。

（1）集成电路电压调节器的电压检测方法。

集成电路电压调节器常采用两种电压检测方式来控制交流发电机的输出电压。集成电路调节器通过直接检测发电机的输出电压来控制发电机输出电压，称为发电机电压检测法；如果用连接导线通过检测蓄电池的端电压来调节发电机的输出电压，称为蓄电池电压检测法。

① 发电机电压检测法。

如图 2.59 所示，加在分压器 R_1 和 R_2 上的电压是磁场二极管 VD_L 输出端 L 的电压 U_L，U_L 和发电机 B 端的电压 U_B 相等，检测点 P 的电压为

$$U_P = \frac{R_2}{R_1 + R_2} U_L = \frac{R_2}{R_1 + R_2} U_B$$

由于检测点 P 加到稳压管 VS_1 两端的反向电压与发电机的端电压 U_B 成正比，所以该方法称为发电机电压检测法。

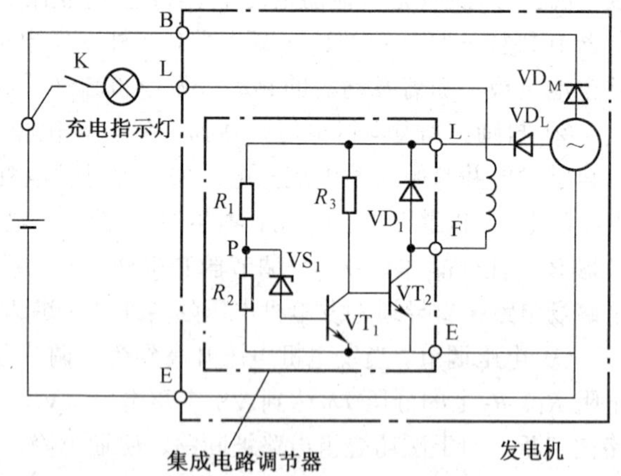

图 2.59 发电机电压检测法原理电路

② 蓄电池电压检测法。

如图 2.60 所示，加在分压器 R_1 和 R_2 上的电压为蓄电池端电压，由于通过检测点 P 加到稳压管上的反向电压与蓄电池端电压成正比，检测点 P 的电压为

$$U_P = \frac{R_2}{R_1 + R_2} U_{蓄}$$

由于检测点 P 加到稳压管 VS_1 两端的反向电压与蓄电池电压 $U_{蓄}$成正比，所以该方法称为蓄

电池电压检测法。

在这两种基本线路中，前者发电机的引出线可以少一根，但是发电机 B 到蓄电池的接线柱之间的电压降较大时，蓄电池的充电电压将会降低，使蓄电池充电不足，因此一般大功率发电机宜采用蓄电池电压检测法。

采用蓄电池电压检测法时，如 B 至蓄电池之间或 S 至蓄电池之间断线时，调节器便不能检测出发电机的端电压，发电机便会失控。为了克服这一缺点，有些内装集成电路调节器的发电机采取了一定的控制措施。图 2.61 所示为实际采用的蓄电池电压检测法的线路，在这个线路中，在调节器的分压器与发电机 B 点之间增加了一个电阻 R_4 和一个二极管 VD_2，这样，当 B 点与蓄电池正极之间或 S 点与蓄电池正极之间出现断路时，由于 R_4 的存在，仍能检测出发电机的端电压 U_B，使调节器正常工作，可以防止发电机电压过高的现象发生。

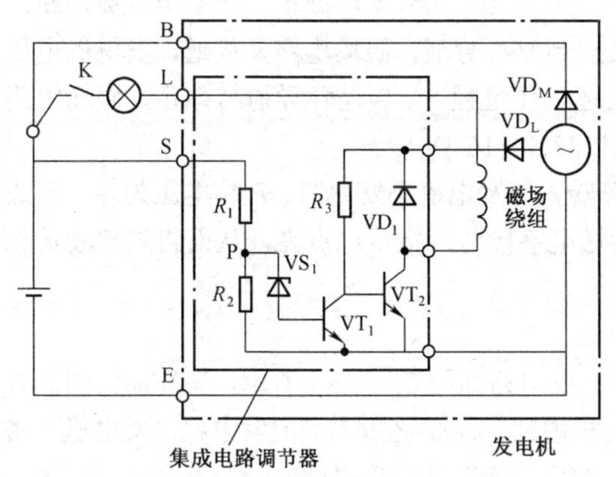

图 2.60 蓄电池电压检测法原理电路

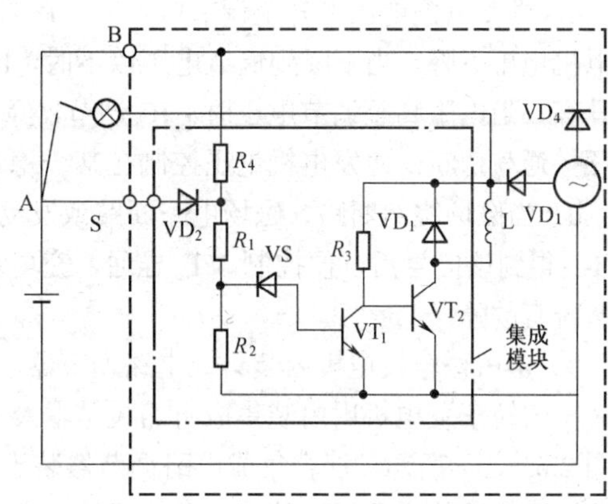

图 2.61 具有保护作用的蓄电池电压检测法原理电路

（2）集成电路电压调节器实例。

目前，最常见的集成电路电压调节器有三接柱式和四接柱式两种，其代表产品为夏利轿车和丰田轿车所采用，下面就以这两种车为例，说明其工作原理。

① 夏利轿车发电机内装集成电路调节器。

夏利轿车发电机用内装集成电路调节器及充电系统电路如图 2.62（a）所示，该发电机调节器外部接脚位置如图 2.62（b）所示。混合集成电路调节器装于发电机内部，构成整体式交流发电机。发电机（搭铁通过本身机体实现）对外仅有 3 个接线柱，分别为“B”、“IG”、“L”。

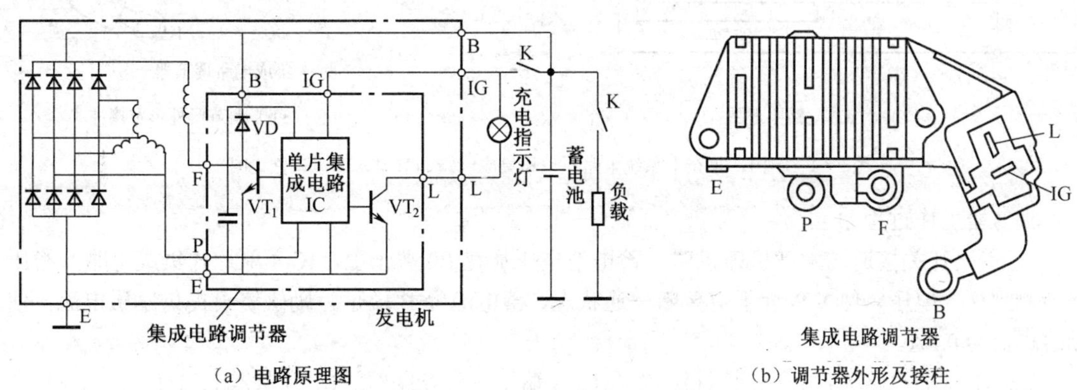

（a）电路原理图 （b）调节器外形及接柱

图 2.62 夏利轿车充电系统电路原理和集成电路调节器外部接脚位置图

调节器工作过程如下。

a．当点火开关接通，发电机电压低于蓄电池电压时，电池电压便经点火开关 K_1，整体式交流发电机的“IG”端加到集成块 IC 上，IC 内部电路根据发电机相抽头 P 接线柱端检测出的电压信号，控制 T_1、T_2 导通，接通磁场电路和充电指示灯电路。

磁场电流的电路为：蓄电池正极→发电机 B 端子→磁场绕组→IC 调节器 F 端子→VT_1→E 端子→搭铁→蓄电池负极。

充电指示灯电路为：蓄电池正极→点火开关 K_1→充电指示灯→发电机和调节器 L 端子→VT_2→E 端子→搭铁→蓄电池负极。此时充电指示灯点亮，指示蓄电池放电。

b．当发电机电压上升到蓄电池电压时，发电机三相绕组连接的 P 端电压信号使 IC 控制 VT_2 截止，充电指示灯熄灭，表明发电机开始自激发电，并可向蓄电池充电和向用电设备供电。

c．当发电机电压上升至调节电压时，P 端电压信号使 IC 控制 VT_1 截止，磁场电流被切断，发电机电压下降，当下降到调节电压以下时，IC 又控制 VT_1 导通，磁场电路又接通，发电机电压又升高，当电压高至调节电压时，IC 调节器重复上述工作过程。VT_1 循环导通与截止，磁场电路循环接通与切断，将发电机电压控制在某一稳定值（13.3～16.3V）。

d．当磁场绕组断路、磁场电路断路或发动机停转，使发电机不发电时，P 端电压为零，集成块 IC 得到该信号后，便控制 VT_2 导通，充电指示灯电路接通，指示灯点亮，从而告知驾驶员充电系统有故障。

② 丰田轿车发电机内装集成电路调节器。

丰田轿车发电机用内装集成电路调节器及充电系统电路如图 2.63（a）所示，其外部接脚位置如图 2.63（b）所示。混合集成电路调节器装于发电机内部，构成整体式交流发电机。发电机（搭铁通过本身机体实现）对外有 4 个接线柱，分别为“B”、“S”、“IG”、“L”。

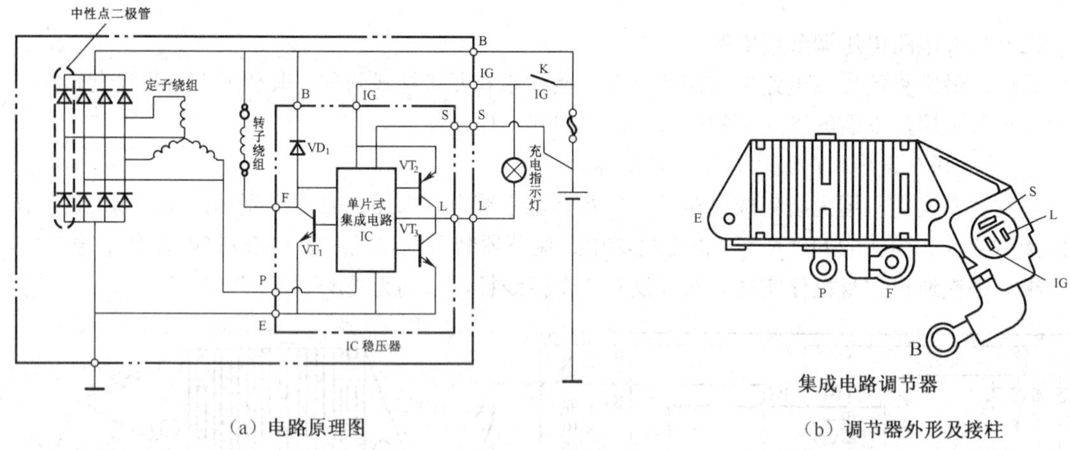

（a）电路原理图　（b）调节器外形及接柱

图 2.63　丰田轿车充电系统电路原理和集成电路调节器外部接脚位置图

调节器工作过程如下。

a．点火开关接通，发动机停机时，蓄电池电压加在 IG 端子上，IC（单片式集成电路）稳压器检测到这一电压，使 VT_1 处于交替断—通状态，蓄电池经 B 端子为励磁绕组提供励磁电流，使励磁电流为 0.2A。

磁场电流的电路为：蓄电池正极→发电机 B 端子→磁场绕组→IC 调节器 F 端子→VT_1→E 端子→搭铁→蓄电池负极。

由于发电机尚未发电，P 点电压为零，IC 检测到这一情况，使 VT_3 接通，VT_2 断开，充电指示灯亮。

充电指示灯电路为：蓄电池正极→点火开关 K→充电指示灯→发电机和调节器 L 端子→VT_3→E 端子→搭铁→蓄电池负极。此时充电指示灯亮，指示蓄电池放电。

b. 交流发电机发电，电压低于调节电压时，P 点电压上升，IC 将 VT_1 由交替断—通变为持续接通，为励磁绕组提供充足的励磁电流。P 点电压上升，IC 使 VT_3 断开，VT_2 接通，充电指示灯熄灭。

c. 交流发电机发电，电压达到调节电压时，IC 检测到 S 端子电压达到标准电压时，使 VT_1 断开，励磁电流被切断，发电机电压下降，S 端子电压降低至低于标准时，IC 又检测到这一变化，使 VT_1 导通，如此交替，控制 S 端电压处于标准值。这时由于 P 点电压高，IC 仍使 VT_3 断开，VT_2 接通，充电指示灯熄灭。

d. S 端子断路，发电机转动时，如 IC 检测到 S 端断路（没有输入），则使 VT_1 处于接通—断开状态，以保持输出端 B 的电压在 13.3～16.3V。IC 检测到 S 端子电压过低时，使 VT_3 接通，VT_2 断开，充电指示灯亮。

e. B 端子断路时，当 B 端子断路一段时间，S 端子电压尚未降到最低点（13V）时，IC 又检测到 P 点电压，使 VT_1 处于接通—断开状态，将 B 端子电压保持在 20V，防止输出电压不正常升高，保护交流发电机和 IC 稳压器。当 S 端子电压降到最低点（13V）时，IC 检测到这一情况，使 VT_3 接通，VT_2 断开，充电指示灯亮。

f. 转子绕组断路时，发电机会停止发电，P 点电压变为零。当停止发电，且 P 点电压为零时，IC 检测到这一状态，使 VT_3 接通，VT_2 断开，充电指示灯亮。

课题实施

电压调节器的性能检测

双级触点式电压调节器的性能检测主要包括元件、触点状况和间隙、一级节压、失控区电压、二级节压等的检测；晶体管电压调节器的性能检测主要包括搭铁类型、电压调节点等的检测；集成电路电压调节器的性能检测主要包括电压调节点、各接脚功能的检测等。

操作一　双级触点式电压调节器的性能检测

1. 触点、电阻及线圈性能检测

检查触点表面是否氧化、烧蚀，电阻及线圈有无断路、短路等故障。调节器各电阻、线圈参数应符合规定。例如，FT61 型电压调节器附加电阻为 8.5Ω，加速电阻为 1Ω，补偿电阻为 13Ω，调节器线圈电阻为 9.5Ω。如检查结果不符合上述规定，则应更换新件。

2. 间隙的检查与调整

双级触点式电压调节器各部位的间隙数据应符合原厂要求，否则应进行调整或更换。

以 FT61 型调节器为例，衔铁与铁心之间的间隙为 1.05～1.15mm，高速触点的间隙为 0.25～0.3mm。如不合规定，可将触点支架上的固定螺钉松开（参见图 2.64），然后按需要将支架向上或向下移动到符合规定，并拧紧固定螺钉即可。

3. 性能试验

（1）安装发电机。

将交流发电机紧固在汽车电器万能试验台的龙门夹具上，调整升降夹具，使交流发电机与调速电动机主轴同心，选用合适的六角套筒、橡皮接头将交流发电机与调速电动机连接。用手转动电动机主轴，观察电动机主轴与发电机是否同心。

（2）连接电路。

按图 2.64 所示连接好试验电路。

① 用附件连接试验台上的插座 40、41（此时试验台的蓄电池为负极搭铁）。

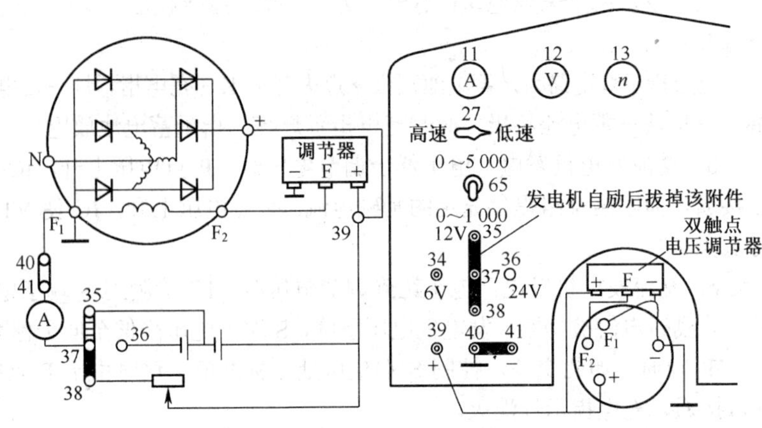

图 2.64 交流发电机空载试验接线图

② 将附件（电枢、磁场连接线）一头插入插座 39 中，另两头分别接交流发电机的“+”（输出、+B）与调节器的“+”（相线）接柱。

③ 用导线连接调节器的“F”与交流发电机的“F_2”接柱。

④ 用导线连接调节器的“–”与交流发电机的“–”接柱。

⑤ 用附件连接 35、37 插座，由试验台的蓄电池对发电机进行他励。

（3）检测。

① 一级调节电压检测（低载电压试验）。

a．逆时针转动可变电阻手轮到底，使负载电阻为最大值。

b．旋转调速电动机转换开关至高速挡位置，此时调速电动机指示灯亮，将转速表量程开关相应拨至高速挡位置（0～5 000r/min），顺时针缓慢转动调速电动机调速手轮，使调速电动机检视孔内的箭头向右偏移，电动机开始转动，转速逐渐升高。

c．当转速升至 700～800r/min 时，用附件将插座 35、37 暂时短接，进行他激，同时观察电流表。当转速上升，电流表指针由“0”向右偏转指示 2A 充电电流时，先用附件将 37、38 插座连接起来，再将附件从 35、37 插座中拔出，转入自激发电状态，并向可变电阻供电。

d．顺时针转动调速手轮，使发电机转速升至 3 000r/min。

e．顺时针转动可变电阻手轮，使负载电阻减小，发电机负载电流增大至 4A，并维持发电机转速在 3 000r/min 不变。

f．记录电压表所指示的电压值，并将实际测量值填入表 2.15，此值即为调节器的一级调节电压。如不符合标准（13.2～14.2V）可改变弹簧弹力（见图 2.55）加以调整。

g．试验结束。逆时针转动调速手轮，并观察电动机检视孔内箭头向左偏移至“0”位，同时将调速电动机转换开关旋至停止挡位，电动机停止转动；逆时针转动可变电阻手轮到底。

② 二级调节电压检测（半载电压试验）。

a．重复一级调节电压检测步骤的前 4 步。

b．顺时针转动可变电阻手轮，使负载电阻减小，发电机负载电流增大至 15A。在此过程中发电机输出电压会有所下降，这时应逐渐升高发电机转速，使之保持在 3 000r/min 不变。

c．记下电压表所指示的电压值，并将实际测量值填入表 2.11，此值即为双触点调节器的二级调节电压。此电压若低于一级调节电压 1V 以上（24V 系统调节器低于 2V 以上），可用减小调节器气隙（衔铁与磁化线圈铁心之间的间隙）的方法予以调整。但注意调整时，应用薄纸插入高速触点之间，以防止 3 个触点短接。

d．停机。方法同前。

表 2.11　　双触点电压调节器检测记录表

调节器型号	检测内容 检测项目		电压（V）	电流（A）	转速（r/min）
	一级调节电压试验	调整前			
		调整后			
	二级调节电压试验	调整前			
		调整后			
	一、二级调节电压差值				

在进行双级触点式电压调节器的性能检测时，应注意以下几点。

（1）试验电路不得连接错误。

（2）发电机未装夹牢固、发电机中心轴线与电动机中心轴线不一致时，不得进行检测。

（3）发电机进行高转速检测时，不得靠近。

（4）检测完成后，一定要将电动机调速指针回零，可变电阻调至最大。

操作二　晶体管电压调节器的性能检测

1．晶体管电压调节器类型的识别

晶体管电压调节器有内、外搭铁式之分，使用时应与发电机配套使用。在不清楚其搭铁形式的情况下，可采用如下方法加以识别。

对 12V 电源系统采用的调节器，用一个 12V 蓄电池和 1 个 12V、2W 的小灯泡按图 2.65 所示连接好线路。

若灯泡接在“F”与“-”（E）接线柱之间发亮，而接在“+”（B）与“F”接线柱之间不亮，说明该调节器为内搭铁式，如图 2.65（a）所示；若灯泡接在“+”（B）与“F”接线柱之间发亮，而接在“F”与“-”（E）接线柱之间不亮，说明该调节器为外搭铁式，如图 2.65（b）所示。

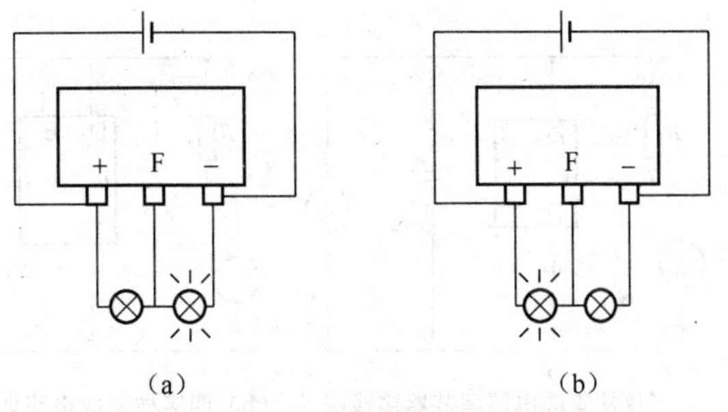

图 2.65　晶体管电压调节器搭铁型式的识别接线图

若调节器有 4 个引出端（D_+、B、F、D_-），试验时，可将 D_+与 B 连接在一起，再按上述方法识别；如调节器有 5 个引出端（D_+、B、F、D_-、L），则将 L 端子悬空（不接线），并将 D_+与 B 连接在一起，再按上述方法识别。

2．晶体管电压调节器的性能检测

（1）内搭铁式晶体管电压调节器的性能检测。

将可调直流电源与调节器按图 2.66（a）所示的线路接好，逐渐提高电源输出电压。当电压达到 6V 左右时，指示灯点亮。继续提高电源电压，当电压达到 13.5～14.5V 时，指示灯应熄灭，熄灯时的电压即为调节器的调节电压。逐渐降低电源电压，当电压下降 0.5V 时指示灯应重新点亮。

将试验实测值填入表 2.12。若指示灯在电压达 6V 时不亮，或电压超过规定值后，指示灯仍不熄灭，则说明该调节器有故障。

表 2.12　　晶体管电压调节器检测记录表

电压调节器型号	类型判别结果（内、外搭铁）	指示灯熄灭时的电压（V）	指示灯重新点亮时的电压（V）

（2）外搭铁式晶体管电压调节器的性能检测。

外搭铁式晶体管电压调节器的测试方法与内搭铁式晶体管电压调节器一样，但应按图 2.66(b)连接好可调直流电源与晶体管电压调节器。

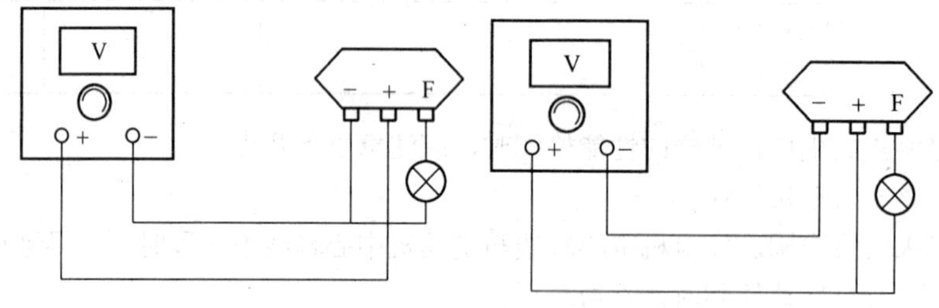

（a）内搭铁式晶体管电压调节器　（b）外搭铁式晶体管电压调节器

图 2.66　晶体管式调节器性能测试接线图

操作三　集成电路电压调节器的性能检测

集成电路电压调节器一般为内装式，检测前应先将其从发电机内拆下，并弄清楚集成电路电压调节器各引线含义，以防实验时弄错电源极性。

集成电路电压调节器一般有三接柱和四接柱两种。三接柱的集成电路电压调节器采用发电机电压检测法，四接柱的集成电路电压调节器采用蓄电池电压检测法。

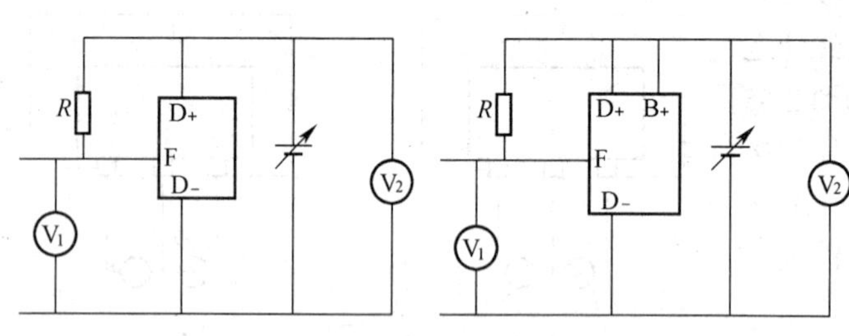

（a）三接柱集成电路调节器接线图　（b）四接柱集成电路调节器接线图

图 2.67　集成电路调节器检测接线图

1．三接柱集成电路电压调节器的性能检测

按图 2.67（a）连接好线路。图中 R 为一个 3～5Ω 的电阻，可变直流电源的调节范围为 0～30V。逐渐增加直流电源电压，该直流电压值由电压表 V_2 指示。当 V_2 指示值小于调节器调节电压值时，V_1 电压表上的电压值应在 0.6～1V 的范围内；当 V_2 指示值大于调节器调节电压值时，V_1 表上的电压值应为 V_2 的值。调节时，注意 V_2 调节电压值不能超过 30V。

2．四接柱集成电路电压调节器的性能检测

四接柱集成电路电压调节器的测试方法与三接柱集成电路电压调节器相同，只是需按图 2.67（b）接好线路。

要指出的是，图中调节器的接柱字母符号多为国外生产厂家采用，对应到实际接线，B_+与发电机输出端接柱相连，D_+与点火开关输出接柱相连接，D_-相当于搭铁接柱，F 与发电机磁场绕组相连。

课题九 电源系统电路

基础知识

一、电源系统电路的一般形式

目前汽车电源系统电路按电压调节器的安装位置有外装电压调节器式和内装电压调节器式两种。外装电压调节器式的电源电路有两种形式（见图 2.68）：一种是内搭铁式；一种是外搭铁式。内装电压调节器式的电源电路有 3 种形式，即二接柱、三接柱式和四接柱式，如图 2.69 所示。

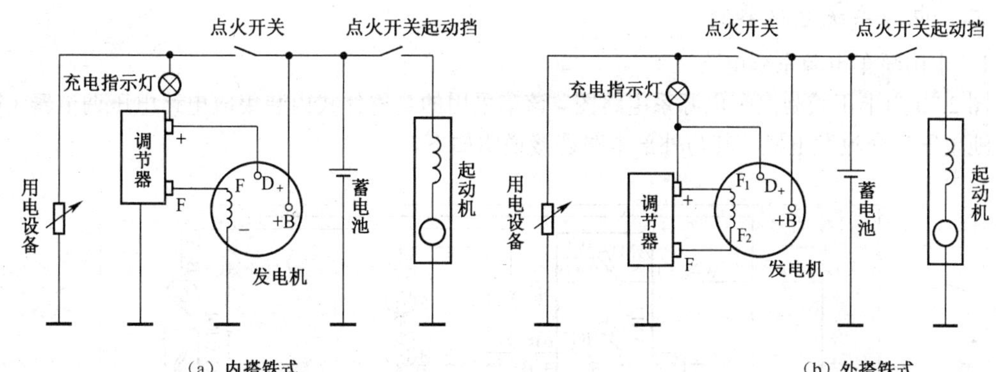

（a）内搭铁式　　（b）外搭铁式

图 2.68　外装电压调节器式电源系统电路图

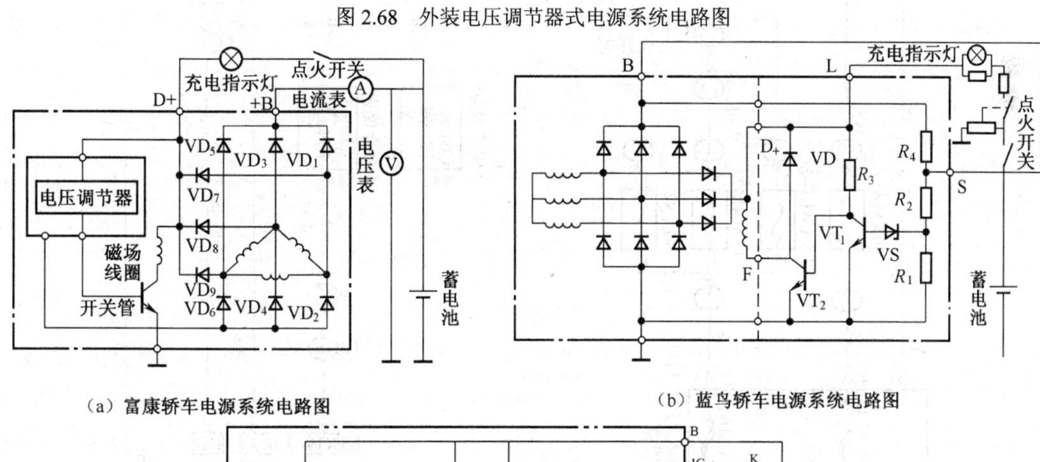

（a）富康轿车电源系统电路图　　（b）蓝鸟轿车电源系统电路图

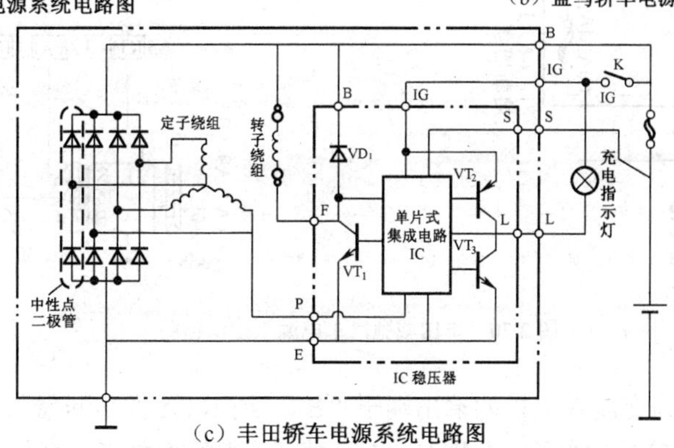

（c）丰田轿车电源系统电路图

图 2.69　内装电压调节器式电源系统电路图

不论充电系电路采取何种形式，我们都可以将充电系电路分为两部分：第一部分称为主电路；第二部分称为控制电路。

主电路是交流发电机对蓄电池进行充电的电路，其连接路线是：蓄电池正极→熔断器→电流表（有些车没有）→发电机输出端。如果这一部分电路良好，只要蓄电池与车辆主电路连接好，在发电机输出端（通常标注“+B”、“B”、“A”）即可测得蓄电池电压。若不能测得蓄电池电压，说明主电路有故障。

控制电路是指为交流发电机励磁绕组提供励磁电流的电路，这一部分电路由点火开关控制，如图 2.69 所示，通常电源经点火开关后接到发电机“D_+”、“L”、“IG”、调节器“+”等端子。如果这一部分电路良好，点火开关闭合时，应能在这些端子上测得蓄电池电压。若不能测得蓄电池电压，说明控制电路有故障。

二、电源系统电路举例

1. 丰田轿车电源系统电路

图 2.70 为丰田威驰汽车电源系电路图。该车采用的是整体式内装集成电路电压调节器（检测蓄电池电压）交流发电机，其与外部电路连接说明如下。

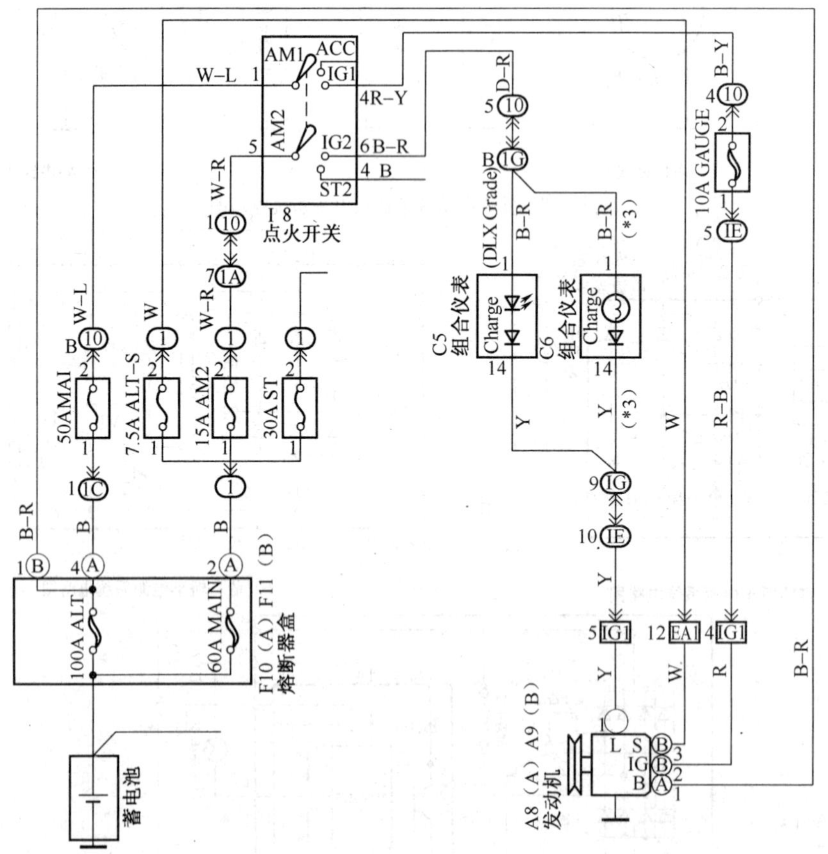

图 2.70 丰田威驰汽车电源系统电路图

发电机的插接器 A 为交流发电机的输出端子“B”，经 100A 的熔断器与蓄电池正极连接。

发电机的插接器 B 有 3 个端子，分别是：1 号端子 L，经充电指示灯与点火开关的 IG2 端子连接，为充电指示灯控制控制电路；2 号端子 IG，经 10A 的熔断器与点火开关的 IG1 端子连接，为集成电路电压调节器提供工作电压；3 号端子 S，经 7.5A 和 60A 两个熔断器与蓄电池正极连接，为蓄电池端电压检测电路。

2．桑塔纳轿车电源系统电路

桑塔纳轿车采用内装集成电路电压调节器（发电机电压检测法），其电源系统电路如图 2.71 所示。

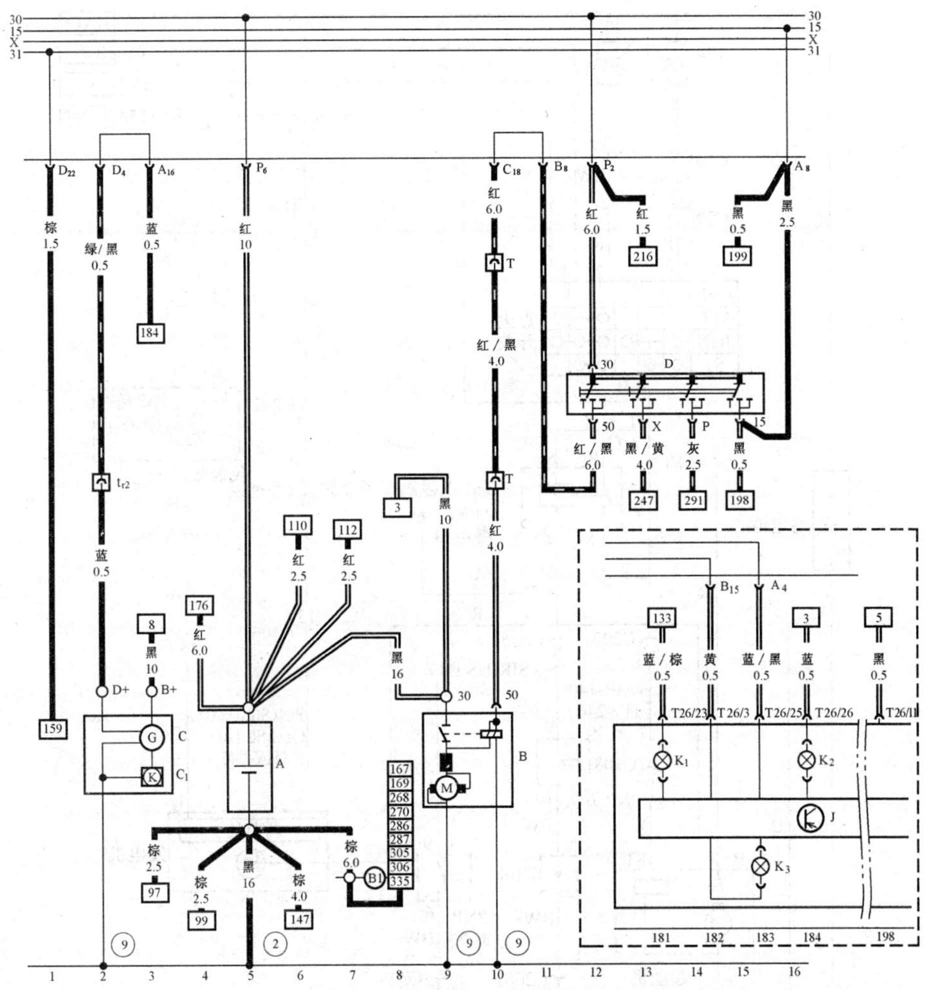

图 2.71 桑塔纳 2000 轿车电源系统电路简图

桑塔纳轿车交流发电机采 9 只二极管。其中 3 只正二极管与 3 只负二极管组成一个三相桥式整流电路作为发电机输出，3 只磁场二极管与 3 只负二极管也组成一个三相桥式整流电路，给励磁绕组提供励磁电流，其输出端“D+”用蓝色导线经蓄电池旁边的单端子插接器 T_2 后，与中央配电盒（也成为中央线路板）D 插座的 4#端子连接，再经中央配电盒内部线路与 A 插座的 16#端子相连。点火开关 30#端子用红色导线经中央配电盒上的 P 插座 2#端子与蓄电池正极连接，点火开关 15#端子用黑色导线与仪表盘下方 T26 插座的 11#端子连接，经仪表盘印制电路上的电阻 R_1、R_2（图中未画出）和充电指示灯 K_2 接回到中央配电盒 A 插座的 16#端子。

3．凯越轿车电源系电路

图 2.72 为凯越汽车电源系统电路图，该车采用的也是内装集成电路调节器整体式交流发电机（发电机电压检测法）。

发电机输出通过起动机主接柱+B 给蓄电池充电和给用电设备供电，发电机“+”接柱连接点火开关“IGN”挡的 4#端子，发电机“L”接柱连接仪表板的充电指示灯，控制充电指示灯的亮与灭。

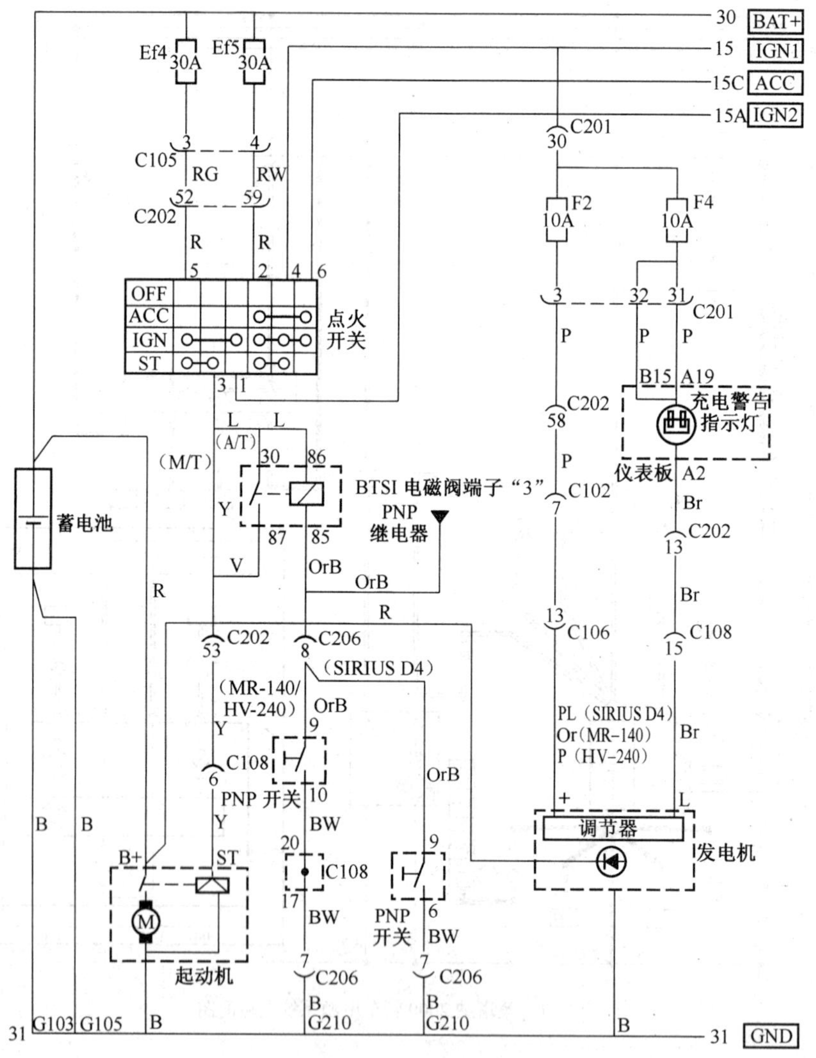

图 2.72 凯越汽车电源系统电路图

三、外装电压调节器电源系统的故障诊断

外装电压调节器电源电路的常见故障有不充电、充电电流过小、充电电流过大等。引起故障的原因可能是风扇传动带打滑，发电机故障，调节器故障，充电系各连接线路故障以及蓄电池、充电指示灯、点火开关等有故障。电源系统有故障时，应及时诊断并排除，绝不能勉强行驶，以免造成更大损失。

1．不充电故障的诊断与排除

（1）故障现象：汽车发动机在中等转速时，充电指示灯不熄灭。

（2）故障所在部位及原因：故障所在部位及原因见表 2.13。

表 2.13 外装电压调节器电源系统不充电故障部位及原因

故障部位		故障原因	排除方法
风扇传动带		过松或断裂	更换
充电指示灯		损坏	更换
发电机	定子绕组	断路或搭铁	建议更换发电机总成
	励磁绕组	断路或搭铁	建议更换发电机总成
	整流器	二极管烧坏、脱焊	脱焊的可以补焊，或更换整流器总成
	滑环或电刷	滑环严重烧蚀、脏污或有裂纹，电刷过度磨损、卡滞	可通过焊接、机加工修复，或更换电刷
调节器		机械式调节器低速触点严重烧蚀或高速触点烧结，晶体管调节器损坏	更换调节器总成
外部线路		断路或接柱松脱	接通电路、拧紧接柱

（3）故障诊断与排除方法：故障诊断与排除可按图 2.73 所示顺序进行。

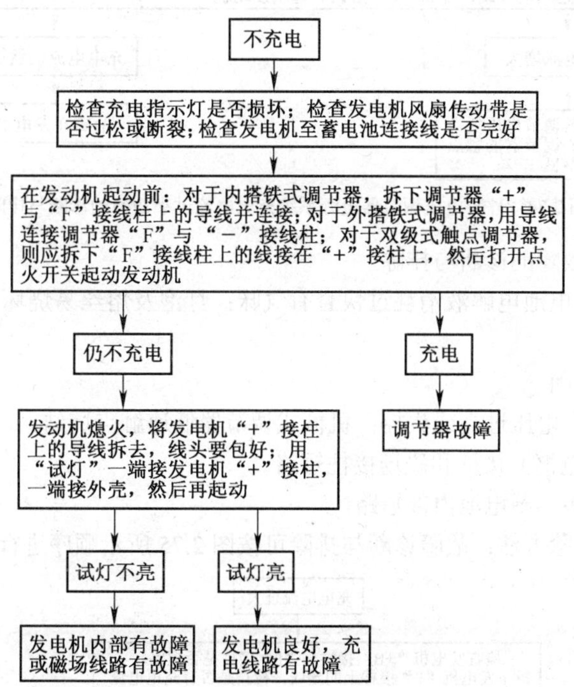

图 2.73 外装电压调节器电源系统不充电故障的诊断与排除

2．充电电流过小故障的诊断与排除

（1）故障现象：若将发动机转速由低速逐渐升高至中速时，打开大灯，其灯光暗淡或按喇叭其音量小；蓄电池经常存电不足。

（2）故障部位及原因：故障所在部位及原因见表 2.14。

表 2.14　　外装电压调节器电源系统充电电流过小故障部位及原因

故障部位		故障原因	排除方法
风扇传动带		张紧不够	按要求张紧
发电机	定子绕组	匝间短路	建议更换发电机总成
	励磁绕组	匝间短路	建议更换发电机总成
	整流器	个别二极管损坏	对于压装(静配合)的二极管可以个别更换，否则更换整流器总成
	滑环或电刷	滑环轻度烧蚀、脏污，电刷磨损不均、接触不良	可用细砂纸打磨滑环，更换电刷及电刷弹簧
调节器		机械式调节器触点接触不良，或调节器调节电压过低	更换调节器总成
外部线路		接柱松动或接触不良	拧紧接柱

（3）故障诊断与排除方法：故障诊断与排除可按图 2.74 所示顺序进行。

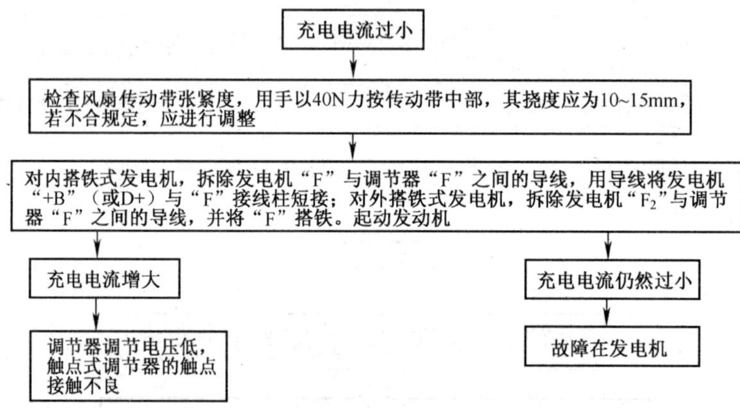

图 2.74　外装电压调节器电源系统充电电流过小故障的诊断与排除

3．充电电流过大故障的诊断与排除

（1）故障现象：蓄电池电解液消耗过快且有气味；灯泡及熔丝易烧坏；点火线圈过热，分电器触点易烧蚀。

（2）故障部位及原因。

① 电压调节器调节电压过高或失控；机械式调节器低速触点烧结。

② 发电机“+”（电枢）接柱和磁场接柱短路。

③ 蓄电池亏电太多，蓄电池内部短路。

（3）故障诊断与排除方法：故障诊断与排除可按图 2.75 所示顺序进行。

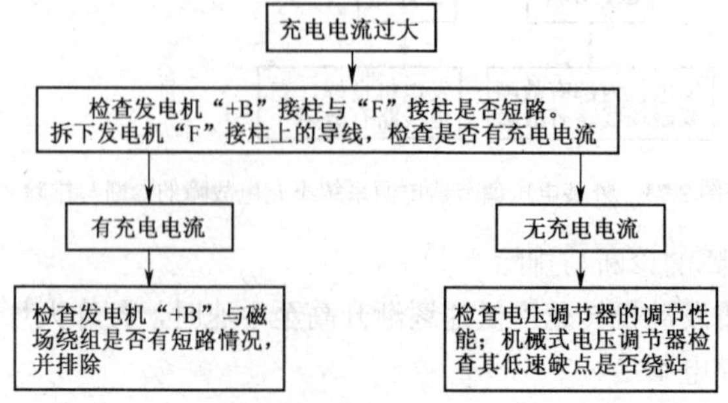

图 2.75　外装电压调节器电源系统充电电流过大故障的诊断与排除

四、内装电压调节器电源系统的故障诊断

内装电压调节器电源系统的常见故障有不充电或充电电流过小两种。以桑塔纳 2000 轿车为例（参见图 2.71），说明内装电压调节器电源系统故障的判断方法。

1．不充电故障的诊断与排除

故障诊断与排除可按图 2.76 所示顺序进行。

2．充电电流过小的故障诊断与排除

故障诊断与排除可按图 2.77 所示顺序进行。

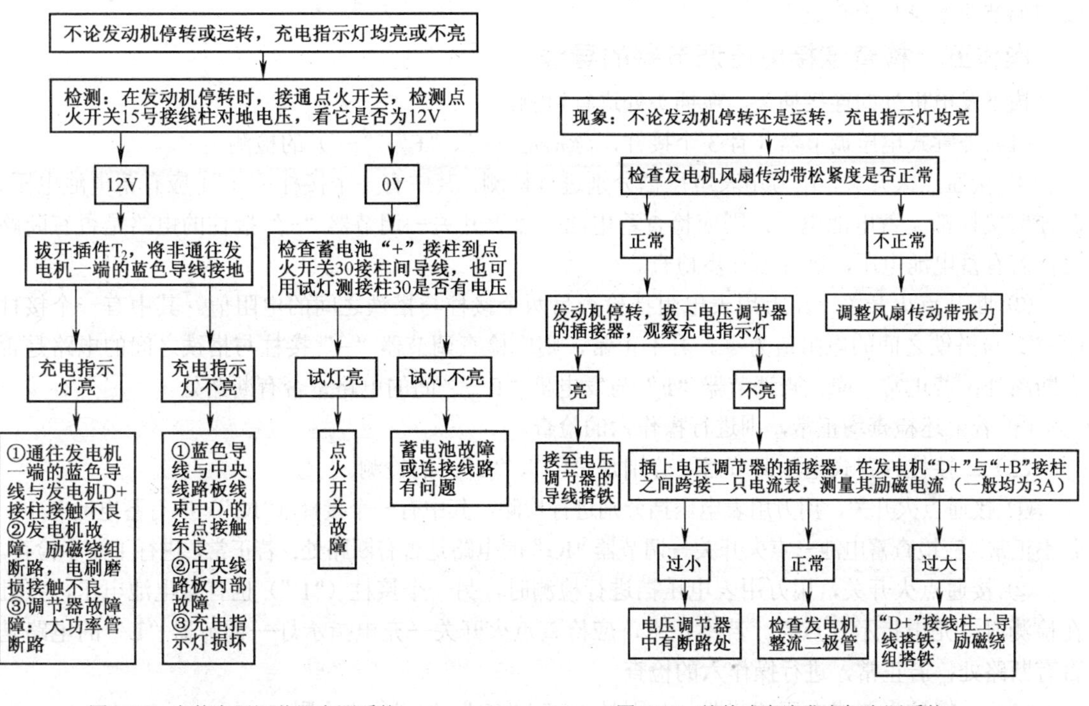

图 2.76 内装电压调节器电源系统不充电故障的诊断与排除

图 2.77 整体式交流发电机电源系统充电电流过小故障的诊断与排除

课题实施

电源系统不充电的故障检测与排除

操作一 检查充电指示灯电路

（1）接通点火开关，观察充电指示灯是否点亮，若不亮，应检查充电指示灯电路。主要检查充电指示灯是否烧毁；充电指示灯电路是否断路。

（2）起动发动机，观察充电指示灯是否熄灭，如不熄灭，则进行操作二。

操作二 检查发电机传动带挠度

检查发电机传动带是否过松造成打滑，正常情况下，在大拇指的压力下发电机传动带应有 10～15mm 的挠度。若不正常，应进行调整；若正常，则进行下一步检查。

操作三 检查充电系主电路

用万用表直流电压挡测量发电机“+B”接柱的电压是否等于蓄电池电压。若无蓄电池电压，则应检查蓄电池正极至发电机“+B”之间的连接电路；若有蓄电池电压，则进行下一步检查。

操作四 检查不充电故障是由发电机还是调节器引起

用直接励磁法检查不充电故障是由发电机、调节器，还是电路引起的。方法是：拔下发电机处的连接插头，用导线将发电机的“+B”接柱与“F”接柱短接（直接励磁法）。起动发动机，用万用表电压挡检查发电机“+B”与搭铁之间的电压。若发电机不发电，则电源系统不充电故障是由发电机引起的，应拆检发电机；若发电机发电，应进行下一步检查，检查连接电压调节器的导线和调节器本身是否有故障。

操作五 检查连接电压调节器的导线

拔下发电机处的连接插头，在插头处进行检测。

（1）外置式电压调节器（有 3 个接柱，分别是“+”、“F”、“−”）的检测。

① 接通点火开关，用万用表电压挡分别进行检测，其中有一个接柱（“+”）应有蓄电池电压。若任何接柱都无蓄电池电压，则应检查蓄电池—点火开关—调节器“+”接柱的电路是否有断路处；若有蓄电池电压，进行下一步检查。

② 断开点火开关，用万用表电阻挡检查另两个接柱与搭铁之间的电阻值。其中有一个接柱（“−”）与搭铁之间的电阻值为零。若不正常，则应检查调节器“−”接柱与搭铁之间的电路是否有断路处；若正常，应检查调节器“F”与发电机“F”之间的电路是否有断路处。

③ 若上述检查均正常，则进行操作六的检查。

（2）二接柱内置式电压调节器（分别是“IG”、“L”）的检测。

① 接通点火开关，用万用表电压挡分别进行检测，其中有一个接柱（“IG”）应有蓄电池电压。若不正常，应检查蓄电池—点火开关—调节器“IG”的电路是否有断路处；若正常，进行下一步检查。

② 接通点火开关，用万用表电压挡进行检测时，另一个接柱（“L”）也有蓄电池电压，并且在检测时，充电指示灯点亮。若不正常，应检查点火开关—充电指示灯—调节器“L”的电路是否有断路处；若正常，进行操作六的检查。

（3）三接柱内置式电压调节器（分别是“S”、“IG”、“L”）的检测。

① 断开点火开关，用万用表电压挡分别进行检测，其中有一个接柱（“S”）应有蓄电池电压。若不正常，应检查蓄电池正极—调节器“S”之间的电路是否有断路处；若正常，进行下一步检查。

② 接通点火开关，用万用表电压挡检测另两个接柱，其中有一个接柱（“IG”）应有蓄电池电压。若不正常，应检查蓄电池—点火开关—调节器“IG”的电路是否有断路处；若正常，进行下一步检查。

③ 接通点火开关，用万用表电压挡进行检测时，另一个接柱（“L”）也有蓄电池电压，并且在检测时，充电指示灯点亮。若不正常，应检查点火开关—充电指示灯—调节器“L”的电路是否有断路处；若正常，进行操作六的检查。

操作六 检查电压调节器（若为整体式交流发电机则应拆解）

将连接电压调节的插接件拔出。把可调直流电源的正、负极用导线分别与电压调节器的正、负极接柱相连，对于内搭铁式电压调节器，在其磁场接柱与负极接柱之间接一灯泡（对于外搭铁式调节器，在其正极接柱与磁场接柱之间接一灯泡）。调节直流电源电压，灯泡应点亮；当电压从 12V 逐渐升高至 14V 时，灯泡应熄灭，否则说明调节器损坏。若不正常，更换电压调节器；若正常，则进行下一步检查。

操作七 检测发电机磁场接柱与搭铁之间的电阻

测量发电机磁场接柱与搭铁（内搭铁发电机）或两磁场接柱之间的电阻，应为3～5Ω，若不正常，应拆检发电机，检查发电机定子绕组、整流器是否损坏。

思考与练习

1．汽车电源系统由几部分组成？
2．蓄电池的作用是什么？
3．试写出充放电过程总的化学反应式。
4．蓄电池充电终了的标志是什么？
5．蓄电池放电终了的标志是什么？
6．什么是蓄电池的容量？其影响因素有哪些？
7．蓄电池充电的方法有几种？各有何特点？
8．蓄电池使用中应注意什么问题？
9．蓄电池常见故障有哪些？如何排除？
10．交流发电机有何功用？
11．交流发电机由哪几部分组成？其作用如何？
12．简述交流发电机的工作原理。
13．何谓交流发电机的输出特性、空载特性与外特性？了解这些特性有何指导意义？
14．交流发电机高速运转时突然失去负载有何危害？
15．交流发电机的中性点输出有何功用？
16．双级触点式电压调节器是如何工作的？
17．试分析外搭铁式晶体管电压调节器的工作原理，并说明各主要电子元件的作用。
18．交流发电机在使用中应注意什么问题？
19．内搭铁式发电机使用外搭铁式电压调节器时应相应地做哪些改动？

汽车起动系统

学习目标

- ◎ 了解起动系统的组成和功用
- ◎ 了解起动机的构造和类型
- ◎ 了解起动机的工作原理和性能特征
- ◎ 掌握起动机的控制过程及控制电路
- ◎ 掌握起动机的检测与维护方法
- ◎ 掌握起动系统的故障诊断与排除方法

课题一　起动机的结构

一、起动机的功用和类型

1．起动机的功用

起动机的功用是起动发动机，发动机起动之后，起动机便立即停止工作。

目前，车用发动机常用电力起动机起动，是由直流电动机通过传动机构将发动机起动。它具有操作简单，体积小，质量轻，安全可靠，起动迅速并可重复起动等优点。

根据有无起动附加继电器，其外部电路连接方式有两种，如图 3.1 所示。

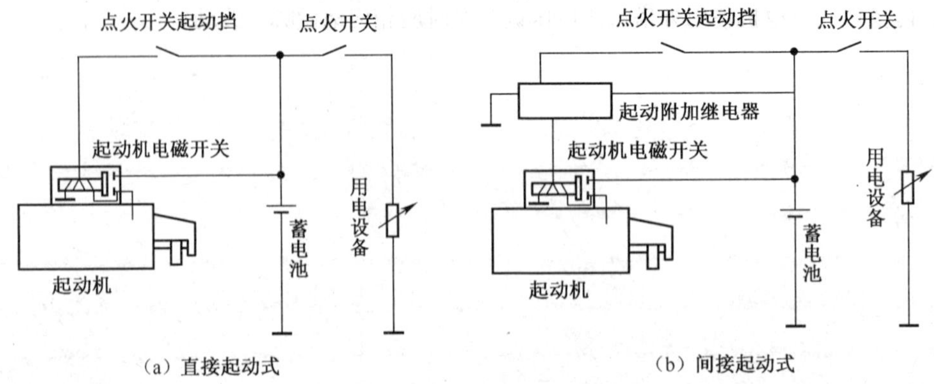

图 3.1　汽车起动系统电路

起动系统电路连接特点：蓄电池与起动机串联，蓄电池“+”极与起动机的其中一个主接柱（或称 30 端子）直接相连，并在起动时由起动机电磁开关的接触盘将电流直接送入起动机内部，通常将其称为起动系主电路；起动机电磁开关由点火开关直接控制，如图 3.1（a）所示，或由点火开关通过起动附加继电器控制，如图 3.1（b）所示，通常将这一部分电路称为起动系统控制电路。

2．起动机的类型

起动机的种类很多，在各种起动机的 3 个组成部分中，电动机部分有励磁式和永磁式两种（如图 3.2 所示），但一般没有本质的差别。而起动机的传动机构和操纵机构则有很大差异，因此起动机主要是按传动机构和操纵机构的不同来分类的。

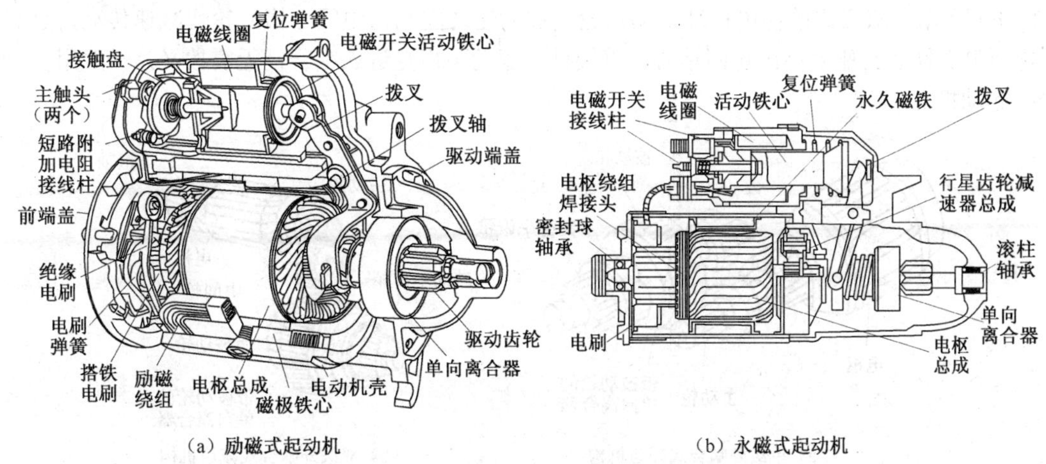

图 3.2　起动机总成

（1）按操纵机构分类。

① 直接操纵式起动机。

它是由脚踏或手拉杠杆联动机构直接控制起动机的主电路开关来接通或切断主电路的，也称机械式起动机。这种方式虽然结构简单，但操作不便，目前已基本被淘汰。

② 电磁操纵式起动机。

它是由起动按钮或点火开关控制起动附加继电器，再由起动附加继电器控制起动机的主开关来接通或切断主电路的，也称电磁控制式起动机。这种方式可实现远距离控制，操作方便，目前被广泛采用。

（2）按传动机构的啮合方式分类。

① 惯性啮合式起动机。

起动机旋转时，其啮合小齿轮靠惯性力自动啮入飞轮齿圈。起动后，小齿轮又借惯性力自动与飞轮齿圈脱离。这种啮合机构结构简单，但不能传递较大的转矩，而且可靠性较差，所以目前已很少采用。

② 强制啮合式起动机。

起动时靠人力或电磁力拉动杠杆强制小齿轮啮入飞轮齿圈。这种啮合机构结构简单，动作可靠，操作方便，目前普遍采用这种结构。

③ 电枢移动式起动机。

起动时靠起动机磁极磁通产生的吸力使电枢沿轴向移动而使驱动小齿轮啮入飞轮齿圈，起动后再由回位弹簧使电枢回位，让驱动小齿轮退出飞轮齿圈。这种啮合机构多用于大功率的柴油发动机上。

④ 减速式起动机。

减速式起动机的结构特点是在电枢和驱动齿轮之间装有一级减速齿轮（一般减速比为3～4），它的优点是：可采用小型高速低转矩的电动机，使起动机的体积减小、质量减轻，并便于安装；提高了起动机的起动转矩，有利于发动机的起动；减速齿轮的结构简单、效率高，保证了良好的机械性能，同时拆装维修方便。

减速起动机减速机构根据结构可分为外啮合式、内啮合式和行星齿轮啮合式3种类型。

外啮合式减速机构有两种。一种是单级式的，如图3.3（a）所示；另一种是双级式的，如图3.3（b）所示。双级式的在电枢轴主动齿轮和被动轮之间利用中间（惰）轮作减速传动，且起动机电磁开关铁心与驱动小齿轮同轴心，直接推动驱动小齿轮进入啮合，无需拨叉，一般用在小功率的起动机上。

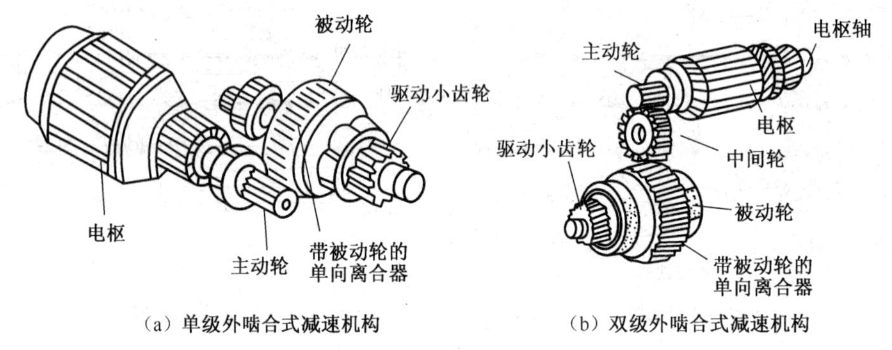

（a）单级外啮合式减速机构　（b）双级外啮合式减速机构

图3.3　外啮合式减速机构

内啮合式减速机构如图3.4所示，具有传动中心距小，减速比大的特点，可有较大的减速比，故适用于较大功率的起动机。

行星齿轮式减速机构如图3.5所示，具有结构紧凑，传动比大，效率高等优点。由于输出轴与电枢轴同心、同旋向，电枢轴无径向载荷，可使整机尺寸减小。此外，由于行星齿轮啮合式减速起动机的轴向位置结构与普通起动机相同，因此配件可通用。

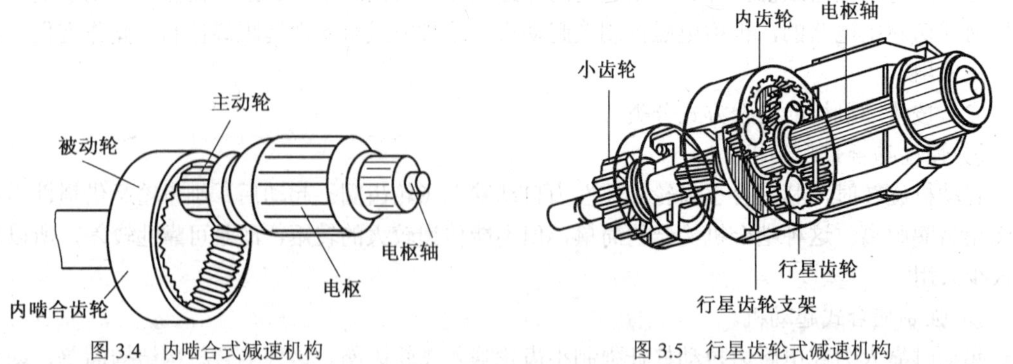

图3.4　内啮合式减速机构　图3.5　行星齿轮式减速机构

3．起动机的型号

根据我国行业标准QC/T 73-1993《汽车电气设备产品型号编制方法》的规定，起动机的型号由以下5部分组成。

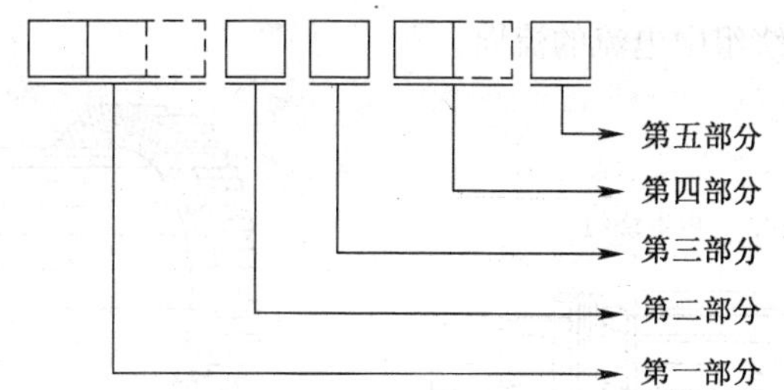

第一部分为产品代号。起动机的产品代号 QD、QDJ、QDY 分别表示起动机、减速起动机及永磁起动机。

第二部分为电压等级代号。1 代表 12V，2 代表 24V，3 代表 6V。

第三部分为功率等级代号。“1”代表 0～1kW，“2”代表 1～2kW，……，“9”代表 8～9kW。

第四部分为设计序号。

第五部分为变形代号。

例如，QD27E 表示额定电压为 24V、功率为 6～7kW、第五次设计的起动机。

二、起动机的结构

车用起动机一般由串励直流电动机、传动机构和操纵机构 3 个部分组成，如图 3.6 所示。

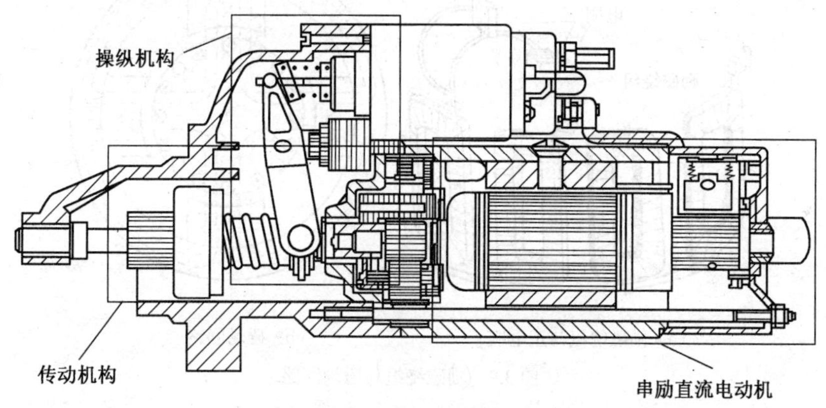

图 3.6 起动机总体构造

1．串励直流电动机

电动机的作用是将蓄电池输入的电能转换为机械能，产生电磁转矩。

串励直流电动机由电枢、磁极、电刷、壳体等主要部件构成。

（1）电枢。

电枢用来产生起动转矩，是直流电动机的旋转部分，主要由电枢轴、电枢铁心、电枢绕组、换向器等组成，如图 3.7 所示。

电枢轴上开有螺旋花键槽，中部装有由硅钢片组成的外圈带嵌线槽的电枢铁心，前后两端的轴颈支承在起动机前后端盖的滑动轴承中。

为了获得足够的转矩，通过电枢绕组的电流一般很大（汽油机为 200～600A，柴油机可达 1 000A），因此电枢绕组采用较粗的矩形裸铜线嵌入电枢铁心制成。

换向器由铜质换向片和云母片叠压而成，且云母片的高度略低于铜质换向片的高度，为了避免电刷磨损的粉末落入换向片之间造成短路，起动机换向片间云母的高度一般不能过低，如图 3.8 所示。电枢绕组各线圈的端头均焊接在换向器片上，蓄电池的电流通过电刷、换向器传递给电枢绕组，并适时地改变电枢绕组中电流的流向。

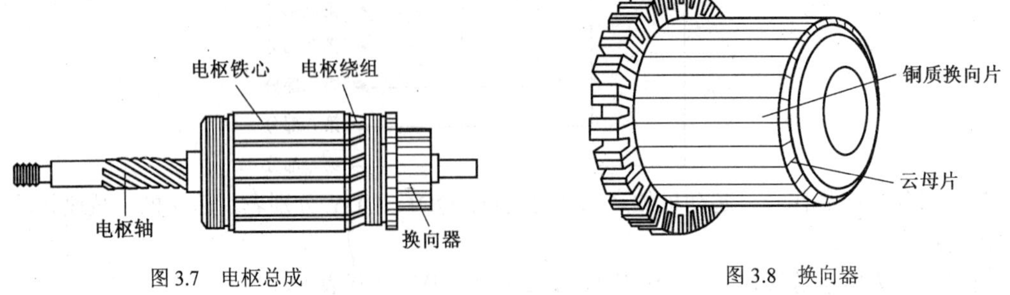

图 3.7 电枢总成

图 3.8 换向器

（2）磁极。

磁极用来产生磁场，一般是由 4 个低碳钢板制成，其内端部扩大为极掌形。每个磁极上绕有励磁绕组，两对磁极相对交错安装在起动机壳体的内壁上。磁极与转子铁心形成的磁场回路如图 3.9 所示。4 个励磁绕组可互相串联后再与电枢绕组串联，也可两两串联后并联再与电枢绕组串联，如图 3.10 所示。

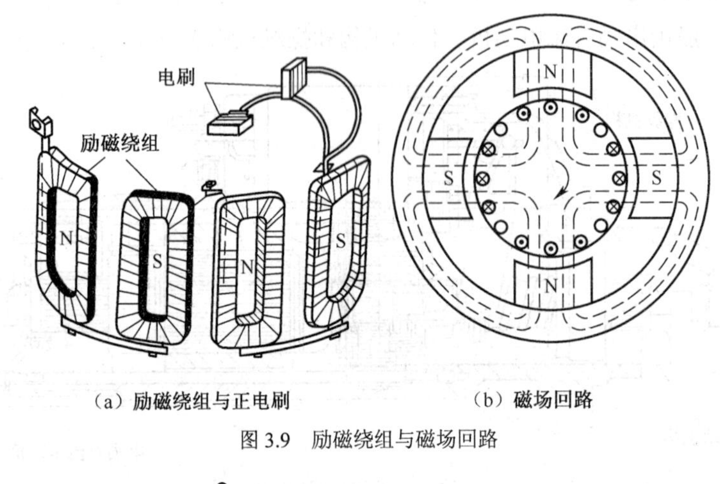

（a）励磁绕组与正电刷　　（b）磁场回路

图 3.9 励磁绕组与磁场回路

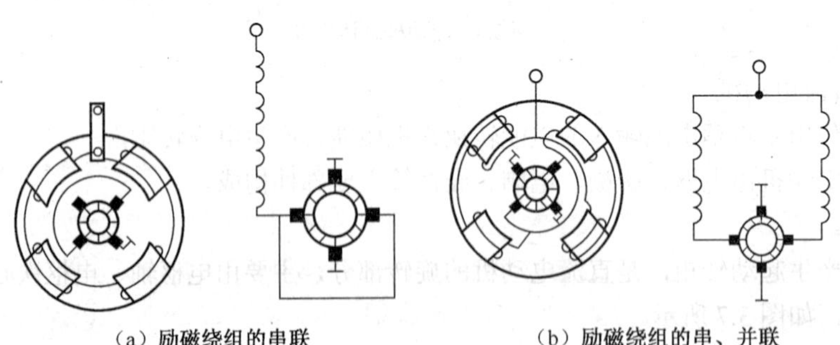

（a）励磁绕组的串联　　（b）励磁绕组的串、并联

图 3.10 励磁绕组的接法

（3）电刷架与壳体。

电刷架安装在起动机后端盖上，一般为框式结构，如图 3.11 所示。其中正极刷架与后端盖绝缘，负极刷架通过后端盖直接搭铁。电刷置于电刷架中，正电刷与励磁绕组的末端相连，负电刷通过负极刷架搭铁。为增强电刷的导电性能，电刷由铜粉与石墨粉压制而成，呈棕黑色。刷架上装有弹性较好的盘形弹簧，将电刷压紧在换向片上。

起动机壳体的后端有 4 个检查窗口，中部有一个与壳体绝缘的电流输入接线柱，并在内部与励磁绕组的一端相连。端盖分前、后两个，前端盖由灰口铸铁浇制而成，后端盖由钢板压制而成。前后端盖的中心孔中均压装有青铜石墨轴承套或铁基含油轴承套，外围有两个或 4 个组装螺孔。前端盖上有拨叉座，盖口有凸缘和安装螺孔，还有拧紧中间轴承板的螺钉孔。

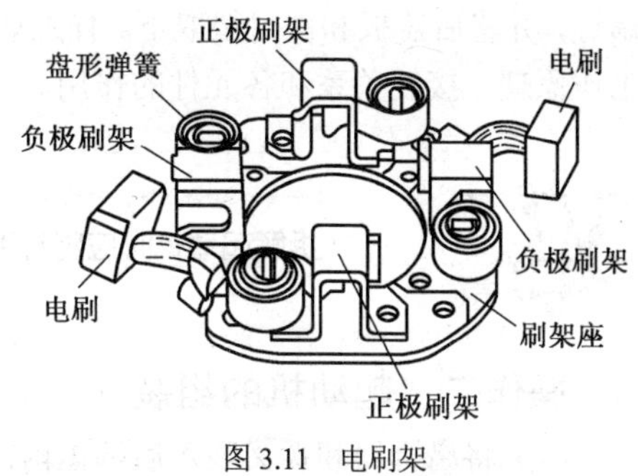

图 3.11 电刷架

2．传动机构

传动机构的作用是在发动机起动时，将直流电动机的转矩传递给发动机飞轮齿圈（曲轴），并在发动机起动后使起动机驱动小齿轮与飞轮齿圈及时脱离，防止起动机被发动机反拖而产生“飞散”。传动机构主要由单向离合器、减速机构（有些起动机不具有减速机构）等组成。

3．操纵机构

操纵机构的作用是通过控制起动机电磁开关及杠杆机构（或其他某种装置），来实现起动机传动机构与飞轮齿圈的啮合与分离，并接通和断开电动机与蓄电池之间的主电路。有的操纵机构还承担在起动时接入或切断点火线圈附加电阻（传统点火装置）的功能。

课题实施

拆装起动机

以 321 型起动机为例说明起动机的拆装步骤。

操作一 起动机的解体

（1）拆防护带和衬垫。用螺钉旋具旋下防尘箍（护圈）的紧固螺钉，并取下防尘箍和密封纸垫圈。

（2）用十字旋具通过壳体的检视窗口旋下 4 个电刷的接线螺钉，再用铁丝钩拉起电刷弹簧，并把电刷从电刷架内抽出。

（3）用十字旋具旋下电磁开关上动铁心护罩上的 4 个紧固螺钉，取下护罩。仔细研究传动机构的构造，并用手反复推压动铁心，观察与思考传动机构的结构特点、工作原理及作用，调整部位及结构。

（4）用钳子将传动叉上端的铰接销钉上的开口锁销取下，再抽出铰接销钉。

（5）用开口扳手旋下穿心螺钉，轻击（或用螺钉旋具轻撬）后端盖边缘，并将后端盖取下。仔细研究后端盖的构造，并观察与思考后端盖总成的装配关系、结构特点、电刷的作用及工作情况，电刷压力不足会引起何种不良后果？为什么？

（6）将电枢轴前端限位环上的开口锁销用钳子取下，沿轴向向内滑动限位环，并取出两个半圆锁环。仔细研究其构造，并观察与思考锁环和限位环的结构特点及作用。

（7）用锤子轻击（或用螺钉旋具轻撬）传动端壳，并将传动端壳连同传动机构从电枢的花键轴上抽出；再把电枢从定子腔内抽出，仔细研究传动端壳与定子壳体和传动机构的装配关系及其结构特点。

（8）用套筒扳手拆下传动叉中间铰接销钉螺母，轻击销钉并将其抽出，再把传动叉从传动端壳后端面向下抽出，并取出驱动小齿轮啮合器总成。

（9）用开口扳手拆下电磁开关接柱的接线和连接片，再用十字旋具旋下电磁开关后盖板上的螺钉，并将后盖板和密封垫取下。仔细研究电磁开关的构造，并观察与思考电磁开关的结构特点、工作原理、接线关系和各元件的作用。

拆解起动机时应将拆下的组件按拆卸的顺序依次摆在试验台上。

操作二　起动机的组装

（1）将离合器和拨叉装入后端盖内。

（2）装入中间轴承支撑板。

（3）将电枢轴插入后端盖内。

（4）装上电动机外壳和前端盖，并用长螺栓结合紧。

（5）装电刷和防尘罩。

（6）装起动机电磁开关。

起动机组装后应转动灵活，各摩擦部位涂润滑油予以润滑，电枢轴的轴向间隙应符合标准。

课题二　起动机的工作原理

基础知识

起动机包括 3 部分：直流电动机、传动机构和操纵机构。下面分别叙述这 3 部分的工作原理。

一、起动机的工作原理

1．直流电动机的工作原理

图 3.12 是直流电动机的工作原理图。电动机工作时，电流通过电刷和换向器流入电枢绕组。如图 3.12（a）所示，换向片 A 与正电刷接触，换向片 B 与负电刷接触，绕组中的电流方向为 a→b→c→d，根据通电导体在磁场中受电磁力的原理（左手定则），绕组 ab 边、cd 边均受到电磁力 F 的作用，由此产生逆时针方向的电磁转矩 M 使电枢转动；当电枢转动至换向片 A 与负电刷接触，换向片 B 与正电刷接触时，电流改由 d→c→b→a（换向器适时地改变了电枢绕组中的电流方向），如图 3.12（b）所示，但电磁转矩的方向仍保持不变，使电枢按逆时针方向继续转动。

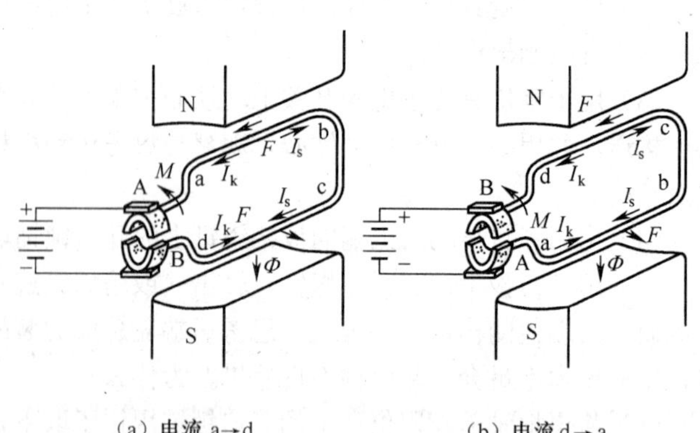

图 3.12　直流电动机的工作原理

上例仅举了电枢绕组中一匝线圈的工作过程，实际上，直流电动机为了产生足够大且转速稳定的电磁转矩，其电枢上绕有很多组线圈，换向器的铜片也随其相应增加。

根据安培定律，可以推导出直流电动机通电后所产生的电磁转矩 M 与磁极的磁通量 Φ 及电枢

电流 I_s 成正比。

2．起动机的工作特性

起动机的工作特性是指起动机输出转矩、输出功率、转速、电流之间的相互关系。起动机的工作特性有转矩特性、转速特性和功率特性。起动机的工作特性取决于直流电动机的特性，而直流串励电动机的特点是起动转矩大，机械特性软。

二、传动机构的工作原理

传动机构是起动机的主要组成部件，由单向离合器和减速机构组成（有的起动机不具有减速机构）。其作用是在起动发电机时将电动机的转矩传递给发动机的飞轮齿圈，使发动机迅速起动；发动机起动完成后又能自动打滑，防止起动机不被发动机飞轮反拖，保护起动机不致“飞散”损坏。

传动机构采用的单向离合器有滚柱式单向离合器、摩擦片式单向离合器等几种。

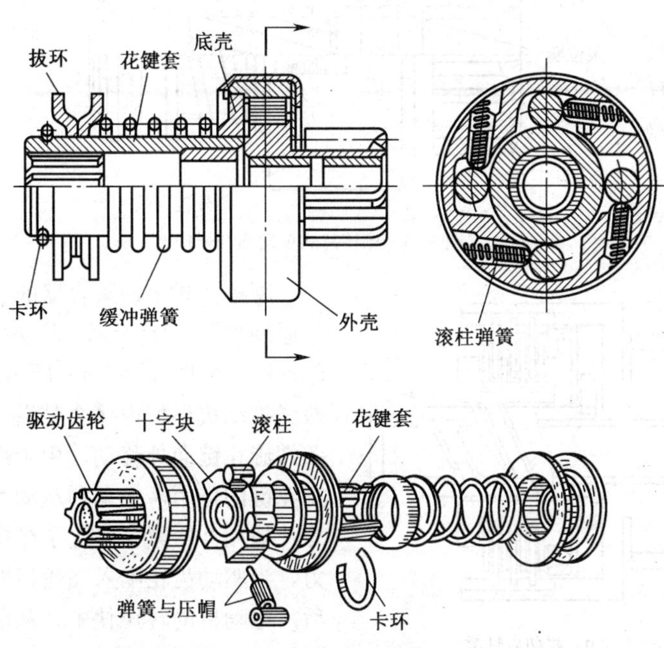

图 3.13　滚柱式单向离合器

1．滚柱式单向离合器

滚柱式单向离合器是目前国内外汽车起动机中使用最多的一种。其结构如图 3.13 所示。其中，驱动齿轮采用 40 号中碳钢经加工淬火而成，与外壳连成一体。外壳内装有十字块，十字块与外壳之间形成了 4 个楔形槽，槽内装有 4 套滚柱及弹簧。十字块与花键套固定连接，底壳与外壳相互折合密封。花键套筒的外面装有缓冲弹簧、拔环及卡环。单向离合器总成利用花键套与起动机轴上的花键形成动配合，可以作轴向移动和随轴转动。

滚柱式单向离合器的工作原理如图 3.14 所示。起动发动机时，拨叉将单向离合器总成沿电枢花键轴推出，使驱动齿轮啮入发动机飞轮齿圈（此时发动机处于静止状态）。这时电动机电枢旋转，通过轴上的花键带动花键套（十字块）随电动机电枢一起旋转，促使 4 个滚柱进入楔形槽的窄端，将十字块与外壳挤紧。于是电动机电枢的转矩就通过轴上的花键、花键套、十字块经滚柱、传给外壳（驱动齿轮），从而达到驱动发动机飞轮齿圈旋转、起动发动机运转的目的，如图 3.14（a）所示。

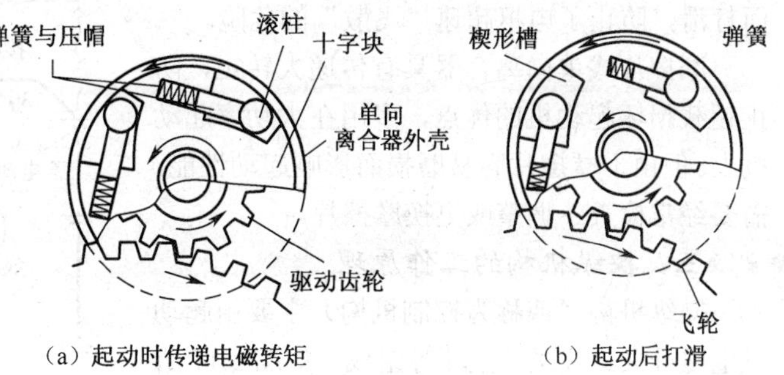

（a）起动时传递电磁转矩　（b）起动后打滑

图 3.14　滚柱式单向离合器的工作原理图

当发动机起动后，飞轮齿圈的转速高于驱动齿轮，即外壳的转速高于十字块，外壳与滚柱的摩擦力使滚柱进入楔形槽的宽端而自由滚动，从而切断了发动机传给起动机的动力传递。这时，驱动齿轮（外壳）随飞轮齿圈作高速旋转，而起动机空转（起动电路并未及时断开），如图 3.14（b）所示。这种单向离合器的打滑功能防止了起动机电枢超速“飞散”的危险。起动完毕，由于拨叉回位弹簧的作用，经拔环使单向离合器退回，驱动齿轮完全脱离飞轮齿圈。

滚柱式离合器具有结构简单，坚固耐用，体积小，质量轻，工作可靠等优点，因此得到广泛采用。其不足是不能用于大功率起动机上。

2．摩擦片式单向离合器

摩擦片式单向离合器的驱动齿轮与外接合鼓做成一个整体，其结构如图 3.15 所示。在外接合鼓的内壁有 4 道轴向槽沟，装有钢质从动摩擦片。在传动套筒的一端表面亦有 3 条螺旋花键，与内接合鼓内的 3 条螺旋花键配合。内接合鼓的外表面也有 4 条轴向槽沟，装有钢或青铜制造的主动摩擦片。主动摩擦片和从动摩擦片彼此相间地排列组装。内接合鼓的外面装有缓冲弹簧，端部固装着拔环。

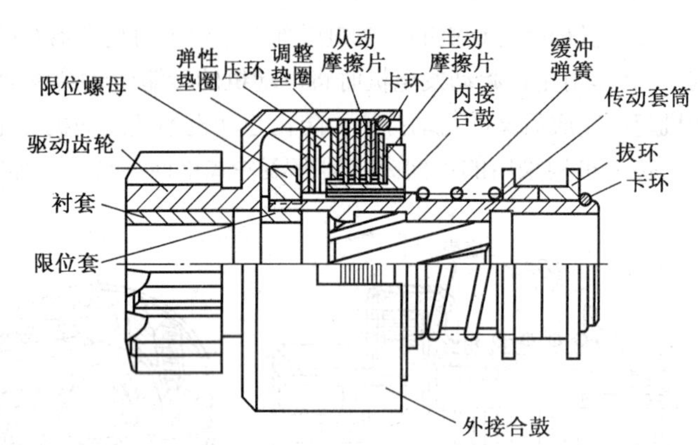

图 3.15 摩擦片式单向离合器构造

摩擦片式单向离合器的工作原理如图 3.16 所示。发动机起动时，如图 3.16（a）所示，拨叉推动拔环使内接合鼓沿 3 条螺旋花键向外移动，由于螺旋花键的作用，主动和从动摩擦片被相互压紧，产生了摩擦力。当驱动齿轮啮入飞轮齿圈后，电动机的转矩使主、从动摩擦片压得更紧，摩擦力更大，起动机的转矩通过摩擦传给飞轮齿圈，驱动飞轮齿圈（曲轴）旋转。发动机起动后，如图 3.16（b）所示，驱动齿轮被飞轮齿圈带动高速旋转，从动摩擦片到主动摩擦片的摩擦力带动内花键毂转动，使内花键毂与螺旋花键旋松，于是主动和被动摩擦片之间的摩擦力消失而打滑，防止了电枢超速“飞散”的危险。

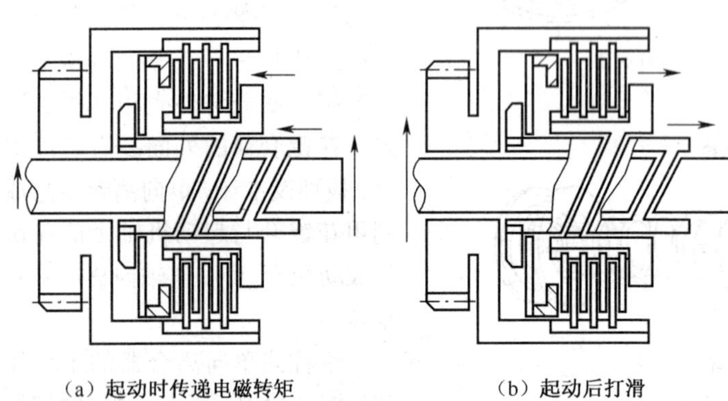

（a）起动时传递电磁转矩　（b）起动后打滑

图 3.16 摩擦片式单向离合器的工作原理

摩擦片式单向离合器具有传递大转矩，防止超载损坏起动机的优点，多用在大功率起动机上。但由于摩擦片容易磨损而影响起动性能，需要经常检查、调整或更换摩擦片。

三、操纵机构的工作原理

操纵机构（或称为控制机构）主要由起动机电磁开关、拨叉、拔环等组成，如图 3.17 所示。操纵机构的作用有：一控制起动机主电路

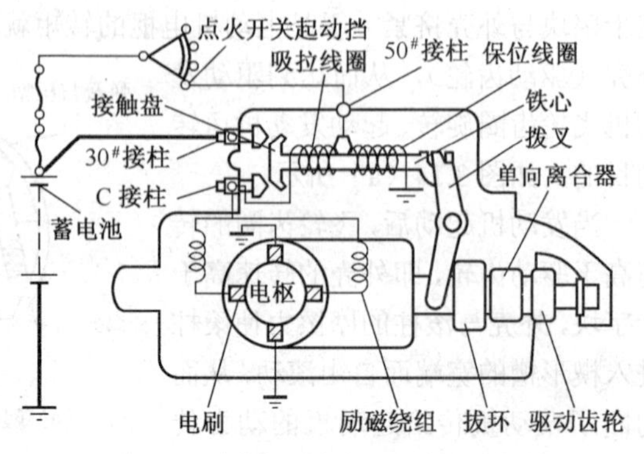

图 3.17 直接控制式电磁开关控制电路

的通断；二在主电路接通之前使驱动齿轮与飞轮齿圈啮合。起动机电磁开关有两种控制方式：一种是由点火开关直接控制；另一种是由点火开关通过起动附加继电器控制。

1．直接控制的电磁开关

直接控制的电磁开关电路如图 3.17 所示。这种电路的控制电路有两条（回路 1 和回路 2），主电路有 1 条（回路 3）。整个起动过程可分为如下 3 个阶段。

（1）起动时。

将点火开关拨到起动挡。在点火开关拨到起动挡的一瞬间，接通了两条回路，实现了两个动作。

回路 1：蓄电池正极→点火开关→50 接柱→吸拉线圈→C 接柱→起动机励磁绕组→电枢绕组→搭铁→蓄电池负极。

回路 1 的接通导致了动作 1：流经励磁绕组与电枢绕组中的小电流使起动机缓慢转动，以保证驱动齿轮被强制啮入飞轮齿圈时不与其发生碰齿现象，而顺利啮入。

回路 2：蓄电池正极→点火开关→50 接柱→保位线圈→搭铁→蓄电池负极。

回路 2 的接通导致了动作 2：磁场铁心在吸拉线圈和保位线圈所产生的磁场（这时二线圈所产生的磁场方向相同）的共同作用下，向左移动，并同时通过拨叉推动起动机驱动齿轮向右移动，与飞轮齿圈啮合。

（2）起动中。

由于上述回路 2 的作用，铁心会向左移动，最终使接触盘与电磁开关上的 30 接柱和 C 接柱接触，即接通起动机主电路。此时，实现两个动作，即短路回路 1，接通回路 3。

动作 3：由于铁心左移，接触盘与电磁开关上的 30 接柱和 C 接柱接触。

短路了回路 1：由于上述动作，吸拉线圈的两端均被加上了蓄电池的端电压而被短路，吸拉线圈磁场力消失，铁心仅依靠回路 2 的保位线圈所产生的磁场，继续保持接触盘将 30 接柱和 C 接柱接通。

接通了回路 3：蓄电池正极→30 接柱→接触盘→C 接柱→起动机励磁绕组→电枢绕组→搭铁→蓄电池负极。

动作 4：回路 3 中流经励磁绕组和电枢绕组中的大电流使起动机产生大转矩，经起动机的传动机构驱动飞轮齿圈使曲轴旋转，起动发动机。

（3）起动后。

发动机起动后，松开点火开关，50 接柱断电，由于机械惯性，在松开点火开关的瞬间内，接触盘仍使 30 接柱和 C 接柱接通，瞬间构成一个新的回路：蓄电池正极→30 接柱→接触盘→吸拉线圈→保位线圈→搭铁→蓄电池负极。此时，由于吸拉线圈与保位线圈产生相反方向的磁场（绕组中电流方向相反）而使有效磁场大大削弱，铁心因失去磁场力而在回位弹簧的作用下迅速回位，接触盘与 30 接柱和 C 接柱分开，回路 3 被断开，同时驱动齿轮通过拨叉被拉回原位，起动完毕。

在上述的 3 条回路中，我们一般将回路 1 和回路 2 看作一条回路，即起动系统的开关电路（在没有起动继电器的控制电路中，也可以看作控制电路）；而回路 3 则被称为起动系统的主电路。

传统点火系中，在 30 接柱和 C 接柱之间还有一旁通接柱，是用来在起动时短路点火线圈的附加电阻，从而改善起动时的点火性能。目前，汽车较多采用电子点火，点火系统已不再设置附加电阻，在这种类型的车上，起动机电磁开关也没有旁通接柱。

2．起动附加继电器控制的电磁开关

图 3.18 是带有起动附加继电器控制的电磁开关电路。与图 3.17 所示的控制电路相比，多了一条点火开关控制起动附加继电器磁场线圈的控制回路。也就是说，这种电路的控制电路有 3 条，

主电路有1条。

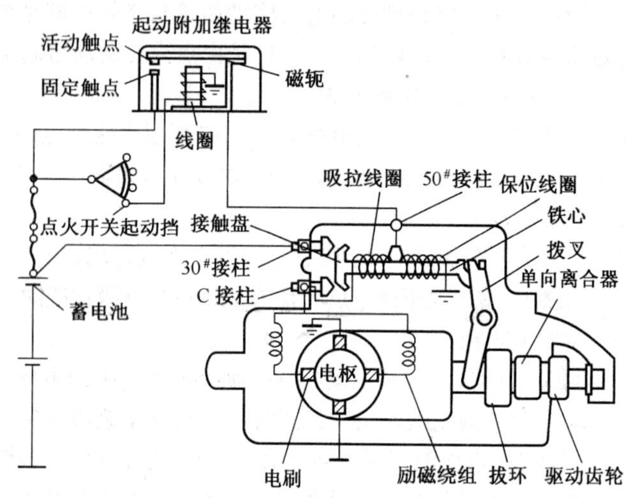

图3.18 带起动附加继电器的起动系控制电路

控制回路1：蓄电池正极→点火开关起动挡→起动附加继电器线圈→搭铁→蓄电池负极。

控制回路2：蓄电池正极→起动附加继电器固定触点→活动触点→磁轭→50接柱→吸拉线圈→C接柱→励磁绕组→电枢绕组→搭铁→蓄电池负极。

控制回路3：蓄电池正极→起动附加继电器固定触点→活动触点→磁轭→50接柱→保位线圈→搭铁→蓄电池负极。

主电路：蓄电池正极→30接柱→接触盘→C接柱→励磁绕组→电枢绕组→搭铁→蓄电池负极。

将点火开关旋至起动挡起动发动机时，起动附加继电器线圈通电，吸下衔铁使触点闭合，接通了起动机电磁开关回路，起动机投入工作。发动机起动后，松开点火开关，点火开关自动转回到正常工作挡位，起动附加继电器线圈断电而触点被断开，起动机电磁开关回路也随即断开，起动机停止工作。

利用起动附加继电器来控制起动机电磁开关回路，能减小通过点火开关起动触点的电流，避免了点火开关的烧蚀，延长了点火开关的使用寿命。

课题实施

起动机的性能检测

操作一 空载性能检测

1．空载性能检测的目的

空载性能检测的目的是通过检测起动机在空载条件下，其转速与输入电流是否符合规定要求，来判断起动机机械部分的装配质量和内部电路有无故障。

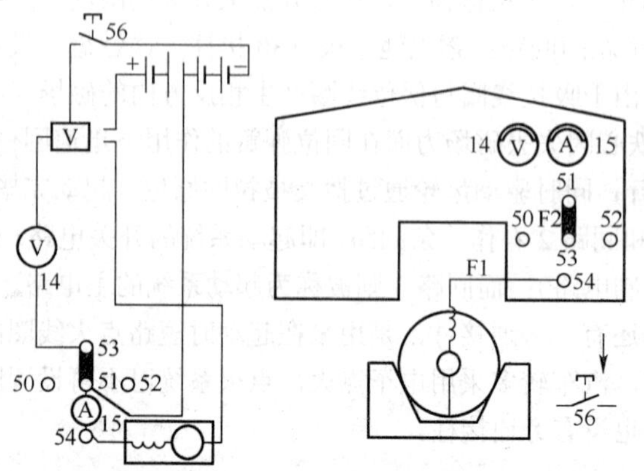

(a) 起动机空载试验原理图 (b) 起动机空载实验接线操作图

图3.19 起动机试验电路

2．试验步骤和方法

① 将被测试的起动机夹紧在万能试验台的制动夹具上，并按图3.19所示连接好试验电路。

② 将附件F1的一端插入插孔54，另一端与起动机接柱相连，并根据被测起动机的额定电压，用附件F2将53与50、51、52其中之一相连接（50→6V，51→12V，52→24V）。

③ 按下按钮56，起动机开始空载运转，

观察万能试验台上的电流表15和电压表14，并读出空载电流和电压值，同时用转速表测量空载转速。

将测得的空载数据填入表3.1中，并与表3.2中的标准数据或被测起动机的标准数据进行比较，即可判断起动机有无机械故障和电气故障。另外，在空转试验中，换向器上不应有电火花，转速应均匀，而且不应有机械碰擦声。

表3.1　起动机空载试验数据

起动机型号：		
转速（r/min）	标准值	
	实测值	
电流（A）	标准值	
	实测值	
综合评价		①合格　　②不合格

表3.2　起动机的性能参数

型号	额定值		空转特性			全制动特性				电刷弹簧压力（kgf）
	电压（V）	功率（kW）	电压（V）	电流≤（A）	转速≥（r/min）	电压≥（V）	电流≤（A）	扭矩≥（kg·m）	扭矩≥（N·m）	
QD124 QD1211 QD1212	12	1.47	12	90	5 000	8	650	3	29.4	0.8～1.3
QD321 QD1255	12	1.10	12	100	5 000	8	525	1.6	15.7	1.2～1.5
ST614	24	5.15	24	80	6 500		900	6	58.8	1.2～1.8
318	12	1.32	12	90	5 000	8	650	2.6	25.9	1.2～1.5
QD26	24	8.09	24	90	3 200	9	1 800	14.5	142	1.2～1.5
QD27E	24	8.09	24	120	6 000	12	1 700	14.5	142	2.2～2.6
ST95A	12	1.47	12	100	6 000		640	2.6	25.9	0.8～1.3

3．故障判断

① 测得的电流超出标准值，而转速低于标准值。这通常是由机械故障或电气故障引起的，机械故障包括电枢轴与轴承（钢套）的装配间隙过小、电枢与磁极碰擦、各轴承同轴度误差过大及电枢轴弯曲等；电气故障包括电枢绕组和励磁绕组有局部短路或搭铁故障等。

② 测得的电流和转速均低于标准值（蓄电池电压正常）。其故障原因主要是：外电路导线接触不良；起动机内部导线接触不良，电刷与换向器接触不良（烧蚀，油污、磨损不均而局部接触或电刷弹簧压力不足等）；电磁开关的触点接触不良等。

③ 测得的电流与转速都低于规定值，且电压表的读数也低于规定值时，主要是蓄电池技术状态不良造成的。

操作二　全制动性能检测（转矩或扭矩试验）

1．全制动性能检测的目的

全制动性能检测的目的是通过检测起动机在全制动条件下，其输出扭矩与输入电流是否符合规定要求，进一步检查起动机内部电路是否有故障；同时，可以检验啮合器是否打滑。

2．试验方法与步骤

全制动性能检测时，必须选用空转试验证明良好的起动机。

① 将被测起动机夹紧在万能试验台的制动夹具上，并用制动连杆上的夹块夹紧驱动齿轮上的3个轮齿。对于顺时针旋转的起动机，按图3.20（a）安装紧固；而对于逆时针旋转的起动机，按图3.20（b）安装紧固。

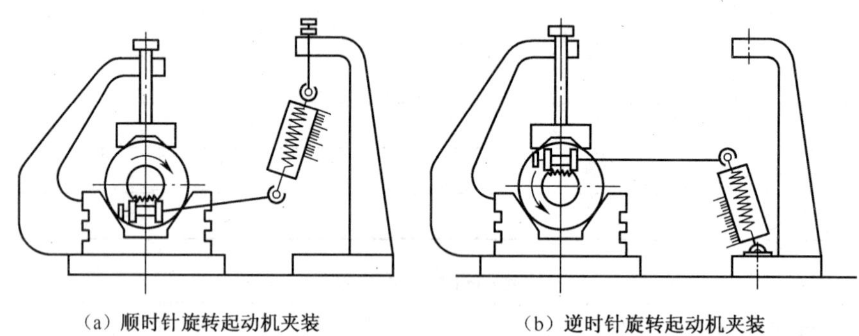

（a）顺时针旋转起动机夹装　　（b）逆时针旋转起动机夹装

图3.20　起动机全制动试验夹装方法

② 连接好试验电路（与空转试验相同）。

③ 按下万能试验台上的按钮56（必须按紧，不得松动），起动机被制动，迅速从电压表14和电流表15的表盘上分别读出电压值和电流值，同时从弹簧称的刻度上读出扭力数值，并计算起动机的起动转矩（转矩值为弹簧称的读数与力臂长度的乘积）。

将测得的电压、电流和转矩填入表3.3并与标准值进行比较，通过分析即可判断起动机是否有故障。

表3.3　起动机全制动试验数据

起动机型号		
电压（V）	标准值	
	测量值	
电流（A）	标准值	
	测量值	
转矩（N·m）	标准值	
	测量值	
综合评价		①合格　　②不合格

3．故障判断方法

① 若测得的电流大，电压低，转矩小，则证明电枢绕组或励磁绕组有局部短路或接铁故障。

② 若测得的电流和转矩都小，而电压比标准值高，则表示外部电路接线接触不良，电刷与换向器接触不良或局部接触以及电磁开关触点接触不良等。

③ 如果测得的电流和转矩都小的同时，电压也较低，则是蓄电池的技术状况不良造成的。

④ 如果在全制动试验过程中，起动机电枢仍能转动，则证明啮合器已经失去了单向传递转矩的能力，从而产生打滑现象。

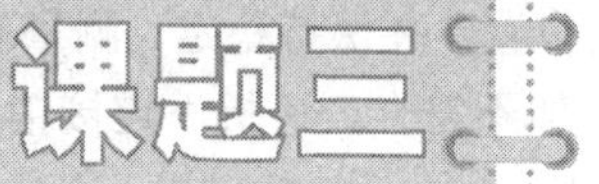

起动机的使用与调整

基础知识

一、起动机的正确使用

使用起动机时，应注意以下事项。

① 起动机每次起动时间不超过 5s，再次起动时应间隔 2min，使蓄电池得以恢复。如果连续第三次起动，应在检查与排除故障的基础上停歇 15min 以后进行。

② 在冬季或低温情况下起动时，应采取相应的措施，例如对蓄电池保温确保蓄电池有充足的起动容量，对手摇发动机进行预润滑等。

③ 发动机起动后，必须立即切断起动机控制电路，使起动机停止工作。

此外，起动机外部应经常保持清洁，各连接导线，特别是与蓄电池相连接的导线，应保证连接牢固可靠；汽车每行驶 3 000km，应检查与清洁换向器，清除换向器表面的碳粉和脏污；汽车每行驶 5 000～6 000km，应检查测试电刷的磨损程度以及电刷弹簧的压力(均应在规定范围之内)；每年对起动机进行一次解体保养。

二、起动机的调整

起动机的调整包括电枢轴轴向间隙的调整、驱动齿轮端面与起动机安装凸缘之间距离的调整、电磁开关接通时刻的调整。

1．电枢轴轴向间隙的调整

如图 3.21 所示，在电枢轴的电刷端盖外侧用调整垫片调整电枢轴的轴向间隙，其间隙应为 0.1～0.3mm，然后装上挡圈。

2．驱动齿轮端面与起动机安装凸缘之间距离的调整

驱动齿轮端面与起动机安装凸缘之间距离的调整如图 3.22 所示，使活动铁心回到极限位置，让拨叉靠在限位螺钉上。此时驱动齿轮端面与起动机安装凸缘之间的距离应为 32.5～34mm。若不符合要求，应适当拧入或旋出限位螺钉进行调整。

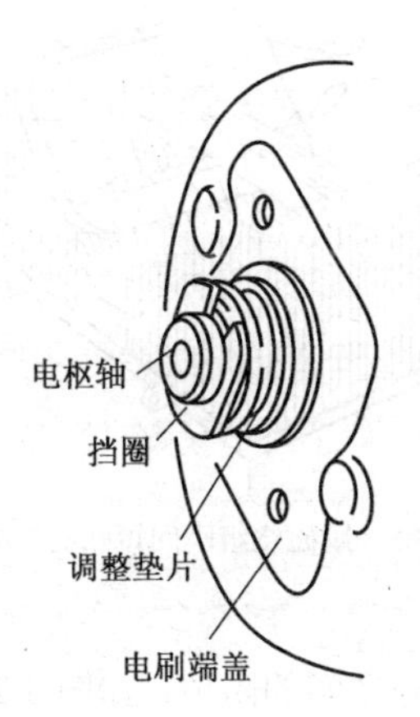

图 3.21　电枢轴向间隙的调整

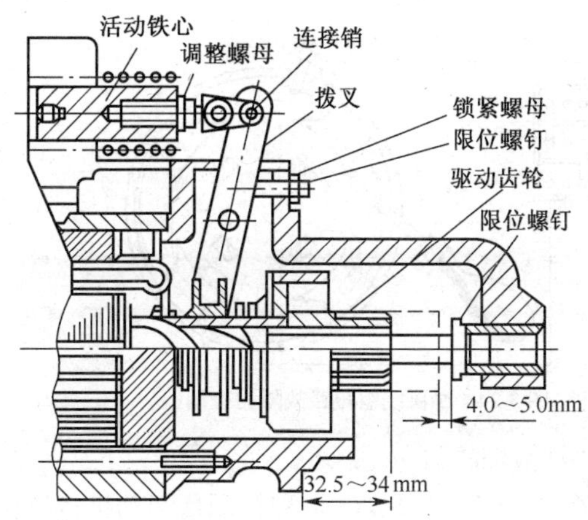

图 3.22　驱动齿轮极限位置的调整

3．电磁开关接通时刻的调整

如图 3.22 所示，将电磁开关的活动铁心推至使其开关刚好接通的位置，并保持稳定。测量驱动齿轮与止推垫圈端面之间的间隙值，一般其间隙值为 4.0～5.0mm，如不符合，可拆下连接销，适当拧入或旋出拨叉与活动铁心的连接螺杆进行调整，直至合格为止。

课题实施

维修起动机

操作一　检修励磁绕组

励磁绕组的常见故障有接头脱焊，绕组匝间短路、断路或搭铁等。对于接头脱焊和绕组断路故障，解体后可直接看到；对于绕组匝间短路，必须通电检测或在汽车电气试验台上用电枢诊断仪检测；对于绕组搭铁，可用万用表的高阻值挡测量绕组端子与外壳之间的电阻值，应为无穷大。

1．断路故障检修

用万用表电阻 $R\times1$ 量程挡测量起动机接线柱到绝缘电刷之间的电阻 R，如图 3.23 所示。阻值应接近 0Ω。如果测得的数值为无穷大，说明励磁绕组断路。若励磁绕组在绕组相互连接处断路，可重新进行锡焊；若在绕组中间断裂，则应重新绕制。

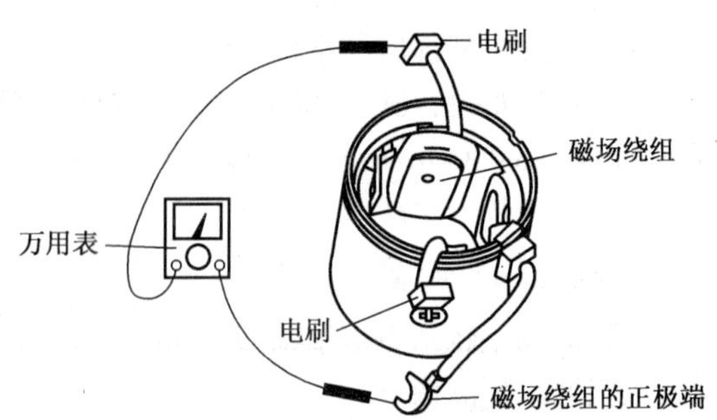

图 3.23　励磁绕组断路故障的检测

2．短路故障检修

可采用测试励磁绕组磁力的方法检测励磁绕组是否有匝间短路的故障，如图 3.24 所示。用蓄电池 2V 直流电源正极接起动机接线柱，负极接绝缘电刷。将一字旋具放在每个磁极上，检查磁极对一字旋具的吸力，应相同。若某磁极吸力弱，则初步判断为匝间短路。再进一步进行检测，将励磁绕组套在铁棒上，放入电枢感应仪进行检查，如图 3.25 所示。感应仪通电几分钟后，如果励磁绕组发热，则表明匝间有短路故障。如果匝间短路，可拆除外表面的纱带，剔除烧坏的绝缘纸，重新镶嵌新的绝缘纸，再用纱带包扎浸漆烘干即可。

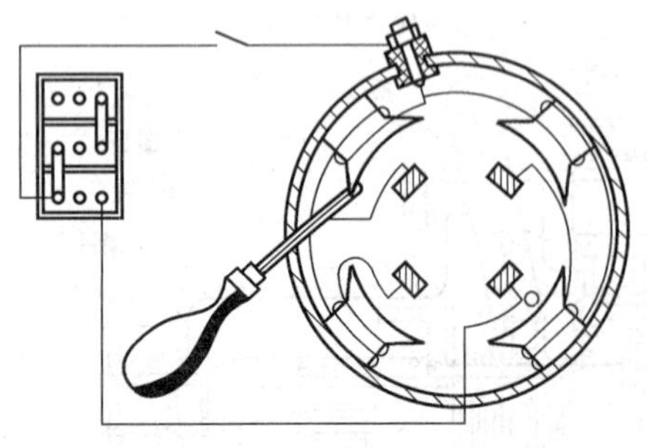
图 3.24　励磁绕组短路故障的检测

图 3.25　励磁绕组匝间短路的检测

3．搭铁故障检修

用万用表电阻 $R\times10\text{k}\Omega$ 量程挡测量起动机接线柱与起动机外壳之间的阻值，如图 3.26 所示。测得的数值应为无穷大；否则说明励磁绕组存在搭铁故障。如果绕组中存在搭铁故障，需用新纱带将其重新包扎，并浸漆烘干即可。

操作二 检修电枢绕组

电枢绕组的常见故障有断路、匝间短路或搭铁等。可用万用表高阻值挡检测电枢绕组是否搭铁。电枢绕组短路的检测应在专用实验台上进行。

1．断路故障检修

用万用表电阻的最小量程挡测量任意两个换向器片之间的电阻值，应为0Ω，如图3.27所示。如果存在阻值，则应更换电枢总成，或重新焊接电枢绕组和换向器片。

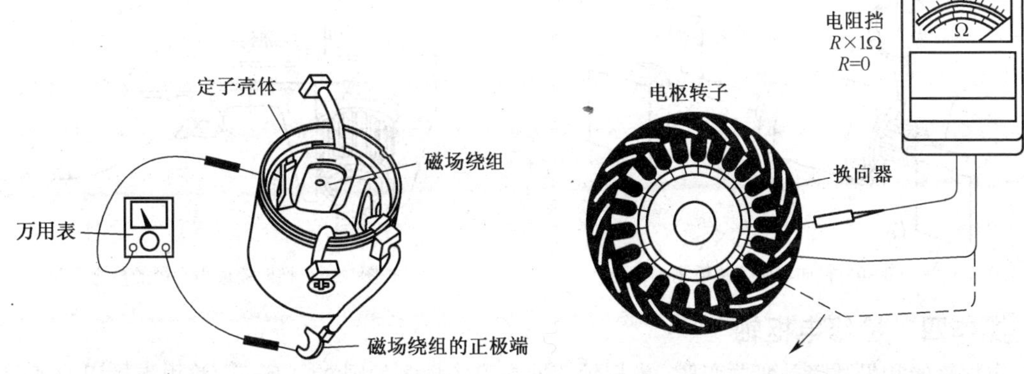

图3.26 励磁绕组搭铁故障的检测

图3.27 电枢绕组断路故障的检测

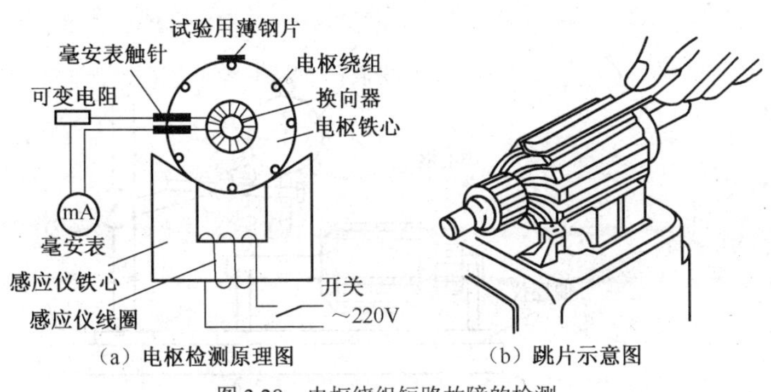

（a）电枢检测原理图

（b）跳片示意图

图3.28 电枢绕组短路故障的检测

2．短路故障检修

用汽车电气万能试验台上的电枢感应仪检测电枢绕组短路故障，电路如图3.28（a）所示。

检测时，将电枢放在电枢感应仪上，手握薄钢锯条与铁心平行，如图3.28（b），缓慢转动电枢并观察钢锯条的状态。如果钢锯条发生振动或被吸向铁心，则电枢绕组在此位置短路，需要更换。

3．搭铁故障检修

用万用表电阻$R\times10\text{k}\Omega$量程挡进行测量。将一支表笔接到电枢铁心上，另一支表笔接到换向器的任一换向片上，如图3.29所示。电阻应为无穷大。如果相互连通，电阻为“0”，则该电枢绕组必须重新绕制或更换。

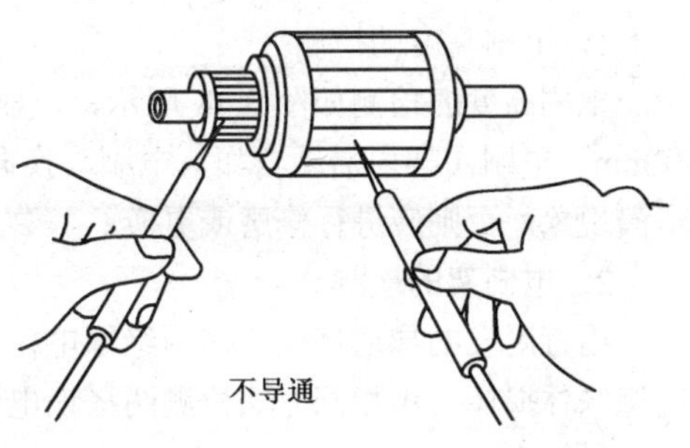

图3.29 电枢绕组搭铁故障的检测

操作三 检修换向器

换向器故障多为表面烧蚀、脏污、云母片突出等。

1．换向器圆度的检测

换向器圆度的检测方法如图3.30所示。用百分表检测换向器表面的圆跳动量，不得大于极限值0.03mm。对于轻微烧蚀，用“00”号砂纸打磨即可。严重烧蚀或失圆（径向圆跳动＞0.05mm）时应进行机加工，但加工后换向器铜片厚度不得少于 2mm。

2．换向器最小直径的检测

换向器最小直径的检测如图 3.31 所示。检测数值不得小于使用极限值，否则应更换电枢。

3．换向器磨损的检测

换向器磨损的检测如图 3.32 所示。对于云母层过高，切口过窄、过浅或呈 V 形断面等情况均应更换。检修时，若换向器铜片间糟的深度小于 0.2mm，就需用锯片将云母片割低至规定的深度。

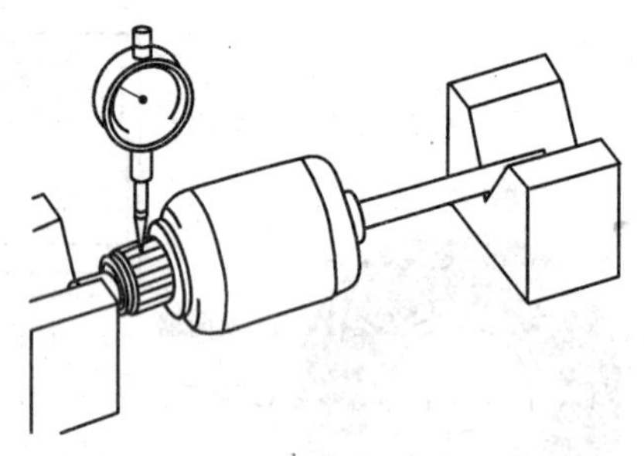

图 3.30 换向器圆度的检测

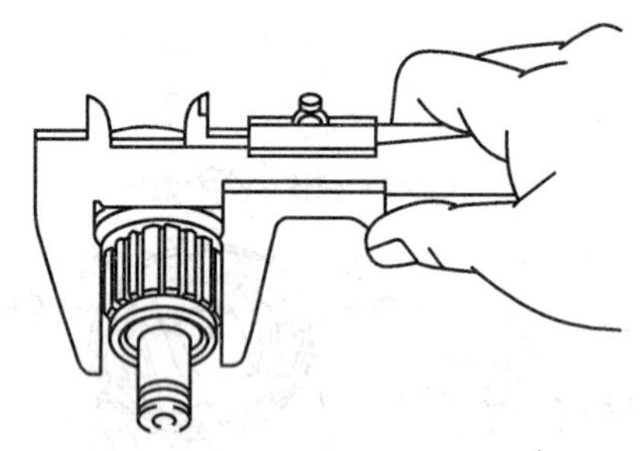

图 3.31 换向器最小直径的检测

操作四 检修电枢轴

电枢轴的常见故障是弯曲变形。电枢轴弯曲变形的检测如图 3.33 所示。将电枢轴用 V 形铁支承，用百分表检查电枢轴的圆跳动量。电枢轴径向跳动应不大于 0.15mm，否则应用冷压校正或更换电枢。

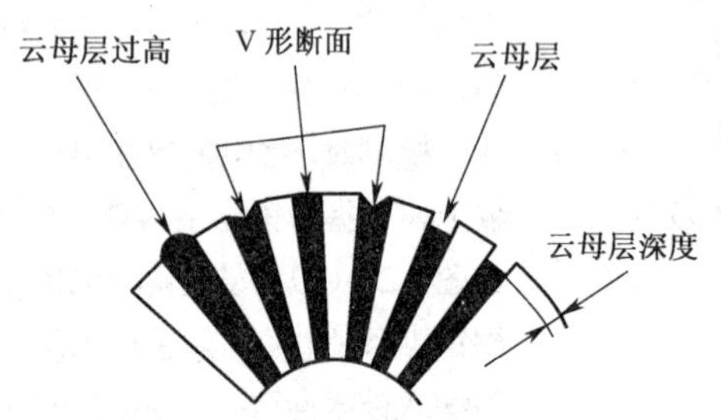

图 3.32 检测换向器云母层的深度和形状

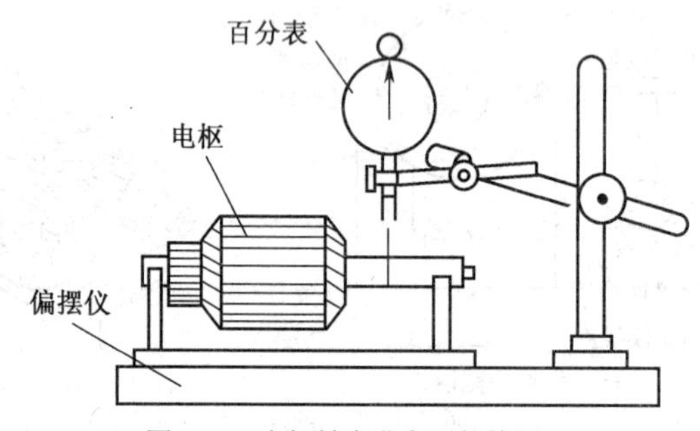

图 3.33 电枢轴弯曲变形的检测

操作五 检修电刷与刷架

1．电刷高度的检测

电刷高度的检测如图 3.34 所示，电刷磨损后的高度不应小于电刷原高度的 2/3，一般不小于 10mm，电刷在架内活动自如，电刷与换向器的接触面不小于 75%，并且要求电刷在电刷架内无卡滞现象，否则应进行修磨或更换。

2．电刷架的检测

用万用表的导通挡位检测两绝缘电刷架与电刷架座盖之间的电阻值，阻值应为“∞”，否则说明绝缘体损坏；用相同方法检测两搭铁电刷架与电刷架座盖，阻值应为“0”，否则说明电刷架松动，搭铁不良。

3．电刷弹簧的检测

用弹簧秤检查弹簧的弹力，如图 3.35 所示，应为 11.76～14.7N，若过小，则应更换。

图 3.34 电刷高度的检测

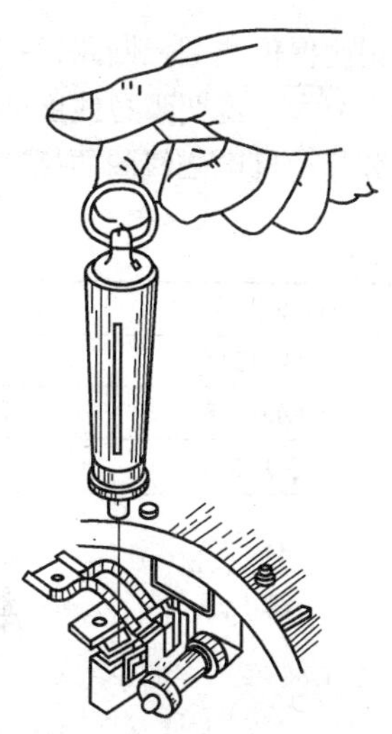

图 3.35 电刷弹簧弹力的检测

操作六 检修单向离合器

单向离合器的常见故障是打滑、驱动齿轮损坏等。

检测时可首先检查驱动齿轮和花键以及飞轮齿圈有无磨损或损坏，在确保无损坏的情况下，握住单向离合器的外座圈，转动驱动齿轮，应能自由转动；反转时应锁住，否则应更换单向离合器。

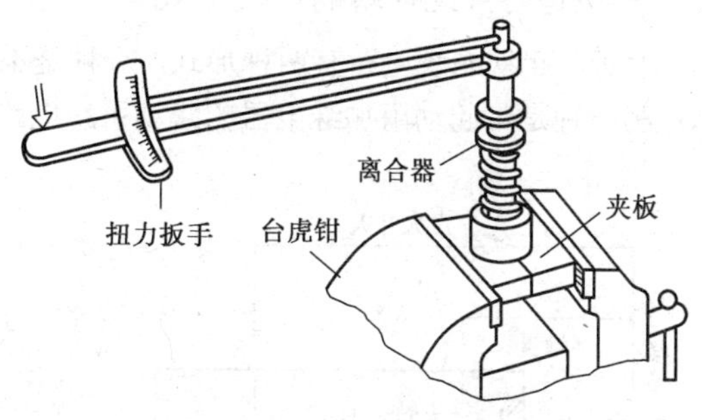

图 3.36 单向离合器扭矩的检测

具体可以用扭力扳手来检测。将单向离合器夹紧在台虎钳上，向单向离合器压紧方向旋转，如图 3.36 所示。如果打滑时的转矩小于规定值，说明单向离合器打滑，应予以更换。对于摩擦片式单向离合器，如果转矩偏小，可以通过调整压环前的弱性垫圈厚度使其达到使用要求。

操作七 检修电磁开关

1．接触盘表面和触点表面的检修

接触盘及触点表面有轻微烧蚀，可以用锉刀或砂布修整。回位弹簧过弱应予以更换。

2．保位线圈和吸拉线圈电阻值的检测

用万用表 $R\times1$ 挡按图 3.37（a）所示的方法测量保位线圈，其电阻值约为 1Ω，若电阻为无

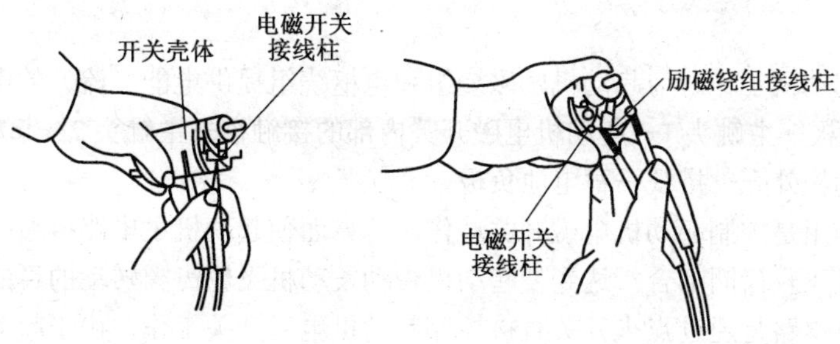

（a）保位线圈的检测　（b）吸拉线圈的检测

图 3.37 起动机电磁开关线圈电阻值的检测

穷大，说明保位线圈已断路；按图 3.37（b）所示的方法测量吸拉线圈，其电阻值约为 0.5Ω，若电阻为无穷大，说明吸拉线圈断路，应重新绕制或更换。

部分起动机电磁线圈的标准电阻值见表 3.4。

表 3.4 起动机电磁开关线圈的电阻值

起动机型号	保位线圈（Ω）	吸拉线圈（Ω）
QD1211	0.88±0.1	0.27±0.05
QD124F	0.97±0.1	0.6±0.05
QD124A	1.29±0.12	0.33±0.03

课题四 起动系统电路

基础知识

一、起动系统电路的一般形式

目前，起动系统电路有两种形式。一种是不带起动附加继电器的起动系统电路，如图 3.38 所示；另一种是带起动附加继电器的起动系统电路，如图 3.39 所示。

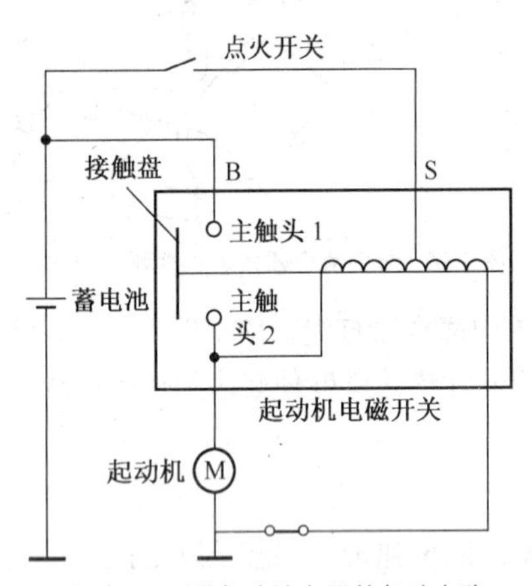

图 3.38 不带起动继电器的起动电路

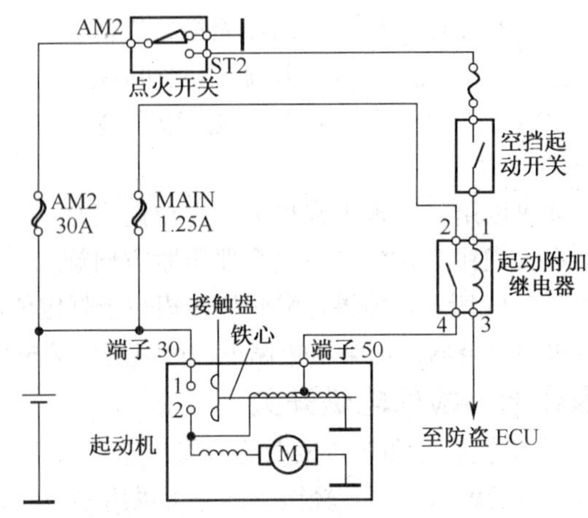

图 3.39 带起动附加继电器的起动电路

不论带或不带起动附加继电器，我们都可将起动电路分为两个部分。一部分是主电路，另一部分为控制电路。

主电路是在起动机工作时为起动机励磁绕组和电枢绕组提供电能（流）的电路。其电路连接路线是：蓄电池正极→主触头 1→起动机电磁开关内部的接触盘→主触头 2→起动机（励磁绕组→电枢绕组）→起动机外壳→搭铁→蓄电池负极。

控制电路的作用是控制起动机电磁开关动作，一方面使起动机主电路接通；另一方面使起动机小齿轮与发动机飞轮齿圈啮合，达到使起动机带动发动机飞轮齿圈转动的目的。不带起动附加继电器的起动控制电路是通过点火开关直接控制起动机电磁开关工作，由于起动机电磁开关在工作时电流较大，容易使点火开关损坏，所以现在的汽车已很少采用。带起动附加继电器的起动控制电路通过控制起动附加继电器内的电磁线圈，使继电器内部的常开触点闭合从而接通起动电磁开关电路，使起动电磁开关工作。

上述两种电路在发动机起动后，如果不小心将点火开关再转动到起动位置，起动电路会被接通而造成打齿现象（这是因为发动机工作时，起动机小齿轮试图与飞轮齿圈啮合，由于转速不同而造成的）。因此，有些车辆采用了组合继电器。

二、典型起动系统电路

1．CA1091 型汽车起动电路

解放 CA1091 型汽车起动电路如图 3.40 所示。

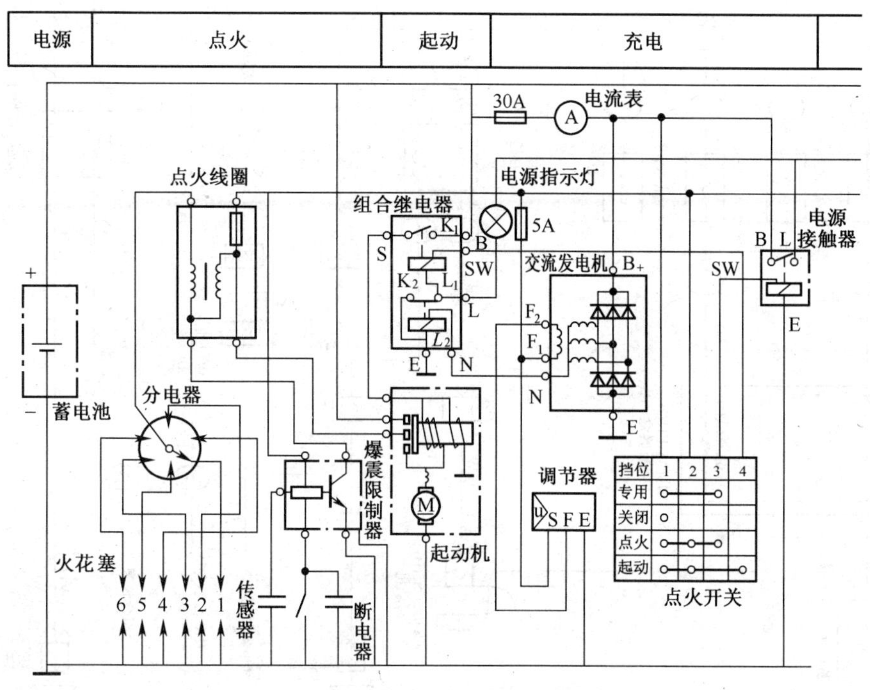

图 3.40　CA1091 型汽车起动电路

该起动电路最大的特点就是带有组合（起动）继电器，具有起动保护作用。即发动机在运行状态下，如果因误操作而将点火开关转到起动挡，起动机不会工作，这样避免了飞轮在高速运转时，起动机驱动齿轮的啮入（因线速度不一致，很难啮入）而造成打齿的现象。

组合继电器中的起动继电器的线圈 L_1 受另外一个继电器的常闭触点 K_2 的控制。发动机运转时，发电机中性点的电压加在组合继电器的线圈 L_2 上，吸开常闭触点 K_2，使起动继电器的线圈 L_1 处于断路状态，即使此时将点火开关转到起动挡，因 L_1 中没有电流，不会将触点 K_1 闭合，起动机无法工作，起到了保护作用。

2．丰田轿车起动电路

丰田威驰轿车的起动电路如图 3.41 所示。

该起动电路带起动附加继电器。点火开关转到起动挡（ST2）时，蓄电池正极经 60A 熔断器→15A 熔断器→点火开关→ST（起动）继电器线圈→搭铁→蓄电池负极，使 ST 继电器线圈通电，常开触点闭合，接通起动机电磁开关电路：蓄电池正极→60A 熔断器→30A 熔断器→ST（起动）继电器触点→起动机电磁开关（内部电路）→搭铁→蓄电池负极，使起动机动作。

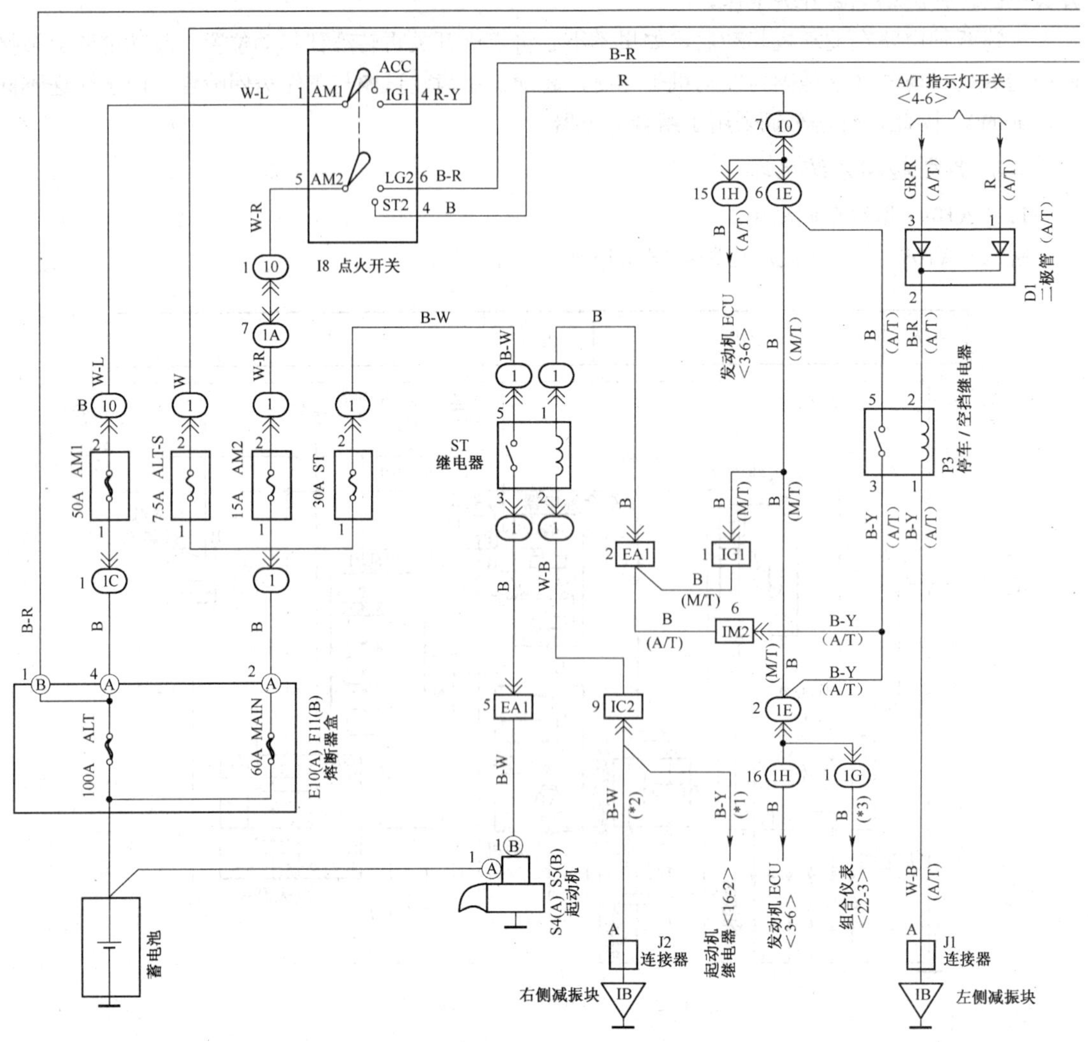

图 3.41 丰田威驰轿车的起动电路

如果轿车配置自动变速器，起动继电器线圈绕组还受到停车/空挡继电器的控制，即只有变速器的换挡手柄处于停车/空挡位置时，才能起动发动机。此外，当点火开关旋转到起动位置时，从点火开关的 ST2 端子还给发动机 ECU 及组合仪表提供一个信号，用作与起动有关的其他控制或指示。

3．上海帕萨特 B5 起动电路

上海帕萨特 B5 起动电路如图 3.42 所示。

该起动电路采用直接控制式。图中起动机 B 的 30 端子与蓄电池的正极直接相连，起动机电磁开关的控制端子 50 与点火开关 50b 端子相连。点火开关的 30 端子是常电源，与蓄电池的正极相连。当点火开关旋转到起动位置时，蓄电池正极经点火开关→点火开关 50b 端子→起动机 50 端子送入起动机电磁开关（内部电路）→搭铁→蓄电池负极，直接为起动机电磁开关供电。电磁开关工作，接通起动机的主电路，起动机工作。

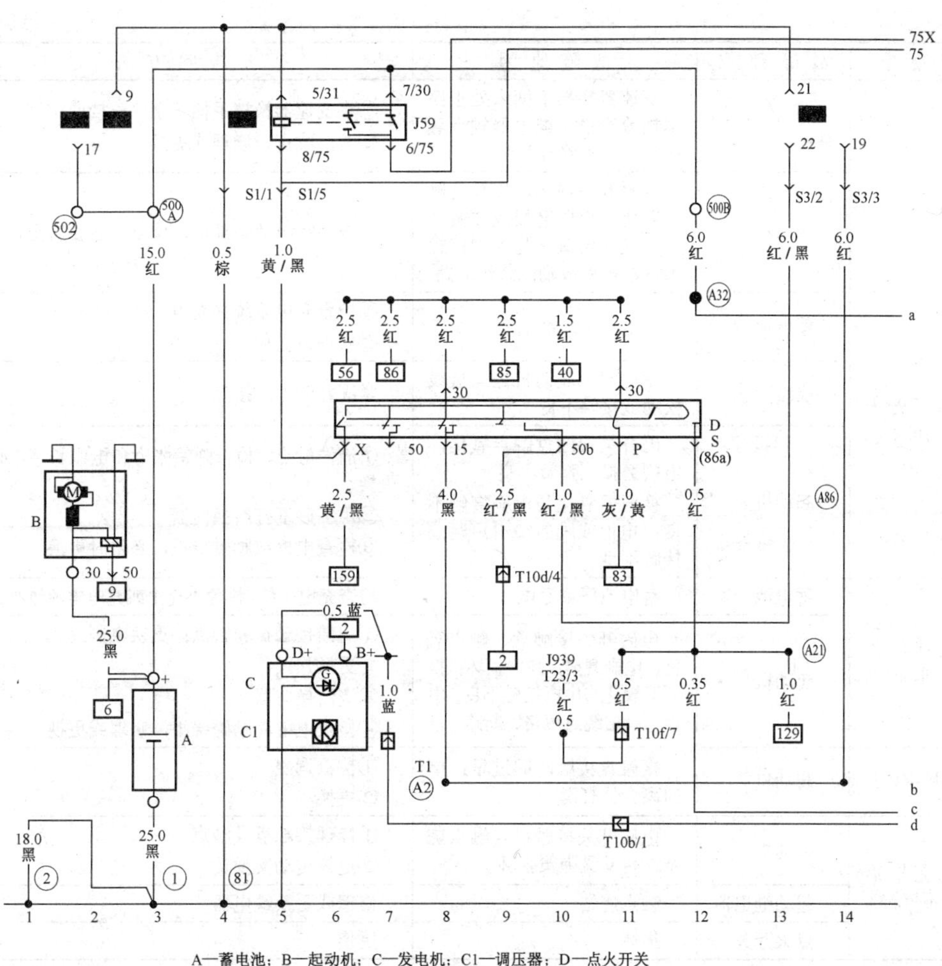

图 3.42 上海帕萨特 B5 起动电路

三、起动系统的故障诊断与排除

起动系统的常见故障主要有：起动机不工作（不转）；起动机运转无力；起动机驱动齿轮可与飞轮齿圈啮合但起动机不转；起动机空转；起动完毕后起动机不停转等。具体现象、原因、排除方法见表 3.5。

表 3.5 起动系统常见故障、故障原因及排除方法

故障现象	故障部位	故障原因	排除方法
起动机不转	蓄电池	蓄电池严重亏电；蓄电池内部短路或硫化	检查充电系统，排除不充电或充电电流过小的故障；修理或更换
	线路	蓄电池至起动机之间连接导线不良、连接松动、接线柱氧化或积污，蓄电池搭铁不良	检查导线，必要时更换；清洁接线柱及接点，并紧固
	点火开关	点火开关起动挡损坏	更换
	起动继电器	继电器触点氧化、线圈短路或断路	清洁触点、修理或更换

续表

故障现象	故障部位	故障原因	排除方法
起动机不转	停车/空挡继电器	变速器换挡手柄未处于停车挡或空挡；继电器触点氧化、线圈短路或断路	①将变速器换挡手柄拨至停车挡或空挡 ②清洁触点、修理或更换
	起动机	电磁开关损坏，接触盘触点氧化，电刷磨损或弹簧损坏，换向器氧化与电刷接触不良，电枢或励磁绕组断路	检查并找出故障部位，修复，必要时更换
起动机运转无力，发动机不能起动	蓄电池	充电不足；蓄电池故障	①检查充电系统并充电 ②修理或更换
	线路	蓄电池至起动机之间接线松动或接触不良	紧固并清理连接点
	起动机	磁开关接触盘触点氧化，电刷磨损，弹簧不良 换向器氧化与电刷接触不良；电枢或励磁绕组短路或接触不良	①清洁触点，检查弹簧张力和电刷长度，必要时更换 ②用细砂纸打磨换向器 ③检查电枢或励磁绕组，必要时更换
起动机驱动齿轮可与飞轮齿圈啮合但起动机不转	蓄电池	蓄电池严重亏电	检查充电系统，排除不充电或充电电流过小的故障
	起动机	电磁开关接触盘、触点氧化、电刷磨损；弹簧损坏；换向器氧化与电刷接触不良；电枢、励磁绕组短路、断路	①清洁接触盘和触点；更换电刷 ②更换弹簧 ③清洁换向器 ④检查电枢和励磁绕组，修理或更换
起动机空转	起动机	接触盘接触时间过早；单向离合器打滑	①检查调整 ②更换
起动完毕后起动机不停转	起动机	电磁开关接触盘与触点烧结；传动叉弹簧损坏	①修理接触盘及触点 ②更换传动叉弹黄
	起动继电器	触点烧结	修理或更换继电器
	点火开关	损坏	更换

课题实施

排除起动机不转故障（以带起动附加继电器的起动系统电路为例）

操作一　检查蓄电池存电状况

起动发动机的同时，接通前大灯或喇叭，观察灯光亮度，听喇叭声响是否正常，如变弱，则检查蓄电池是否亏电和线路连接是否松动。

操作二　检查起动机

用一字旋具短接起动机“30”端子和“C”端子，观察火花强弱和起动机工作状况。

若短接时无火花，起动机不转，说明励磁绕组、电枢绕组或电刷引线等有断路故障，应拆下起动机检修。

若短接时有强烈火花而起动机不转，说明起动机内部有短路或搭铁故障，应拆下起动机检修。

若短接时起动机正常运转，进行下一步检查。

操作三　检查起动机电磁开关

用导线短接起动机电磁开关“50”端子和“30”端子，观察起动机电磁开关和起动机工作状况。

若起动机电磁开关吸合正常，起动机不转，说明接触盘与“30”端子和“C”端子接触不良，应拆修起动机电磁开关。

若起动机电磁开关发出“哒、哒、……”的吸合声，起动机不转，说明起动机电磁开关内部吸拉线圈或保位线圈断路、短路或接触不良，应拆修起动机电磁开关。

若起动机电磁开关正常吸合，起动机运转，说明起动机和起动机电磁开关良好，进行下一步检查。

操作四 检查起动附加继电器

检查点火开关拨到起动挡时，起动附加继电器是否有吸合的声音。

若有吸合的声音，起动机不转动，而短接起动附加继电器“S”与“B”接柱时起动机转动，则故障原因为起动附加继电器触点接触不良或烧蚀。

若无吸合的声音，而短接起动附加继电器“S”与“SW”接柱时起动机转动，则故障原因为点火开关损坏或点火开关至起动附加继电器的导线断路。

若无吸合的声音，而将起动附加继电器搭铁接柱直接与车体连接时，起动机正常运转，则故障原因为起动附加继电器搭铁不良。

若上述检查正常，进行下一步检查。

操作五 检查蓄电池至点火开关电路

排除电磁开关端子“50”至蓄电池正极之间线路或点火开关故障时，可用12V/2W试灯逐段进行诊断排除。将试灯的一个引线电极搭铁，另一个引线电极接点火开关“30”端子，如试灯不亮，说明蓄电池正极至点火开关间的线路断路；如试灯点亮，说明该段线路良好，继续下述检查。

操作六 检查点火开关

将试灯引线电极接点火开关“50”端子，点火开关转到起动位置，如试灯不亮，说明点火开关故障，应换用新品；如试灯点亮，说明点火开关良好，故障发生在点火开关“50”端子至起动机“50”端子之间，逐段检查即可排除。

思考与练习

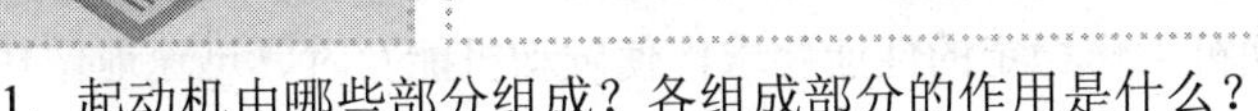

1．起动机由哪些部分组成？各组成部分的作用是什么？

2．汽车上为何采用直流串励式电动机？

3．直接控制的电磁开关电路中，在起动机主电路接通前后，吸拉、保位线圈中的电流方向有无变化？为什么？

4．改变蓄电池的搭铁极性，起动机的旋转方向是否改变？为什么？

5．单向离合器有何作用？简述滚柱式单向离合器的工作原理。

6．简述带起动附加继电器的起动控制电路的工作过程。

7．组合（起动）继电器控制电路为什么能防止误起动？

8．起动机需要进行哪些调整？

9．起动系统的常见故障有哪些？

模块四 汽车点火系统

学习目标

◎ 了解点火系统的组成和功用
◎ 了解点火系统各部件的构造和工作原理
◎ 掌握电子点火系统的控制过程及控制电路
◎ 掌握微机控制点火系统的控制过程及控制电路
◎ 掌握点火系统的故障诊断与排除方法

课题一 概述

基础知识

一、点火系统的功用及类型

1．点火系统的功用

点火系统的功用是适时地为汽油发动机气缸内已压缩的可燃混合气提供足够能量的电火花，同时满足可燃混合气充分燃烧及发动机工作稳定的性能要求，使发动机能及时、迅速地做功，实现从热能到机械能的转变。

2．点火系统的类型

目前汽车上采用的点火系统有3种类型：传统点火系统、电子点火系统、微机控制点火系统。

传统点火系统主要由电源（蓄电池）、点火开关、点火线圈（附加电阻）、分电器（包括断电器、配电器、容电器、点火提前机构）、火花塞等组成。

电子点火系统主要由电源（蓄电池）、点火开关、点火线圈、信号发生器、点火模块（或称点火控制器、电子点火器）、分电器（包括配电器、点火提前机构）、火花塞等组成。

微机控制点火系统主要由电源（蓄电池）、点火开关、传感器、电子控制单元（或称电控单元、ECU）、执行器（点火线圈、点火模块、火花塞）等组成。

二、对点火系统的要求

点火系统应根据发动机各种工况的要求，适时地提供能量足够的电火花。

1．适时性要求

适时性要求包括以下3个方面。

① 一缸点火时刻应准确。一缸点火时刻（俗称大火）应准确是指发动机一缸达到压缩行程上止点时，点火系统应准确提供适当点火提前角的点燃可燃混合气的电火花。

② 点火顺序应准确。点火顺序（俗称小火）应准确是指点火系统应能提供符合发动机气缸做功顺序的电火花。例如，某一台 6 缸发动机的做功顺序为 1-5-3-6-2-4，点火顺序也应该为 1-5-3-6-2-4。

③ 点火提前角应准确。为使发动机产生最大功率，可燃混合气点燃后应使气缸内的最高压力出现在上止点（作功行程）后 12°～15°。因此，为保证发动机在不同工况条件下产生最大功率，必须适时调整点火提前角。

2．点火能量要求

点火能量要求包括以下两个方面。

① 足够高的击穿火花塞电极间隙的电压。使火花塞电极之间产生火花的电压称为击穿电压。发动机正常工作时击穿电压一般均在 15kV 以上；发动机在满载低速时击穿电压为 8～10kV；起动时需 19kV。考虑各种不利因素的影响，通常点火系统的设计电压为 30kV。

② 电火花应具有足够的点火能量。正常工作情况下，可靠点燃可燃混合气的点火能量为 50～80mJ，起动时需要 100mJ 左右的点火能量。

课题实施

点火系统的认识

操作一　点火系统部件识别及安装位置观察

（1）开启轿车发动机罩（引擎）盖，识别点火系统部件，观察部件安装的位置并记录。

（2）根据所提供车型的资料，用万用表检查点火系统的电路连接情况。

操作二　点火系统各部件的认识和拆装

1．点火线圈的认识和结构分析

① 认识各种点火线圈的外形和结构。

② 掌握点火线圈各接线柱的接线情况及与一、二次绕组的连接情况；分析附加电阻的作用、原理（发动机高速运转时，增加附加电阻为何能提高 N_2/N_1）。

2．火花塞的构造认识

① 认识各种火花塞（冷型、中型、热型）的外形。

② 观察火花塞，注意其内部各处的密封情况、火花塞与缸盖的密封情况及火花塞裙部的结构特点，分析火花塞的传热路径掌握火花塞的选择方法。

3．分电器的拆装

（1）打开分电器盖。

观察断电器、配电器的组成，断电器凸轮的凸起数与分电器盖侧电极数有何关系？发动机的动力是如何传递到分电器凸轮轴的？传动比为多少？认识总中心高压线插孔和分缸高压线插孔的位置；观察断电臂和固定触点哪个是绝缘安装的？怎样保证其绝缘的？如何调整断电器触点间隙？应该调整在什么范围内？电容器与断电器触点是怎样连接的？

（2）拔下分火头。

观察分火头与分电器轴是怎样固定的？分火头上的导电片与分电器轴是否绝缘？怎样实现绝缘的？

（3）用起子拆下固定扳上的两个固定螺钉，取出固定扳；用起子拆下分电器轴顶端的固定螺钉，取出断电器凸轮。

观察断电器凸轮与分电器轴的连接情况及离心式点火提前调节机构两重块的安装情况；真空式点火提前调节机构膜片上的拉杆是拉分电器的壳体还是拉活动底扳？作用原理是否一样？离心式点火提前调节机构和真空式点火提前调节机构是如何工作的？为什么要采用这两套提前机构？

（4）拆下离心式点火提前调节机构粗、细两组弹簧。

（5）拆下离心式点火提前调节机构的两重块。

（6）组装顺序与拆卸顺序相反。

课题二 传统点火系统

基础知识

一、传统点火系统的组成

传统点火系统的组成如图 4.1 所示，主要包括以下 5 个部分。

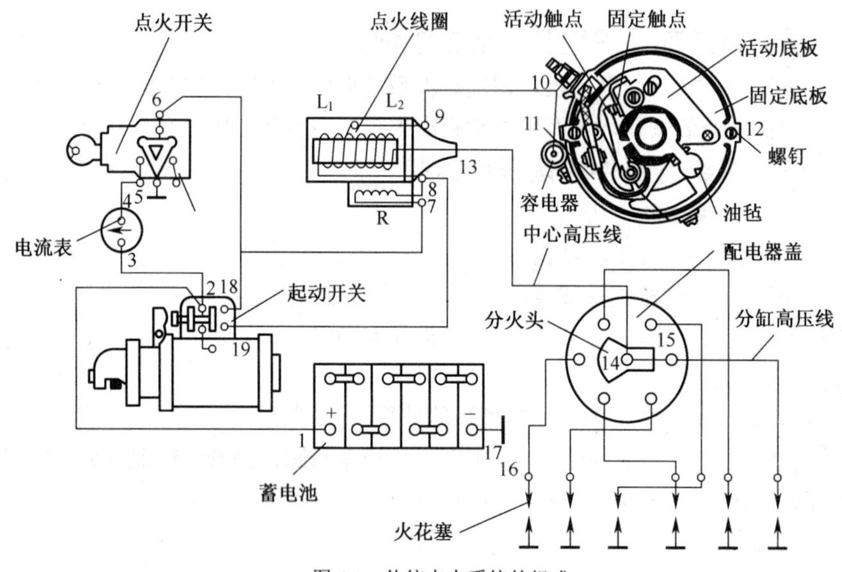

图 4.1 传统点火系统的组成

1．电源

由蓄电池或发电机供给点火系统工作所需的电能。

2．点火开关

点火开关工作在 I 或 II 挡时为点火线圈一次电路提供电源。

3．点火线圈

① 将电源提供的 12V 低压电变成 15～20kV 的高压电。

② 附加电阻。稳定点火线圈的一次电流，改善点火性能和起动性能。

4．分电器

分电器由断电器、配电器、容电器、点火提前机构等部分组成。各部分的作用如下。

① 断电器：接通与切断点火线圈一次电路。

② 配电器：将点火线圈产生的高压电按气缸的工作顺序送至各缸火花塞。

③ 容电器：减小断电器触点火花，延长触点使用寿命并提高二次电压。

④ 点火提前机构：随发动机转速、负荷和汽油辛烷值变化改变点火提前角。

5．火花塞

火花塞的作用是产生电火花，点燃气缸内的可燃混合气。

二、传统点火系统的工作原理

传统点火系统的电路可分为两部分：低压电路和高压电路。低压电路是包含点火线圈一次绕组（初级绕组）在内的电路，通过控制点火线圈一次绕组的通断，使点火线圈铁心内的磁场产生突变，从而使点火线圈二次绕组（次级绕组）产生高压电。低压电路主要包括蓄电池、电流表（有些车辆没有）、点火开关、附加电阻、点火线圈一次绕组、断电器、容电器等。高压电路是包含点火线圈二次绕组在内的电路，在点火线圈一次电路被切断时二次绕组感生出高压电，击穿火花塞间隙，点燃可燃混合气。二次电路主要包括点火线圈二次绕组、中心高压线、配电器、分缸高压线、火花塞等。

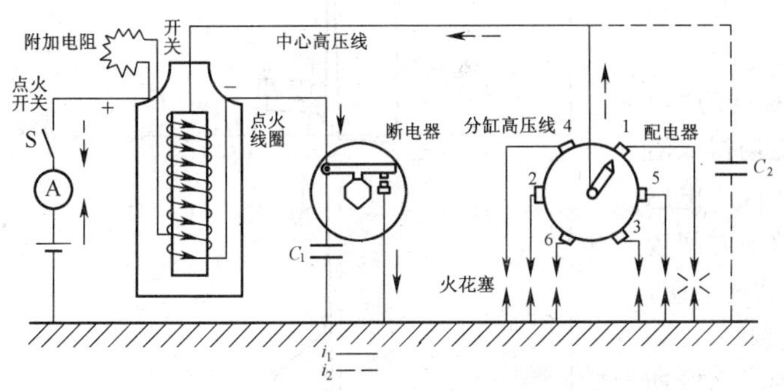

图 4.2　传统点火系统的工作原理简图

传统点火系统的工作原理如图 4.2 所示。

发动机工作时，由发动机凸轮轴以 1∶1 的传动关系驱动分电器轴。分电器上的凸轮使断电器触点交替地闭合和打开。当触点闭合时，接通点火线圈一次绕组的电路；当触点打开时，断开点火线圈一次绕组的电路，使点火线圈的二次绕组中产生高压电，经火花塞的电极产生电火花，点燃混合气。其工作过程可分为 3 个阶段。

（1）触点闭合，低压电路接通，点火线圈一次绕组的电流逐步增长。

点火开关接通断电器触点闭合时，低压电路接通，点火线圈一次绕组中有电流通过。流过一次绕组的电流称为一次电流 i_1，其电路是：蓄电池正极→电流表→点火开关→点火线圈“+”接柱→附加电阻 R_f→点火线圈“开关”接柱→点火线圈一次绕组→点火线圈“−”接柱→断电器触点→搭铁→蓄电池负极。

在断电器触点由断开到闭合的一瞬间，一次绕组中从无电流到有电流。根据楞次定律，在一次绕组中产生了一个与一次电流 i_1 方向相反的自感电动势，它阻碍一次电流的迅速增长，使一次电流 i_1 按指数规律逐步增长，如图 4.3（a）所示。当触点保持继续闭合时，大约经 20ms 后，一次电流 i_1 将达到最大稳定值。

（2）触点断开，低压电路断开，点火线圈二次绕组产生高电压。

当分电器凸轮转过一定角度后将断电器触点顶开，一次电路被切断，一次电流 i_1 迅速下降到零。根据楞次定律，在一次绕组和二次绕组中都产生感应电动势。一次绕组匝数少，产生 200～300V 的自感电动势，二次绕组由于匝数多，产生高达 15～20kV 的互感电动势。

当断电器触点断开时，为使一次绕组电流迅速切断在断电器触点之间并联一个电容 C_1，在触点断开瞬间，迅速吸收一次绕组所产生的自感电动势充电，由此减小触点间的电火花，提高二次绕组的互感电动势，增大触点的使用寿命。

此外，在高压导线与高压导线之间、高压导线与机体之间、火花塞中心电极与侧电极之间存在一个分布电容 C_2，相当于在二次绕组两端并联一个电容。如果火花塞电极间隙过大而不被击穿，则二次电压将达到最大值 U_{2max}。此后，二次电压将随一次电流的变化进行衰减振荡，如图 4.3（b）中虚线所示。

（3）火花塞电极间隙被高电压击穿，产生电火花，点燃可燃混合气。

一般来说，火花塞的击穿电压 U_j 总是低于 U_{2max}。当增长的二次电压 U_2 达到 U_j 时，火花塞电极间隙被击穿而形成电火花，二次电流 i_2 迅速增加，如图 4.3（c）所示；二次电压 U_2 急剧下降，如图 4.3（b）所示。

当火花塞电极间隙击穿以后，储存在 C_1、C_2 中的电场能得以释放。这部分由电容储存的能量维持的放电过程，称为“电容放电”，其特点是放电时间极短，放电电流很大。因此电容放电只消耗了磁场能的一部分。

火花塞间隙击穿以后，火花塞电极间的“电阻”减小，点火线圈铁心中剩余的磁场得以沿着电离了的火花塞间隙缓慢放电，形成“电感放电”，又称“火花尾”。其特点是放电时间较长，放电电流较小，放电电压较低。实验证明，电感放电的持续时间越长，点火性能越好。

以上为传统点火系统的工作过程，当发动机完成一个工作循环，点火系统按点火顺序各缸轮流点火一次。

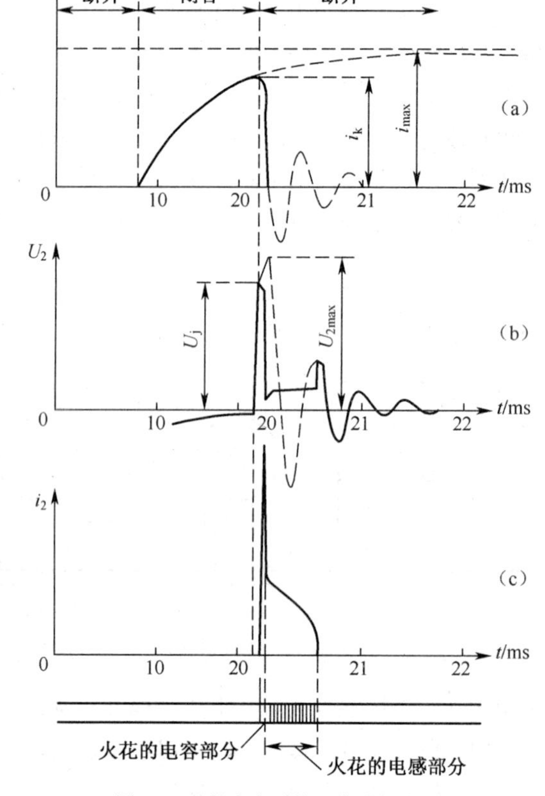

图 4.3 传统点火系统工作过程波形图

三、二次电压的影响因素

1．工作特性

点火系统所能产生的最高二次电压 U_{2max} 随发动机转速变化的规律称为点火系统的工作特性，如图 4.4 所示。发动机工作时的转速变化范围是很大的，点火系统的最高二次电压理论计算公式为

$$U_{2max}=\frac{U_B}{R}\left(1-e^{-\frac{R^{120r_b}}{LnZ}}\right)\sqrt{\frac{L}{C_1\left(\frac{N_1}{N_2}\right)^2+C_2}} \tag{4.1}$$

式（4.1）中，U_B——点火系统电源电压；

R ——点火系统一次回路的电阻；

L ——点火线圈一次绕组的电感；

N ——发动机转速；

Z ——发动机气缸数；

C_1——分电器上的电容；

C_2——分布电容；

τ_b——触点的相对闭合时间（触点闭合时间与触点开、闭一次的周期之比）；

N_1/N_2——点火线圈一二次绕组匝数比。

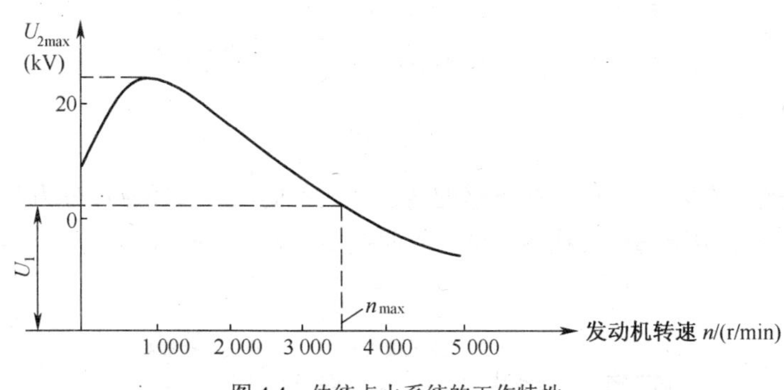

图 4.4 传统点火系统的工作特性

由上可知，二次电压的最大值 U_{2max} 随发动机转速的升高而降低。从图 4.4 可以看出，在发动机转速为 1 000r/min 左右，二次电压 U_{2max} 达到最高值，随着发动机转速的升高，二次电压将下降到某一限值 U_1（保证能可靠点燃可燃混合气的最低电压），超过此限值，发动机将不能稳定地工作。

2．二次电压的影响因素

（1）发动机气缸数。

从二次电压理论计算式（4.1）可知，二次电压的最大值将随发动机气缸数的增加而降低。这是因为断电器凸轮的凸角数与气缸数相同，发动机的气缸数越多，断电器凸轮每转一周，其触点开闭的次数就越多，于是触点的闭合时间缩短，二次电压的最大值降低。

（2）火花塞积炭。

积炭具有导电性，它覆盖在火花塞绝缘体的表面及电极的周围，使火花塞电极间的有效间隙减小，降低了火花塞间隙的击穿电压，U_{2max} 还没有升到足够高时，因火花塞的击穿而降下。当积炭严重时，由于漏电严重，火花塞甚至不能跳火，发动机不能正常工作。

当火花塞由于积炭严重而不能跳火或跳火过弱时，可用“吊火”的方法临时补救。即拔出分缸高压线使它与火花塞接线柱之间保留 3～4mm 的间隙（称附加间隙），使二次电压上升过程中不发生泄漏。当二次电压上升到足够高的值后，附加间隙和火花塞间隙同时被击穿。但是“吊火”法是增加了点火线圈的负担，只能短时使用。因此在积炭严重时，应及时清除，消除积炭的影响。

（3）电容值的大小。

从 U_{2max} 的理论计算式（4.1）可知，U_{2max} 随电容 C_1 和 C_2 的减小而增大。当 C_1=0 时，U_{2max} 最大，但实际上 C_1 太小，就不能很好地起到吸收点火线圈一次绕组自感电动势的作用，触点断开时的电火花将会增大，从而使 U_{2max} 降低。C_1 过大时，触点火花虽小，但电容充放电的周期较长，磁场下降速率减慢，也会使 U_{2max} 降低。一般 C_1 值在 0.15～0.35μF 之间为宜。分布电容 C_2 应越小越好，但 C_2 不可能减小到零，因为二次绕组、配电器、高压线和火花塞本身都具有一定的电容，所以受结构限制不可能过小，一般为 40～70pF。

（4）触点间隙。

断电器触点间隙是指断电器凸轮将动触点顶开至最大位置时触点间的距离，如图 4.5 所示。触点间隙增大，触点闭合角 2β（触点闭合时凸轮所转过的、

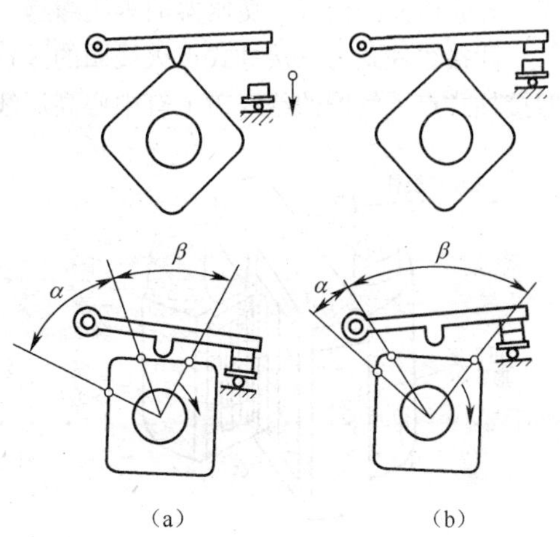

图 4.5 触点间隙与闭合角的关系

相对于曲轴的角度）减小，相对闭合时间缩短，U_{2max}降低。反之，若触点间隙减小，触点闭合角增大，相对闭合时间增加，U_{2max}提高。但如果触点间隙过小，会因触点火花严重而使U_{2max}降低（间隙小，击穿间隙所需的电压低而产生触点间隙火花）。因此，触点间隙一般为0.35～0.45mm。

（5）点火线圈温度。

当点火线圈过热时，由于一次绕组的电阻增大，使一次电流减小，二次电压下降。

四、传统点火系统的主要元件

1．点火线圈与附加电阻

点火线圈由一次绕组、二次绕组、铁心等组成。按磁路的结构形式不同，点火线圈可分为开磁路式点火线圈和闭磁路式点火线圈；按外部接线柱多少可分为四接柱式和三接柱式。

（1）开磁路式点火线圈。

图4.6所示是一种常见的开磁路式点火线圈，有三接柱式（不带附加电阻）和四接柱式之分。

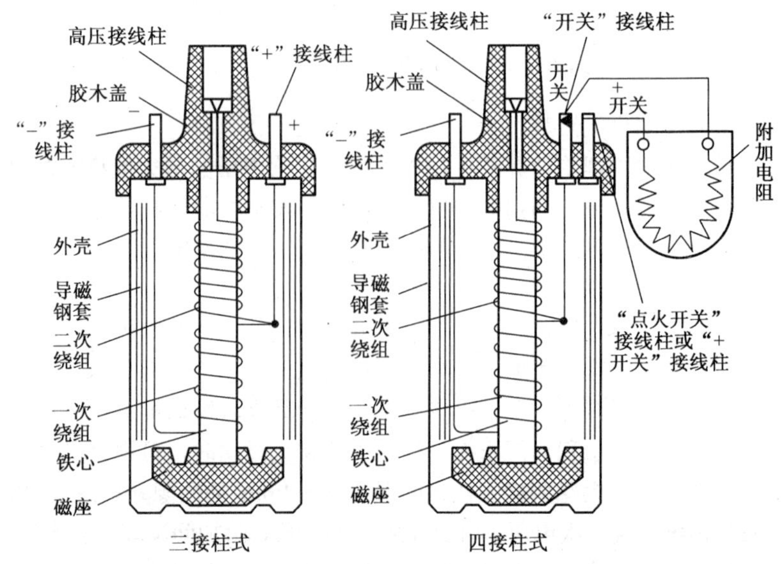

图4.6 开磁路式点火线圈

点火线圈的中心是用硅钢片叠成的铁心，在铁心外面套上绝缘的纸板套管，纸质套管上绕有直径为0.06～0.10mm、11 000～23 000匝的二次绕组；二次绕组外面绕有直径为0.5～1.0mm、230～370匝的一次绕组。一次绕组在二次绕组的外面，以利于散热。一次绕组和外壳之间装有导磁钢套以减少漏磁，底部有瓷质绝缘支座，上部有绝缘盖，外壳内充满沥青或变压器油等绝缘物，以加强绝缘并防止潮气侵入。

四接线柱式与三接柱式点火线圈的区别在于四接柱式带附加电阻，而三接柱式不带附加电阻。四接柱式点火线圈的绝缘盖上有中心高压线孔、"−"、"开关"、"+开关"4个接柱，分别接分电器盖中心孔、断电器、起动机附加电阻短路接柱、点火开关"IG"接柱或15接柱。附加电阻接在标有"开关"和"+开关"的两接柱上，与点火线圈的一次绕组串联。

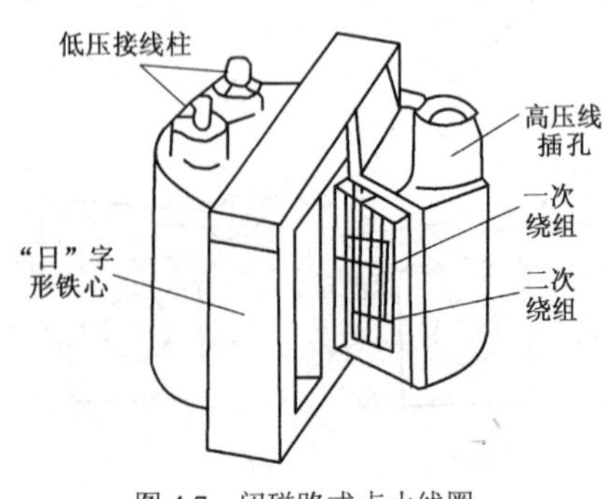

图4.7 闭磁路式点火线圈

（2）闭磁路式点火线圈。

闭磁路式点火线圈的结构如图4.7所示，有"口"字形和"日"字形之分。与开磁路式点火线圈不同的是铁心内绕有一次绕组，而二次绕组绕在一次绕组外面。绕组在铁心中形成的磁通通过铁心形成闭合磁路，故称为闭磁路式点火线圈。

与开磁路式点火线圈相比，闭磁路式点火线圈具有漏磁少，转换效率高，体积小，质量轻，铁心裸露易于散热等优点，目前已在电子点火系统中被广泛采用。

（3）附加电阻。

附加电阻是一种正温度系数的热敏电阻，一般用低碳钢丝、镍铬丝或纯镍丝制成，具有受热时电阻值迅速增大，而冷却时电阻值迅速减小的特性。因此，将其用在点火系统的一次电路，来稳定一次电流，改善高速时的点火特性。

2．分电器

传统分电器由断电器、配电器、容电器、点火提前机构等组成，如图 4.8 所示。

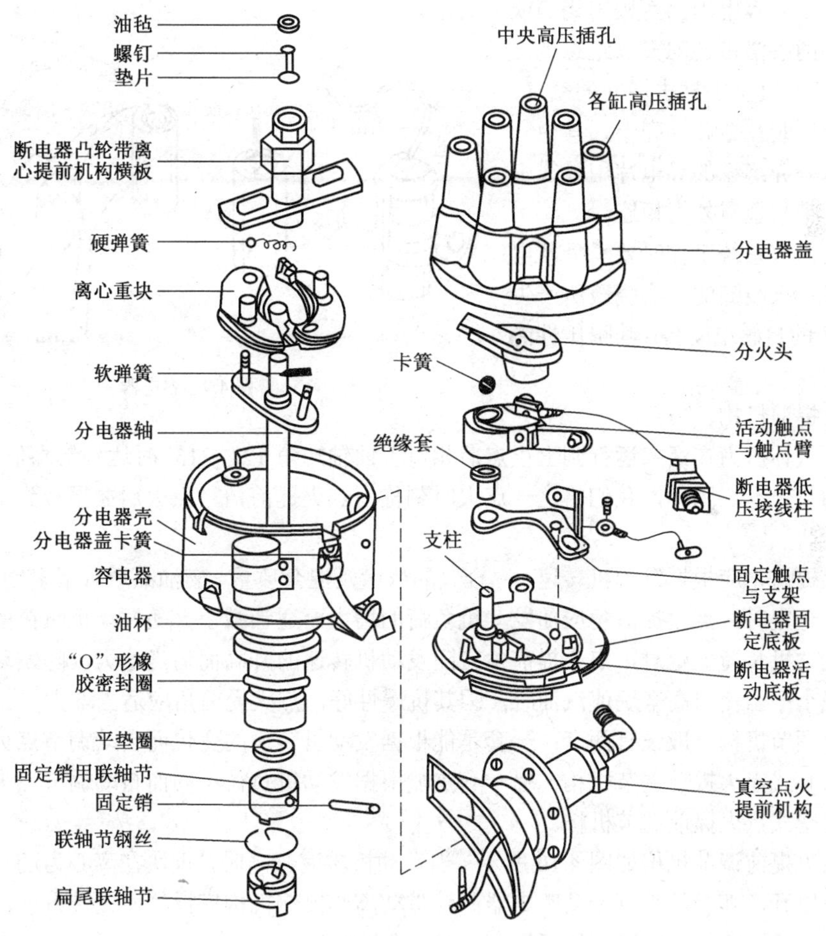

图 4.8　传统点火系统的分电器总成

（1）断电器。

断电器由固定在断电器底板上的断电器触点和由分电器轴驱动的断电器凸轮组成。断电器的触点由钨制成，固定触点及支架安装在活动底板上并通过固定底板直接搭铁。转动固定触点及支架的偏心螺钉可以调整触点间隙。活动触点绝缘安装在活动底板的支柱上，并在触点臂回位扭簧的作用下，与固定触点接触。

（2）配电器。

配电器安装在断电器的上方，由固定安装在分电器壳上的胶木制分电器盖和由分电器轴带动旋转的分火头组成。胶木制分电器盖的中央有一高压线插孔（称为中心电极，其内侧装有带弹簧的炭柱，压在分火头的导电片上）。分电器盖的四周均匀分布着与发动机气缸数相等的侧电极（各缸高压线插孔），可通过分缸高压线与各气缸火花塞相连。分火头随分电器轴（断电器凸轮）一起旋转，当断电器触点断开时，分火头上的导电片总是正对某一侧电极，此时来自点火线圈二次绕组的高压电经中心电极引入到分火头上，跳过分火头与侧电极之间较小的气隙，经侧电极、分缸高压线引入各缸火花塞上跳火，点燃气缸内的可燃混合气而使发动机做功。

（3）容电器。

容电器安装在分电器的外壳上，其结构如图 4.9 所示。容电器的两极用锡箔或铝箔制造，在两条箔带之间夹以绝缘纸，然后卷成筒状，在真空中抽去层间的空气，再经浸蜡处理后装在金属外壳中，其中一条箔带通过与外壳绝缘的导电片用导线引出，另一条箔带与金属外壳相连。

容电器在点火系统工作时要承受断电器触点断开时点火线圈的一次绕组所产生的 200～300V 的自感电动势，其耐压性能应达到 500V。

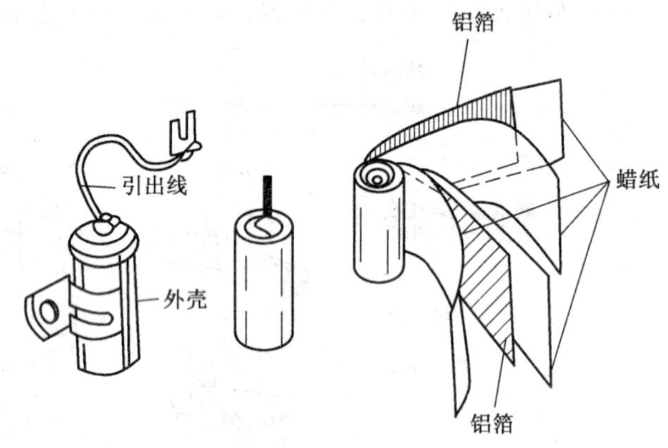

图 4.9　容电器

（4）点火提前机构。

气缸内的气体压力在活塞运行到上止点后相对于曲轴转角 12°～15°时达到最高值，发动机才能发挥最大的热效率。因此，我们将这一点火时刻称为点火提前角（点火后曲拐转到上止点所转过的角度）。

最佳点火提前角应根据发动机转速、混合气的浓度及混合质量、燃油品质等诸多因素来确定。当发动机转速一定时，点火提前角应随发动机负荷的增大而适当减小，随发动机负荷的减小而适当增大；当发动机负荷一定时，点火提前角应随发动机转速的升高而适当增大，随发动机转速的降低而适当减小；当使用高辛烷值汽油时，因其抗爆性好，点火提前角应适当增大。

点火提前调节机构一般设有两套：一套是能根据发动机转速的变化而自动调节点火提前角的装置，称为离心式点火提前调节机构；另一套是能根据发动机负荷不同而自动调节点火提前角的装置，称为真空式点火提前调节机构。

离心式点火提前调节机构如图 4.10 所示。当发动机转速升高时，重块在离心力的作用下克服弹簧拉力向外甩开，其上的销钉推动断电器凸轮带动离心提前机构横板沿原旋转方向，相对于分电器轴转动一个角度，使凸轮提前顶开触点，即点火提前角增大，如图 4.11 所示。当发动机转速降低时，离心重块的离心力相应减小，弹簧将重块拉回一些，点火提前角减小。

随着发动机转速升高，气缸漏气量减小，可燃混合气燃烧速度加快，但可燃混合气燃烧速度的增加较发动机转速的增加要小。因此，随发动机转速升高，点火提前角的增幅应适当减小。为此，离心式点火提前调节装置中设置一细一粗两个弹簧。细弹簧在发动机转速较低时起作用，而粗弹簧要在发动机转速达到一定值、重块上的离心力较大时才能起作用。由于重块在发动机高速时有两个弹簧起作用，相应的点火提前角的增幅也就较小，更符合发动机对点火提前角的要求。

真空式点火提前机构如图 4.12 所示。

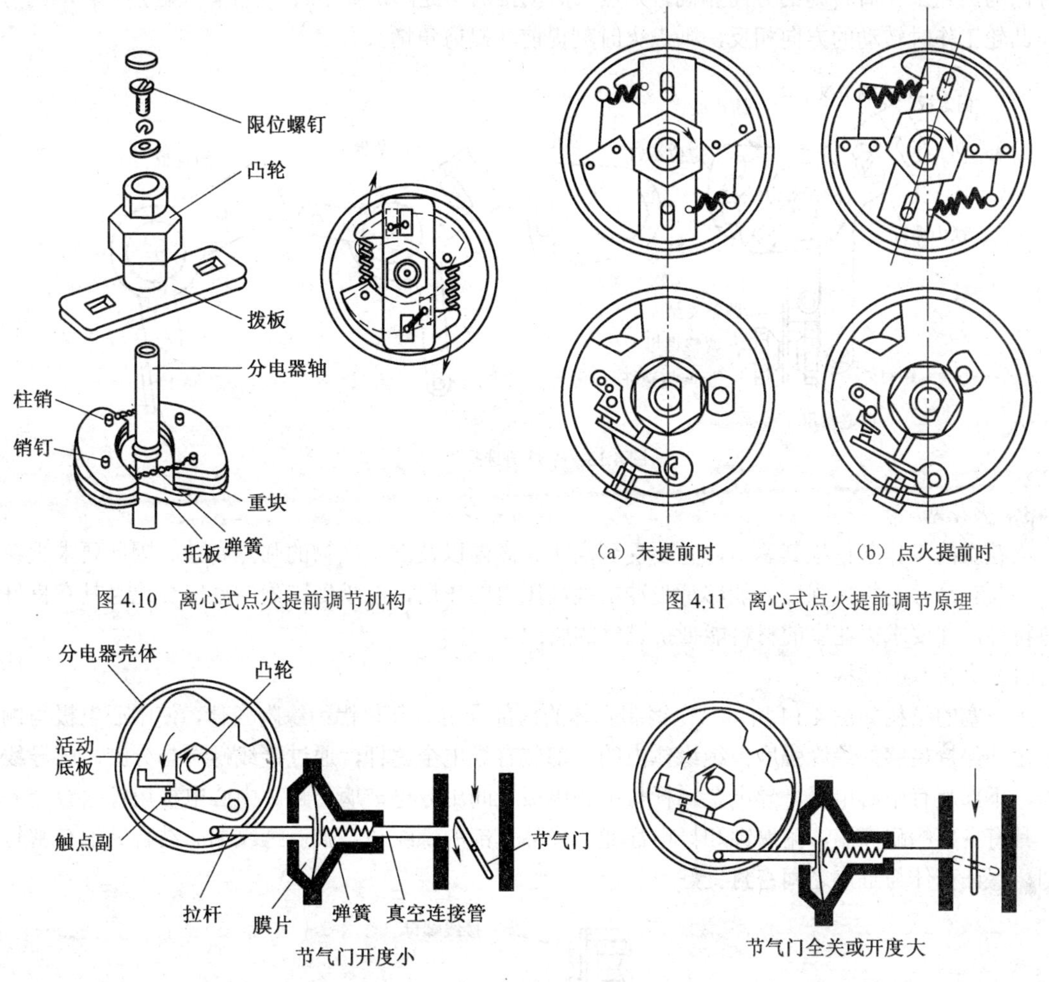

图 4.10 离心式点火提前调节机构

图 4.11 离心式点火提前调节原理

图 4.12 真空式点火提前机构

真空式点火提前机构中膜片的左侧通大气，右侧通过真空软管与节气门全关时位于其前方的进气管道相通。

发动机怠速运转时，节气门全关，节气门前方的真空度几乎为零。真空点火提前机构的膜片在弹簧力作用下向左拱曲至最大，拉杆拉动活动底板连同断电器触点，沿分电器轴旋转方向转动至最大角度，使点火提前角最小或不提前。

发动机小负荷工作，节气门开度较小，这时小孔位于节气门后方，真空度较大，真空点火提前调节机构的膜片克服弹簧力向右拱曲，拉杆拉动活动底板连同断电器触点，沿分电器轴旋转方向的逆向转动一个角度，使凸轮提前顶开触点，点火提前角增大。

随发动机负荷增加，节气门开度增大，吸气孔处的真空度逐渐减小，真空点火提前调节机构的弹簧推动膜片使点火提前角逐渐减小。

当使用的汽油标号改变时，应采用辛烷值调节器调节点火提前角。辛烷值选择器安装在分电器壳体上，其典型结构如图 4.13 所示，主要由固定板、调节板、锁止板、调整螺杆、调整螺母等组成。调整时，先拧松锁止螺钉，同方向旋转两调整螺母，即可使分电器壳体（相当于触点）相对分电器轴（相当于分电器凸轮）顺时针或逆时针转动，改变点火提前角。若壳体（触点）转动的方向与凸轮工作时转动的方向相同，则点火时刻推后（提前角减小）；若壳体（触点）转动的方向与凸轮工作时转动的方向相反，则点火时刻提前（提前角增大）。

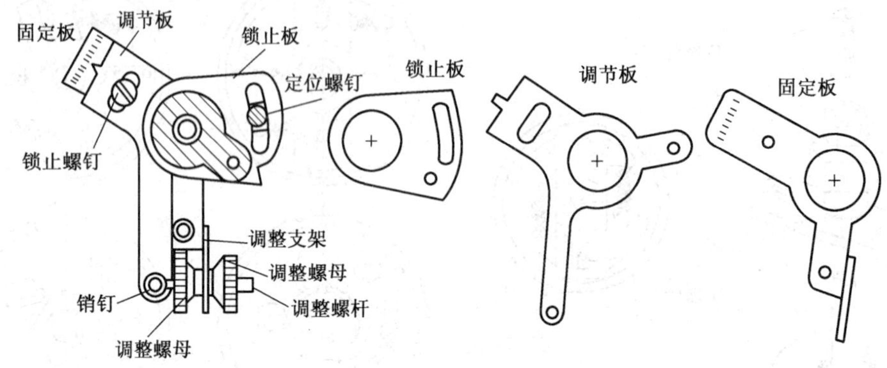

图 4.13 辛烷值选择器

3．火花塞

火花塞的工作条件极其恶劣，它要受到高压、高温以及燃烧产物的强烈腐蚀。因此要求火花塞必须具有足够的机械强度，能够承受冲击性高压电的作用，能承受剧烈的温度变化且具有良好的热特性，并要求火花塞的材料能抵抗燃气的腐蚀。

（1）火花塞的结构。

火花塞的结构如图 4.14 所示。在钢制壳体的内部固定有高化铝绝缘陶瓷体，使中心电极与侧电极之间保持足够的绝缘强度。绝缘体内的上部装有导电金属杆，通过接线螺母与分缸高压导线相连，下部装有中心电极。导电金属杆与中心电极之间用导电玻璃密封。中心电极用镍锰合金制成，具有良好的耐高温、耐腐蚀和导电性能。壳体下部的螺纹与气缸盖螺纹端面结合处配有密封垫圈，保证壳体与缸盖之间密封良好。

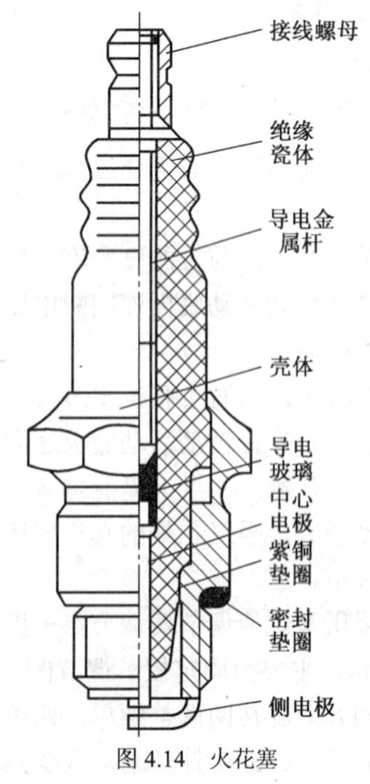

图 4.14 火花塞

（2）火花塞的型号与类型。

根据国家专业标准 QC/T 403-2005《火花塞产品型号编制方法》的规定，火花塞型号由 3 部分组成。

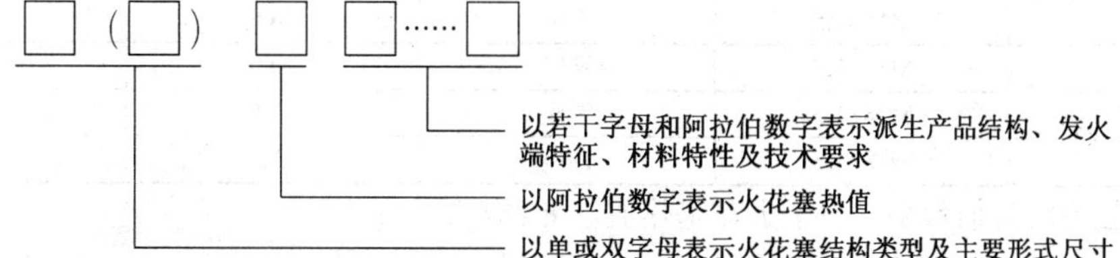

第一部分为字母，以单或双字母表示火花塞结构类型及主要形式尺寸。各字母的含义见表 4.1。

表 4.1　　火花塞结构类型及主要形式尺寸

字　母	螺 纹 规 格	安装座形式	螺纹旋合长度	壳体六角对边
J	M8×1	平座	19	16
W	M9	平座	19	16
A	M10×1	平座	12.7	16
B	M10×1	平座	19	16
CZ	M12×1.25	锥座	11.2	16
DZ	M12×1.25	锥座	17.5	16
C	M12×1.25	平座	12.7	17.5
D	M12×1.25	平座	19	17.5
CH	M12×1.25	平座	26.5	17.5
DE	M12×1.25	平座	12.7	16
DF、DK	M12×1.25	平座	19	16
DH	M12×1.25	平座	26.5	16
VH	M12×1.25	平座	26.5	14
E	M14×1.25	平座	12.7	20.8
F	M14×1.25	平座	19	20.8
FH	M14×1.25	平座	26.5	20.8
H	M14×1.25	平座	11	20.8
KE	M14×1.25	平座	12.7	16
K	M14×1.25	平座	19	16
KH	M14×1.25	平座	26.5	16
G	M14×1.25	平座	9.5	20.8
CL	M14×1.25	矮型平座	9.5	20.8
L	M14×1.25	矮型平座	9.5	19
Z	M14×1.25	平座	11	19
M	M14×1.25	矮型平座	11	19
N	M14×1.25	矮型锥座	7.8	19
P	M14×1.25	锥座	11.2	16
Q	M14×1.25	锥座	17.5	16
QH	M14×1.25	锥座	25	16
R	M18×1.5	平座	12	26
RF	M18×1.5	平座	19	26
RH	M18×1.5	平座	26.5	26

续表

字　母	螺 纹 规 格	安装座形式	螺纹旋合长度	壳体六角对边
SE	M18×1.5	平座	12.7	20.8
S	M18×1.5	平座	19	20.8
SH	M18×1.5	平座	26.5	20.8
T	M18×1.5	锥座	10.9	20.8
TF	M18×1.5	锥座	17.5	20.8
TH	M18×1.5	锥座	25	20.8

第二部分为阿拉伯数字，表示火花塞热值，见表 4.2。

表 4.2　　火花塞的热特性参数

热值代号	3	4	5	6	7	8	9
裙部长度（mm）	15.5	13.5	11.5	9.5	7.5	5.5	3.5
热特性	热型←	————中型————			——→冷型		

火花塞的发火部位吸热并传递给发动机的性能，称为火花塞的热特性。实践证明，当火花塞绝缘体裙部的温度保持在 500～900℃时，落在绝缘体上的油滴能立即烧去，不形成积炭，这个温度称为火花塞的自洁温度。低于这个温度时，火花塞常因产生积炭而漏电，导致不点火；高于这个温度时，则当混合气与炽热的绝缘体接触时，可能早燃而引起爆震，甚至在进气行程中燃烧，产生回火现象。

火花塞的热特性主要取决于绝缘体裙部的长度。绝缘体裙部长的火花塞受热面积大，传热距离长，散热困难，裙部温度高，称为热型火花塞，适用于低速、低压缩比、小功率发动机；反之，裙部短的火花塞受热面积小，传热距离短，容易散热，裙部温度低，称为冷型火花塞，适用于高速、高压缩比、大功率发动机。

第三部分为汉语拼音字母，表示火花塞派生产品、结构特性、材料特性及特殊技术要求等，见表 4.3。

表 4.3　　火花塞电极的特征参数

字母	含　义	字母	含　义	字母	含　义
R	电阻型火花塞	C	Ni-Cu 复合电极	Q	四侧极
B	半导体型火花塞	N	铱金电极	P	铂金电极
H	环状电极火花塞	S	银电极	G	钇金电极
Y	沿面放电型火花塞	V	V 形槽中心电极	0	加强的中心电极
F	半螺纹	U	U 形槽侧电极	1	细电极
E	绝缘体突出型点火位置 3mm	X	点火间隙 1.1mm 及以上	2	快热结构
K	绝缘体突出型点火位置 5mm	L	绝缘体突出型点火位置 4mm	3	瓷绝缘体涂硅胶
Z	绝缘体突出型点火位置 7mm	D	双侧极	4	整体接线螺杆
T	绝缘体突出型点火位置 3mm 以下	J	三侧极		

课题实施

传统点火系统各元件的性能检测

操作一　分电器总成技术状况检查

1．断电器触点技术状况的检查

按照规定在触点处于最大打开位置时用塞尺检查分电器触点间隙应在 0.3～0.5mm 范围内，

不合规定应予以调整。观察触点白金厚度、烧蚀及接触面积，不能有严重烧蚀，接触面积应在75%以上，否则应用白金砂条或者用“00”号砂纸清除，但白金厚度不得小于0.5mm。在触点闭合时，使用弹簧秤沿着垂直触点平面的方向拉动触点，其刚刚分开时，弹簧秤读数应为4.9～6.9N（500～700gf）。若触点臂弹簧张力不足，会使发动机在高速运转时，触点不能及时闭合，因而使闭合时间缩短，一次电流减小，二次电压下降。

2．凸轮技术状况及分电器轴与铜套磨损情况的检查

凸轮技术状况及分电器轴与铜套磨损情况的检查应按图4.15所示接线。

凸轮磨损不均匀和分电器轴与铜套间隙超过极限量 0.07mm（一般应为0.02～0.04mm）都会导致火花不均匀。火花的均匀程度可由试验台上的分度盘直接读出各缸点火间隔角度来分析得出。

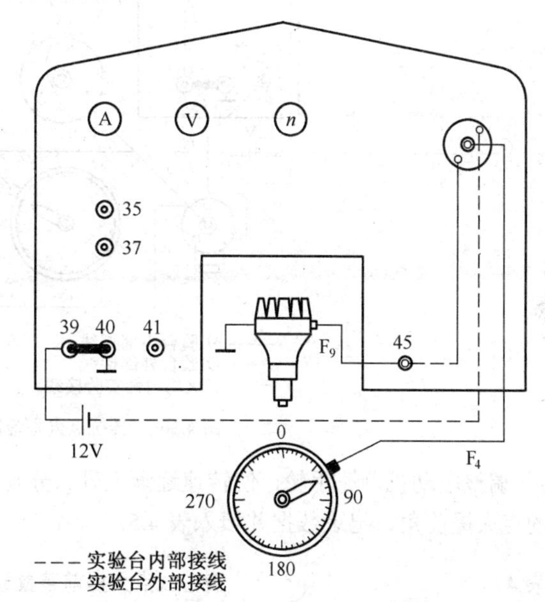

图4.15　凸轮技术状况及分电器轴与铜套磨损的检查接线图

① 按图4.15接好试验线路，并将点火线圈的中心高压线接到刻度盘上。

② 将转速表量程开关相应拨至低速挡位置（0～1 000r/min），电动机转换开关扳向“低速”位置。顺时针缓慢转动调速电动机调速手轮，使调速电动机检视孔内的箭头向右偏移，电动机开始转动，转速逐渐升高。

③ 使转速升至250～300r/min并稳定，转动刻度盘，使某一火花对准“0”度，记录其余火花之间间隔角度，并填入表4.4。分析火花均匀程度（火花间隔角度四缸发动机为90°±1°，六缸发动机为60°±1°者性能良好）。根据所测得的结果分析凸轮及分电器轴与铜套的磨损情况。

表4.4　　分电器点火角度记录表

标准角度 / 测量值	60°	90°	120°	180°	240°	270°	300°
实测角度							
点火误差							
误差分析							

④ 试验结束。逆时针转动调速手轮，并观察电动机检视孔内箭头向左偏移至“0”位，同时将调速电动机转换开关旋至停止挡位。

3．离心式点火提前机构性能检查

① 按图4.16接好试验线路，并将点火线圈的中心高压线接到刻度盘上。

② 将转速表量程开关相应拨至低速挡位置（0～1 000r/min），电动机转换开关扳向“低速”位置。顺时针缓慢转动调速电动机调速手轮，使调速电动机检视孔内的箭头向右偏移，电动机开始转动，转速逐渐升高。

③ 使转速升高至150r/min并稳定，转动刻度盘，使某一火花对准“0”度。

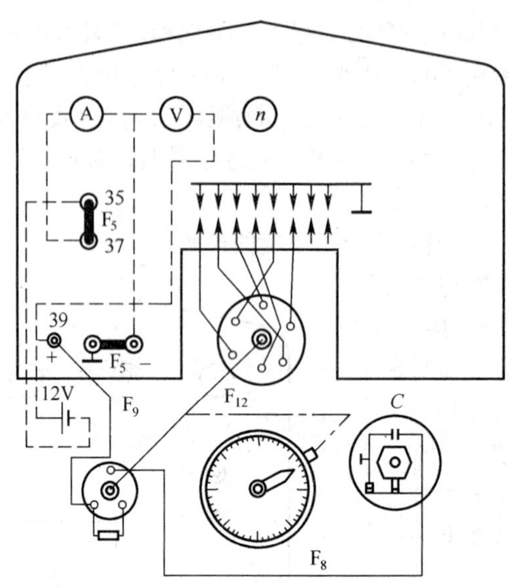

图 4.16 传统点火系统检测接线图

④ 调整电动机调速手轮，使转速逐渐上升。分别测出每分钟 200、500、1 000、1 500、1 600 转时的点火提前角，记录数据并填入表 4.5。

表 4.5 离心式点火提前装置检测记录表

转速（rpm） 测量值	200	500	1 000	1 500	1 600
标准角度					
测量角度					

⑤ 试验结束。逆时针转动调速手轮，并观察电动机检视孔内箭头向左偏移至“0”位，同时将调速电动机转换开关旋至停止挡位。

与标准值进行比较，判断离心提前机构的技术状况。由于在低速范围内只有细弹簧起作用，而在高速范围内粗细两弹簧共同起作用，故若低速时提前角大于标准值，则说明细弹簧弹力不足或折断，若在低速时提前角小于标准值，则说明细弹簧过硬或重块有卡滞现象。若低速时正常，高速时提前角大于标准值则说明高速弹簧弹力不足或折断，高速时提前角小于标准值，则说明高速弹簧过硬或重块卡滞。

4．真空式点火提前机构性能检查

① 按图 4.16 接好试验线路。将点火线圈的中心高压线接到刻度盘上，并将真空软管接到真空式点火提前机构的管接头上。

② 将转速表量程开关相应拨至高速挡位置（0～5 000r/min），电动机转换开关扳向“高速”位置。顺时针缓慢转动调速电动机调速手轮，使调速电动机检视孔内的箭头向右偏移，电动机开始转动，转速逐渐升高。

③ 使转速升高至 1 000r/min 并稳定，转动刻度盘，使某一火花对准“0”度。

④ 用手转动真空泵手轮，改变真空泵的吸力，分别测出真空度为 0.007MPa（50mmHg），

0.013MPa（100mmHg），0.033MPa（250mmHg）、0.053MPa（400mmHg）时的点火提前角，记录数据并填入表 4.6。

表 4.6　　真空式点火提前装置检测记录表

测量值 \ 真空度（MPa）	0.007	0.013	0.033	0.053
标准角度				
测量角度				

⑤ 试验结束。逆时针转动调速手轮，并观察电动机检视孔内箭头向左偏移至“0”位，同时将调速电动机转换开关旋至停止挡位。

若测得提前角大于标准值，则说明膜片弹簧弹力不足或折断，否则说明膜片破裂、管路漏气。

操作二　点火线圈技术状况的检测

① 按图 4.17 接好试验线路，将点火线圈的中心高压线接到三针放电装置上。

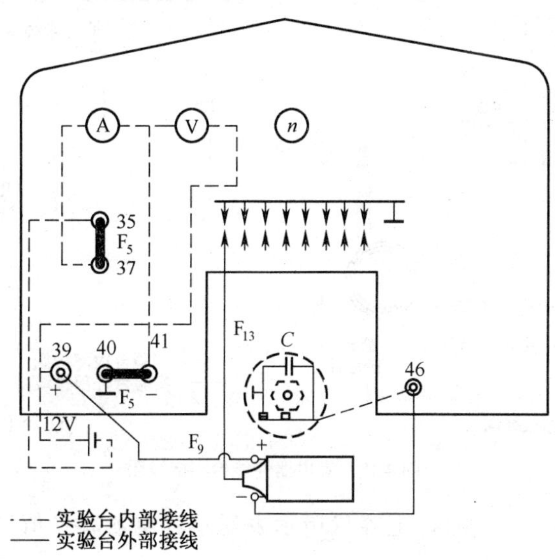

图 4.17　点火线圈技术状况检测接线图

② 将转速表量程开关相应拨至高速挡位置（0～5 000r/min），电动机转换开关扳向“高速”位置。顺时针缓慢转动调速电动机调速手轮，使调速电动机检视孔内的箭头向右偏移，电动机开始转动，转速逐渐升高。

③ 使转速升高至 1 500r/min 并稳定。调整三针放电装置的调整旋轮，使其间隙逐步增大，直至能够维持连续放电，由三针放电装置上的刻度读出最大连续放电间隙，记录数据并填入表 4.7。

表 4.7　　点火线圈检测记录表

	三针放电器间隙（mm）	点火线圈二次电压（kV）
第一次		
第二次		

④ 试验结束。逆时针转动调速手轮，并观察电动机检视孔内箭头向左偏移至“0”位，同时将调速电动机转换开关旋至停止挡位。

根据三针放电装置每击穿 1mm 间隙需要 1 500V 的电压这一数据关系，计算出二次电压的大小。由所计算出的二次电压的高低判断线圈的技术状况。一般认为二次电压不低于 18 000V 者为技术状况良好。

操作三　容电器性能检测

1．容电器故障检测

① 将被测容电器插入电容器插座，并用专用检测线将容电器引出线与试验台上的 30 插座孔连接，如图 4.18（a）所示。

② 闭合容电器检测开关 61，容电器故障显示氖灯有 3 种现象：若容电器无故障，则氖灯会闪亮；若容电器有短路故障，则氖灯常亮；若容电器有断路故障，则氖灯不亮。

2．容电器容量检测

① 将被测容电器插入电容器插座，并用专用检测线将容电器引出线与试验台上的 31 插座孔连接，如图 4.18（b）所示。

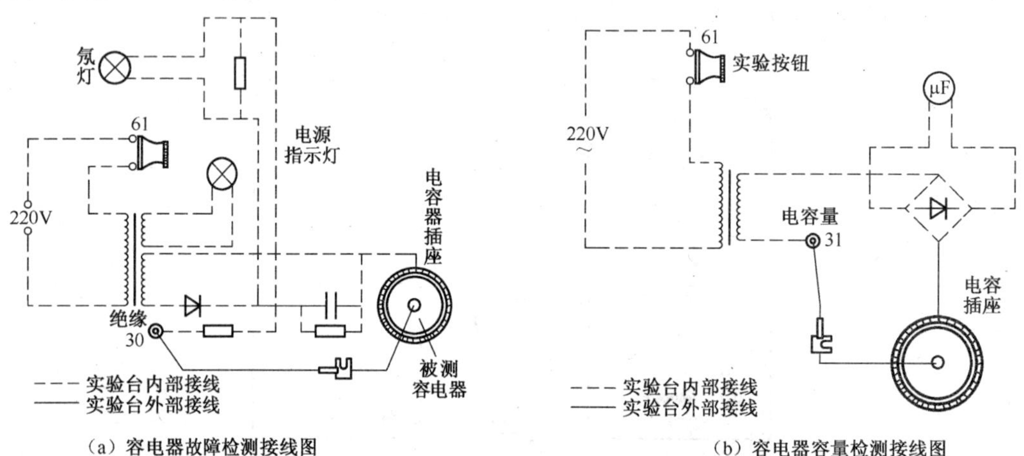

（a）容电器故障检测接线图　　（b）容电器容量检测接线图

图 4.18　容电器性能检测接线图

② 闭合容电器检测开关 61，电容量指示表显示容电器容量值（μF），记录数据并填入表 4.8。

表 4.8　容电器检测记录表

电容量（μF）		绝缘情况检测
标准值	测量值	
0.15～0.25		

操作四　火花塞的检查

1．火花塞绝缘电阻值的检测

目前汽车普遍采用电阻型火花塞，其绝缘电阻值为 3～15MΩ。检查方法是将万用表拨到 $R\times1\text{k}\Omega$（数字式万用表拨到 OHM×20kΩ）挡，两只表笔分别连接中心电极和高压线插头进行测量。如电阻值为无穷大，说明电阻断路，应更换火花塞；如电阻值过小，则不能抑制无线电干扰信号，亦应更换火花塞。

2．电极间隙的检测

在一般情况下，汽车每行使 15 000～20 000km（长效火花塞 30 000km）或电极严重烧蚀时，应检查调整火花塞的电极间隙，方法如图 4.19 所示。

电极间隙应当使用火花塞专用量规进行测量和调整，桑塔纳轿车 JV/AFE 型发动机的标准间隙为 0.7～0.9mm，AJR 型电喷发动机为 0.9～1.1mm，切诺基汽车为 0.84～0.97mm。其他车辆用火花塞的标准间隙可参照《维修手册》规定进行调整。

3．其他部件的检修

（1）火花塞插头的检修。

用万用表 $R\times1\text{k}\Omega$（数字式万用表拨到 OHM ×20kΩ）挡检查火花塞插头的电阻，如图 4.20 所示其阻值应在（1±0.4）kΩ（有屏蔽）和（5±0.1）kΩ（无屏蔽）之间。若电阻过大或过小均应更换。

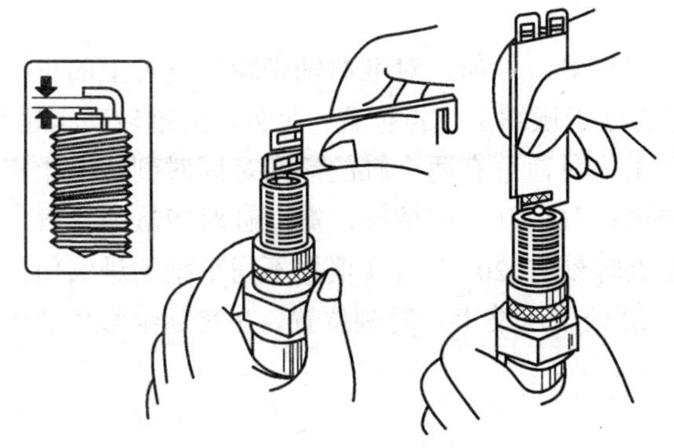

图 4.19　火花塞间隙的检测

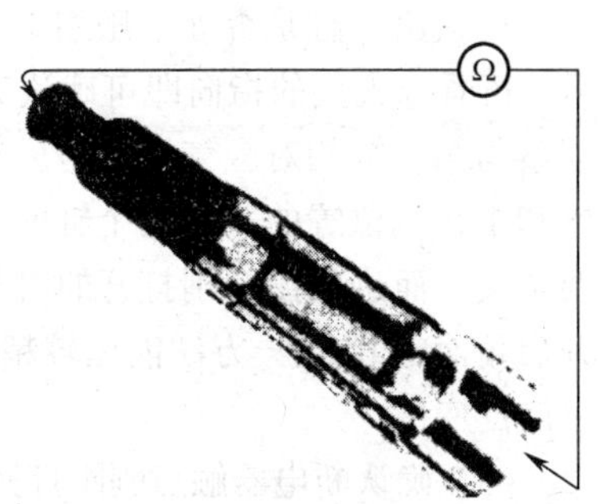

图 4.20　火花塞插头电阻的检测

（2）高压线的检修。

用万用表 $R\times1\text{k}\Omega$（数字式万用表拨到 OHM×20kΩ）挡检查点火线圈与配电器之间高压线的电阻，如图 4.21 所示其阻值应为 0～2.8kΩ，配电器与火花塞之间的高压线组件的电阻应为 0.6～0.7kΩ。若电阻过大或过小均应更换。

（3）抗干扰插头电阻的检修。

用万用表 $R\times1\text{k}$（数字式万用表拨到 OHM×20kΩ）挡检查抗干扰插头两端的电阻，如图 4.22 所示，其阻值应为（1±0.4）kΩ。若电阻过大或过小均应更换。

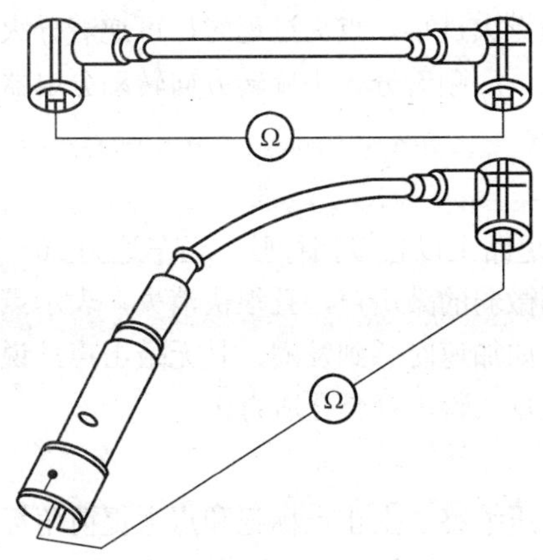

图 4.21　高压线电阻的检测

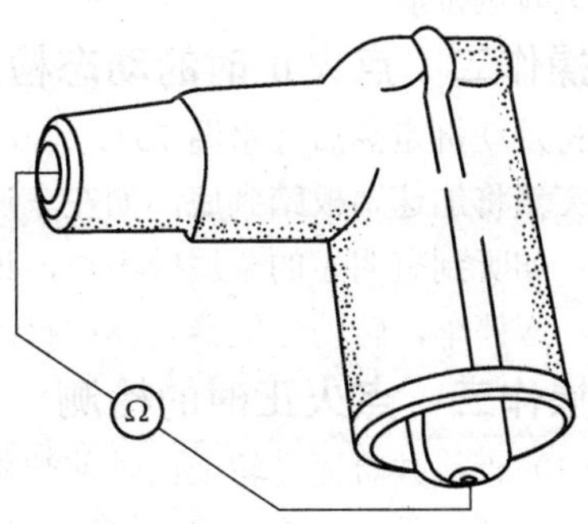

图 4.22　抗干扰插头电阻的检测

拓展训练

点火正时的检查与调整

操作一 点火正时的静态调整

（1）首先确认断电器触点间隙符合要求。

拆下分电器盖及分电器座固定螺钉，转动分电器外壳使断电器触点处于最大张开位置，用塑料塞尺（若有钢塞尺时，应断开点火开关，即点火开关处于 OFF 位置）检查断电器触点间隙，其值应为 0.35～0.45mm。如不符合要求，松开紧固螺钉，转动偏心螺钉进行调整。符合要求后再将紧固螺钉拧紧。

（2）确认第一缸压缩上止点位置。

确认第一缸是否处于压缩上止点位置的方法很多。例如，对准曲轴带轮或飞轮上的正时记号，再看分火头的指向即可确认第一缸压缩是否处于压缩上止点位置；另外，通过转动飞轮时，观察与第一缸相对应气缸（对应缸是指发动机工作时，总有两个缸的活塞是同时到达上止点位置和下止点位置的，这两个缸即为对应缸）的进排气门开、闭情况，第一缸对应缸的排气门将要全关，而进气门刚刚打开的时刻应该是上止点时刻前 20° 左右（根据不同车型的进气门提前开启角而定）。这一方法能比较精确地判断第一缸处于压缩上止时刻位置，在实际维修作业中得以广泛应用。

（3）确认断电器触点刚刚打开时刻。

拆下分电器盖及分电器座固定螺钉，接通点火开关，顺着分火头旋转方向转动分电器外壳使断电器触点处于闭合状态（一次电路被接通），将中心高压线的分电器一端拔下对准搭铁，并与搭铁保持 3～4mm 间隙（跳火法），此时，逆着分火头旋转方向慢慢转动分电器外壳，中心高压线刚刚跳火时刻即为断电器触点刚刚打开时刻。固定好分电器座，安装好分电器盖。

（4）拆下分电器盖，观察上一步骤中分火头所对应的分电器盖上分缸高压线插孔位置，用分缸高压线将此插孔与第一缸火花塞相连接（对大火）。按分火头旋转方向和发动机点火次序，分别连接好其他各缸高压线（对小火）。

（5）起动发动机，在发动机达到正常工作温度（水温 70℃～80℃）时，检查点火正时。

发动机怠速旋转时突然加速。如转速不能迅速提高，感到“发闷”，或在排气管中有“突突”声，则为点火过迟；如发动机出现金属敲击声，则为点火过早。点火过迟时，可逆着分火头转动方向转动分电器壳体，使点火时刻提前；点火过早时，应顺着分火头旋转方向转动分电器壳体，使点火时刻推后。

操作二 点火正时的动态检查

待发动机走热后（水温 70℃～80℃），在平坦的道路上以直接挡行驶，当车速为 20～30km/h 时，突然将加速踏板踏到底，如在车速急增时能听到微弱的敲击声，且很快消失，表示点火时间正确；如听到有明显的金属敲击声，说明点火过早；如加速时感到发闷，且无敲击声，说明点火过迟，应停车，转动分电器壳体调整点火时刻，经反复试验，直至合适为止。

操作三 点火正时的检测

（1）查找并验证飞轮或曲轴前端传动带盘上 1 缸压缩终了上止点标记和点火提前角标记，擦拭使之清晰可见，如果标记不清晰，最好用粉笔或油漆将标记描白，如图 4.23 所示。

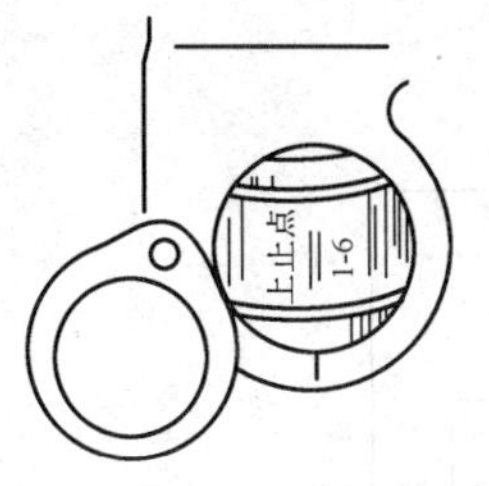

（a）解放车正时记号

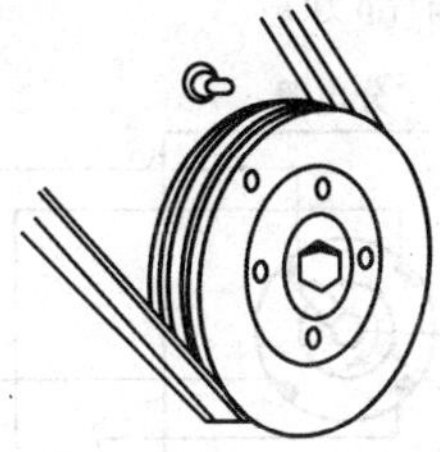
（b）北京牌车正时记号

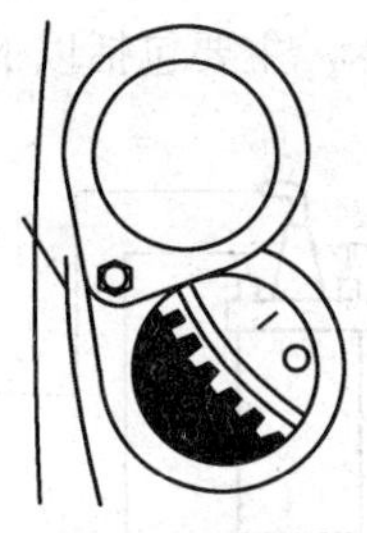
（c）东风车正时记号

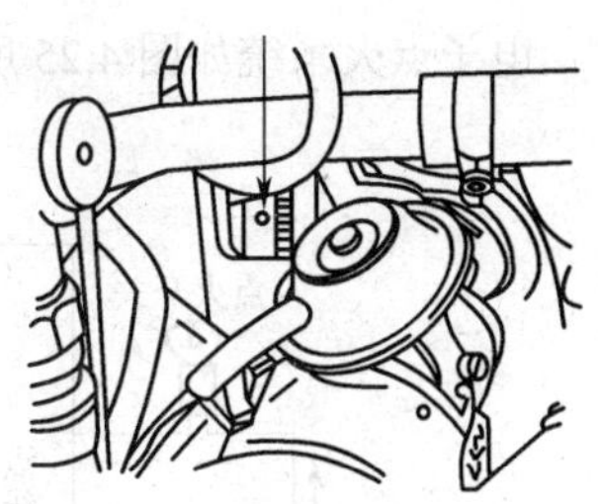
（d）桑塔纳车正时记号

图 4.23　各种车正时记号

（2）起动发动机，并运转至正常工作温度。

（3）将点火正时灯（见图 4.24）的红色电源夹夹在蓄电池的正极，黑色电源夹夹在负极，并将正时灯的外卡式传感器卡在 1 缸的高压线上，传感器上的箭头对准火花塞。同时将正时灯上的电位器旋钮旋到 0。

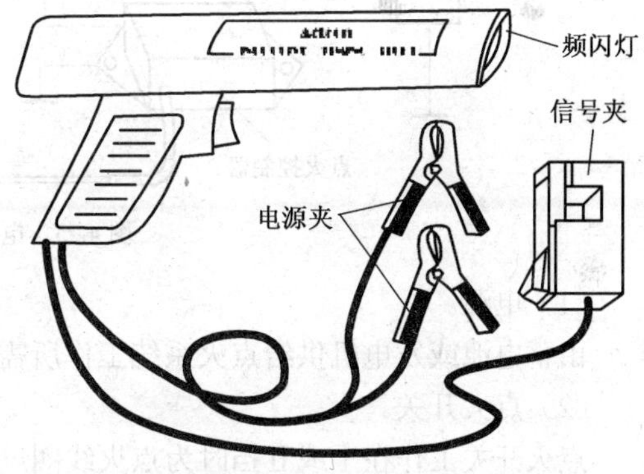

图 4.24　点火正时灯

（4）在发动机怠速稳定运转的情况下，将正时灯打开并对准飞轮或曲轴上的标记。

（5）调整正时灯上的电位器使两标记对齐。此时，正时灯上指示的读数即为发动机怠速时的点火提前角。

由于在怠速时，离心提前角和真空提前装置基本未起作用，此时测量的点火提前角为初始提前角。

（6）拆去真空管路，使真空调节装置不起作用，此时测量某一转速下的点火提前角与初始点火提前角之差，该值即为该转速下的离心提前角。然后调节发动机（热车）转速至 900r/min；此时，数字显示器所显示的点火提前角数值为基准值（6°±1°）。随后，再慢慢提高发动机转速至下一个要检查的转速值（2 300r/min，4 800r/min），读出检查仪上所指示的调节值。此值与基准值之差为该转速下的点火提前角离心调节值（14°～18°，22°～26°）。

（7）接上真空管路，再测量同一转速下的点火提前角与离心提前角的差，该值即为该转速下的真空提前角。

课题三　电子点火系统

基础知识

一、电子点火系统的组成、分类和工作原理

1. 电子点火系统的组成

由于传统点火系统的二次高压受发动机气缸数、火花塞积炭、机械触点等因素的影响，越来越不适应现代发动机对转速、功率、废气排放的要求，目前多数发动机采用电子点火系统和微机控制点火系统。

电子点火系统如图 4.25 所示，主要包括以下几个部分。

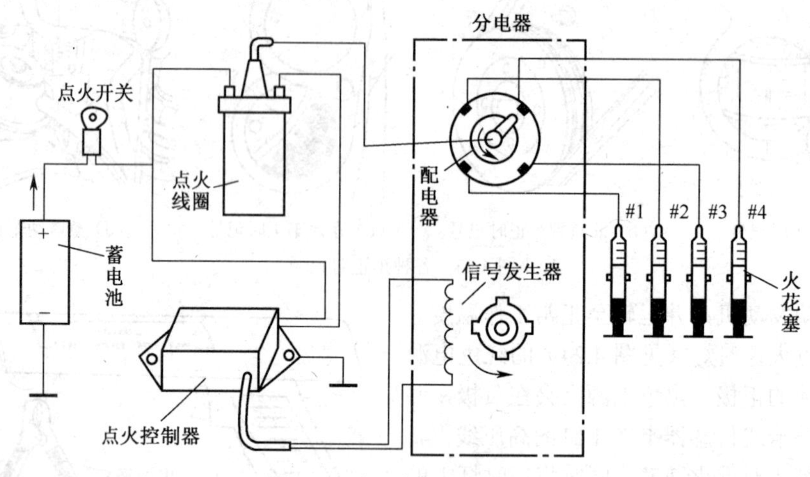

图 4.25 电子点火系统的组成

（1）电源。

由蓄电池或发电机供给点火系统工作所需的电能。

（2）点火开关。

点火开关工作在 I 或 II 挡时为点火线圈一次电路提供电源。

（3）点火线圈。

点火线圈将电源提供的 12V 低压电变成 15～20kV 的高压电。

（4）信号发生器。

信号发生器为点火控制器提供点火控制信号。

（5）点火控制器。

点火控制器根据信号发生器发出的点火控制信号，接通或切断点火线圈一次绕组，使点火线圈二次绕组产生高压电。

（6）分电器。

分电器由配电器、点火提前机构等组成。

① 配电器：将点火线圈产生的高压电按气缸的工作顺序送至各缸火花塞。

② 点火提前机构：随发动机转速、负荷变化改变点火提前角。

（7）火花塞。

火花塞产生电火花，点燃气缸内的可燃混合气。

2．电子点火系统的分类

电子点火系统按有无触点，可分为有触点式和无触点式，有触点式电子点火系统目前已基本被淘汰。按储能方式的不同，电子点火系统可分为电感储能式（以点火线圈作为储能元件）和电容储能式（以电容作为储能元件）。电感储能式电子点火系统具有结构简单，成本低，发动机低速点火性能好等优点，在普通汽油发动机上得以广泛应用；电容储能式点火系统仅应用在高速发动机上。按信号发生器的性质不同，电子点火系统又可分为磁感应式、霍尔效应式和光电式 3 种。

3．电子点火系统的工作原理

电子点火系统的工作原理如图 4.26 所示。信号发生器转动时，周围磁场发生变化，传感器中产生电压信号，经点火控制器的放大、整形后控制末级大功率晶体管的导通与截止，使点火线圈一次绕组中的电流发生变化，二次绕组中感应出高压电。通过配电器送到各气缸。

二、电子点火系统的主要元件

由于电子点火系统中的点火线圈、配电器、点火提前机构、火花塞与传统点火系统相同，在此不再赘述，下面将重点介绍信号发生器和点火控制器。

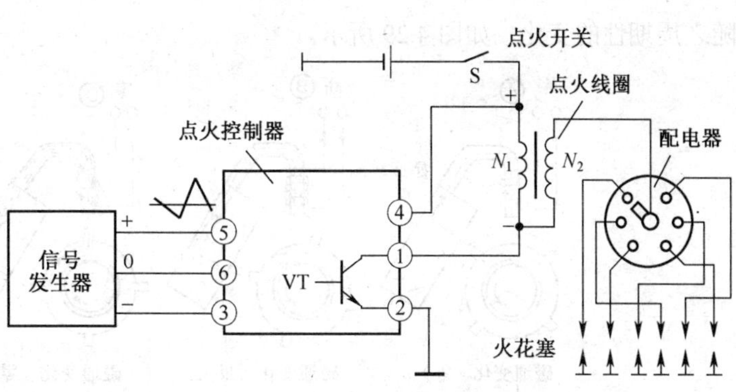

图 4.26　电子点火系统的工作原理

1．信号发生器

目前，电子点火系统和微机控制点火系统采用的信号发生器主要有 3 种：电磁感应式、霍尔效应式和光电式。

（1）电磁感应式信号发生器。

采用电磁感应式信号发生器的分电器总成如图 4.27 所示，主要由磁性转子、永久磁铁、铁心、感应线圈等组成，电磁感应式信号发生器如图 4.28 所示。

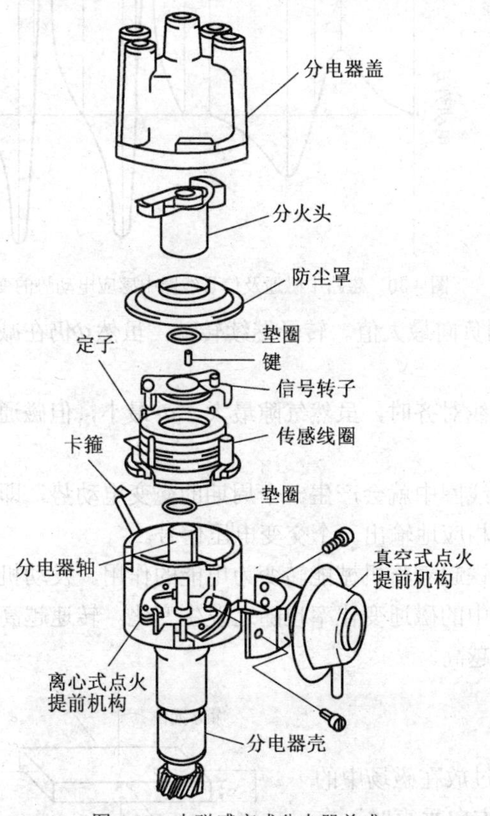

图 4.27　电磁感应式分电器总成

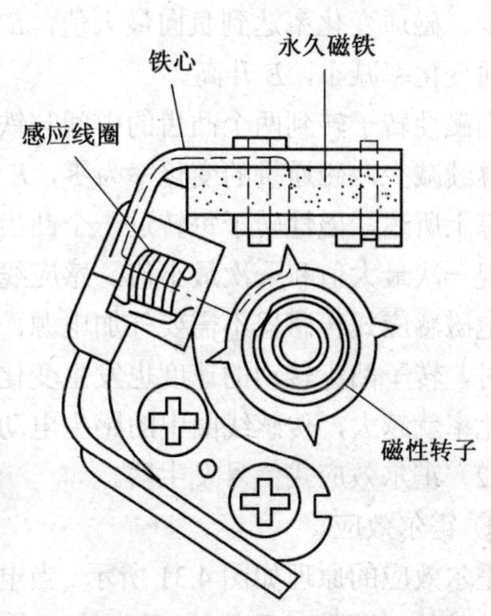

图 4.28　电磁感应式信号发生器

电磁感应式信号发生器的工作原理如下。

磁性转子安装在分电器轴上，分电器轴由凸轮轴驱动。发动机运转时通过凸轮轴带动磁性转子转动。磁性转子转动时，磁路中的气隙就会周期性地发生变化，并使感应线圈铁心内的磁通量随之周期性的变化，如图 4.29 所示。

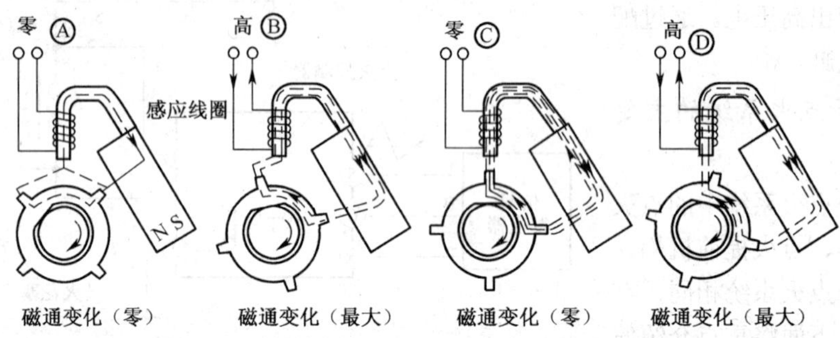

图 4.29 磁性转子转动时，线圈中磁通量变化过程图

线圈中产生的感应电动势的变化如图 4.30 所示。磁性转子顺时针方向旋转时，转子凸齿与铁心之间的气隙减小，磁路磁阻减小，磁通量Φ增多，磁通量变化率增大，感应电动势 E 为正。当转子凸齿接近铁心边缘时，Φ急剧增多，磁通变化率最大，E 最高（B 点）。转子转过 B 点后，虽然Φ仍在增多，但磁通变化率减小，E 降低。

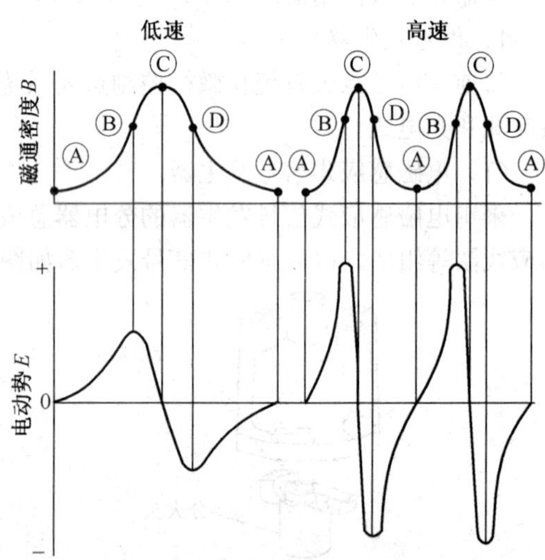

图 4.30 磁路中磁通及信号线圈中感应电动势的变化

当磁性转子转到凸齿的中心线与铁心中心线对齐时，虽然气隙最小，Φ最大，但磁通量不可能继续增加，磁通量的变化率为零，E 为零。

当磁性转子顺时针方向继续旋转，凸齿离开铁心时，凸齿与铁心之间的气隙增大，磁路磁阻增大，磁通量Φ减少，磁通量变化率为负，感应电动势 E 为负。转子凸齿离开铁心边缘时，Φ急剧减少，磁通变化率达到负向最大值，E 也达到负向最大值。转子继续转动，虽然Φ仍在减少，但磁通变化率减小，E 升高。

当磁性转子转到两个凸齿的中间与铁心中心线对齐时，虽然气隙最大，Φ 最小，但磁通量不可能继续减少，磁通量的变化率为零，E 为零。

综上所述，磁性转子每转过一个凸齿，感应线圈中就会产生一个周期的交变电动势，即电动势出现一次最大值和一次最小值，感应线圈也就相应地输出一个交变电压信号。

电磁感应式传感器不需要外加电源，永久磁铁起着将机械能转变为电能的作用。发动机转速变化时，转子凸齿转动的速度也发生变化，铁心中的磁通变化率也随之发生变化。转速越高，磁通变化率就越大，传感线圈中的感生电动势也就越高。

（2）霍尔效应式信号发生器。

① 霍尔效应。

霍尔效应的原理如图 4.31 所示。当电流 I 通过放在磁场中的半导体基片（即霍尔元件），且电流方向与磁场方向垂直时，在垂直于电流和磁场的半导体基片的横向侧面上将产生一个电压 U_H（通常称之为霍尔电压）。霍尔电压的高低与通过的电流和磁感应强度成正比，可用式（4.2）表示，即

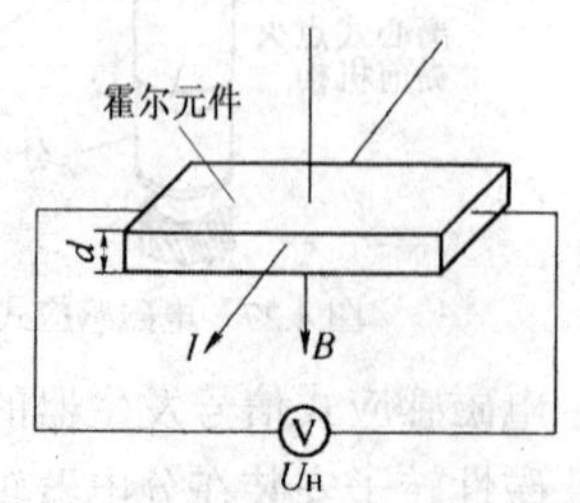

图 4.31 霍尔效应原理

$$U_H=\frac{R_H}{d}IB \tag{4.2}$$

式中，R_H——霍尔系数；

d——半导体基片厚度；

I——电流；

B——磁感应强度。

由式（4.2）可知，当通过的电流 I 为一定值时，霍尔电压 U_H 随磁感应强度 B 的变化而变化。

② 霍尔效应式信号发生器的工作原理。

采用霍尔效应式信号发生器的分电器结构如图 4.32 所示。信号部分的组成构造如图 4.33（a）所示，其工作原理如图 4.33（b）、（c）所示。

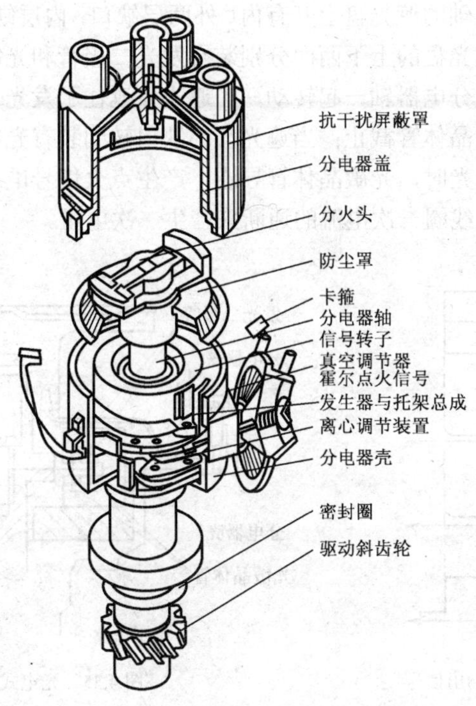

图 4.32　霍尔效应式分电器总成

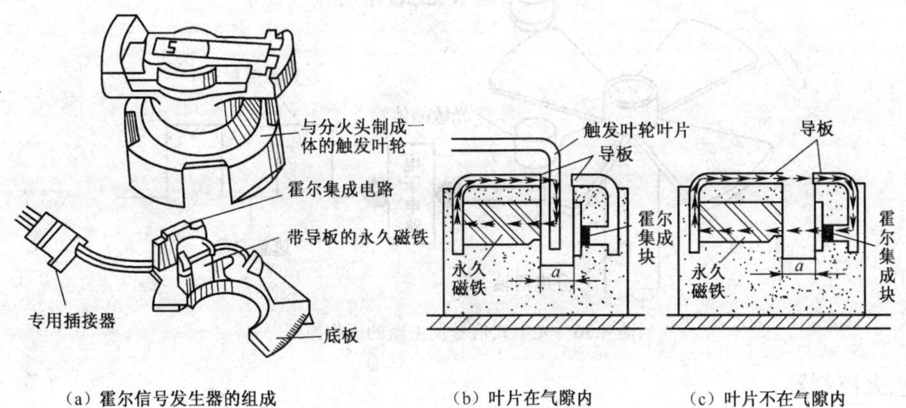

（a）霍尔信号发生器的组成　（b）叶片在气隙内　（c）叶片不在气隙内

图 4.33　霍尔信号发生器

在与分火头制成一体的触发叶轮的四周，均均分布着与发动机气缸数相同的缺口。触发叶轮由分电器轴带着转动，当触发叶轮的本体（没有缺口的地方）转到对着装有霍尔集成块的地方时（叶片在气隙内），通过霍尔集成块的磁路被触发叶轮短路，如图 4.33（b）所示，此时霍尔集成块中没有磁场通过，不会产生霍尔电压；当触发叶轮转到其缺口对着装有霍尔集成块的地方时（叶片不在气隙内），永久磁铁所产生的磁场在导板的引导下，垂直穿过通电的霍尔集成块，于是在霍尔集成块内产生一个霍尔电压 U_H。由于这个霍尔电压 U_H 是 mV 级的电压，信号很微弱，需要进行信号处理，这一任务由集成电路完成。这样霍尔元件产生的霍尔电压 U_H 信号，经过放大、脉冲整形，最后以整齐的矩形脉冲（方波）信号 U_g 输出，如图 4.34 所示。

（3）光电式信号发生器。

光电式信号发生器通常用在微机控制的点火系统上。采用光电式信号发生器的分电器总成如图 4.35 所示，安装有分电器轴的遮光盘上开有内、外两层缺口，内层缺口数与发动机气缸数相同，外层缺口数为 360 个。在遮光盘的上下两面分别装有发光二极管和光敏晶体管，如图 4.36 所示。工作时遮光盘（信号盘）随分电器轴一起转动，当遮光盘遮住了发光二极管发出的光线而使光敏晶体管感受不到光时，光敏晶体管截止；当遮光盘的缺口转到装有光电元件的位置时，光敏晶体管感受到发光二极管发出的光时，光敏晶体管导通，产生点火信号电压，输出到点火模块。点火模块根据该信号来控制点火线圈一次电流的通断来产生二次电压。

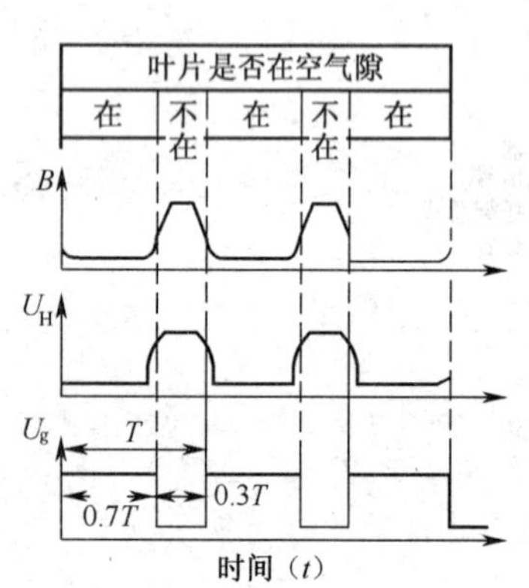

图 4.34 霍尔信号发生器的输出信号

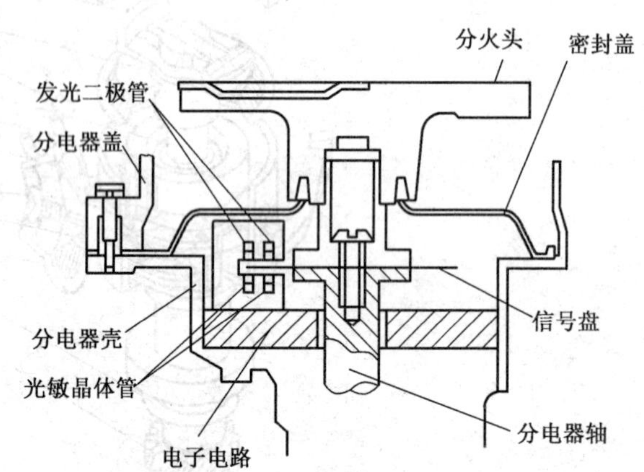

图 4.35 光电式分电器总成

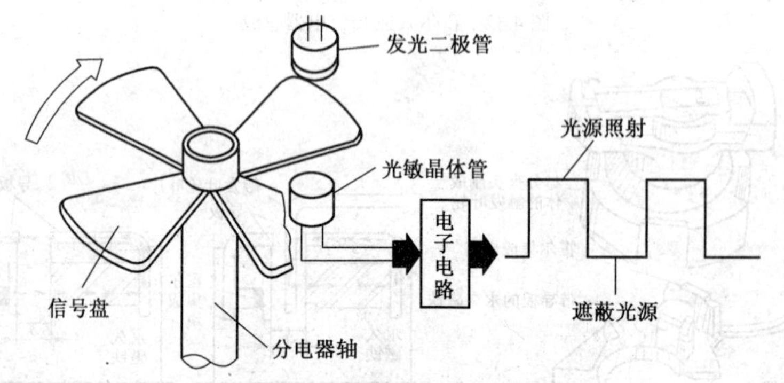

图 4.36 光电式信号发生器的工作原理

2．点火控制器

点火控制器根据信号发生器发出的信号，控制点火线圈一次电路的通、断，使点火线圈二次产生高压电。使用的信号发生器类型不同，点火控制器内部的结构和工作原理也不同，下面分述之。

（1）与磁感应式信号发生器配用的点火控制器。

图 4.37 为与磁感应式信号发生器配用的点火控制器工作原理图。信号转子上有与发动机的气缸数相同的凸齿。永久磁铁的磁通经信号转子凸齿、线圈铁心构成回路。当信号转子由分电器轴带动旋转时，转子凸齿与信号线圈铁心间的空气间隙将发生变化，磁路的磁阻随之改变，使通过线圈的磁通量发生变化，因而在线圈内感应出交变电动势。

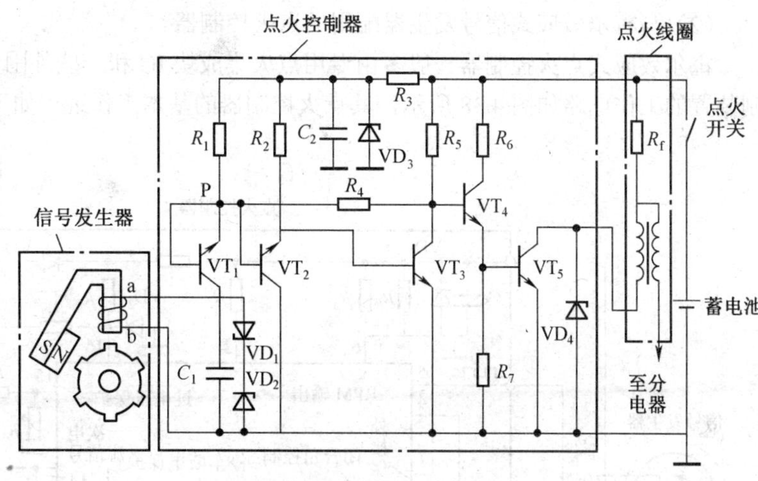

图 4.37 磁感应式点火控制电路

点火控制器的工作原理如下。

① 接通点火开关，信号转子不转动，点火线圈一次绕组有电流流过。

接通点火开关时，蓄电池的电压使 VT_1 导通，其直流电路为：蓄电池（或发电机）正极→点火开关→R_3→R_1→VT_1（集电结）→信号线圈→搭铁→蓄电池（或发电机）负极。

这时，VT_1 的集电极电压降和信号线圈、电容 C_1、VD_1 和 VD_2 并联电路产生的电压降，使得 P 点处于高电位，导致 VT_2 导通。VT_3 截止，VT_4 和 VT_5 导通，电流经蓄电池正极→附加电阻（R_f）→点火线圈一次绕组→VT_5→搭铁→蓄电池负极，形成回路，点火线圈一次绕组有电流流过，点火线圈储能。

② 接通点火开关，信号转子转动，产生 a 高、b 低的电压，点火线圈一次绕组有电流流过。

信号发生器转子转动，并产生 a 高、b 低的电压时，信号电压与 VT_1 的正向电压降叠加，P 点电位会升高，使 VT_2 加深导通。电路状况与上述一致，使点火线圈一次绕组流过的电流进一步增加。

③ 接通点火开关，信号转子转动，产生 b 高、a 低的电压，点火线圈一次绕组电流被切断，二次绕组产生高压电。

信号发生器转子转动，产生 b 高、a 低的电压时，信号电压与 VT_1 的正向电压降叠加后，使 VT_2 的基极电位降低，VT_2 截止。VT_2 的截止使 VT_3 的基极电位上升而导通，VT_3 的导通使 VT_4 的基极电位下降而截止，晶体管 VT_5 没有正向偏置电压而截止。于是一次电流被切断，在二次绕组中产生高压，经配电器按点火次序分配到各缸火花塞点火，点燃可燃混合气使发动机做功。

电路中晶体管 VT_1 的基极和发射极相连，相当于发射极为正、集电极为负的二极管，起温度补偿作用。其原理如下：当温度升高时，VT_2 的导通电压会降低，使 VT_2 提前导通而滞后截止，从而导致点火推迟；VT_1 与 VT_2 的型号相同，具有同样的温度特性系数，故在温度升高时，VT_1 的正向导通电压也会降低，使 P 点电位 U_P 下降，正好补偿了温度升高对 VT_2 工作电位的影响，而使 VT_2 的导通和截止时间与常温时相同。

电路中其他元件的作用是：R_3、VD_3 为电源稳压电路，使 VT_2 导通时不受电源系统电压波动的影响；VD_1、VD_2 为信号稳压，削平高速时感应线圈产生的峰值电压；VD_4 的作用是防止一次电流被切断时产生的高压击穿 VT_5；C_1 是信号滤波，C_2 是电源滤波；R_4 为正向反馈电阻，加速 VT_2 的导通和截止。

（2）与霍尔效应式信号发生器配用的点火控制器。

霍尔效应式点火控制器一般多由专用点火集成块 IC 和一些外围电路组成，霍尔效应式点火控制装置的工作电路如图 4.38 所示，其点火控制器的基本工作过程如下。

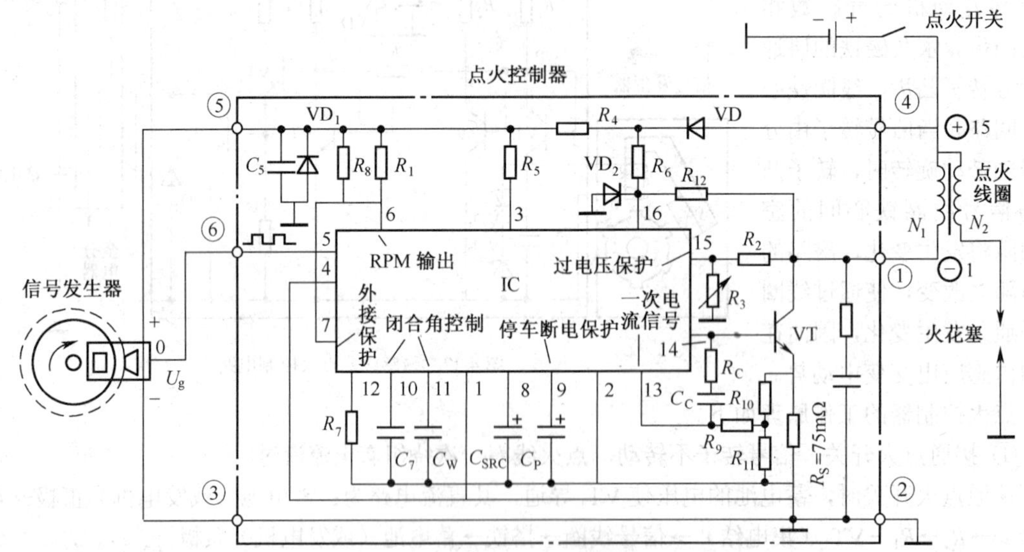

图 4.38　霍尔效应式点火装置的工作原理图

① 接通点火开关，信号转子不转动，点火线圈一次绕组有电流流过。

接通点火开关时，点火控制器 IC 集成块第 3、6、7、16 脚有蓄电池电压，此时集成块控制 VT 导通，蓄电池（或发电机）电流经其正极→点火开关→点火线圈一次绕组→点火控制器大功率晶体管 VT→反馈电阻 R_s→搭铁→蓄电池（或发电机）负极，构成回路。点火线圈一次绕组储能。

如果点火开关接通一段时间，未起动发动机（或停车时未及时断开点火开关），霍尔传感器就有可能使点火线圈一次绕组长时间通过大电流而损坏。在此电路中设置了停车断电保护电路，外接的电容 Cp 设定了停车以后晶体管 VT 的导通时间（即 Cp 的充电时间），一旦 VT 的导通时间超过了电容 Cp 设定的时间，VT 会自动缓慢地截止而切断点火线圈一次绕组的电流通路。

② 接通点火开关，信号转子转动，产生高电位，点火线圈一次绕组有电流流过。

接通点火开关，发动机转动，当霍尔信号发生器输出信号 U_g 为高电位时，该信号通过点火控制器插座⑥端子和③端子进入点火控制器。此时，点火控制器通过内部电路与上述情况一致，点火线圈一次绕组中有电流流过。

③ 接通点火开关，信号转子转动，产生低电位，点火线圈一次绕组电流被切断，二次绕组产生高压电。

当霍尔信号发生器输出信号 U_g 下跳为低电位时，该信号通过点火控制器插座⑥端子进入点火控制器，控制大功率晶体管 VT 立即截止，切断点火线圈一次电路，二次绕组产生高压电。

（3）与光电式信号发生器配用的点火控制器。

光电式点火控制装置的工作原理如图 4.39 所示。

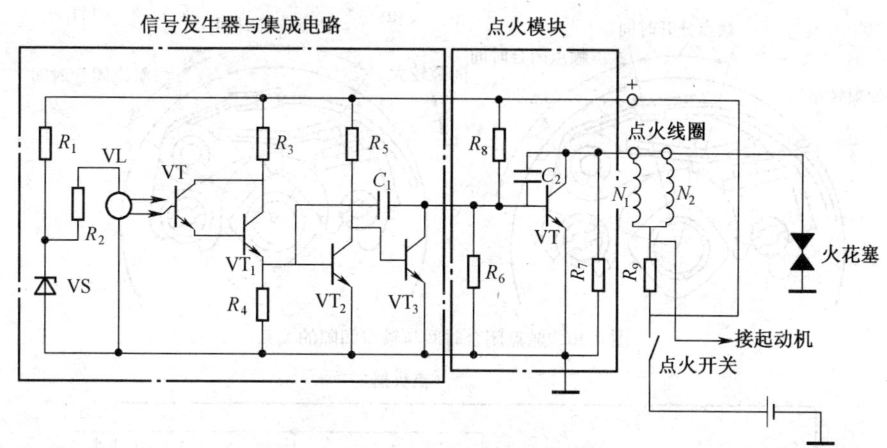

图 4.39 光电式点火装置的工作原理图

① 接通点火开关，遮光盘未挡住光线通道时，点火线圈一次绕组有电流流过。

光敏晶体管 V 受光导通时，晶体管 VT_1 获得正向偏压而导通。VT_1 导通后为 VT_2 提供正向偏压 U_{R4}，使 VT_2 导通。VT_2 导通后，VT_3 处于截止状态。功率晶体管 VT 获得正向偏压 U_{R6} 导通，从而使点火线圈一次绕组通电，储存能量。

② 接通点火开关，遮光盘挡住光线通道时，点火线圈一次绕组电流被切断，二次绕组产生高压电。

当光敏晶体管 V 失光时，由导通转为截止，VT_1 失去基极电流由导通转为截止，VT_2 也截止，VT_3 因此获得正偏由截止转为导通。VT 失去正向偏压 U_{R6} 由导通转为截止，点火线圈一次绕组电流被切断，点火线圈二次绕组产生高压电，经配电器分送至各缸火花塞。

其他元件的作用：稳压二极管 VS 用以保证发光二极管 VL 获得稳定的工作电压。电容 C_1 为正反馈电路，用以提高功率管 VT 的开关速度，减少功率损耗，防止发热。电阻 R_7 用以保护功率晶体管 VT。当 VT 由导通转为截止时，在二次绕组产生二次电压的同时，一次绕组也产生 300V 左右的自感电动势，R_7 可为其提供回路，防止 VT 被击穿损坏。电阻及 R_8 与电容 C_2 也具有 R_7 的作用，同时 C_2 还具有滤波功能。电阻 R_9 为点火线圈的附加电阻。

三、电子点火系统的其他控制功能

1. 闭合角控制

闭合角（断电触点闭合时间）的概念是从传统点火系统引入的，传统点火系统采用触点来控制点火线圈一次绕组通电的时间。因此，一次绕组通电时间的长短与触点的间隙密切相关：触点间隙小，则触点相对闭合时间（触点在一个闭合和断开周期中，闭合时间与总时间之比）就长；触点间隙大，触点相对闭合时间就短，如图 4.40 所示。

为解决传统点火系统触点相对闭合时间随触点间隙、发动机转速、发动机气缸数增加而减小的问题，在电子点火系统和微机控制的点火器中增加了闭合角控制电路。

常见的闭合角控制电路如图 4.41 所示。信号发生器发出的点火控制信号为高电位时，由于 VT_1 导通，VT_2、VT_3 截止，点火线圈一次绕组中电流被切断，点火线圈二次产生高电压；信号发生器发出的点火控制信号为低电位时，由于 VT_1 截止，VT_2、VT_3 导通，点火线圈一次绕组有电流流过。

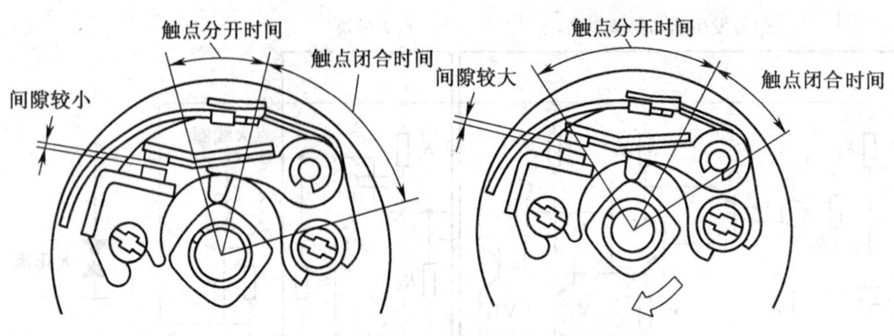

图 4.40 触点闭合时间与触点间隙的关系

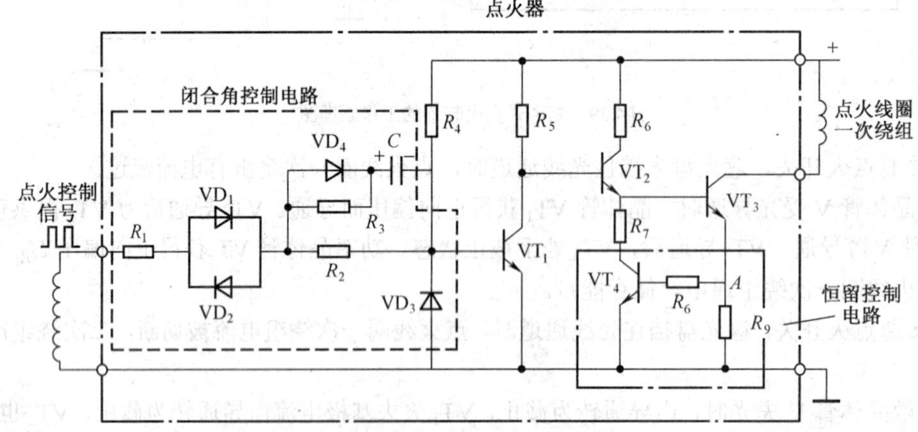

图 4.41 闭合角和恒流控制电路

由 R_1、R_3、VD_1、VD_2、VD_3、VD_4、C 组成闭合角控制电路，其工作原理如下。

点火控制信号正脉冲（上正、下负）时，信号电流同时对电容 C 充电，充电电路为：信号电压+→R_1→VD_1→VD_4→C→VT_1 发射结→信号电压-。

而当点火控制信号正脉冲消失（上负、下正）时，电容 C 放电，放电电路为：C+→R_3→VD_2→R_1→信号线圈-→绕圈信号→信号电压+→VD_3→C-。

电容 C 放电使 VT_1 反偏截止，VT_2、VT_3 导通，一次电路接通。当发动机转速升高时，点火控制信号正脉冲电压随之升高，正脉冲消失时电容的放电时间将会延长，使得 VT_1 的截止时间延长，VT_2、VT_2 的导通时间延长，即一次通路的时间相对增加了。这样就使得点火二次电压不会随发动机转速上升而下降。

2．恒流控制

为保证在任何工况下（特别是高转速时）都能实现稳定的高能点火，电子点火系统配备的多是专用的高能点火线圈。为了增大一次电流，并使一次电流尽快上升到所要求的电流值，其一次绕组的电阻和电感都比较小，一次电流的稳定值比较大。在不加控制的接通状态下，一般一次电流可达 20～30A。在低转速时，长时间通过大电流，浪费电能，会使点火线圈和点火控制器过热而很快烧坏，为此采用恒流控制电路。

恒流控制的方法有多种，现以图 4.41 所示的恒流控制电路进行说明。

当点火线圈一次电流增大到某一限定值时，A 点的电位使 VT_4 的导通电流增大，致使 VT_4 的基极电流下降，从而限制了一次电流的继续升高。这实际上是通过增加一次回路电阻的方法来限制一次电流。这样一种控制方式还可以使点火线圈的一次电流受转速变化的影响大为减少。如在发动机转速低时，点火线圈一次电流有足够的时间上升，当电流上升到一定的值，A 点的电位使 VT_4 导通，VT_3 的基极电流下降，一次回路的等效电阻值上升，因而就限制了一次电流增至过大。发动机转速越低，这种限制作用就越大，而在发动机转速很高时，点火线圈一次电流没有足够的时间上升，A 点的电位不能使 VT_4 导通，VT_3 的基极电流未被减少，故一次电流的上升未受到其回路等效电阻增大的限制。

3．停车断路保护

具有停车保护作用的电子点火系统工作波形如图 4.42 所示。当发动机熄火而点火开关处于“ON”位置时，点火信号发生器因停车后长时间不能发出点火（切断一次电流）信号，而使一次电路处于长时间的接通状态。设置停车保护装置后，当一次电路接通时间大于某一设定时间 T_P 时，停车保护装置将发出信号，切断点火线圈的一次电流，使点火线圈得到保护。

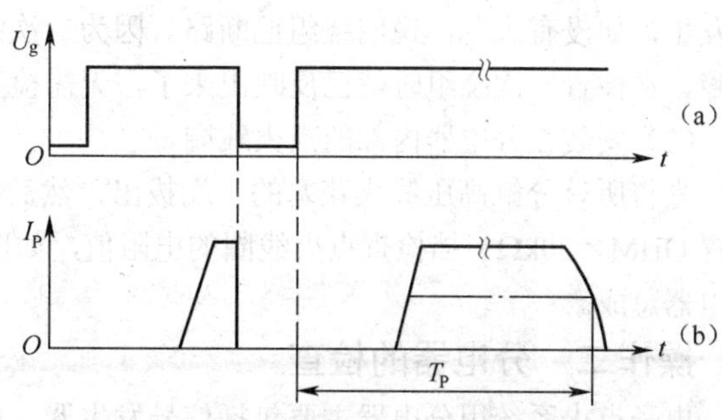

图 4.42　停车保护装置的工作波形示意图

课题实施

电子点火系统各元件的性能检测

操作一　点火线圈的检查

（1）分离式点火线圈。

检查一次绕组电阻：用万用表 $R\times1\Omega$（数字万用表置 OHM×200Ω）挡测量“+”与“−”端子间的电阻，如图 4.43 所示。传统点火系统应为 0.5～1.0Ω（20℃）；电子点火系统应为 1.5～3.0Ω（20℃）。若电阻值为∞，说明一次绕组断路，应更换点火线圈。

检查二次绕组电阻：用万用表 $R\times1k\Omega$（数字万用表置 OHM×20kΩ）挡测量“+”与中心高压线端子间的电阻，如图 4.44 所示。测得的电阻值应为 5～12kΩ（20℃）。若电阻值为∞，说明二次绕组断路；若测得的电阻值过小，说明二次绕组短路，均应更换点火线圈。

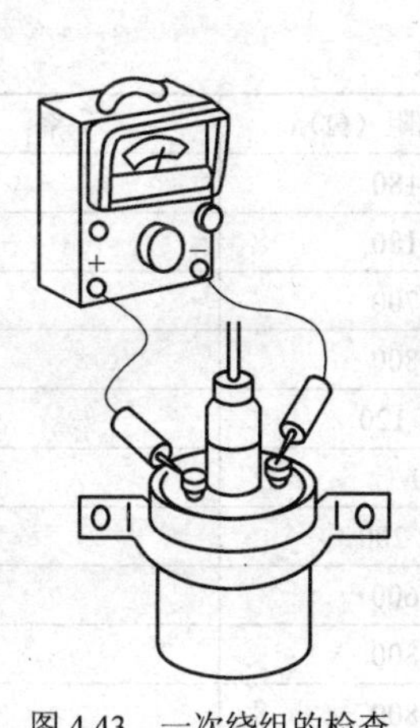

图 4.43　一次绕组的检查

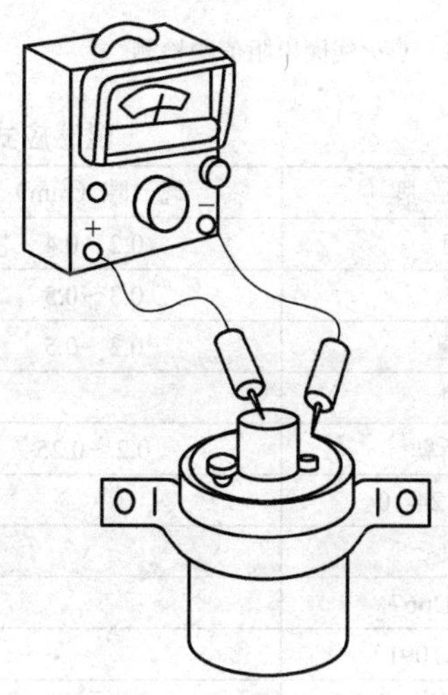

图 4.44　二次绕组的检查

试灯检验法：将 220V 交流电试灯接在一次绕组的接线柱上，灯亮则表示无断路故障，否则便是断路。当检查绕组是否有搭铁故障时，可将试灯的一端与一次绕组相连，一端接外壳，如灯亮，便表示有搭铁故障；否则为良好。短路故障用试灯不易查出。

对于二次绕组，因为它的一端接于高压插孔，另一端与一次绕组相连，所以检验中，当试灯的一个触针接高压插孔，另一触针接低压接柱时，若试灯发出亮光，说明有短路故障；若试灯暗红，说明无短路故障；若试灯根本不发红，则应注意观察，当将触针从接柱上移开时，看有无火花发生，如没有火花，说明绕组已断路。因为二次绕组和一次绕组是相通的，若二次绕组有搭铁故障，在检查一次绕组时就已反映出来了，无需检查。

（2）安装在分电器内部的点火线圈。

先将所有分缸高压线火花塞的一端拔出，然后拆下分电器盖，用万用表 *R*×1kΩ（数字万用表置 OHM×20kΩ）挡检查点火线圈的电阻值，如图 4.45 所示。若不符合要求，更换点火线圈或分电器总成。

操作二 分电器的检查

电子点火系统用分电器主要包括信号发生器、点火提前调节装置。

1．信号发生器的检测

（1）磁感应式信号发生器的检测。

① 检查导磁转子与定子（铁心）之间的气隙，如图 4.46 所示。若气隙不合适，应予以调整。有些气隙是不可调的，若间隙不合适，只能更换信号发生器总成。检测参数见表 4.9。

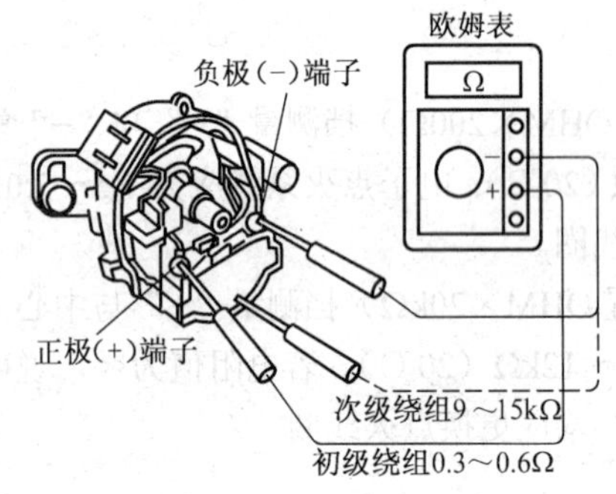

图 4.45 点火线圈电阻值的检测

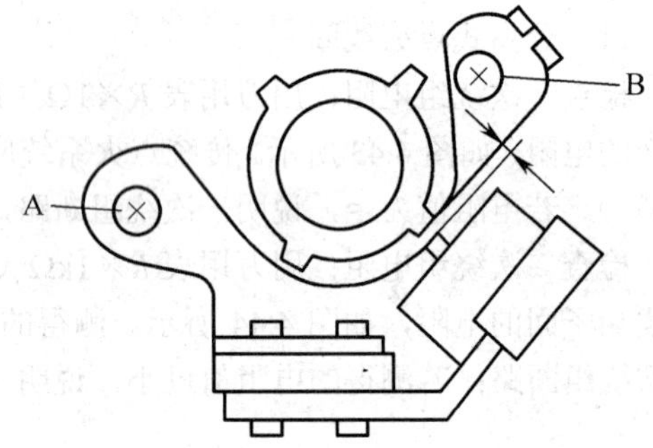

图 4.46 磁感应式信号发生器气隙的检测

表 4.9 磁感应式信号发生器检测参数

汽车厂牌	气 隙（mm）	感应线圈电阻（Ω）	备 注
丰田	0.2～0.4	140～180	
日产	0.3～0.5	140～180	
三菱	0.3～0.5	500～700	
本田		600～800	
克莱斯勒	0.2～0.25	920～1 120	
伏尔加 24-10		900	
标致		900～1 200	
国产 JFD667		400～600	
解放 CA1091		600～800	
切诺基	0.2～0.4	400～800	

续表

汽车厂牌	气隙（mm）	感应线圈电阻（Ω）	备注
福特		400～800	
丰田（2JZ-GE 发动机用）	0.2～0.4	125～200（冷态） 160～235（热态）	G1（G2）
		190～290（热态）	Ne-G1
丰田（2TE-FE 发动机用）	0.2～0.4	125～190	G1（G2）
		155～240	Ne-G

② 选用万用表直流电压挡，并将其正负表笔分别接在信号发生器输出的两个端子上，用起动机带动发动机转动，观察万用表指针，应间歇摆动，若万用表指针指“0”不动，进行下面的检查。

③ 检查感应线圈的电阻，若电阻无穷大，则说明线圈断路。电阻过大或过小都需更换信号发生器总成。

（2）霍尔效应式信号发生器的检测。

霍尔效应式信号发生器可用两种方法检查。

方法一如下。

① 先拆下分电器总成，断开点火开关，拔出分电器盖上的中央高压线并搭铁，将万用表拨到直流电压挡，并将万用表的正表笔接在插接器信号输出线“O”端子上，负表笔接在插接器的“−”端子上。

② 接通点火开关，用起动机带动发动机旋转（按分火头的旋转方向转动分电器驱动轴），同时观察电压表上的读数。当触发叶轮的叶片位于霍尔传感器的空气隙中时，其电压值应为 9V 左右；当触发叶轮的叶片不在空气隙中时，其电压值应为 0V 左右。在电源电压正常的情况下，如电压表读数与上述不符，则说明霍尔信号发生器出了故障，应予以更换。

方法二如下。

① 拔下分电器盖上的中心高压线，使线端距发动机机体 6～8mm，转动发动机使霍尔信号发生器转子的缺口正对霍尔信号发生器。接通点火开关，用钢锯片插入霍尔信号发生器，迅速拔出钢锯片。若能跳火，说明霍尔信号发生器良好；否则说明霍尔信号发生器损坏。

② 先测量点火器 4、5 端子之间的电阻值，按该电阻值选择一个电阻，串联于蓄电池正极与信号发生器“+”之间，蓄电池负极与信号发生器“−”相连，为信号发生器的霍尔集成电路提供一定值的电源电压。将万用表拨至 $R\times1$ 挡，用负表笔接信号发生器“O”端子，正表笔接信号发生器的“−”端子。用手转动分电器轴，观察万用表的电阻值。若随分电器轴的转动，电阻值在零与无穷大之间交替变化，说明霍尔信号发生器良好；若电阻值始终为零或无穷大，说明霍尔信号发生器存在故障。

（3）光电式点火信号发生器。

光电式点火信号发生器的常见故障有：光敏发光元件沾污、损坏，内部电路断路或接触不良等，使信号减弱或无信号产生，造成发动机不能工作。光电式点火信号发生器的检测方法如下。

① 打开分电器盖，检查光敏、发光元件表面是否脏污，线路连接是否良好。

② 从发动机上拆下分电器总成，拆下分电器线路插接器，用导线将插接器的两个电源端子（“+”与“−”）分别与蓄电池的正负极相连（注意正负极性不能接错）。

③ 选用万用表直流电压挡，并将万用表的正表笔与插接器的信号输出端子相接，负表笔搭铁或接插接器的“−”端子，然后按分火头的旋转方向慢慢转动分电器轴，若插接器信号输出端子

的电压在 0～1V 摆动（不同的车型，具体摆动幅度稍有不同），说明信号发生器良好；否则，需更换分电器。

2．点火提前机构的检测

点火提前机构的性能检查只能在实验台上进行，实验步骤与方法参见相关实训项目。

操作三　点火控制器的检查

1．磁感应式点火控制器的检测

磁感应式点火控制器的检查如图 4.47 所示。

① 松开分电器上的线路插接。

② 接通点火开关，选用一个 1.5V 的干电池，将它的正、负极分别接点火控制器的两输入线，如图 4.47（a）和图 4.47（b）所示，用万用表测量点火线圈“–”接线柱与搭铁之间的电压。两次测量的结果应分别为 1～5V 和 12V，否则说明点火控制器有故障。

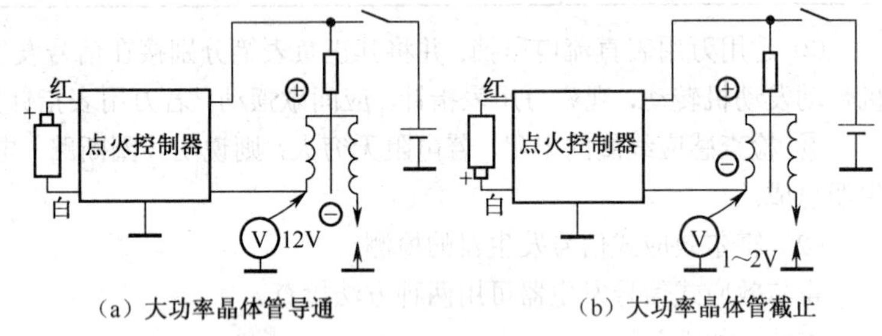

图 4.47　磁感应式点火控制器的检测

2．霍尔效应式点火控制器的就车检测（桑塔纳为例）

① 在点火线圈正常的情况下，将插头从点火控制器上拔下，电压表接在 2 和 4 端子之间，接通点火开关，测得电压值应与蓄电池电压值相近。

② 断开点火开关，重新将插头插在点火控制器上，拔下霍尔信号发生器上插头，将电压表接在点火线圈“+”和“–”接柱上，接通点火开关，此时，电压应不小于 2V，并在 1～2s 后必须下降到零。

③ 快速将分电器盖的中央高压线拔出并搭铁，电压值应在瞬间上升到 2V。

④ 断开点火开关，将电压表接到点火控制器的 5、6 端子上，接通点火开关，额定电压应不小于 5V。否则应更换点火器。

拓展训练

电子点火系统的故障诊断

操作一　磁感应式电子点火系统的故障诊断

1．连接线路的检查

① 首先查看各导线有无短路、接触不良、断路等现象。导线的插接件浸入泥水后极易导致短路或接触不良现象，应重点检查。

② 点火控制器多数是靠其外壳与车身搭铁（即接地），或通过专用搭铁线接地，再与蓄电池负极连接一起构成回路的。如果搭铁不良，就会导致点火系统工作时好时坏，甚至完全不工作。

2．点火控制器电源电路的检查

接通点火开关，将万用表红表笔接点火控制器电路的正接线柱，即图 4.48 中的“+”端（也可接在点火线圈的正接线柱上），万用表的负表笔接点火控制器电路的外壳（搭铁处），测得的电压值应为 12V。如电压不符合要求（无电压或电压偏低），则断开电子点火控制器“+”端与外电

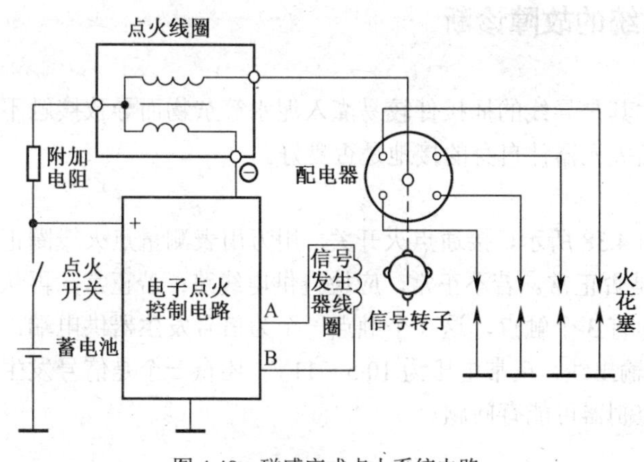

图 4.48 磁感应式点火系统电路

路的连线，再测与“+”端断开的连线上的电压。若电压恢复正常，则可能是电子点火控制器电路有故障，应检查其是否有短路或漏电现象。

3．点火线圈的检测

点火线圈的检测方法与传统点火系统对点火线圈的检测方法相同，但点火线圈一、二次绕组的电阻值因车型不同而异。

4．传感器的检测

传感器（信号发生器）是否有故障，除了采用更换新件来进行比较鉴别外，还可采用以下方法进行判断。

（1）测量电压法。

拔下分电器上信号发生器与点火控制器的连接插头，将万用表拨至交流电压挡，将其两表笔接在信号发生器输出插头上，起动发动机带动信号转子转动，仔细观察万用表有无信号电压指示。如无电压指示，则说明信号传感器有故障。

（2）测量电阻法。

检测信号发生器线圈的电阻值时，应该先把线圈从线束连接器上拆下来，然后用万用表电阻挡对其进行测量。

若测得的电阻为∞，说明该电路有断路故障，应首先检查插接件的焊接处，然后再检查信号发生器线圈内部，仔细观察线圈在何处断路；若测得的电阻值与标准值（规定值）相比显得过小，则说明信号发生器线圈匝间可能存在短路现象，应予以排除或更换。

5．点火控制器的检查

点火控制器实质上是一个利用输入信号控制晶体管导通与截止的晶体管开关电路。因此，可以在点火控制器的输入端接上一节 1.5V 的干电池，用以模拟信号发生器输出的信号电压，然后利用测量点火线圈一次绕组某端对地的电压或观察二次绕组对地的火花来判断点火控制器的好坏。以图 4.48 所示的电路为例，具体检测方法如下。

① 将 1.5V 干电池与点火控制器的输入端接好，电池的正极接线束连接器 A 端，负极接线束连接器 B 端。

② 用万用表电压挡测量点火线圈一次绕组右端的⊖接线柱与搭铁之间的电压，此值应约为 1～2V。

③ 保持原状态不变，仅将干电池极性对调，即将其正极接连接器 B 端，负极接 A 端，此时万用表的读数应为 12V。若测得的结果符合上述规律，说明点火控制器工作正常，反之则说明有故障。

6．火花塞、分电器的检测

火花塞间隙应在规定值 0.8～0.9mm 范围内。

分电器主要检查分火头、分电器盖绝缘是否被破坏（即是否漏电）。检测方法与传统式点火系统相同。

操作二 霍尔效应式电子点火系统的故障诊断

1．连接线路的检查

检查点火系统的连接导线是否牢固，尤其是导线的插接件较易灌入泥水等杂物而导致接触不良或短路。还应注意检查点火控制器及其相关元器件自身的接地是否良好。

2．电压的检查

以桑塔纳轿车电子点火系统为例，如图 4.38 所示，接通点火开关，用万用表测量点火线圈正极和点火控制器④脚上的 12V 蓄电池电压是否正常。若不正常，应检查供电线路；若正常，再从分电器上拔下信号发生器连线，在连线端面有 3 个触点，这 3 个触点一个为信号发生器供电端，该端电压正常值为 10.5～11V；一个是信号输出线，正常电压为 10.5～11V；还有一个是信号发生器搭铁端。如测得上述电压异常，则点火控制器可能有问题。

3．点火线圈和高压线的检查

① 用万用表 $R\times1\Omega$ 挡测量点火线圈"+"、"−"两接线柱间的一次绕组的电阻，其正常值应为 0.52～0.76Ω。

② 改用 $R\times1\text{k}\Omega$ 挡测量点火线圈"+"接线柱与高压端间的二次绕组的电阻，其正常值应为 2.4～3.5kΩ。

③ 测量中央高压线，即点火线圈与分电器之间的电阻值，其值应为 0～2.8kΩ。

④ 用万用表电阻挡检查点火线圈任意一个接线柱与壳体间的电阻，其电阻值应为∞。

若测得的电阻值不符合上述规律，说明被测元件有问题。

4．霍尔效应式信号发生器的检测

① 拆下点火控制器接线盒上的橡皮套（在左边刮水器下面），将万用表接在点火控制器接线盒⑥脚与搭铁之间。

② 接通点火开关，先使金属叶片离开霍尔元件与永久磁铁之间的气隙。

③ 找一薄铁片在气隙内往复地插入和拔出，同时观察万用表上电压的指示情况。当薄铁片插入空气隙时，万用表指示电压为 10.5～11V；当薄铁片离开气隙时，万用表指示电压为 0.2～0.4V。

如果万用表电压读数与上述规律不符，则说明信号发生器有问题。

5．点火控制器的检测

在确认该控制器④、②脚供电电压（12V 蓄电池电压）正常的情况下，可再采用如下的步骤进行检测。

① 断开点火开关，拔下分电器上的点火信号发生器线束连接器。

② 接通点火开关，用万用表电压挡检查点火线圈"+"、"−"两接线柱间的电压，其值应不小于 2V，且在 1～2s 后逐渐下降至 0V。否则说明点火控制器可能有问题。可采用下述方法来进一步确认。

③ 用一短导线将点火控制器的⑥脚瞬间与搭铁短接，万用表的指示值应立即上升至 2V。否则，说明点火控制器或其连接线有故障。

④ 接通点火开关，用万用表电压挡测量点火信号发生器线束连接器两外侧端子间的电压，其值应不小于 5V。

如果电压小于 5V 较多，再用万用表测点火模块⑤、③脚间的电压。如电压值仍较低，则说明点火控制器内电路有问题，可能是其内的 VD_1 隔离二极管不良（如图 4.38 所示）、R_4 电阻变值、C_S 电容漏电等，应修理或更换。

如果测得值不小于 5V，说明点火控制器至信号发生器间的连接线路有问题，应进行修理或更换。

6．火花塞、分电器的检测

分火头导电片与本体间应不导通。如有电阻存在，说明分火头漏电，应换新件。

火花塞插头电阻额定值：有屏蔽的为（5±1）kΩ，无屏蔽的为（1±0.4）kΩ。

防干扰接头电阻额定值为（1±0.4）kΩ。

分电器与火花塞之间的电阻值为 0.6～7.4kΩ。

若实测电阻值与上述正常值相差较大，也说明点火系统有问题，应查找故障原因。

课题四 微机控制点火系统

基础知识

一、微机控制点火系统的组成、分类和工作原理

微机控制点火系统可使发动机的点火提前角在各种运转条件下得到更精确的控制，使发动机实际点火提前角接近理想点火提前角。

1．微机控制点火系统的组成

微机控制点火系统的基本组成如图 4.49 所示。

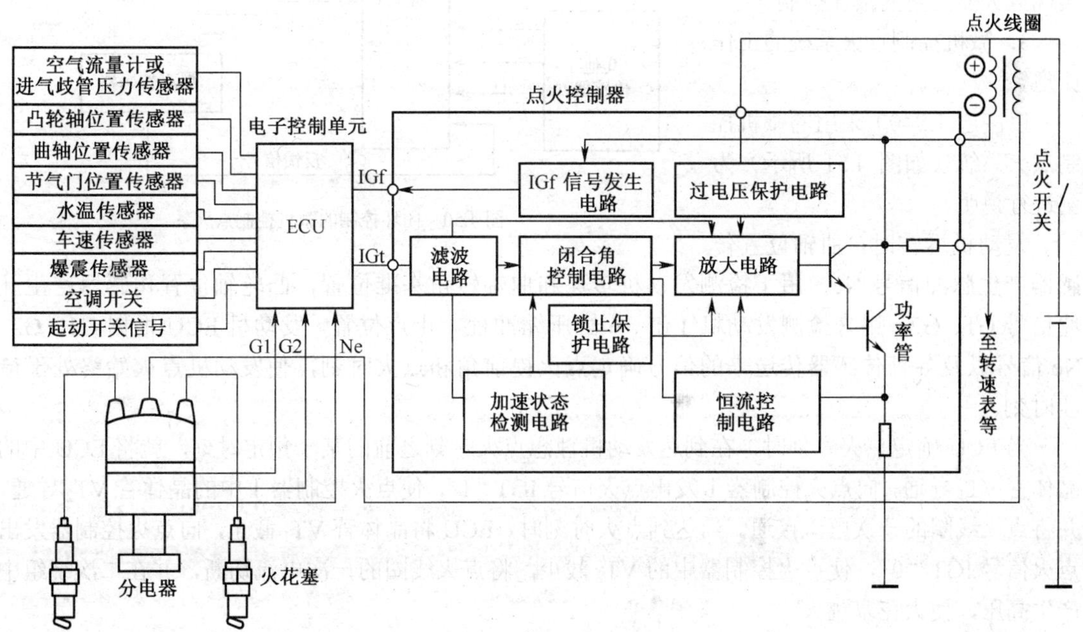

图 4.49 微机控制点火系统的基本组成

传感器（包括各种开关）主要有曲轴位置传感器、空气流量计（或绝对压力传感器）、水温传感器、进气温度传感器、氧（O_2）传感器、节气门位置传感器、车速传感器、爆震传感器、空调开关信号等。各种传感器的构造与工作原理请参阅《电控发动机》等其他参考资料。

电子控制单元（ECU）的作用是根据发动机各传感器输入的信息及内存的数据，进行运算、处理、判断，然后输出指令（信号）控制有关执行器（如点火器）动作，实现对点火系统的精确控制。

执行器根据电子控制单元（ECU）或其他控制元件的指令（信号），执行各自的功能。

2．微机控制点火系统的分类

微机控制点火系统按有无分电器，可分为有分电器（配电器）的微机控制点火系统和无分电器的微机控制点火系统两大类。目前有分电器的微机控制点火系统已逐步被淘汰，而广泛应用无分电器的微机控制点火系。按微机控制的方式，微机控制点火系统可分为开环控制和闭环控制两种。

开环控制是指微机检测发动机各种工作状态信息，并根据这些信息从内部存储器中调出相应的点火提前角（这一点火提前角是综合考虑到经济性、动力性、排放等要求，并经过大量的试验优化的结果），然后输出控制信号对点火时刻进行控制。这种控制方式对控制结果不予以反馈。

闭环控制是指微机以一定的点火提前角控制发动机工作的同时，还不断地检测发动机的有关工作状态，然后将检测到的有关信息反馈给控制单元（ECU），控制单元（ECU）根据需要对点火提前角进行修正，如图 4.50 所示。闭环控制的反馈信号可以有多种，如爆震信号、转速信号、气缸压力信号等。目前广泛采用的是通过检测爆震传感器的爆震信号来判断点火时刻的早晚，进而实现点火提前角的最佳控制。

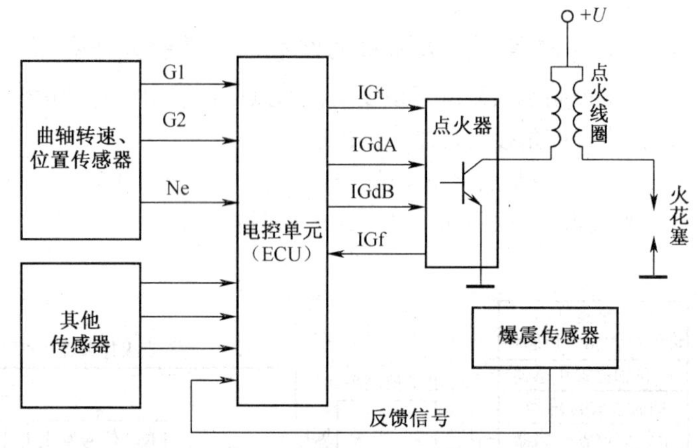

图 4.50 闭环控制的微机控制点火系

3．微机控制点火系统的工作原理

以凌志 LS400 采用的微机控制点火系统（如图 4.51 所示）为例进行说明。

发动机运转时，曲轴位置传感器产生脉冲信号 Ne，用于检测发动机转速和曲轴转角基准位置，凸轮轴位置传感器产生脉冲信号 G1、G2，用来检测发动机 1 缸、6 缸压缩冲程上止点位置。发动机 ECU 根据 G1、G2、Ne 信号以及各种传感器传送来的信号确定点火提前角和点火时刻，使发动机点火始终处于最佳时刻。

当 ECU 确定点火时刻时，在到达发动机理想点火时刻之前的某个预定时刻，就将 ECU 中的晶体管 VT_1 导通，向点火控制器 1 发出点火信号 IGT“1”，使点火控制器 1 中的晶体管 VT_2 导通，并将点火线圈的一次电流接通。当达到点火时刻时，ECU 将晶体管 VT_1 截止，向点火控制器发出点火信号 IGT“0”，使点火控制器中的 VT_2 截止，将点火线圈的一次电流切断，并在二次绕组中产生高压，使火花塞跳火。

当点火线圈一次电流被切断并产生自感电动势时，点火控制器向 ECU 反馈点火确认信号 IGF。如果 ECU 在某一段时间内未收到点火确认信号 IGF，则表明点火系统有故障，ECU 将自动切断燃油喷射，防止发动机未点火而喷油过多使发动机呛死。

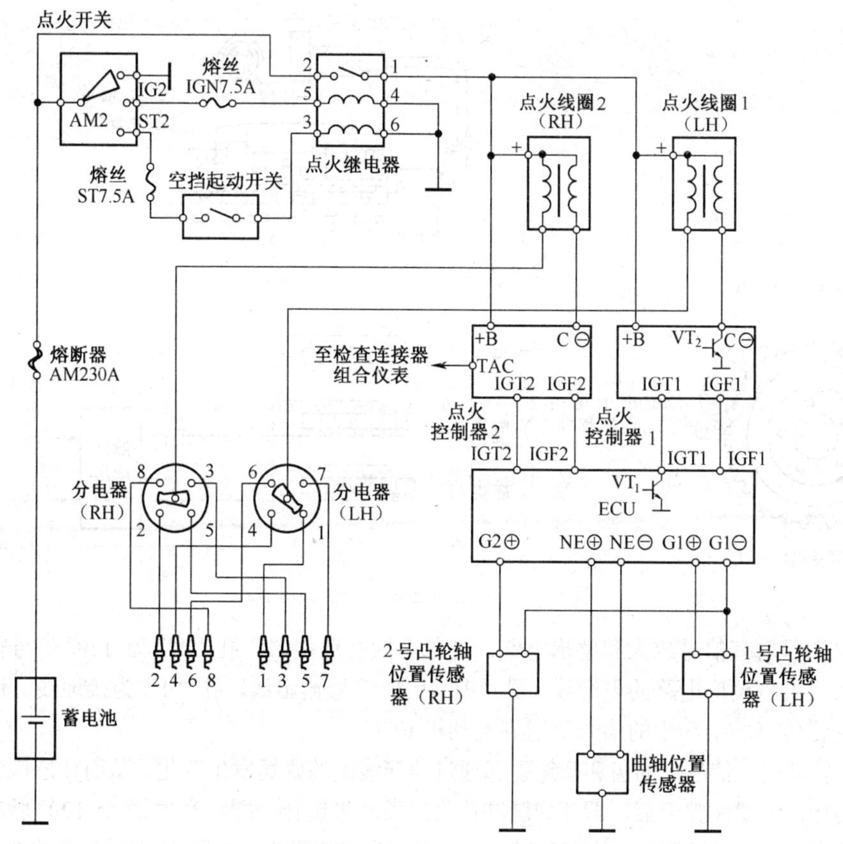

图 4.51 凌志 LS400 点火系统电路

二、微机控制点火系统的主要元件

微机控制点火系统与上述两种点火系统比较，其信号发生器、点火线圈的工作原理均相同，但结构上有所区别。本节主要从结构上叙述，并着重介绍原理上的不同点。

1. 信号发生器

微机控制点火系统有两个信号发生器，一个用来产生凸轮轴位置信号（G 信号、判缸信号，用于判断 1 缸或其他气缸压缩行程上止点）；一个用来产生曲轴位置信号（Ne 信号、转速信号，用于计算发动机转速、点火提前角）。如果是有分电器的微机控制点火系统，则两个信号发生器通常安装在分电器中；如果是无分电器的微机控制点火系统，则凸轮轴位置传感器一般安装在凸轮轴的前端，曲轴位置传感器可以安装在曲轴前端，也可以安装在飞轮齿圈的位置。

（1）磁感应式信号发生器。

日产公司微机控制点火系统采用的磁感应式信号发生器如图 4.52 所示，该信号发生器安装在曲轴前端的带轮之后。在带轮后端设置一个带有细齿的薄圆齿盘（用以产生信号，称为信号盘），它和曲轴带轮一起装在曲轴上，随曲轴一起旋转。在信号盘的外缘，沿着圆周每隔 4°有 1 个宽度为 2°的齿，共有 90 个齿，并且每隔 120°布置 1 个凸缘，共 3 个。安装在信号盘边沿的传感器盒是产生电信号的信号发生器。信号发生器内有 3 个在永久磁铁上绕有感应线圈的磁头，其中磁头②产生 120°信号（即 G 信号、凸轮轴位置信号），磁头①和磁头③共同产生曲轴 1°转角信号（即 Ne 信号、曲轴位置信号）。磁头②对着信号盘的 120°凸缘，磁头①和磁头③对着信号盘的齿圈，彼此相隔 3°曲轴转角安装。

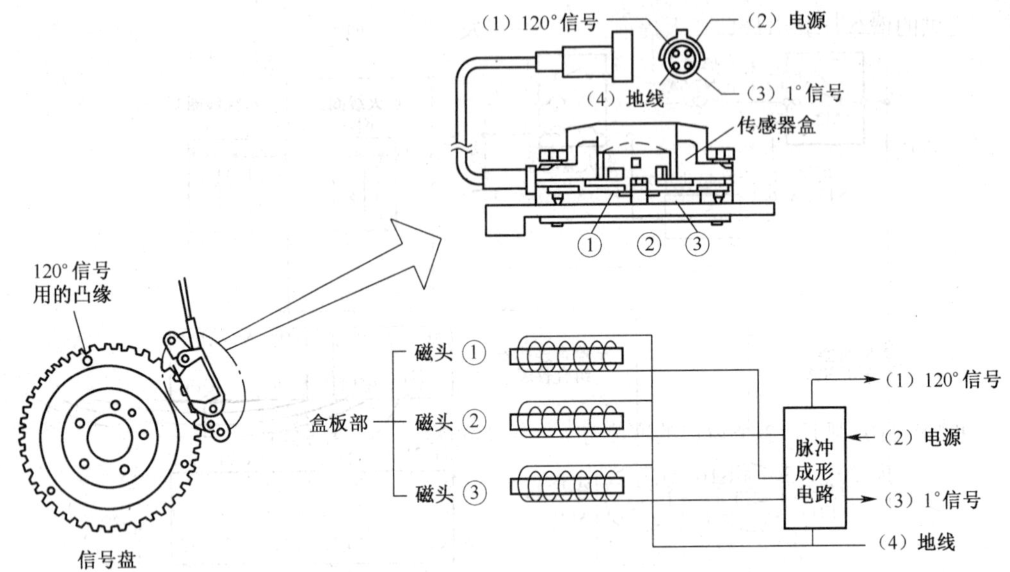

图 4.52 日产公司磁感应式信号发生器

信号发生器内有信号放大和整形电路，外部有四孔连接器，孔“1”为 120°信号输出线，孔“2”为信号放大与整形电路的电源线，孔“3”为 1°信号输出线，孔“4”为接地线。通过该连接器将曲轴位置传感器中产生的信号输送到发动机 ECU。

发动机转动时，信号盘的齿和凸缘引起通过感应线圈的磁场发生变化，从而在感应线圈里产生交变的电动势，经滤波整形后，即变成脉冲信号。发动机旋转一圈，产生 3 个 120°脉冲信号，磁头①和③各产生 90 个脉冲信号（交替产生）。由于磁头①和磁头③相隔 3°曲轴转角安装，而它们又都是每隔 4°产生一个脉冲信号，所以磁头①和磁头③所产生的脉冲信号相位差正好为 90°。将这两个脉冲信号送入信号放大与整形电路中合成后，即产生曲轴 1°转角的信号，如图 4.53 所示。

产生 120°信号的磁头②安装在上止点前 70°的位置（如图 4.54 所示），故其信号亦可称为上止点前 70°信号，即发动机在运转过程中，磁头②在各缸上止点前 70°位置均产生一个脉冲信号。该信号产生后，发动机 ECU 即得知某一缸正处于上止点前 70°，与此同时发动机 ECU 根据其他

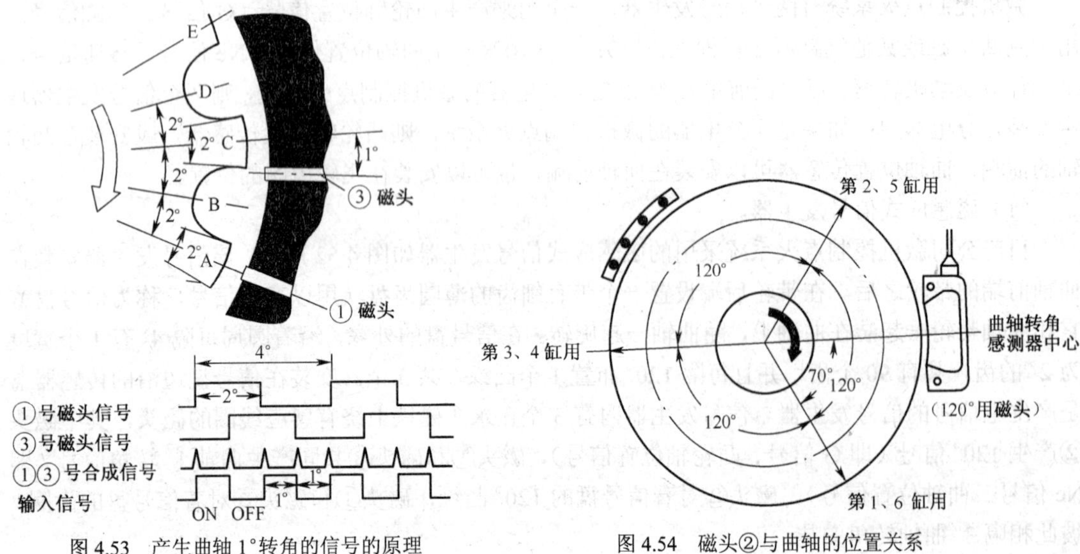

图 4.53 产生曲轴 1°转角的信号的原理

图 4.54 磁头②与曲轴的位置关系

传感器提供的信号计算出最佳点火提前角，再根据发动机曲轴位置提供的信号，准确计数在气缸运转到最佳点火提前角时点火。

（2）霍尔效应式信号发生器。

美国通用公司的霍尔效应式信号发生器采用触发叶片的结构形式，安装在曲轴前端，如图4.55所示。在发动机的曲轴带轮前端固装着内外两个带触发叶片的信号轮，与曲轴一起旋转。内信号轮为凸轮轴位置传感器，圆周上设有3个触发叶片和3个窗口，3个触发叶片的宽度不同，分别为100°、90°和110°弧长，3个窗口的宽度亦不相同，分别为20°、30°和10°弧长。由于内信号轮的安装位置关系，宽度为100°弧长的触发叶片前沿位于第1缸和第4缸上止点（TDC）前75°，90°弧长的触发叶片前沿在第6缸和第3缸上止点前75°，110°弧长的触发叶片前沿在第5缸和第2缸上止点前75°。外信号轮为曲轴位置传感器，圆周上均匀分布着18个触发叶片和18个窗口，每个触发叶片和窗口的宽度为10°弧长。

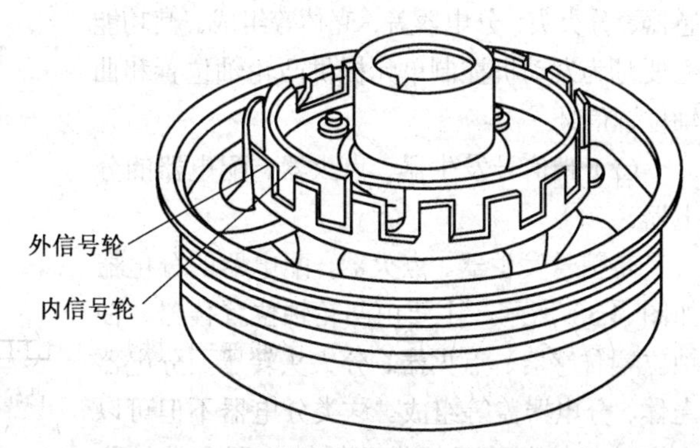

图4.55 通用公司霍尔效应式信号发生器

在内外信号轮侧面各设置一个霍尔信号发生器，它们产生的信号脉冲信号如图4.56所示。内信号轮每旋转1周产生3个不同宽度的电压脉冲信号（称为3X信号），脉冲周期均为120°曲轴转角的时间。脉冲上升沿分别产生于第1、4缸、第3、6缸和第2、5缸上止点前75°，作为发动机电子控制单元（ECU）判别某一气缸距上止点的角度和计算点火时刻的基准信号。外信号轮每旋转1周产生18个脉冲信号（称为18X信号），1个脉冲周期相当于曲轴旋转20°转角的时间，ECU再将1个脉冲周期均分为20等份，即可求得曲轴旋转1°所对应的时间，并根据这一信号，控制点火提前角的时刻。

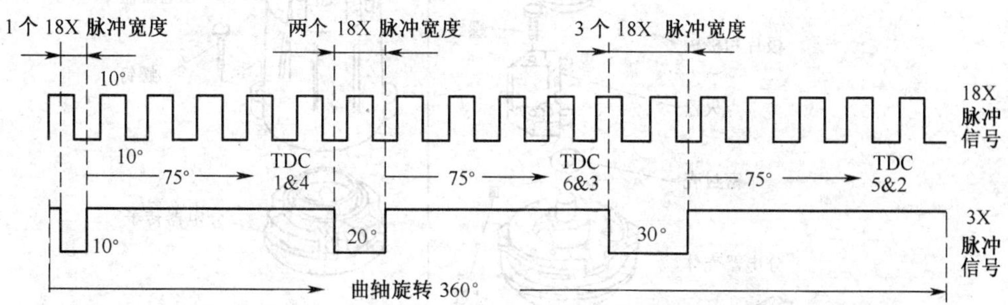

图4.56 通用汽车公司霍尔效应式信号发生器输出信号

（3）光电式信号发生器。

微机控制点火系统采用的光电式信号发生器与晶体管点火系统相同，在此不再赘述。

2．分电器的结构形式

目前，在微机控制点火系统中分电器的结构形式有4种。第一种是将信号发生器和配电器组装在一起的分电器；第二种是将信号发生器、点火器、配电器组装在一起的分电器；第三种是将信号发生器、点火线圈、配电器组装在一起的分电器；第四种是将信号发生器、点火器、点火线圈、配电器组装在一起的分电器。

（1）带信号发生器、配电器的分电器。

带信号发生器、配电器的分电器结构如图4.57所示，主要由凸轮轴位置传感器、曲轴位置传感器、分火头、分电器盖、壳体等组成。其功能主要是为发动机控制单元提供凸轮轴位置和曲轴位置信号。

（2）带信号发生器、点火器、配电器的分电器。

带信号发生器、点火器、配电器的分电器如图 4.58 所示，主要由凸轮轴位置传感器、曲轴位置传感器、点火器、分火头转子、分电器壳体、分电器盖等组成。这类分电器不但可以为发动机控制单元提供凸轮轴位置和曲轴位置信号，还可通过点火器控制外置点火线圈一次绕组的电流通断。

（3）带信号发生器、点火线圈、配电器的分电器。

带信号发生器、点火线圈、配电器的分电器如图4.59所示，主要由凸轮轴位置传感器、曲轴位置传感器、点火线圈、分火头、分电器盖、分电器壳体等组成。这种点火系统采用外置点火器，分电器可为发动机控制单元提供凸轮轴和曲轴位置信号，其特点是采用内置点火线圈，取消了中心高压线，使点火系统比较紧凑。

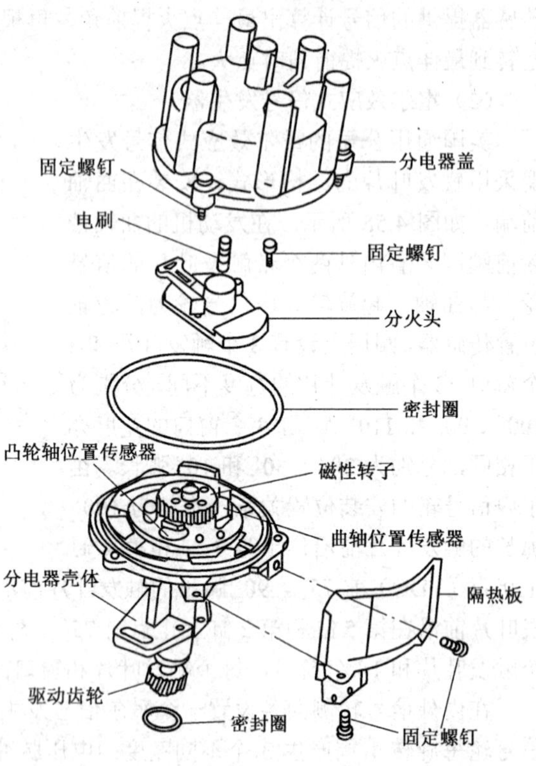

图 4.57 皇冠轿车分电器

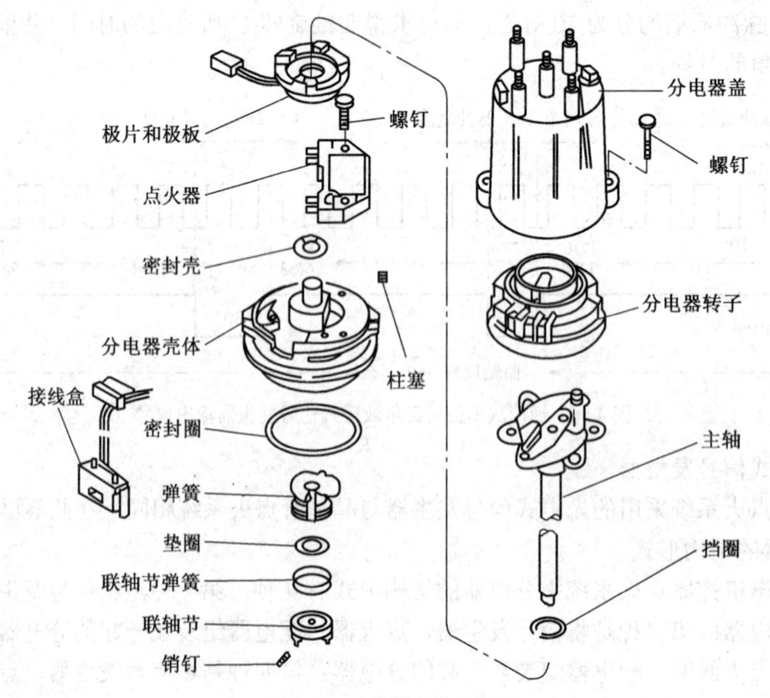

图 4.58 大宇轿车分电器

（4）带信号发生器、点火器、点火线圈、配电器的分电器。

带信号发生器、点火器、点火线圈、配电器的分电器如图 4.60 所示，主要由凸轮轴位置传感器、曲轴位置传感器、点火器、点火线圈、分火头、分电器盖、壳体等组成。这种点火系统将点火系统部件全部组装在一起，使点火系统更加紧凑。

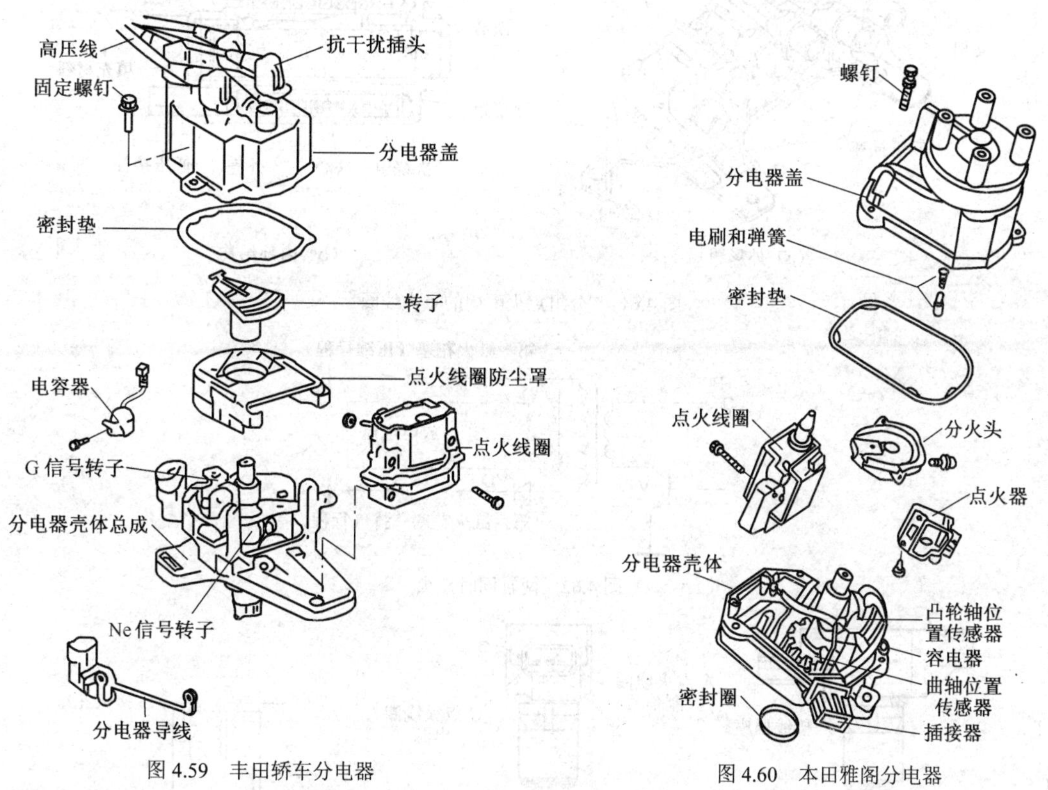

图 4.59 丰田轿车分电器

图 4.60 本田雅阁分电器

3．点火线圈

微机控制点火系统若采用配电器，则点火线圈的结构形式与传统点火系统相近，仅安装方式不同，在此不再赘述；若不采用配电器，则点火线圈有 3 种结构形式：一是分组点火配用的点火线圈；二是独立点火配用的点火线圈；三是二极管点火配用的点火线圈。

（1）分组点火配用的点火线圈。

分组点火配用的点火线圈采用小型闭磁路点火线圈，如图 4.61 所示。它由一次绕组、二次绕组、铁心、高压二极管、外壳、低压接柱、高压接柱等组成。每组点火线圈供应两缸同时点火，如图 4.62 所示。当一次绕组电流被切断时，两个气缸中都有跳火现象发生，在能量分配上，压缩行程的气缸压力较高，所需跳火电压高，而排气行程气缸压力接近大气压，所需电压低，因此能保证压缩行程气缸有足够的点火能量。

在点火器大功率管 VT 导通瞬间，一次绕组将产生反向的感应电动势，同时二次绕组也会产生 600～1 000V 的电压，此时气缸中气压低，火花塞可能跳火，为避免这种跳火，在电路中设置有高压二极管 VD。

（2）独立点火配用的点火线圈。

独立点火方式是指每一气缸配用一个点火线圈，如图 4.63 所示。这种点火线圈的内部结构与上述点火线圈相同，不同点是点火线圈安装在气缸盖上，没有分缸高压线，点火能量损失小，各缸的点火时刻更准确。

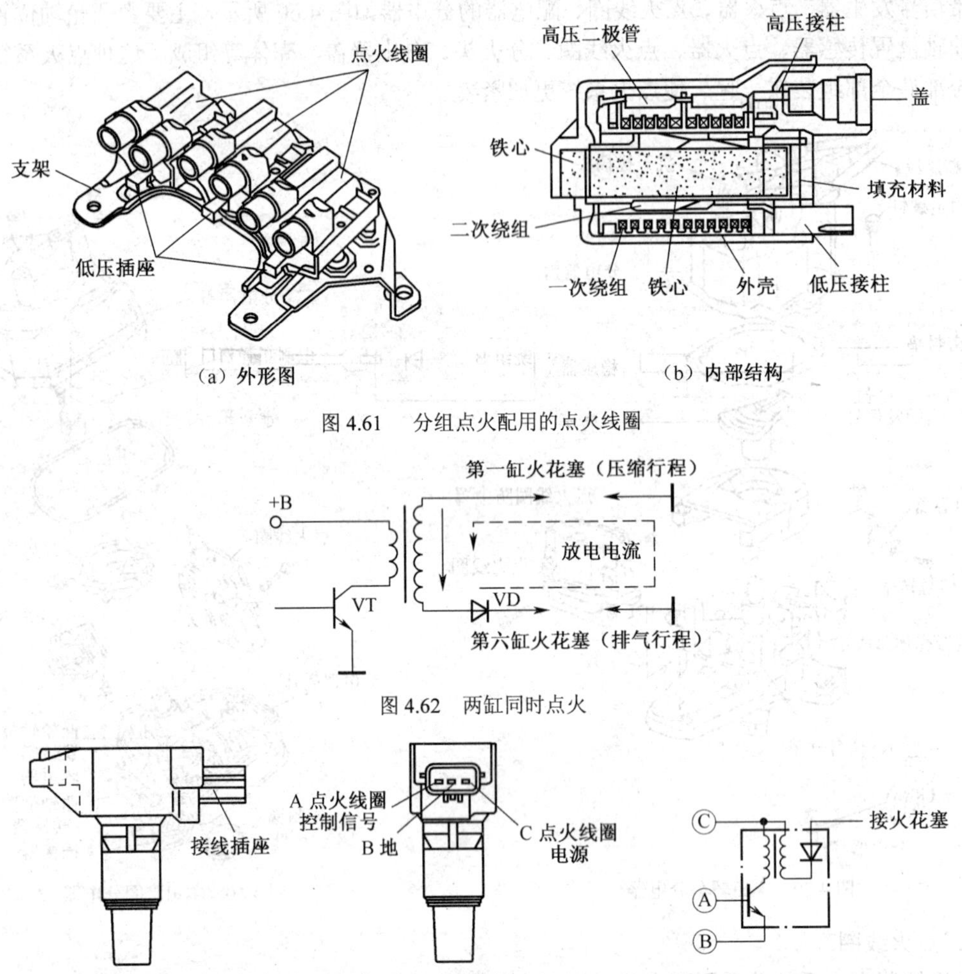

图 4.61　分组点火配用的点火线圈

图 4.62　两缸同时点火

图 4.63　独立点火配用的点火线圈

(3) 二极管点火配用的点火线圈。

二极管配电方式如图 4.64 所示，是利用二极管的单向导通特性，对点火线圈产生的高压电进行分配的同时点火方式。与二极管配电方式相配的点火线圈有两个一次绕组、一个二次绕组，相当于是共用一个二次绕组的两个点火线圈的组件。二次绕组的两端通过 4 个高压二极管与火花塞组成回路，其中配对点火的两个活塞必须同时到达上止点，即一个处于压缩行程上止点时，另一个处于排气行程上止点。微机控制单元根据曲轴位置等传感器输入的信息，经计算、处理，输出点火控制信号，通过点火控制器中的两个大功率晶体管，按点火顺序控制两个一次绕组的电路交替接通和断开。当 1、4 缸点火触发信号输入点火控制器时，大功率晶体管 VT1、一次绕组 A 断电，二次绕组产生实线箭头所示方向的高压电动势，此时 1、4 缸高压二极管正向导通使火花塞跳火。当 2、3 缸点火触发信号输入点火控制器时，大功率晶体管 VT2 截止，一次绕组 B 断电，二次绕组产生虚线箭头所示方向的高压电动势，此时 2、3 缸高压二极管导通，故 2、3 缸火花塞跳火。二极管配电方式的主要特点是一个点火线圈组件为 4 个火花塞提供高压电，因此特别适宜于四缸或八缸发动机。

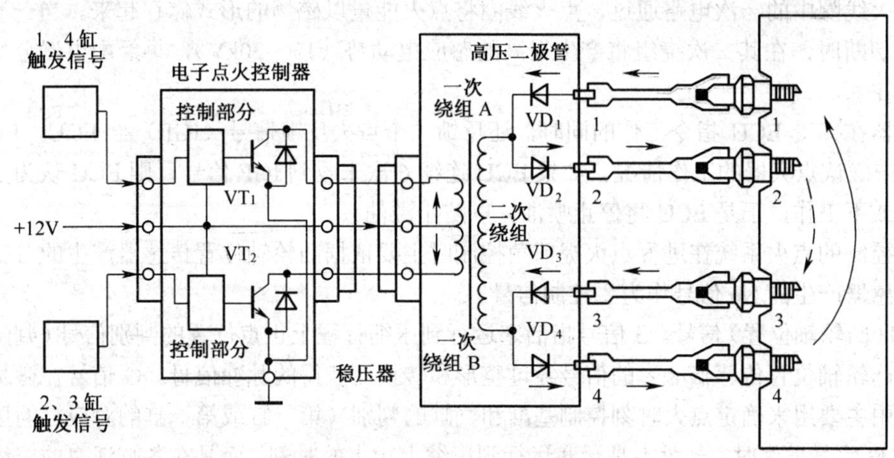

图 4.64 二极管配电点火系统原理图

三、微机控制点火系统的点火控制方式

1. 有分电器的点火控制

有分电器的点火控制如图 4.65 所示，为丰田 5S-FE 发动机微机控制点火系统。该系统将点火线圈、点火控制器、信号发生器等部件设计在分电器内，减少了外部线路的连接，从而降低了故障率。其工作过程如下。

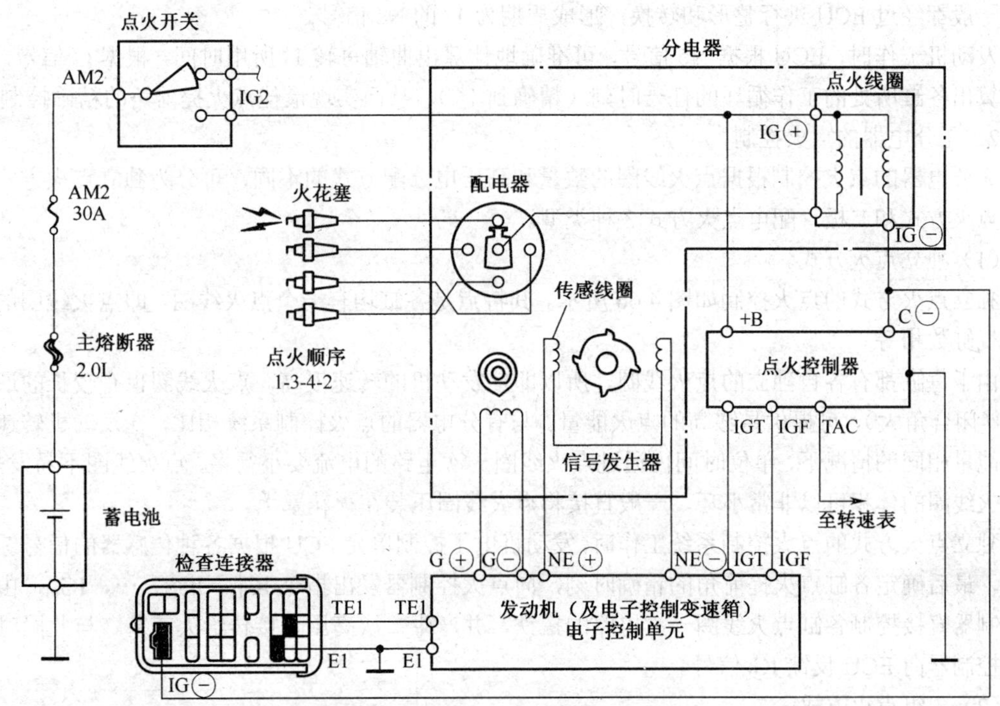

图 4.65 丰田 5S-FE 发动机点火系统电器图

发动机工作时，发动机电子控制单元（ECU）根据接收到的各传感器信号，通过计算确定该工况下的最佳点火提前角和点火线圈一次电路闭合角，并以此向点火控制器发出点火控制信号

(IGT)。点火控制器根据ECU的指令，控制点火线圈一次电路的导通和截止。当电路导通时，有电流从点火线圈中的一次电路通过，点火线圈将点火能量以磁场的形式储存起来。当一次电路中的电流被切断时，在其二次绕组将产生很高的感应电动势（15～20kV），再经配电器分配到工作气缸的火花塞。

点火器在接受ECU指令工作的同时，还反馈一个点火反馈信号（IGF）给ECU，ECU根据IGF信号来确认点火器的工作情况。如果ECU连续6次未收到IGF信号，则ECU认为点火器工作不正常或不工作，于是ECU将停止喷油，以防止溢油。

微机控制的点火系统在进行点火提前角控制时主要依据凸轮轴位置传感器产生的G信号和曲轴位置传感器产生的Ne信号作为主控制信号。

① G（凸轮轴位置）信号。G信号指活塞运行到压缩行程上止点位置的判别信号（判缸信号），它是根据凸轮轴位置传感器产生的信号经过整形和转换而获得的脉冲信号。G信号在微机控制的点火系统中主要用来确定点火时刻控制基准和气缸的判别（第一缸或第一缸的对应缸的压缩上止点时刻）。G信号发生时，一般不是活塞运行到压缩上止点的时刻，而是在各缸活塞的压缩上止点前某一时刻相对于曲轴的转角，这一转角值因车型而异。

② Ne（曲轴位置）信号。Ne信号指发动机曲轴转角信号，它是根据曲轴位置传感器产生的信号经过整形和转换而获得的脉冲信号。在微机控制的点火系统中，Ne信号主要用来计量点火提前角和通电时间。如果采用有24个转子齿的电磁感应式曲轴位置传感器时，曲轴每转720°只能向ECU输送24个Ne信号，也就是说曲轴每转30°，才能给ECU输送1个转速信号。这一信号对精确控制点火提前角和通电时间微机控制的点火系统而言，是不能满足要求的。故这样的Ne信号一般都经过ECU进行整形和转换，形成周期为1°的Ne信号。

发动机工作时，ECU根据Ne信号，可准确地计算出曲轴每转1°所用时间，根据G信号，可以计算出各缸所处的工作循环的任一时刻（精确到1°），从而实现最佳点火提前角的精确控制。

2. 无分电器的点火控制

无分电器的点火控制根据点火线圈的数量和高压电分配方式的不同，可分为独立点火方式、分组点火方式和二极管配电点火方式3种类型。

（1）独立点火方式。

独立点火方式的点火控制如图4.66所示。其特点是各缸均有一个点火线圈，即点火线圈的数量与气缸数相等。

由于每缸都有各自独立的点火线圈，所以即使发动机的转速很高，点火线圈也有较长的通电时间（闭合角大），可提供足够高的点火能量。与有分电器的点火控制系统相比，在发动机转速和点火能量相同的情况下，单位时间内通过点火线圈一次电路的电流要小得多，点火线圈不易发热，且点火线圈的体积可以非常小巧，一般直接将点火线圈压装在火花塞上。

独立点火方式的点火控制系统工作时，发动机电子控制单元ECU根据各种传感器的信号综合计算，最后确定各缸点火提前角的精确时刻，向点火控制器发出指令IG_{t1}、IG_{t2}、…、IG_{t6}，由点火控制器直接控制各缸点火线圈一次电路的搭铁，并产生二次高压直接传给火花塞。与此同时，点火控制器向ECU反馈IG_f信号。

（2）分组点火方式。

分组点火方式的点火控制系统如图4.67所示。在设计上将两个活塞同时到达上止点位置的气缸（一个为压缩行程的上止点，另一个为排气行程的上止点）分为一组，共用一个点火线圈。系统中点火线圈的总数量等于气缸数的一半。

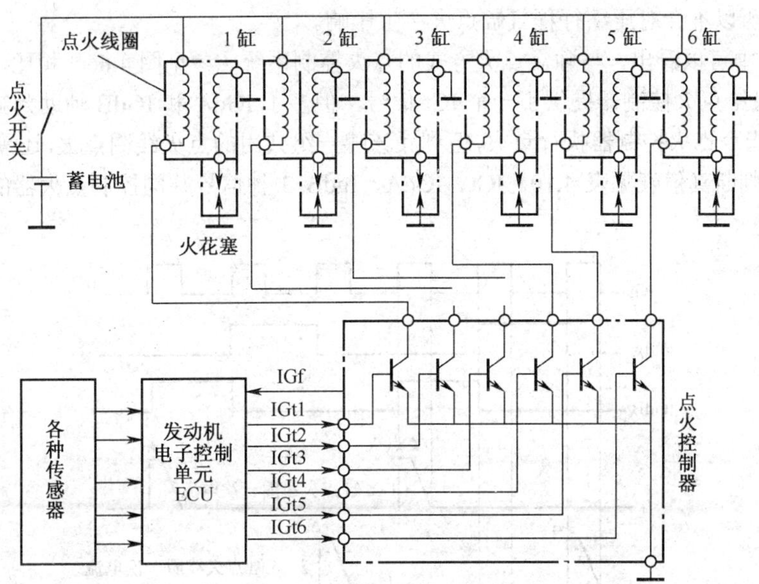

图 4.66 独立点火方式的点火控制系统

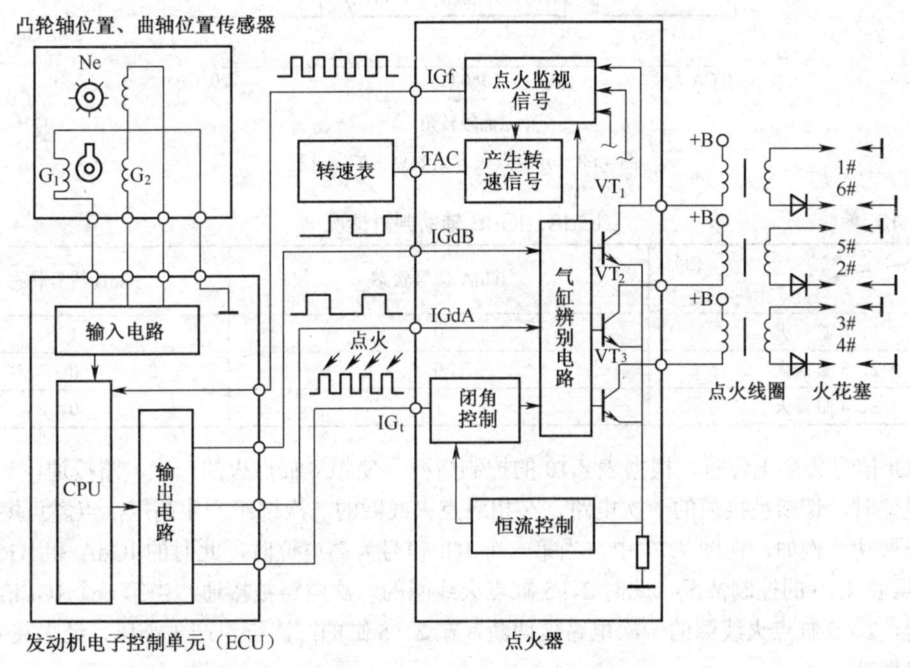

图 4.67 分组点火方式的点火控制系统

以 6 缸发动机为例，1、6 缸，2、5 缸及 3、4 缸的活塞分别同时到达上止点，习惯上我们将这两个同时达到上止点位置的气缸称为“对应缸”。设计时将 6 个缸按“对应缸”关系分为 3 组，每一组共用一个点火线圈，同一组中两个缸的火花塞与共用的点火线圈二次绕组串联。当点火线圈一次电路断电时，一个气缸接近压缩行程的上止点，火花塞跳火可点燃该缸的混合气，称为有效点火；而另一气缸接近排气行程的上止点，火花塞跳火不起作用，称为无效点火。由于处于排气行程气缸内的压力很低，加之废气中导电离子较多，其火花塞很容易被高压电击穿，消耗的能量就非常少，所以不会对压缩行程气缸点火产生影响。

从图 4.67 中可以看出，与独立点火方式的点火控制系统（参见图 4.66）相比，发动机电子控制单元 ECU 只给点火控制器提供了一个 IGt 信号，但多了 IGdA 和 IGdB 辅助判缸信号。这是因为 IGt 信号只指令点火控制器执行点火，但到底该哪一组共用的点火线圈点火，还需 IGdA 和 IGdB 辅助判断，其判断真值表见表 4.10。IGt、IGdA、IgdB 3 种信号共同控制点火器的工作过程如图 4.68 所示。

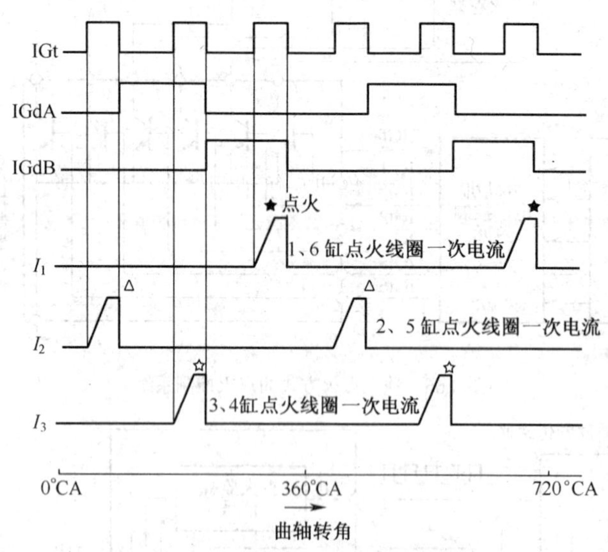

图 4.68　分组点火方式的点火控制过程

表 4.10　IGdA、IGdB 辅助判缸情况

信号 / 控制结果	IGdA 信号状态	IGdB 信号状态
1、6 缸点火	0	1
2、5 缸点火	0	0
3、4 缸点火	1	0

当 IGt 信号为高电位时，根据表 4.10 的控制情况，使相应缸点火的一次电路接通，当 IGt 信号为低电位时，切断被接通的一次电路，在相应点火线圈的二次绕组产生高压，点燃可燃混合气使发动机做功。例如，在图 4.77 中，当第一个 IGt 信号为高电位时，此时的 IGdA 和 IGdB 均为“0”，根据表 4.10 的控制情况，此时 2、5 缸点火线圈的一次电路被接通，当第一个 IGt 信号变为低电位时，2、5 缸点火线圈的一次电路被切断，在 2、5 缸的二次绕组产生高压，经火花塞跳火，使发动机做功。

与独立点火方式相比，采用分组点火方式的点火控制系统，其结构和控制电路较简单，所以应用也比较多。但由于保留了点火线圈与火花塞之间的高压线，能量损失略大。此外，串联在高压回路的二极管可用来防止点火线圈一次电路导通的瞬间所产生的二次电压（1 000～2 000V）加在火花塞上后发生的误点火。

（3）二极管配电的点火方式。

二极管配电的点火控制系统如图 4.69 所示，主要是针对 4 缸或 4 的整数倍气缸发动机而设计的点火系统。其特点是：4 个气缸共用一个点火线圈，点火线圈为内装两个一次绕组和一个二次绕组两端输出的特制点火线圈，利用4个二极管的单向导电性交替完成对1、4缸和2、3缸配电过程。二极管配电点火方式的微机控制点火系统对点火线圈要求较高，且受发动机气缸数的限制，故应用不是十分广泛。

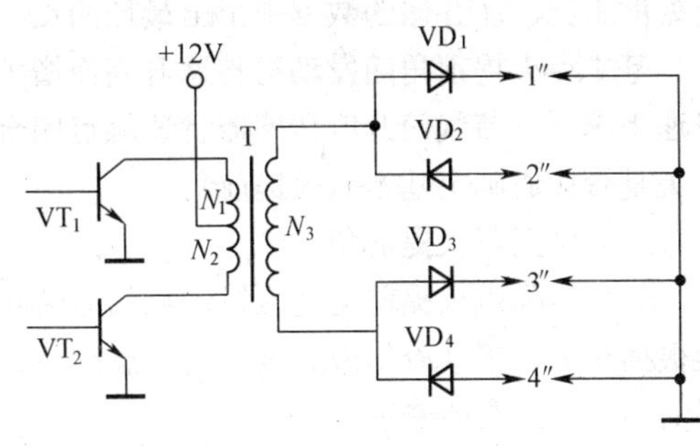

图4.69　二极管配电点火方式

四、微机控制点火系统的其他控制功能

微机控制点火系统除了对点火方式进行控制外，主要还具有点火提前角控制、通电时间控制和爆震控制功能。

1．点火提前角控制

在微机控制点火系统中，最佳点火提前角通常包括初始点火提前角、基本点火提前角和修正点火提前角。而各车型实际点火提前角的确定（计算）方法有所不同，目前主要有两种类型。

丰田车系：实际点火提前角=初始点火提前角+基本点火提前角+修正点火提前角

日产车系：实际点火提前角=基本点火提前角×点火提前角修正系数

下面以丰田车系为例介绍初始点火提前角、基本点火提前角和修正点火提前角。

（1）初始点火提前角。

初始点火提前角主要用在发动机起动时，与发动机工况无关，这是因为发动机刚起动时，其转速较低（一般认为在500r/min以下），且进气流量信号或进气歧管压力信号不稳定。此时可由ECU根据所控制的发动机工作特性预置一个固定的点火提前角，称为初始点火提前角。即是说，ECU检测到发动机处于起动期间，就按预置的初始点火提前角控制各缸点火，此时，ECU检测的控制信号主要是发动机转速信号（Ne）和起动开关信号（STA）。初始点火提前角的设定因发动机而异，但一般为压缩行程中活塞到达上止点前10°左右。

（2）基本点火提前角。

基本点火提前角是由发动机电子控制单元（ECU）根据发动机的转速和负荷所确定的点火提前角，是发动机运行过程中最主要的点火提前角。

基本点火提前角按以下两种情况确定。

① 怠速时的基本点火提前角：怠速时ECU根据发动机转速和空调开关是否接通确定基本点火提前角。（丰田）在空调工作时为8°，在空调不工作时为4°。

② 正常行驶时的基本点火提前角：该基本点火提前角由微机根据发动机的转速和负荷信号从内部存储器中选出。

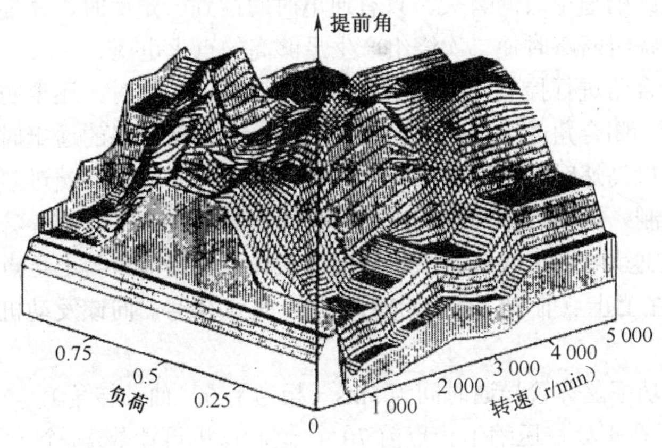

图4.70　点火提前角随发动机转速与负荷变化的脉谱图

发动机在各种工况下的最佳基本提前角是通过大量的台架试验得出的，将试验数据优化后作出了如图4.70所示的点火提前角控制脉谱图（MAP），并将其存储在电子控制单元的存储器中，发动机在运行过程中，发动机电子控制单元通过发动机转速和负荷传感器获得发动机的工况信息，根据发动机

所处的工况，从存储的数据中得出最佳的点火提前角。

基本点火提前角随发动机转速升高而增大，随进气流量（或进气歧管压力）增加而减小。在怠速工况下，节气门开度传感器怠速触点闭合，此时发动机电子控制单元根据发动机转速和空调开关是否接通确定基本点火提前角。

（3）修正点火提前角。

为使实际点火提前角适应发动机的运转状况，以便得到良好的动力性、经济性和排放性，必须根据相关因素（冷却液温度、进气温度、开关信号等）适当增大或减小点火提前角，即对点火提前角进行必要的修正。

修正的项目主要有暖机修正、过热修正、怠速稳定性修正、空燃比反馈修正。

① 暖机修正。当发动机起动后，在冷却水温度较低时，应增大点火提前角，以使发动机尽快暖机，控制暖机修正量的主要信号有冷却水温度信号、进气流量信号和节气门开度信号。

② 过热修正。发动机正常运行时，为防止发动机冷却水温过高而导致发动机过热，应减小点火提前角。控制过热修正量的主要信号有冷却水温度信号和节气门开度信号。

③ 怠速稳定性修正。发动机在怠速运行期间，由于发动机负荷变化，会引起发动机转速改变而偏离设定怠速下的目标转速。为了能保持怠速下稳定运转，就必须相应地修正点火提前角。当检测到的实际转速低于怠速目标转速时，应相应增大点火提前角。相反，当检测到的实际转速高于怠速目标转速时，应相应减小点火提前角。控制怠速稳定性修正的主要信号有发动机转速信号、节气门开度信号、车速信号、空调信号等。

④ 空燃比反馈修正。进行空燃比反馈控制时，根据氧传感器的反馈信号调整喷油量来达到理论空燃比，这种喷油量的变化必然引起发动机转速变化。为了稳定发动机转速，点火提前角需根据喷油量的变化进行修正。当喷油量增大时，应相应减小点火提前角。反之，当喷油量减小时，则相应增大点火提前角。

发动机每转一圈，ECU 计算处理后就输出一个提前角信号。因此，当传感器检测到发动机转速、负荷、水温发生变化时，ECU 就自动调整点火提前角。当 ECU 确定的点火提前角超过允许的最大值（35°～45°）或最小值（−10°～0°）时，发动机很难正常运转，此时 ECU 将以最大或最小点火提前角允许值进行控制。

2．通电时间控制

对于常用的电感储能式晶体管点火系统来说，一次绕组电路断开瞬间其电流所能达到的值，即一次绕组电路断开电流，与一次绕组电路的通电时间有关。只有通电时间达到一定值时，才能使一次绕组电流上升到足够大，并在一次绕组断路时使二次绕组产生足够高的点火电压。

对通电时间进行控制，就是对点火闭合角进行控制，在产生足够的二次高压的同时，还要防止因通电时间过长使点火线圈过热而烧坏。闭合角的大小决定了点火线圈一次绕组电路的通电时间和储存的能量。为了使点火系统在发动机高速时有足够的点火电压，防止低速时点火线圈过热和减少电能消耗，就必须对闭合角进行控制。

例如，某 6 缸发动机在某工况下的转速为 2 000r/min，微机选出的最佳点火提前角为上止点前 30°，此时电源电压为 14V，该发动机在上止点前 70° 时开始输入 120° 的 G 信号。问该发动机是如何控制点火时刻和通电时间的？

（1）首先根据电源电压 14V，查出大功率晶体管导通时间为 5ms（相当于 60° 曲轴转角）。

（2）微机读到 120° G 信号时，此缸活塞正处在压缩上止点前 70°。这时微机再计数 40 个 1° 信号，就到点火时刻（上止点前 30°），也就是在输入第 41 个 1° 信号时，功率晶体管截止，发动机点火。实际上，由于 120° G 信号输入 4° 后微机才开始计数，因此当微机读到 36 个 1° Ne 信号后，发出信号使功率晶体管截止。

（3）6 缸发动机功率晶体管相邻两次截止时间的间隔为 120°，一次电路导通需要 60° 曲轴转角，因此从点火时刻到一次电路开始导通的时间为 120°−60°=60° 曲轴转角，即功率晶体管在截止 60° 后就接通一次电路，如图 4.71 所示。图中 BTDC 表示上止点前，TDC 表示上止点。

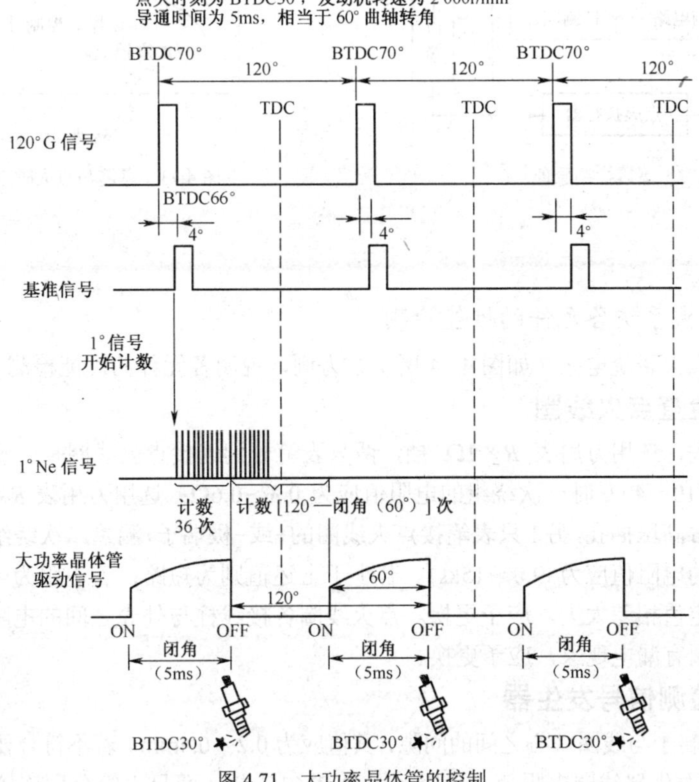

图 4.71 大功率晶体管的控制

3．爆震控制

为了避免爆震发生，应适当减小点火提前角。但是，这种点火提前角的调整难以控制。若调整值偏大，则不利于获得理想的点火时刻；若调整值偏小，如遇劣质燃油或其他偶尔因素，又难免使发动机进入爆震区。为此，在发动机电子控制系统设置爆震控制器，它由爆震传感器、检测电路、控制电路及校正电路组成，如图 4.72 所示。

爆震传感器将传到气缸体上的机械振动转换成电信号输入到发动机电子控制单元中，发动机电子控制单元检测传感器送来的信号，分析判断有无爆震及爆震的强弱。然后输出相应的指令控制校正电路对发动机的点火提前角作较准确的调整。爆震强，推迟点火的角度大；爆震弱，推迟的角度小。每次调整都以一个固定的角度递减，直到爆震消失为止。尔后又以一个固定的角度递增，当发动机再次出现爆震时，发动机电子控制单元又使点火提前角再次减小，如此不断调整。这是一种“临界控制”方式，它可使发动机接近爆震区而又不进入爆震区，此时缸内燃烧的热效率最高。

图 4.73 所示为不同转速下爆震控制点火时刻曲线。从图中可以看出，点火系统采用爆震控制后，可使得不同转速下点火时刻的控制达到较理想的程度。在没有爆震控制的点火系统，为避免

爆震现象发生，设定的点火时刻必须留有离开爆震区的足够余量，从而导致燃烧的热效应降低。

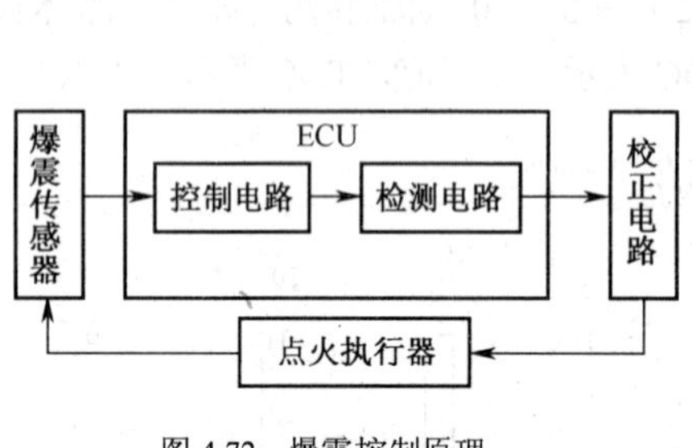

图 4.72　爆震控制原理

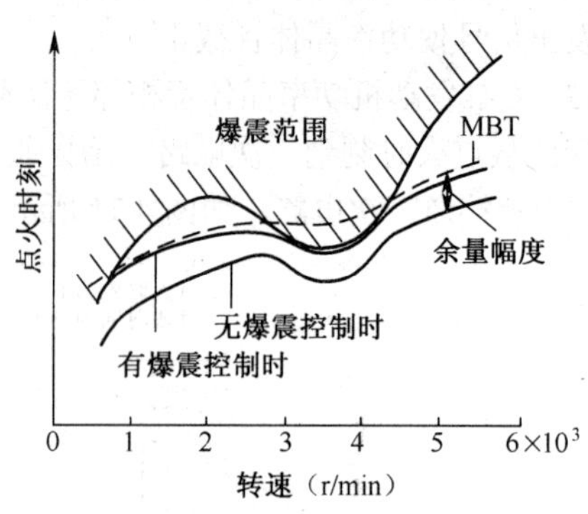

图 4.73　爆震与点火时刻的关系

课题实施

微机控制点火系统各元件的性能检测

以丰田汽车点火系统电路（如图 4.74 所示）为例，说明各元件的性能检测方法。

操作一　检查点火线圈

断开点火开关，选用万用表 $R\times1\Omega$ 挡，两只表笔分别连接点火线圈+、−极端子，测量一次绕组的电阻值，−10～40℃时一次绕组的电阻值应为 0.3～0.6Ω；选用万用表 $R\times1k\Omega$ 挡，1 只表笔接点火线圈中心高压插孔，另 1 只表笔接点火线圈的+或−极端子，测量二次绕组的电阻值，−10～40℃时二次绕组的电阻值应为 9.0～15kΩ。若小于上述值则为短路；若电阻为∞则为断路。若测得的电阻值与规定值相差太大，应予更换。点火线圈各接线柱与外壳之间的电阻正常情况为∞，否则说明点火线圈有漏电现象，应予更换。

操作二　检测信号发生器

① 检测信号转子与线圈铁心之间的间隙，其值应为 0.2～0.4mm。若不符合要求，应予以调整。

② 检测信号发生器线圈电阻值。选用万用表 $R\times1\Omega$ 挡，两只表笔分别连接 G 信号发生器两端，测量电阻值，−10～40℃时 G 信号发生器的电阻值应为 185～265Ω；两只表笔分别连接 NE 信号发生器两端，测量电阻值，−10～40℃时 NE 信号发生器的电阻值应为 370～530Ω。若电阻值不符合上述要求，应更换信号发生器。

操作三　检测 ECU 发出的点火正时信号

选用万用表电压挡，两只表笔分别连接发动机 ECU 的 IGF 和 E1 端子，起动发动机。电压应为 0.8～1.2V。若有电压，则应更换点火控制器；若无电压，应进一步检测发动机 ECU 与分电器、点火器之间的连接情况以及发动机 ECU 的 E1 端子搭铁情况。若情况良好，则应更换发动机 ECU。

思考与练习

1. 点火系统的作用是什么？对其有何要求？
2. 试述传统点火系统的工作原理及过程。

3．什么是点火提前角？其过大或过小有何危害？
4．影响汽油发动机点火系二次电压的因素有哪些？
5．简述传统点火系统中的离心式和真空式点火提前调节装置的工作原理。
6．如何调整传统点火系的点火正时？
7．简述磁感应式信号发生器的工作原理。
8．简述霍尔效应式信号发生器的工作原理。
9．微机控制点火系统有何优点？
10．微机控制的点火系统如何实现最佳点火提前角的精确控制？

模块五 5 汽车照明、信号系统

学习目标

◎ 了解大灯和其他照明装置的作用和工作原理
◎ 了解转向灯的作用和工作原理
◎ 了解喇叭的作用和工作原理
◎ 掌握大灯和其他照明装置的故障诊断方法
◎ 掌握转向灯的故障诊断方法
◎ 掌握喇叭的调整和故障诊断方法

课题一 汽车照明装置

一、照明装置的功用、组成和基本电路

汽车照明系统由电源、照明灯具、控制装置等组成。照明系统用于夜间道路照明、车厢内部照明、标示车辆宽度、仪表照明与夜间检修照明等。车外照明装置有前照灯、雾灯、牌照灯等。车内照明装置有顶灯、仪表灯、阅读灯等。工作照明装置有发动机罩灯、行李箱灯、外接工作灯插座等。

1．前照灯

（1）前照灯的作用。

前照灯（俗称大灯、头灯）主要用于夜间行车道路照明，同时也兼作夜间超车信号灯。灯光为白色，有两灯制和四灯制两种配置方式，灯泡功率一般为 40～60W。前照灯有较特殊的光学结构，因为它既要保证夜间车前道路 100m 以上有明亮而均匀的照明，又要具有防炫目装置，以避免夜间两车交会时造成对方驾驶员炫目而发生事故。

（2）前照灯控制电路的组成。

前照灯控制电路主要由灯光开关、变光开关、前照灯继电器及前照灯组成，如图 5.1 所示。

（3）前照灯的结构。

前照灯主要由灯泡、反射镜和配光镜 3 部分组成。

① 灯泡。灯泡有充气灯泡、卤钨灯泡和新型高压放电氙灯等几种类型，如图 5.2 所示。充气灯泡是从玻璃泡抽出空气，再充以氩和氮的混合惰性气体制成的，可以减少钨的蒸发，延长灯泡的使用寿命。卤钨灯泡是在充入的惰性气体中渗入某种卤族元素。新型高压放电氙灯由弧光灯组件、电子控制器和升压器 3 大部件组成，光色和日光灯非常相似，灯泡里没有灯丝，取而代之的

是装在石英管内的两个电极，管内充有氮气及微量金属。其亮度是目前卤素灯泡的3倍左右，克服了传统钨灯的缺陷，完全满足汽车夜间高速行驶的需要。

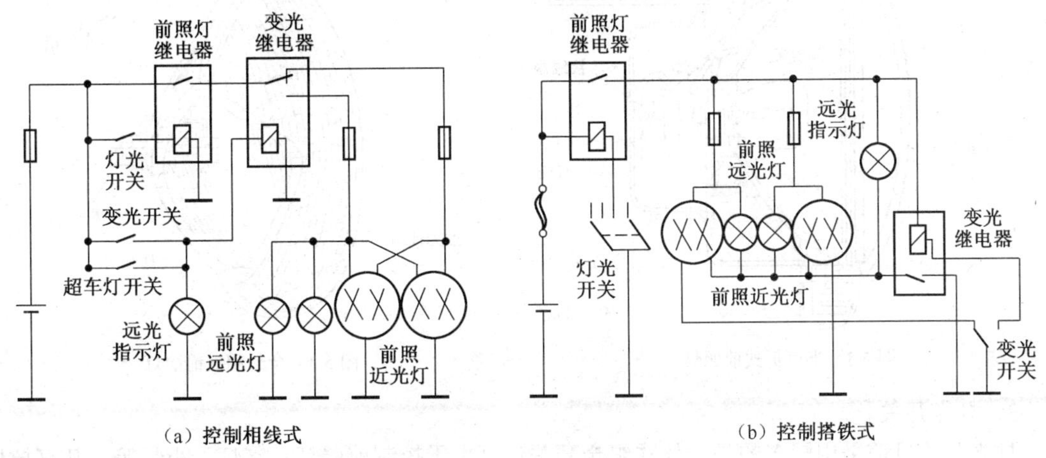

（a）控制相线式　（b）控制搭铁式

图 5.1　前照灯控制电路

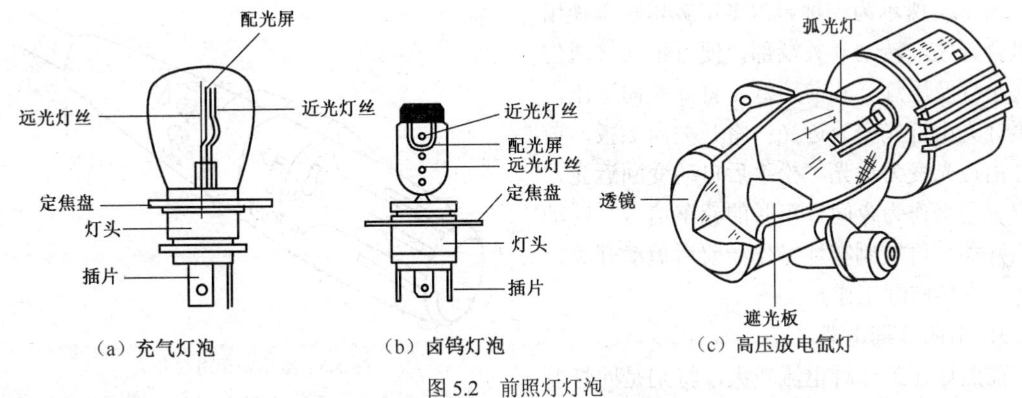

（a）充气灯泡　（b）卤钨灯泡　（c）高压放电氙灯

图 5.2　前照灯灯泡

② 反射镜。反射镜用来聚集光线并将其反出去，表面呈抛物型并镀银、铝或铬，再抛光。灯泡安装好后，其远光灯丝正好落在抛物面的焦点上，灯光经反射镜聚合，亮度增强几百倍。近光灯丝安装在抛物面的焦点上方或前方，灯光经反射镜后，照亮车前50m路面。

③ 配光镜（又称配光屏、散光玻璃）。它由透镜和棱镜组合而成，外形一般为圆形或方形。其作用是使光线折射向较宽的路面。

（4）前照灯的分类。

前照灯分为可拆式、半可拆式、全封闭式3种。可拆式由于密封性差，易进入灰尘，影响反射镜的反射能力，从而降低照明亮度，故已被淘汰。半可拆式的散光玻璃与反射镜用牙齿紧固结合为一整体，构成泡体，灯泡从泡体后端拆装，维修方便，是目前汽车上前照灯应用最为广泛的一种，如图5.3所示。全封闭式的散光玻璃与反射镜用玻璃制成整体，灯丝直接焊在反射镜的底座上，泡体内充入惰性气体。它可以完全避免反射镜被污染，但灯丝损坏时，需整体更换，维修成本高，如图5.4所示。

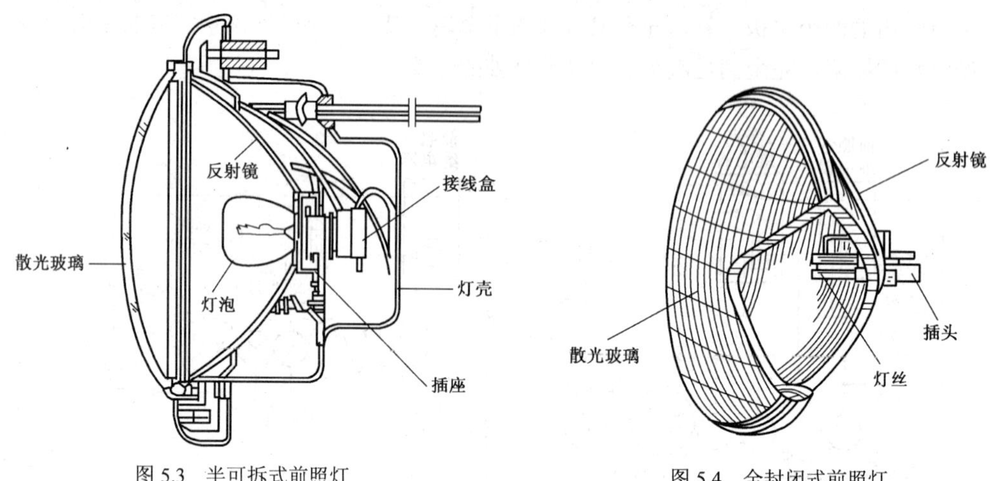

图 5.3 半可拆式前照灯　　图 5.4 全封闭式前照灯

2．灯光开关。

灯光开关目前采用较多的是一体式组合开关，可用于控制前照灯、雾灯、小灯等。其有拉杆式、旋转式和组合式等多种形式。

图 5.5 所示为一种一汽丰田威乐轿车使用的组合开关，转动开关端部，便可依次接通位灯（小灯及尾灯）和前照灯。将开关向下压，前照灯光由近光变为远光；将开关向上扳，前照灯由近光变为远光，松手后自动变回近光，此位置用来作为夜间行车时的超车信号；转动中间开关，可控制雾灯工作；前后扳动开关，可使左右转向灯工作。

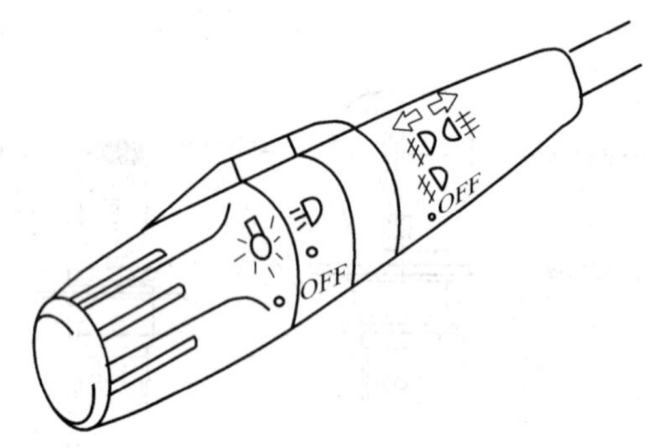

图 5.5 威乐轿车组合开关

3．前照灯继电器。

前照灯在工作时电流较大，特别是四灯制的汽车如 CA1091 汽车，远光灯开启时电流为 15A 左右，若用车灯开关直接控制前照灯，车灯开关易烧坏，因此在前照灯电路中设有灯光继电器。它由一对触点和一个磁化线圈组成，外形有 4 个引脚，为常开式继电器，如图 5.6 所示。

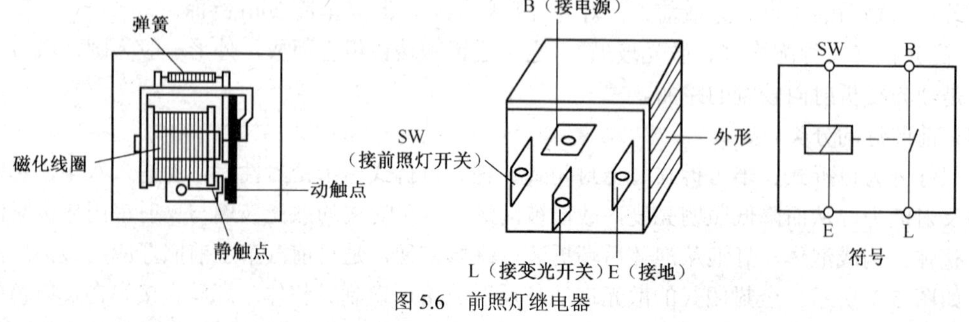

图 5.6 前照灯继电器

二、汽车前照灯的防炫目措施

1．炫目

人的眼睛在黑暗中突然受到强光照射时，会出现暂时性的视觉障碍而看不清，这种现象称为炫目。炫目会使驾驶员在瞬间看不清或视力极差，由此而引发道路交通事故。

2．防炫目措施

① 用远、近光变换。近光灯光线经反射镜后，只照亮本车前约 50m 范围的路面，夜晚会车时，使用近光灯有一定的防炫目作用。

② 用配光屏。在近光灯丝下方安装配光屏，遮住反射镜下半部分光线，避免近光灯束向斜上方照射。若采用非对称式配光，则在近光灯丝下方安装配光屏时，配光屏偏转一个角度，使近光的光形分布不对称，达到防炫目的目的。前照灯由车灯开关控制，远光与近光的变换由变光开关控制，若作为超车信号时，由超车灯开关控制。

三、前照灯的检测与调整

1．前照灯的光照要求

根据 GB7258-2004《机动车运行安全技术条件》的规定，对汽车前照灯的要求如下。

（1）在正常使用条件下，机动车前照灯光束照射位置应保持稳定。

（2）装有前照灯的机动车应有远、近光变换装置，并且当远光变为近光时，所有远光应能同时熄灭。同一辆机动车上的前照灯不允许左、右的远、近光灯交叉开亮。

（3）前照灯的远、近光灯上下并列设置时，近光灯应位于上侧，其他情况下近光灯应位于外侧。

（4）所有前照灯的近光都不允许炫目。

（5）汽车（三轮汽车除外）、摩托车及轻便摩托车装用的前照灯应分别符合 GB4599-1994《汽车前照灯配光性能》、GB5948-1998《摩托车灯白炽光源前照灯配光性能》及 GB19152-2003《轻便摩托车前照灯配光性能》的规定。

（6）远光光束发光强度要求。

机动车每只前照灯的远光光束发光强度应达到表 5.1 的要求。测试时，其电源系统应处于充电状态。

表 5.1　前照灯远光光束发光强度最小值要求

机动车类型		检查项目					
		新注册车			在用车		
		一灯制	两灯制	四灯制①	一灯制	二灯制	四灯制①
三轮汽车		8 000	6 000	—	6 000	5 000	—
最高设计车速小于 70km/h 的汽车		—	10 000	8 000	—	8 000	6 000
其他汽车		—	18 000	15 000	—	15 000	12 000
摩托车		10 000	8 000	—	8 000	6 000	—
轻便摩托车		4 000	—	—	3 000	—	—
拖拉机运输机组	标定功率＞18 kW	—	8 000	—	—	6 000	—
	标定功率≤18 kW	6 000②	6 000	—	5 000②	5 000	—

① 四灯制是指前照灯具有 4 个远光光束；采用四灯制的机动车其中两只对称的灯达到两灯制的要求时视为合格

② 允许手扶拖拉机运输机组只装用一只前照灯

（7）光束照射位置要求。

① 在检验前照灯近光光束照射位置时，前照灯照射在距离 10m 的屏幕上时，乘用车前照灯近光光束明暗截止线转角或中点的高度应为 $0.7H$～$0.9H$（H 为前照灯基准中心高度，下同），其他机动车（拖拉机运输机组除外）应为 $0.6H$～$0.8H$。机动车（装用一只前照灯的机动车除外）前照灯近光光束水平方向位置向左偏不允许超过 170mm，向右偏不允许超过 350 mm。

② 轮式拖拉机运输机组装用的前照灯近光光束的照射位置按照上述方法检验时，要求在屏幕上光束中点的离地高度不允许大于0.7H；水平位置要求向右偏移不允许超过350mm，不允许向左偏移。

③ 在检验前照灯远光光束及远光单光束灯照射位置时，前照灯照射在距离10m的屏幕上时，要求乘用车屏幕光束中心离地高度为0.9H～1.0H，其他机动车为0.8H～0.95H；机动车（装用一只前照灯的机动车除外）前照灯远光光束水平位置要求左灯向左偏不允许超过170mm，向右偏不允许超过350mm，右灯向左或向右偏均不允许超过350mm。

④ 前照灯光束照射位置应按规定的方法检验。

2．前照灯的检测

国内外对汽车前照灯的检测和调整十分重视，因为前照灯光束调整正确与否，将极大地影响行车安全、运输效率和驾驶员的疲劳程度。

目前，汽车前照灯的检测主要采用屏幕检验法或仪器检验法，汽车检测站多用仪器检验法。由于各仪器型号不同，其使用方法也不相同，只能参照仪器说明书进行。下面只介绍屏幕检验法。

① 检测时，将汽车停在水平路面上，按规定充足轮胎气压，汽车轻载（一名驾驶员乘座）。

② 在距前照灯5m处（具体参数见本车说明书）竖一幕布（或利用白墙壁），在屏幕上画出两条垂直线（一条线通过左前照灯的中心，另一条线通过右前照灯的中心）和两条水平线（一条与前照灯离地H等高，另一条比H低Dmm，D值应符合上述光束照射位置要求），比H低Dmm的水平线与两垂直线分别相交于a、b两点，即为光照要求的中心点，如图5.7所示。

③ 蓄电池充足电情况下，起动发动机（转速为2 000r/min），打开前照灯，让光线投到屏幕上，观察实际光照中心是否符合要求。

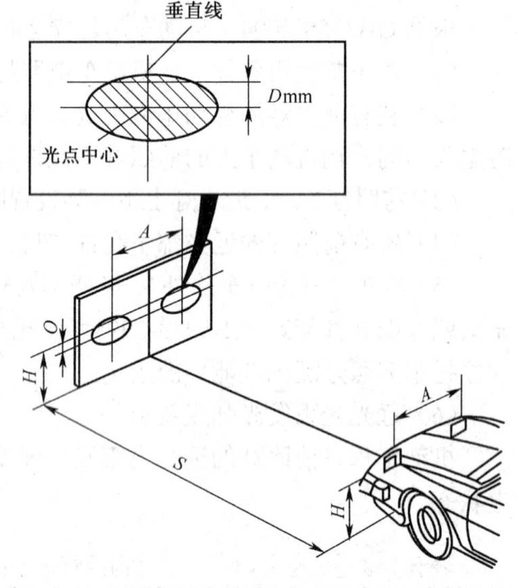

图5.7 前照灯的屏幕检测法

若符合要求，可不对照射位置进行调整，反之则应调整前照灯照射位置。

3．前照灯的调整

若在检测时前照灯照射位置不符合要求，则应进行调整。调整时，把一只前照灯遮住（对四灯制前照灯），然后检查另一前照灯的光束是否对准a或b点。若不符合要求，可通过调整螺钉来调整。然后以同样的方法调整另一侧前照灯，如图5.8所示。

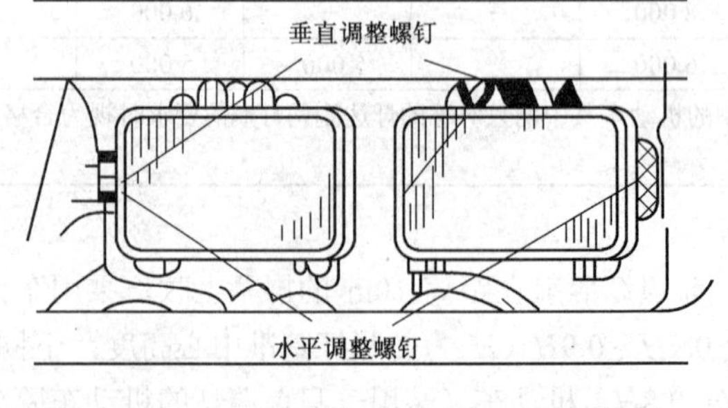

（a）四灯制前照灯的调整

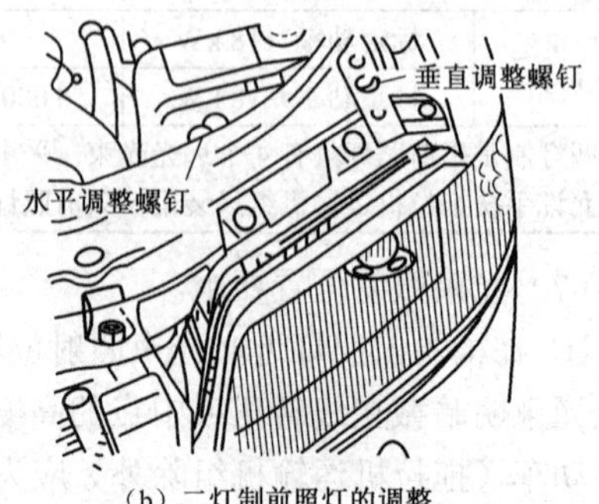

（b）二灯制前照灯的调整

图5.8 前照灯的调整

课题实施

前照灯的检测和调整

以投影式前照灯检测仪（如图 5.9 所示）为例说明检测方法和步骤。

操作一　准备检测仪

（1）在前照灯检测仪不受光的情况下，检查光度计和光轴偏斜量指示计是否对准机械零点。若指针失准，可用零点调整螺钉调整。

（2）检查聚光透镜和反射镜的镜面上有无污物，若有可用柔软的布或镜头纸等擦拭干净。

（3）检查水准器的技术状况。若水准器无气泡，应进行修理；若气泡不在红线框内，可用水准器调节器或垫片进行调整。

（4）检查导轨是否沾有泥土等杂物，若有应扫除干净。

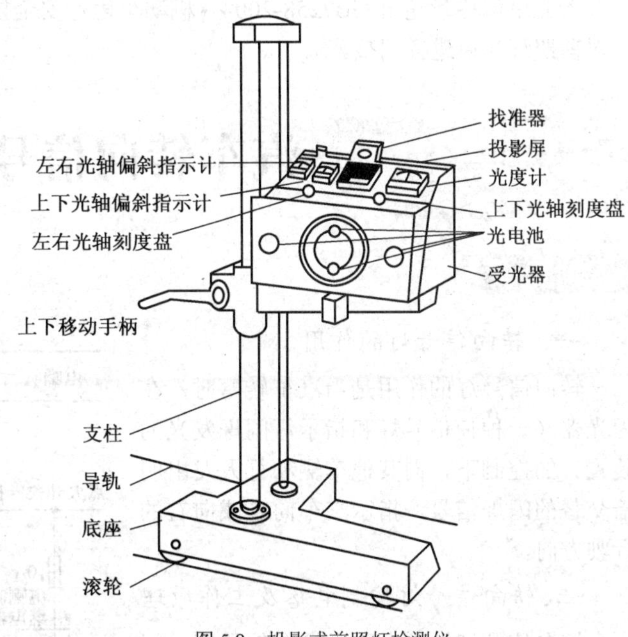

图 5.9　投影式前照灯检测仪

操作二　准备被检测车辆

（1）清除前照灯上的污垢。

（2）将轮胎气压调整到符合汽车制造厂的规定。

（3）检测汽车蓄电池，其应处于充足电状态。

操作三　检测前照灯

（1）将被检汽车尽可能地与前照灯检测仪的轨道保持垂直方向驶近检测仪，直至前照灯与检测仪受光器之间达到规定的检测距离。根据检测仪器不同，检测距离为 3m、lm、0.5m 或 0.3m，投影式前照灯检测仪检测距离为 3m。

（2）用车辆摆正找准器使检测仪与被检汽车对正。

（3）开亮前照灯，用前照灯找准器使检测仪与被检前照灯对正。

（4）转动上下、左右光轴偏斜指示旋钮进行调整，调整到上下、左右光轴偏斜指示计指针居中。

（5）从光度计读出前照灯发光强度值，从左右光轴偏斜指示计读出前照灯光轴偏斜量，并计入表 5.2。

表 5.2　前照灯检测记录表

车 辆 单 位		号 牌 号 码	
检 测 内 容	检 测 结 果		结　论
发光强度（cd）	左：	右：	
近光光束上下偏移量（mm/10m）	左：	右：	
近光光束水平偏移量（mm/10m）	左：	右：	
远光光束上下偏移量（mm/10m）	左：	右：	
远光光束水平偏移量（mm/10m）	左：	右：	

操作四 调整前照灯光束

若发光强度低于 GB7258-2004《机动车运行安全技术条件》对前照灯发光强度的要求，应更换前照灯。

若光束偏移量超出 GB7258-2004《机动车运行安全技术条件》对前照灯光束偏移量的要求，应对前照灯光束进行调整。

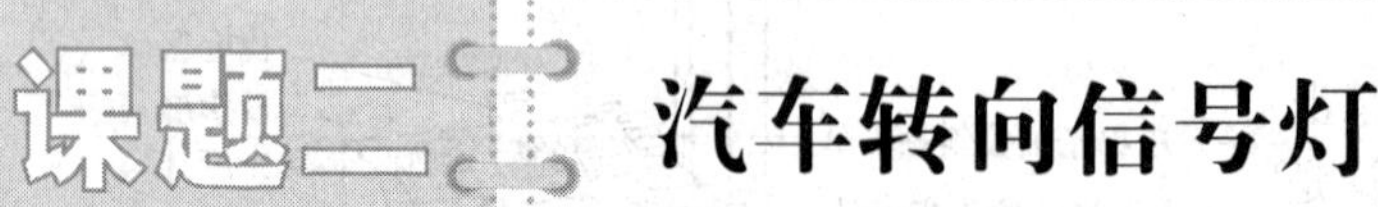

课题二 汽车转向信号灯

基础知识

一、转向信号灯的作用

转向信号灯的作用是当汽车转弯时，在闪光器（一种使信号灯和指示灯闪烁发光的装置）的控制下，向其他车辆和行人发出明暗交替的闪烁信号，指示汽车向左或向右的行驶方向。

二、转向信号灯控制电路及工作原理

转向信号灯控制电路由转向信号灯、闪光继电器、转向开关等组成，如图 5.10 所示。

1．转向信号灯

转向信号灯用以显示车辆行驶方向。前转向信号灯为橙色，后转向信号灯为橙色或红色。转向信号灯的闪光频率国标中规定 60～120 次/min，日本转向闪光灯规定（85±10）次/min，而且亮暗时间比（通电率）在 3∶2 为佳。转向信号灯由转向开关控制，其闪光频率由闪光（继电）器控制。

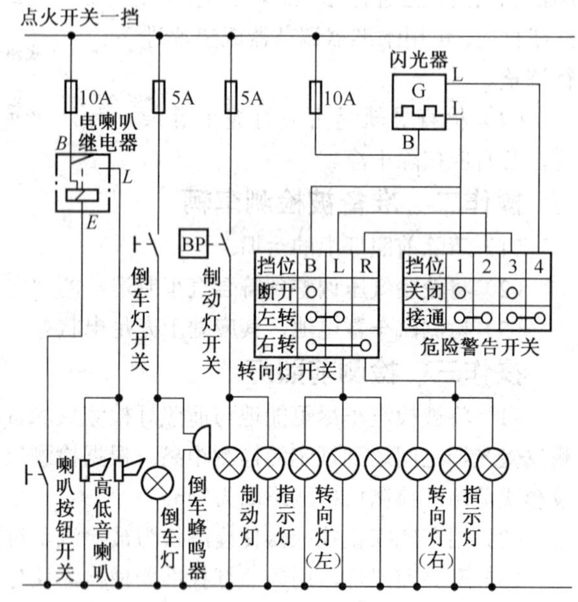

图 5.10 CA1091 汽车信号装置电路

2．闪光器

常见闪光器有电热式、电容式、电子式 3 类，其中电热式有直热翼片式和旁热翼片式两种；电子式有晶体管式和集成电路式两类。电热式闪光器结构简单，成本低，但闪光频率不够稳定，使用寿命短，已被淘汰。而电容式闪光器、电子式闪光器具有闪光频率稳定，性能稳定、可靠等优点，故被广泛应用。

（1）电容式闪光器。

电容式闪光器结构原理图如图 5.11 所示。

其工作原理如下。

汽车转向时，接通转向开关，电流经蓄电池“+”极→点火开关→闪光器接线柱 B→串联线圈 1→常闭触点→闪光器接线柱 L→转向开关→转向信号灯及转向指示灯→搭铁→蓄电池“−”极，构成回路。

流经串联线圈 1 的电流产生的吸力大于弹簧片的作用力，将触点迅速打开，由于流过转向灯

灯丝电流时间很短，故灯泡处于暗的状态（未来得及亮）。触点打开后，蓄电池开始向容电器充电，回路为：蓄电池“+”极→点火开关→闪光器接线柱 B→串联线圈 1→并联线圈 2→容电器→闪光器接线柱 L→转向灯开关→转向灯及转向指示灯（左或右）→搭铁→蓄电池“−”极。由于线圈 1 和 2 电阻较大，充电电流较小，仍不足以使转向灯亮。同时，两线圈产生的电磁吸力方向相同，使触点维持打开，随着容电器两端电压升高，充电电流逐渐减小，电磁吸力也减小，在弹簧片作用下，触点闭合。随后，电源通过串联线圈 1、触点、转向开关，向转向灯供电，容电器经并联线圈 2、触点放电。由于此时两线圈磁力方向相反，产生的合成磁力不足以使触点打开，此时转向灯亮。随着容电器两端电压下降，流经并联线圈 2 的电流减少，产生的磁力减弱，串联线圈 1 产生的电磁吸力又将触点打开，转向灯变暗。如此反复，使转向灯以一定的频率闪烁。

（2）电子式闪光器。

无触点电子闪光器如图 5.12 所示。

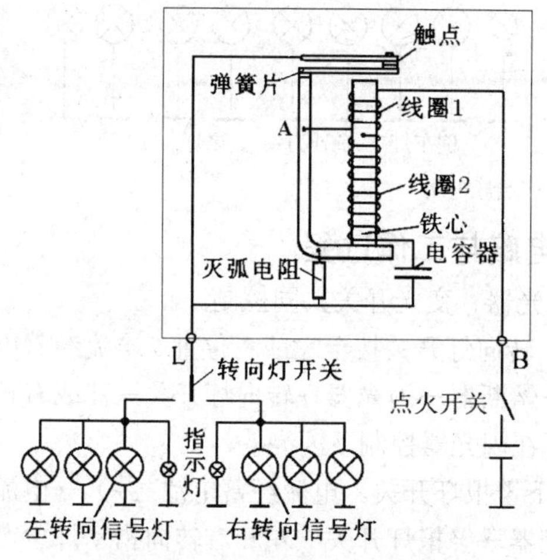

图 5.11　电容式闪光器结构原理

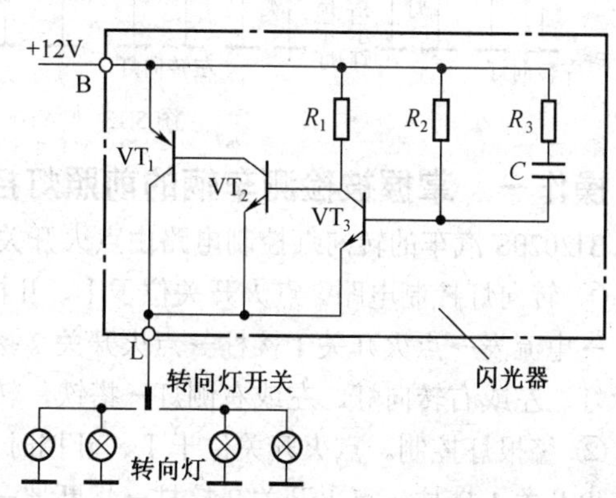

图 5.12　无触点电子闪光器结构原理

其工作原理如下。

接通转向灯开关，电流经+12V 电源→B 接柱→R_2→VT_3发射结→L 接柱→转向灯开关→转向灯→搭铁→电源负极。VT_3饱和导通，VT_2、VT_1截止。由于 VT_3的发射极电流很小，此时转向灯较暗。同时，电源通过 R_3对容电器 C 充电（上+下−），使得 VT_3的基极电位下降，达到一定值时，VT_3截止。VT_3截止后，VT_2通过 R_1得到正向电流而饱和导通，VT_1也随之饱和导通，电流经+12V 电源→VT_1→L 接柱→转向灯开关→转向灯→搭铁→电源负极。转向灯中有较大电流通过而变亮。同时，容电器 C 经 R_3、R_2放电，一段时间后，随着容电器 C 放电电流减小，VT_3基极电位又逐渐升高，当高于其正向导通电压时，VT_3又导通，VT_2、VT_1又截止，转向信号灯由亮变暗。如此循环，使转向灯闪烁。容电器 C 的充放电时间决定闪光频率。

3．转向灯开关

转向灯开关一般和灯光开关制成一体，控制转向信号灯时向转向方向拨动开关，即可接通转向灯电路。转向完成后，回正转向盘时，转向灯开关在转向盘带动下自动回位。

课题实施

转向信号灯电路故障诊断

以 BJ2020S 汽车转向信号灯控制电路（如图 5.13 所示）为例。

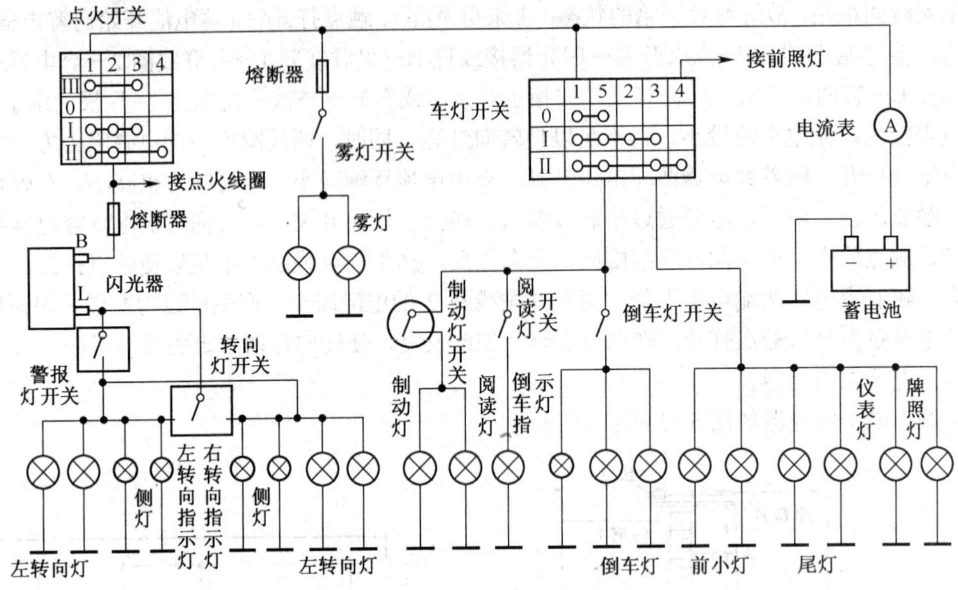

图 5.13　CA1091 汽车前照灯电路

操作一　掌握被检测车辆的前照灯控制电路与工作过程

BJ2020S 汽车的转向灯控制电路由点火开关、闪光器、变光开关共同控制。

① 转向灯控制电路。点火开关位于Ⅰ、Ⅱ挡时，转向灯开关拨至左或右位置。电流经蓄电池（+）→电流表→点火开关 1 接柱→点火开关 2 接柱→熔断器→闪光器→转向灯开关→左或右转向指示灯、左或右转向灯、左或右侧灯→搭铁，转向灯在闪光器控制下闪亮。

② 警报灯控制。点火开关位于Ⅰ、Ⅱ挡时，按下警报灯开关。电流经蓄电池（+）→电流表→点火开关 1 接柱→点火开关 2 接柱→熔断器→闪光器→警报灯开关→左和右转向指示灯、左和右转向灯、左和右侧灯→搭铁，转向灯在闪光器控制下同时闪亮。

操作二　诊断前、后、左、右转向灯均不亮故障

1．故障现象

点火开关接通，左右拨转向灯开关，转向灯均不亮。

2．故障原因

闪光器损坏，导线断路或熔断器烧断。

3．故障诊断

① 首先应检查控制转向灯电路的熔断器是否断路。若断路，更换熔断器。

② 接通警报开关，观察转向灯。

转向灯仍不闪亮，将试灯连接在闪光器 B（相线，电源）和搭铁之间。若试灯不亮，故障为闪光器至熔断器之间的导线断路；若试灯亮，另外用一导线连接闪光器两接柱上的导线（注意不能连接搭铁线），观察转向灯。若亮，故障为闪光器损坏；若不亮，故障为闪光器 L 接柱至转向灯开关接柱之间导线断路。

转向灯全部闪亮，说明转向灯开关损坏或开关进线（相线）接柱至闪光器之间的线束间有断路。

操作三　诊断一侧转向灯不亮故障

1．故障现象

点火开关接通，向左或向右拨动转向灯开关，有一侧的转向灯均不亮。

2．故障原因

灯泡损坏或线束导线断路。

3．故障诊断

（1）若同一侧前、后转向灯均不亮，查看转向指示灯。

① 转向指示灯不亮：接通警报开关，观察各转向灯。

转向指示灯都亮：转向灯开关内部断路，或转向指示灯线接点至转向灯开关之间导线断路。

仍有一边灯不亮：灯泡烧坏。

② 转向指示灯亮：用试灯检查相应的前后接线板及各插件上的转向灯线接柱。如试灯亮，应检查接线板至转向灯电路、灯泡插座及灯泡的技术状况；如试灯不亮，则转向指示灯线接点至线束导线断路。

（2）某一个转向灯不亮，先检查灯泡的技术状况，然后按相应的左（或右、后）接线板、灯座的顺序用试灯检查。试灯亮与不亮之间有断路故障。

对于后转向灯，还要检查各插件的连接情况是否良好。

操作四　诊断转向灯灯丝暗红故障

1．故障现象

点火开关接通，向左或向右拨动转向灯开关时，转向灯呈暗红色。

2．故障原因

闪光器触点不能闭合或线圈断路。

3．故障诊断

拨动转向灯开关或警报灯开关，各转向灯均出现暗红现象，为闪光器故障（触点不能闭合、线圈断路）。

课题三　汽车电喇叭

基础知识

一、喇叭及控制电路

喇叭是汽车上的重要声音信号装置，其作用是通过发出声音，警告行人和车辆，以保证行车安全。

汽车上一般采用电喇叭，它具有结构简单，使用维修方便，体积小，声音悦耳等优点。电喇叭有普通电喇叭和电子电喇叭两种。在中小型汽车上多采用螺旋形和盆形的普通电喇叭。下面以盆形电喇叭为例，介绍普通电喇叭的工作原理。

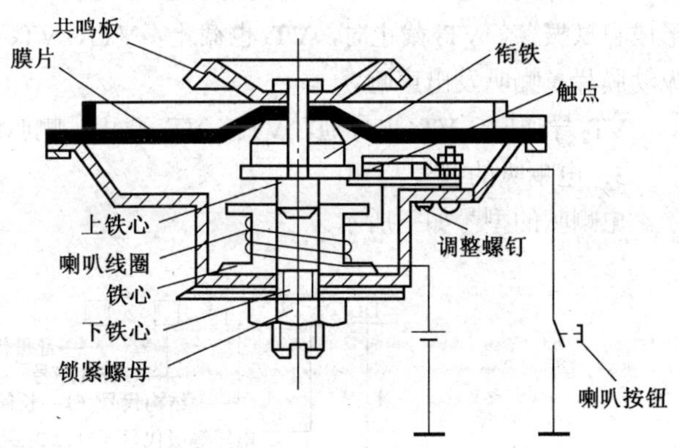

图 5.14　盆形电喇叭控制电路

1．盆形电喇叭

盆形电喇叭控制电路如图 5.14 所示。

其工作原理如下。当按下喇叭按钮时，喇叭线圈的供电电路为：蓄电池正极→喇叭线圈→触点→喇叭按钮→搭铁→蓄电池负极。喇叭线圈通电后产生电磁吸力，吸动上铁心及衔铁下移，带动膜片向下变形，同时，衔铁下移将触点打开，线圈断电，电磁力消失，上铁心及衔铁在膜片弹力的带动下复位，触点再次闭合。重复周期开始，使膜片与共鸣板产生共鸣发声。

2．电子喇叭

由于普通电喇叭存在触点易烧蚀、氧化，故障率较高等缺陷，现生产的轿车中已开始用无触点的电子电喇叭替代普通电喇叭。其电路如图 5.15 所示。

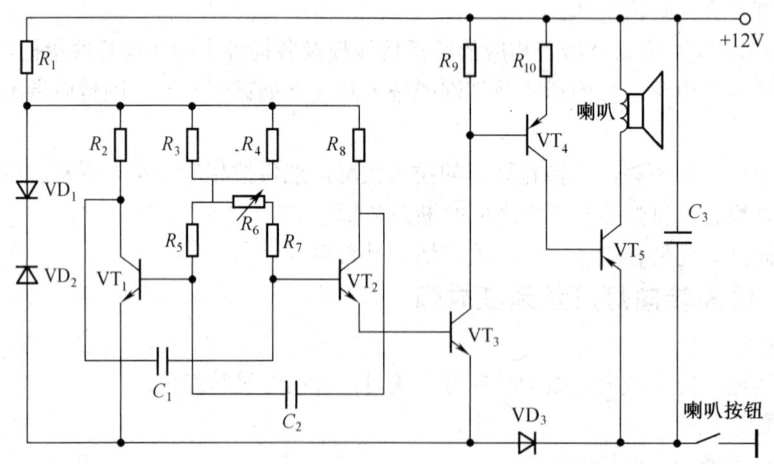

图 5.15 电子喇叭控制电路

其工作原理如下。VT_1、VT_2、和 C_1、C_2 及 R_1～R_8 组成多谐振荡电路。VT_3、VT_4、VT_5 组成功率放大电路。VD_2 向多谐振荡电路提供稳压电源，VD_1 有温度补偿作用，使振荡频率稳定，VD_3 防止电源反接，起保护作用。C_3 可防止电磁波干扰。R_6 可用于调节喇叭的音量。

当按下喇叭按钮时，电路被通电，VT_1、VT_2 都有导通的可能。由于电路参数不可能完全一致，设在电路接通瞬间 VT_1 先导通，VT_1 的集电极电位先下降，则会产生如下正反馈过程：VT_1 的集电极电位下降经 C_1 使 VT_2 基极电位下降，引起 VT_2 的集电极电位上升，经 C_2 使 VT_1 基极电位升高。这样就使 VT_1 迅速饱和导通，而 VT_2 迅速截止，电路进入暂时稳态。同时，C_1 充电使 VT_2 的基极电位升高，当达到 VT_2 的导通电压时，VT_2 开始导通，电路又形成正反馈过程，使 VT_2 迅速导通，而 VT_1 迅速截止，电路进入新的暂时稳态。同时，C_2 的充电又使 VT_1 的基极电位升高，使 VT_1 又导通，电路又产生一个正反馈过程，使 VT_1 迅速饱和导通，而 VT_2 迅速截止。周而复始，形成自激振荡。VT_2 截止时，VT_3 也截止，VT_4、VT_5 导通，喇叭线圈中有电流通过，产生电磁力吸动膜片，喇叭发出声响。

VT_2 导通时，VT_3 也导通，VT_4、VT_5 截止，喇叭线圈中无电流通过，膜片复位。

3．电喇叭的型号

电喇叭的型号如下所示。

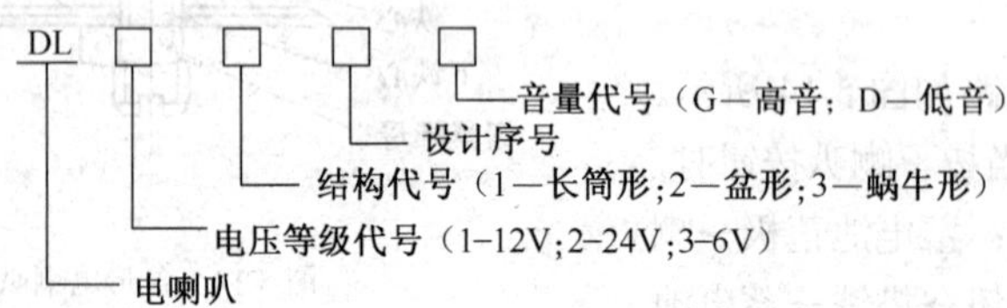

二、喇叭继电器

汽车上常装有两个不同音频的喇叭，其耗用的电流较大（15～20A），若用按钮直接控制，按钮容易烧坏。故常采用喇叭继电器控制，其结构与接线方法如图 5.16 所示。

喇叭继电器由一个磁化线圈和一对常开的触点构成。当按下喇叭按钮时，喇叭继电器线圈通电产生电磁力，触点闭合，大电流通过触点臂、触点流入喇叭线圈，喇叭发音。由于喇叭继电器线圈的电阻较大，因此通过按钮的电流很小，故可起到保护按钮的作用。

三、喇叭的调整

喇叭的调整包括音调和音量的调整。音调的调整靠调整衔铁与铁心之间的气隙来实现，铁心气隙小时，膜片的振动频率高，气隙大时，膜片的振动频率低（即音调低）。铁心气隙（一般为 0.7～1.5mm）的调整方法是：松开锁紧螺母，转动下铁心，将上、下铁心间的间隙调至合适量，拧紧锁紧螺母即可，如图 5.17 所示。

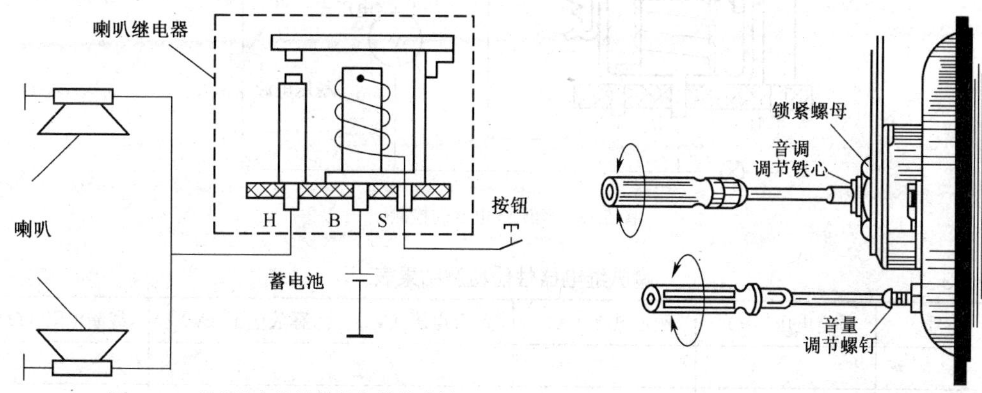

图 5.16 喇叭继电器的结构与接线方法

图 5.17 盆形电喇叭的调整

音量的调整靠调整喇叭内触点顶压力（即控制喇叭线圈的电流大小）来实现，触点的接触压力增大时，喇叭的音量变大，反之音量变小。调整方法是：旋转音量调节螺钉，逆时针方向转动时，触点压力增大，音量增大，顺方向转动时，触点压力减小，音量减小，如图 5.18 所示。

课题实施

电喇叭的调整及喇叭继电器的检测

操作一 电喇叭的调整

对于无任何声音的电喇叭，调整顺序为先调整音调，再调整音量，最后进行微调；对于声音不正常的盆形电喇叭，应根据音调和音量分别进行调整。在此只说明无声盆形电喇叭的调整（参照图 5.18）。

① 旋出音量调整螺钉，使喇叭内部的动静触点之间的压力处于最大值。

② 松开音调调整铁心下部的锁紧螺母，用螺钉旋具顺时针转动下铁心，直至下铁心与上铁心接触，再逆时针旋转下铁心 3/4 圈（使上、下铁心有一定的间隙）。通电测试，并调整旋转圈数，直到喇叭发出“嗒、嗒”的铁心吸合声。

③ 旋入音量调整螺钉，同时通电测试，调整喇叭发出正常声音。

④ 配合调整音调铁心和音量螺钉，使喇叭发声符合要求。

⑤ 锁紧音调调整铁心螺母。

上下铁心之间的间隙减小，音调提高；反之，降低。动静触点之间压力增大，音量提高；反之，音量降低。

操作二 检测喇叭继电器

喇叭继电器检查的主要内容有闭合电压和释放电压。

喇叭继电器检测的接线如图 5.18 所示，使稳压电源输出电压逐渐增加，并观察灯泡，灯泡点亮瞬间（触点闭合瞬间）电压表指示的电压值即为闭合电压；然后再逐渐减小输出电压值，灯泡熄灭瞬间（触点断开瞬间）的电压即为释放电压。将测量值填入表 5.3。

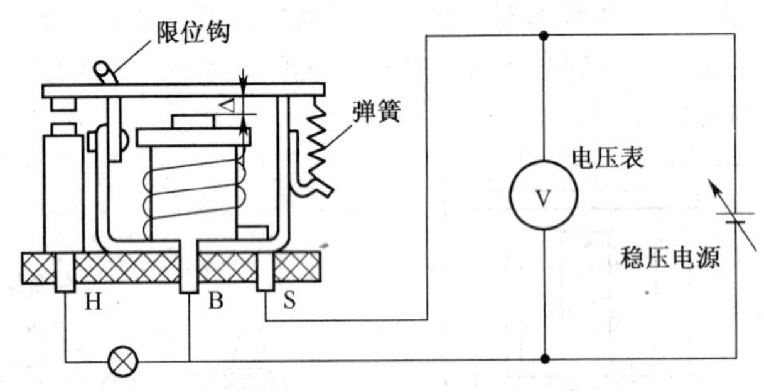

图 5.18 喇叭继电器的检测

表 5.3 喇叭继电器性能检测结果表

型　号	额定电压（V）	额定电流（A）	闭合电压（V）	释放电压（V）	线圈电阻（Ω）
1					
2					
3					
平均值					
检测结果分析					

闭合电压可通过改变弹簧的张力予以调整；释放电压可通过弯曲限位钩改变铁心与衔铁之间隙予以调整。

进行上述检查时，继电器触点应能一次闭合和一次断开，不允许有跳动或接触不良的现象。

思考与练习

1. 汽车照明系统由哪几部分组成？各有何作用？
2. 怎样检测与调整汽车前照灯？
3. 汽车照明系统的常见故障及原因有哪些？
4. 汽车转向信号的闪光继电器种类有哪些？简述各自的工作原理。
5. 汽车转向信号系统有哪些常见故障？怎样进行判断与排除？
6. 简述汽车电喇叭及喇叭继电器的工作原理。
7. 怎样进行汽车电喇叭的调整？

模块六 6 汽车仪表、报警系统

学习目标

◎ 了解仪表与报警装置的作用与类型
◎ 掌握仪表与报警装置的结构与工作原理
◎ 掌握仪表与报警装置的常见故障及诊断

课题一 汽车主要仪表

基础知识

一、汽车仪表的作用及系统电路

1．仪表的作用

为使驾驶员随时了解汽车各主要系统的工作是否正常，及时发现和排除可能出现的问题，在汽车驾驶员易于观察的转向盘前方台板上都装有各种指示仪表、报警灯及电子显示装置。

汽车上常用的指示仪表有电流表（或电压表）、机油压力表、水温表、燃油表、发动机转速表、车速里程表等。不同车型装用的个数及结构类型有所不同。

（1）电流表。

电流表用于指示蓄电池的充、放电状态和电流值，同时监视电源系统的工作情况。目前电流表主要用在货车和大型客车上。小型汽车上大多采用充电指示灯来指示蓄电池充电系统的状态，或采用电压表指示电源系统的电压。

（2）机油压力表。

机油压力表用来指示发动机主油道机油压力的大小，从而监视润滑系统的工作情况。目前小型汽车上采用机油压力指示灯显示发动机主油道压力。

（3）水温表。

水温表用来指示发动机工作时冷却液的温度。目前小型汽车上采用水温指示灯指示发动机冷却液温度。

（4）燃油表。

燃油表用来指示油箱内存油量的多少。

（5）发动机转速表。

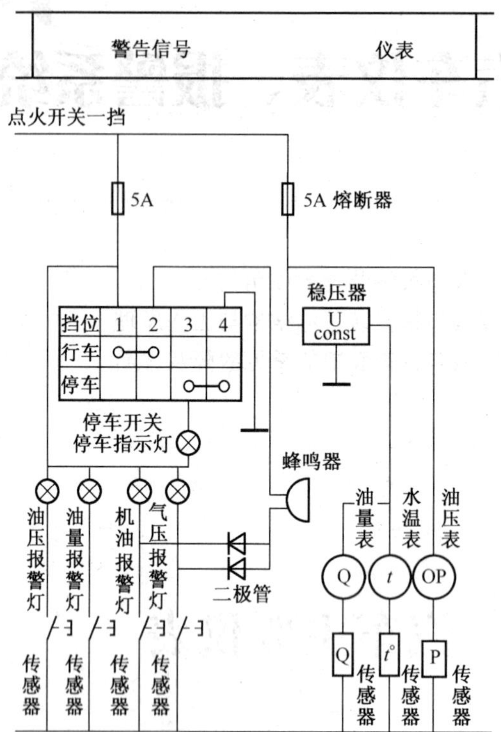

图 6.1 CA1091 汽车仪表系统电路

发动机转速表用来指示发动机瞬时工作转速。

（6）车速里程表。

车速表指示车辆行驶速度，里程表显示汽车行驶里程，两个表一般做成一体。

2．仪表电路

汽车仪表电路主要由电源、各种指示仪表、与仪表配合的传感器组成，如图 6.1 所示。通常仪表电源由点火开关提供（点火开关处于Ⅰ、Ⅱ挡时）；各种仪表和指示灯组合装在一起，形成组合式仪表板（如图 6.2 所示），各种传感器信号用排线插接器接入仪表板（如图 6.3 所示）；传感器安装在被检测装置之上。

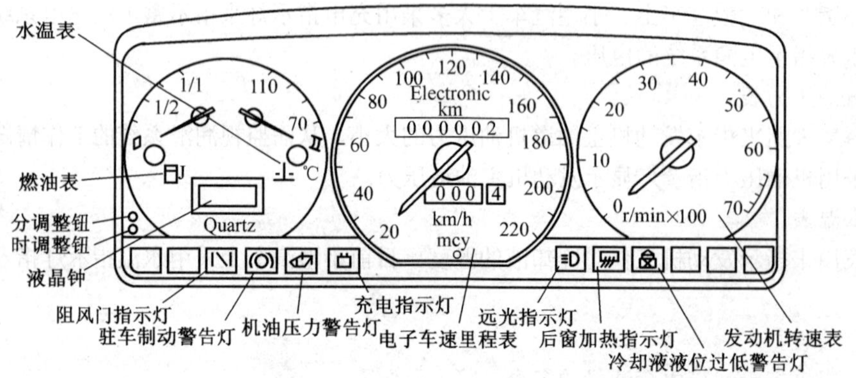

图 6.2 桑塔纳 2000 组合仪表外形

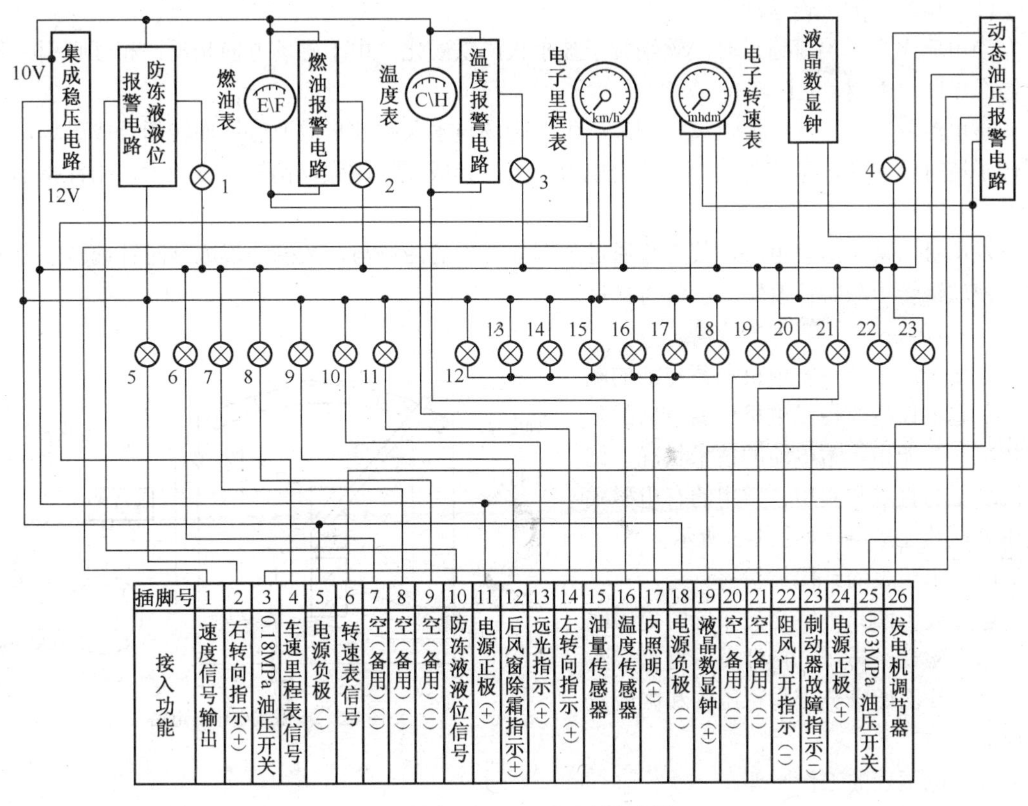

插脚号	1	2	3	4	5	6	7	8	9	10	11	12	13	14	15	16	17	18	19	20	21	22	23	24	25	26
接入功能	速度信号输出	右转向指示(+)	0.18MPa 油压开关	车速里程表信号	电源负极(−)	转速表信号	空(备用)(−)	空(备用)(−)	空(备用)(−)	防冻液液位信号	电源正极(+)	后风窗除霜指示(+)	远光指示(+)	左转向指示(+)	油量传感器	温度传感器	内照明(+)	电源负极(−)	液晶数显钟(+)	空(备用)(−)	空(备用)(−)	阻风门开指示(−)	制动器故障指示(−)	电源正极(+)	0.03MPa 油压开关	发电机调节器

图 6.3　桑塔纳 2000 仪表板电路图

1—发动机冷却液液位过低报警灯　2—燃油量过少报警灯　3—发动机水温过高报替灯　4—机油压力报警灯　5—右转向指示灯　6、7、8、19、20—备用　9—后风窗除霜指示灯　10—远光指示灯　11—左转向指示灯　12、13、14、15、16、17、18—仪表照明灯　21—阻风门开指示灯　22—驻车制动报警灯　23—充电指示灯

二、电流表及电压表

1．电流表

电流表连接电路通常由蓄电池、点火开关、电流表、发电机及调节器、用电设备等构成，连接电路如图 6.4 所示。

电流表后盖有两个接线柱，分别标有“+”和“−”，电流表的“+”线柱连接发电机的“+”极，电流表的“−”线柱连接电池的“+”极。当发电机向蓄电池充电时，示值为“+”；蓄电池向用电设备放电时，示值为“−”。

（1）电流表的结构。

黄铜板条固定在绝缘底板上，两端与接线柱相连，条形永久磁铁两端分别与黄铜板条固定连接，磁铁内侧的转轴上安有带指针的软钢转子，指针安装在软钢转子中间。

图 6.4　电磁式电流表电路

（2）电流表的工作原理。

当电流表中无电流通过时，软钢转子被永久磁铁磁化，由于磁场方向相反，相互吸引，使指针停在中间“0”标度上。

蓄电池放电时，其电流通过黄铜片产生的磁场与永久磁铁形成逆时针偏转的合成磁场，使软钢转子逆时针偏转，示值为“-”。放电电流越大，合成磁场越强，偏转角度越大，指针指示读数越大。

发电机向蓄电池充电时，其电流通过黄铜片产生的磁场与永久磁铁形成顺时针偏转的合成磁场，使软钢转子顺时针偏转，示值为“+”。

2．电压表

电压表用来指示发电机和蓄电池的端电压。它不仅能监控发电机和调节器的工作状况，还能指示蓄电池的技术状况，比电流表更为直观与实用。常用的有电磁式电压表，其连接电路如图 6.5 所示。

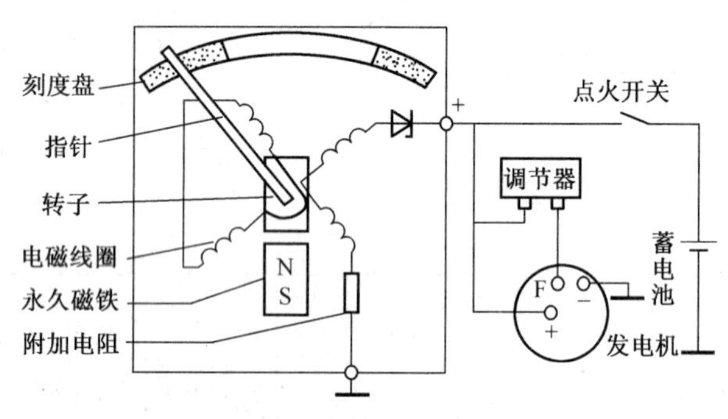

图 6.5 电磁式电压表电路

（1）电压表的结构。

电压表由两只十字交叉布置的电磁线圈、永久磁铁、转子、指针及刻度盘等组成，两只线圈始端分别与稳压管和限流电阻串联。

（2）电压表的工作原理。

断开点火开关时，永久磁铁将转子磁化，使指针位于初始位置。

接通点火开关后，电源电压击穿稳压管，两线圈产生的磁场与永久磁铁产生的磁场相互作用，其合成磁场使转子带动指针偏转，显示电压值。电源电压越高，通过线圈中的电流就越大，其合成磁场越强，指针偏转角度就越大，指示电压值越高。

（3）电压表对电源系统工况的显示。

接通点火开关，电压表立即显示蓄电池的端电压。例如，12V 电系一般为 12.5～12.6V，起动机瞬间，电压为 9～10V。若起动时电压表显示值过低，说明蓄电池亏电或有故障。发电机正常工作时，电压表应显示为 13.5～14.5V。若起动时，电压表读数无变化，说明发电机没有发电；若显示值超出规定范围，说明调节器调整不当或损坏。

三、机油压力表

机油压力表电路由电源、点火开关、机油压力表、机油压力表传感器等组成，如图 6.6 所示。常用的机油压力表有电热式、电磁式和动磁式 3 种。其中应用最为广泛的是电热式机油压力表，一般与电热式机油压力传感器配合使用。

（1）机油压力表及传感器的结构。

机油压力传感器安装在发动机主油道上。传感器内有膜片，膜片的上部顶着弓形弹簧片，弹簧片的一端与外壳固定搭铁，另一端焊接的触点与双金属片触点接触，双金属片上绕有加热线圈，加热线圈通过接触片与接线柱连接，电阻与加热线圈并联。膜片下方油腔与发动机主油道相通，机油压力可直接作用在膜片上。

机油压力表内有特殊形状的双金属片，双金属片上绕有加热线圈，两线端分别与两接线柱连接，它一端固定在调节扇齿上，另一端与指针相连。

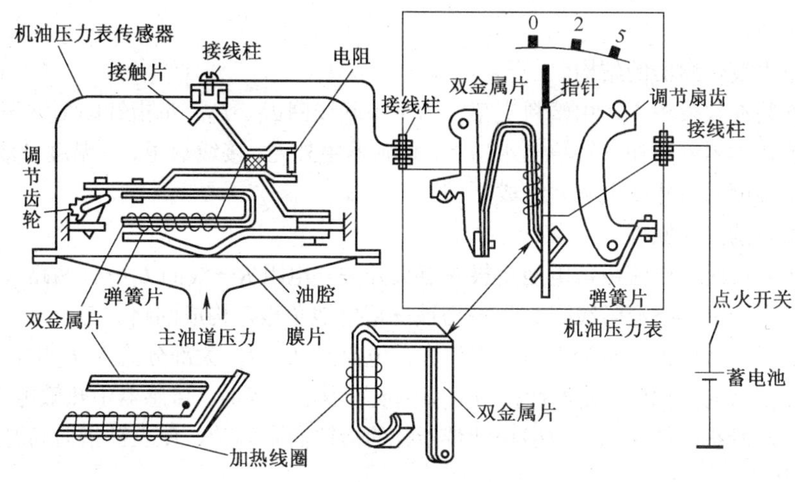

图 6.6 电热式机油压力表电路

（2）机油压力表的工作原理。

接通点火开关时，电流由蓄电池正极→点火开关→接线柱→机油压力表双金属片上的加热线圈→接线柱→传感器内接触片→分两路（一路流经传感器内双金属片上的加热线圈，另一路流经电阻→双金属片）→传感器内双金属片的触点→弹簧片→搭铁→蓄电池负极，构成回路。由于电流流过表内和传感器内双金属片上的加热线圈，双金属片受热变形。

当机油压力很低时，膜片几乎没有变形，作用在传感器内触点上的压力很小。当电流流过而温度略有上升时，传感器内双金属片就受热弯曲，使触点分开，切断通电回路，一段时间后，双金属片冷却伸直，触点又闭合，电路又被接通。故触点闭合时间短，打开时间长，流过机油压力表内加热线圈的平均电流值小，使机油压力表内双金属片弯曲变形程度小，指针偏转角度很小，显示为较低的油压。

当机油压力升高时，膜片向上拱曲，使触点压力增大，传感器内双金属片需要在较高温度下，才能使触点分开，即其上的加热线圈需要通过较大电流。触点分开后稍加冷却就很快闭合。故触点打开时间短，而闭合时间长，通过机油压力表内加热线圈的平均电流值大，指针偏转角度增大，显示出较高的油压。

（3）机油压力表的特点。

表内双金属片为“π”形，目的是使机油压力的显示值不受外界温度的影响。绕有加热线圈的一边称为工作臂，另一边称为补偿臂。当外界温度变化时，工作臂的附加变形被补偿臂的相应变形所补偿，使机油压力表的读数不变。因此在安装传感器时，其壳体上的箭头“向上”，不应偏出垂直位置±30°，这样可保证工作臂位于补偿臂之上，工作臂产生的热气上升就不会影响补偿臂，使显示值更为准确。

四、水温表

水温表电路由电源、点火开关、水温表、水温表传感器等组成，如图 6.7 所示。常用的水温表有电热式和电磁式两种。其中电热式水温表与电热式机油压力表的结构

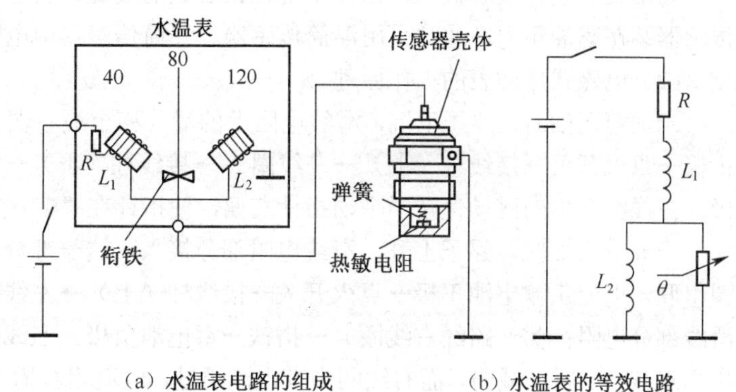

（a）水温表电路的组成　（b）水温表的等效电路

图 6.7 电磁式水温表电路

和工作原理相似。

（1）水温表及传感器的结构。

水温表安装在仪表板上，由塑料支架、两个串联线圈 L_1、L_2、带指针的衔铁等组成。热敏电阻式的水温表传感器安装在气缸盖出水口上，传感器由外壳、接线端子、负温度系数热敏电阻（有些车型采用正温度系数热敏电阻）组成。

（2）水温表的工作原理。

接通点火开关时，电流由蓄电池正极→点火开关→电阻 R→线圈 L_1→分两路（一路流经水温传感器热敏电阻，另一路流经线圈 L_2）→搭铁→蓄电池负极，构成回路。

当水温低时，传感器中热敏电阻的阻值大，电流经 L_1 后，大部分流入 L_2 中，产生的合成磁场使带指针的衔铁向左偏转，使表针指向低温刻度；当水温高时，传感器中热敏电阻的阻值减小，L_2 中的电流相对减少，产生的合成磁场使带指针的衔铁向右偏转，使表针指向高温刻度。

五、燃油表

燃油表电路由电源、点火开关、燃油表、燃油表传感器等组成，如图 6.8 所示。常用的燃油表有电热式、电磁式、电子式 3 种。其中电热式燃油表的结构和工作原理与电热式机油压力表基本相同，下面主要介绍电磁式和电子燃油表。

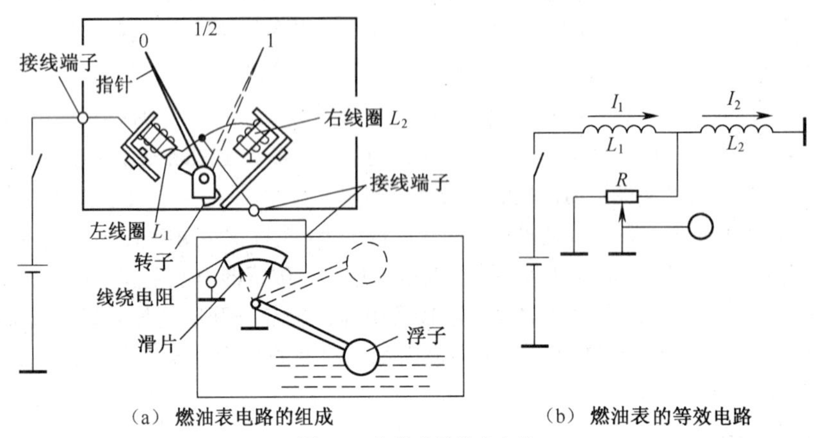

（a）燃油表电路的组成　　（b）燃油表的等效电路

图 6.8　电磁式燃油表电路

1．电磁式燃油表

（1）电磁式燃油表的结构。

燃油表安装在仪表板上，由两个绕在铁心上的线圈、转子、指针、分流电阻等组成。燃油表传感器装在燃油箱内，通常采用浮筒传感器。浮筒传感器由电阻、滑杆、浮子组成。

（2）电磁式燃油表的工作原理。

当油箱无油时，浮子下沉，滑线电阻上的滑片移至最右端，将右线圈 L_2 短路，电流由蓄电池正极→点火开关→接线柱（上）→左线圈 L_1→接线柱（下）→浮子滑片→滑杆→搭铁→蓄电池负极。左线圈产生的磁场使转子带动指针左偏，使指针在“0”位上。

当油量增加时，浮子上升，滑线电阻部分接入，这一部分电阻与右线圈并联，同时又与左线圈串联，电流由蓄电池正极→点火开关→接线柱（上）→左线圈→接线柱（下）→两路（一路经滑线部分电阻；另一路经右线圈）→搭铁→蓄电池负极。左线圈由于串联了电阻使左线圈中的电流相对减小，磁场减弱，而右线圈中有电流通过，电流相对增大，合成磁场使转子带动指针右偏，指示出油箱中的油量。

当油箱中装满油时，浮子带着滑片移到电阻的最左端，电阻全部接入电路中。此时左线圈中电流更小，磁场更弱，而右线圈中电流增大，磁场加强，转子便带着指针向右移，使指针指在“1”（满）位上。

2．电子燃油表

（1）电子燃油表的结构。

电子燃油表电路如图 6.9 所示。

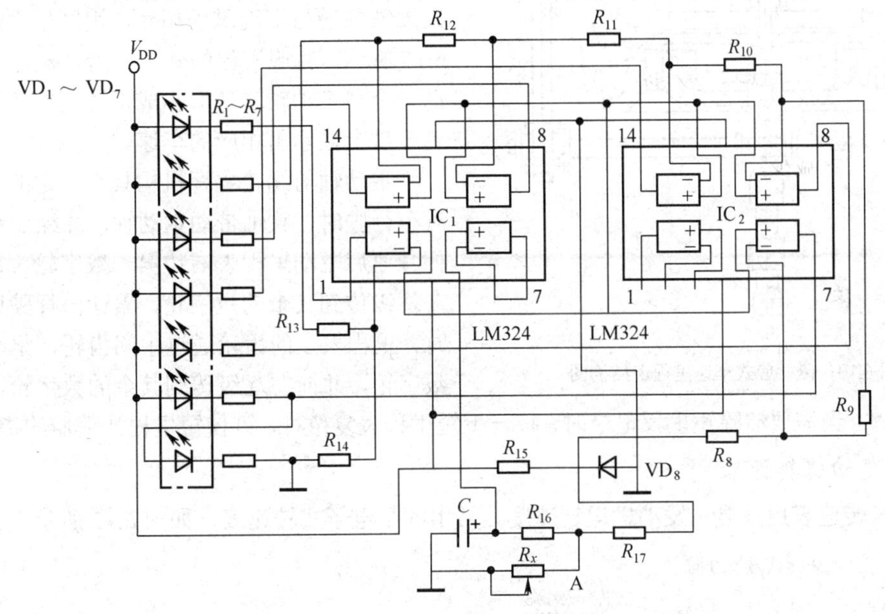

图 6.9 电子燃油表电路图

电路由两块 IC 电压比较器及相关电路、发光二极管显示器、浮筒传感器 3 大部分组成。R_x 是传感器的可变电阻，电阻 R_{15} 和二极管 VD_8 组成稳压电路，给 IC_1、IC_2 两块电压比较器反向输入端提供基准电压信号。电容 C 和电阻 R_{16} 组成延时电路，接到电压比较器的同向输入端，R_x 产生的变化电压信号经延时后与基准电压信号进行比较放大。

（2）电子燃油表的工作原理。

当油箱内加满燃油时，R_x 阻值最小，A 点电位最低，IC_1、IC_2 两块电压比较器输出为低电平，6 只绿色发光二极管全部点亮，而红色发光二极管 VD_1 熄灭，表示油箱已满。

当油箱内的燃油量逐渐减少时，R_x 阻值逐渐增大，A 点电位逐渐增高，绿色发光二极管 VD_7、VD_6、VD_5、…、VD_2 依次熄灭。燃油量越少，绿色发光二极管亮的个数越少。

当油箱内燃油用完时，R_x 的阻值最大，A 点电位最高，IC_1、IC_2 两块电压比较器输出为高电平，6 只绿色发光二极管全部熄灭，而红色发光二极管 VD_1 点亮，表示油箱无油。

六、车速里程表

车速里程表都由车速表和里程表两部分组成，有磁感应式和动圈式车速里程表两种，其原理都是利用永久磁铁磁场和新产生的磁场相互作用来带动指针偏转显示车速。下面以磁感应式为例介绍车速里程表的结构及原理，如图 6.10 所示。

（1）车速里程表的结构。

车速表由永久磁铁、带轴及指针的铝碗、罩壳、刻度盘组成，里程表由 3 对蜗轮蜗杆、中间

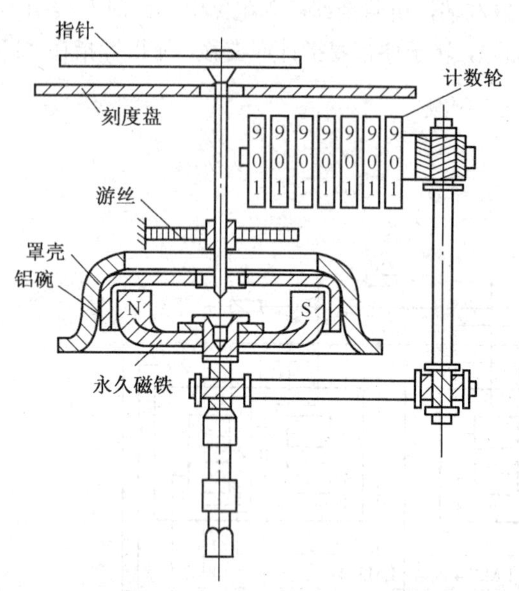

图 6.10 磁感应式车速里程表结构图

齿轮、里程计数器等组成。表的主动轴由变速器输出轴通过齿轮啮合及软轴驱动。

（2）车速里程表的工作原理。

汽车静止时，在游丝的作用下，铝碗指针位于刻度盘零位。汽车行驶时，主动轴带着永久磁铁旋转，磁力线磁化铝碗，使铝碗产生磁场，永久磁铁磁场与铝碗磁场相互作用产生力矩，如图 6.11 所示，克服游丝的弹力，指针被铝碗带着转动一个与主动轴转速大小成正比例的角度，即在刻度盘上显示出相应的车速。

主动轴与蜗轮蜗杆机构具有一定的传动比，汽车行驶时，软轴带动主动轴，并经 3 对蜗轮蜗杆减速后驱动里程表右边第一数字轮，并从右向左逐级传到其余的数字轮，累计出行驶里程。同时，里程表上的齿轮通过中间齿轮，驱动短里程数字轮，并向左逐级传到其余的数字轮，记录短程行驶里程。当需要清除短里程记录时，按一下短里程表复位杆，可使短里程计数器的指示回零。

七、发动机转速表

发动机转速表用来显示发动机运转速度。常用的是电子式转速表，如图 6.12 所示。

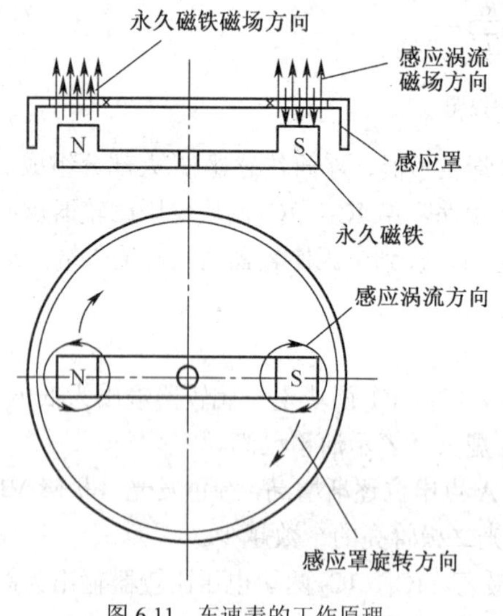

图 6.11 车速表的工作原理

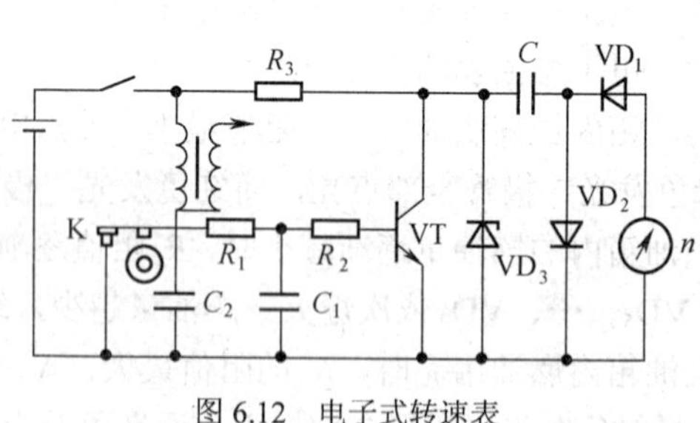

图 6.12 电子式转速表

（1）发动机转速表的结构。

电子式转速表由 R_1、R_2、C_1 组成的积分电路（作用是给开闭脉冲信号整形）、充放电电容 C、放大管 VT、稳压管 VD_2（使电容 C 充电电压稳定，提高转速表的测量精度）、转速表 n 等组成。其转速信号取自于点火系统一次电路的脉冲信号。VD_3 起保护作用，防止 VT 集电极出现瞬间高电压被击穿。

（2）发动机转速表的工作原理。

发动机工作使断电器触点 K 闭合时，晶体管 VT 的基极搭铁无电压处于截止状态，电流经电源正极→R_3→C→VD_2→搭铁→电源负极，给电容 C 充电；当触点断开时，晶体管 VT 的基极电位接近电源电压，VT 由截止转为导通，此时电容 C 上充满的电荷→VT→转速表 n→二极管 VD_1→C 构成放电回路，驱动转速表。触点重复开闭，电容 C 不断进行充放电，使转速表 n 显示通过电流的平均值。断电器触点的开闭频率与发动机的转速成正比，通过转速表 n 的放电电流平均值也与发动机的转速成正比。

八、仪表稳压器

如果仪表是双金属片型的，传感器不是双金属片型的，则系统在工作时蓄电池电压波动会对双金属片型的仪表产生影响，从而造成仪表值有误差。为避免产生这种误差，电热式燃油表、水温表电路中都串装仪表稳压器。仪表稳压器有电热式和电子式两类。

1．电热式仪表稳压器

（1）电热式仪表稳压器的结构。

如图 6.13 所示，电热式仪表稳压器由双金属片、常闭触点、电热丝、座板和外壳等组成。双金属片上的电热丝一端搭铁，另一端焊在双金属片上。双金属片一端是活动触点，另一端用铆钉固定在调节片上，调节片的一端也用铆钉固定并与电源接线相连。调节螺钉可调节两触点之间的压力。

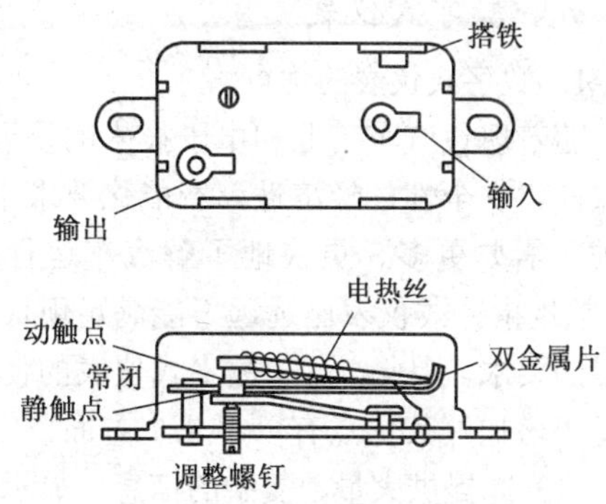

图 6.13　电热式仪表稳压器结构图

（2）电热式仪表稳压器的工作原理。

电热式仪表稳压器的工作原理如图 6.14 所示。当电源电压偏高时，电热丝中的电流增大，双金属片加热快，触点很快断开，断开的触点需要较长时间冷却才能闭合，这样触点闭合时间短，断开时间长，从而将偏高的电源电压降低为某一输出电压平均值。若电源电压偏低时，电热丝中的电流较小，产生热量少，于是触点断开时间短而闭合时间长，从而将偏低的电源电压提高到同一输出电压平均值。工作时电压波形如图 6.15 所示。

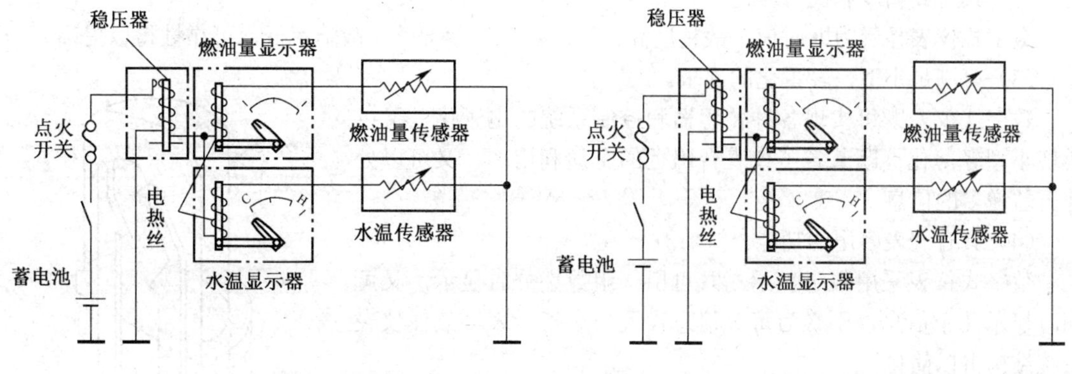

图 6.14　电热式仪表稳压器工作原理图

2．电子式仪表稳压器

电子式仪表稳压器采用汽车专用的三端集成稳压块，它具有结构简单，成本低，稳压效果好，使用寿命长等优点，故被广泛应用。图 6.16 所示为桑塔纳、奥迪轿车仪表板专用的三端式电子稳压器。1 为输出脚，⊥脚为搭铁，2 为电源输入端。该稳压器输出电压为 9.5～10.5 V。

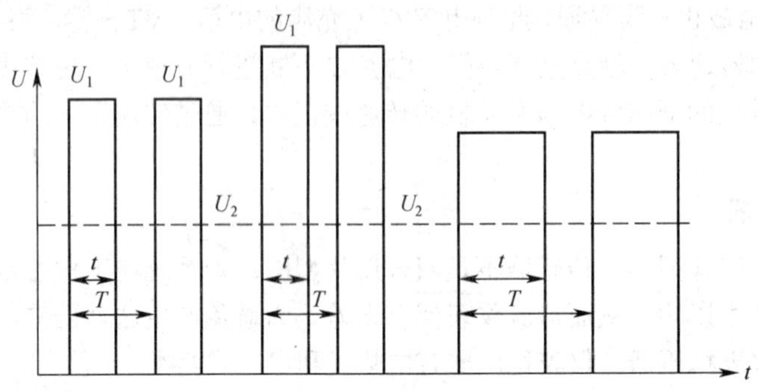

图 6.15 电热式仪表稳压器工作波形图

九、数字式仪表

1. 数字式仪表的优点

随着现代汽车工业和电子技术的发展，汽车的环保性、安全性、经济性、智能化要求不断提高，驾驶员需要更多、更快地了解汽车运行的各种信息，常规指针式仪表已远远不能满足现代汽车技术发展的要求。因此，汽车数字式仪表的使用比例正在逐年增加。其优点有以下几个方面。

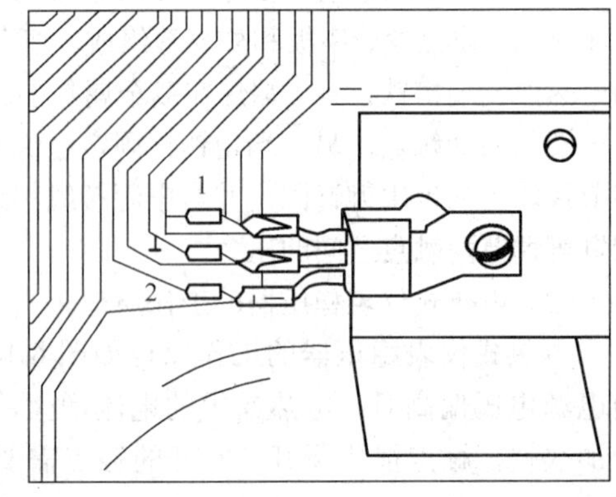

图 6.16 电子式仪表稳压器结构图

（1）能提供大量、复杂的信息，显示直观。

为满足汽车排气净化、节能、安全性和舒适性的要求，汽车电子控制装置必须能迅速、准确地处理各种复杂的信息，并以数字、文字或图形的形式显示出来，供驾驶员了解汽车的运行状况，并及时处理。另外，对于汽车的故障诊断、导航、定位等，数子仪表显示终端也能完成这些任务。

（2）具有高精度和高可靠性。

数字式仪表显示为即时值，故精度高，又因没有运动部件，故障率低，可靠性得以提高。

（3）可满足小型、轻量化的要求。

数字式仪表既可实现各种传感器和控制系统的电子化，又可实现小型轻薄化；既节省了仪表台附近的空间利用率，又可以处理日益增多的信息。

（4）具有一表多用的功能。

数字式仪表采用数字显示，既可用一组数字分时显示，又可同时显示几个信息，不必为每个信息设置一个指示表，故使仪表系统结构得以简化。

2. 常用显示器件

（1）发光二极管（LED）。

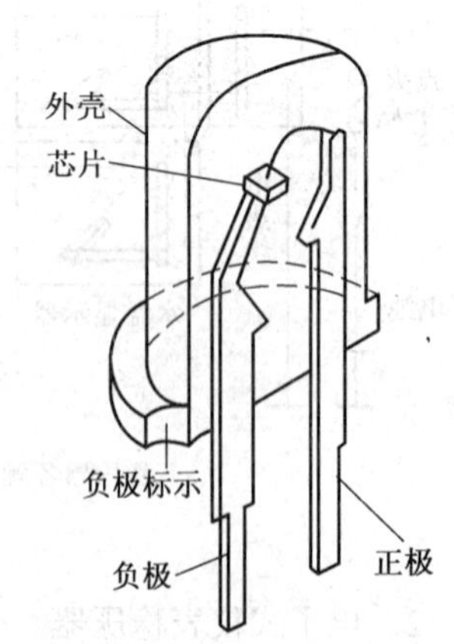

图 6.17 发光二极管结构图

它是应用最为广泛的低压显示器件，其结构如图 6.17 所示。正、负极加上合适正向电压后，其内半导体晶片发光，通过带颜色透明的塑料外壳显示出来。发光的颜色有红、绿、黄、橙等，可单独使用，也可用来组成数字、字母、发光条图。汽车一般用于指示灯、数字符号段或点数不太多的光杆图形显示，如图 6.18 所示。

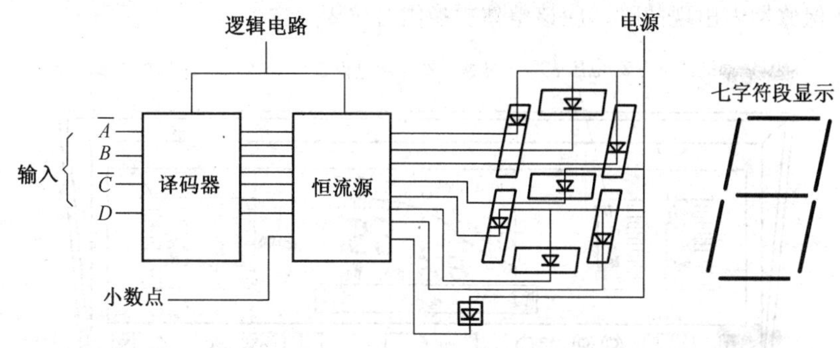

图 6.18　发光二极管构成的七字符段显示电路

（2）液晶显示器件（LCD）。

液晶是一种有机化合物，在一定温度范围和条件下，既具有普通液体的流动性，也具有晶体的某些光学特性。液晶显示器的结构如图 6.19 所示。它有两块厚约 lmm 的玻璃基板，基板上涂有透明的导电材料作为电极，一面电极为图形。两基板间注入 10μm 厚的液晶，在两玻璃基板的外表面分别贴有偏光板，四周密封。当两电极通一定电压时，位于通电电极范围内（要显示的数字、图形等）的液晶分子重新排列，这样，通电部分电极就形成了在发亮背景下的字符或图形。

（3）真空荧光管（VFD）。

真空荧光管实际上是一种真空低压管，它由钨丝、栅极、涂有磷光物质的玻璃组成。其发光原理与电视机中的显像管相似，如图 6.20 所示。当屏幕接电源正极，灯丝接电源负极时，获得正向电压，电流通过灯丝并加热，在电场力的作用下发射电子，由栅极控制电子流加速，射向屏幕，当电子高速碰撞数字板荧光材料时，数字板发光，通过前面平板玻璃的滤色镜显示出数字。真空荧光管（VFD）为发光型显示器件，具有色彩鲜艳，可见度高，立体感强等优点。但由于真空管需要由一定厚度的玻璃外壳制成，故障复杂的图形用 VFD 制作成本较高，体积大，汽车上它常用作数字显示器。

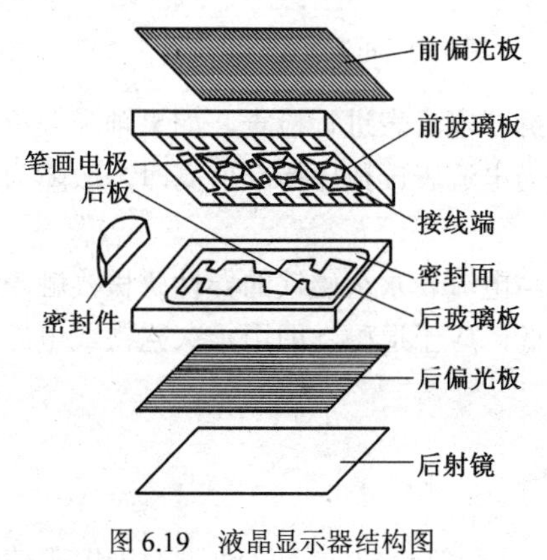

图 6.19　液晶显示器结构图

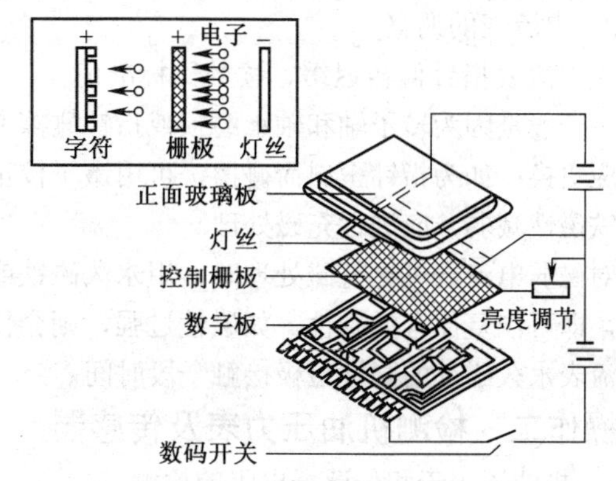

图 6.20　真空荧光管结构原理图

3．数字组合仪表

数字式组合仪表由各种传感器、微电脑、显示器 3 大部分组成。一般都具有自诊断功能，若仪表发生故障，则其故障代码会存放在组合仪表的 RAM 存储器里，用专用仪器调码后，可以读出故障内容。图 6.21 所示为杆图式数字仪表，仪表有车速里程表、发动机转速表、机油压力表、电压表、冷却液温度表、燃油表等。组合仪表不可分解，只有普通灯泡的指示灯可以单独更换。若组合仪表在保修期内出现故障，应该整体更换组合仪表。

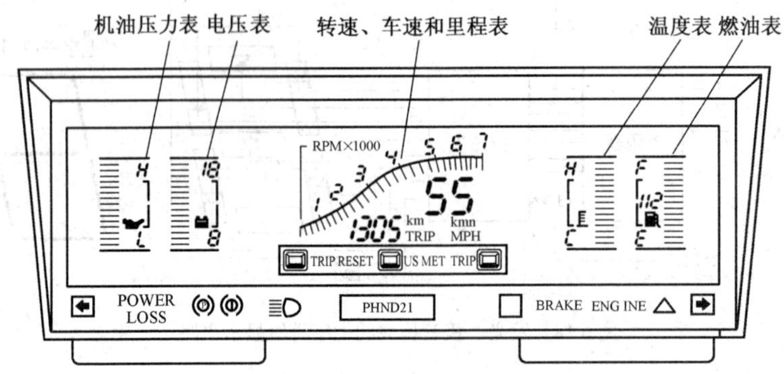

图 6.21 杆图式数字仪表

课题实施

检测仪表及传感器

操作一 检测电流表

1．电流表的检测

如图 6.22 所示，将被检验的电流表与标准电流表同时串联在带有 0.5Ω、40A 可变电阻的直流电路中。接通电路，改变可变电阻的大小，观察两电流表的读数是否相同。在正常温度（(20±5) ℃）下允许误差为：10～20A 时，误差不大于±20%；30A 时，误差不大于±15%。

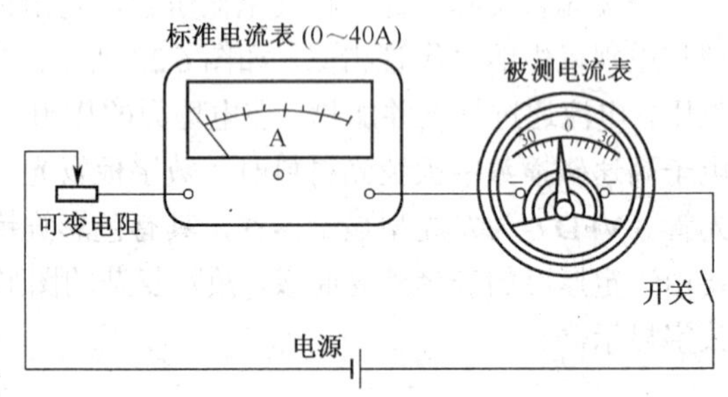

图 6.22 电流表检测电路

若电流表的误差值超标，应修理或更换。

2．电流表的调整

当电流表指针偏转迟缓、读数比标准值低时，一般是因为转子轴和轴承磨损或指针碰擦卡住，应拆开电流表进行检查。如果轴和轴承磨损，应更换；如为指针歪斜而碰擦，可用镊子校正指针。当电流表读数比标准值高时，故障为永久磁铁磁性减弱，应进行充磁处理。

对磁弱电流表进行充磁处理时，用永久磁铁或电磁铁与电流表永久磁铁的异性磁极接触一段时间，即可恢复原有的磁性。如磁性过强，则会使读数偏低，应予退磁，即用永久磁铁或电磁铁与电流表永久磁铁的同性磁极接触一段时间。

操作二 检测机油压力表及传感器

1．机油压力表和传感器电阻的检测

用万用表测量机油压力表和传感器电热线圈的电阻值是否符合要求。机油压力表电阻值为 17.5Ω；传感器电阻值为 8～12Ω。

如果电阻值小于标准电阻值，说明电热线圈有匝间短路故障。如果电阻值大于标准电阻值，说明线圈与连接部件接触不良。如果万用表指针不动，说明线圈电路断路，应换用新品。

2．机油压力表指针偏摆角度的检验与调整

将机油压力表与毫安表（0～300mA）、可变电阻器（0～100Ω）和12V蓄电池串联组成检验电路，如图6.23所示。接通电路开关，调节可变电阻，当毫安表指示读数分别为60mA、170mA和240mA时，机油压力表指针应相应地指在“0”、“2”、“5”的刻度上，指不准应进行调整或修理。

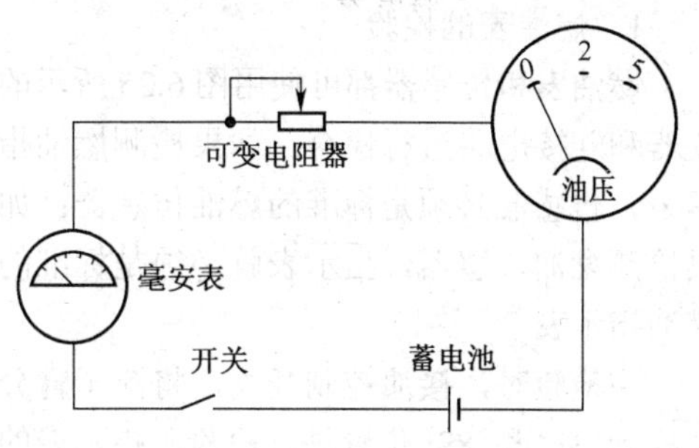

图6.23 机油压力表检测电路

如机油压力表指针在“0”位有误差，可用旋具或专用工具调整零位调整扇齿。向左拨动（从表背面看），读数增高；向右拨动，读数降低。如最大读数的误差超过20%，可拨动偏摆角度调整扇齿。向左拨动，读数增高；向右拨动，读数降低。

在机油压力表内，指针与双金属片方框构成的3个直角应在一个平面内，否则会使读数不准，故要用镊子将其校正平整。

3．传感器输出电流的检验与调整

将被检验的传感器与标准的指示表、12V蓄电池、油压机、机械式油压表组成如图6.24所示的检验电路。如果没有油压机，可用汽车液压制动主缸代替。

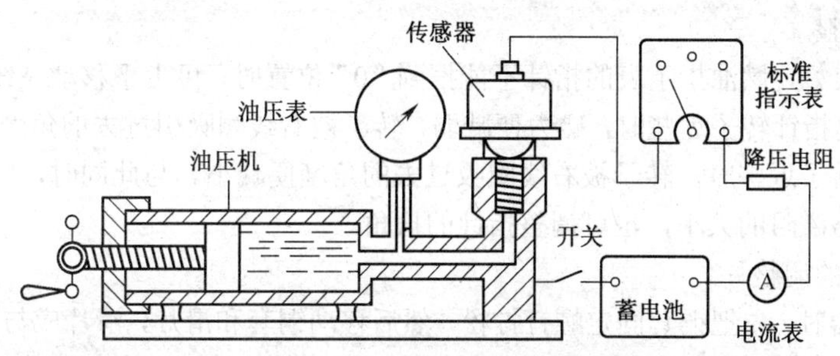

图6.24 机油压力传感器检测电路

检验时，接通控制开关，摇转油压机手柄，当机械式油压表指示的压力分别为0kPa、200kPa、500kPa时，如标准指示表相应地指示0kPa、200kPa、500kPa压力，则表明被检传感器工作良好。否则说明传感器工作不正常，应换用新品。

传感器所受压力在0kPa、200kPa、500kPa时，传感器输出的电流为65mA、170mA、240mA。在传感器感受高压时，如输出电流比规定值低，则多为校正电阻值增大所致，可将指示表弹片的张力减弱或改变电阻值来进行校准。

操作三 检测水温表及传感器

水温表的检修与调整方法与油压表大同小异，下面以北京BJ2020系列汽车水温表的检修与调整为例进行说明。

1．水温指示表和传感器电阻的检测

水温指示表和传感器电阻的检测方法与油压表相同，水温指示表电阻值为17.5Ω；传感器电阻值为8.5～9Ω。

2．水温指示表指针偏摆度的检测与调整

水温表检测电路与机油压力表检测电路相同，在电流强度在80mA、160mA、240mA时，水温表指针偏摆度读数应为100℃、80℃、40℃。

操作四 检测燃油表及传感器

1．燃油表的检验

燃油表和传感器都可使用图 6.25 所示的仪器和连接电路进行检查。如果检测燃油指示表，传感器必须是标准的燃油传感器；如果检测燃油传感器，指示表就必须是标准的燃油指示表。

在检验时，接通控制开关，将浮子臂分别摆到 31°和 89°位置进行检验，指示表的指针应相应地指在“0”和“1”位置。如果误差不超过 10%，指示表或传感器就可继续使用，否则应当进行调整或换用新品。

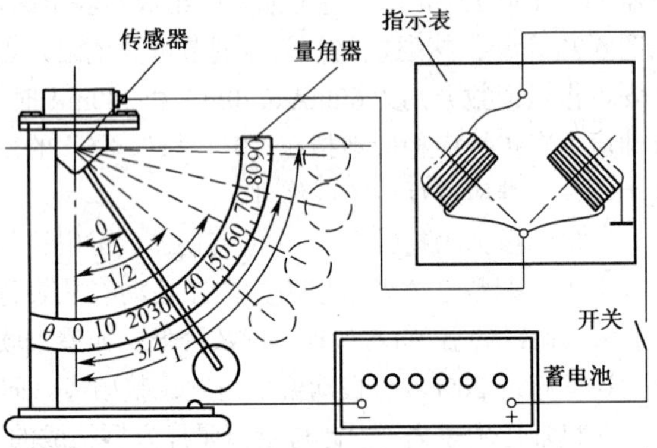

图 6.25 燃油表及传感器检测电路

在没有量角器的情况下，可用手扳动燃油传感器浮子进行检测。方法是将浮子放在最低位置（相当于 31°位置）和抬高到水平位置（相当于 89°位置）时，燃油指示表指针应相应地指在“0”或“1”位置。这种方法虽不如仪器检测准确，但操作简便。

2．燃油表的调整

当燃油传感器良好，燃油指示表的指针不能摆到“0”位置时，可上下移动左线圈的位置进行调整。当左线圈距离指针转子远些时，磁力便减弱，转子被右线圈吸引过去的角度便增大；反之，当左线圈距离指针转子近些时，转子被右线圈吸过去的角度便减小。与此同时，弯曲右线圈的导磁磁扼，改变其磁路磁阻的大小，也可调整指针的摆角。

3．燃油传感器的调整

调整燃油传感器时，先把铜套固定螺钉拧松，然后移动铜套和滑片，滑片应与电阻接触良好。并注意检查电阻是否烧坏、搭铁是否良好，有无短路、断路等，浮子杆上下摆动是否灵活，否则应予修理或换用新品。

课题二 汽车报警系统

基础知识

一、汽车报警装置的作用及系统电路

为了保证行驶安全和提高车辆的可靠性，现代汽车设置有报警系统，根据汽车的组成系统安装了一些报警装置。

1．汽车报警装置

（1）蓄电池液面过低报警装置。

蓄电池液面过低报警装置用来监控蓄电池电解液的液面高度。当蓄电池电解液液面过低时，蓄电池极板极易产生硫化现象，因此要监控液面高度。

（2）机油压力过低报警装置。

机油压力过低报警装置用来监控发动机主油道中的压力，当油压过低时，给驾驶员以警告，以免发动机烧瓦。

（3）冷却液温度过高报警装置。

冷却液温度过高报警装置用来监控发动机冷却水温度。水温过高时点亮仪表板上的指示灯，给驾驶员以警告。

（4）燃油量过少报警装置。

燃油量过少报警装置用来监控燃油箱中存油量的多少（用在无燃油表的车辆上）。当燃油箱中存油量少到一定程度时，给驾驶员以警告。

（5）制动系统压力过低报警装置。

制动系统压力过低报警装置用在气压制动系统的车辆上，用来监控气压制动系统车辆的主储气筒中气压的高低，当气压过低时，点亮报警灯警告驾驶员及时充气。

（6）制动灯信号断线报警装置。

制动灯信号断线报警装置用来监控制动灯电路是否断路。当某一制动灯电路断路时，点亮警告灯，警告驾驶员。

（7）制动蹄片磨损过量报警装置。

制动蹄片磨损过量报警装置用来监控制动蹄片的厚度。当制动蹄片磨损量达到规定值时，点亮信号灯，提醒驾驶员及时更换制动蹄片。

（8）制动液面过低报警装置。

制动液面过低报警装置用在液压制动系统的车辆上，用来监控制动储液罐中的液压油量的多少，当油量过少时，警告驾驶员。

（9）滤清器堵塞报警装置。

滤清器堵塞报警装置用来监控空气滤清器是否堵塞。

（10）车门未关警告灯。

车门未关报警灯一般用在轿车上，用来提醒驾驶员有车门未关紧。

（11）驻车制动警告灯。

当拉紧手制动时灯亮，用于提醒驾驶员手制动未解除。

（12）安全带警告灯。

当驾驶员和（或）乘员未系安全带时灯亮，用于提醒驾驶员或乘员系好安全带。

除了上述报警装置和警告灯外，还有与汽车其他系统配合使用的报警灯。如 CHECK 报警灯、ABS 报警灯、AIR 报警灯、O/D 报警灯等。

2．报警电路

报警电路通常由电源、警报开关（传感器）、报警灯（或蜂鸣器）等组成，如图 6.1 所示。

二、蓄电池液面过低报警装置

蓄电池液面过低报警装置由铅棒和加液塞构成的传感器，VT_1、VT_2 构成的放大器，发光二极管构成的报警灯等组成，如图 6.26 所示。

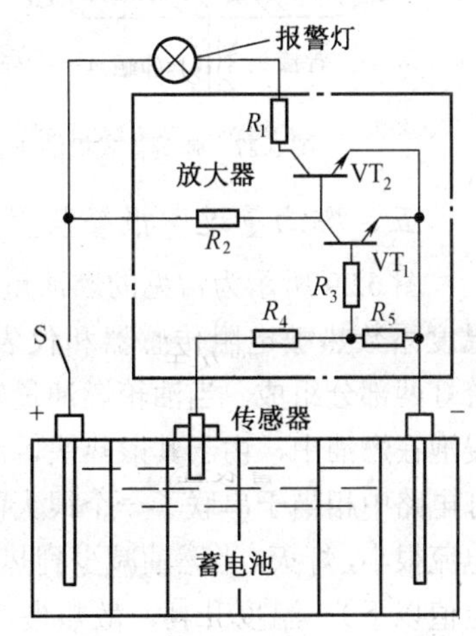

图 6.26　蓄电池液面过低报警装置

传感器安装在蓄电池单格内（一般为第三格正极侧）。当电解液液面高度为 10～15mm 时，铅棒与电解液化学反应后，产生的电动势（约为+8V）使 VT_1 导通，VT_2 因无正偏压而截止，报警灯中无电流通过而不亮。当电解液液面低于 10mm 时，电解液无法与铅棒接触，电动势为零，故 VT_1 截止，VT_2 得到正偏压而导通。报警灯中有电流通过，报警灯亮，从而提醒驾驶员补充蒸馏水。

三、机油压力过低报警装置

机油压力过低报警装置有膜片式和弹簧管式两种，图 6.27 所示为最常见的弹簧管式机油压力过低报警装置。它由装在发动机主油道的弹簧管式传感器和装在仪表板上的报警灯两部分组成。传感器内的管形弹簧一端与发动机主油道连接，另一端与动触点连接，静触点经导电片与接线柱连接。当润滑系统机油压力低于允许值时，如 EQ1090 汽车为 50～90kPa，管形弹簧几乎无变形，动静触点闭合，报警灯中有电流通过，灯亮，提醒驾驶员注意。当润滑系统机油压力达到允许值时，管形弹簧变形程度增大，使动静触点分开，报警灯中无电流通过，灯灭。

四、冷却液温度过高报警装置

图 6.28 所示为常见的冷却液温度过高报警装置。它由双金属片式温度传感器和仪表板上的冷却液温度过高报警灯两部分组成。当发动机冷却液的温度达到或超过极限温度时，传感器内双金属片受热温度升高，变形程度大，使其内动静触点闭合，报警灯中有电流通过，灯亮，提醒驾驶员及时停车检查和冷却。当发动机冷却液的温度正常时，传感器内双金属片受热温度较低，变形程度小，其内动静触点断开，报警灯中无电流通过，灯灭。

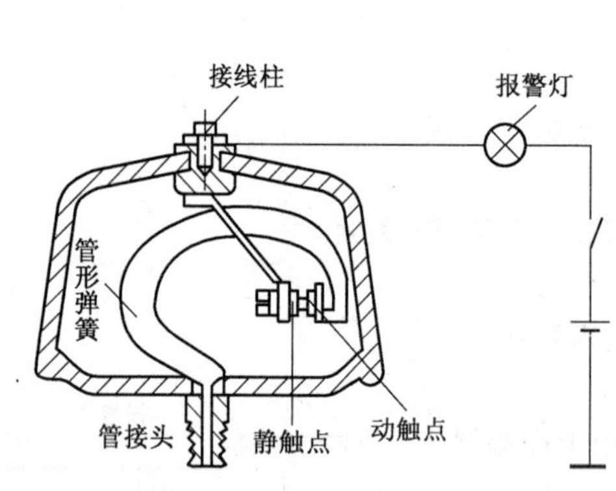

图 6.27 弹簧管式机油压力报警装置

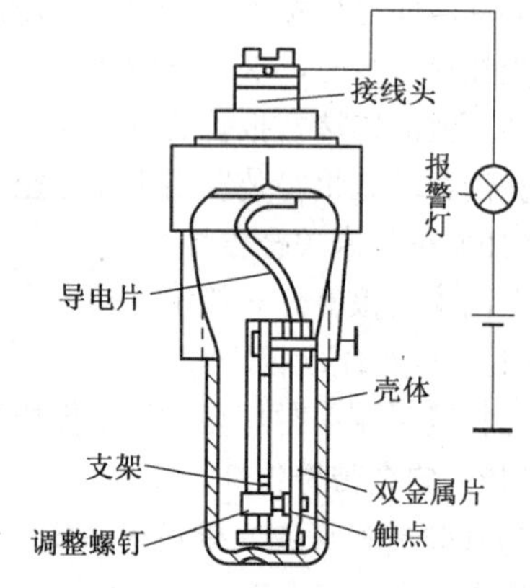

图 6.28 冷却液温度报警装置

五、燃油量过少报警装置

图 6.29 所示为常见的燃油量过少报警装置。它由负温度系数热敏电阻传感器和仪表板上的燃油量过少报警灯两部分组成。当油箱燃油量较多时，热敏电阻完全浸泡在燃油中，由于其散热快，温度低，阻值大，报警灯电路中相当于串联了一个很大的电阻，流过报警灯的电流很小，灯灭。当燃油减少到热敏电阻露出油面时（规定值以下），温度升高，散热慢，电阻值减小，流过报警灯的电流增大，灯亮。

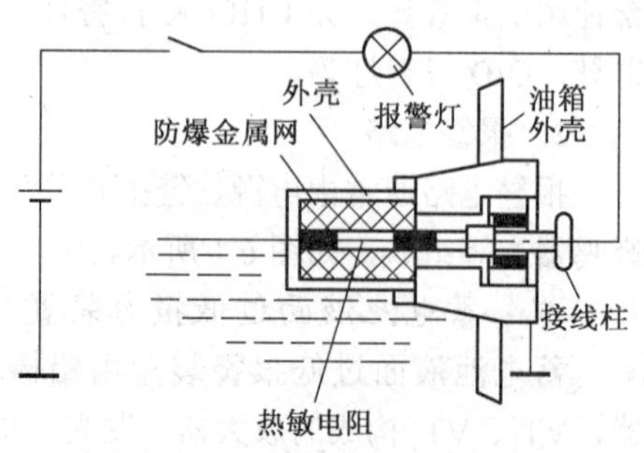

图 6.29 热敏电阻式燃油报警装置

六、制动系统压力过低报警装置

气制动的汽车必需装备制动系统压力过低报警装置。图 6.30 所示为常见的制动系统低压报警装置。它由装在制动系统储气筒或制动阀压缩空气输入道中的低气压报警传感器和仪表板上的红色报警灯两部分组成。当制动气压下降到规定值时，作用在膜片上的压力减小，复位弹簧使触点闭合，电路接通，报警灯亮。提醒驾驶员注意，否则会因制动系统不能正常工作，造成交通事故。当气压达到规定值后，作用在膜片上的压力增大，压缩复位弹簧使触点断开，电路切断，报警灯熄灭。

七、制动灯信号断线报警装置

图 6.31 所示为制动灯信号断线报警装置。它由电磁线圈与舌簧开关构成的控制器和仪表板上的报警灯两部分组成。汽车制动时，制动灯开关闭合，电流分别经点火开关、制动灯开关、控制器两并联线圈、左右制动信号灯、搭铁，使制动信号灯亮。同时两线圈所产生的磁场相互抵消，舌簧开关维持常开状态，报警灯不亮。当某一侧制动信号灯线路出现故障时，控制器线圈中只有一路有电流通过，通电的线圈产生电磁吸力使舌簧开关闭合，报警灯亮。

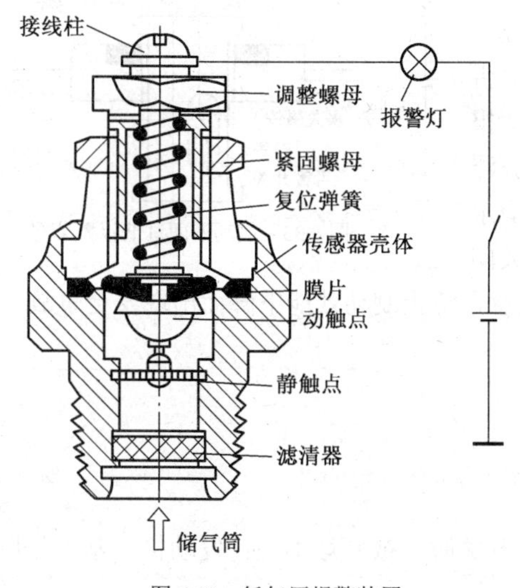

图 6.30 低气压报警装置

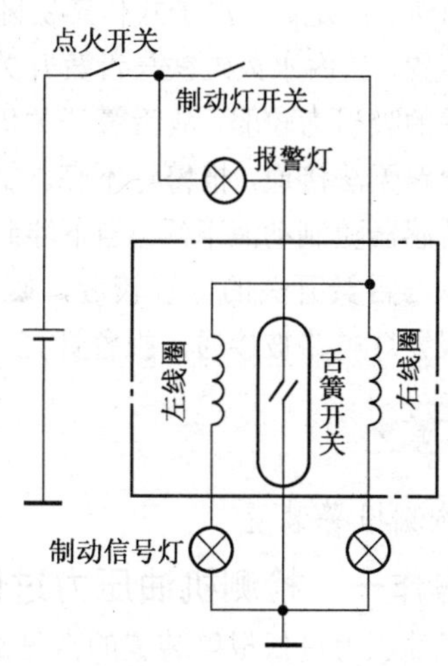

图 6.31 制动灯信号断线报警装置

八、制动蹄片磨损过量报警装置

制动蹄片磨损过量报警装置的作用是当制动摩擦片磨损到使用极限厚度时点亮，发出报警信号。图 6.32 所示为两种结构形式的监测报警装置原理图。

图 6.32（a）所示的装置是将一个金属触点埋在摩擦片内部。当摩擦片磨损至使用极限厚度时，金属触点就会与制动盘（或制动鼓）接触而使警告灯与搭铁接通，仪表板上的警告灯便会亮起，以示警告。

图 6.32（b）所示的装置则是将一段导线埋设在摩擦片内部，该导线与电子控制装置相连。当接通点火开关后，电子控制装置便向摩擦片内埋设的导线通电数秒钟进行检查，如果摩擦片已磨损到使用极限厚度，并且埋设的导线已被磨断，电子控制装置则使警告灯亮起，以示制动摩擦片需要更换。

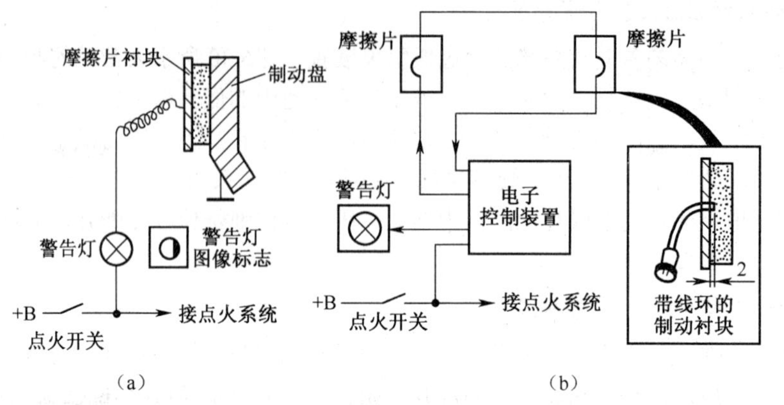

图 6.32 两种结构形式的制动蹄片磨损过量报警装置

九、制动液面过低报警装置

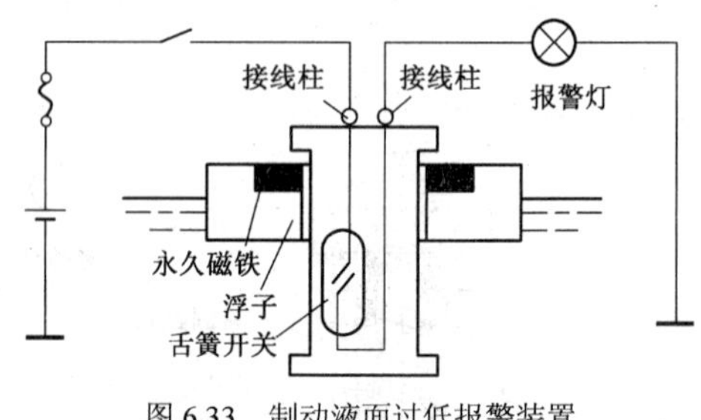

图 6.33 制动液面过低报警装置

图 6.33 所示为制动液面过低报警装置。它由安装在制动液储液罐内的浮子式传感器和报警灯两部分组成。制动液充足时，浮子式传感器随制动液上浮，处于较高位置，其内永久磁铁与舌簧开关的位置较远，对舌簧开关的吸引力较弱，故舌簧开关仍处于常开状态，报警灯电路无法接通，报警灯不亮。制动液不充足时，浮子式传感器随制动液下浮，当下浮到规定值以下时，永久磁铁与舌簧开关的位置较近，磁力吸动舌簧开关闭合，报警灯电路被接通，报警灯亮。提醒驾驶员注意，防止制动效能下降而出现安全事故。

课题实施

检测报警装置

操作一 检测机油压力过低报警装置

机油压力过低报警装置的常见故障有接通点火开关时，报警灯不亮；发动机工常工作后报警灯常亮。

（1）接通点火开关，报警灯不亮。

接通点火开关，报警灯不亮的故障通常由电路断路、报警灯损坏、机油压力传感器触点接触不良所致。

检查时可接通点火开关，拆下机油压力传感器接线柱上的导线直接搭铁，查看报警灯是否点亮。若报警灯亮，故障为传感器触点接触不良；若故障灯仍不亮，则应用万用表逐点检查从接线柱导线至蓄电池正极之间的每一点是否有蓄电池电压。断路点在有电压和无电压的一段电路上。若报警灯前端有电压而后端无电压，则为报警灯损坏，应予以更换。

（2）发动机正常工作后报警灯常亮。

这一故障通常由报警灯之后的电路短路或机油压力传感器损坏导致触点无法分开所致。

检查时可先从接线柱上拆下导线，若此时报警灯熄灭，则故障由机油压力传感器触点短路所致，应予以更换；若报警灯仍不熄灭，则故障由报警灯出线端至机油压力传感器的电路搭铁短路所致，应及时排除。

操作二　检测冷却液温度过高报警装置

冷却液温度过高报警装置的常见故障有水温超过工作温度时，报警灯不亮；接通点火开关后报警灯常亮。

（1）水温超过工作温度时，报警灯不亮。

水温超过工作温度时，报警灯不亮的常见故障原因是：冷却液温度传感器损坏、报警灯损坏、电路断路。

检查时，可接通点火开关，拆下传感器接线柱上的导线直接搭铁，查看报警灯是否点亮。若此时报警灯亮，则说明冷却液温度传感器损坏，应予以更换；若报警灯不亮，则应用万用表逐点检查从接线柱导线至蓄电池正极之间的每一点是否有蓄电池电压。断路点在有电压和无电压的一段电路上。若报警灯前端有电压而后端无电压，则为报警灯损坏，应予以更换。

（2）接通点火开关后报警灯常亮。

接通点火开关后报警灯常亮的故障原因是：冷却液温度传感器触点烧结、报警灯后的电路搭铁短路。

检查时可先从接线柱上拆下导线，若此时报警灯熄灭，则故障由冷却液温度传感器触点烧结短路所致，应予以更换；若报警灯仍不熄灭，则故障由报警灯出线端至冷却液温度传感器的电路搭铁短路所致，应及时排除。

操作三　检测制动液面过低报警装置

制动液面过低报警装置的常见故障有：接通点火开关，无论制动液储油罐内是否有油，报警灯均亮；接通点火开关，制动液储油罐内无油时，报警灯不亮。

（1）接通点火开关，无论制动液储油罐内是否有油，报警灯均亮。

产生此故障的原因是：浮子卡死、舌簧开关烧结。检查时，可从储液罐中拆下传感器，用手拨动浮子总成，查看有无卡死现象。若无卡死现象，则故障由舌簧开关烧结引起；若有卡滞现象，应予以排除或更换传感器总成。

（2）接通点火开关，制动液储油罐内无油时，报警灯不亮。

故障由电路断路、报警灯损坏、舌簧开关接触不良造成。检查时可接通点火开关，测量如图6.33所示传感器左端接线柱是否有蓄电池电压。

若无蓄电池电压，则点火开关至接线柱之间的电路断路，应排除。

若有蓄电池电压，可从储液罐上拆下传感器，将浮子放到最下端，测量右端接线柱是否有蓄电池电压。若无蓄电池电压，则故障为舌簧开关触点接触不良；若无蓄电池电压，则应检查右端接线柱→报警灯→搭铁电路是否断路，报警灯是否损坏。

思考与练习

1. 汽车常用仪表有哪些？各有何作用？
2. 数字式仪表有何优点？常用显示器件有哪些？
3. 汽车仪表系统有哪些常见故障？如何检修？
4. 汽车常用报警装置有哪些？各有何作用？
5. 试述制动液面过低报警装置的工作原理。

模块七 7 汽车辅助电气系统

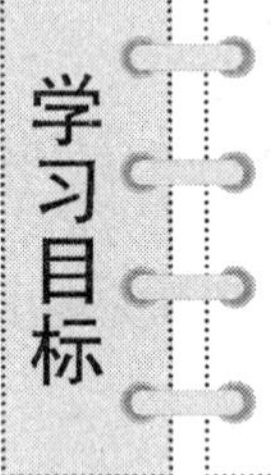

学习目标

◎ 了解电动风扇、车窗清洁装置、电动车窗、电动座椅、电动后视镜、防盗装置的作用与电路

◎ 掌握电动风扇、车窗清洁装置、电动车窗、电动座椅、电动后视镜、防盗装置的故障及诊断方法

课题一 电动风扇

基础知识

一、电动风扇的作用及电路组成

电动风扇主要用来冷却发动机冷却水，对于带空调的车辆，电动风扇同时用于冷却空调冷凝器。

汽车上的散热器风扇有单风扇和双风扇两种，可以采用串联或并联的方式工作。双风扇常在有空调系统的车辆上采用，因为带空调汽车的空调冷凝器需要更高速的冷却空气，因此，双风扇中的一个安装在散热器前面（主要冷却冷凝器），一个安装在散热器后面（主要冷却散热器）。

电动风扇的控制电路通常由电源、点火开关、风扇继电器、温度控制开关和空调压力开关、风扇等组成。其控制方式一般采用温度控制开关和空调压力开关共同控制的方式，对于电控发动机，风扇也可采用发动机 ECU 进行控制，其控制原理是发动机 ECU 根据各传感器信号，控制磁阀的通电和断电的时间，调节液压回路流量大小，达到自动调节风机转速的目的。

二、电动风扇的控制原理

1．单风扇控制电路及工作原理

丰田 5S-FE 发动机单风扇控制电路如图 7.1 所示。

接通点火开关，发动机主继电器线圈电路接通，发动机主继电器常闭触点断开，常开触点接通，蓄电池电压通过发动机主继电器触点 5、4 送到冷却风扇继电器 3 接柱。由于点火开关接通时，冷却风扇继电器线圈电路也接通，触点断开，因此风扇不转动。

当发动机冷却水温度达到 93℃时，水温控制开关断开，冷却风扇继电器线圈电路断路，触点闭合，风扇旋转。

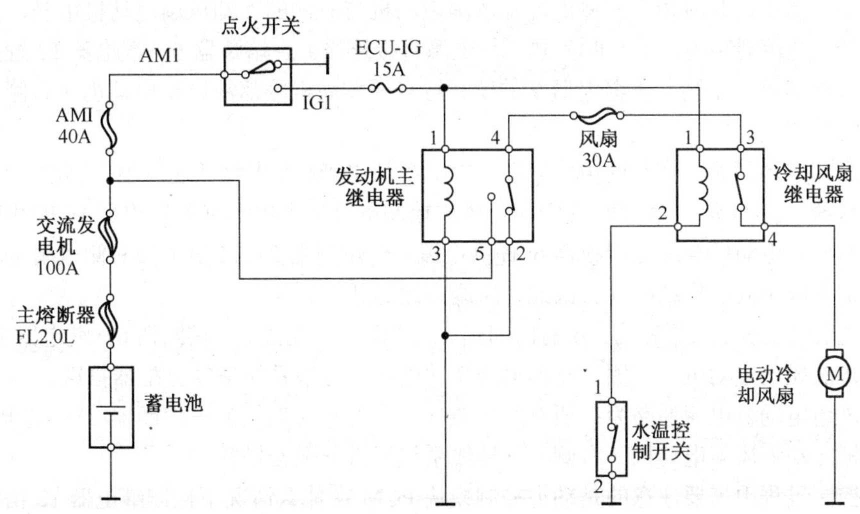

图 7.1　丰田 5S-FE 发动机单风扇控制电路

2．发动机计算机控制的双风扇电路及工作原理

上海通用别克轿车发动机计算机控制的双风扇电路如图 7.2 所示。冷却风扇由两个熔断器（6 号 40A 和 21 号 15A）分别向发动机冷却风扇供电。熔断器位于发动机罩下附件熔断器接线盒内。

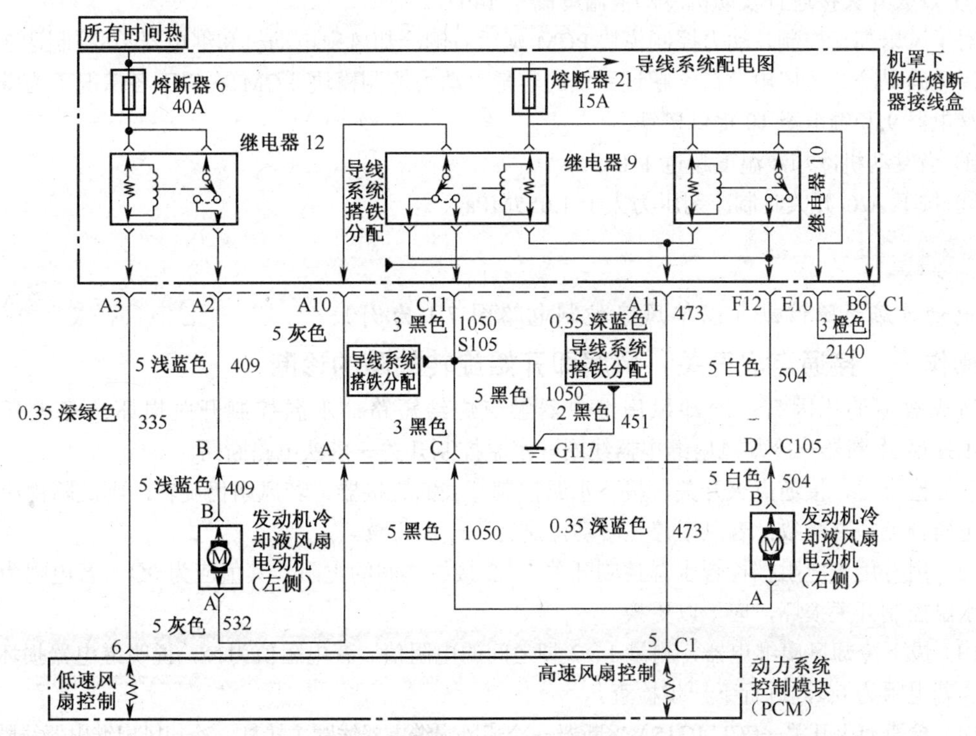

图 7.2　别克轿车发动机电脑控制的双风扇电路

（1）冷却风扇低速工作时的电路。动力控制模块 PCM 控制继电器 12 的电磁线圈通电。其电路为：所有时间热（与电源直接连接）→熔断器 6→继电器 12 线圈→PCM 的低速风扇控制电路搭铁。于是，继电器 12 的线圈中有电流通过，控制继电器 12 触点闭合，向发动机冷却液风扇电

动机（左侧）供电。此时由于左侧的冷却风扇电动机与右侧的冷却风扇电动机串联，所以两个风扇低速运转。电流通路为：所有时间热（与电源直接连接）→熔断器 6→继电器 12 触点→发动机冷却液风扇电动机（左侧）→继电器 9 的动断触点→发动机冷却液风扇电动机（右侧）→导线系统搭铁分配器搭铁。

（2）冷却风扇高速工作时的电路。动力控制模块 PCM 首先经低速风扇控制电路对继电器 12 提供搭铁路径。经 3s 延时后，PCM 经高速风扇控制电路为继电器 9 和继电器 10 的线圈提供搭铁路径。左侧风扇电动机继续由熔断器 6 提供电流。但熔断器 21（15A）为右侧风扇电动机提供电流。各风扇采取不同的搭铁路径。因此，风扇高速运行。

左侧风扇电动机电流通路为：所有时间热（与电源直接连接）→熔断器 6→继电器 12 的触点→发动机冷却液风扇电动机（左侧）→继电器 9 的触点→导线系统搭铁分配器搭铁。

右侧风扇电动机电流通路为：所有时间热（与电源直接连接）→熔断器 21→继电器 10 的触点→发动机冷却液风扇电动机（右侧）→导线系统搭铁分配器搭铁。

上述控制过程中需要注意的是动力控制模块 PCM 在什么情况下控制继电器 12 搭铁，其条件如下。

① 发动机冷却液温度超过 106℃。

② 按下 A/C 开关，且环境温度高于 50℃。

③ 按下 A/C 开关，制冷剂压力大于 1.31MPa。

④ 点火开关接通且发动机冷却液温度高于 140℃。

对于风扇高速控制，动力控制模块 PCM 延后右侧冷却风扇电动机和继电器 10 控制达 3s。3s 延时后可确保冷却风扇电负荷不超过系统的容量。动力控制模块 PCM 在以下各情况下为继电器 12、继电器 9 和继电器 10 提供搭铁。

① 当发动机冷却液温度超过 110℃。

② 按下 A/C 开关时制冷剂压力大于 1.655MPa。

课题实施

电动风扇故障诊断（以单风扇控制电路图 7.1 为例）

操作一　接通点火开关，风扇即开始旋转故障的诊断

造成故障的原因有：冷却风扇继电器触点烧结短路；水温控制开关损坏；点火开关→ECU-IG15A 熔断器→冷却风扇继电器线圈→水温控制开关→搭铁电路断路。

（1）检查时，接通点火开关，拔下水温控制开关的连接器。若风扇仍旋转，则故障由冷却风扇继电器触点短路所致；若风扇停止转动，进行下一步检查。

（2）用万用表电阻挡检查水温控制开关 1、2 接柱之间的电阻，其值应为 0Ω。若电阻为∞，说明水温控制开关损坏，应予以更换。

（3）拔下冷却风扇继电器，测量 1、2 脚之间的电阻值。若电阻值为∞，说明继电器损坏，应更换。若电阻为 0Ω，进行下一步检查。

（4）检查点火开关→ECU-IG15A 熔断器→冷却风扇继电器线圈 1 接柱、冷却风扇继电器线圈 2 接柱→水温控制开关 1 接柱、水温控制开关 2 接柱→搭铁之间的电路是否断路，若有断路故障，应排除。

操作二　水温达到正常工作温度时风扇不转故障的诊断

造成的故障原因有：水温控制开关损坏；发动机主继电器损坏；交流发电机 100A 熔断器→

发动机主继电器→风扇 30A 熔断器→冷却风扇继电器→电动冷却风扇→搭铁电路断路。

（1）检查时，应在发动机冷却水温度达到 93℃以上时进行。拔下水温控制开关连接器，用万用表电阻挡测量水温控制开关上 1、2 接柱之间的电阻，其值应为∞，否则应更换。

（2）拔下发动机主继电器，用万用表电阻挡对继电器各接脚之间进行导通性检测，如图 7.3 所示。检查接线柱 1 与 3 之间，应导通；检查接线柱 2 与 4 之间，应导通；检查接线柱 4 与 5 之间，应不导通。如导通性不符合要求，则更换继电器。

（3）将蓄电池电压施加在发动机主继电器接线柱 1 与 3 之间，检查在通电情况下，发动机主继电器各接脚之间的导通情况，如图 7.4 所示。用万用表电阻挡检查接线柱 2 和 4 之间，应不导通；检查接线柱 4 和 5 之间，应导通。如不符合上述要求，则更换继电器。

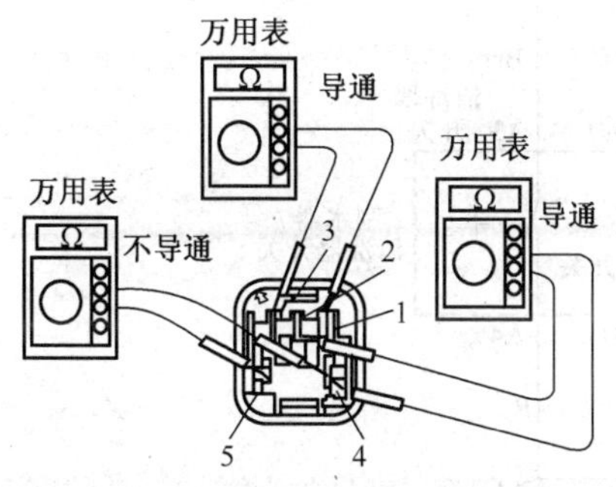

图 7.3　发动机主继电器导通性检查

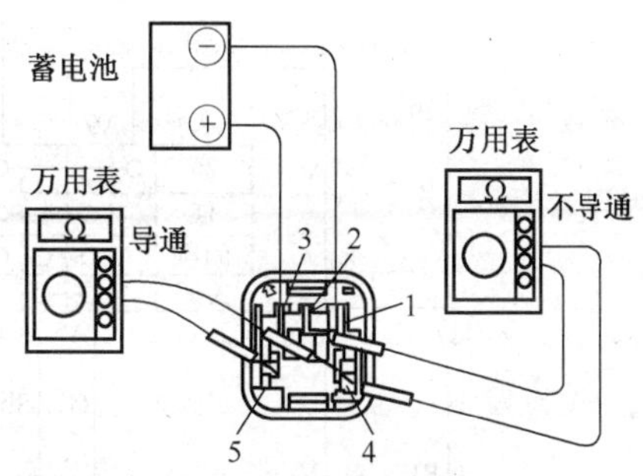

图 7.4　通电时发动机主继电器导通情况

（4）若上述检查均符合要求，则应检查从交流发电机 100A 熔断器→发动机主继电器→风扇 30A 熔断器→冷却风扇继电器→电动冷却风扇→搭铁电路的断路部位，并予以排除。

课题二　车窗清洁装置

基础知识

一、风窗清洁装置

1．风窗清洁装置的作用及电路组成

风窗清洁装置由风窗玻璃刮水器、风窗玻璃洗涤器与除霜装置 3 部分组成。其作用是清除风窗玻璃上的雨水、雪、尘土或污物，保证驾驶员有良好的驾驶视线。

前风窗玻璃刮水器和风窗玻璃洗涤器电路如图 7.5 所示，由电源、前风窗刮水器和清洗泵组合开关、刮水器电动机、清洗泵、电动刮水机构等组成。

后风窗除霜装置由电源、除霜开关、控制电路、除霜器等组成。

2．风窗玻璃刮水器

汽车上采用的风窗玻璃刮水器按动力源的不同有真空式、气动式、电动式 3 种。因电动式风窗玻璃刮水器（简称电动刮水器）结构简单，动力大，便于维修，故在目前的汽车上得到广泛应用。一般汽车在前风窗装有电动刮水器，部分汽车后风窗也装有电动刮水器。

（1）电动刮水器的结构。电动刮水器由直流电动机、传动机构、刮臂和刮片组成，如图 7.6 所示。由一个微型直流电动机、蜗轮箱组成驱动部分，蜗轮的旋转运动由曲柄、连杆、摆杆变成左右往复摆动，刮水臂装在摆杆轴上。

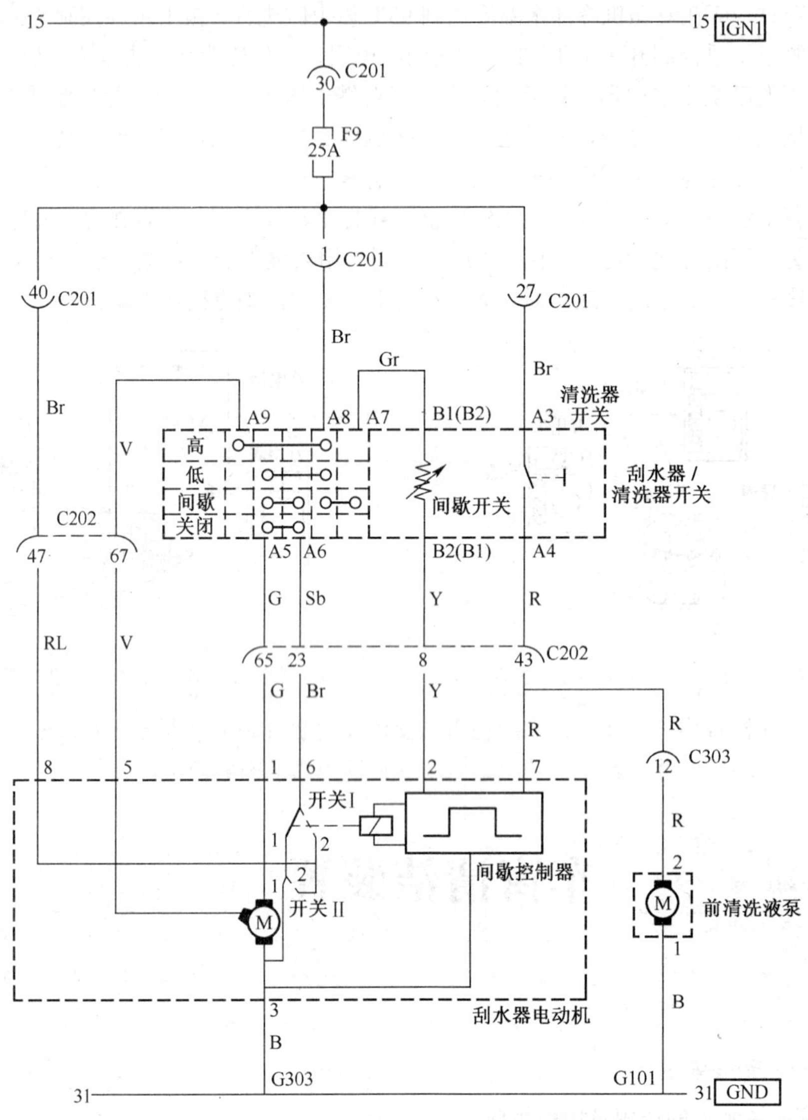

图 7.5 风窗玻璃刮水器和风窗玻璃洗涤器电路

（2）电动刮水器的变速原理。由于电动刮水器的动力来源是直流电动机，故刮水器的变速就是直流电动机的变速。通常直流电动机可采用两种方式进行变速。

① 改变电动机内部的磁通变速。改变电动机内部的磁通变速的方法适合于绕线式直流电动机，如图 7.7 所示。

当刮水开关在 I 位置（低速）时，电流经由蓄电池（+）→点火开关→熔断器→接线柱①→接触片后，分为两路：一路经过接线柱②→串联线圈→电枢→搭铁→蓄电池（-）形成回路；另一路经过接线柱③→并联线圈→搭铁→蓄电池（-）而形成回路。此时，由于并联线圈的分流作用使电枢中的电流减小，故电动机以低速运转。

当刮水器开关在Ⅱ位置（高速）时，电流由蓄电池（+）→点火开关→熔断器→接线柱①→接触片→接线柱②→串联线圈→电枢→搭铁→蓄电池（-）形成回路。此时由于并联线圈回路被隔断，电流全部流经电枢，故电动机以高速运转。

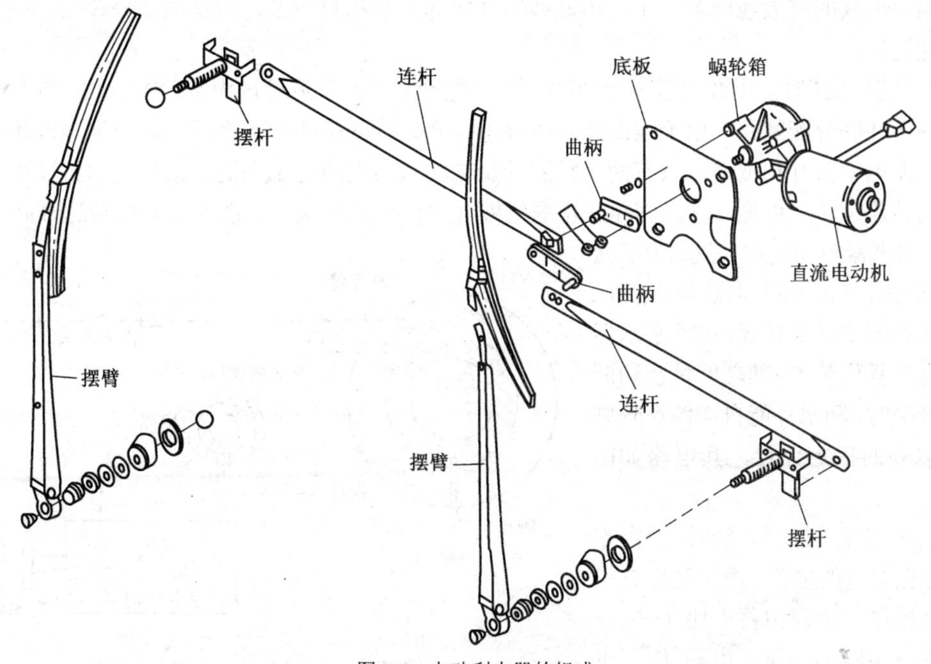

图 7.6 电动刮水器的组成

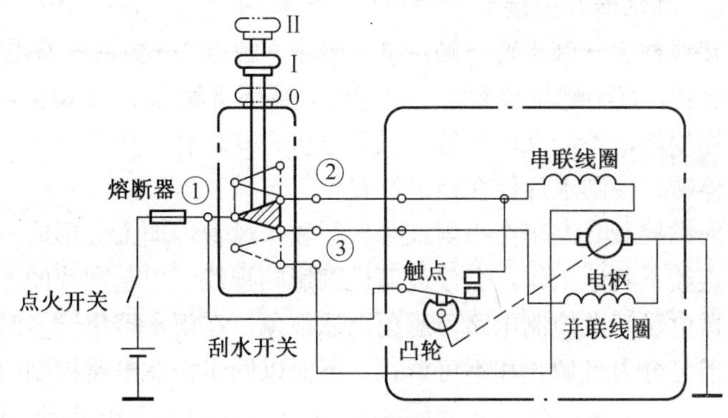

图 7.7 绕线式电动刮水器调速原理

② 改变接入的电枢绕组数目变速。改变接入的电枢绕组数目变速适合于永磁式直流电动机，如图 7.8 所示。

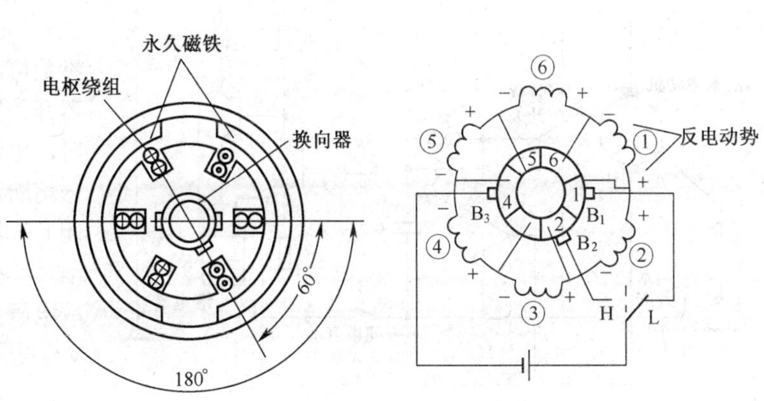

图 7.8 永磁式电动刮水器调速原理

其采用三刷式结构，B_1 为低速运转电刷，B_2 为高速运转电刷，B_3 为公共电刷。B_1 与 B_2 相差 60°，电枢采用对称叠绕式。

当开关拨向 L 时，电

源电压 U 加在 B_1 与 B_3 电刷之间，电流经过由①、⑥、⑤与②、③、④组成的两条并联分流回路，每条回路中串联的有效线圈各 3 个，串联线圈（导体）数相对较多，故反电动势较大，电动机以较低转速运转。

当开关拨向 H 时，电源电压 U 加在 B_2 和 B_3 电刷之间，电流经过由②、①、⑥、⑤与③、④组成的两条并联分流回路，由于线圈②和线圈①、⑥、⑤的绕线方向相反，②产生方向相反的电动势与①反电动势互相抵消，只有两个线圈的反电动势与电源电压平衡，故反电动势较小，电动机以较高转速运转。可见，并联回路中串联线圈（导体）数目减少，能使电动机转速升高。

（3）刮水器自动复位装置。为了避免刮水器停止工作时刮水片停在挡风玻璃中间影响驾驶员视线，电动刮水器都设有自动复位装置。其功能是在切断刮水器开关时，刮水片能自动停在驾驶员视野以外的指定位置。其电路如图 7.9 所示。

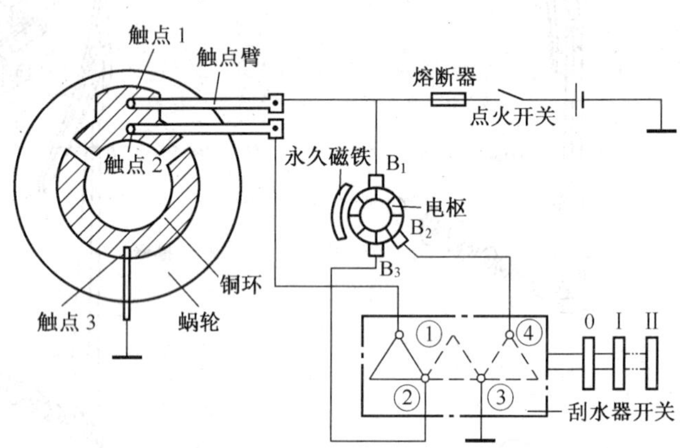

图 7.9 刮水器自动复位装置原理图

当刮水器开关推到 0 挡时，若刮水片没有停在规定的位置，由于触点 2、3 均与铜环接触，电流由蓄电池（+）→点火开关→熔断器→慢速电刷 B_1→电枢绕组→公共电刷 B_3→刮水器开关接线柱②→刮水器开关接线柱①→触点臂→触点 2→铜环→触点 3→搭铁→蓄电池（-）形成电流回路，电动机仍以低速运转，直至蜗轮转到特定位置时，铜环将触点 1、2 短接，电动机电枢绕组被短路。由于电动机存在惯性，不能立即停转，以发电机方式运行，产生很大的反电动势，产生制动力矩，电动机迅速停转，使刮水片停在指定位置。

（4）刮水器电子间歇控制。汽车在小雨或雾天行驶，风窗玻璃上会形成一层含有水分和灰层的薄层，如果刮水器连续不断地工作，会使玻璃模糊影响视线，引起刮片的颤动，同时也会对玻璃有损伤。电动刮水器电子间歇控制电路可避免上述现象，在雨水聚集过多时再进行工作。控制按其间歇时间能否调节可分为可调式和不可调式。下面以同步振荡电路控制的间歇刮水器为例介绍其工作过程，电路如图 7.10 所示。

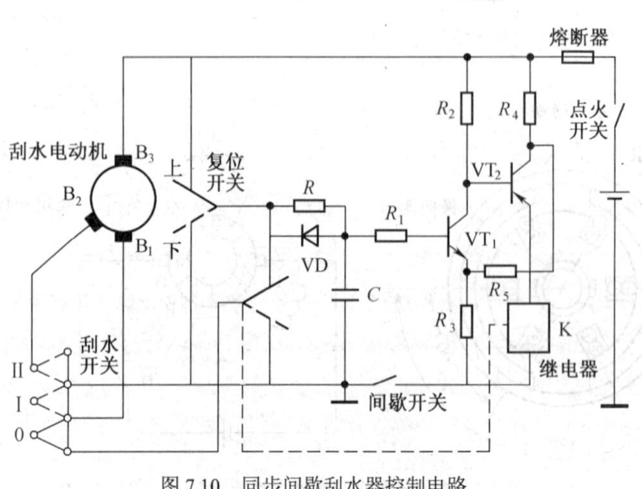

图 7.10 同步间歇刮水器控制电路

电路中电阻 R、电容 C、二极管 VD 组成间歇时间控制电路，调整其参数可改变间歇时间的长短。当刮水器开关置“0”挡，且间歇开关闭合时，电流由蓄电池（+）→点火开关→熔断器→复位开关“上”触点（常闭）→电阻 R→电容 C→搭铁→蓄电池（-）形成充电回路；使电容 C 两端电压上升，达一定值时，VT_1 导通，VT_2 随之导通。继电器 K 中有电流通过，回路为：蓄电池（+）→点火开关→熔断器→R_4→VT_2→K→间歇开关→搭铁→蓄电池（-）；继电器磁化线圈通电使其常闭触点断开（实线位置），常开触点闭合（虚线位置）。刮水电动机电路被接通，回路为：蓄电池（+）→点火开关→熔断器→公共电刷 B_3→电枢→低速电刷 B_1→刮水开关“0”位→继电器常开触点→搭铁→蓄电池（-），形成供电回路，使刮水电机低速工作。

当复位开关常闭触点被复位装置顶开至常开“下”位置时，电流经电容 C（上端）→VD 和 R→复位开关“下”位置→电容 C；快速放电，一段时间后，VT_1 截止，VT_2 截止，继电器断电，其触点复位，但此时电动机仍运转，回路为：蓄电池（+）→点火开关→熔断器→公共电刷 B_3→电枢→低速电刷 B_1→刮水开关“0”位→继电器常闭触点→复位开关常开触点→搭铁→蓄电池（-），只有当复位开关常开触点被复位装置顶回至常闭“上”位置时电动机才停止。电容 C 再次充电，重复周期开始。

二、风窗清洗装置

风窗清洗装置与刮水器配合使用，可以更好地清除附在风窗玻璃上的灰尘和污物，保证驾驶员有良好的视线，同时避免划伤玻璃。

1．风窗清洗装置的组成

风窗清洗装置的组成如图 7.11 所示，主要由贮液罐、洗涤泵、软管、三通、喷嘴等组成。

洗涤泵由永磁直流电动机和离心式液片泵组装成为一体，安装在贮液罐上或管路内，喷射压力达 70～88 kPa。喷嘴安装在风窗玻璃下面（通常在发动机罩上），其喷射方向可以调整，使水喷射在风窗玻璃的合适位置，使用时应先开洗涤泵后开刮水器。洗涤泵连续工作的时间一般不超过 1min，在喷水停止后，刮水器应继续刮 2～5 次，以达到较好的洗涤效果。

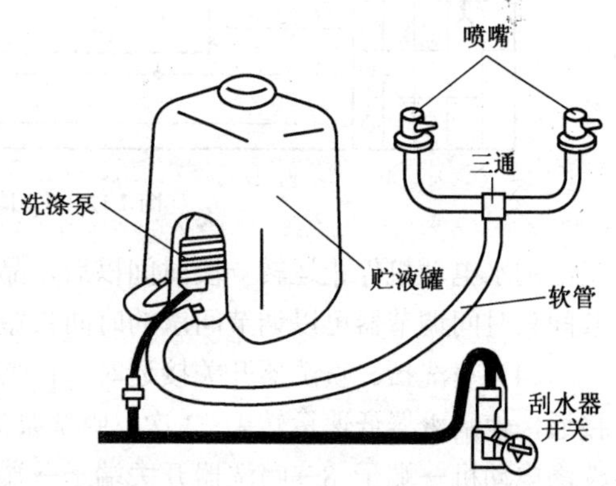

图 7.11 风窗清洗装置

2．风窗清洗装置控制电路

丰田轿车风窗清洗装置控制电路如图 7.12 所示。其控制开关有 5 个挡位，分别是低速挡(Lo)、高速挡（Hi）、停止复位挡（OFF）、间歇刮水挡（INT）和喷洗器挡。下面分析它们的工作过程。

（1）低速挡。当刮水开关在低速位置时，电流的回路为：蓄电池（+）→点火开关→刮水器熔断器→端子 18→刮水器控制开关（低速/除雾）触点→端子 7→刮水器电动机低速电刷 Lo→公共电刷→搭铁，形成回路，此时电动机低速运行。

（2）高速挡。当刮水开关在高速位置时，电流的回路为：蓄电池（+）→点火开关→刮水器熔断器→端子 18→刮水器控制开关（高速）触点→端子 13→刮水电动机高速电刷 Hi→公共电刷→搭铁，形成回路，此时电动机高速运转。

（3）间隙挡。当刮水开关在间歇刮水位置时，晶体管电路 VT_1 先短暂导通，此时电流的回路为：蓄电池（+）→点火开关→刮水器熔断器→端子 18→继电器线圈→VT_1→端子 16→搭铁。线圈中产生磁场，使得继电器常闭触点 A 断开，常开触点 B 接通。这时电动机低速运转，电路为：蓄电池（+）→点火开关→刮水器熔断器→端子 18→继电器触点 B→刮水器控制开关（间隙）触点→端子 7→刮水器电动机低速电刷 Lo→公共电刷→搭铁。

然后 VT_1 截止，继电器的触点 B 断开，触点 A 闭合，电动机转动时，凸轮开关的触点 A 断开，B 闭合，所以电流继续流至电动机的低速电刷，电动机低速运转，此时的电路为：蓄电池（+）→点火开关→刮水器熔断器→凸轮开关触点 B→端子 4→继电器触点 A→刮水器控制开关（间隙）

触点→端子 7→刮水器电动机低速电刷 Lo→公共电刷→搭铁。当刮水器转至停止位置时，凸轮开关触点 B 断开，A 接通，电动机停止运转。

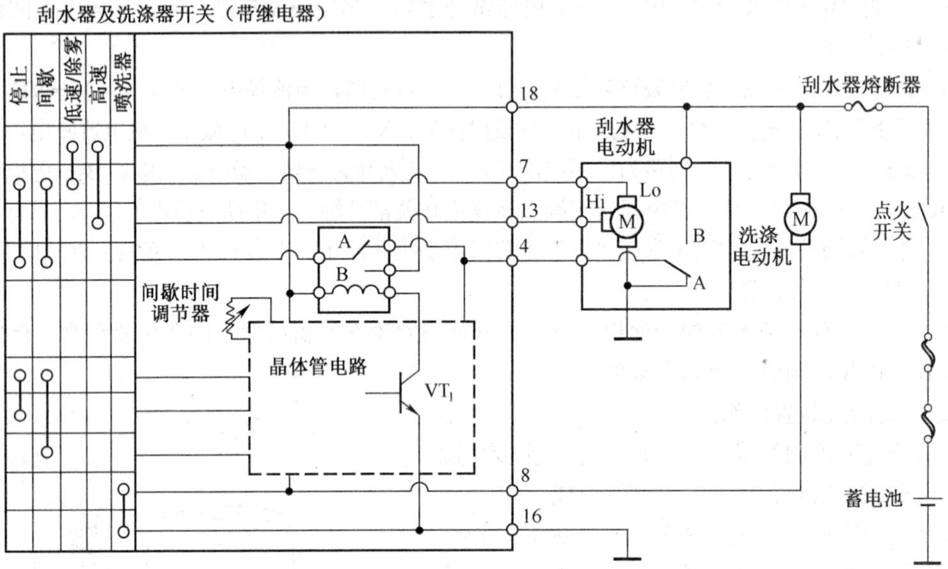

图 7.12 丰田轿车风窗清洗装置控制电路

刮水电动机停止运转一段时间以后，晶体管电路 VT_1 再次短暂导通，刮水器重复间歇动作，其间歇时间调节器可以调节间歇的时间长短。

（4）喷洗挡。喷洗器开关接通时，在喷洗器电动机运转时，晶体管电路 VT_1 在预定的时间内接通，使刮水器低速运转 1～2 次。喷洗泵的电路为：蓄电池（+）→点火开关→刮水器熔断器→洗涤电动机→端子 8→喷洗器开关端子→端子 16→搭铁。刮水器的电路为：蓄电池（+）→端子 18→继电器触点 B（由于 VT_1 在预定的时间内接通）→刮水器控制开关（间隙）触点→端子 7→刮水器电动机低速电刷 Lo→公共电刷→搭铁。这样就边喷洗边间歇刮水。

（5）停止挡。当刮水器开关打至“OFF”挡位置时，若刮水片没有停在规定位，则刮水器电动机内复位装置将 A 端子接通，电流由蓄电池（+）→点火开关→刮水器熔断器→凸轮开关触点 B→端子 4→继电器触点 A→刮水器控制开关（停止）触点→端子 7→刮水器电动机低速电刷 Lo→公共电刷→搭铁。当刮水器转至停止位置时，凸轮开关触点 B 断开，A 接通，电动机停止运转。

三、除霜装置

汽车挡风玻璃在下雪天或气温较低的情况下易结霜，刮水器是无法清除的，严重影响驾驶员视线，因此汽车上安装有除霜装置。汽车前、侧挡风玻璃上的霜层通常是利用空调系统中产生的暖气，达到清除结霜的目的，后挡风玻璃多使用电热式除霜。

自动控制除霜装置由开关、传感器、控制器、电热丝、连接线路组成。传感器安装在后风窗玻璃上，采用热敏电阻，结霜越厚，阻值越小。电热丝采用正温度系数的细小镍铬丝，自身具有一定电流调节功能。后风窗玻璃除霜装置电路如图 7.13 所示。

其工作过程如下。

（1）除霜开关置“关”位置时，控制电路及指示灯电路被断开，除霜装置及指示灯均不工作。

（2）除霜开关置“手动”位置时，继电器线圈可经手动开关直接搭铁，继电器触点闭合，使除霜电路及指示灯接通，除霜装置及指示灯均工作。

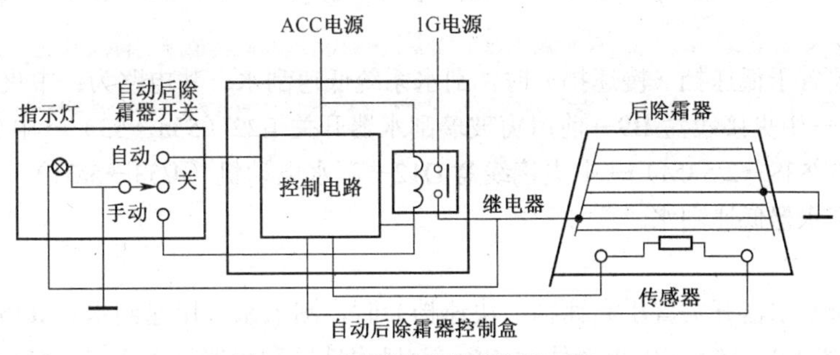

图 7.13 后风窗玻璃除霜装置电路

(3) 除霜开关置“自动”位置时，若结霜达到一定厚度，传感器电阻值急剧减小到某一设定值，控制电路使继电器线圈通电，继电器触点闭合。由点火开关 IG 接线柱向电阻丝供电，同时点亮仪表板上的指示灯，表示除霜装置正在工作。当玻璃上结霜减少到某一程度后，传感器电阻值增大，控制电路切断继电器线圈回路，触点断开，电阻丝断电，除霜装置停止工作，同时指示灯灭。

课题实施

刮水器电路故障诊断（以桑塔纳 2000GSi 为例）

操作一 桑塔纳 2000GSi 刮水器电路的认识

桑塔纳刮水器电路如图 7.14 所示。

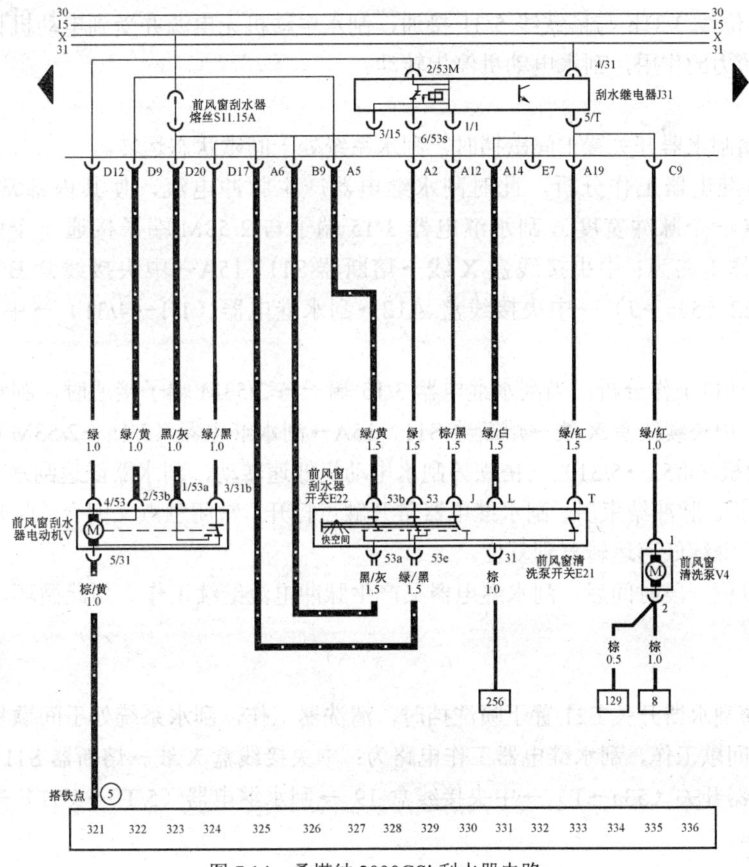

图 7.14 桑塔纳 2000GSi 刮水器电路

1．低速挡

前风窗开关置于低速挡（慢速挡）时，刮水系统低速刮水。其电路为：中央接线盒X线→熔断器S11、15A→中央接线盒B9→前风窗玻璃刮水器开关E22（53a→53）→中央接线盒A2→刮水继电器J31（6/53S→2/53M）→中央接线盒D12→刮水电动机（4/53→5/31）→搭铁。刮水电动机低速转动，刮水器低速刮水。

2．高速挡

前风窗玻璃刮水器开关置于高速挡（快速挡）时，刮水系统快速刮水。其电路为：中央接线盒X线→熔断器Sll、15A→中央接线盒B9→前风窗玻璃刮水器开关E22（53a→53b）→中央接线盒A5→中央接线盒D9→刮水电动机（2/53b→5/31）→搭铁。刮水电动机快速转动，刮水器快速刮水。

3．关闭挡（回位或OFF挡）

前风窗玻璃刮水器开关置于空挡时，刮水系统处于复位运转状态。

① 如果刮水器尚未回到初始位置（回位或复位），此时刮水电动机复位装置中复位电源线1/53a与复位线3/31b接通，刮水电动机继续转动，其电路为：中央接线盒X线→熔断器S11、15A→中央接线盒D20→刮水电动机（1/53a→3/31b）→前风窗玻璃刮水器开关E22（53e→53）→中央接线盒A2→刮水继电器（6/53S→2/53M）→中央接线盒D12→刮水电动机（4/53→5/31）→搭铁。刮水电动机低速转动，刮水器低速刮水直到复位。

② 如果刮水电动机已回到初始位置，此时刮水电动机复位装置中复位电源线1/53a与复位线3/31b断开，复位线3/31b与搭铁线5/31接通，刮水电动机无电源并受到电动机自身产生的自感电动势电磁制动力的作用，刮水电动机停止转动。

4．间歇挡

前风窗玻璃刮水器开关置于间歇挡时，刮水系统处于间歇状态运转。

① 刮水器继电器工作分析。此时刮水继电器产生脉冲电流，使其内部常闭触点打开，常开触点闭合（一个脉冲宽度），刮水继电器3/15端子与2/53M端子接通一个脉冲宽度时间。刮水继电器工作电路为：中央接线盒X线→熔断器S11、15A→中央接线盒B9→前风窗玻璃刮水器开关E22（53a→J）→中央接线盒A12→刮水继电器（1/1→4/31）→中央接线盒31→搭铁。

② 刮水电动机工作分析。当刮水继电器3/15端子与2/53M端子接通时，刮水电动机低速运转。其电路为：中央续线盒X线→熔断器S11、15A→刮水继电器（3/15→2/53M）→中央接线盒D12→刮水电动机（4/53→5/31）→搭铁。刮水电动机低速转动，刮水器低速刮水。

③ 复位分析。脉冲结束后，刮水继电器常开触点打开，常闭触点又闭合，此时刮水器尚未复位，刮水电动机继续低速运转直到复位。

待刮水器复位一段时间后，刮水继电器又产生脉冲电流继续工作。如此循环，刮水系统间歇运转。

5．喷洗挡

前风窗玻璃刮水器开关E21置于喷洗挡时，清洗器工作，刮水系统处于间歇状态运转。

① 刮水器间歇工作，刮水继电器工作电路为：中央接线盒X线→熔断器S11、15A→中央接线盒B9→刮水器开关（53a→T）→中央接线盒19 →刮水继电器（5/T →4/31）→31→搭铁。刮水器继电器工作。

② 喷洗泵电动机转动，其电路为：中央接线盒X线→熔断器S11、15A→中央接线盒→刮水

器开关（53a→T）→中央接线盒 19→中央接线盒 C9→清洗泵电动机 V4→搭铁。清洗泵电动机转动，清洗泵工作，喷头喷出水清洗风窗玻璃。

操作二　刮水器不工作故障的诊断

造成故障的原因有：点火开关、刮水电动机、刮水继电器、前风窗刮水器开关损坏，电路断路等。

（1）检测 X 线电源。由上文可知，刮水器电源由中央接线盒 X 线提供。而 X 线电源由点火开关控制。检测时，转动点火开关至一挡，用万用表电压挡或试灯，检测点火开关 30 接柱和 X 接柱上是否有蓄电池电压。

若 30 端子无蓄电池电压，说明蓄电池→30 电源线→点火开关 30 接柱之间的电路断路，应修复。

若 30 端子有蓄电池电压，X 端子无蓄电池电压，说明点火开关损坏，应更换。

若 30 端子和 X 端子均有蓄电池电压，而中央接线盒 X 线上无蓄电池电压，说明点火开关上的 X 接柱至中央接线盒 X 线之间电路断路，应修复。

若本项检测正常，进行下一步检测。

（2）检测熔断器 S11。拔下熔断器 S11，观察是否烧断。若烧断，应更换；若良好，插上熔断器进行下一步检测。

（3）检测刮水器电动机。拆下刮水片，拆开风窗下刮水器电动机防护板，拔下连接刮水器的插头，用导线将刮水器插座（电动机）端的 5/31 端子搭铁。用导线分别将 4/53 端子或 2/53b 端子（电动机端）搭铁，电动机应分别以低、高速运转。

若电动机不转，应更换；若电动机运转正常，进行下一步检测。

（4）检测刮水器继电器（J31）。拔下刮水器继电器，检测继电器插头端各端子输入情况，其值见表 7.1。

表 7.1　　刮水器继电器插头各端子输入情况表

端子	检 测 条 件	正常结果
3/15	接通点火开关	12V
6/53S	接通点火开关，前风窗刮水器开关拨至低速挡，检测与搭铁之间的电压	12V
1/1	接通点火开关，前风窗刮水器开关拨至间歇挡，检测与搭铁之间的电压	12V
5/T	接通点火开关，前风窗刮水器开关拨至间歇挡，检测与搭铁之间的电压	12V
4/31	检测与搭铁之间的通路情况	导通
2/53M	插上刮水器继电器，接通点火开关，前风窗刮水器开关拨至低速挡，检测与搭铁之间的电压	12V
	插上刮水器继电器，接通点火开关，前风窗刮水器开关拨至间歇挡，检测与搭铁之间的电压	0～12V 变化

若检测结果符合表 7.1 的要求，应检测或更换刮水继电器；若检测结果不符合表 7.1 的要求，进行下一步检测。

（5）检测前风窗刮水器开关。拔下与前风窗刮水器开关相连接的插头，用万用表电阻挡检测前风窗刮水器开关在各挡位时，各端子之间的导通情况，见表 7.2。

表 7.2 刮水器开关处于各挡位时各端子导通情况表

端子 挡位	53e 复位线	53 低速线	53b 高速线	53a 电源线	J 间歇线	L 悬空	T 喷水电动机	31 搭铁
间隙挡	○—	—○		○—	—○			
空挡（OFF）	○—	—○						
低速挡		○—	—	—○				
高速挡			○—	—○				
喷水挡				○—	—	—	—○	

若检测结果符合表 7.2 的要求，应更换前风窗刮水器开关；若检测结果不符合表 7.2 的要求，则应检测和排除中间接线部分的短路或断路故障。

操作三　刮水器不能复位故障的诊断

造成故障的原因有：前风窗刮水器开关、刮水继电器、刮水电动机复位装置、插接器损坏，电路断路等。

（1）检测前风窗刮水开关。前风窗刮水器开关处于空（OFF）挡时，用万用表检测 53 端子与 53e 端子之间的电阻值，应为零。若不为零，应更换前风窗刮水器开关；若为零，进行下一步检测。

（2）检测刮水继电器。拔下刮水继电器，用万用表检测继电器 2/53M 端子与 6/53S 端子之间的电阻值，应为零。若不为零，应更换刮水器继电器；若为零，进行下一步检测。

（3）检测刮水电动机复位装置。拆下刮水器连接插头，用万用表电阻挡分别检测 3/31b 端子与 1/53a 端子、5/31 端子之间的电阻值。

刮水器处于完全复位状态时，3/31b 端子与 5/31 端子之间的电阻为零。若不为零，应予以修复或更换刮水器总成。

刮水器处于工作状态（未到完全复位状态）时，3/31b 端子与 1/53a 端子之间电阻为零。若不为零，应予以修复或更换刮水器总成。

（4）检测电路断路情况。若上述检测均正常，应分别检测和排除中央接线盒 D20 端子→刮水器接线插头 1/53a 端子之间、刮水器接线插头 3/31b 端子→中央接线盒 D17→A6 端子→前风窗刮水器开关 53e 端子之间、前风窗刮水器开关 53 端子→中央接线盒 A2 端子之间的电路断路故障。

操作四　风窗清洗装置不喷水故障的诊断

造成故障的原因有：前风窗清洗泵开关、清洗泵电动机、熔断器损坏，电路断路，软管或管道堵塞等。

（1）检测清洗泵电动机。拔下前风窗清洗泵插头，将清洗泵两端分别接蓄电池正负极，观察清洗泵电动机的运转情况。若电动机不转，应予以更换；若运转正常，进行下一步检测。

（2）检测前风窗清洗泵开关。拔下前风窗清洗泵开关上的接线插头，用万用表电阻挡检测在清洗泵开关接通时，53a 端子与 T 端子之间的电阻值，应为零。

若电阻值不为零，应更换前风窗清洗泵开关；若电阻值为零，应检修和排除前风窗清洗泵开关 T 端子→中央接线盒 A19 端子→C9 端子→清洗泵电动机 1 号端子、清洗泵 2 号端子→搭铁之间的电路。

课题三 电动车窗

基础知识

一、电动车窗的作用及电路组成

电动车窗又称自动车窗或电动门窗，它可以使驾驶员或乘客在座位上利用开关，控制车窗玻璃自动上升（关闭）或下降（开启）。

电动车窗系统主要由双向直流电动机、车窗玻璃升降器、控制开关、继电器、断路器等装置组成。电动机有永磁式和双绕组串励式两种。每个车窗都装有一个电动机，通过开关控制它的电流或磁场方向，使车窗玻璃上升或下降。

不同车型所采用的电动车窗的电动机及其控制电路各不相同。电动机控制方式可分成直接搭铁式和控制搭铁式两种。

1．直接搭铁式

直接搭铁式电动车窗是车窗电动机的一端直接搭铁，车窗的升、降靠电动机内绕向不同的磁场线圈来实现。其控制电路如图 7.15 所示。用驾驶员侧控制开关可分别控制驾驶员侧和乘员侧车窗；用乘员侧控制开关只可控制乘员侧车窗。

2．控制搭铁式

控制搭铁式电动车窗是控制车窗电动机的搭铁端来实现车窗的升降。其基本控制电路如图 7.16 所示。与上述控制方式相同，驾驶员可控制自身侧和所有乘员侧的车窗，而乘员侧只能控制乘员本身一侧的车窗。

图 7.15　直接搭铁式车窗控制电路

二、电动车窗玻璃升降器

电动车窗玻璃升降器常见的有钢丝滚筒式和齿扇式两种，如图 7.17 和图 7.18 所示。钢丝滚筒式玻璃升降器双向直流电动机前端安装有减速机构，其上安装一个绕有钢丝的滚筒，玻璃卡座固定在钢丝上且可在滑动支架上移动。齿扇式玻璃升降器双向直流电动机带动蜗轮蜗杆减速改变方向后，驱动齿扇，从而使玻璃上下移动，齿扇上安有螺旋弹簧，当门窗下降时螺旋弹簧收缩，当门窗上升时螺旋弹簧伸展，达到直流电动机双向负荷平衡的目的。

控制开关有两套：一套为主控开关，安装在驾驶员侧车门扶手或仪表板上，由驾驶员控制玻璃升降；另一套为分控开关，安装在每个车门扶手上，可由乘客控制玻璃升降。主控开关上还安装有控制分开关的总开关，如果它断开，分开关就不起作用。对于带有延迟开关的电动车窗系统，可在点火开关关断后约 10min 内，或在车门打开以前，仍提供电源，使驾驶员和乘客有时间关闭车窗。

为了防止电动机过载，在电路或电动机内装有一个或多个双金属片式热敏断路器，用以控制电动机中的电流。若车窗玻璃因某种原因卡住（如结冰），即使操纵开关没有断开，双金属片式热敏断路器会因电流过大发热，双金属片变形自动断路。

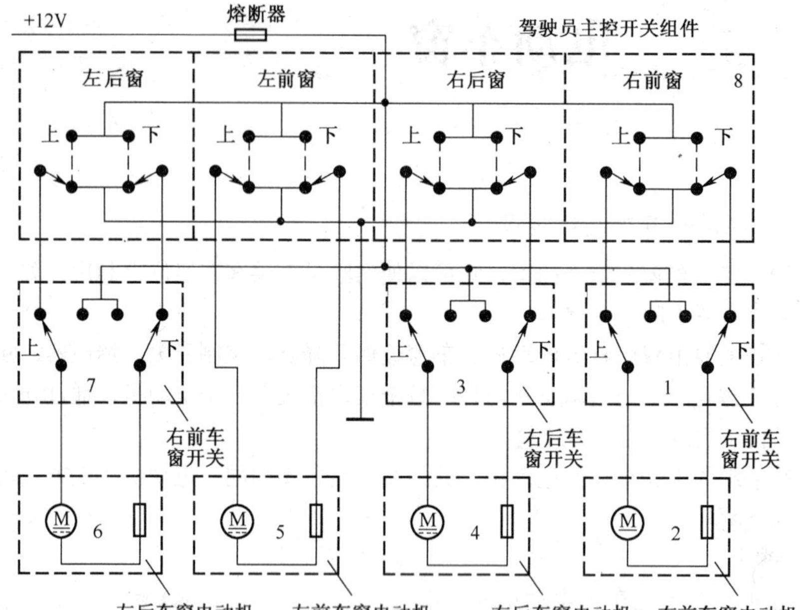

图 7.16 控制搭铁式车窗控制电路

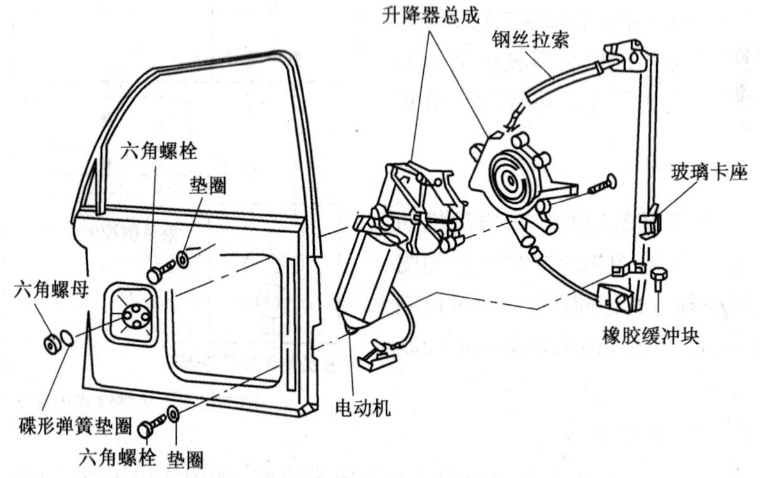

图 7.17 钢丝滚筒式车窗玻璃升降器

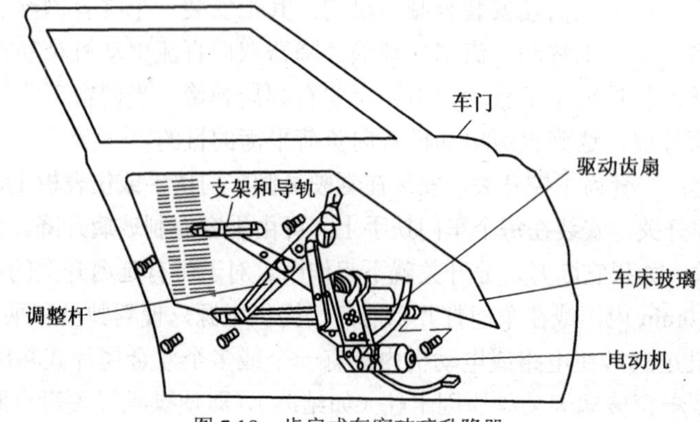

图 7.18 齿扇式车窗玻璃升降器

三、电动车窗电路工作原理

1．采用永磁式直流电动机的电动车窗电路工作原理

图 7.19 所示为日本凌志 LS400 轿车电动车窗控制系统线路图。它采用永磁式直流电动机驱动车窗玻璃升降，控制方式是控制搭铁式。基本原理是：通过控制开关改变直流电动机的电流方向，达到改变电动机的运转方向，从而使玻璃上升或下降的目的。

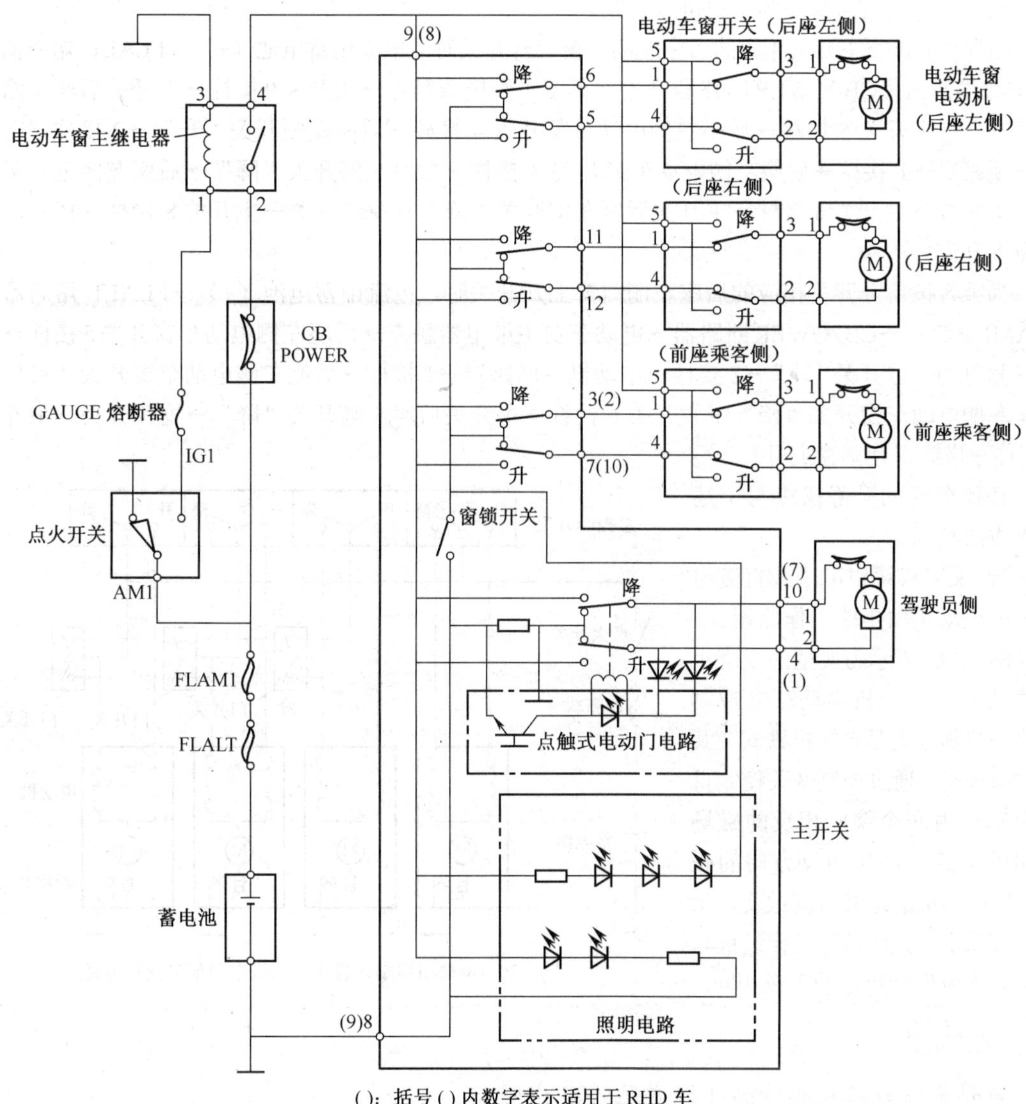

图 7.19　凌志 LS400 轿车电动车窗控制系统线路图

其工作过程如下。

（1）当点火开关闭合时，电流由蓄电池（+）→FLALT 熔断器→FLAMI 熔断器→点火开关→GAGUE 熔断器→电动车窗主继电器线圈→搭铁，使主继电器触点闭合，给电动车窗控制电路提供电源，同时，车窗开关照明灯亮。

（2）当窗锁开关断开时，除驾驶员侧的车窗可由驾驶员控制升降外，其他车窗驱动电动机的搭铁线均被切断，无法进行升降操作。如驾驶侧车窗玻璃上升时，由蓄电池（+）→FLALT 熔断

器→FLAMI熔断器→CBPOWER断路器→电动车窗主继电器触点→主开关9接柱→驾驶员侧控制开关“升”→主开关4接柱→2接柱→驾驶员侧电动机→1接柱→主开关10接柱→驾驶员侧控制开关“降”→搭铁，完成上升动作。另外，驾驶员侧车门窗玻璃在下降的同时也可受触点式开关电路的点动控制。

（3）当窗锁开关闭合时，驾驶员可用主开关对自身侧和其他车门窗玻璃进行控制，乘员也可用电动车窗开关对自身侧的车窗进行控制。

当驾驶员按下主开关相应的后座左侧车窗上升开关时，电流由蓄电池（+）→FLALT熔断器→FLAMI熔断器→CBPOWER断路器→电动车窗主继电器触点→主开关9接柱→主开关后座左侧开关“升”→主开关5接柱→后座左侧电动车窗开关4接柱→后座左侧开关“升”→2接柱→电动机→断路器→1接柱→后座左侧电动车窗开关3接柱→后座左侧开关“降”→后座左侧电动车窗开关1接柱→主开关6接柱→主开关后座左侧开关“降”→窗锁开关→主开关8接柱→搭铁，使车窗上升。

当乘客按下分开关相应的后座左侧门窗上升开关时，电流由蓄电池（+）→FLALT熔断器→FLAMI熔断器→CBPOWER断路器→电动车窗主继电器触点→后座左侧电动车窗开关5接柱→后座左侧电动车窗开关“升”→2接柱→电动机→断路器→1接柱→后座左侧电动车窗开关3接柱→后座左侧电动车窗开关“降”→主开关6接柱→主开关后座左侧开关“降”→窗锁开关→主开关8接柱→搭铁，使车窗上升。

其他车窗的升降操纵与上述操纵方法相同。

2．采用双绕组串励式直流电动机的电动车窗电路工作原理

图7.20所示为典型的双绕组串励式直流电动机电动车窗控制电路，控制方式是直接搭铁式。其基本原理是：通过控制开关控制直流电动机内两个绕向相反的磁场绕组的电流，产生相反方向的磁场，使电动机的运转方向改变，从而使玻璃上升或下降。工作过程与永磁式直流电动机电动车窗相同。

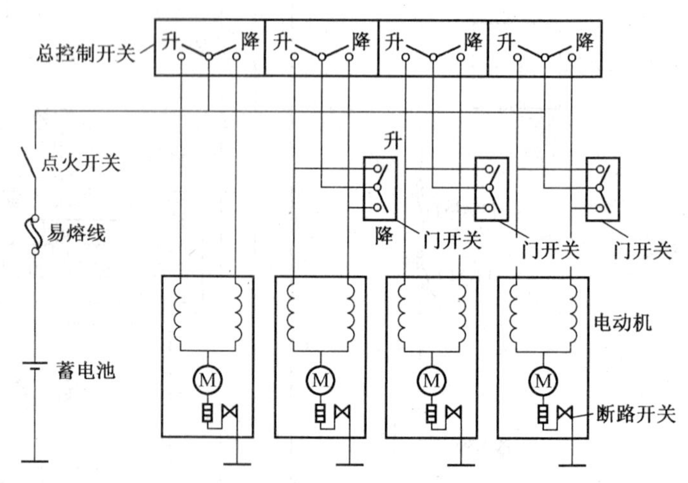

图7.20 双绕组串励式直流电动机电动车窗控制电路

课题实施

电动车窗电路故障诊断（以威驰轿车为例）

操作一 威驰电动车窗电路的认识

威驰轿车电动车窗电路如图7.21所示。

电路工作情况如下。

（1）电动车窗供电电路。点火开关接通（IG1）时，动力继电器线圈通电，常开触点闭合，蓄电池经ALT100A熔断器→POWER30A熔断器→动力继电器触点分别送到电动车窗主开关6号端子、各电动车窗控制开关4号端子。

（2）左前车窗控制。按下左前车窗控制开关“升”键时，蓄电池电流经ALT100A熔断器→

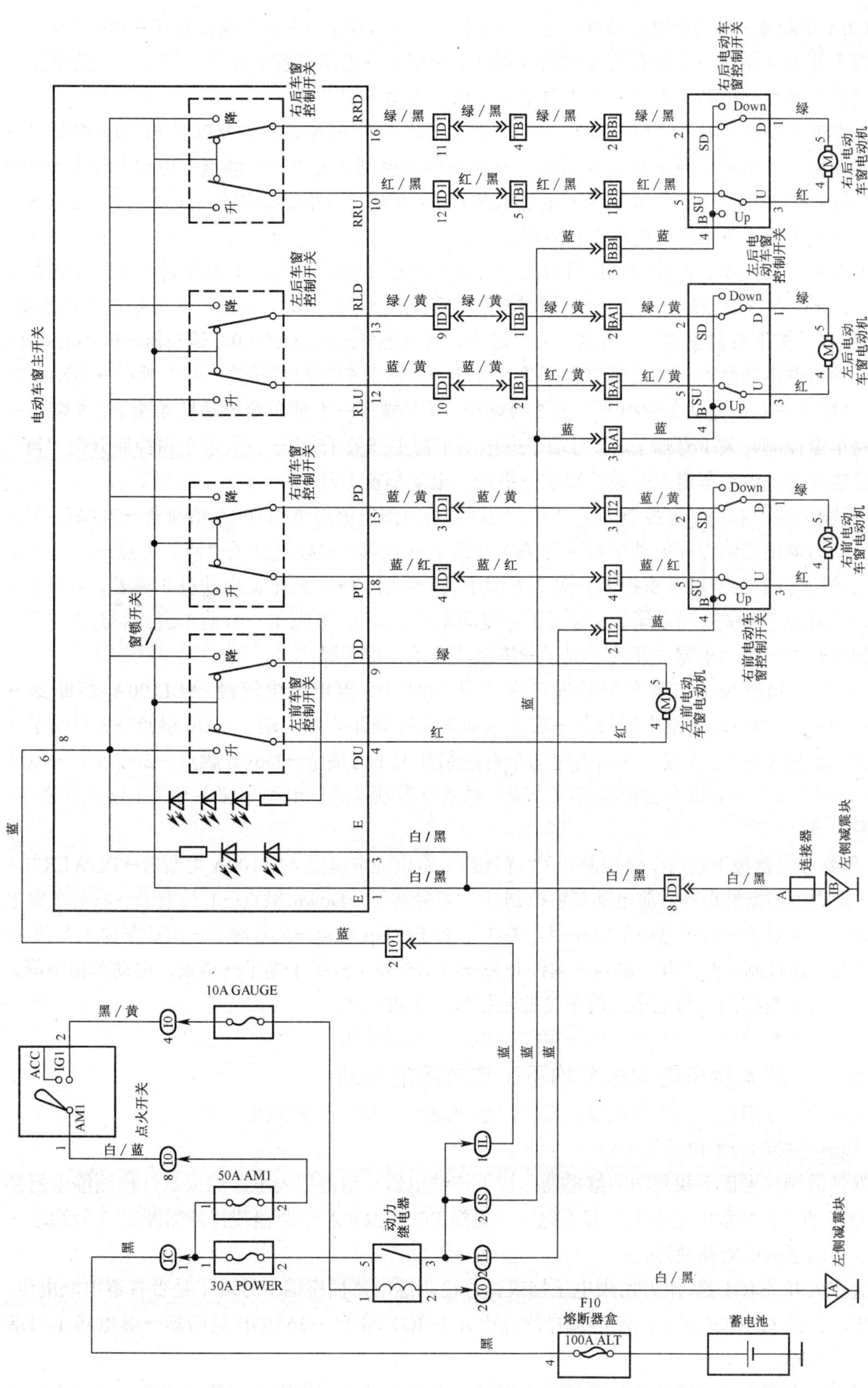

图 7.21 威驰轿车电动车窗电路

POWER30A 熔断器→动力继电器触点→电动车窗主开关 6 号端子→左前车窗控制开关“升”触点→电动车窗主开关 4 端子→左前车窗电动机 4 端子、5 端子→电动车窗主开关 9 端子→左前车窗控制开关“降”触点→电动车窗主开关 1 端子→搭铁，电动车窗上升。

按下左前车窗控制开关“降”键时，蓄电池电流经 ALT100A 熔断器→POWER30A 熔断器→动力继电器触点→电动车窗主开关 6 号端子→左前车窗控制开关“降”触点→电动车窗主开关 9 端子→左前车窗电动机 5 端子、4 端子→电动车窗主开关 4 端子→左前车窗控制开关“升”触点→电动车窗主开关 1 端子→搭铁，电动车窗下降。

（3）右前车窗控制。右前车窗的升降可以分别由驾驶员侧的“右前车窗控制开关”或副驾驶员侧的“右前电动车窗控制开关”分别进行控制。“窗锁开关”断开时，只能对右前车窗进行控制。

① 驾驶员按下右前车窗控制开关“升”键时，蓄电池电流经 ALT100A 熔断器→POWER30A 熔断器→动力继电器触点→电动车窗主开关 6 号端子→右前车窗控制开关“升”触点→电动车窗主开关 18 端子→右前电动车窗控制开关 5 号端子、3 号端子→右前车窗电动机 4 端子、5 端子→右前电动车窗控制开关 1 号端子、2 号端子→电动车窗主开关 15 端子→右前车窗控制开关“降”触点→窗锁开关→电动车窗主开关 1 端子→搭铁，电动车窗上升。

② 驾驶员按下右前车窗控制开关“升”键时，蓄电池电流经 ALT100A 熔断器→POWER30A 熔断器→动力继电器触点→电动车窗主开关 6 号端子→右前车窗控制开关“降”触点→电动车窗主开关 15 端子→右前电动车窗控制开关 2 号端子、1 号端子→右前车窗电动机 5 端子、4 端子→右前电动车窗控制开关 3 号端子、5 号端子→电动车窗主开关 18 端子→右前车窗控制开关“升”触点→窗锁开关→电动车窗主开关 1 端子→搭铁，电动车窗下降。

③ 副驾驶员侧按下右前车窗控制开关“升”键时，蓄电池电流经 ALT100A 熔断器→POWER30A 熔断器→动力继电器触点→右前电动车窗控制开关 4 号端子→Up 触点→3 号端子→右前车窗电动机 4 端子、5 端子→右前电动车窗控制开关 1 号端子→Down 触点→2 号端子→电动车窗主开关 15 端子→右前车窗控制开关“降”触点→窗锁开关→电动车窗主开关 1 端子→搭铁，电动车窗上升。

④ 副驾驶员侧按下右前车窗控制开关“降”键时，蓄电池电流经 ALT100A 熔断器→POWER30A 熔断器→动力继电器触点→右前电动车窗控制开关 4 号端子→Down 触点→1 号端子→右前车窗电动机 5 端子、4 端子→右前电动车窗控制开关 3 号端子→Up 触点→5 号端子→电动车窗主开关 18 端子→右前车窗控制开关“升”触点→窗锁开关→电动车窗主开关 1 端子→搭铁，电动车窗下降。

（4）左后车窗控制。与上述右前车窗控制相似，不再赘述。

（5）右后车窗控制。与上述右前车窗控制相似，不再赘述。

操作二　威驰轿车电动车窗均不工作故障的诊断

造成故障的原因有：动力继电器损坏、熔断器烧断、电路断路等。

1．检测连接动力继电器的电路

在驾驶员侧仪表板下找到动力继电器，拔下该继电器。用万用表电压挡或试灯检测继电器插座端 5 号端子是否有蓄电池电压。若无电压，更换 POWER30A 熔断器或排除熔断器 2 号端子→继电器 5 号端子间的断路故障。

接通点火开关 IG1 挡，用万用表电压挡或试灯检测继电器插座端 1 号端子是否有蓄电池电压。若无电压，更换 GAUGE10A 熔断器或排除点火开关 IG1 端子→GAUGE 熔断器→继电器 1 号端子间的断路故障。

用万用表电阻挡或导通检测仪检测继电器插座端 2 号端子与搭铁之间的导通情况。若电阻为

∞，应排除 2 号端子与搭铁之间的断路故障。

若上述检测均正常，进行下一步检测。

2．检测动力继电器

用万用表分别检测继电器线圈电阻以及线圈在通电时，触点接柱间的电阻，均应符合要求。否则更换动力继电器。

3．检测连接电动车窗主开关的电路

拆下驾驶员侧门上的电动车窗主开关，接通点火开关，用万用表电压挡或试灯检测主开关上 6 号端子是否有蓄电池电压。

若无电压，则电动车窗均不工作的故障原因为：动力继电器 3 号端子→电动车窗主开关 6 号端子之间的电路断路。

若有电压，进一步检测电动车窗主开关 1 号端子与搭铁之间的导通情况。若断路，则电动车窗均不工作的故障原因为：电动车窗主开关 1 号端子→左侧减震块搭铁之间的电路断路。

上述检测若均正常，则电动车窗均不工作的故障原因为电动车窗主开关内部电路断路，应更换电动车窗主开关。

操作三　威驰轿车某一电动车窗不工作故障的诊断（以右前车窗不工作为例）

造成故障的原因有：不工作侧的驾驶员侧控制开关损坏、电动车窗控制开关损坏、窗锁开关损坏、车窗电动机损坏、电路断路等。

1．检测电动车窗主开关

拆下驾驶员侧门上的电动车窗主开关，拔下连接插头，检测电动车窗主开关各端子导通情况。

用万用表电阻挡检测未工作时，端子 1、18、15 应导通，否则应更换窗锁开关或右前车窗控制开关。

按下右前车窗控制开关“升”键时，端子 6、18 应导通；按下右前车窗控制开关“降”键时，端子 6、15 应导通，否则应更换右前车窗控制开关。

2．检测电动车窗主开关与右前电动车窗控制开关之间的电路

用导线短接电动车窗主开关的 18、15 端子，拆下右前电动车窗控制开关，拔下插头，用万用表检测插头侧 2、5 端子之间的导通情况。若不导通，应排除断路故障；若导通，进行下一步检测。

3．检测右前车窗电动机

拔下右前车窗电动机与右前车窗控制开关的连接线，在插头端 3、1 端子间连接蓄电池正负极，电动车窗应上升；调换正负极方向，电动车窗应下降。若运转正常，应更换右前车窗控制开关；否则应更换车窗电动机。

课题四　电动座椅

基础知识

一、电动座椅的作用及构造

1．电动座椅的作用

为了提高汽车乘坐的舒适性，减小驾驶或长时间乘车的疲劳，现代轿车都安装有座椅调整装

置。通过控制开关，可方便地调整座椅的前后、上下位置和座椅靠背的倾斜角度。一般前后方向的调节量为100～160mm，座位上下的调节量为30～50mm。全程移动所需时间为8～10s。

2．电动座椅的构造

如图7.22所示，电动座椅主要由双向直流电动机、传动机构和座椅调节开关、控制器（ECU）等组成。电动座椅按移动的方向数可分为两方向、四方向和六方向3种。

（1）两方向：往前和往后移动座椅。

（2）四方向：往前、往后、往上和往下移动座椅。

（3）六方向：往前、往后、往上、往下、前俯和后仰调整座椅。

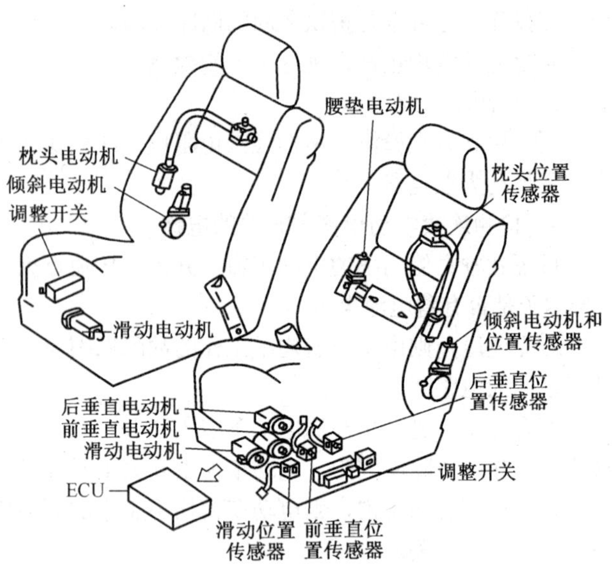

图7.22 电动座椅的结构

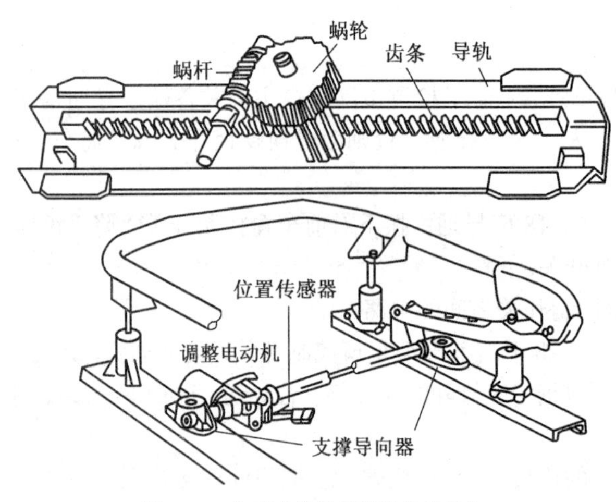

图7.23 电动座椅前后调整传动机构

电动座椅的移动可由一台或几台电动机控制。其驱动方式是电动机通过齿轮带动齿条（见图7.23），或通过蜗杆带动蜗轮。典型的调整开关由一个四位置板钮开关和一对位置开关组成。四位置板钮用来调整前、后和上、下的位置，两只两位置开关分别调整座椅的前俯和后仰。

二、电动座椅的控制电路

电动座椅控制电路的原理与电动车窗的控制电路相似，通过调整开关控制双向直流电动机的电流方向，图7.24所示为别克轿车驾驶员座椅控制电路，它有6种可调方式，座椅前部上、下调节，后部上、下调节，座椅前、后调节。

电动座椅前、后调节的电路原理如下。

（1）向前调节。将电动座椅开关拨到“前进”位置时，电路中的电流为：蓄电池“+”→熔断器（发动机盖下熔断器盒）→电动座椅开关端子F→前后调节开关“前进”→电动座椅开关端子E→前进/后退电动机→电动座椅开关端子D→电动座椅开关端子C→搭铁，前进/后退电动机工作，座椅向前移动。

（2）向后调节。将电动座椅开关拨到“后退”位置时，电路中的电流为：蓄电池“+”→熔断器（发动机盖下熔断器盒）→电动座椅开关端子F→前后调节开关“后退”→电动座椅开关端子D→前进/后退电动机→电动座椅开关端子E→电动座椅开关端子C→搭铁，前进/后退电动机工作，座椅向后移动。

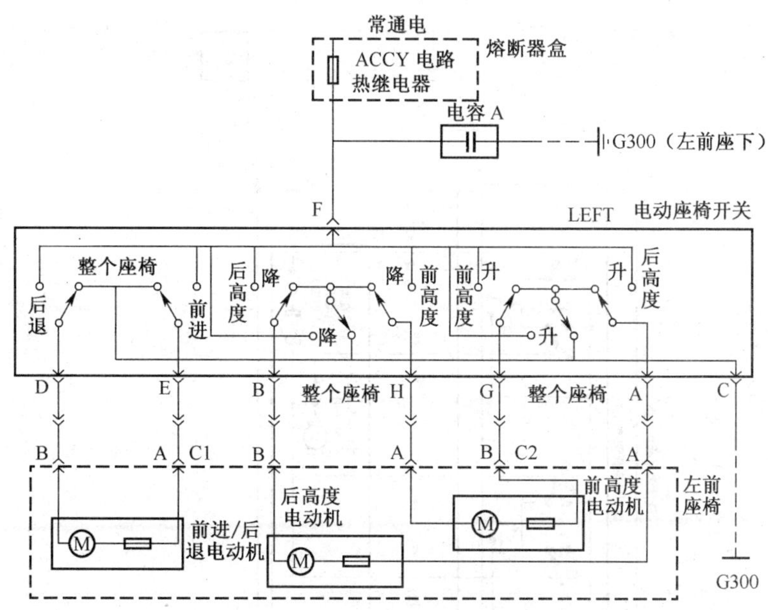

图 7.24　别克轿车驾驶员座椅控制电路

课题实施

电动座椅电路的故障诊断（以别克君威轿车电动座椅为例）

操作一　别克君威轿车电动座椅电路的认识

别克君威轿车电动座椅电路如图 7.25 所示。别克君威轿车驾驶员侧和副驾驶员侧座椅均可调整，每侧各有 3 个调整电动机和 3 个调整开关，分别调整座椅前、后位置，座椅前端垂直位置和座椅后端垂直位置。

电路工作情况如下。

（1）电动座椅供电电路。点火开关接通时，蓄电池经熔断器盒的 30A 熔断器为驾驶员侧和副驾驶员侧电动座椅供电。

（2）电动座椅前、后调节（以驾驶员侧为例）。按下驾驶员座椅调节“向前”按钮时，蓄电池电流经熔断器盒 30A 熔断器→驾驶员座椅调节开关 A 端子→向前触点→驾驶员座椅调节开关 G 端子→C1 插接器 B 端子→水平调节电动机→C1 插接器 A 端子→驾驶员座椅调节开关 H 端子→向后触点→驾驶员座椅调节开关 D 端子→C311 插接器 B 端子→搭铁（G301），座椅向前移动。

按下驾驶员座椅调节“向后”按钮时，蓄电池电流经熔断器盒 30A 熔断器→驾驶员座椅调节开关 A 端子→向后触点→驾驶员座椅调节开关 H 端子→C1 插接器 A 端子→水平调节电动机→C1 插接器 B 端子→驾驶员座椅调节开关 G 端子→向前触点→驾驶员座椅调节开关 D 端子→C311 插接器 B 端子→搭铁（G301），座椅向后移动。

（3）电动座椅同时向上、向下调节（以驾驶员侧为例）。按下驾驶员座椅调节“向上”按钮时，蓄电池电流经熔断器盒 30A 熔断器→驾驶员座椅调节开关 A 端子→向上触点→分别经后上、前上触点→驾驶员座椅调节开关 B、E 端子→C2、C3 插接器 A 端子→后垂直调节电动机、前垂直调节电动机→C2、C3 插接器 B 端子→驾驶员座椅调节开关 C、F 端子→分别经后下、前下触点→向下触点→驾驶员座椅调节开关 D 端子→C311 插接器 B 端子→搭铁（G301），座椅前、后端均向上移动。

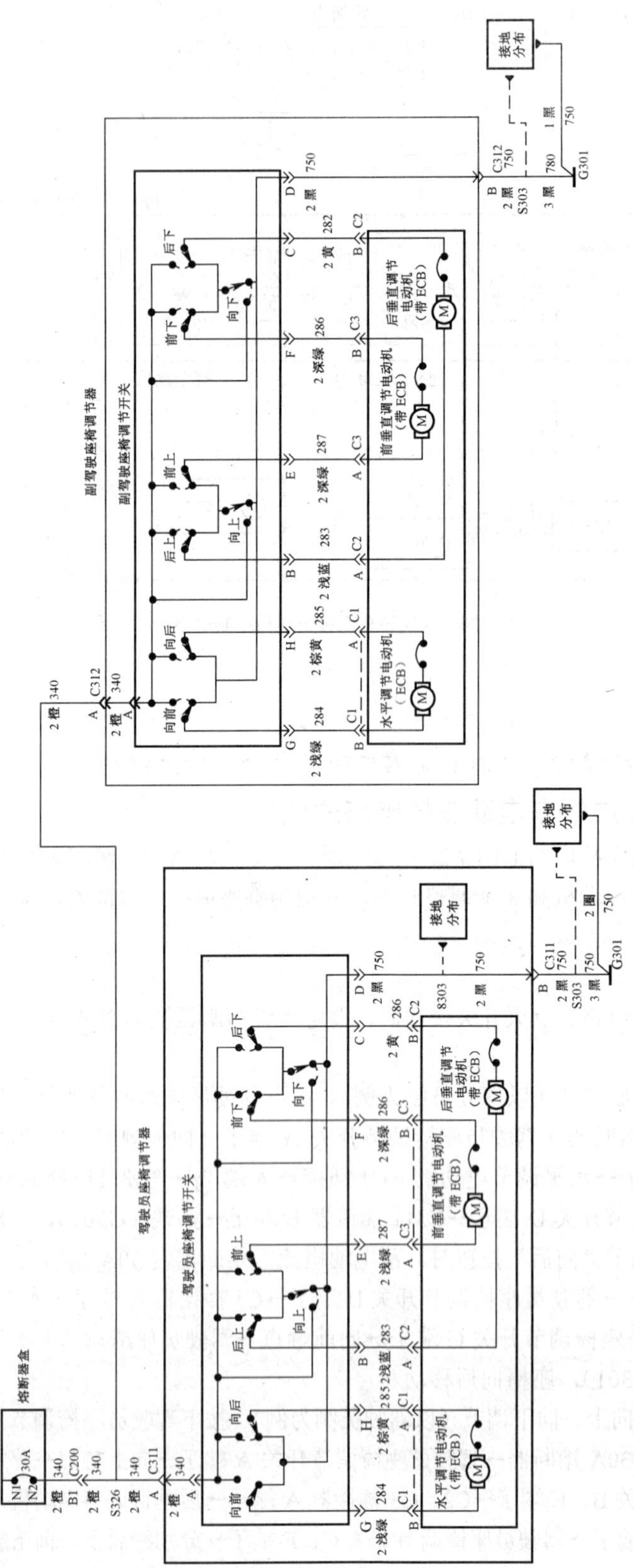

图 7.25 别克君威轿车电动座椅电路

按下驾驶员座椅调节“向下”按钮时，蓄电池电流经熔断器盒 30A 熔断器→驾驶员座椅调节开关 A 端子→向下触点→分别经前下、后下触点→驾驶员座椅调节开关 F、C 端子→C3、C2 插接器 B 端子→前垂直调节电动机、后垂直调节电动机→C3、C2 插接器 A 端子→驾驶员座椅调节开关 C、F 端子→分别经前上、后上触点→向上触点→驾驶员座椅调节开关 D 端子→C311 插接器 B 端子→搭铁（G301），座椅前、后端均向下移动。

(4) 电动座椅前端向上、向下调节（以驾驶员侧为例）。按下驾驶员座椅调节“前上”按钮时，蓄电池电流经熔断器盒 30A 熔断器→驾驶员座椅调节开关 A 端子→前上触点→驾驶员座椅调节开关 E 端子→C3 插接器 A 端子→前垂直调节电动机→C3 插接器 B 端子→驾驶员座椅调节开关 F 端子→前下触点→向下触点→驾驶员座椅调节开关 D 端子→C311 插接器 B 端子→搭铁（G301），座椅前端向上移动。

按下驾驶员座椅调节“前下”按钮时，蓄电池电流经熔断器盒 30A 熔断器→驾驶员座椅调节开关 A 端子→前上触点→驾驶员座椅调节开关 F 端子→C3 插接器 B 端子→前垂直调节电动机→C3 插接器 A 端子→驾驶员座椅调节开关 E 端子→前上触点→向上触点→驾驶员座椅调节开关 D 端子→C311 插接器 B 端子→搭铁（G301），座椅前端向下移动。

(5) 电动座椅后端向上、向下调节。与上述 (4) 相似，不再赘述。

操作二　别克君威轿车电动座椅均不工作故障的诊断（以驾驶员侧为例）

造成故障的原因有：座椅调节开关损坏、熔断器烧断、电路断路等。

1. 检测驾驶员座椅调节器电源

拔下与驾驶员座椅调节器连接的插接器 C311，接通点火开关，用万用表电压挡或试灯检测插头端是否有蓄电池电压。若无蓄电池电压，应排除点火开关→熔断器盒 30A 熔断器→C311 的 A 端子之间的断路故障。若有电压，进行下一步检测。

2. 检测驾驶员座椅调节器搭铁电路

拔下与驾驶员座椅调节器连接的插接器 C311，用万用表电阻挡检测 B 端子与搭铁之间的导通情况。若不导通，应排除断路故障；若导通，应更换驾驶员座椅调节开关。

操作三　别克君威轿车电动座椅某一方向不工作故障的诊断（以驾驶员侧水平调节电路为例）

水平方向不工作而其他方向工作，说明电源电路、搭铁电路均良好，故障原因为：水平方向控制开关损坏、电动机损坏、连接电动机的电路断路。

1. 检测水平调节电动机

拔下与水平调节电动机的 C1 插接器，在电动机端 B、A 端子间连接蓄电池正负极，电动座椅应向前移动；调换正负极方向，电动座椅应向后移动。若运转不正常，应更换水平调节电动机；若运转正常，进行下一步检测。

2. 检测水平调节开关

拔下与驾驶员座椅调节开关相连接的插接器，用万用表检测各端子之间的导通情况。

常规状态下 G、H、D 端子之间应导通；按下“向前”按钮，A、G 导通，G、D 断开；按下“向后”按钮，A、H 导通，H、D 断开。若不符合上述状态，应更换水平调节开关。若符合要求，应排除 G、B 端子之间或 H、A 端子之间的断路故障。

课题五 电动后视镜

基础知识

一、电动后视镜的作用及电路组成

汽车后视镜位置用人工方法调整一般来说是比较麻烦的，采用电动后视镜，通过开关进行调整后，可使驾驶员获得理想的后视线，确保行车的安全且操作起来十分方便，目前已被广泛应用。

电动后视镜电路主要由控制开关，左右后视镜，左右后视镜的上下、左右驱动电动机及相关配线等组成，如图 7.26 所示为索纳塔轿车电动后视镜控制电路。

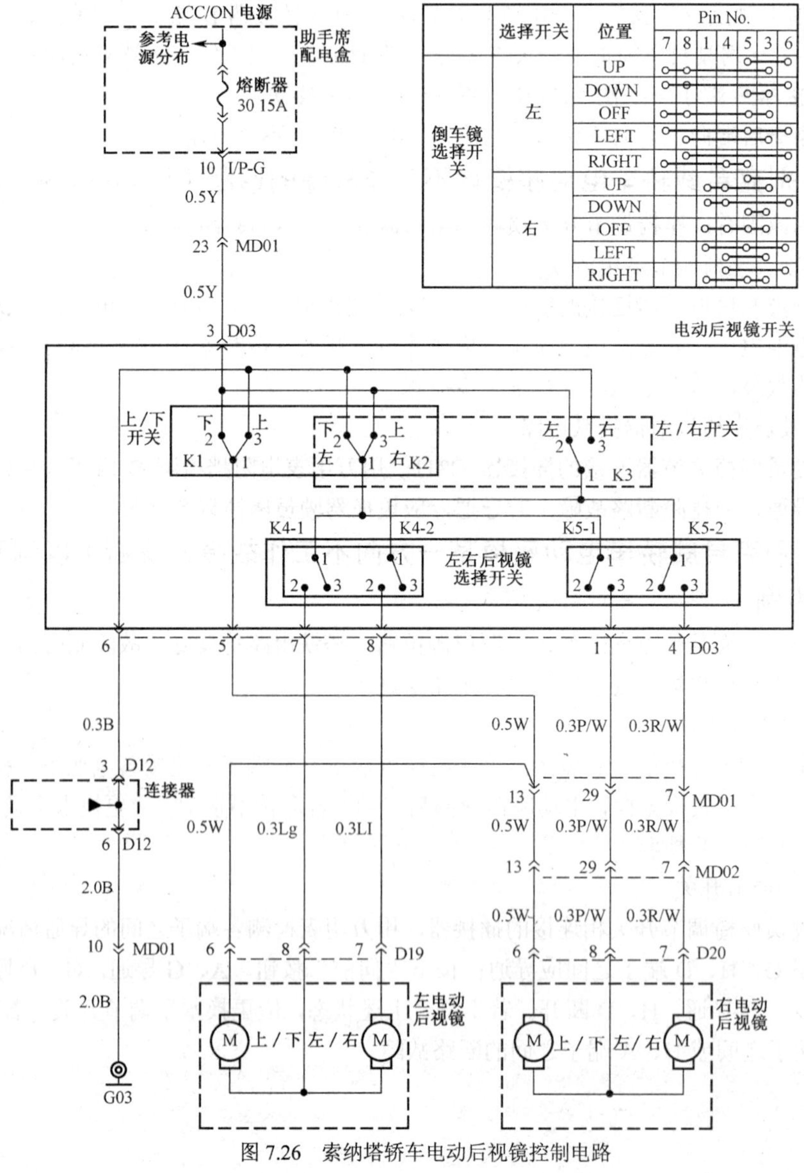

图 7.26 索纳塔轿车电动后视镜控制电路

每个后视镜安装有两个可以正反转的双向永磁式电动机，一个电动机控制后视镜的上/下移动，另一个电动机控制后视镜的左/右移动。当点火开关处于“ACC”或“ON”挡位时，就可通过电动后视镜开关控制后视镜上/下、左/右，调整后视镜的位置。有的电动后视镜还带有伸缩功能，由伸缩开关控制伸缩电动机工作，使整个后视镜回转伸出或缩回。

左、右后视镜转换电路主要由左右后视镜选择开关控制，当选择开关处于向左接通状态时，开关K4-1、K4-2的1、2触点就接通，左侧后视镜处于位置调整状态；当选择开关处于向右接通状态时，开关K5-1、K5-2的1、3触点就接通，右侧后视镜处于位置调整状态。

二、电动后视镜电路工作原理

图7.27所示为桑塔纳2000轿车电动后视镜控制电路。M11为左/右选择开关，M21为左/右调整开关，M22为上/下调整开关。

1．左侧后视镜的调整

左侧后视镜调整时，应先将左/右选择开关M11拨到左侧，如图7.27中虚线所示。

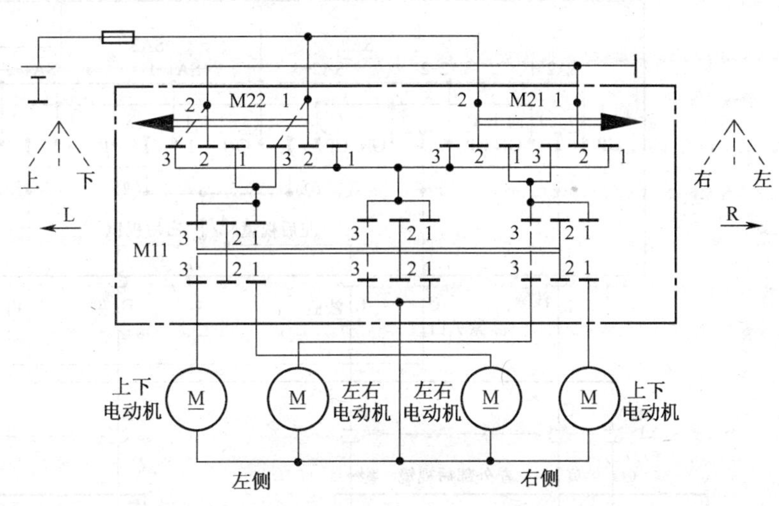

图7.27 桑塔纳2000轿车电动后视镜控制电路

（1）调整左侧后视镜向上转动（如图7.27中虚线所示）。按调整开关（M22）向上。电流由蓄电池（+）→点火开关→熔断器→M22接线柱1-3→M11（左侧）接线柱3→左侧上下电动机→M11（中间）接线柱3→M22接线柱3-2→搭铁→蓄电池（–），形成回路，使左侧后视镜镜面向上转动。

（2）调整左侧后视镜向下转。按调整开关（M22）向下。电流由蓄电池（+）→点火开关→熔断器→M22接线柱1-1→M11（中间）接线柱3→左侧上下电动机→M11（左侧）接线柱3→M22接线柱1-2→搭铁→蓄电池（-），形成回路，使左侧后视镜镜面向下转动。

（3）调整左侧后视镜向左转动。按调整开关（M21）向左。电流由蓄电池（+）→点火开关→熔断器→M21接线柱2-1→M11（右侧）接线柱3→左侧左右电动机→M11（中间）接线柱3→M21接线柱1-1→搭铁→蓄电池（-），形成回路，使左侧后视镜镜面向左转动。

（4）调整左侧后视镜向右转动。按调整开关（M21）向右。电流由蓄电池（+）→点火开关→熔断器→M21接线柱2-3→M11（中间）接线柱3→左侧左右电动机→M11（右侧）接线柱3→M21接线柱3-1→搭铁→蓄电池（-），形成回路，使左侧后视镜镜面向右转动。

2．右侧后视镜的调整

右侧后视镜调整时，应先将左/右选择开关M11拨到右侧，选择调整右侧后视镜，再行按动调整开关上/下（M22）、左/右（M21）进行调整。具体调整电路不再赘述。

课题实施

电动后视镜电路的故障诊断（以别克轿车电动后视镜为例）

操作一 别克轿车电动后视镜电路的认识

别克轿车电动后视镜电路如图 7.28 所示。电路由控制开关、左右后视镜、后视镜驱动电动机等组成。

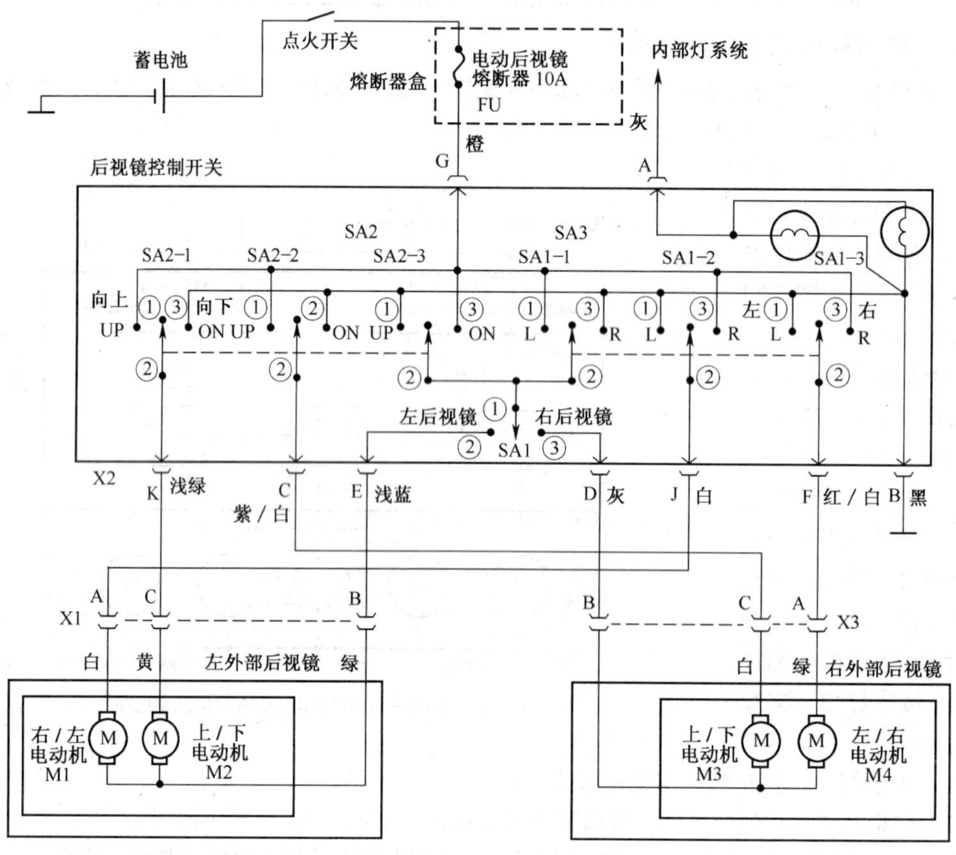

图 7.28 别克轿车电动后视镜电路

1．左右后视镜转换电路

左右后视镜转换电路由 SA1 开关控制，当 SA1 开关的①②触点接通时，左侧后视镜处于位置调整状态；当 SA1 开关的①③触点接通时，右侧后视镜处于位置调整状态。

2．左侧后视镜位置调整电路

当 SA1 开关的①②触点接通时，操纵控制开关 SA2、SA3，可使左侧后视镜形成如下电路：向上调整的控制电路、向下调整的控制电路、向左调整的控制电路、向右调整的控制电路。

（1）向上调整的控制电路。当控制 SA2 开关处于向左（UP）接通状态时，形成了下述的电流通路：蓄电池正极→点火开关→电动后视镜熔断器（10A）→后视镜控制开关插接器的 G 端子→SA2-1 开关的触点①②接通→后视镜控制开关插接器的 K 端子→左外部后视镜插接器的 C 端子→上/下电动机 M2→左外部后视镜插接器的 B 端子→后视镜控制开关插接器的 E 端子→SA1 开关的触点②①接通→SA2-3 开关的触点②①接通→后视镜控制开关插接器的 B 端于→搭铁→蓄电池负极。

上述这一电流通路使上/下电动机 M2 起动运转，向上移动左后视镜。

（2）向下调整的控制电路。当控制 SA2 开关处于向右（ON）接通状态时，形成了下述的电流通路：蓄电池正极→点火开关→电动后视镜熔断器（1OA）→后视镜控制开关插接器的 G 端子→SA2-3 开关的触点③②接通→SA1 开关的触点①②接通→后视镜控制开关插接器的 E 端子→左外部后视镜插接器的 B 端子→上/下电动机 M2→左外部后视镜插接器的 C 端子→后视镜控制开关插接器的 K 端子→SA2-1 的触点②③接通→后视镜控制开关插接器的 B 端子→搭铁→蓄电池负极。

上述这一电流通路使上/下电动机 M2 起动运转，向下移动左后视镜。

（3）向左调整的控制电路。当控制 SA3 开关处于向左（L）接通状态时，形成了下述的电流通路：蓄电池正极→点火开关→电动后视镜熔断器（10A）→后视镜控制开关插接器的 G 端子→SA3-l 开关的触点①②接通→SA1 开关的触点①②接通→后视镜控制开关插接器的 E 端子→左外部后视镜插接器的 B 端子→右/左电动机 M1→左外部后视镜插接器的 A 端子→后视镜控制开关插接器的 J 端子→SA3-2 的触点②①接通→后视镜控制开关插接器的 B 端子→搭铁→蓄电池负极。

上述这一电流通路使右/左电动机 M1 起动运转，向左移动左后视镜。

（4）向右调整的控制电路。当控制 SA3 开关处于向右（R）接通状态时，形成了下述的电流通路：蓄电池正极→点火开关→电动后视镜熔断器（10A）→后视镜控制开关插接器的 G 端子→SA3-2 开关的触点③②接通→后视镜控制开关插接器的 J 端子→左外部后视镜插接器的 A 端子→右/左电动机 M1→左外部后视镜插接器的 B 端子→后视镜控制开关插接器的 E 端子→SA1 开关的触点②①接通→SA3-1 开关的触点②①接通→后视镜控制开关插接器的 B 端子→搭铁→蓄电池负极。

上述这一电流通路使右/左电动机 M1 起动运转，向右移动左后视镜。

3．右侧后视镜位置调整电路

当 SA1 开关的①③触点接通时，操纵控制开关 SA2、SA3，可使右侧后视镜进行调整，其电路与上述类似，不再赘述。

操作二　别克轿车电动后视镜均不工作故障的诊断

造成故障的原因有：熔断器烧断、开关损坏、电动机损坏、电路断路等。

1．检测电源电路

拆下后视镜控制开关，拔下后视镜控制开关插接器，接通点火开关。用万用表电压挡检测插头端 G 端子是否有蓄电池电压。若无蓄电池电压，应更换电动后视镜熔断器（10A）或排除点火开关→电动后视镜熔断器（10A）→后视镜控制开关 G 端子之间电路断路故障。若有蓄电池电压，进行下一步检测。

2．检测搭铁电路

用万用表电阻挡检测后视镜控制开关插头端 B 端子与搭铁之间的导通情况。若不导通，应排除后视镜控制开关插头端 B 端子→搭铁之间的断路故障。否则进行下一步检测。

3．检测电路转换开关 SA1

将 SA1 开关拨至左后视镜位置。

当 SA2 开关拨至向上（UP）时，端子 E、B 导通；拨至向下（ON）时，端子 E、G 导通。

当 SA3 开关拨至向左（L）时，端子 E、G 导通；拨至向右（R）时，端子 E、B 导通。

若不符合上述要求，更换后视镜控制开关；若符合，进行下一步检测。

4．检测后视镜电动机

拔下后视镜控制开关插接器，在插头端找到和左侧电动机相连的K、J、E 3个端子。让蓄电池的正极和端子E相连，负极分别和端子K和J相连，观察后视镜转动情况。如哪个方向不动，可能是电动机损坏也可能是电动机处在该方向上的极限位置。将蓄电池的正负极对调，再分别接到3个端子上，观察后视镜转动情况。右侧后视镜的检查方法和左侧相似。

课题六 汽车防盗装置

基础知识

一、防盗系统的组成及工作原理

防盗系统由开关、传感器、防盗ECU、执行器等组成，如图7.29所示。

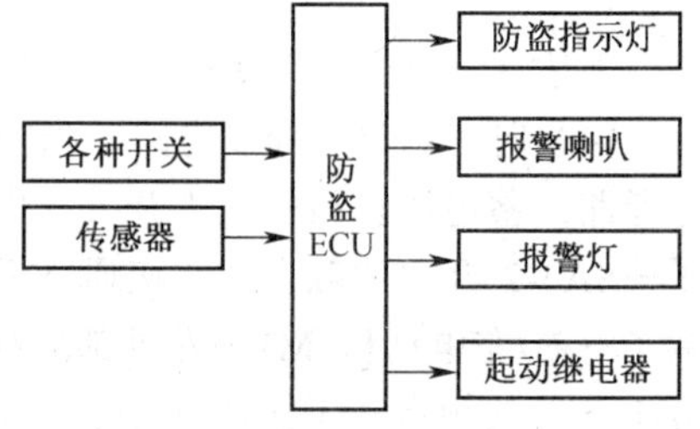

图7.29 防盗系统的组成

各个车门开关、发动机罩开关、行李箱盖开关、震动传感器等向防盗控制电脑输入状态信号。防盗ECU根据输入的信号判断车门是正常打开还是非法打开，从而向防盗执行器发出控制指令。防盗指示灯用于指示防盗系统的工作状态。

防盗ECU通常有报警状态设置、防盗检测、定时报警、解除报警状态等几个控制模块组成，当锁好所有车门时，该系统进行约30s定时检测，随后防盗指示灯开始断续闪光，表明系统处于预警状态。当防盗与门锁控制ECU根据各开关（点火开关、行李箱盖开关等）信号判断车门正常开启时，报警状态解除；判断为非法开启车门时，便控制各执行器动作，使防盗喇叭和汽车喇叭响起来，前灯、尾灯和防盗指示灯闪烁，同时切断发动机起动线路，使起动机不能工作，发动机不能发动。

二、汽车防盗系统的电路

以丰田轿车防盗系统为例，其防盗系统与中央门锁控制系统共用一个微电脑，系统零件在车上的布置位置如图7.30所示，系统工作电路如图7.31所示。其系统电路有如下特点。

（1）中央门锁系统具有钥匙联动开闭功能和钥匙禁闭预防功能，即防止钥匙遗忘在点火锁中。

（2）防盗系统处于报警状态时，喇叭发声，灯光闪烁1min，同时关闭所有车门并切断起动机电源。

（3）防盗系统的故障排除是以中央门锁系统工作正常为前提的，所以在进行防盗系统故障排除之前，应先彻底排除中央门锁系统的故障。

（4）当防盗系统被激发时，电脑ECU使前灯和尾灯继电器以大约0.4s的频率接通和关断，使前灯和尾灯闪烁。若想使它们停止闪烁，须执行下列操作之一。

① 用钥匙打开前左侧或右侧车门。

② 将点火开关转至“ACC”或“ON”位置。

③ 用门锁无线控制系统打开所有车门。

④ 等待约 2min。

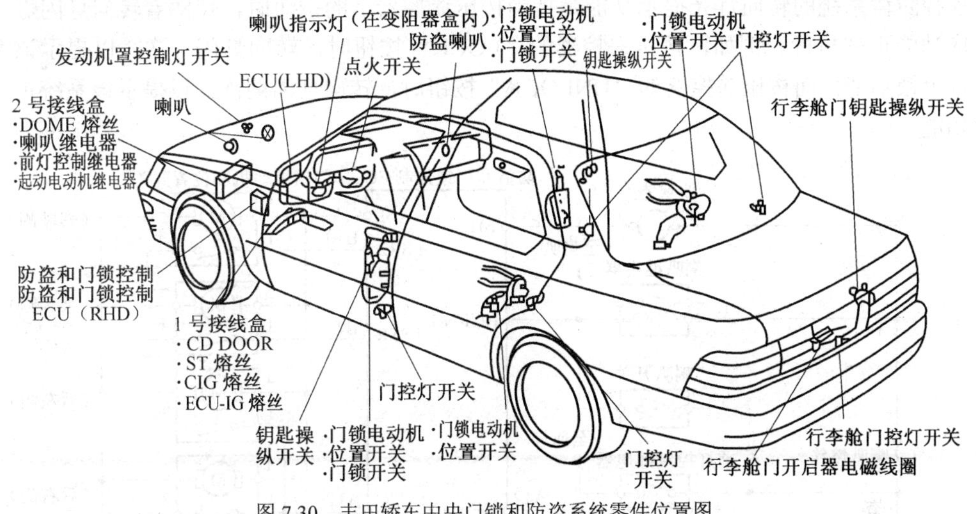

图 7.30 丰田轿车中央门锁和防盗系统零件位置图

课题实施

汽车防盗装置故障诊断（以别克凯越轿车防盗装置为例）

操作一 别克凯越轿车防盗装置的认识

1．别克凯越车遥控防盗系统的组成

别克凯越车遥控防盗系统主要由遥控器、左前和右前车门关闭开关、4 个车门开启开关，行李箱盖开启和关闭开关、发动机室盖开启开关、钥匙提醒开关、防盗控制模块/遥控接收器、转向灯、报警喇叭和安全指示灯组成，如图 7.32 和图 7.33 所示。

遥控器在出厂时每车配备两把，并与车钥匙组装成一体。防盗控制模块/遥控接收器位于地板控制台后部，驻车制动手柄后面。安全指示灯位于驾驶座车门门锁按钮处。

2．别克凯越车遥控防盗系统的主要功能

别克凯越车遥控防盗系统可以用遥控器实现 4 个车门的上锁、4 个车门与后行李箱盖的开锁以及寻车功能。该系统还可以实现车门自动上锁和行李箱盖自动上锁、防盗报警、转向灯光提示以及自我诊断功能。

遥控防盗系统的上锁功能是指按下遥控器的“LOCK”按钮，4 个车门锁实现上锁。遥控防盗系统的开锁功能是指按下遥控器的“UNLOCK”按钮，4 个车门锁实现开锁，以及按下遥控器的“行李箱盖开启”按钮，行李箱盖锁实现开锁。

遥控防盗系统的寻车功能是指按下遥控器的“UNLOCK”按钮，防盗控制模块/遥控接收器指令转向灯闪两次，来指示车辆位置，便于车主寻找车辆。

遥控防盗系统的车门自动上锁功能是指按下遥控器的“UNLOCK”按钮 30s 内，当车门或行李箱盖没有被打开时，车门自动实现重新上锁。

遥控防盗系统的行李箱盖自动上锁功能是指行李箱盖在关闭时，防盗控制模块/遥控接收器指令行李箱盖自动上锁，而不需要用钥匙转动行李箱盖锁芯上锁。

遥控防盗系统的防盗报警功能是指该系统进入防盗状态后，由于非法开启任一车门、行李箱盖或发动机盖以及非法接通点火开关时，防盗控制模块/遥控接收器指令报警喇叭鸣叫 28s，同时指令转向灯闪烁 28s 以实现报警。

遥控防盗系统的转向灯光提示功能是指当按压遥控器上的按钮时，伴随着转向灯闪烁，以提示相应功能正被执行。例如，按压遥控器的“LOCK”按钮时，转向灯闪一次，以提示该系统正在执行上锁功能；而按压遥控器的“UNLOCK”按钮时，转向灯闪两次，以提示该系统正在执行开锁功能。

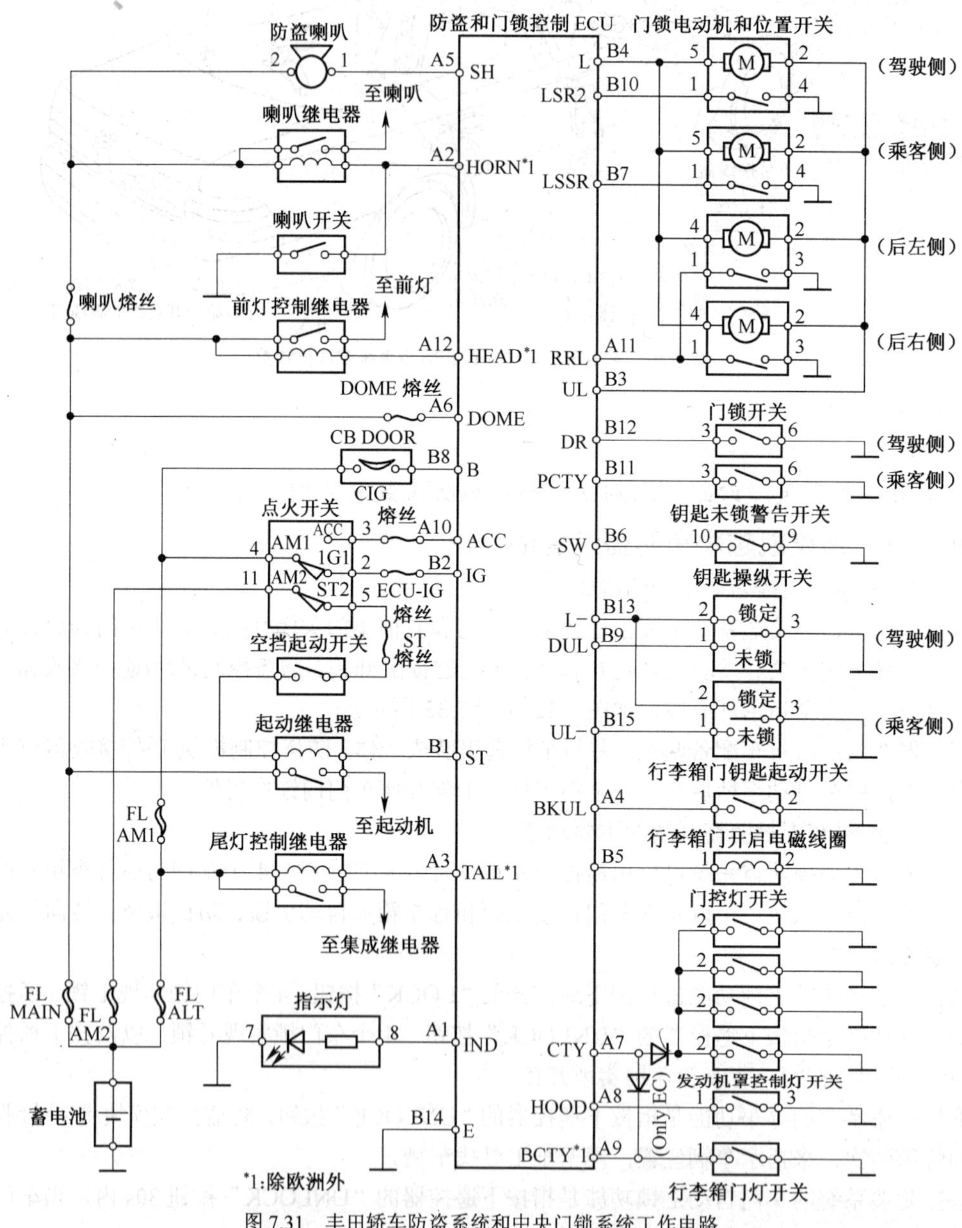

图 7.31 丰田轿车防盗系统和中央门锁系统工作电路

转向灯光提示系统相关信息的功能是指转向灯以不同的方式闪烁来提示该系统是否正常和是否被非法操作过。例如，按压遥控器的“UNLOCK”按钮时，当转向灯闪两次，即亮起 0.5s，熄灭 0.5s，再亮起 0.5s，表示该系统正常；当转向灯闪两次，即亮起 1s，熄灭 0.5s，再亮起 1s，表示该系统故障；而当转向灯闪两次，即亮起 0.5s，熄灭 1.5s，再亮起 0.5s,表示该系统被非法操作过。

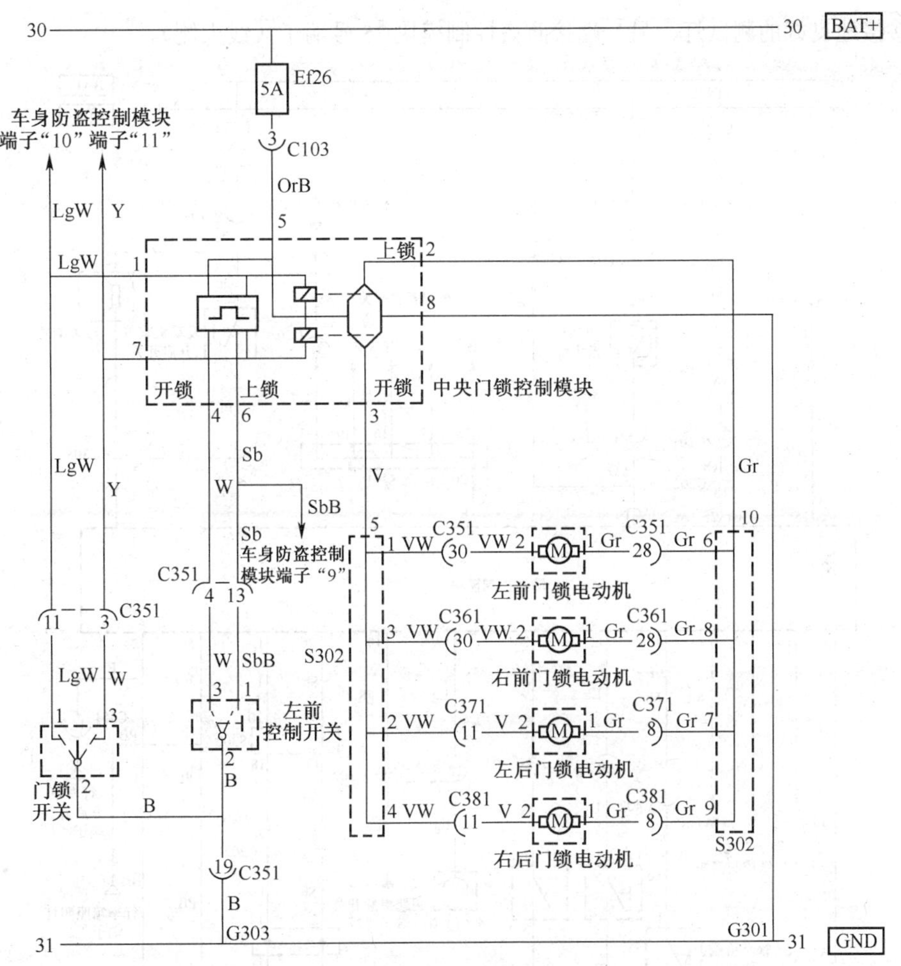

图 7.32 别克凯越轿车防盗系统电路（一）

Br—综色 G—绿色 V—紫色 P—粉色 W—白色 Or—橙色 Lg—浅绿色 Sb—天蓝色

R—红色 L—蓝色 Y—黄色 Gr—灰色 B—黑色

遥控防盗系统的自我诊断功能是指当系统故障时，会设定故障码并存储相应故障信息，以提示故障内容。

操作二 防盗控制系统不工作故障的诊断

造成故障的原因有：钥匙上的电池无电、门锁开关损坏、防盗控制器损坏、线路断路等。

（1）检测钥匙上的电池。若按下钥匙上的“LOCK”或“UNLOCK”键，防盗装置均不动作，而用门锁开关能正常锁门或开门时，应更换钥匙上的电池。若用摇控或门锁开关均不能起动防盗装置时，应进行下一步检测。

（2）检测防盗控制模块电源。检测熔断器 F12、Ef1、F15、Ef19 和 Ef16 是否断路？

必要时，更换熔断器；若熔断器完好，应进行下一步检查。

（3）检测防盗控制模块 15 号端子与电源 15 号线间电路是否断路。断开防盗控制模块线束，接通点火开关。用一端接接地良好的测试灯，另一端接防盗控制模块 15 号端子（线束侧）。

若测试灯不亮，应排除电路断路故障；若测试灯点亮，应进行下一步检查。

（4）检测防盗控制模块 25 号端子与电源 30 号线间电路是否断路。断开防盗控制模块线束。

用一端接接地良好的测试灯，另一端接防盗控制模块 25 号端子（线束侧）。

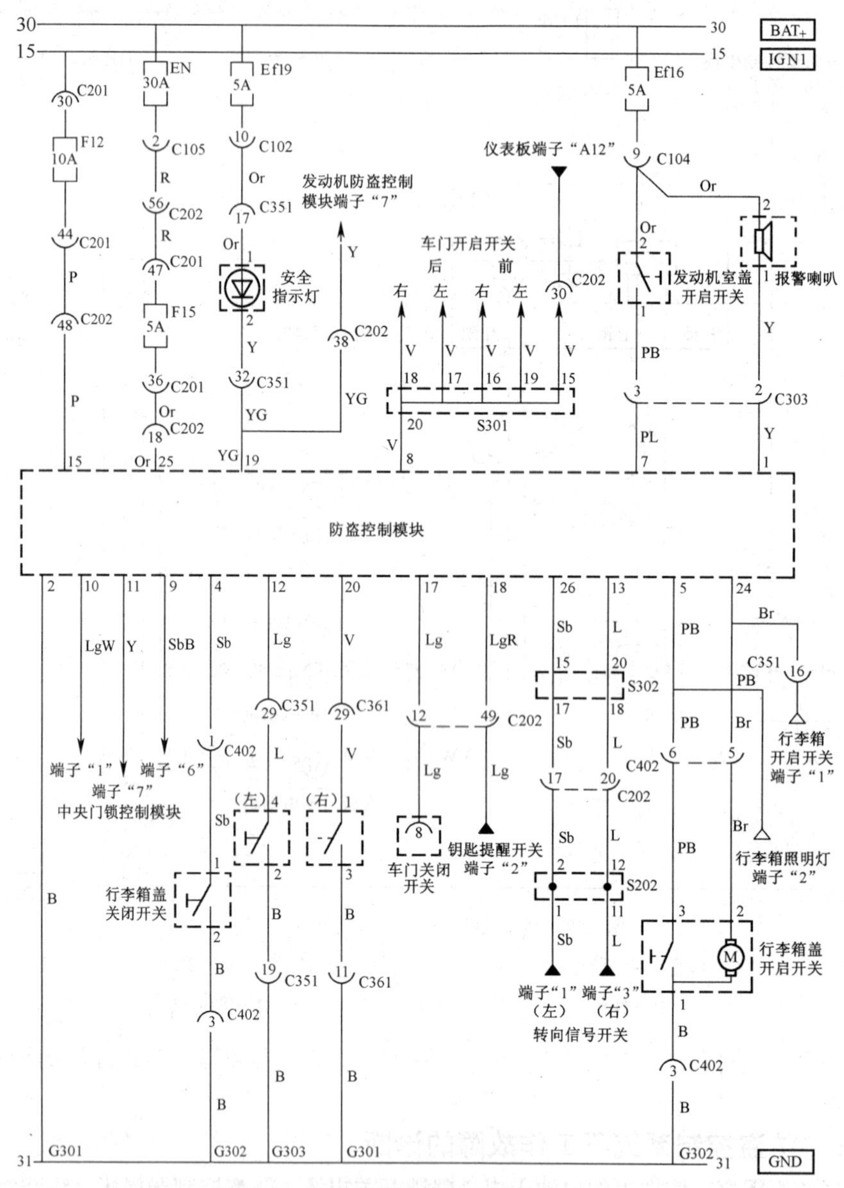

图 7.33 别克凯越轿车防盗系统电路（二）

Br—综色 G—绿色 V—紫色 P—粉色 W—白色 Or—橙色 Lg—浅绿色 Sb—天蓝色

R—红色 L—蓝色 Y—黄色 Gr—灰色 B—黑色

若测试灯不亮，应排除电路断路故障；若测试灯点亮，应进行下一步检查。

（5）检测防盗控制模块 19 号端子与电源 30 号线间电路是否断路。检测时，断开防盗控制模块线束，用导线将 19 号端子（线束侧）搭铁，观察“安全指示灯”是否点亮。

若不亮，应排除电路断路故障或更换“安全指示灯”；若该电路正常，应进行下一步检查。

（6）检测防盗控制模块 7 号端子与电源 30 号线间电路是否断路。开启发动机室盖，用一端接地良好的侧试灯，另一端接防盗控制模块 7 号端子（线束侧）。

若测试灯不亮，应排除电路断路故障或更换发动机室盖开启开关；若测试灯点亮，应进行下一步检查。

（7）检测防盗控制模块 2 号端子与接地间电路是否断路。断开防盗控制模块线束，用一端接蓄电池正极的测试灯，另一端接防盗控制模块 2 号端子（线束侧）。

若测试灯不亮，应排除电路断路故障；若测试灯点亮，应进行下一步检查。

（8）检测防盗控制模块是否故障？若上述检测均正常，应检查其他相关电路的接触情况，若检测均正常，更换防盗控制模块。

操作三　报警喇叭不工作故障的诊断

造成故障的原因有：熔断器断路、喇叭损坏、防盗控制器损坏、线路断路等。

（1）检测熔断器 Ef16 是否断路。必要时，更换熔断器。若熔断器 Efl6 完好，应进行下一步检查。

（2）检测报警喇叭 2 号端子与电源 30 号线间电路是否断路。断开报警喇叭线束，用一端接地良好的测试灯，另一端接报警喇叭 2 号端子（线束侧）。

若测试灯不亮，应排除电路断路故障；若测试灯点亮，应进行下一步检查。

（3）检测报警喇叭 1 号端子与防盗控制模块 1 号端子间电路是否断路。断开防盗控制模块线束，用万用表电阻档检测报警喇叭 1 号端子（线束侧）与防盗控制模块 1 号端子（线束侧）的电阻。

若电阻为∞，应排除电路断路故障；若电阻为零，应进行下一步检查。

（4）检查报警喇叭是否故障。将报警喇叭两端分别接蓄电池的正负极。

若喇叭不响，更换报警喇叭；若报警喇叭响声正常，应进行下一步检查。

（5）检查防盗控制模块是否故障。

若上述检测均正常，应检查其他相关电路的接触情况，若检测均正常，更换防盗控制模块。

思考与练习

1．试分析单风扇控制电路的工作原理。
2．简述电动刮水器的变速原理。
3．试分析图 7.5 所示风窗玻璃刮水器和风窗玻璃洗涤器电路的工作原理。
4．试分析图 7.20 所示双绕组串励式直流电动机电动车窗控制电路。
5．试分析图 7.28 所示的别克轿左侧后视镜向上进行位置调整时的电路。

汽车空调系统

学习目标

◎ 了解汽车空调系统的组成、作用与电路
◎ 掌握汽车空调系统加注制冷剂的方法
◎ 掌握汽车空调系统故障的诊断方法

课题一　汽车空调系统的构成

基础知识

一、汽车空调系统的组成及作用

汽车空调是指对汽车驾驶室和车厢内的空气进行调节，使之在温度、湿度、流速和洁净度上能满足人体舒适的需要。汽车空调给车内乘员创造舒适环境，减少疲劳，提高行车安全性，进而增加驾驶里程，提高运输效率。

汽车空调主要包括制冷系统、暖风系统、通风系统、空气净化装置和控制系统。

1．制冷系统

制冷系统的作用是利用冷媒在密封的系统内运行，通过热交换器（蒸发器）吸收驾驶室和车厢内的热量，降低车内温度。它一般由压缩机、冷凝器、储液干燥器（或积累器）、膨胀阀（或孔管）、蒸发器和电气控制系统组成。由于蒸发器的表面温度低于空气的露点温度，因此制冷系统还有除湿和净化空气的作用。

2．暖风系统

暖风系统是将发动机在正常工作时的冷却水引入暖水热交换器，再利用鼓风机使车内的空气循环流过暖水热交换器，以达到提高驾驶室和车厢内温度的目的。它一般由鼓风机、暖水热交换器、控制阀、水管等组成。

3．通风系统

通风系统的作用是换气，即将车外的新鲜空气引入车内，车内的污浊空气排出车外。通风方式可采用动压通风或强制通风。动压通风系统由进、出风口和通风管道组成；强制通风系统一般由风扇、风道、风门、出风口等组成，它把车外的新鲜空气引入车内，通过排风口把车内污浊空气排出车外。

4．空气净化装置

空气净化装置的作用是保证车内空气的清洁，一般由空气过滤器、排风口、电气集尘器、阴离子发生器等组成。它可对引入车内的空气进行过滤，并不断排出车内的污浊气体。

5．控制系统

控制系统可以对制冷系统、暖风系统、通风系统的工作进行控制，同时对车内的温度、风量及其流向进行调节，保证空调系统能够正常工作。控制系统一般由电气系统、真空系统和操纵装置组成。

二、汽车空调系统的特点

汽车直接暴露在太阳下或风雪中，隔热困难；汽车在行驶时有大量风沙，废气从各种缝隙钻入主车厢，造成车厢内的空气污染并增加热负荷；汽车的行驶速度变化无常，难以保证标定的空调工况等，因此汽车的工作条件要比房间恶劣得多。

概括起来说，汽车空调有下列特点。

（1）制冷量要求大，难以迅速降温。

① 车厢内乘员密度大，人体散热量多，热负荷大。

② 太阳入射热负荷大，而车厢隔热困难，汽车暴露在太阳下的表面积与室内容积之比以及门窗玻璃面积（车内乘客对车外四周环境要求有良好的视野范围）与室内表面积之比要比建筑物大得多，而且难以采取较好的隔热措施。

③ 在我国大部分地区，夏季汽车长时间停放在烈日之下，车内温度会上升到 50℃以上。在如此高的温度下，乘客一上车后，就要求车内气温迅速降低，这就要求汽车空调机有较大的储备能力，即制冷量要求大。

（2）不便于用电力作为动力源，必须用汽车发动机（简称主机）或辅助发动机（简称辅机）来带动压缩机，因而在动力源处理上要比房间空调困难得多。

（3）系统中冷媒（制冷剂）流量变化幅度大（主机带动的空调系统，汽车车速变化大），系统设计时应充分考虑。

（4）冷凝温度高。冷凝器的通风冷却效果受发动机水箱辐射热、汽车行驶速度和路面尘土污染的影响。尤其在汽车怠速或爬坡时，冷凝温度及冷凝压力异常升高。

（5）制冷剂容易泄漏。汽车在颠簸不平的道路上行驶时，震动厉害，连接处容易松动；冷凝器容易受飞石击伤或泥浆腐蚀，易产生渗漏现象。

（6）由于汽车结构紧凑，制冷装置的安装位置局限性很强，各种车型必须要有专门的车内冷气设备，蒸发箱总成通用化很困难。因此，目前汽车上的蒸发箱及布置是五花八门的。

（7）由于车厢高度小，风量分配不易均匀，因而车内温度不易均匀。

课题实施

汽车空调的认识

操作一　认识安装在发动机罩内的汽车空调元件

汽车空调制冷系统主要由压缩机、冷凝器、储液干燥器、膨胀阀、蒸发器、连接管路等组成。图 8.1 所示为一般轿车空调系统的组成与安装位置图，图 8.2 所示为空调制冷系统循环图。

操作二　认识安装在仪表板的汽车空调元件

1．蒸发器

蒸发器通常安装在副驾驶侧的储物箱后。蒸发器将经过节流降压后的液态/气态混合物制冷剂在蒸发器内沸腾汽化，使其吸收蒸发器表面周围的热量而降低温度，风机再将冷空气送入车厢，从而达到车内降温的目的。

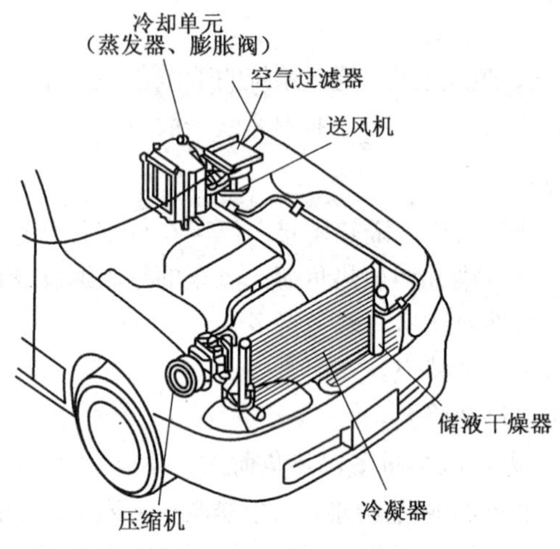

图 8.1 轿车空调系统的组成

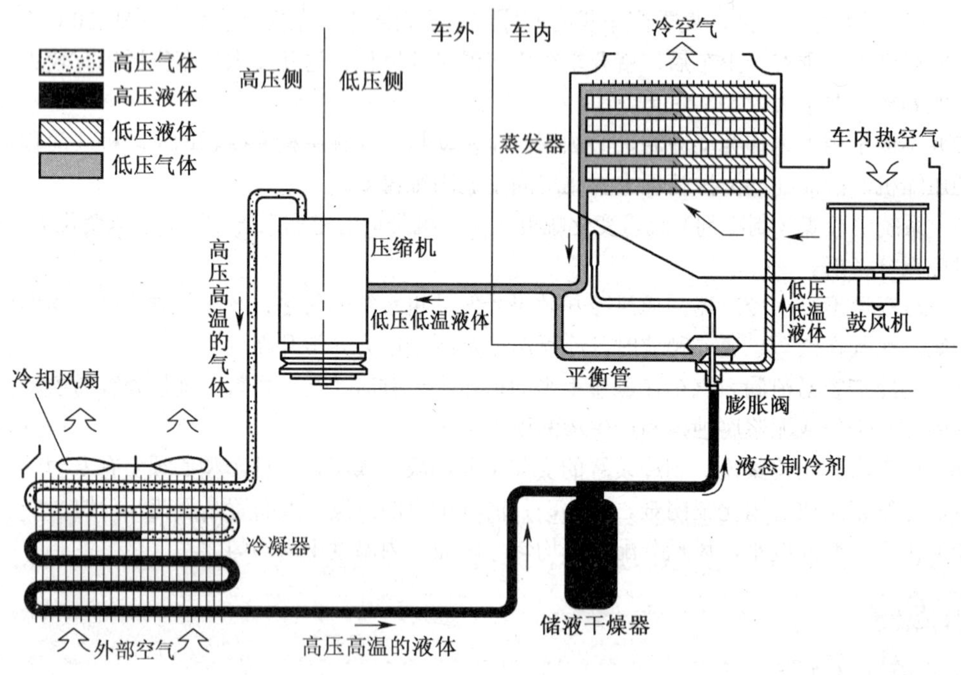

图 8.2 汽车制冷系统循环图

2．鼓风机

鼓风机与蒸发器组装在一起，其作用是使车箱内空气加速流过蒸发器，降低车箱内空气的温度。

3．空调控制（A/C）开关

其安装在仪表板上，用来接通或关闭空调制冷系统。A/C 开关接通时，鼓风机开始转动送风，压缩机电磁离合器接通（在室内温度高于调节温度时）。

4．风速调节开关

其安装在仪表板上，用来控制鼓风机的转速，从而控制出风口的出风速度。

5．温度调节开关

其安装在仪表板上，用来调节空调系统温度（冷、热），有旋钮式开关和按键式开关。

6．风门控制开关

其安装在仪表板上，用来开启或关闭空调系统各出风口。

课题二 汽车空调系统的工作原理

基础知识

一、汽车空调制冷系统的基本原理

汽车空调制冷的基本原理如图 8.3 所示，其工作过程如下。

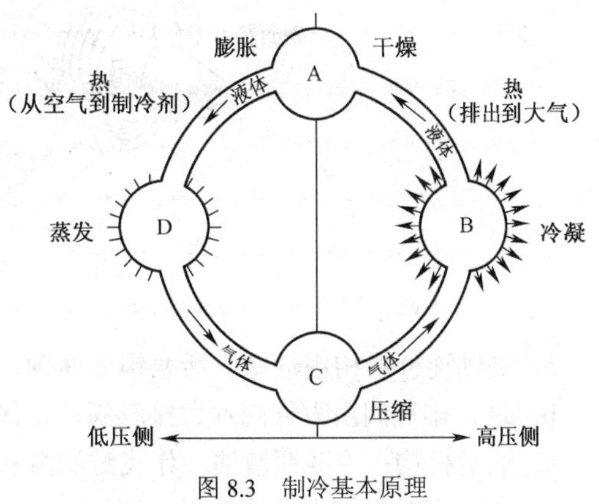

图 8.3　制冷基本原理

（1）压缩过程：将流经蒸发器的低温、低压的气态制冷剂压缩为高温、高压的气态制冷剂，输送到冷凝器。

（2）冷凝过程：将高温、高压的气态制冷剂冷却，使其变为中温、高压的液态制冷剂，送入储液干燥器。

（3）干燥过程：将中温、高压的液态制冷剂过滤，除去制冷剂中的杂质和水分，送入节流阀，并储存小部分的制冷剂。

（4）膨胀过程：将过滤后的中温、高压液态制冷剂利用节流原理，使其转变为低压雾状的液/气态混合物，送入蒸发器。

（5）蒸发过程：低压雾状的液/气态混合物流至蒸发器，吸收周围的热量而汽化，达到制冷的目的。

二、制冷系统的主要部件

1．压缩机

压缩机是制冷系统中低压和高压、低温和高温的转换装置，是推动制冷剂在制冷系统中不断循环的动力，对输送制冷剂、保障制冷系统正常工作具有十分重要的作用。

（1）汽车用空调压缩机的性能要求。

① 要有良好的低速性能，即要求在怠速运转时有较大的制冷能力和较高的效率。

② 高速运转时要求输入功率低，即降低油耗，提高汽车动力性。

③ 体积小，重量轻，便于安装和维修。

④ 安全稳定，可靠性好，能够在恶劣的条件下有良好的抗振性和密封性。

⑤ 对汽车不利影响小，要求压缩机运行平稳，噪声低，振动小，开、停压缩机时对发动机转

速的影响不应太大，起动转矩要小。

（2）压缩机的种类。压缩机主要有曲轴连杆式压缩机、斜盘式压缩机、摆盘式压缩机、旋叶式压缩机、滚动活塞式压缩机、涡旋式压缩机等。

① 曲轴连杆式压缩机。曲轴连杆式压缩机的结构如图 8.4 所示，主要由曲轴连杆机构，进、排气阀，润滑机构和曲轴密封机构组成。

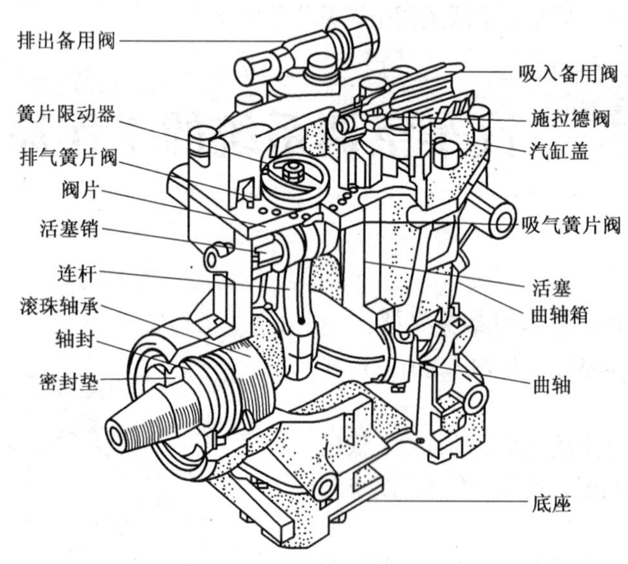

图 8.4 曲轴连杆式压缩机的结构

a．曲轴连杆机构由活塞、活塞销、曲轴、连杆、轴承等组成。

b．进、排气阀由吸气阀片、排气阀片、阀门板、挡板等组成。

c．润滑机构：冷冻润滑油，作飞溅润滑和强制润滑。

d．轴承密封机构由弹性挡圈、密封圈、O 形环、轴封组成。

其工作过程如下。

a．压缩过程：制冷气体在汽缸内从进气时的低压升高到排气压力的过程。

b．排气过程：制冷气体从汽缸向排气管输出的过程。

c．膨胀过程：活塞从上止点向下移动到进气阀打开的过程。

d．进气过程：制冷剂从进气气阀进入汽缸，直到活塞下行至下止点为止的过程。

② 斜盘式压缩机（又称双向斜盘式压缩机）。斜盘式压缩机的结构如图 8.5 所示，主要由缸体、活塞、主轴斜盘、前后缸盖、前后阀板、阀片、密封圈等组成。

图 8.6 所示为双向斜盘式压缩机的运动原理图，它的工作原理如下。

当主轴转动时，通过斜盘和滑履的带动，把主轴的回转运动变为双向活塞沿轴向的往复运动，活塞以斜盘主轴为中心，在同一圆周上均匀分布几个活塞，每个活塞作双向工作，所以一个活塞起两个缸的作用，在活塞运动过程中，通过吸排气阀组把低温低压的制冷剂蒸气吸入，同时把高温高压的制冷剂排出，使其进入冷凝器进行热交换。

③ 刮片式压缩机。刮片式压缩机又称旋片式压缩机，有正圆形和椭圆形两种。刮片数有 2、3、4、5 几种，如图 8.7 所示。

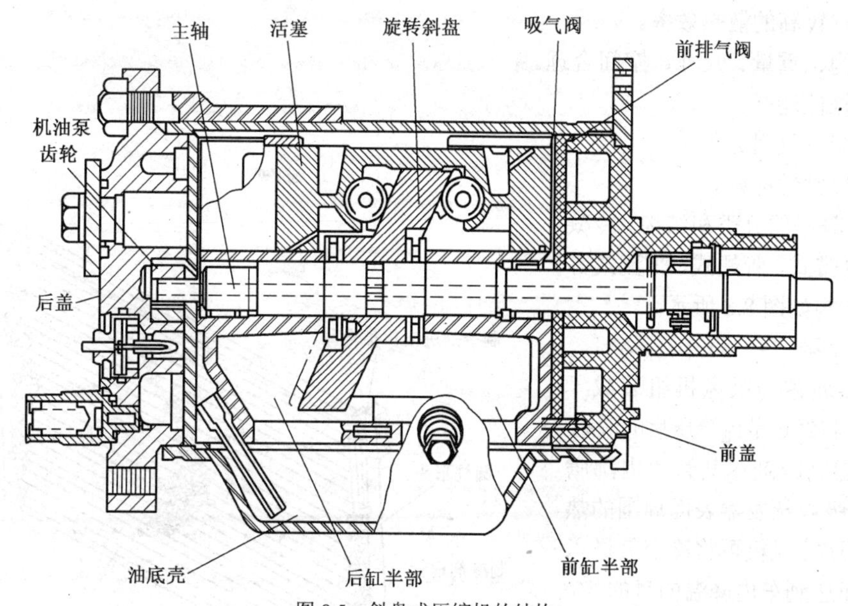

图 8.5 斜盘式压缩机的结构

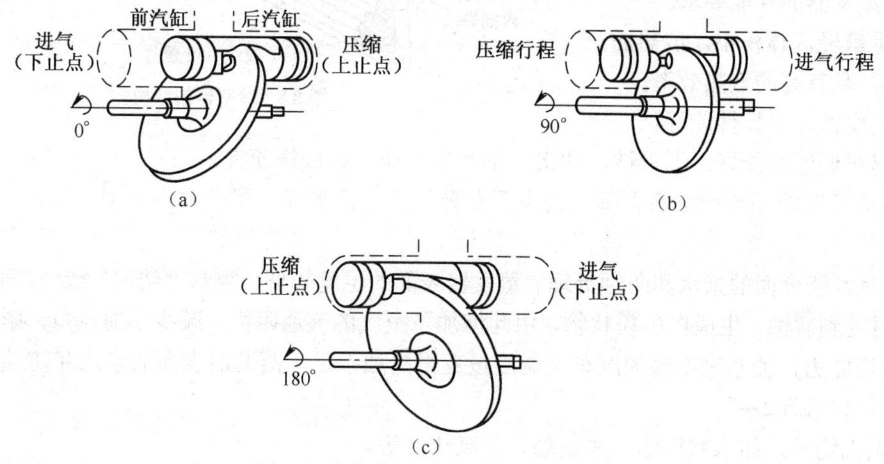

图 8.6 斜盘式压缩机的工作原理

刮片式压缩机的工作原理如下。

在圆形或椭圆形汽缸内对圆形汽缸偏心或对椭圆形汽缸同心地安装一个带有几个刮片的转子，转子一回转，由于离心力和油压的作用，使刮片从刮片槽中向外伸张，碰到汽缸壁，把汽缸分成几个隔腔，随着轴的旋转，隔腔内的容积发生变化，以进行制冷剂的吸入、压缩、膨胀和排出。

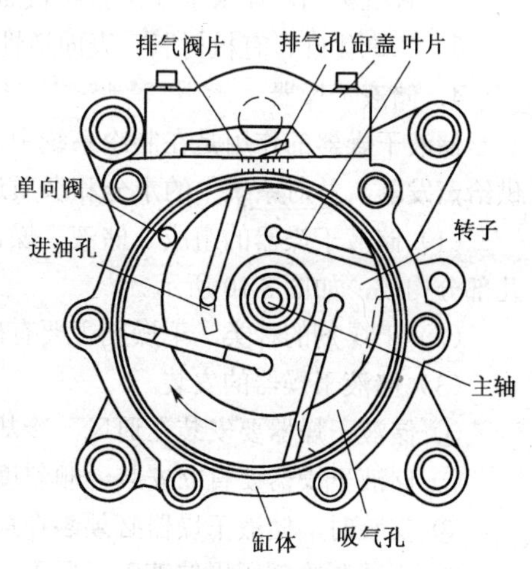

图 8.7 刮片式压缩机的结构

2．冷凝器

冷凝器是把来自压缩机的高温高压气体通过管壁和翅片将其中的热量传递给冷凝器周围的空气，从而使高温、高压的气态制冷剂冷凝成高温、高压的液体。

（1）汽车用空调冷凝器的性能要求。

① 要有较高的散热效率。

② 结构、重量、尺寸、空间合理。

③ 抗振性能好。

④ 冷凝空气阻力小。

⑤ 耐腐蚀性能好。

（2）冷凝器的分类和结构。冷凝器主要有管带式、管翅式、平流式等类型。其结构如图 8.8 所示。

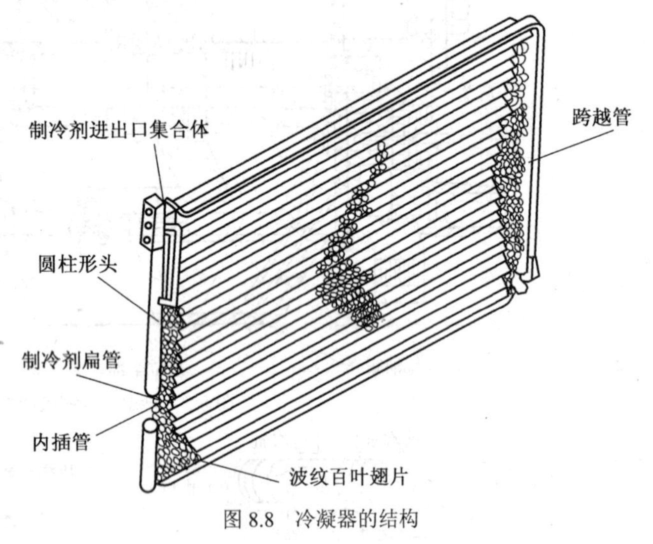

图 8.8 冷凝器的结构

3．蒸发器

蒸发器通常与鼓风机组装成一体。蒸发器将经过节流降压后的液态/气态混合物制冷剂在其管道内沸腾汽化，使其吸收蒸发器表面周围的热量而降低温度，风机再将冷空气送入车厢，从而达到车内降温的目的。

（1）蒸发器的性能要求。

① 重量轻，体积小，散热面空气阻力小，具有高的散热效率。

② 耐腐蚀，抗振性能好。

③ 材料低温性能好，无毒性，冲击后不产生火花，且价格便宜。

（2）蒸发器的分类和结构。蒸发器主要有管片式、管带式、层叠式等类型。其结构如图 8.9 所示。

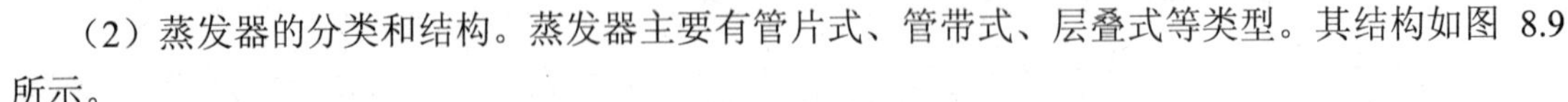

（3）蒸发器表面的亲水和防蚀处理。蒸发器表面的温度较低，容易“结霜”或 片间形成“水桥”，铝材受到腐蚀，生成白色粉状物，由此增加了空气的流通阻力，减少了通风量，影响了蒸发器的热交换能力，使本来不够的汽车空调冷量变得更加不足。蒸发器表面的亲水和防蚀处理可用以下 3 种材料进行。

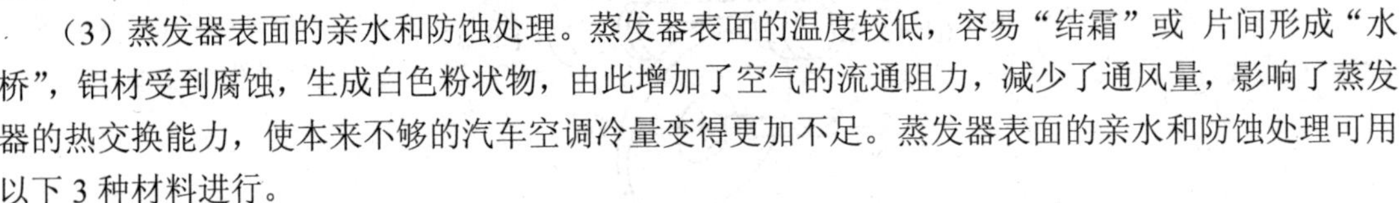

① 无机物质，如水软铝面、水玻璃、二氧化硅等。

② 有机树脂，如亲水性树脂和表面活性剂。

③ 二氧化硅、有机树脂、表面活性剂合用。

4．储液干燥器

储液干燥器的作用是在制冷系统中，临时性地存储一下制冷剂，根据制冷负荷的需要，随时供给蒸发器，并对系统中的水分和杂质进行干燥和过滤，即存储制冷剂、过滤杂质、吸收湿气。

（1）储液干燥器的组成。储液干燥器主要由储液器、干燥器、过滤器、观察窗、安全装置等几部分构成，如图 8.10 所示。

（2）干燥剂的种类。干燥剂主要有硅胶和分子筛两种。

（3）储液干燥器的安装。

① 储液干燥器要安装在通风、冷却好、远离热源的地方。

② 储液干燥器要直立安装，倾斜度不能大于 15°。

③ 安装时，储液干燥器必须装在最后。

④ 不同制冷剂所用储液干燥器不一样，不能混用。

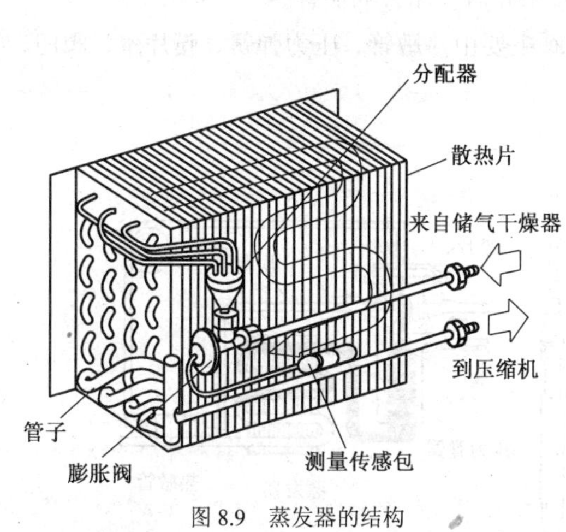

图 8.9 蒸发器的结构

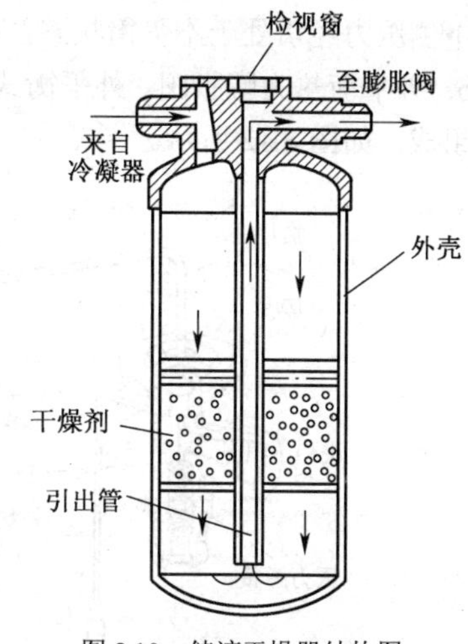

图 8.10 储液干燥器结构图

5．膨胀阀

汽车空调的膨胀阀又称节流阀，主要有热力膨胀阀、H 形膨胀阀、节流膨胀管等多种类型。

（1）热力膨胀阀。

① 热力膨胀阀的作用。

热力膨胀阀是一种节流装置，它是制冷系统中自动调节制冷剂流量的元件，它的工作特性好坏是直接影响整个制冷系统能否正常工作的关键。热力膨胀阀一般有 3 个作用。

a. 节流降压。它将从储液干燥器来的中温、高压的液态制冷剂降压为容易蒸发的低温、低压、雾状制冷剂，送入蒸发器，即分开了制冷剂的高压侧和低压侧。

b. 调节制冷剂流量。制冷剂负荷的改变以及压缩机转速的改变要求流量作相应调节，以保持车内温度稳定，膨胀阀能自动调节进入蒸发器的流量，以满足制冷剂循环的要求。

c. 防止液击和异常过热。由于感温元件能控制制冷剂流量的大小，保证蒸发器尾部有一定量的过热度，从而保证蒸发器容积的有效作用，避免液态制冷剂进入压缩机而造成液击现象，同时又控制了过热度处在一定范围内。

② 热力膨胀阀的结构及工作原理。热力膨胀阀有内平衡式和外平衡式两种。内平衡式热力膨胀阀膜片下面的制冷剂压力是从阀体内部通道传递来的膨胀阀孔的出口压力。而外平衡式热力膨胀阀膜片下面的制冷剂压力是通过外接管，从蒸发器出口处引来的压力。

a. 内平衡式热力膨胀阀。内平衡式热力膨胀阀主要由阀门、膜盒、膜片、调节弹簧、毛细管（连接感温包）等组成，如图 8.11 所示。

固定在回气管路上的感温包内装有惰性液体或制冷剂，当蒸发器出口温度较高时，感温包内液体温度随之上升，内压升高，作用在膜片上的压力大于蒸发器进口压力和过热弹簧压力总和时，针阀离开阀座，阀门开启，制冷剂流入蒸发器。

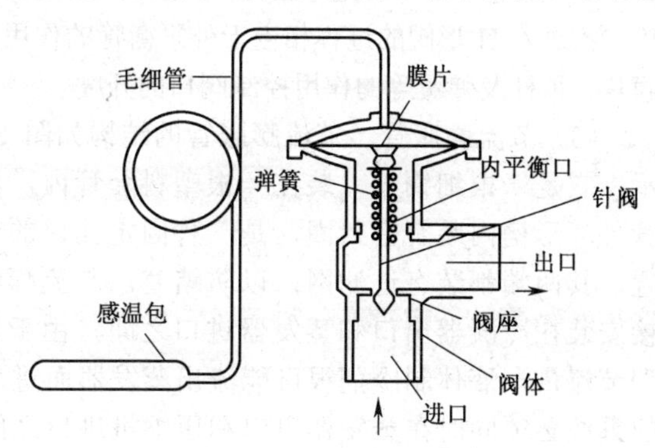

图 8.11 内平衡式热力膨胀阀

针阀开启后，制冷剂进入蒸发器，蒸发器内压力随之上升，回气温度降低，膜片下侧压力增加，上侧压力降低，阀门关闭。由于膜片上、下侧压力经常处于不平衡状态，所以不断地作开启、闭合的循环。

b. 外平衡热力膨胀阀。外平衡式热力膨胀阀主要由热敏管、压力弹簧、膜片室、阀门、毛细管等组成，如图 8.12 所示。

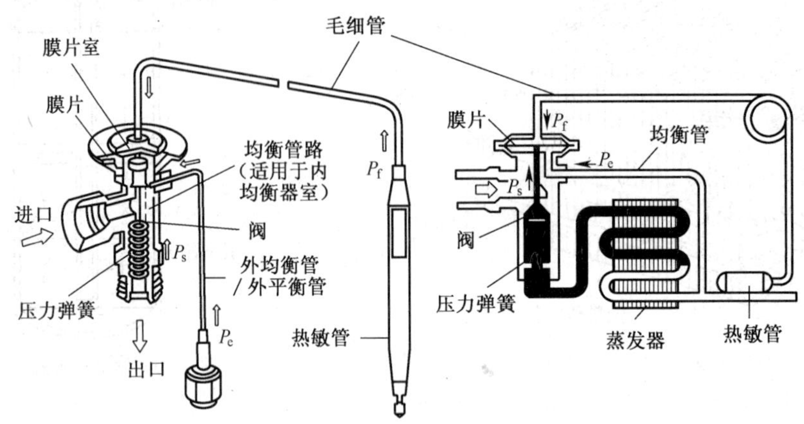

图 8.12 外平衡热力膨胀阀

图中 P_f 为感温包感受到蒸发器出口温度相对应的饱和压力，P_e 为蒸发器出口蒸发压力，P_s 为过热调整弹簧的压力。当车内温度处在某一工况时，膨胀阀有一定开度，P_f、P_e 和 P_s 应处于平衡状态，即 $P_f=P_e+P_s$。如果车内温度升高，蒸发器出口过热度增大，则感受温度上升，相应的感应压力 P_f 增大，即 $P_f>P_e+P_s$，因此波纹膜片向下移，推动传动杆工作，使得膨胀阀孔开度增大，制冷剂流量增加，制冷量也增大，蒸发器出口过热度相应下降。反之，如果 $P_f<P_e+P_s$，则波纹膜片向上移，传动杆也随之上移，使得膨胀阀孔开度减小，制冷剂流量减小，制冷量也减小，蒸发器出口过热度也相应上升，从而满足了蒸发器热负荷变化的需要。

（2）H 形膨胀阀。H 形膨胀阀是一种整体式膨胀阀，又称块阀，取消了外平衡式普通膨胀阀的外平衡管和感温包，直接与蒸发器进、出口相连，图 8.13 所示。H 形阀实际上并没有取消感温包，而是把感温包缩到阀体内的回气通路上，从冷凝器来的制冷剂从入口进入膨胀阀经节流后出来进入蒸发器，在蒸发器中吸收热汽化了的制冷剂后出来，再进入 H 形阀的另一腔内，使动力元件直接感受蒸发器出口的温度后出来进入压缩机。制冷剂第二次进入 H 形阀的过程相当于外平衡管的作用，通过膜片、顶杆及弹簧等的作用控制阀口的开度。

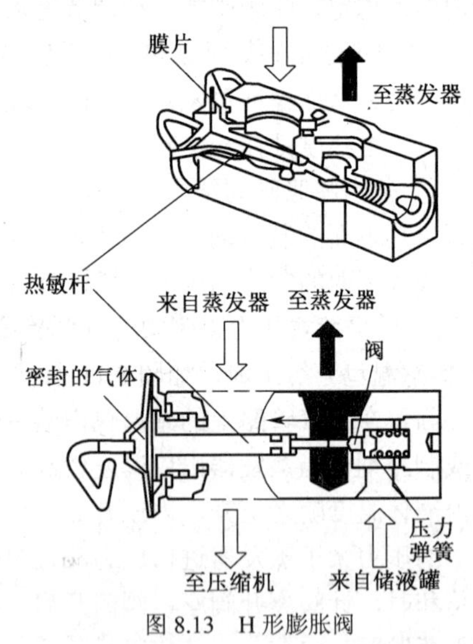

图 8.13 H 形膨胀阀

（3）节流膨胀管。节流膨胀管的结构如图 8.14 所示，它是一根细铜管，装在一根塑料套管内，塑料套管外环形槽内装有密封圈，是一种固定孔口的节流装置，其两端都装有过滤网，以防堵塞。节流膨胀管直接安装在冷凝器出口和蒸发器进口之间，由于其不能调节流量，液体制冷剂很可能流出蒸发器而进入压缩机，造成压缩机液击，为此装有膨胀管的系统必须同时在蒸发器出口和压缩机进口之间安装一个汽液分离器，实现液、汽分离，避免压缩机发生液击。

由于节流膨胀管没有运动部件，结构简单，成本低，可靠性高，同时节省能耗，许多美国和日本高级轿车都采用这种节流方式。其缺点是制冷剂流量不能根据工况变化进行调节。

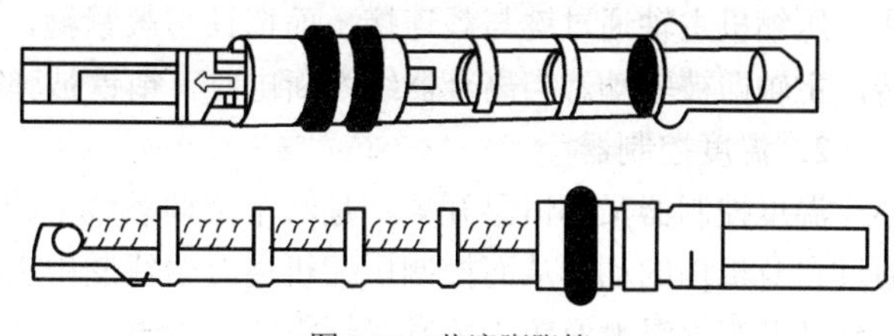
图 8.14 节流膨胀管

6．连接软管和管路接头

（1）连接软管。由于汽车空调的各总成部件一般分散安装在汽车的各个部位，如压缩机与发动机连成一体，冷凝器与干燥器安装在车架前端上，而蒸发器又安装在车内。当汽车在颠簸的道路上高速行驶时，各部件均产生振动，因而制冷系统这些部件之间不能用刚性金属管连接，只能用柔性橡胶软管连接，而且软管必须具有吸收振动的能力，不能泄漏制冷剂，能承受一定的压力，耐爆裂强度高。

（2）管路接头。汽车空调系统的管路接头可分为以下几种方式。

① 胶圈接头方式。这种接头方式现代汽车使用较多。胶圈用耐油橡胶做成，优点是密封性高，防振性强，不需要过分拧紧连接螺母，就可以保证密封性，检修时也方便。

② 喇叭口接头方式。这种接头的质量主要靠加工精致和光洁度来控制，连接时螺纹接头要旋紧，使喇叭口与凸缘配合紧密，才能达到密封的要求。

③ 管箍接头方式。这种接头多用于组装车，它是将金属管插入胶管内，再把管箍套于金属管插入处的胶管外围旋紧管箍，从而达到密封的目的。

④ 弹簧锁紧接头方式。这种接头多用于美国车，它是用外罩、卡紧弹簧、内外接头、密封圈，再套用专用工具将其锁紧达到密封的目的。

三、汽车空调控制部件

1．电磁离合器

压缩机电磁离合器主要由摩擦板、带轮（转子）及电磁线圈组成，如图 8.15 所示。

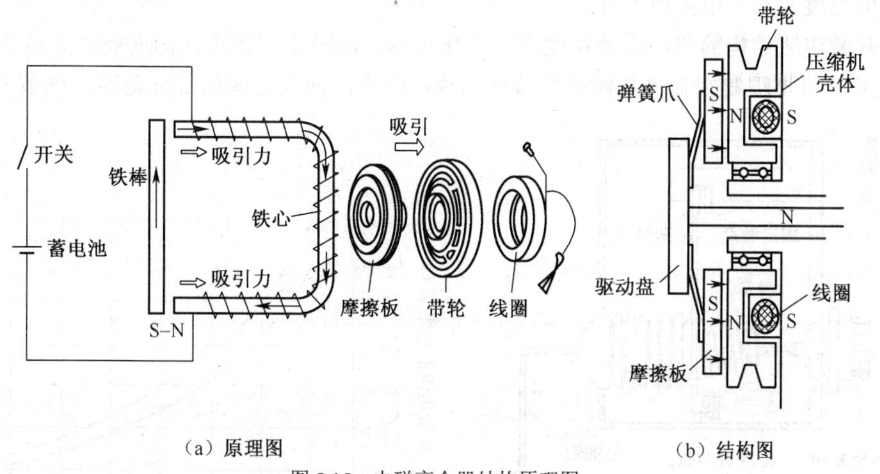

（a）原理图 （b）结构图

图 8.15 电磁离合器结构原理图

电磁离合器有定圈式和动圈式两种。

汽车空调用的电磁离合器的作用是将汽车发动机的动力传递给压缩机主轴，使压缩机运转，完成制冷循环。压缩机的工作或停转由电磁离合器线圈电源的通断进行控制。

电磁离合器的工作原理是当电流通过离合器绕组时产生较强的磁场，衔铁被线圈磁力牢牢吸住，压缩机主轴通过键与毂连接，而衔铁与毂紧箍，这时带轮旋转，通过转板上吸力带动衔铁旋转，主轴即被驱动。当离合器线圈断电时，衔铁被弹簧弹回，带轮只在轴承上空转。

2．温度控制器

温度控制器又称恒温开关，是汽车空调系统中的一种开关元件，是感受蒸发器表面的温度，通过自身机构的动作从而控制压缩机离合器线圈中电流的通、断致使压缩机产生开与停的动作，起到调节车内温度及防止蒸发器结霜的一种电气控制装置。

汽车空调温度控制器可分为机械压力式和电子式两种。

（1）机械压力式温度控制器。机械压力式温度控制器主要由毛细管和波纹管构成，其内部充满感温介质，感温管的一端（感温包）插入蒸发器翅片之中，感受蒸发器表面的温度，它的主要功能是通过感温元件内介质的温度变化，导致波纹管内压力发生变化，致使其伸长或缩短，将此信号传递出去。

该温度控制器的调节机械主要由温度调整旋钮、温度调节螺钉等组成，其作用是使温控器能在最低至最高温度范围内任何一点动作，以控制温度。波纹管式温度控制器的触头开闭机构主要由触点、弹簧等组成。

图 8.16 所示为其结构图。波纹管和充满制冷剂的感温毛细管、感温包相连，感温包置于蒸发器翅片冷气通过的位置上。当蒸发器温度变化时感温包中的制冷剂温度也随着变化，对应的压力也发生变化，温度升高，压力就增大，推动波纹管中膜片运动，推动动触点与固定触点闭合，电磁离合器线圈通电，压缩机旋转，制冷系统循环制冷。如果车内温度降到设定的温度以下，膜片向相反的方向运动，弹簧帮助复位，使触点脱开，电磁离合器线圈断电，压缩机停止工作。

旋转温度调整旋钮可调节温度调节螺钉，改变温控器的温度设定值。

（2）电子温度控制器。该温度控制器的传感器元件是热敏电阻，装在蒸发器的外侧正面，用以检测蒸发器的出口温度。

热敏电阻有两种：一种具有负感温电阻特性，即温度升高，电阻值下降；一种具有正感温电阻特性，即温度上升，电阻值上升。

由于热敏电阻结构简单，调节精度高，工作可靠，故障少等优点，因而被越来越多的车用空调器所采用。图 8.17 是空调器热敏电阻特性曲线，图中两曲线之间的部分是温度调节范围。

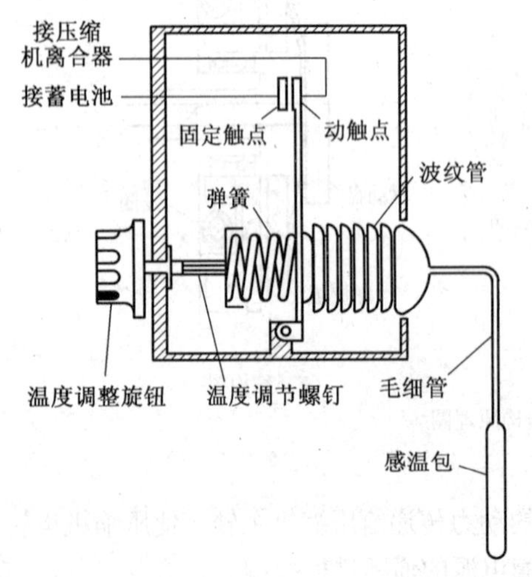

图 8.16　机械压力式温度控制器结构图

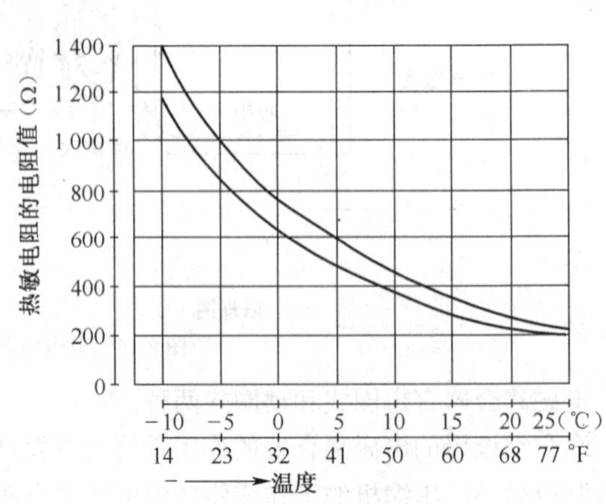

图 8.17　热敏电阻的特性曲线

热敏电阻式温度控制器的控制电路是热敏电阻式温度控制器的关键技术，如图 8.18 所示，其工作过程如下：当空调系统开始工作时，空调开关接通，来自蓄电池 14 的电流经空调开关 3→R_{13}→R_{15}和 R_1 一 VT_1的基极，此时如车内的温度高，具有负温度系数的热敏电阻 R_{13} 的阻值小，基极电位高，使 VT_1 导通，VT_2、VT_3、VT_4 也相继导通，电流由蓄电池 14→空调开关 3→电磁线圈 5→VT_4→搭铁，因为电磁线圈 5 有电流通过，继电器的触点 6 闭合，电磁离合器 7 导通，压缩机开始工作。当车内温度下降到低于调整值时，即蒸发器出口温度低于规定值，热敏电阻 R_{13} 的阻值增大，使 VT_1 的基极电位下降，这时 VT_1、VT_2、VT_3、VT_4 均截止，使继电器线圈 5 中无电流通过，触点 6 打开，电磁离合器 7 因断电与压缩机分离，压缩机停止工作。之后蒸发器表面的温度又要上升，热敏电阻的阻值又要减小，使得 VT_1、VT_2、VT_3、VT_4 导通，继电器的触点 6 又闭合，电磁离合器 7 重新吸合使压缩机工作。不断地重复上述过程，就使得车内的温度稳定在所要求的范围之内了。

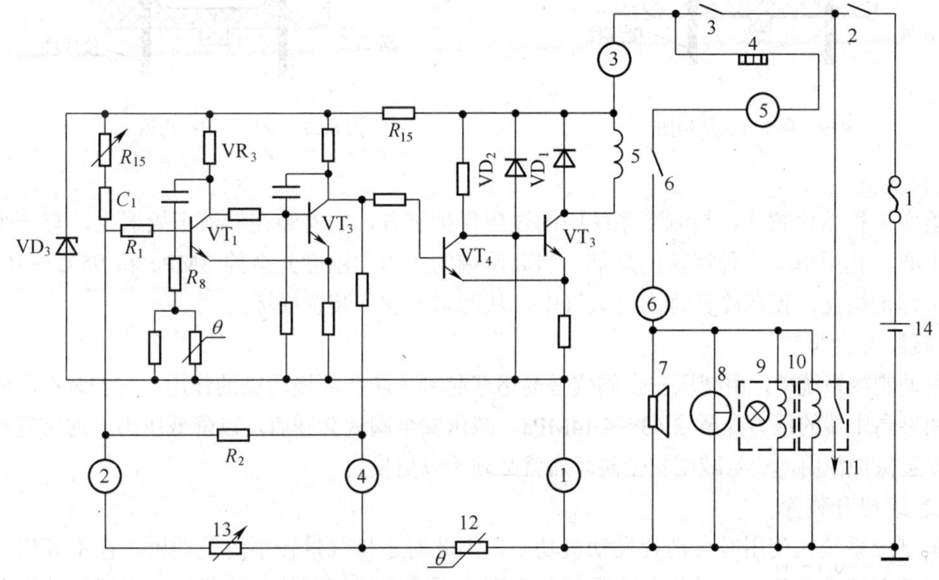

图 8.18 热敏电阻式温控器控制电路图

1—熔断器 2—点火开关 3—空调开关 4—压力开关 5—电磁线圈 6—触点 7—电磁离合器 8—空调工况指示灯 9—真空开关阀 10—冷凝器风扇继电器 11—通往调节器（冷凝器风扇空调发电机） 12—热敏电阻 13—可变温度控制电阻器 14—蓄电池

3．压力开关

汽车空调设有压力开关电路，压力开关也称压力继电器或压力控制器，分为高压开关和低压开关两种，安装在制冷系统的高压侧管路上。当制冷系统中制冷剂压力出现异常时迅速切断电磁离合器电路，而使压缩机停止工作，待压力恢复后，压缩机又正常工作，避免了制冷系统被损坏。

（1）高压压力开关。

高压压力开关是为了防止制冷剂填充过多，冷凝器散热不好，造成压力过高，产生管路爆裂。

高压开关的切断压力和触点恢复闭合压力一般因车型而异，切断压力一般在 2.1～3.0MPa 范围内，触点闭合恢复压力为 1.6～1.9MPa。其结构如图 8.19 所示。

（2）低压压力开关。

低压开关也称制冷剂泄漏检测开关，作用是当气体泄漏，压力降低时，切断电磁离合器电源，以免烧坏压缩机。

低压开关的切断压力一般为 80～110kPa，而触点闭合恢复压力为 230～290kPa。其结构如图 8.20 所示。

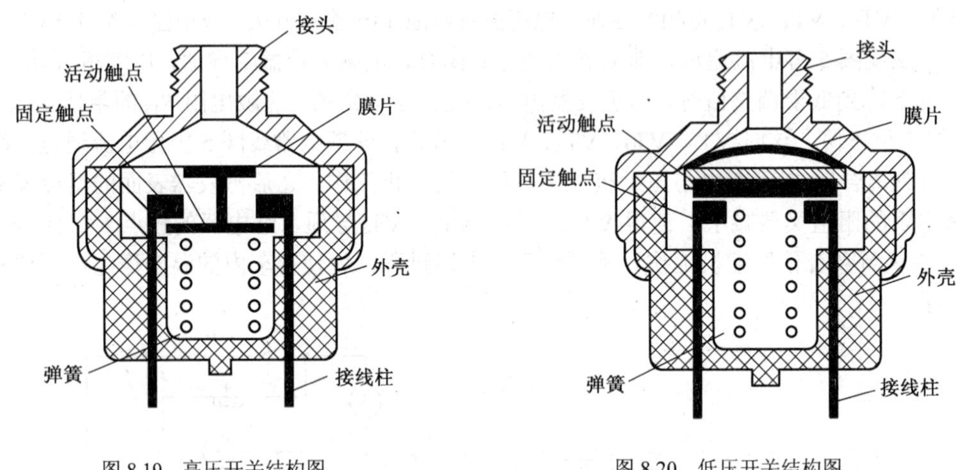

图 8.19 高压开关结构图

图 8.20 低压开关结构图

4．易熔塞

易熔塞又称熔化螺栓，是制冷系统中的过压保护装置，它安装在储液干燥器上，有一个孔贯穿螺栓中心，孔中填满一种特殊的焊剂。当高压端的压力和温度升至约 3MPa 和 95℃～100℃时易熔塞中焊剂熔化，使制冷剂排出至大气中，从而防止制冷装置损坏。

5．减压安全阀

在空调制冷系统中，由减压安全阀代替易熔塞起到了防止环境污染的作用。它安装在压缩机缸体上，如果高压端的压力升至 3.43～4.14MPa，减压安全阀就会开启，以降低压力，通常它和高压开关起双层保护作用，一旦减压安全阀开启就必须予以更换。

6．怠速提升装置

汽车制冷系统在使用时会消耗发动机功率，因此对于排气量较小的发动机，在不开启制冷系统时，调整至正常怠速，一旦将制冷系统开启则会因功率消耗而使怠速降低，出现发动机怠速不稳定的现象，甚至使发动机熄火，因此设计一种装置在开启制冷系统时使发动机怠速自动升高，使其维持正常的怠速，这种装置就是怠速提升装置。

四、采暖系统

采暖是汽车空调的功能之一，是将车外新鲜空气引入热交换器，吸收其中某种热源的热量，从而提高空气的温度，并将热空气送入车内，达到人体保暖和车窗玻璃除霜的目的。

按热源形式的不同，汽车采暖系统大致分为热水式暖气装置、燃烧式暖气装置、综合预热式暖气装置和发动机排气加热式暖气装置。

1．热水式暖气装置

热水式暖气装置有 3 种类型，其差别在于所使用的调温装置各不相同，一种是水流调节型，一种是空气混合型，还有二合一改良组合型，如图 8.21 所示。其工作原理是，在热水取暖装置中，发动机冷却水通过热水阀进入加热器循环流动，使加热器变热，然后鼓风机将冷空气吹过热的加热器，使空气变暖。而空气混合型的采暖装置，使用了一个空气混合调节风挡，该风门调节通过加热器的冷空气比例以改变空气温度，该装置被许多现代车型采用。

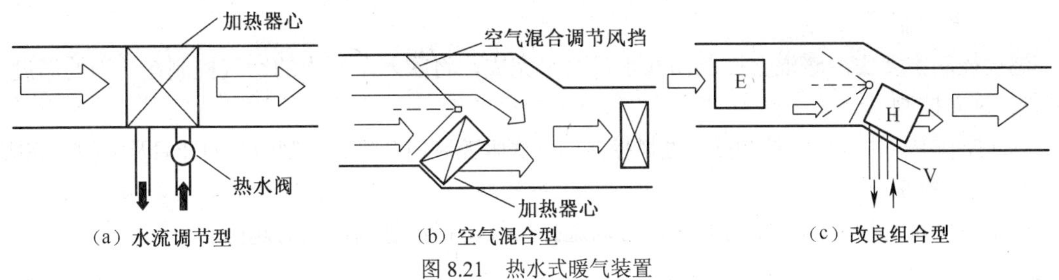

图 8.21 热水式暖气装置

2．发动机排气加热式暖气装置

此种加热形式含热量较高，能够提供足够的暖气来调节车内的温度，适合北方严寒地区使用，但气体中含有腐蚀性气体和有毒气体 CO，这种取暖器必须耐腐蚀、密封性好，一旦穿孔后果不堪设想，所以安装时一般加装报警器。

五、通风系统

通风系统的作用是向车内提供温度适宜的干净空气。通风系统主要由 3 部分构成，第一部分为空气进口段，主要由用来控制新鲜空气和室内循环空气的风门叶片和伺服器组成。第二部分为空气混合段，主要由加热器和蒸发器组成，用来提供所需温度的空气。第三部分为空气分配段，使空气吹向面部、脚部和挡风玻璃。

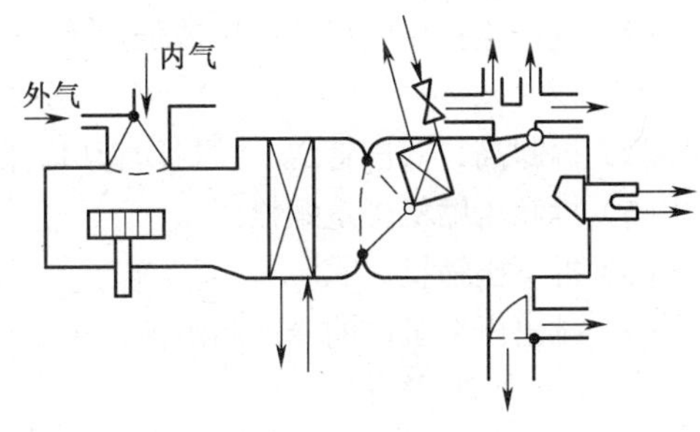

图 8.22 通风系统

通风系统如图 8.22 所示，其工作过程为：新鲜空气+车内循环空气→进入风机→空气进入蒸发器冷却→由风门调节进入加热器的空气→进入各吹风口。

六、操纵控制系统

空调操纵系统的功用是对制冷系统与加热系统进行控制，调节车内的空气温度、风量、流向，确保空调系统正常工作，如图 8.23 所示。

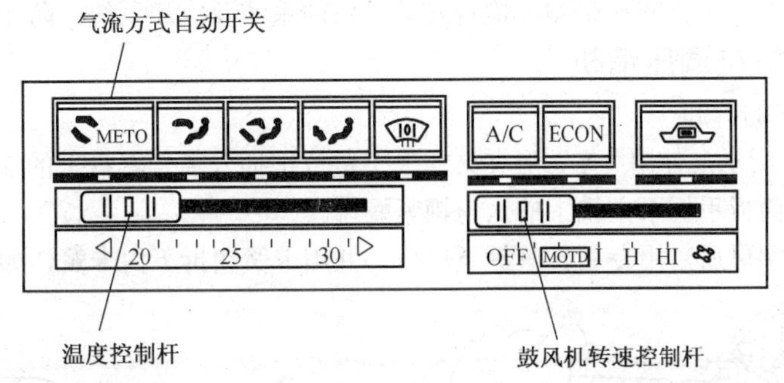

图 8.23 空调操纵面板

1．换气控制

换气控制主要由内外循环键控制换气门来完成，当换气控制置于新鲜空气（Fresh）位置时，换气控制门开启，使车厢外新鲜空气进入车厢内产生换气作用；换气键置于再循环位置时，换气控制门关闭，车厢内空气经由鼓风机在车厢内循环，此时开启制冷系统可使车厢内空气温度快速降低。

2．温度控制

温度控制主要由冷暖混合控制门和水流阀来完成，将吹入车厢内的空气控制在适当的温度。

3．风向控制

风向控制主要由风向键控制操作通风控制门、底版控制门及除雾控制门等的开启及关闭来完成。

4．风量控制

主要由风量旋钮控制风量的大小，可以选择挡位，挡位越高，风力越强。

课题实施

空调压缩机的拆装与解体

操作一 拆装空调压缩机

1．拆卸空调压缩机

（1）拆下蓄电池正极线。

（2）拆下压缩机电磁离合器连接导线。

（3）旋松连接压缩机的高压或低压管道的螺帽，排放制冷剂（有条件时应采用回收装置回收制冷剂）。

（4）拆卸高、低压管道，并封闭管口，防止灰尘、水汽或其他异物进入系统。

（5）拆卸压缩机固定螺栓。

（6）拆下压缩机。

（7）排出压缩机内的冷冻润滑油，用量筒测量油量，并检查油是否变色，油内是否有杂质。

2．安装空调压缩机

安装空调压缩机时按照与拆卸相反的顺序进行，并应注意以下几点。

（1）安装压缩机时，必须使电磁离合器带轮、发动机带轮的带槽对称面处在同一平面内。

（2）以规定力矩拧紧固定螺栓。

（3）冷凝器与风扇之间应保持一定间隙，一般不少于 20mm，压缩机及其托架和软管之间的间隙为 15mm。

（4）应更换高、低压管密封垫圈，检查发动机供油系统及冷却系统，防止渗漏。

操作二 解体空调压缩机

1．电磁离合器的拆卸

（1）如图 8.24 所示，使用“Y”形夹具的 3 个定位销插入离合器盘上的 3 个孔中，固定离合器的驱动盘，用套筒扳手拆下主轴上的六角锁紧螺母。

（2）拆下锁紧螺母后，用专用拉具拆下压板，并用卡簧钳拆下内卡簧，如图 8.25 所示。

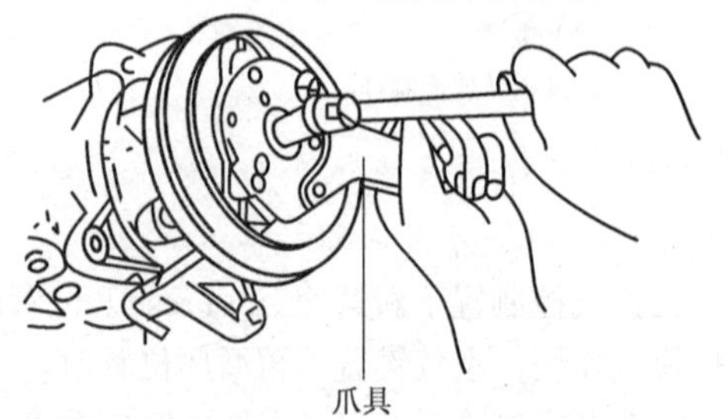

图 8.24 拆卸压缩机主轴上的锁紧螺母

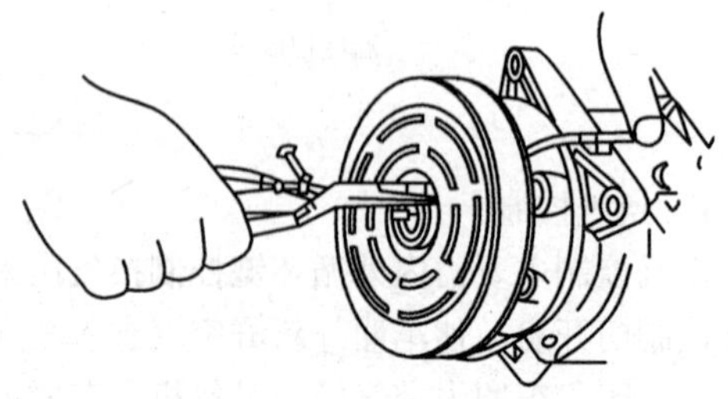

图 8.25 用卡簧钳拆卸内卡簧

（3）用拉拔工具拆卸离合器驱动盘，如图 8.26 所示，将压缩机带轮和轴承拔出。

（4）拆下键和垫片。垫片是用来调整驱动盘和摩擦板之间的间隙的，安装时用它来调整到规定的间隙值。

（5）用螺钉旋具拆下电磁线圈安装螺钉，卸下电磁线圈。

2．压缩机轴封的拆卸

（1）拆下离合器总成，使用卡环钳，取下密封座卡环，如图 8.27 所示。

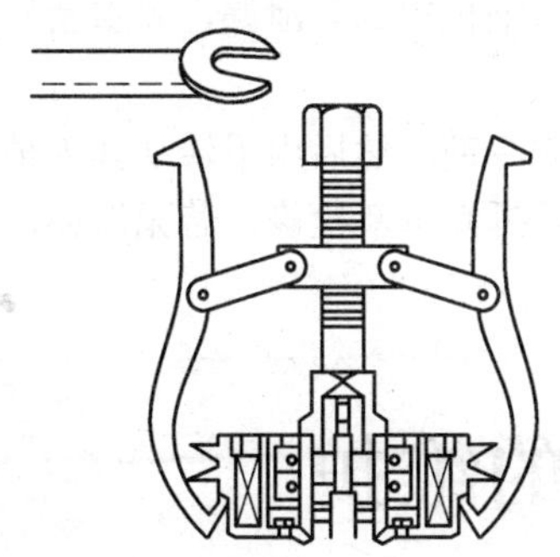

图 8.26 拆卸离合器驱动盘

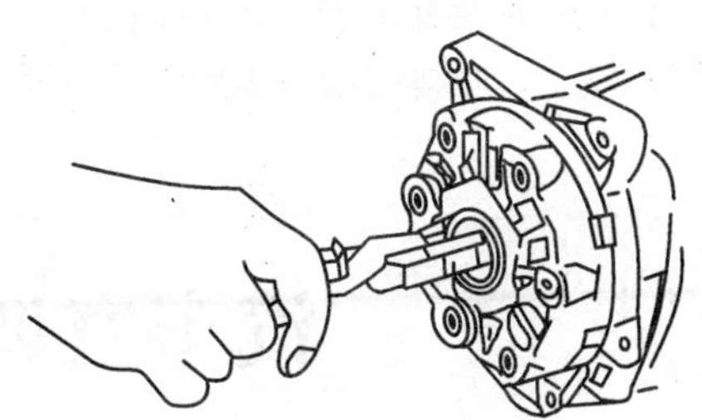

图 8.27 取出压缩机轴密封卡环

（2）使用密封拆卸工具，伸入密封座的位置，然后让其锁紧密封座的内周面，向外拉出密封座。

（3）用钩子取出密封件上的“O”形密封圈。

3．解体空调压缩机

（1）用内六角扳手松开端盖上的所有螺栓，然后取下螺栓，如图 8.28 所示。

（2）用木锤轻轻敲击端盖凸缘，使它从压缩机上脱离。当压缩机的前后端盖打开后，就可以容易地抽出其活塞等部件，如图 8.29 所示。

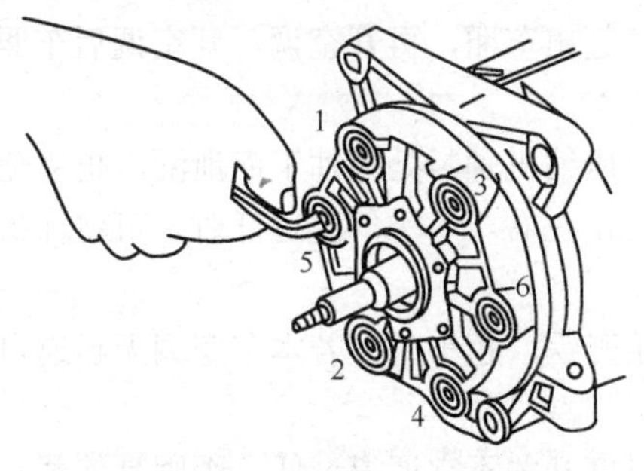

图 8.28 拆卸压缩机端盖螺栓

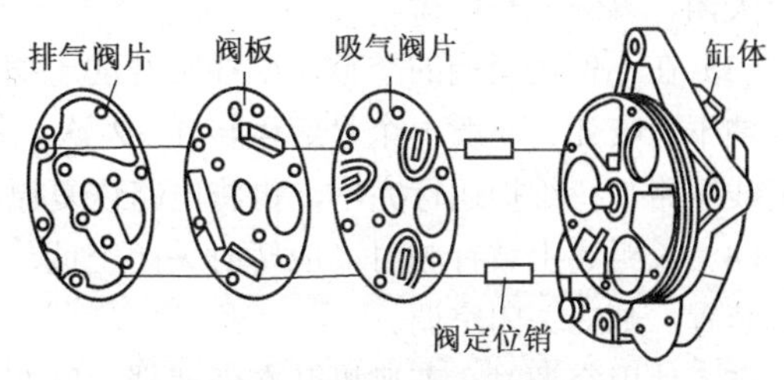

图 8.29 压缩机内部零件拆卸

（3）取下气缸垫、O 形圈、簧片阀板。

（4）取出内部的活塞组件和轴承等。

4．压缩机内部零部件的检测及组装

（1）检查压缩机活塞和气缸，若活塞和气缸有拉毛现象，则须更换压缩机。

（2）检查压缩机轴承，若有损坏则须更换。

（3）检查压缩机阀片和阀板。阀板可以用油石打磨平整，阀片、缸垫和 O 形圈损坏则须更换。

（4）装配时要清洗干净所有零部件，保证油路畅通，并在各摩擦部位涂上冷冻润滑油。同时，要保持所有接合面清洁干净，并在垫上涂上冷冻润滑油，均匀地压紧螺栓，装上前后盖板。

（5）用手转动压缩机检查运转是否顺利。

5．压缩机组装后的性能检查

将压缩机安装在工作台上就可检查其性能，其检查方法如下。

（1）压缩机内部泄漏检查。在压缩机吸、排气检修阀上装上歧管压力计，并关闭手动高、低压阀，再用手转动压缩机主轴，每秒钟转一圈，共转 10 圈，这时打开手动高压阀，高压表的压力应大于 0.345MPa 或更大，若压力小于 0.310MPa，则说明压缩机内部有泄漏，须重新修理或更换阀片、阀板和缸垫。

（2）压缩机外部泄漏检查。从压缩机吸入端注入少量制冷剂，然后用手转动其主轴，用检漏仪检查轴封、端盖、吸排气阀口等处有无泄漏，若有泄漏须拆卸重新检修，若无泄漏，就可装回发动机上。

课题三 汽车空调系统的维护

基础知识

一、汽车空调系统的正确使用

1．非独立式空调的正确使用

对于非独立式汽车空调，其操作使用是比较方便的，但能否正确使用，对机组的空调性能及寿命、发动机的工作稳定性及功耗都有很大影响。为此，空调使用时应注意以下几点。

（1）起动发动机时，空调开关应处于关闭位置，发动机熄火后，也应关闭空调，以免蓄电池电量耗竭。

（2）夏日应避免直接在阳光下停车暴晒，尽可能把车停在树荫下，在长时间停车后车厢内温度很高的情况下，应先开窗及通风，用风扇将车内热空气赶出车厢，再开空调，开空调后车厢门窗应关闭，以降低热负荷。

（3）在不使用空调的季节，应经常开动压缩机，避免压缩机轴封处因油干而泄漏，也避免转轴因油干而咬死。一般一个月应运转 1～2 次，每次 10min 左右。冬季气温过低时，可将保护开关电线短路，待维护运行完毕，再将电路恢复原样。

（4）长距离上坡行驶时，应暂时关闭空调，以免水箱开锅。超车时，若本车空调无超速自动停转装置，则应关闭空调。

（5）使用空调时，若风机开在低速挡，则制冷系统温度开关不宜调得过低。否则易使蒸发器结霜，产生风阻，而且容易出现压缩机液击现象。

（6）在空调运行时，若听到空调装置有异常响声，如压缩机响、风机响、管子爆裂等，应立即关闭空调，并及时请专业维修人员检修。

2．独立式空调的正确使用

对于安装独立式空调的汽车，应严格按照使用说明书的规定起动和运行空调，因这类空调通过遥控装置控制辅助发动机的起动和运行，起动方法要比非独立式空调复杂。

一般使用时的注意事项与非独立式大体相同，但由于辅助发动机有时有单独的油箱，因而还要经常注意检查油箱的储油情况，并要检查发动机水温、油压情况。

二、汽车空调系统的日常维护

（1）应经常对空调汽车中的制冷装置进行检查，特别应检查各管路接头处是否松动，压缩机轴封处有否泄漏油迹，各连接螺钉有否松动，如发现应予以修理。

（2）在出车前瞬时开动制冷系统，观察储液罐玻璃盖孔或玻璃观察窗内制冷剂的状态，看是否缺制冷剂。

（3）经常检查各电线接头，防止松动脱落，发生意外事故。

（4）经常检查压缩机传动带张力是否正常。

（5）应经常清刷冷凝器散热片中的污垢、杂物等，以保持良好的散热效果。

（6）大中型客车的车厢内部有一个空气交换口，不能将乘客带的行李、物品放在此口，以免影响空气流通，使蒸发器蒸发能力变差，降低制冷效果。这里的空气滤网应每天清洗，否则车厢的灰尘、杂物会附在它上面，阻止空气流通。

三、汽车空调制冷部件及控制机构的检查

1．压缩机的检查

起动压缩机，进行下列检查。

（1）如果听到异常响声，说明压缩机的轴承、阀片、活塞环或其他部件有可能损坏，或润滑油量过少。

（2）用手摸压缩机缸体（小心高压侧很烫），如果进出口两端有明显温差，说明工作正常；如果温差不明显，可能是制冷剂泄漏或阀片泄漏。

（3）如果有剧烈振动，可能传动带太紧，带轮偏斜，电磁离合器过松或制冷剂过多。

2．换热器表面的检查及清洗

（1）检查蒸发器通道、冷凝器表面以及冷凝器与发动机箱之间是否有碎片、杂物、泥污，要注意清理，小心清洗。

（2）冷凝器可用软长毛刷沾水轻轻刷洗，但不要用蒸汽冲洗。换热器表面尤其是冷凝器表面要经常清洗。

（3）检查冷凝器表面是否有脱漆现象，注意及时补漆，以免锈蚀。

（4）蒸发器表面不能用水清洗，可用压缩机空气冲洗，如果翅片弯曲，可用尖嘴钳小心扳直。

3．储液干燥器的检查

（1）用手摸储液干燥器进出管，并观察视液玻璃，如果进口很烫，而且出口管温度接近气温，从视液玻璃中看不到或很少有制冷剂流过，或者制冷剂很混浊、有杂质，则可能是储液器中的滤网堵了，或是干燥剂散了并堵住出口。

（2）检查易熔塞是否熔化，各接头是否有油迹。

（3）检查视液玻璃是否有裂纹，周围是否有油迹。

4．制冷软管的检查

看软管是否有裂纹、鼓包、油迹，是否老化，是否会碰到尖物、热源或运动部件。

5．电磁离合器及低温保护开关的检查

断开和接通电路，检查电磁离合器及低温保护开关是否正常工作。

（1）小心断开电磁离合器电源，此时压缩机会停止转动，再接上电源，压缩机应立即转动，这样短时间接合试验几次，以证明离合器工作正常。

（2）天冷时，若压缩机不能起动，可能是由于低温保护开关或低压保护开关起作用，可将保

护开关短路或将蓄电池连接线直接连到电磁离合器（连接时间不能超过 5s）。若压缩机仍不转动，则说明离合器有故障。

（3）在低温保护开关规定的气温以下仍能正常起动压缩机，则说明低温保护开关有故障。

（4）若有焦味，可能是电磁离合器烧坏。

6．车速控制机构的检查

首先弄清该车空调系统中有哪几种车速控制机构，然后进行检查。

（1）低速保护（怠速继电器）。确认怠速保护的转速限值，首先将发动机在高于此限值上运转，确认压缩机工作正常，然后让发动机降速至限定值以下，若压缩机自动停转，则说明怠速继电器工作正常。否则要调整怠速继电器限定值或调整发动机怠速转速。

（2）高速保护（超车继电器）。令发动机正常运转，然后短时间让发动机高速运动（模拟超车）几秒钟，观察压缩机能否自动停转，并能否在几秒钟后又恢复正常。若有故障，则检查线路是否有松脱等现象，对症修理。

（3）怠速稳定（怠速提升装置）。起动发动机，不开空调保持怠速运行，测定怠速转速，一般应在 600～700r/min，然后开空调，检查发动机转速是否提高（应自动提升至 900～1 000r/min）及怠速工况是否稳定。若过高或过低，则调整真空促动器的调整螺钉或拉杆位置；若发动机转速不提高，则检查线路是否正常，真空源是否正常，真空管路是否漏气、压扁等。

7．感温包保温层的检查

检查膨胀阀感温包与蒸发器出口管路是否贴紧，隔热保护层是否包扎牢固。

8．换热器壳体的检查

检查蒸发器壳体有无缝隙，冷凝器导风罩是否完好，冷凝器与水箱之间距离是否合理，蒸发器箱体内是否有杂质。

9．电线连接的检查

检查电线接头是否正常，连接是否可靠。

10．压缩机传动带盘及连接传动带的检查

（1）检查传动带张紧力是否适宜，表面是否完好，配对的传动带盘是否在同一平面。传动带新装上时正好，运转一段时间会伸长，因此需要进行两次张紧。传动带过紧会使传动带磨损，并导致有关总成的轴承损坏；过松则使转速降低，制冷量、冷却风扇风量不足。

（2）若用一般三角传动带，新装上的传动带张紧力应为 40～50N，运转后张紧力应为 25N 左右。

（3）若齿形传动带的张紧力不足，将会降低齿形传动带的可靠性。但张紧力过大传动带会发出异响，一般调整在 15～18N 比较合适。

调整齿形传动带张紧力的办法是，使齿形传动带张紧直至运转时发出异响，然后逐渐减小张紧力直到异响消失为止。

（4）保证传动带直线运转是非常重要的，可用加减垫片的方法调整轴向位置。

11．冷凝器风扇的检查

检查冷凝器风扇工作时是否有异常声响，是否有异物塞住叶轮，是否碰到其他部件，尤其要检查冷凝器风扇电动机的轴承是否缺油、咬住，压缩机运转时，冷凝器辅助风扇是否同步转动。

12．定期检查压缩机油面

压缩机有视油镜的，可以通过视油镜查看油面是否在线以上。在侧面有放油塞的，可略松开放油塞，如果有油流出就是油量正好；若没有油流出，则需要添加润滑油。如果有油尺的，根据说明书规定用油尺检查。

课题实施

空调制冷剂的加注

操作一　空调系统抽真空

1．放空制冷剂

汽车空调若要重新加注制冷剂，必须在加注前将剩余的制冷剂排出，排出步骤如下。

（1）准备工作。

① 将压力表组接入系统，如图 8.30 所示（在放出制冷剂时，将中央软管与真空泵脱开），调整控制器至最冷位置。

② 发动机转速调至 1 000～1 200r/min，并运行 10～15min。

（2）放出制冷剂。

① 恢复发动机正常转速，然后关闭发动机。

② 缓慢地开启高、低压手动阀，让制冷剂经过中央软管排出。

③ 中央软管开口端应裹上白抹布，如有冷冻润滑油排出，必显示在抹布上。这时，应关小手动阀，至刚好无冷冻润滑油排出。

④ 若表座上高、低压力表读数均为 1 个大气压，说明系统已放空。

2．系统抽真空

（1）准备工作。

① 将压力表组上的高、低压手动阀打开，将中央软管接在真空泵进口上。

② 拆除真空泵排气口护盖。

（2）系统抽真空。

① 起动真空泵。

② 打开高、低压手动阀，观察压力表，表针应向下偏摆，略有真空显示。

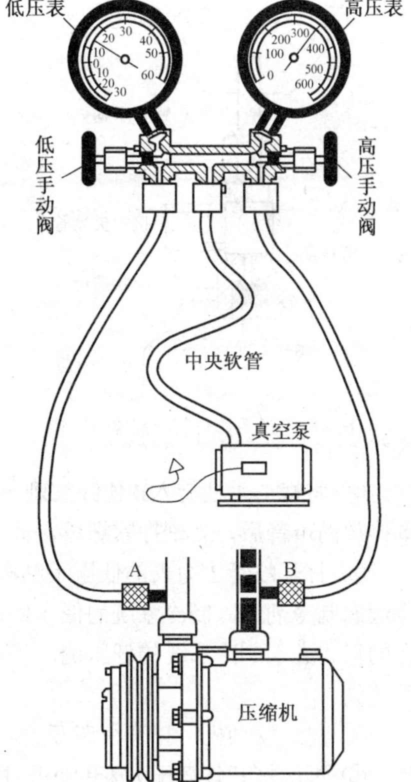

图 8.30　汽车空调制冷剂加注时各元件连接图

③ 真空泵运转过 10min 之后，检查低压表读数是否大于 79.8kPa。如果真空度不到 79.8kPa，应关闭高、低压手动阀，使真空泵停转，检查汽车空调系统管道是否有泄漏，根据情况修理。如果没有找到泄漏，继续进行抽真空。

④ 将空调系统压力抽真空至接近 100kPa 时，关闭高、低压手动阀及真空泵，放置 5～10min，如果压力上升大于 3.4kPa，说明系统有泄漏，应检查排除后，再进行抽真空工序。

⑤ 如果低压表指针保持不动，继续进行抽真空（30min 以上），关闭高、低压手动阀后，再关闭真空泵。

操作二　加注制冷剂

1．安装制冷剂罐

① 按逆时针方向旋转注入阀蝶形手柄，直至阀针完全退回。

② 将注入阀装到制冷罐上（见图 8.31），逆时针方向旋转板状螺母，直至最高位置，然后顺时针拧动制冷剂注入阀，直到注入阀嵌入制冷剂密封塞。

③ 将板状螺母顺时针方向旋转到底，再将压力表组上的中央软管接到注入阀管接头上，用手拧紧板状螺母。

2．从制冷系统低压侧充入气态制冷剂

① 在对制冷系统检漏、再次抽真空后，关闭歧管压力表的高、低压手动阀，断开真空泵，将中间软管与制冷剂瓶连接好，如图 8.32 所示。

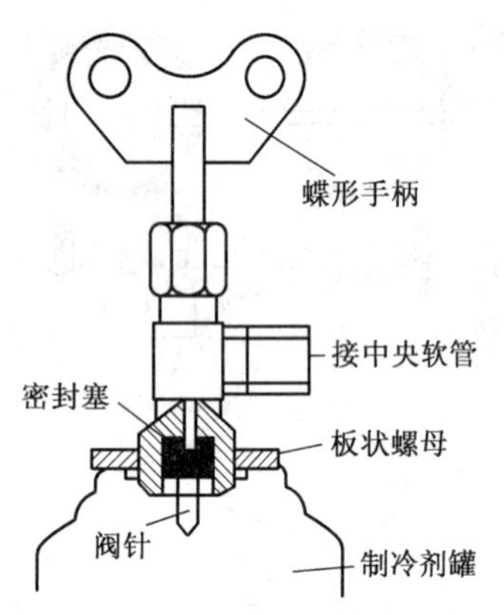

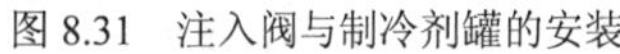
图 8.31 注入阀与制冷剂罐的安装

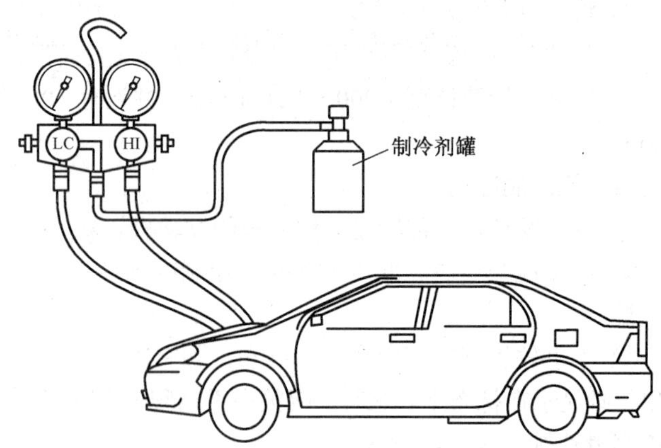

图 8.32 低压侧充注制冷剂管路连接图

② 将蝶形手柄旋入，使针阀刺破制冷剂罐，拧松中央软管歧管压力表一侧的螺母，听到制冷剂排放的声音后，立刻拧紧螺母。此过程的目的是将中央软管中的空气排出。

③ 打开歧管压力表的低压手动阀，制冷剂罐正立（正立时罐的上部为气态，下部为液态，防止液态制冷剂进入制冷系统的低压侧对空调压缩机的进、排气阀片造成“液击”），使制冷剂以气态的形式进入制冷系统的低压侧。当低压侧的制冷剂压力不再增加时，关闭歧管压力表的低压侧手动阀。

④ 起动发动机，打开空调开关，将鼓风机开关打到高速挡，同时将车门打开。

⑤ 再次打开歧管压力表的低压手动阀，让制冷剂继续进入制冷系统。达到规定值后，关闭歧管压力表的低压手动阀和制冷剂罐。

⑥ 重新安装制冷剂罐，重复上述②～⑤步骤，加注第 2 缸制冷剂。

在向制冷系统加入制冷剂时，加入制冷剂过多或加入制冷剂不足都将会使制冷效果变差，如何确定制冷剂的加注量符合规定是非常重要的，一般情况下有两种方法：一种方法是将发动机转速控制在 2 000r/min，鼓风机转速开到高速挡，此时制冷系统低压侧的压力应为 147～192kPa，高压侧的压力应为 1 373～1 668kPa，对于不同车型，此值略有不同；另一种方法是如果制冷系统的干燥罐有观察窗，可在上述条件下通过干燥罐的观察窗观察制冷剂的流动情况，若流动的液态制冷剂中有气泡出现，说明制冷剂不足，需要继续加注制冷剂，直到气泡消失才说明制冷剂的加注量符合规定。

3．从制冷系统高压侧充入液态制冷剂

① 在对制冷系统检漏、再次抽真空后，关闭歧管压力表的高、低压手动阀，断开真空泵，将中间软管与制冷剂瓶连接好，如图 8.33 所示。

② 将蝶形手柄旋入，使针阀刺破制冷剂罐，拧松中央软管歧管压力表侧的螺母，听到制冷剂排放的声音后，立刻拧紧螺母。此过程的目的是将中间注入软管中的空气排出。

③ 打开歧管压力表的高压手动阀，制冷剂罐倒立（此时不准打开低压手动阀，不准起动发动机），使制冷剂以液态的形式进入制冷系统的高压侧。当高压侧的制冷剂压力不再增加时（大约注入400～600g 制冷剂，或感觉制冷剂罐中的制冷剂重量不再下降时），关闭歧管压力表的高压侧手动阀。

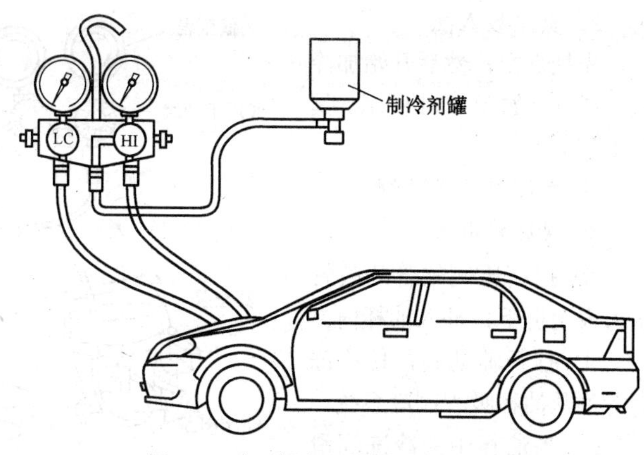

图 8.33　高压侧充注制冷剂管路连接图

④ 将制冷剂罐正立，起动发动机，打开空调开关，将鼓风机打到高速挡，打开所有车门。打开歧管压力表的低压手动阀，让制冷剂以气态的形式进入制冷系统的低压侧。

⑤ 重新安装制冷剂罐，重复上述②～④步骤，加注第 2 缸制冷剂。

⑥ 达到标准后，拆下歧管压力表，结束制冷剂的加注。

操作三　拆除歧管压力表

① 关闭歧管压力表的高、低压手动阀。

② 关闭制冷剂罐上的注入阀。

③ 关闭发动机。

④ 断开歧管压力表与制冷系统的连接软管，用布块盖在检修阀上，动作要快，防止制冷剂喷射到手上。

⑤ 装上制冷系统检修阀上的防尘盖。

操作四　为制冷系统补充制冷剂

当汽车的制冷系统由于制冷剂不足造成制冷效果不理想，经过检查不需要对制冷系统进行排放、拆卸等维修时，这时可直接对制冷系统进行制冷剂的补充加注，方法如下。

① 在将歧管压力表、制冷系统及制冷剂罐连接之前，要将所有连接软管中的空气排出。关闭歧管压力表的高、低压手动阀，将中央软管与制冷剂罐接好并将制冷剂罐打开。然后慢慢打开高压手动阀，在高压软管开口端听到“嘶嘶”声后，立刻将高压软管与高压检修阀连接上，关闭高压手动阀。用同样的方法排出低压侧软管中的空气。

② 关闭高压侧手动阀，打开低压侧手动阀，将制冷剂罐正立，起动发动机，打开空调开关，将鼓风机打到高速挡，打开车门。

③ 当达到规定的充注标准后，关闭低压手动阀，停止充注。

④ 充注完毕后，拆除歧管压力表。

操作五　加注冷冻润滑油

1．直接加注法

将冷冻润滑油按标准量称好或用洁净的量杯量好，直接倒入压缩机内。这种方法只在更换蒸发器、冷凝器和储液干燥器时使用。

2．真空吸入法

先抽真空，然后开始加冷冻润滑油，如图 8.34 所示。具体步骤如下。

① 关闭高压手动阀。

② 关闭辅助阀。

③ 把高压侧软管从歧管压力表上拆下，插入油杯内。

④ 打开辅助阀，使冷冻润滑油从油杯吸入制冷系统。

⑤ 当油杯中的冷冻润滑油快被抽空时，立即关闭辅助阀，以免吸入空气。

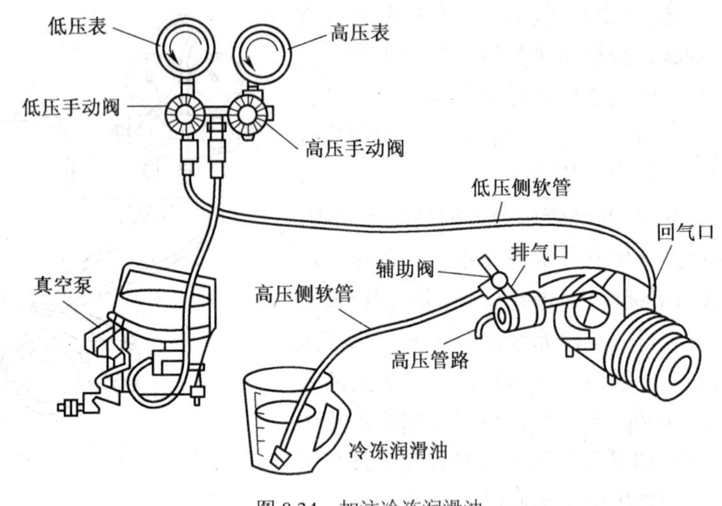

图 8.34 加注冷冻润滑油

⑥ 把高压侧软管接头拧在软管压力表上，打开高压侧手动阀，开动真空泵，先为高压侧软管抽真空，然后再打开辅助阀，为系统抽真空，以便排除随油进入系统里的空气。此时，冷冻润滑油在高压侧，系统运转后冷冻润滑油就返回压缩机。

课题四 汽车空调系统的控制电路

基础知识

一、汽车空调系统控制基本电路

汽车空调系统控制电路是为了保证汽车空调系统各装置之间相互协调工作，正确完成汽车空调系统的各种控制功能和各项操作而设置的。由于各制造厂家设计方案不同，汽车空调控制电路亦不完全相同，其功能、调节和控制原理也不尽相同，因而其控制电路由简单到复杂，从单一功能控制到多项功能控制也有所不同，但就基本原理和电路来说却都有相同之处。

汽车空调系统的基本电路一般包括电源电路、鼓风机控制电路和电磁离合器控制电路，如图 8.35 所示。其工作过程如下。

接通空调及鼓风机开关，电流从蓄电池流经空调及鼓风机开关后分为两路。

① 一路经温控器至继电器线圈搭铁。接通电磁离合器，使电磁离合器线圈通电，

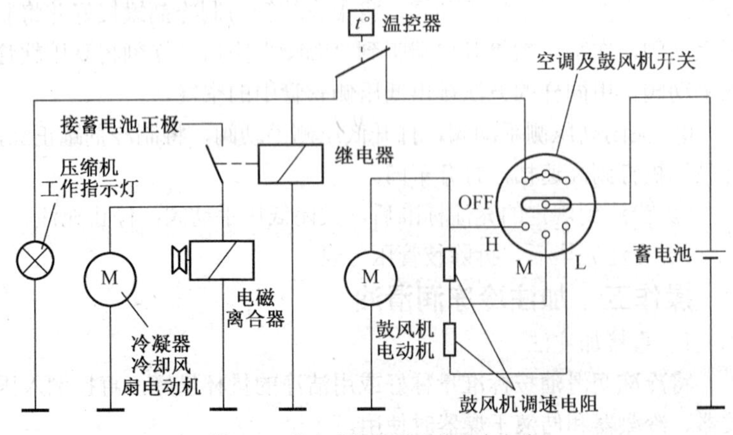

图 8.35 汽车空调控制系统基本电路

压缩机被发动机带动开始工作；同时接通冷凝器冷却风扇电动机，使冷凝器风扇开始工作；接通压缩机工作指示灯，使之点亮。

② 另一路经 L 接柱，通过两个鼓风机调速电阻到鼓风机电动机，这时鼓风机电动机也开始运转。由于电流通过两个电阻才到达鼓风机电动机，故此时电动机的转速最低。转动空调及鼓风机开关，上面电路不变，下面电路通过开关的 M 接柱，电流只经一个调速电阻到鼓风机电动机，因此电动机转速升高。再转动开关，上面电路仍不变，下面电路改为通过开关的 H 接柱，电流不经电阻直接到达鼓风机电动机，因此这时电动机转速最高。

温控器的触点在驾驶室和车厢内的温度高于设定温度时是闭合的。当由于空调的工作使驾驶室和车厢内的温度低于设定温度时（或设定温度高于环境温度时），温控器触点断开，电磁离合器断电，压缩机停止工作，冷凝器冷却风扇停转，指示灯熄灭，这时鼓风机仍在工作。空调停止工作后，驾驶室和车厢内的温度上升，当温度高于设定温度时，温控器的触点又闭合，电流通过电磁离合器线圈使压缩机再工作，始终使温度控制在设定的温度范围内。

二、典型汽车空调系统电路

1. 桑塔纳轿车空调系统电路

图 8.36 所示为桑塔纳轿车空调电路，它由电源电路、电磁离合器控制电路、鼓风机控制电路和冷凝器风扇电动机控制电路组成。其工作过程如下。

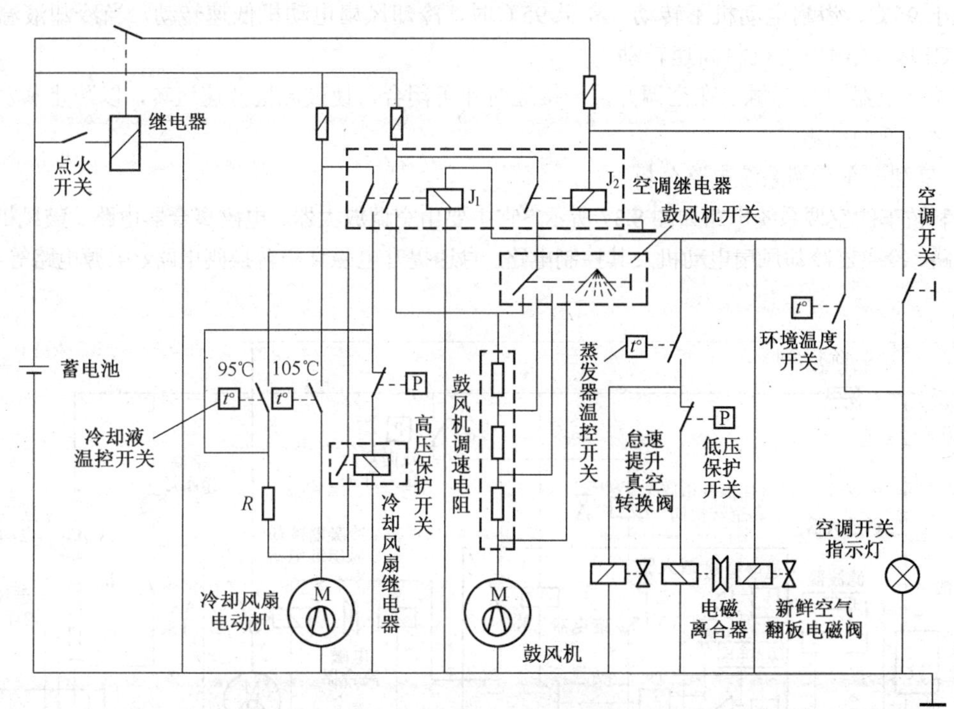

图 8.36　桑塔纳轿车空调控制系统电路图

（1）点火开关处于断开（置 OFF）位置时，继电器的线圈电路切断，触点张开，空调系统不工作。

（2）点火开关处于起动（置 ST）位置时，继电器线圈电路切断，触点张开，中断空调系统的工作，以保证发动机起动时，蓄电池维持足够的电能。

（3）点火开关处于接通（置 ON）位置时，继电器线圈电路接通，触点闭合，空调继电器中的线圈 J_2 通电，接通鼓风机电路，此时可由鼓风机开关进行调速，使鼓风机按要求的转速运转，进行强制通风、换气或送出暖风。

（4）当外界气温高于 10℃时，才允许使用空调。当需要制冷系统工作时，接通空调开关，空调开关指示灯点亮，表示空调开关已经接通。此时电源经空调开关、环境温度开关可接通下列电路。

① 新鲜空气翻板电磁阀电路接通，该阀动作接通新鲜空气翻板控制电磁阀的真空通路，使新鲜空气进口关闭，制冷系统进入车内空气内循环。

② 经蒸发器温控开关、低压保护开关对电磁离合器线圈供电，同时电源还经蒸发器温控开关接通怠速提升真空转换阀，提高发动机的转速，以满足空调对动力的需要。

③ 对空调继电器中的线圈 J_1 供电，使两对触点同时闭合，其中一对触点接通冷凝器冷却风扇继电器线圈电路；另一对触点接通鼓风机电路，使鼓风机以低转速运转。

低压保护开关串联在蒸发器温控开关和电磁离合器之间，当制冷系统因缺少制冷剂使制冷系统压力过低时，开关断开，压缩机停止工作。

高压保护开关串联在冷却风扇继电器和空调继电器 J_1 的一对触点之间，当制冷系统高压值正常时，触点张开，将电阻 R 串联接入冷却风扇电动机电路中，使风扇电动机低速运转；当制冷系统高压超过规定值时，高压保护开关触点闭合，接通冷却风扇继电器线圈电路，冷却风扇继电器的触点闭合，将电阻 R 短路，使风扇电动机高速运转，以增强冷凝器的冷却能力。同时，冷却风扇电动机还直接受发动机冷却液温控开关的控制，当不开空调开关时，若发动机冷却液温度低于 95℃，风扇电动机不转动，高于 95℃时，冷却风扇电动机低速转动。当冷却液温度达到 105℃时，风扇电动机将高速转动。

空调继电器中的 J_1 触点在空调开关一接通时即可闭合，使鼓风机低速运转，以防止蒸发器因表面温度过低而结霜。

2．夏利轿车空调系统电路分析

夏利轿车的空调系统电路如图 8.37 所示，它主要由空调放大器、电磁离合器电路、鼓风机及其控制电路、冷凝器冷却风扇电动机及其控制电路、怠速提升电磁真空转换阀电路、电源电路等组成。

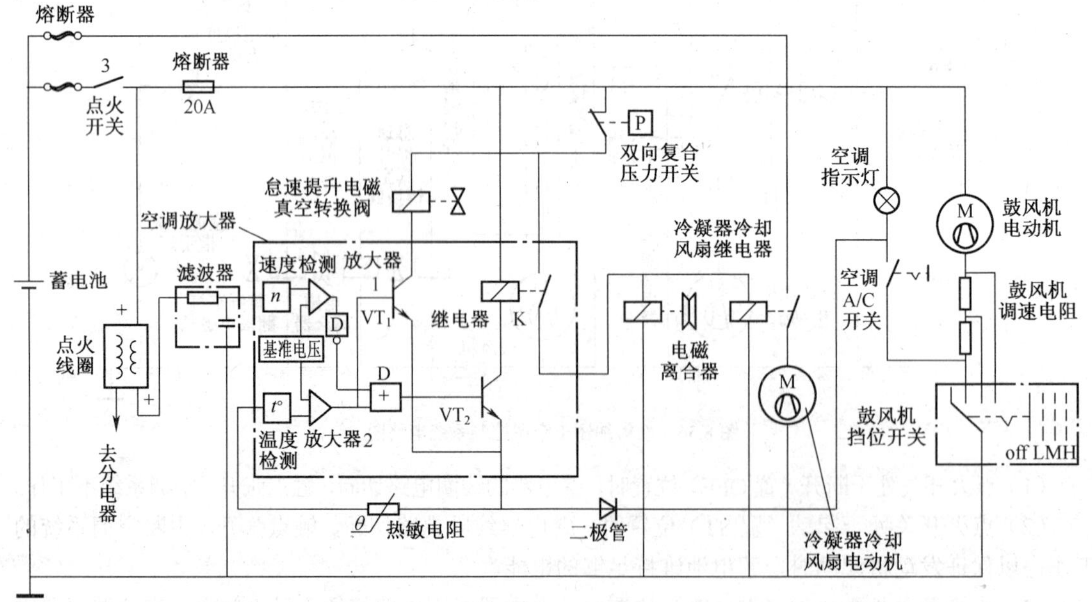

图 8.37　夏利轿车空调系统控制电路

空调放大器是夏利轿车空调系统电路的核心部件，它以日本电装（DENSO）公司的一片汽车空调专用集成电路 SE078 为核心，配以简单的外围电路所组成，具有蒸发器出口侧冷气温度控制、发动机转速控制、怠速提升电磁真空转换阀控制等多重调节和控制功能，使得整个空调系统电路简单，控制精度高。

（1）发动机转速、蒸发器温度均高于设定值时，比较放大器 2 输出高电平，则晶体管 VT_1 饱和导通，怠速提升电磁真空转换阀通电，怠速提升装置工作，使发动机怠速转速升高。比较放大器 1 输出低电平，反相器 D 输出高电平；同时，与门 D 因输入端均为高电平，因此也输出高电平，故晶体管 VT_2 饱和导通，继电器 K 通电，触点吸合，使电磁离合器电路接通，压缩机运转制冷。

（2）蒸发器温度低于设定值，而发动机转速高于设定值时，比较放大器 2 输出低电平，晶体管 VT_1 截止，怠速提升电磁真空转换阀断电，使怠速提升装置停止工作。同时，也给与门 D 输入低电平而使与门 D 输出低电平，晶体管 VT_2 也截止，继电器 K 断电，触点断开，电磁离合器断电使压缩机停止运转。尽管发动机转速高于设定值，比较放大器 1 输出低电平，反相器 D 也输出高电平，但压缩机不会工作。

（3）蒸发器温度高于设定值，而发动机转速低于设定值时，比较放大器 2 输出高电平，使晶体管 VT_1 导通，怠速提升装置工作，同时给与门 D 输入一高电平。而比较放大器 1 因发动机转速低于设定值而输出高电平，经反向器 D 反相后变为低电平输入到与门 D，而使与门输出低电平，故晶体管 VT_2 截止，电磁离合器断电，压缩机不运转。

（4）发动机转速和蒸发器温度均低于设定值时，比较放大器 2 输出低电平，VT_1 截止，怠速提升装置不工作，同时，给与门 D 输入低电平。比较放大器 1 输出低电平给与门 D，故与门 D 因输入两个低电平也输出低电平，使晶体管 VT_2 截止，电磁离合器断电，压缩机不运转。

综上所述，压缩机电磁离合器的工作受发动机转速和蒸发器温度的双重控制，只有当两个条件同时满足时，压缩机才能运转制冷，否则，压缩机无法运转制冷；而怠速提升装置则仅由蒸发器温度控制，只要蒸发器温度高于设定值，怠速提升装置便始终工作，以便为压缩机的接通提供足够的发动机转速。

3．暖风系统鼓风机电路

福特轿车暖风系统鼓风机电路如图 8.38 所示，暖风系统鼓风机电路主要由鼓风机开关、鼓风机电阻、鼓风电动机等组成。

（1）鼓风电动机低速挡电路。当鼓风电动机变速开关在低速挡时，鼓风电动机的电路为：30A 熔断器→线路标号 181 棕色导线→插接器 C606→鼓风机电阻总成限热器→插接器 C001→橙色导线→插接器 C002→鼓风电动机→插接器 C002→黑色导线→插接器 C001→鼓风机电阻总成 R_1、R_2、R_3→插接器 C606→线路标号 260 红色带橙色螺旋条纹的导线→插接器 C613→鼓风机开关低速挡→插接器 C613→线路标号 57 黑色导线→导线铰接点 S203→搭铁。此时，电阻 R_1、R_2、R_3 全部串入鼓风机电路中，鼓风电动机低速运转。

（2）鼓风电动机中低速挡电路。当鼓风电动机变速开关在中低速挡时，鼓风电动机的电路为：30A 熔断器→线路标号 181 棕色导线→插接器 C606→鼓风机电阻总成限热器→插接器 C001→橙色导线→插接器 C002→鼓风电动机→插接器 C002→黑色导线→插接器 C001→鼓风机电阻总成 R_1、R_2→插接器 C606→线路标号 754 浅绿色带白色螺旋条纹的导线→插接器 C613→鼓风机开关中低速挡→插接器 C613→线路标号 57 黑色导线→导线铰接点 S203→搭铁。此时，电阻 R_1、R_2 串入鼓风机电路中，鼓风电动机中低速运转。

（3）鼓风电动机中高速挡电路。当鼓风电动机变速开关在中高速挡时，鼓风电动机的电路为：

30A 熔断器→线路标号 181 棕色导线→插接器 C606→鼓风机电阻总成限热器→插接器 C001→橙色导线→插接器 C002→鼓风电动机→插接器 C002→黑色导线→插接器 C001→鼓风机电阻总成 R_1→插接器 C606→线路标号 752 黄色带红色小圆点的导线→插接器 C613→鼓风机开关中高速挡→插接器 C613→线路标号 57 黑色导线→导线铰接点 S203→搭铁。此时，只有电阻 R_1 串入鼓风机电路中，鼓风电动机中高速运转。

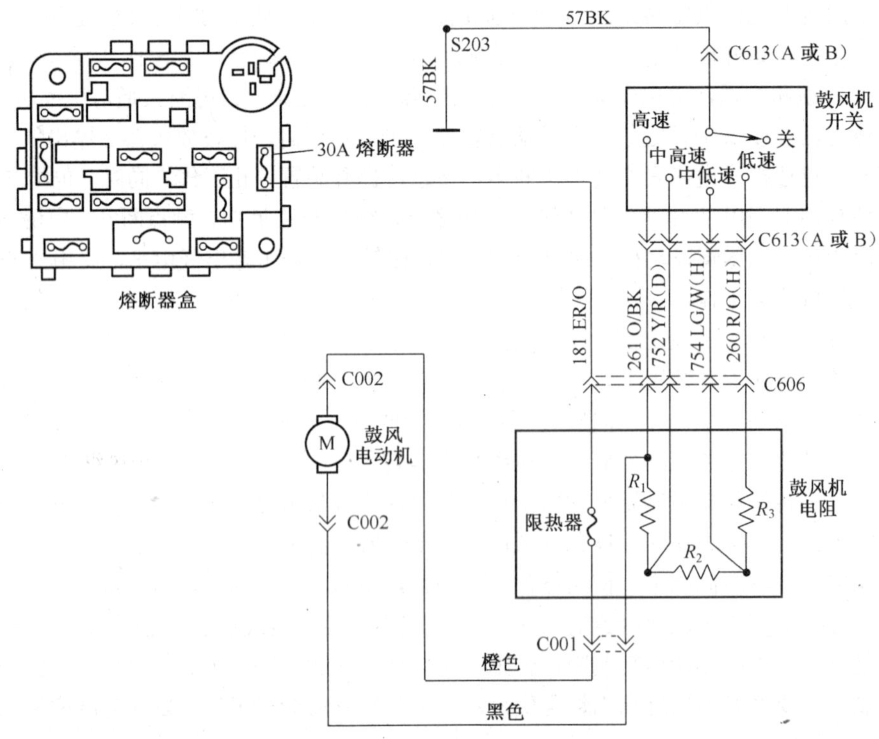

图 8.38 福特轿车暖风系统鼓风机电路

（4）鼓风电动机高速挡电路。

当鼓风电动机变速开关在高速挡时，鼓风电动机的电路为：30A 熔断器→线路标号 181 棕色导线→插接器 C606→鼓风机电阻总成限热器→插接器 C001→橙色导线→插接器 C002→鼓风电动机→插接器 C002→黑色导线→插接器 C001→鼓风机电阻总成→插接器 C606→线路标号 261 橙色带黑色轴向条纹的导线→插接器 C613→鼓风机开关高速挡→插接器 C613→线路标号 57 黑色导线→导线铰接点 S203→搭铁。此时，没有电阻串入鼓风机电路中，鼓风电动机高速运转。

课题实施

空调电路故障诊断（以丰田威驰轿车为例，电路见图 8.39）

操作一 空调系统不工作故障的诊断

1．检测环境温度是否低于设定温度

空调不工作时，首先应判断环境温度是否低于设定温度。若环境温度高于设定温度，则进行下一步检测。

2．观察 A/C 指示灯是否亮

若 A/C 指示灯不亮，应先排除空调 A/C 指示灯损坏故障，再进行下述 3、4、5 步骤检测；若指示灯亮，进行下述6、7步骤检测。

3．检测鼓风机开关

丰田威驰轿车空调工作时，应将鼓风机开关置于“LO”挡，并接通空调A/C开关。因此，若空调系统不工作，应首先检查鼓风机开关。

拔下与鼓风机相连接的插接器，将鼓风机开关拔至“LO”挡，用万用表电阻挡测量鼓风机端1、2之间的电阻，应为零。若电阻为∞，应更换鼓风机开关；若正常，进行下一步检测。

4．检测暖风（鼓风机）继电器

接通点火开关，用万用表电压挡检测鼓风机插头端2号端子与搭铁之间的电压值，应为蓄电池电压。

若电压正常，应用导线将2号端子直接搭铁，若空调正常起动，故障为鼓风机开关1接柱至ID搭铁点之间断路或搭铁不良。

若无电压，应检查GAUGE10A熔断器是否断路，暖风断电器线圈是否断路，点火开关是否损坏，继电器触点是否烧蚀等，若检测正常，进行下一步检测。

5．检测A/C开关

拔下与A/C开关相连接的插接器，接通点火开关，用万用表电压挡检测插头端3号端子是否有蓄电池电压。

若无电压，应检测A/C7.5A熔断器是否损坏，若没有损坏，应排除暖风继电器3号端子→暖风继电器5号端子、暖风继电器3号端子→A/C7.5A熔断器→A/C开关3号端子之间的断路故障。

若有电压，应检测插头端1号端子至IE搭铁点之间是否断路。若有断路故障，应予以排除；若没有断路，应更换A/C开关。

上述检测均正常，进行下一步检测。

6．检测A/C电磁离合器继电器

拔下与A/C放大器相连接的插接器，用导线将插头端12号端子直接搭铁，观察空调是否工作。

若空调系统能正常工作，应更换A/C放大器。

若空调系统仍不工作，应检测A/C电磁离合器继电器是否损坏。若损坏应更换；若没有损坏，进行下一步检测。

7．检测空调A/C电磁离合器

拔下与空调A/C电磁离合器相连接的插接器，用导线将蓄电池正极与电磁离合器端1号端子相连接，观察空调A/C电磁离合器是否工作。

若不工作，更换空调A/C电磁离合器。

若正常工作，应排除A/C电磁离合器继电器5号端子→空调A/C电磁离合器1号端子之间的断路故障。

操作二　鼓风机不工作或不能调速故障的诊断

1．检测鼓风机电源电路

拔下与鼓风机电动机连接的插接器，用导线将暖风继电器2号端子直接搭铁，接通点火开关，用万用表电压挡检测插接器插头端1号端子是否有蓄电池电压。

若无电压，应排除ALT100A熔断器→HTR40A熔断器→暖风继电器触点→鼓风机电动机1端子之间的断路故障。

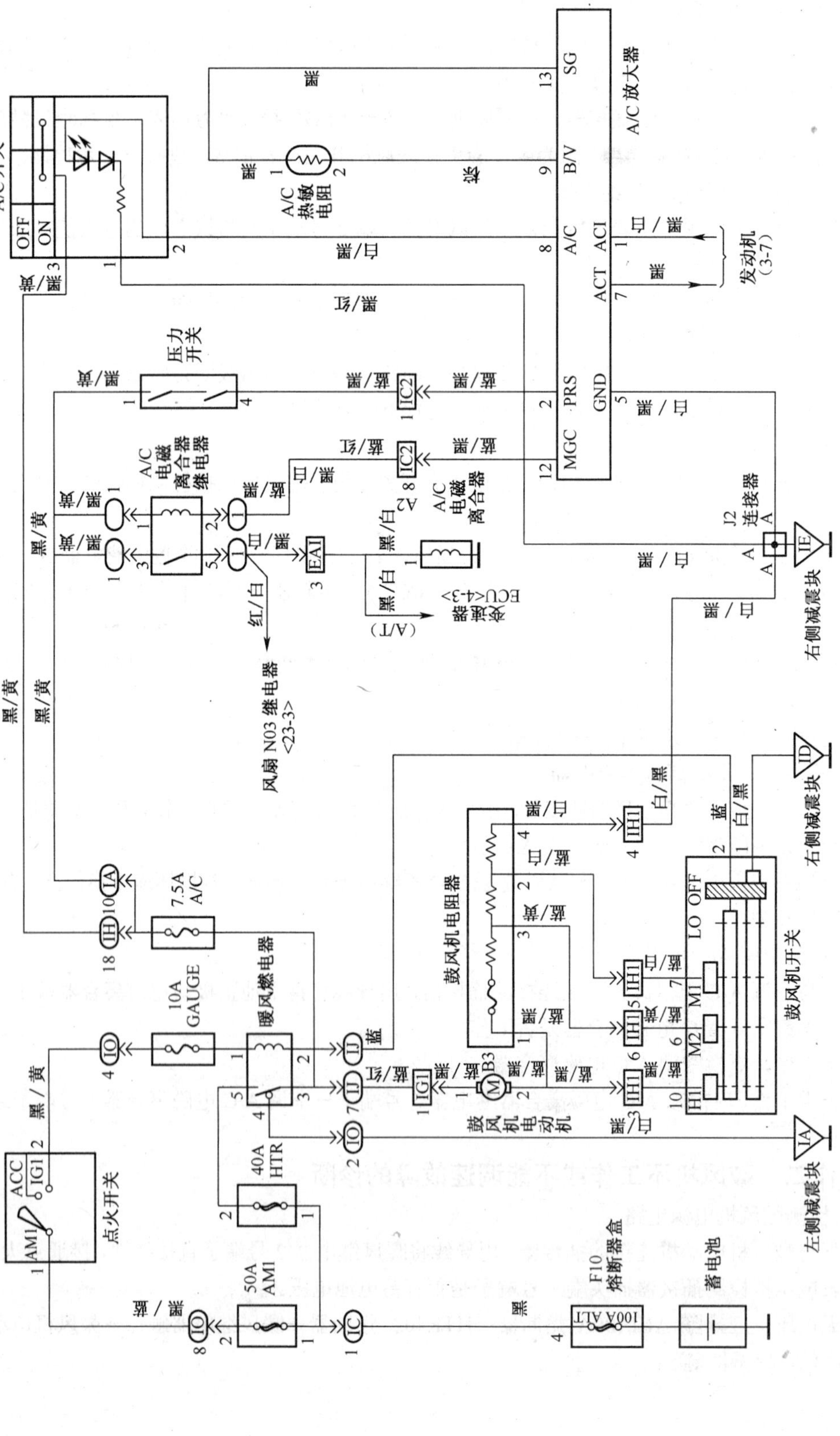

图 8.39　丰田威驰轿车空调系统电路图

若有电压，应将蓄电池正、负极与鼓风机电动机 1、2 号端子直接相连，检测电动机是否正常工作。若不工作，更换鼓风机电动机；若工作正常，进行下一步检测。

2．检测鼓风机开关

拔下与鼓风机开关连接的插接器，用万用表电阻挡分别检测鼓风机开关在各挡位时，各端子之间的导通状况，见表 8.1。

表 8.1 鼓风机开关各端子导通情况表

挡位＼端子	1	2	7	6	10
OFF					
LO	○	○			
M1	○	○	○		
M2	○	○		○	
H1	○	○			○

若不符合要求，应更换鼓风机开关；若符合要求，应更换鼓风机电阻器。

课题五 汽车空调故障诊断

一、汽车空调故障诊断的常用方法

1．看

用眼睛观察整个空调系统各个零件是否处于正常工作状态。起动空调，观察储液干燥器的观察窗，看制冷剂是否适量。

如果观察到连续不断的气泡出现，说明制冷剂严重不足，如果每隔 1～2s 就会有气泡出现，表示制冷剂不足，如图 8.40 所示。

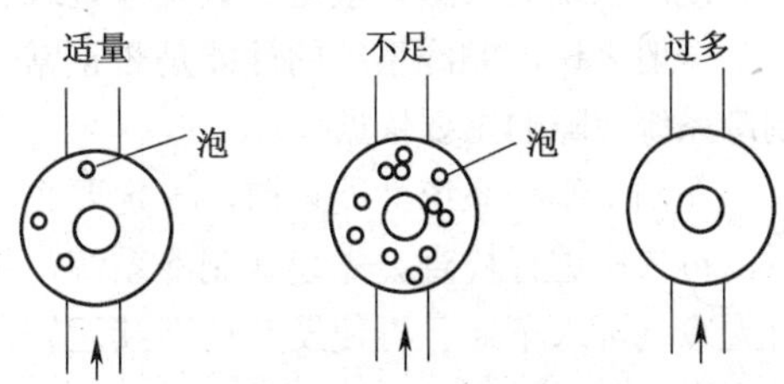

图 8.40 储液干燥器视液镜

如果观察窗几乎透明，发动机转速变化时可能会出现气泡，说明制冷剂适量。看各接头处是否有油污，沾有灰尘。如果有油污和灰尘，则可能泄漏。观察冷凝器表面脏不脏，散热片是否倒伏变形。

2．听

用耳朵聆听运转中的空调系统有无异常声音。如果有噪声则可能是电磁线圈老化，吸力不足，通电后由于打滑而产生噪声，也可能是离合器片磨损造成间隙过大使离合器打滑。听压缩机是否有液击声。如果有液击声，可能是制冷剂过多或膨胀阀开度过大，应释放制冷剂或调整膨胀阀。除此之外，就是压缩机内部损坏。

3．摸

高压管路比较热，如果某处特别热或进出口有明显温差，说明这个地方堵了。用手感觉压缩机的进气管和排气管之间应该有明显的温度差，前者发凉，后者发烫。用手感觉比较冷凝器进入管和排出管的温度，正常情况下，前者热一些，冷凝器上部温度比下部温度要高。用手摸储液干燥器，前后温度应一致。冷凝器输出管到膨胀阀输入管之间是制冷剂高压、高温区，温度应该均匀一致。

低压管路比较凉，用手摸膨胀阀，前后要有明显的温差，即前热后凉。膨胀阀出口到压缩机之间的软管应该凉而不结霜，正常情况应为结霜后即化，用肉眼看到的只是化霜后结成的水珠。

用手感觉车内出风口有凉的感觉，车内保持适应人体的正常温度。

如果高压管路、低压管路没有明显温差，说明制冷系统不工作或系统泄漏，制冷剂严重不足。

4．测

（1）检漏仪。用检漏计检查各接头是否有泄漏。

（2）歧管压力表。用歧管压力表检查制冷系统的压力。运转压缩机，发动机转速 2 000 r/min，观察歧管压力表。在一定的大气湿度内，轿车制冷系统工作时的高、低压范围其正常状况是：高压端压力应为 1.421～1.470MPa；低压端压力应为 0.147～0.196MPa。若不在此范围内，则说明系统有故障。

（3）万用表。用万用表检查空调电路故障。

（4）温度计。

① 蒸发器：在不结霜的前提下，蒸发器表面温度越低越好。

② 冷凝器：正常工作时，冷凝器入口温度为 70℃～90℃，冷凝器出口温度为 50℃～65℃。

③ 储液干燥器：正常情况下应为 50℃。如果上下温度不一致，说明储液干燥器堵塞。

二、空调制冷系统的故障诊断

汽车空调制冷系统是一个完全封闭的循环系统，其中任何一个零部件损坏都会使制冷能力下降或不能制冷。如果汽车发动机出现故障，可马上拆开检查。而制冷系统出现故障时，是不能随便拆检的。由于系统对密封性要求很高，因此给故障的诊断带来了困难。

汽车制冷系统的常见故障一般分为电气故障、功能部件的机械故障、制冷剂和冷冻润滑油引起的故障等。这些故障发生之后，集中表现为系统不制冷、制冷不足或产生异响。

制冷系统的故障一般是靠直观检查或利用仪表配合检查来诊断的。

一般来说，制冷系统的性能是否正常，车内的空气温度、湿度是否达到规定的指标，是判断制冷系统故障的主要依据。

在测试制冷系统性能之前，一定要先开启发动机，使其稳定在一定转速之上，持续 2min 以后，再依次进行检查。先起动制冷系统，将控制开关拨到最大制冷量和最小送风量的位置，检查有无冷气进入车厢。再使发动机继续运转，用温度表检测蒸发器送风口的温度，如果测得送风口温度在 0℃～5℃，此时车厢里的温度可保持在最适合人体的温度 20℃～25℃。注意，检查时车身的密封情况应该正常。

汽车制冷系统可在静态或动态两种状态下进行检查。

1．静态检查

发动机停机，制冷压缩机也不运转，按下列项目逐一检查，若发现故障即予以修复。

（1）检查压缩机传动带，要求松紧适宜。可用两个手指压传动带的中间位置，能压下 7～8mm 为宜。

（2）检查压缩机传动带是否端正而不歪斜，检查压缩机在发动机体上安装是否牢固。

（3）检查冷凝器翅片，应整齐、无损、干净。

（4）检查蒸发器和空气过滤网，应干净和通风良好。

（5）检查制冷剂管路和接头，如接口处有了油污，表示该处有泄漏。

（6）检查制冷剂管路是否有擦伤或折断。

2．动态检查

动态检查即开机检查。此时，发动机和压缩机都处于运转状态，操作时必须十分小心，保证安全。

动态检查时，先起动发动机，接通电磁离合器使压缩机运转，此时蒸发器鼓风机会送风，冷凝器风扇会排风，系统投入运行，然后再检查其他问题。

现列举一些故障项目加以说明。

（1）整个制冷系统不运转。

① 检查电源。压缩机不运转，风扇也不旋转，很可能是电源方面的问题，例如，熔断器熔断，电线接头锈蚀，开关损坏，电线断路等。

如果是熔断器熔断，说明电路有短路处，应该先查找短路的原因，千万不要先换熔断器，否则会烧坏整条电路的电线，应该仔细检查各路电线的绝缘层有无破损，检查各种电器，例如鼓风机的电动机、电磁离合器内部有无短路等。

② 检查各风机的直流继电器。由于风机的用电量较大，蒸发器风机的电流可达 10A 以上，因此一般都装有专用直流继电器，用小电流来控制大电流，实行分路供电。应该检查继电器线圈是否烧坏，触头是否完好。

③ 检查温度控制器。对于压力式（机械式）温控器，应检查感温包的工质是否泄漏，各结构触点有无损坏；对于热敏电阻式及电子式温控器，可先检查调温电阻是否损坏，热敏电阻的特性是否正常，然后再检查放大器部分。

④ 检查压力开关。向制冷系统内充入 3×10^5Pa 的制冷剂，如制冷系统能恢复工作，则说明低压开关是正常的；如不恢复工作，则说明低压开关有故障。这时可把被检查的低压开关短路，如系统开始工作，则说明该低压开关有毛病。

（2）噪声。如果制冷系统有噪声产生，通常表示即将会有连带的故障发生。例如，压缩机的固定螺栓松动会产生噪声，若不及时修复还会造成更大的故障。此外，如果传动带太松、带轮歪斜、风扇支架松动、电磁离合器打滑等都会产生噪声。

（3）冷气不足。在一般情况下，环境气温为 21℃时，蒸发器出风温度应为 7℃～10℃，如果高于此温度，就说明冷气不足。

三、空调暖风系统故障诊断

1．空调暖风系统的工作原理

汽车空调暖风系统通常利用发动机冷却水作为热源，利用鼓风机将送入热交换器中的车外或车内的空气与已变为热水的发动机冷却水进行热交换，空气因吸收热量而成为暖风，被吹入车厢内。

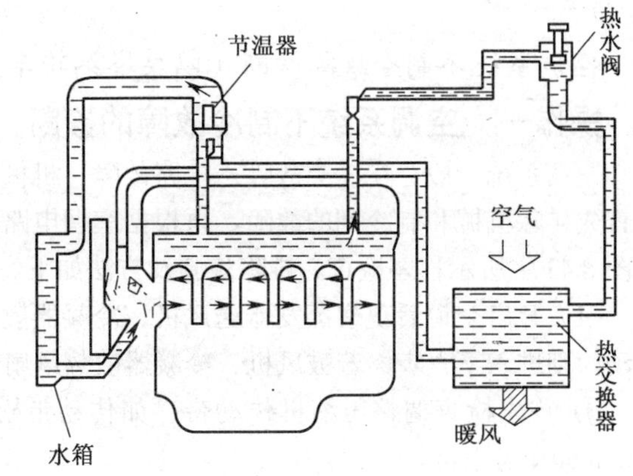

图 8.41 汽车空调制热装置

汽车空调暖风系统如图 8.41 所示，冷却水通过热水阀流入暖风装置中的热交换器，然后再流回水泵。热水阀的作用是调节所需热水流量。通过这种装置进入暖风装置的冷却水流量主要是由发动机所带动的水泵来决定的，所以采暖能力会受到发动机转速的影响。

暖风装置除供车内取暖以外，还可对车窗玻璃起到除雾去霜的作用；在不取暖时，还可起到动压通风与强制通风的作用。

暖风装置所用的鼓风机一般与汽车空调制冷装置共用。

2．暖风系统不制热故障

汽车暖风系统不制热故障的原因及排除方法见表 8.2。

表 8.2　汽车暖风系统故障原因及排除方法

故障现象	故障原因	排除方法
不制热或制热不足	空调机鼓风机损坏 鼓风机继电器损坏 热风管道堵塞 风门卡滞 冷却液不足 冷却水管阻塞 加热器芯管内部有空气 加热器芯管内积垢堵塞 发动机石蜡恒温器失效 热水开关失效 发热器漏风	用万用表测电阻，若阻值为零则更换 同上 清除热风管道堵塞物 检查风门转换开关和拉索 补充冷却液 排除阻塞或更换水管 排出管内空气 用化学方法除垢 更换石蜡恒温器 拆修或更换 更换发热器壳
吹风机不转	熔断器熔断 鼓风机电动机烧毁 鼓风机调速电阻断路	更换熔断器 更换电动机 更换电阻
漏水	软管老化，接头不紧，热水开关关不紧	更换水管，拧紧接头，修复热水开关
过热	调温风门调节不当 发动机节温器损坏 鼓风机调速电阻损坏	调整调温风门的位置 更换节温器 更换电阻
除霜热风不足	除霜风门调整不当 出风口阻塞 供热不足	重新调整 清除 见本表不供热或供热不足故障排除
加热器芯有异味	加热器漏水	检查进出水管接头并卡死，若加热器管漏水，则更换水管

课题实施

空调系统不制冷故障诊断（以桑塔纳轿车为例，电路见图 8.42）

操作一　空调系统不制冷故障的诊断

空调系统一般存在 3 类故障：电路故障、机械故障、制冷剂及润滑油失常。当出现故障时，应首先排除机械和制冷剂的故障，再根据空调电路的基本原理排除电路故障。空调系统不制冷可按图 8.43 中所示程序检查。排除步骤及方法如下。

（1）开启空调后观察蒸发器送风机、冷凝器散热风扇是否转动，若鼓风机、冷凝器散热风扇转动，则进入下一步，若鼓风机、冷凝器散热风扇转动，则按下面步骤进行检查。

① 首先检查调整压缩机传动带，如传动带松弛或断裂须调整或更换。传动带挠度不大于 10mm/50N 为正常。

调整方法：先以 25N·m 的力矩按张紧多楔传动带的方向张紧传动带，然后以 20N·m 的力矩拧紧固定螺栓。

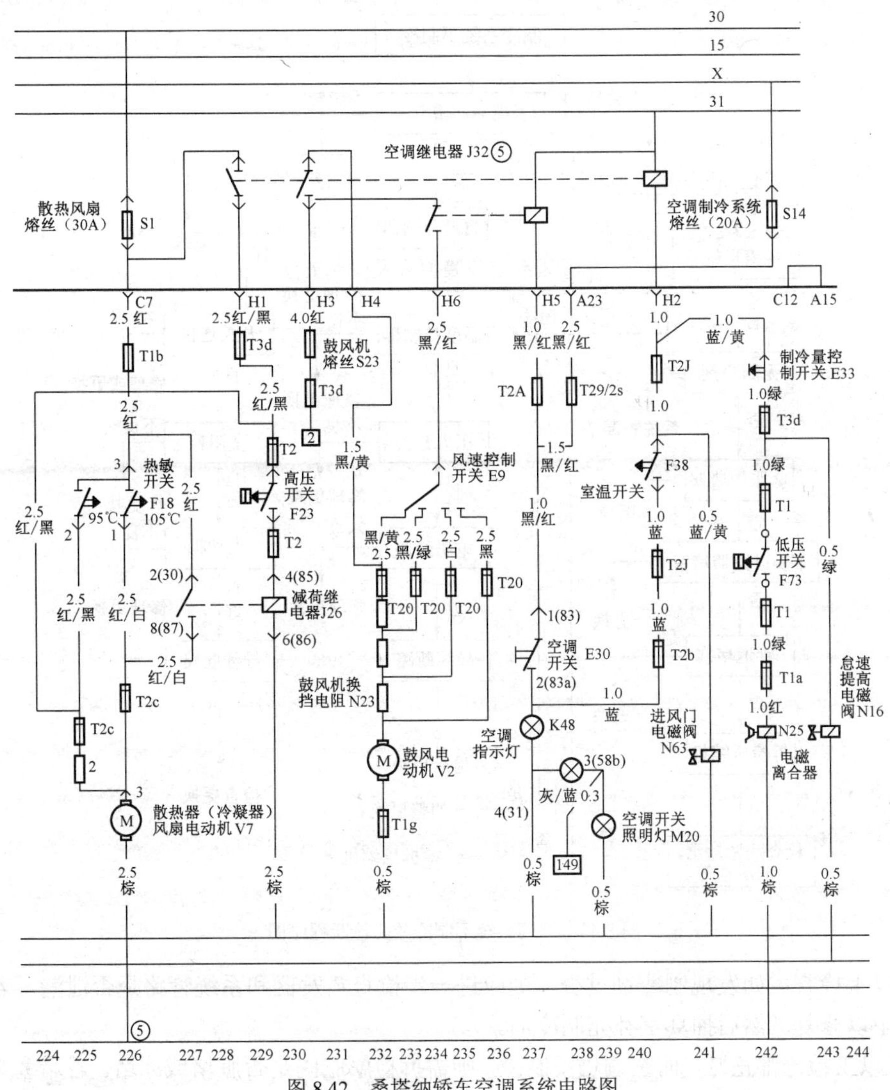

图 8.42 桑塔纳轿车空调系统电路图

② 压缩机传动带正常，检查电磁离合器是否接合。电磁离合器不接合，检查修理电磁离合器线圈，用万用表电阻挡测量电磁离合器线圈进线与压缩机壳体之间电阻值，其值应为（3.60±0.2）Ω，若不在规定范围，应更换电磁离合器线圈。

③ 电磁离合器接合，检查压缩机是否旋转，不旋转须拆检或更换压缩机。

④ 压缩机工作，检查怠速提高电磁阀 N16、室温开关 F38 和压力开关 F73，若损坏应换用相同型号新件。

⑤ 怠速提高电磁阀、室温开关和压力开关正常，则开启空调，通过观察窗检查制冷剂是否符合要求。

制冷系统起动后不久，观察窗内的气泡消失，说明制冷剂正常；若观察窗仍有气泡，并且表面结霜，说明干燥器内有水，必须更换制冷剂。若起动后没有气泡，但停机 1min 后有气泡慢慢流动，说明制冷剂过多，须从低压端放出多余制冷剂。若制冷效果不好，且观察窗一直清晰，说明系统内无制冷剂，须补充制冷剂。若观察窗内布满油斑，说明制冷剂漏尽。

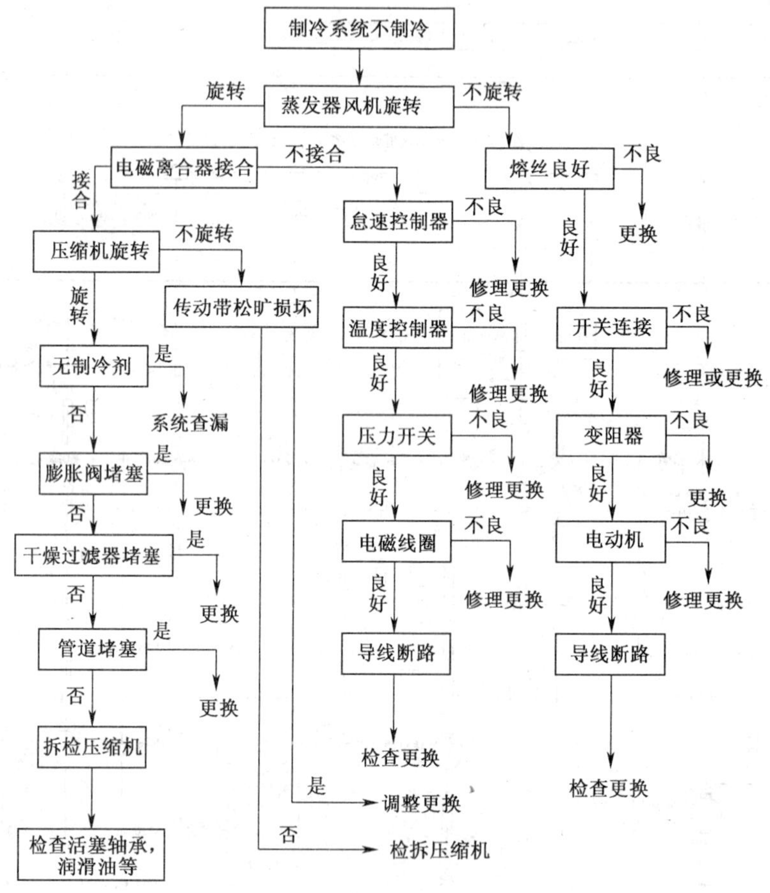

图 8.43 空调系统不制冷故障诊断程序图

通过以上检查，如发现制冷剂过少，则应进一步检查蒸发器和系统管路是否泄漏。若有泄漏部位，应予以修复，然后抽真空补充制冷剂。

⑥ 经以上检查都正常，而空调仍不制冷，则需拆检膨胀阀是否脏堵或冰堵。若堵塞则清洗或更换膨胀阀。

⑦ 膨胀阀正常，则检查储液干燥器是否堵塞或装反，若堵塞应进行清洗或更换新的储液干燥器；若是装反须重新进行安装并补充制冷剂。

⑧ 储液干燥器正常，应检查制冷管路是否堵塞。

（2）开启空调后观察，若鼓风机不转动按下面步骤进行检查。

① 开启空调后若送风系统不工作，应首先检查鼓风机熔断器，若烧断，更换相同规格的熔断器。只需熟悉熔断器的位置和熔断器与其他电气设备的对应关系就可以。阅读随车手册，可找出熔断器盒所在的位置。查看熔断器盒可知每个熔断器的功用和所连接设备。

② 如鼓风机熔断器完好，检查鼓风机各接线柱或搭铁端是否松脱，并重新连接好各松动、脱开的线束。

③ 鼓风机正常，检查或更换鼓风机继电器。

④ 鼓风机继电器正常，检查修复或更换鼓风机开关。

操作二　空调系统制冷量不足故障的诊断

空调系统工作时，凡是能使膨胀阀出口的制冷剂流量下降的因素都可能使系统制冷量下降。另外，凡能引起系统内高压、低压两侧的温度和压力超过或低于标准值的一切因素也会引起系统制冷不足。系统制冷不足故障分析可按图 8-48 所示程序进行检查诊断。具体步骤如下。

（1）开启空调后，首先检查出风口风量是否正常，如出风口风量正常，按下述程序进行检查。

① 先检查空调系统压缩机运转是否正常，若压缩机运转不正常，应拆检压缩机。

② 若压缩机运转正常，先通过储液干燥器的观察窗检查制冷剂是否符合要求。

若从观察窗中观察到每隔 1～2s 就会有气泡出现，表明制冷剂不足。制冷剂不足或制冷剂有泄漏，造成制冷效果降低。

若观察到大量气泡，说明制冷系统中进入空气，须更换储液干燥器、检漏、抽真空后重新补充制冷剂。

③ 制冷剂符合要求，用压力表检测系统压力，若低压侧呈真空，高压侧压力也低，储液干燥器或膨胀阀前后管路挂霜，说明系统堵塞，须更换储液干燥器或清洗、调整膨胀阀。

④ 系统压力正常，检查通风口密封性。检查循环活门关闭是否严密，关闭不严会使车外热空气进入车厢内。检查活门电磁阀是否动作，真空管是否漏气，根据情况更换损坏的电磁阀或漏气的真空管。

⑤ 检查送风部分，若有漏风现象，须用密封胶进行密封，并重新固定暖风水箱外壳与驾驶室固定支架。

（2）开启空调后，若出风口风量不正常，按下列程序进行检查。

① 检查鼓风机是否转动，如果鼓风机转动正常，检查空气过滤器是否堵塞，若堵塞，拆下压力舱护板，松开夹板的定位装置并折叠夹板。从壳体上取下灰尘和花粉滤清器，进行清理。

② 检查蒸发器通风道空气导管是否移位，如移位应重新安装。若空气导管被灰尘杂物堵塞，应清理风道、蒸发器表面灰尘和杂物。

③ 若鼓风机转动缓慢，则检查蓄电池接线端子是否松脱或锈蚀，并进行修理和紧固。

（3）鼓风机不转动，则开启鼓风机开关检查高、中、低速各挡运转情况。

① 若高速时能转动，中低速不转，应检查或更换变阻器。拆下连接板夹子，打开连接板，用万用表电阻挡检查，电阻 1 阻值为 3.3Ω，电阻 2 阻值为 0.8Ω；无串联电阻时，鼓风电机应导通。

② 若高、中、低速都不转，检查鼓风机和变阻器，若损坏应予以更换。

思考与练习

1．汽车空调系统由哪几部分组成？各有什么功能？

2．试述汽车空调制冷系统加注制冷剂的方法和步骤。

3．空调系统的检漏通常采用哪些仪器？试举一例说明其操作步骤。

4．膨胀阀有什么作用？试述内平衡式热力膨胀阀的工作原理。

模块九 汽车音像系统

学习目标

◎ 了解汽车音像系统的组成、作用与电路
◎ 掌握汽车音像系统故障的诊断方法

基础知识

一、汽车音像系统的构成

汽车音像系统为驾乘人员提供无线电广播节目（例如娱乐节目、交通信息、天气情况等）、电视节目，播放磁带、CD、VCD、DVD 等音视媒体，有助于减轻驾驶途中的疲劳，使驾乘人员感到轻松愉快。

1．汽车音响系统

汽车音响的中心是收音机、录音机和功率放大器成为一体的主机。主机呈箱形，装在汽车操作面板上。主机在汽车音响中属于控制系统，可以说主机是汽车音响系统的灵魂。汽车音响中只有主机才能对整个音响系统做各项功能的操控与设定，而且大部分器材之间的连接也都与主机有关。

汽车音响系统的档次主要由主机决定。低档主机有 FM/AM 收音机、卡带式放音机等模拟主机，频响窄，噪声大。中高档主机有 CD、VCD、DVD、MP3、MD、FD 等数字主机。

汽车音响系统主机的信号源主要有收音（FM/AM 收音机功能）、磁带、CD、VCD、DVD、MD、MP3 等。而我们通常接触的普通主机产品都配有收音、磁带、CD 3 种功能，以适应现阶段消费者的基本需要。

具体到主机信号源的搭配情况，那就相当丰富了，有以下几种模式：单碟 CD＋收音、多碟 CD＋收音＋磁带、多碟 CD＋单碟 CD＋收音＋磁带、MD＋多碟 CD＋收音、多碟 CD＋单碟 CD＋收音、MP3（兼容 VCD 和 CD）＋收音、DVD（兼容 VCD+CDS）＋收音等。

汽车音响系统一般由天线、接收装置、声场修正、可听频率增幅、扬声器 5 部分组成，如图 9.1 所示。

（1）天线。

天线接收广播电台的发射电波，通过高频电缆，向无线电调频装置传送。

（2）接收装置（主机）。

接收装置有无线电调频装置及录音再生机（磁带机、CD、VCD 等）。广播电台发射电波通过盒式录音机，密纹激光唱片的录音数据转变为可听频率。

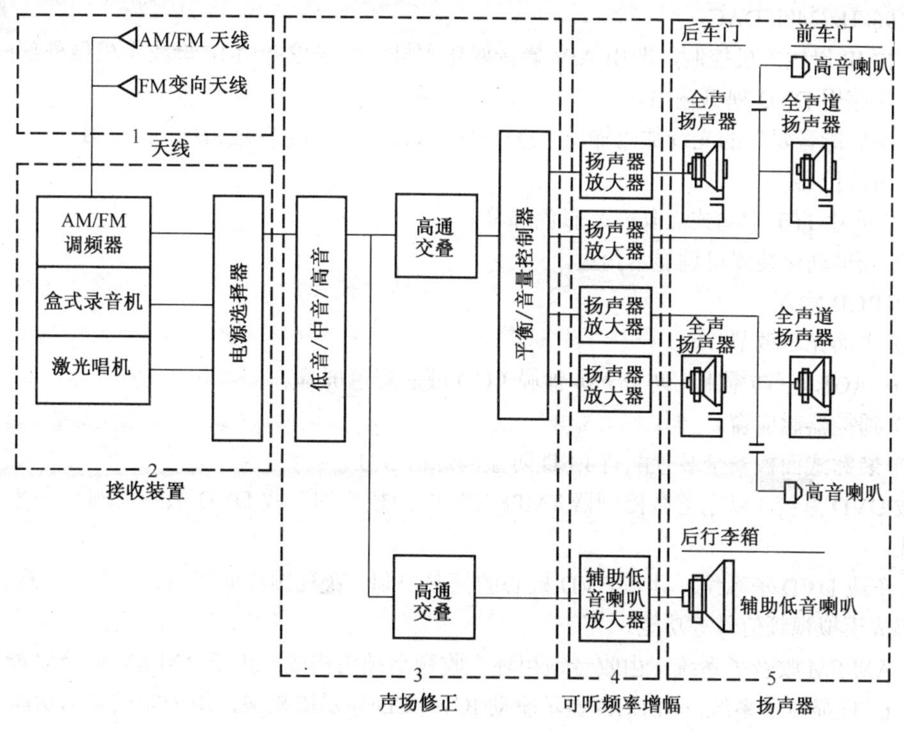

图 9.1　汽车音响的组成

（3）声场修正。

声场修正按照车厢内声场特性及听者爱好，增强或减弱频率带，具有修正声场的功能。设有只允许通过特定频率域的滤波器和增幅控制电路，以提高车内音质。

（4）可听频率增幅。

可听频率增幅增强可听频率的模拟电压，加大扬声器音量。

（5）扬声器。

扬声器最终决定车厢内音响性能的重要部件。扬声器口径大小和在车上的安装方法、位置是决定音响性能的重要因素。为了欣赏立体声音响，车上最少要装两个扬声器。

2．汽车音像系统

随着我国汽车工业的发展，单纯以收音机为主的汽车音响系统越来越少。目前较为流行的是汽车多媒体音像系统，即可在车内播放 CD、VCD 或 DVD。图 9.2 所示为歌乐 VR×935VD 车载多媒体主机。

图 9.2　歌乐 VRX935VD 车载多媒体主机

车载多媒体种类很多，下面以 7 英寸宽屏幕伸缩式彩色液晶电视单片式 DVD/VCD/CD 播放机为例，其组成如下。

（1）内置 MPEG 2/1 解码器。

（2）超薄 DVDNCD/CD 播放机。

（3）IP 母线输入输出。

（4）96kHz/24bit DAC。

（5）由 IP 母线主机控制，即由 A/V 影音娱乐主机完全操控并由 IP 母线主机做外部操控。

（6）后座用 DVD 视频输出。

（7）A/V 影音娱乐的光纤数码输出（DTS/杜比数码/杜比 PRO 逻辑/线性 PCM ）。

（8）附遥控器。

（9）7 英寸 TFT 主动式点阵液晶彩色屏幕。

（10）全机动化装置可调显示角度。

（11）RGB 输入。

（12）主动光暗调节。

（13） AGLR（防耀眼、防低光）镀膜 LCD 液晶彩色屏幕。

（14）遥控器感应窗。

（15）装卸式面板安全装置配有 LED 防盗闪烁信号灯。

车载 DVD 系统（以东芝微控制器 TMP87CH47 为核心的车载 DVD 系统为例）一般由以下几部分构成。

（1）车载 DVD 子系统：具有 DVD 机心的伺服控制、音视频数据解码、根据用户选择的电视制式编码成模拟视频信号等功能。

（2）AM/FM 收音子系统：由收音锁相环、收音高频头构成，用于 AM/FM 收音功能。

（3）LCD 显示子系统：由 LCD 显示驱动 IC、LCD 显示屏构成，用于完成显示功能。

（4）版面控制模块：处理用户在车载 DVD 系统的前面板上的按键操作。

（5）遥控器处理模块：处理用户的遥控器操作。

车载 DVD 系统结构原理框图如图 9.3 所示。TMP87CH47U 作为主控 MCU，负责控制整个音响系统的运行、处理与用户交互等问题。

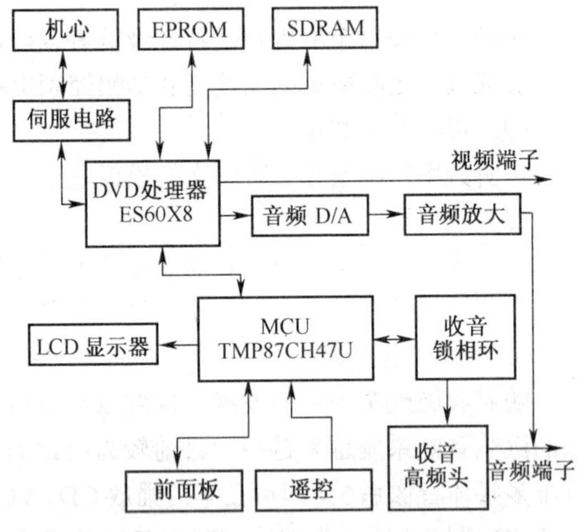

图 9.3 车载 DVD 系统结构原理图

根据车载 DVD 系统的控制功能，结合外围模块的工作器件及接口原理，在软硬件设计过程中，力求最大限度地使硬件结构模块化、控制可靠、软硬件协调工作。同时考虑到生产成本问题，选择性价比高的器件。

3．车载电视系统

汽车音响发展到现在，已经不只注重音响效果了，而是逐渐向影音方面发展。随着地面数字电视的发展和移动电视业务的展开，车载电视成为移动接收终端的首选。目前国内市场上又出现了创维和康佳的新产品。康佳 3 款车载电视 LC 1560 系列均采用富士通的液晶面板，分辨率为 1 024 像素×768 像素，亮度达到 250cd/m^2，对比度为 400∶1，并具有抗振能力。SONY 大屏幕车载新品 XAV-7W 配备 7 英寸 TFI，液晶彩色显示屏，可以兼容进口欧式乘用车安装尺寸，加装附有天线的汽车调谐器，即可直接收看电视。阿尔派最新推出的汽车影院系统兼顾 DVD、电视收看、HiFi 音响，配备 6.5 英寸电动伸缩液晶显示屏，可提供高亮度、高对比度、高分辨率的图像，即使在明亮的环境中，画面仍清晰锐利。由于移动电视达到了即时传播节目的效果，具有受众面广、接触频率高等特点，越来越受到人们的重视。

车载液晶电视还具备完整的扩充功能。它具有一组 AV 输入端子，可连接其他有影像输出的装置，可以观察倒车或乘客上、下车等情况。车载电视与电视调谐器相连，还可以在车内收看电视节目。

二、防盗音响的解码

高级汽车音响均有防盗功能，如果在音响面板上或后车门三角窗处发现如下标志：ANT1-THEFT、CODE、SECU-RITY，就说明该车音响具有防盗功能，像这样的音响，一旦出现音响被盗，更换蓄电池，音响熔丝断路或拔开音响插头等音响电源中断，防盗系统就开始工作，自动锁死音响。

当前汽车音响锁死以后，要想再使用音响，就必须按照步骤输入正确的密码（音响防盗密码有两种形式，一种是固定密码，另一种则是可变密码），音响系统才能正常工作，如果多次输入错误密码，将会导致音响被永久锁止，解决汽车音响防盗解码的方法如下。

1．硬解码法

硬解码法即更换如图 9.4 所示的集成块（EPROM）管脚的某些线路，这种方法适合固定密码的解码。各管脚的用途见表 9.1。

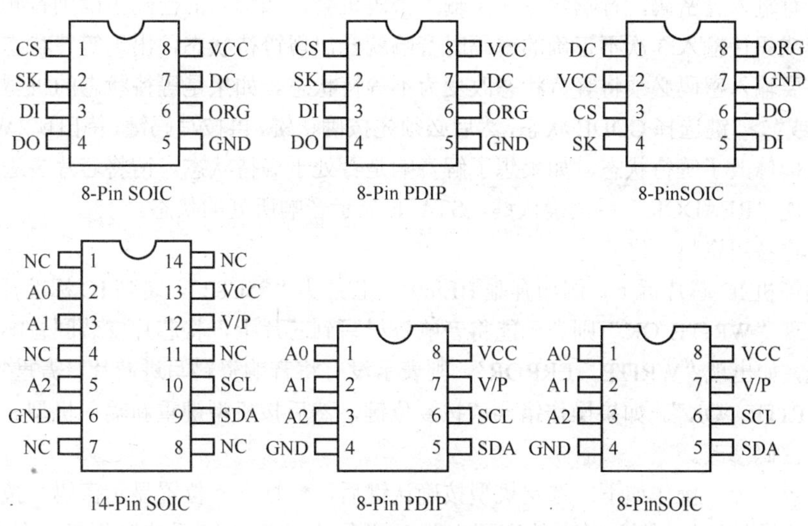

图 9.4 AT93C46/56/57/66 型防盗芯片和 AT24C01A/02/04/08/16 型音响防盗芯片

表 9.1 各管脚的用途

AT24C01A/02/04/08/16 型音响防盗芯片		AT93C46/56/57/66 型防盗芯片	
管 脚 名 称	用 途	管 脚 名 称	用 途
A0	地址输入	CS	片选信号
A1	地址输入	SK	串行数据时钟
A2	地址输入	DI	串行数据输入
GND	接地	D0	串行数据输出
SDA	串行数据输入	GND	接地
SCL	串行时钟输入	0RG	内部功能信号
V/P	写保护	DC	没有连接
VCC	电源供给	VCC	电源供给
NC	没有连接		

2．软解码法

软解码法即输入通用码来解除防盗，此方法不需要更改线路，这种方法适合可变密码解码。

3．断电法

某些机型只需切断防盗集成块的电源即可。

4．综合法

综合法即同时使用硬解码法和软解码法。

5．编程解码器的使用方法

步骤一：输入机型号码。

开机后按“确认”键出现KEY-OK……字样，按机型键，在“TYPE”闪烁下输入机型号码。例如99款新奔驰BEl69l型音响，只要输入1691作索引，英文字母不用输入，然后按确认键，显示屏即出现奔驰BEl691型的备用资料。即显示“IC：85C82”表示锁机的芯片型号为85C82；“* *：22121”，表示开机密码为22121；“STATE：CODE”指凡出现“CODE、SAFE”表示不等待。

注意，凡汽车音响有密码的机型全部都设计有不等待及等待状态，凡出现CODE、SAFE表示为不等待状态；凡出现WAIT、OFF、SAFE2、HOLD，表示为等待状态。意思即为，如果音响出现锁机而没有输入过密码，音响将有3次输入密码机会，如输入的密码正确则音响可以正常打开，如果连续或累计输入3次不正确的密码时音响就会出现等待状态，出现等待状态后音响就不再接受密码，要输入密码必须将等待状态改变为不等待状态。如果是等待状态的机型请先按状态键，按“＜”键或“＞”键选择CODE状态，然后必须先按确认键，再按写码键，待出现“WRITEOK”，表示已经成功地修改了等待状态，如果想了解音响是否处于等待状态，请将芯片装进解码器，按读码键，待出现“READOK”后按确认键，STATE显示音响所处的状态。

步骤二：将备用资料写进芯片。

先将音响锁机IC芯片拆下，例如奔驰BEl691，芯片为“85C82”，装到IC标准插座上，然后按写码键，出现“WRITE OK”则表示能将音响资料写到芯片上，将芯片安装回音响即可，用密码22121开机，如出现“WRITE　ERROR”，则表示没有将音响资料写进芯片，需重复上述步骤，直至出现“WRITE　OK”。如果操作错误请按复位键，然后按机型键重新输入机型。

步骤三：密码修改。

密码可任意修改，操作如下：选定机型按确认键后，* *…… 位置显示密码，按密码键，当光标在密码位置闪烁时，输入指定的密码。然后必须先按确认键后按写码键，待显示屏出现“WRITE　OK”即表示已经成功地修改了密码。（注：如果是4位数密码，通常是0～9的数字选择，如果是5位数的密码通常是1～6的数字选择。）

步骤四：查找原芯片密码。

要想查找原芯片的密码请按以下操作：首先选定机型后按确认键，当显示备用资料后，装进芯片。按读码键，出现“READ　OK”后，按▲键，* *……此处出现的是原密码片的密码，例如出现33226，则表示密码是33226。

6．几种常见车型的音响解码方法

（1）欧洲车系音响解码方法。

型号为博世BLAUPUNKTESSEN CR43。

① 解码方法。

a．打开收音机，显示屏上显示“CODE”，表示收音机已锁住（汽车音响面板操作键英文含义见表9.2）。

表 9.2 汽车音响面板操作键英文含义

音响常用英文词组	中 文 含 义	音响常用英文词组	中 文 含 义
AUTO REVKRSE	自动换向	KNOB	按钮
AUTO STOP	自动停带	JUST/TUNE	正确调谐/一般指调谐显示
AM/FM（SELECTOR）	调幅/调频（选择开关）	LINE OUT	线路输出
AS/PS	自动预置/预置选台	LOCKABLE FAST REWIND	同步快速回转
AMS	自动预置存储	LOCKABLE FAST FORWARD	同步快速向前
BALANCE	平衡	LOUDNESS	响度补偿（开关）
BALANCE CONTROL	平衡控制	MANUD TUNIND KNOB	手动调谐
BASS CONTROLS	低音控制器	MANUAL·SEEK	手动·自动搜索
BAND SELECTION SWITCH	波段选择开关	MEMORY INDICATOR	记忆指示器
CASSETTE EJECT（SWITCH）	磁带退带（按钮），也叫出盒（钮）	METAL/CRO_2 TAPE SWITCH	金属/铬带选择键
CASSETTE TAPE SLOT	盒带插入口	MEMORY SWITCH	记忆功能开关
CLOCK/RADIO FREQUENCY LED DISPLAY	时间/收音频率发光二极管显示	MONO/STEREO SWITCH-OVEV	单声道/立体声变换
CLASSIC	古典乐	MONO/STEREO	单声道/立体声
DIAL ROINTER	度盘指示器（指针）	OUT	线路输出
DISP	显示控制键	ON/OFF	开/关
DX/LO	远程/近程	ON-OFF SWITCH & VOLUME	带电源开关的音量控制
EJECT	弹出	POWER SWITCH, VOLUME & STEREO BALANCE CONTROLS	电波开关、音量及立体声平衡控制
FF/EJECT	快进/出盒（键）	PREST STATION SWITCH	预选台按钮
FRONT（FEAR）SPEAKER	前（后）扬声器	PROG（PROGRAM）	节目（变换按钮）
FRONT（FEAR）或	快进与快退（键）	PROGRAM SWITCH	音乐带正反面放音变换开关
FF．PROG．REW	快进·换向·快退键	PUSH·CLOCK	时钟按钮
FADER	渐变（钮）。用来逐渐改变前后扬声器的音量比	POPS	流行音乐
FADER CONTROL	渐变控制	PUSH	推
FM STEREO	调频立体声（键或灯）	PULL	拉
FREQ RECALL	时间与频率再显示（按钮）	POWER	电源开关
FREQ RANGE	频率范围	PWP VOL	音量开关
HCC	高频切除控制	PUSHPWR	开关
HOUR·MINUTE SET	小时·分钟（调校）	RANGE BUTTON	波段推拉钮
KEYING	键控、键入	ROD ANT	拉杆天线
STEREO INDICATOR	立体声指示灯	SCAN MEMO	自动搜索、存储
SNC	立体声噪声控制	SCAN	自动扫描、搜索
TAPE DIRECTION INDICATOR	磁带正、反向走带指示	SCALE	刻录（盘）
TAPE RUN INDICATOR	走带指示灯	SEEK	搜索
TRACK INDICATOR	磁迹指示	SELECTOR	选择器

续表

音响常用英文词组	中文含义	音响常用英文词组	中文含义
TONE	音调（控制器）	SMC	软静噪控制
TONE CONTROL	音调控制（钮）	VOL	音量控制
TREBLE	高音	VOCAL	噪声
TUNE	调谐（按钮）	VOL/UME	音量
TUNING/CLOCK SET KNOB	调谐/时钟调校钮	VOLUME CONTROL COMBINED WITH ON/OFF	音量控制/电源开关组合控制（钮）

b．按“1”键，显示屏上显示“0000”。

c．6 个调谐预置键中 1、2、3 键兼作解码键，用“1”输入千位码，是几就按几下，用“2”键输入百位码，以此类推，显示屏上显示输入的密码。

d．按“∧∨”键上部，稍后显示屏上自动显示一个频率，收音机重新工作。如果输入的密码是错误的，按完“∧”键上部后，显示屏上会出现“●●●●●●”，这时可重新输入密码。如果 3 次输入都是错误的，收音机将被锁住 lh 不能输入，这时应一直打开收音机。在输入 19 次错误密码后，显示屏上将出现“OFF”，表明收音机被永久性锁住。

② 取消防盗系统。

经此操作后，防盗系统不再工作。

a．关闭收音机，同时按住“1”键和“4”键不要放开。

b．打开收音机显示屏上显示“CODE”。

c．同时松开“1”键和“4”键，显示屏上显示“0000”。

d．进行①中后两步的操作，系统被取消。

③ 重新打开防盗系统。

a．关闭收音机，同时按住“1”键和“4”键不要放开。

b．打开收音机，显示屏上显示“Code”后随后消失，收音机防盗系统重新打开。

（2）本田车系音响解码方法。

① 用户码输入。

每一辆本田雅阁都配置一套高级防盗音响，而每一套音响也都附带一张密码卡（类似名片），该卡中含有密码（Code Number）和顺序编码（Serial Nunber）两个数码。其中密码可以用来开启音响，而在遗失该码时，则可以根据顺序编码向代理商查找。当然，用户最好保存好该卡片。

当您得到一辆本田雅阁时，若密码锁已开启，则可以打开 0N 按钮欣赏音乐；若密码锁没有开启（此时，数显屏显示 Code 字样），则应先输入密码才可试听。输码方法是：先打开引擎盖，断开电源约 5min，再接上蓄电池，然后开启音响，通过预选（Preset）按钮输入 5 位数密码，过一会儿，如果数码正确，则可以听到“嘟”一声提示，表示数字锁已解开，可以重新开启机器试听了，如果输入了错误数码，一般连续出错只允许 3 次，此时应隔 1h 后再输入数码，否则，将会影响收听效果及音响寿命。

密码锁在断电时，将会自动锁死。正是由于这一点，使得该音响具备了防盗功能，故用户在拆蓄电池时，千万要注意这一点。最好用密码卡，否则应采取保护措施。可以通过外加电源（电压与电源一致）与原电源并联供电，然后再拆卸电源。

② 无码解除方法。

a．通用码：输入通用码 34443。当第一次断电后，音响处于半锁止状态，在没有输入任何密码前，可以输入一个通用码“34443”，即可开机使用（但不能获知原密码）。

b．输入可能的密码组合：HONDA 11111—666666 有 7776 个，ACURA1111—6666 有 1296 个。因此可设计一个装置，让它由 11111（或 1111）开始，依次向音响试输五位组合码，直至 66666（或 6666），每三次错误后再试。肯定可以找到原车密码。此装置成本不高，也可以用手工的方法输入，所费时间最多（即要输入 7776 次）在三天左右。本方法的优点是解码后可保持原密码功能。

c．IC 解除法。

- 96 年以前车型，断开芯片 LR46A-332 的第 3 脚，就可以达到解码的目的。
- 1107、1108、1109 机型：去除电路板上的 L46 或 D736 p 可解码。
- 2200 机型：找到线路板上标有 CODE 旁的黑点从后向前数第 3 点，并把该点与 2187 或 CBi02 其中的一个连接即可。

（3）TOYOTA/LEXUS 音响的解码方法（如图 9.5 所示）。

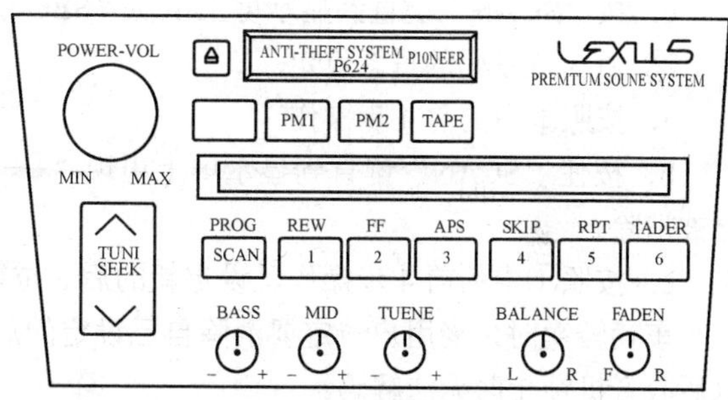

图 9.5　LEXUS 音响面板

凌志 LS400 轿车上装备的收音机储存了 6 位防盗密码，由厂家设定，丰田汽车公司存档，后 3 位由用户设定并记住。如电源被中断过，收音机会锁止，可输入后 3 位密码解除锁止。如后 3 位密码丢失或未曾设定，可连续 5 次输入随便确定的 3 位错误码，此时收音机会全锁止，可由丰田特约维修服务站或丰田办事处，从丰田汽车公司查询出前 3 位密码输入后解除锁止。丰田汽车音响可通过表 9.3 确认。

表 9.3　　丰田汽车音响确认一览表

汽 车 类 别	丰 田 号 码	前面板确认号码	规 格 明 细
CROWR	86120-3A030	1458	AM/FM 收音机
	86260-30291	1935	磁带放音机
	86120-3A350	17404	收音机/磁带放音机
	86270-30090	— — — —	CD 自动转换机
CELICACAMRY SUPRA 等	86120-33110	16804	三合一组合装置
	86120-06030	11708	收音机、磁带组合装置
	86120-2B340	A11708	收音机、磁带组合装置
PREVIA	86120-28140	16805	三合一收音机组合装置
	08601-00821	34212	CD 机
	08601-00813	34212	CD 机
COROLLA・TERCEL・CELICA・CAMRYPRENI 等	86120-06010 86120-12840	11402 A11402	AM/FM 收音机
	86120-06020 86120-12850	16404	组合装置收音机、磁带放音机
HILUXT 等商用车	86120-16350 86120-1A040	1007 12101	AM 收音机
COROLLA・TERCEL・PASEO 等	86120-16580 86120-19215	11202	AM 收音机
适用于其他车辆（PREVIA 除外）	08601-00812 09601-00820	34210	CD

① 后 3 位密码的设定。

用户应该选择对自己来说易于记住的数字，如生日或某个重要日子，并记入笔记本，但绝不能放入汽车中。

a．关闭收音机，将点火开关置于“ACC”挡。

b．同时按住“1”键和“6”键不要放开，打开收音机，直到显示屏上出现“SEC”为止。

c．同时按住“∧∨”键上部和“1”键，显示屏上显示“— — —”。

d．6 个电台预选键中“1”、“2”、“3”兼作密码输入键，用“1”键输入后 3 位密码的左起第 1 位数字，用“2”键输入第 2 位数字，用“3”键输入第 3 位数字，每个键盘按几下，显示屏上就显示几，但按每个键的第一下时，显示屏上显示“0”。

e．按“SCAN”键直到显示屏上出现“SEC”，稍后“SEC”消失，说明密码设定已完成。

② 后 3 位密码的重新设定。

a．按照①中的前 4 步操作。

b．按住“SCAN”键直到显示屏上出现“———”，稍候“———”消失，说明原设定密码已被消除。

c．按照①中的前 4 步操作，设定新的后 3 位密码。

车辆转卖时，老用户一定要消除自己设定的后 3 位密码，或将后 3 位密码告之新用户，以免以后收音机锁止时无法解码。

③ 解码方法。

a．将点火开关置于“ACC”挡，打开收音机，显示屏上出现“SEC”，说明收音机已锁止。

b．按照①中的 c、d 步骤操作。

c．按住“SCAN”键直到显示屏上出现“SEC”，稍后“SEC”消失，说明收音机锁止已被解除。

如果输入的密码是错误的，“SEC”不会消失，这时可再一次输入密码，输入错误密码 5 次，就会使收音机全锁止。

汽车进行维修时，在不知道收音机后 3 位密码的情况下，千万不要断开收音机电源，如必须断开蓄电池电线或更换蓄电池，可先将“汽车保护神”插入点烟器座，“汽车保护神”的结构是 9V 电池串联一只二极管，二极管的作用是阻止蓄电池中的电流流进电池。当拆掉蓄电池电线后，由 9V 电池给收音机提供电源，此时决不能打开任何用电设备，否则 9V 电池的电能很快耗尽。也可以根据“汽车保护神”原理自己制作一备用电源，并联在任一相线接柱与地之间。

④ 丰田汽车通用密码。

a．凌志汽车音响通用密码。

- 凌志 LS400：512810、906743、740850、540471、810284、283698、596239、241239、334989。
- 凌志 ES300：840960、891440。
- 凌志 GS300：891440、588410。

b．亚洲龙（AVALON）：266614、120167。

c．佳美（CAMRY）：108431、054787、906743、607410、540471、878410、640702。

d．大霸王（PREVIA）：108431、16803、16804、17801。

e．富士通：752722。

f．松下：524608。

⑤ 丰田汽车音响硬件解密方法。

拆开音响电路板，在磁带卡座后方位置有一只 8 脚的带有 PDH00X 字样的 IC 芯片，这就是控制音响密码的 IC，用电烙铁将旧芯片焊开，更换相同型号的空白芯片，就可以重新使音响工作，但此时音响失去了防盗功能。

（4）帕萨特 B5 音响解码技术。

上海大众生产的新款 B5 的音响分为两种：一种为α型，另一种为β型，但其音响防盗原理是一样的，解码的程序也是一样的。

① 便捷型收放机密码系统。

在此以前，每次卸下收放机或拆除蓄电池接线后均需人工取消防盗密码。有了此新的便捷型收放机密码系统后，情况发生了变化，首次将编码数字输入收放机后，它还同时储存在您的车辆中。

车辆供电中断恢复后，汽车收放机会自动将“它的”密码数字和储存在车辆中的密码加以比较。如密码相符，则在短短几秒后，收放机便可工作，不再需要人工取消电子锁定。但如果密码不一致，则需人工取消电子锁定。

② 取消电子锁定。

当收放机断电后，防盗密码系统将收放机电子锁定，开机后则显示“SAFE”字样，解码程序如下。

a．开机显示屏显示“SAFE”字样。

b．3s 后显示屏上显示“1000”。

c．使用存台键（数字）将贴在“收放机资料卡”上的密码输入，点击键①输入第一位，点击键②输入第二位，以此类推。

d．其后按搜索键或按手动调谐键，按 2s 以上松开。

e．如果输入的密码正确，则其后很快便会自动显示频率，此时的收放机便可工作。

③ 密码错误。

如果在取消电子锁定时，由于疏忽输入一个错的密码，则显示屏先闪后持续显示“SAFE”字样。此时可重复一遍整个过程，可重复的次数将在显示屏上显示。

如再次输入错误的密码，则收放机将被锁定 1h 左右，即无法开机。可从显示屏上左下方很小的“2”字识别此锁定状态，1h 后必须保持开机状态，且重复次数的显示消失，才可根据前面提供程序进行解除。仍为“两次输入，一小时锁定”的周期。

④ 上海大众帕萨特 B5 轿车音响使用与维修。

a．防盗密码系统。具有防盗密码系统的收放机在关机和拔出点火钥匙的情况下，闪光二极管会闪烁。如果电源中断（如拆除蓄电池的接线或熔丝烧断），则收放机被电子锁定。开机后屏幕上显示“SAFE”，只有重新输入正确的密码后才能再开机。输入密码的程序如下。

- 开机，数字屏上显示“SAFE”。
- 约 3s 后显示屏上显示“1000”。
- 使用存台键将密码键入。点击键 1 输入密码的第 1 位，点击键 2 输入密码的第 2 位，以此类推。例如要输入的密码 2305，先按键 1 两次，按键 23 次，按键 310 次，按键 45 次。
- 按搜索键或手动调节键，按住 2s 以上松开。
- 如果输入的密码正确，经过短暂的“学习阶段”显示当前频率，此时收放机又重新处于工作状态。
- 如果输入的密码错误，则显示屏先闪烁，后持续显示“SAFE”字样，可重新输入密码。

如果第 2 次输入的密码也不正确，则收放机将自动锁定 1h，不能再输入密码。1h 后又可重新输入密码。

如果用户不慎将密码丢失，可以到上海大众特约维修站去，通过故障诊断仪 VAGl551/1552 或 VAS5051 进入 56 地址词查出收放机的 14 位代码，再到上海大众总部查出防盗系统密码。部分收放机的密码也可以在其机壳上找到。

b．常见的故障及检修。检查故障前，应先确认各个操纵按键是否正确使用。如调节不好可能会导致没有声音或声音很小。检查前，使用故障诊断仪 VAGl551/1552 或 VAS5051 进入 56 地址词，然后键入 02 功能键进行故障查询。表 9.4 为音响系统常见故障代码及故障点。

表 9.4 音响系统常见故障代码及故障点

代　码	内　　容	代　码	内　　容
00850	收放机上的控制输出	00873	右前扬声器低音—R17
00851	扬声器	00874	左前扬声器高音—R20
00852	前扬声器	00875	右前扬声器高音—R22
00853	后扬声器	00876	左后扬声器高音—R14
00854	仪表盘上的收放机输出	00877	右后扬声器高音—R16
00855	与 CD 转换器的连接	00878	左前扬声器连接
00856	收放机天线	00879	右前扬声器连接
00857	CD 转换器—R41	00880	左后扬声器连接
00858	连接收放机中范围输出，天线放大	00881	右后扬声器连接
00870	左前扬声器低音—R21	01427	收时机音量增加
00871	右前扬声器低音—R23	01428	收时机音量减小
00872	左前扬声器低音—R15		

进到 56 地址词后，可以进入 08 功能读取数据块的值。

可以采用随车附带的专用工具插入收放机的卡槽，将收放机拉出来拆开检查。如果专用工具找不到，也可以用废弃的钢锯条在砂轮机上稍作加工，只让前头宽度能插入收放机的卡槽即可。较常见的故障有如下几种。

（1）收放机不工作、不显示。

① 检查收放机的熔丝是否烧断。如果熔丝良好，需摇动收放机，听机内有无异响，或打开面壳观察机内有无异物。

② 检查收放机后的喇叭线束及电源线是否良好。

（2）收放机在收音挡时正常，放磁带时无声音、声音很小或者声音失真。

检查磁头是否已脏或生锈，如果磁头脏，可用清洁磁头剂来清洗磁头。这种故障较常见，一般是由使用劣质磁带时磁粉脱落引起，通常多用酒精清洗解决。使用劣质磁带使磁头太脏，在潮湿天气时引起磁头生锈。检查机心长/短传动带是否脱落以及机心内是否有异物。如果是由螺钉、纸屑等杂物引起的机心长传动带脱落，会引起磁带不停换面或绞带。如果机心短传动带脱落则会造成磁带不动。如果无放音，可能的原因还有机心静音开关闭合损坏，机心动力开关故障等。如果是机心动力开关故障，放进磁带后呈快进状态。

（3）磁带卡住，取不出来。

打开面盒检查，可能由以下原因造成。

① 由磁带变形引起。

② 由磁带节目卡纸翘起引起。

③ 机心内有明显杂物而导致绞带。

处理时可打开面盖，在按住出带键的同时，用手轻轻推出带钩。如果卡带是由磁带节目卡纸翘起引起的，粘好节目卡纸。如果有异物，应设法取出。但一定要注意不要强行取出磁带，否则会引起机心变形损坏。

有时是因为带舱变形，造成出入带不良。带舱变形多是由劣质磁带或是由异物造成的。

（4）卡碟。

故障原因为机心里有两张 CD 碟、碟片装反或 CD 碟有卡口，也有可能是由机心机械故障引起的。误把 VCD 当卡碟时，可拆下机心，给机心上控制出入碟电动机（机心右后边）的正负端通 5V 电，两碟片会一齐往外出而卡在入碟口上，此时可先用手将上面的碟片拉出，再取出下面的碟片。注意不要强行取出碟片，否则易造成机心导入轮脱落，碟片划花。

（5）跳碟。

在行车途中，放 CD 碟时，声音断断续续，引起该故障的原因是 CD 碟表面刮划严重或路面太颠簸。

课题实施

汽车音响系统部件的拆装（以别克凯越轿车为例）

操作一 拆装收音机

1．拆卸

（1）断开蓄电池负极连线。

（2）拆卸收音机饰板，如图 9.6 所示。

（3）拆卸收音机。

（4）断开收音机线束和天线。

2．安装

（1）连接收音机线束和天线。

（2）安装收音机，并固定。紧固力矩为 4N • m。

（3）安装收音机饰板。

（4）连接蓄电池负极连线。

（5）输入收音机密码。

操作二 拆装前扬声器

1．拆卸

（1）断开蓄电池负极连线。

（2）拆卸前门内饰板。

（3）拆卸前扬声器，如图 9.7 所示。

（4）断开前扬声器线束。

2．安装

（1）连接前扬声器线束。

（2）安装前扬声器，并固定。紧固力矩为 4N • m。

（3）安装前门内饰板。

（4）连接蓄电池负极连线。

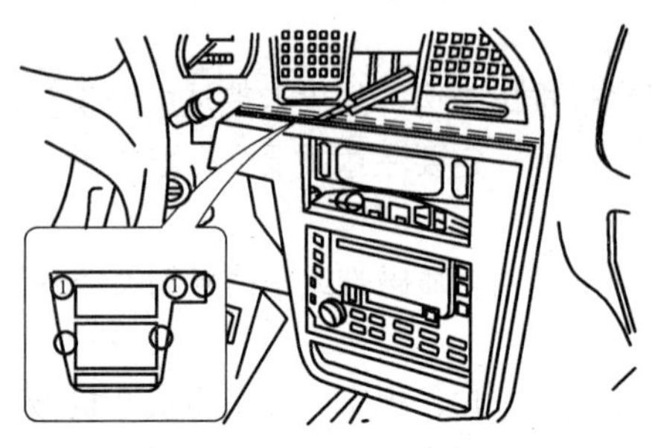
图 9.6　拆装收音机饰板

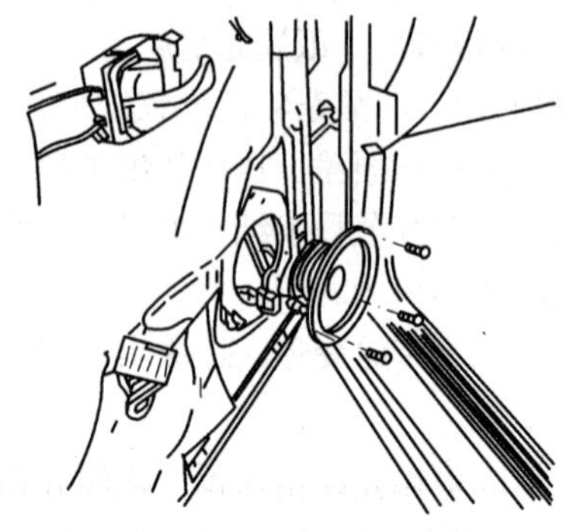
图 9.7　拆装前扬声器

操作三　拆装高频扬声器

1．拆卸

（1）断开蓄电池负极连线。

（2）拆卸前门高频扬声器，如图 9.8 所示。

（3）断开高频扬声器线束。

2．安装

（1）连线高频扬声器的线束。

（2）安装高频扬声器。

（3）连接蓄电池负极连线。

操作四　拆装后扬声器

1．拆卸

（1）断开蓄电池负极连线。

（2）拆卸后座椅和后座椅靠背。

（3）拆卸右侧立柱内饰板。

（4）断开后扬声器线束。

（5）拆卸后扬声器，如图 9.9 所示。

图 9.8　拆装前门高频扬声器

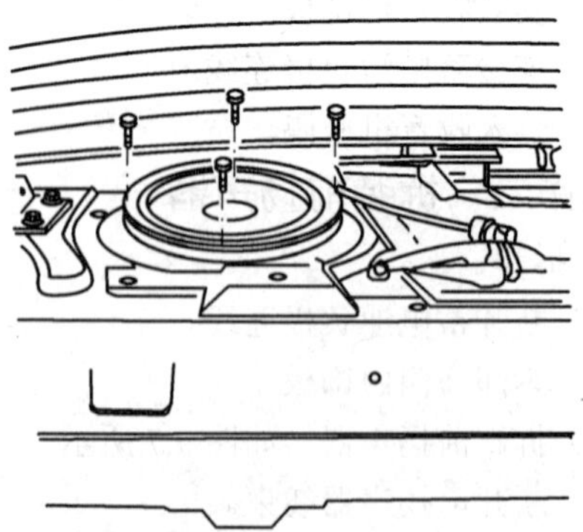
图 9.9　拆装后扬声器

2．安装

（1）安装后扬声器，并固定。紧固力矩为 4N·m。

（2）连接后扬声器线束。

（3）安装右侧立柱内饰板。

（4）安装后座椅和后座椅靠背。

（5）连接蓄电池负极连线。

操作五　拆装收音机天线

1．拆卸

（1）断开蓄电池负极连线。

（2）拆卸立柱内饰板。

（3）断开天线和线束连接，如图 9.10 所示。

2．安装

（1）连接天线和线束。

（2）安装立柱内饰板，并固定。紧固力矩为 7N・m。

（3）连接蓄电池负极连线。

操作六　拆装 CD 碟机

1．拆卸

（1）断开蓄电池负极连线。

（2）断开 CD 碟机线束。

（3）拆卸 CD 碟机，如图 9.11 所示。

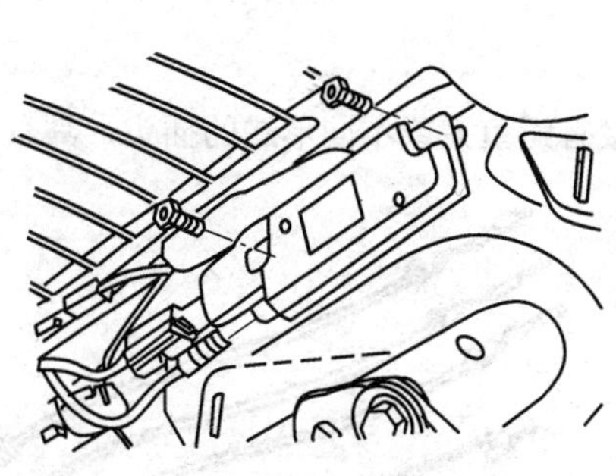

图 9.10　拆装天线

图 9.11　拆装 CD 碟机

2．安装

（1）安装 CD 碟机，并固定。紧固力矩为 7N・m。

（2）连接 CD 碟机线束。

（3）连接蓄电池负极连线。

思考与练习

1．汽车音响系统由哪些部件组成？

2．音响防盗系统自动锁死的条件是什么？

模块十 10 汽车电气设备总电路

学习目标

◎ 掌握汽车电气设备常用检测仪器的使用方法

◎ 掌握汽车电气设备总电路的读图方法

课题一 汽车电路常用检测工具

基础知识

一、常用检测工具

1．跨接线

简单的跨接线就是一段多股导线，它的两端分别接有鳄鱼夹或不同形式的插头，具有多种样式（如图 10.1 所示）。工具箱内必须有多种形式的跨接线，以用作特定位置的测量。

跨接线虽然比较简单，但却是非常实用的工具，它的作用是起一个旁通电路的作用。如某一电气部件不工作，首先将跨接线连接在被试部件接线点“–”与车身搭铁之间，此时部件工作说明部件搭铁线路断路；如搭铁电路很好，就将跨接线连接在蓄电池“+”极与被试部件的电源接柱之间，此时部件工作，说明部件电源电路有故障（断路或短路），如部件仍不工作，说明部件有故障。

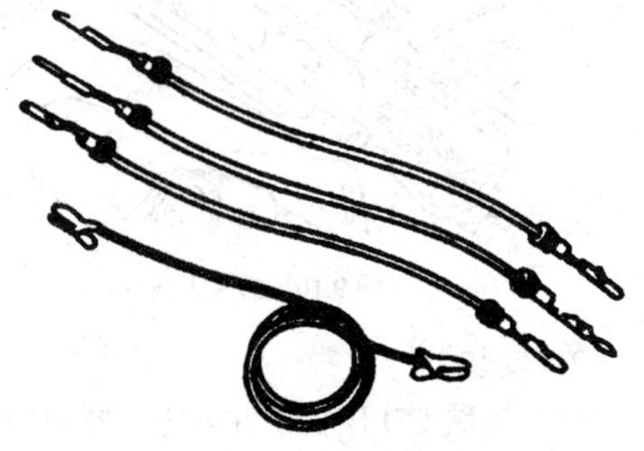

图 10.1　多种样式的跨接线

使用跨接线时应注意以下事项。

（1）用跨接线将电源电压加至试验部件之前，必须先确认被试部件的电源电压是否应为 12V。例如，有的喷油器电源电压为 4V，如加上 12V 电压就可能使喷油器损坏。

（2）跨接线不可错误连接在试验部件“+”接头与搭铁之间。

2．测试灯

测试灯由 12V 试灯、导线、各种型号端头组成，如图 10.2 所示。它主要被用来检查系统电源电路是否给电气部件提供电源。

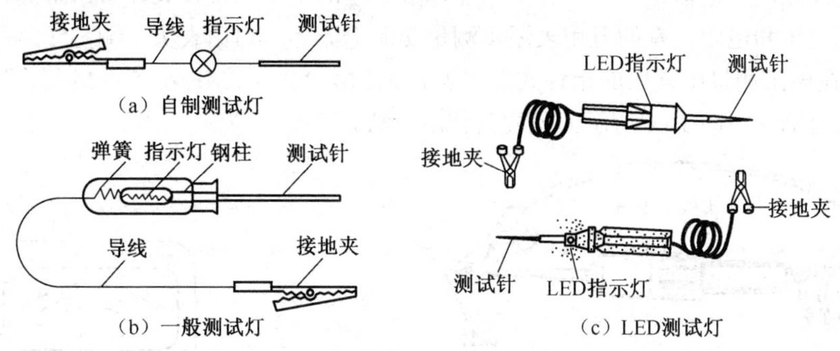

图 10.2　测试灯

将 12V 测试灯一端搭铁，另一端接电气部件电源接头。如灯亮，说明电气部件的电源电路无故障；如灯不亮，再接去向电源方向的第二个接线点，如灯亮，则故障在第一接点与第二接点之间，电路出现的是断路故障。如灯仍不亮，则再去接第三接点，依此类推，直到灯亮为止。故障在最后被测接头与上一个被测接点间的电路上，大多为断路故障。

3．自带电源测试灯

如图 10.3 所示，自带电源测试灯与 12V 测试灯类似，二者的区别在于它在手柄内加装了两节 1.5V 干电池。它用来检查电气电路断路和短路故障。

（1）断路检查：首先断开与电气部件相连接的电源电路，将测试灯一端搭铁，另一端接电路各接点（从电路首端开始）。如果灯不亮，则断路出现在被测点与搭铁之间；如灯亮，断路则出现在此时被测点与上一个被测点之间。

（2）短路检查：首先断开电气部件电路的电源线和搭铁线，测试灯一端搭铁，一端与余下电气部件电路相连接，如灯亮，表示有短路故障（搭铁）存在，然后逐步将电路中插接器脱开，开关打开，拆除部件等，直到灯灭为止，则短路出现在最后开路部件与上一个开路部件之间。

使用自带电源测试灯时应注意，不可用测试灯检查汽车电子控制系统，除非维修手册中有特殊说明。

二、常用电工仪表

1．电流表

电流表是用来测量电路中电流大小的一种仪表，通常用符号 A 表示。按测量的电流性质的不同，电流表可分为直流、交流两种。

使用时，必须将电流表直接串联在所测电路中，尤其在测量直流电流时，要注意电流表的极性，以免损坏仪表。

在测量交流电流时，对于 500V 以下低压系统，当测量值小于 50A 时，可将交流电流表直接串联在电路中进行测量；当电流较大时，则必须与电流互感器配合使用。

在一些精度较高的仪表的刻度标尺板下，装有一块弧形镜片，它的作用就在于消除使用者的“视觉”误差。

2．电压表

电压表是测量电路中电压高低的一种仪表，通常用符号 V 表示，其特点是内阻较大。按测量电流性质的不同，电压表可分为直流、交流两种。测量时应将电压表同被测电路并联。

3．指针式万用表

万用表是检测汽车电器常用的一种多功能、多量程的电工测量仪表，可用来测直流电压、直流电流、交流电压和电阻，有的万用表还可测量交流电流等。它由表头、测量线路和量程开关 3 大部分组成。在电工测量中常用的指针式万用表有 MF14、MF30、MF64、500 M 等。下面以 MF500 指针式万用表为例（如图 10.4 所示）说明其使用方法。

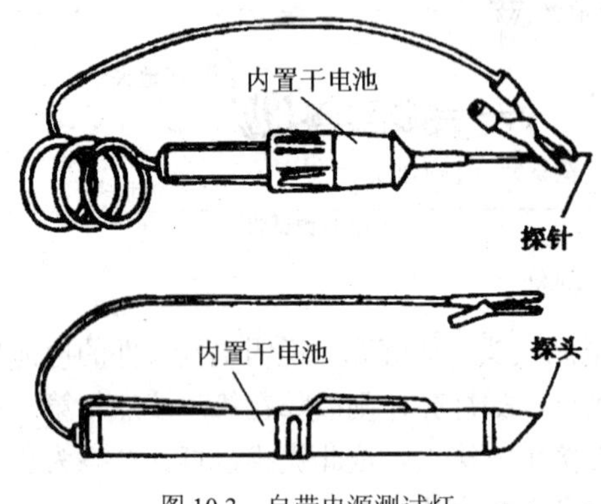

图 10.3 自带电源测试灯

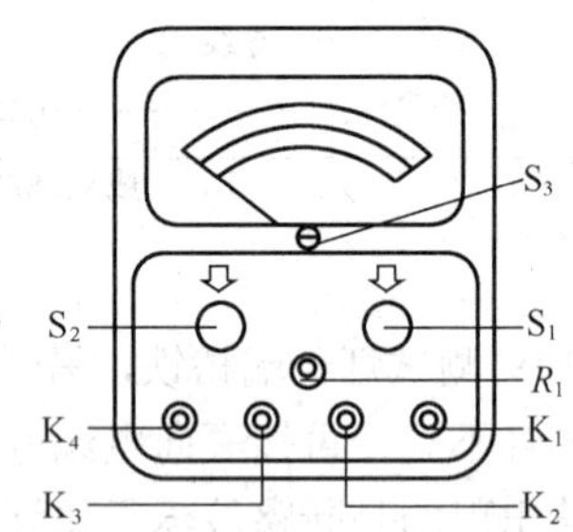

图 10.4 MF500 指针式万用表面板

（1）操作方法。

① 使用之前须调整归零器“S_3”，使指针准确地指在标度尺的零位上。

② 直流电压的测量。将测试短表笔分别插在插口“K_1”和“K_2”内，转换旋钮开关“S_1”旋至“$\underline{\underline{V}}$”位置上，旋钮开关“$S_2$”旋至所要测量的直流电压的相应量程位置上，再将测试长表笔跨接在被测电路两端，当不能预计被测直流电压大小时，可将开关旋钮旋在最大量程的位置上，然后根据指示值的大约数值，再选择适当的量程位置，使指针得到最大的偏转度。测量直流电压时，若指针向相反方向偏转，只需将测试表笔的“+”、“−”极互换即可。

③ 交流电压的测量。将旋钮开关“S_1”旋至“黑”位置上，旋钮开关“S_2”旋至所要测量的交流电压值相应的量程位置上，测量方法与直流电压相似。

④ 直流电流的测量。将旋钮开关“S_2”旋至“$\underline{\underline{A}}$”位置上，旋钮开关“$S_1$”旋至需要测量的直流电流值相应的量程位置上，然后将测试表笔串接在被测电路中，就可测量出被测电路中的直流电流值。

⑤ 电阻的测量。将旋钮开关“S_2”旋到“Ω”位置上，旋钮开关“S_1”旋到相应量程内，先将两测试表笔短路，使指针向满刻度偏转，然后调节电位器“R_1”使指针指在欧姆标度 “0”位置上，再用测试表笔对未知电阻的阻值进行测量。为了提高测试精度，指针应尽可能指示在刻度中间一段，即全刻度起始的 20%～80%弧度范围内。Ω×1、Ω×10、Ω×100、Ω×1k 量程所用直流工作电源系 1.5V 二号电池一节，Ω×10k 量程所用直流工作电源系 9V 层叠电池一节，它们在工作时的端电压应符合表 10.1 要求的。

表 10.1 MF500 指针式万用表内置电池标准电压

电池标准电压	工作时端电压范围
1.5V	1.35～1.65V
9.0V	8.1～9.9V

当短接测试表笔调节电位器“R_1”不能使指针指示欧姆零位时，表示电池电压不足，需更换新电池，以防止因电池腐蚀而影响其他零件。更换电池时，应注意电池极性，并与电池夹保持接

触良好。万用表长期不用时，应将电池取出。

⑥ 音频电平的测量。测量方法与测量交流电压的方法相似，将测量表笔插在“K_1”、“K_4”插口内，转换旋钮开关“S_1”、“S_2”分别放在“$\underline{\text{V}}$”和相应的交流电压量程位置上。音频电平刻度根据 0dB=1mW，600Ω 输送标准而设计。标度尺指示值从−10～22dB，当被测量大于 22dB 时，应在 50V 或 250V 量程下进行测量，指示值应符合表 10.2 的要求。

表 10.2　　MF500 指针式万用表音频量程范围

量　限	按电平刻度增加值	电平的范围
50	14	4～36dB
250	28	18～50dB

（2）使用注意事项。

① 在测试时，严禁旋转万用表开关。

② 当不能确定被测元件的数值时，应将量程转换开关旋到最大量程位置上，初步检测后再选择适当的量程，使指针得到最大偏转。

③ 测量直流电流时，万用表应该与被测电路串联，禁止将仪表直接跨接在被测电路的两端，以防止万用表过载而损坏。

④ 测量电路中的电阻时，应将被测电路的电源断开，如果电路中有电容器，应先放电后测量，切勿在电路带电情况下测量电阻。

⑤ 在携带万用表时或每次使用万用表后，最好将旋钮开关 “S_2”旋至“·”位置上，使测量机构两极接成短路，“S_1”旋在“·”位置上，使表内部电路呈开路状态，防止因误置开关位置进行测量而损坏仪表。

⑥ 为了确保安全，使用交直流 2 500V 量程测量时，应将测试表笔一端固定在电路地电位上，将测试表笔的另一端去接触被测高压电源，测试过程中应严格执行高压操作规程，双手必须带高压绝缘橡胶手套，地板上应铺置高压绝缘橡胶板，测试时应谨慎从事。

⑦ 万用表应经常保持清洁和干燥，以免影响准确度和造成损坏。

4．数字式万用表

数字仪表是一种新型仪表，具有测量精度高，灵敏度高，速度快，数字显示等特点。20 世纪 80 年代后，随着单片 CMOS A/D 转换器的广泛应用，新型袖珍数字式万用表迅速得到普及，并在许多情况下逐步取代指针式万用表。下面以 UR89 系列数字式万用表为例（如图 10.5 所示）说明其使用方法。

（1）操作方法。

① 直流电压的测量。

a．旋转“功能/量程开关”到“V⎓”

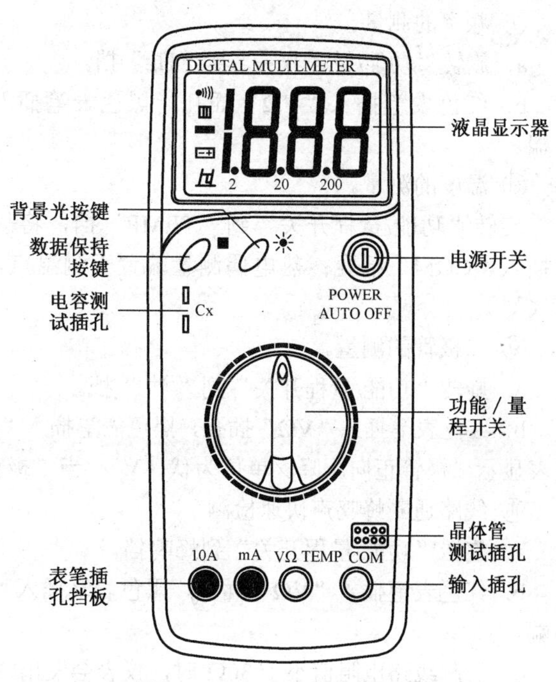

图 10.5　UR89 系列数字万用表

挡位范围，选择合适的量程。

b. 红色表笔插入“VΩ”插孔，黑色表笔插入“COM”插孔。将表笔并接到被测电压源两端，仪表在显示电压读数的同时会指示出红色表笔一端的极性。

② 交流电压的测量。

a. 旋转“功能/量程开关”到“V～”范围，选择合适的量程。

b. 红色表笔插入“VΩ”插孔，黑色表笔插入“COM”插孔，将表笔并接到被测电压源两端。

③ 直流电流的测量。

a. 拔出表笔，旋转“功能/量程开关”到“A⎓”范围，选择合适的量程。

b. 红色表笔插入“mA”插孔或“10A”插孔，黑色表笔插入“COM”插孔。将表笔串入被测电流源，仪表显示电流读数的同时会指示出红表笔一端的极性。

④ 交流电流的测量。

a. 拔出表笔，旋转“功能/量程开关”到“A～”范围，选择合适的量程。

b. 红色表笔插入“mA”插孔或“10A”插孔，黑色表笔插入“COM”插孔，将测试表笔串入被测电流源。

⑤ 电阻的测量。

a. 拔出表笔，旋转“功能/量程开关”到“Ω”范围，选择合适的量程。

b. 红色表笔插入“VΩ”插孔，黑色表笔插入“COM” 插孔，将测试表笔并接到被测电阻两端。

⑥ 电容测量。

a. 旋转“功能/量程开关”到“F”范围，选择合适的量程。

b. 红色表笔插入“VΩ”插孔， 黑色表笔插入“COM”插孔，将测试表笔并接到被测电容的两端。

⑦ 频率的测量。

a. 旋转“功能/量程开关”到“Hz”挡。

b. 红色表笔插入“VΩ”插孔，黑色表笔插入“COM”插孔，将表笔并接到被测信号源两端。

⑧ 温度的测量。

旋转“功能/量程开关”到“TEMP”挡，将热电偶的红色插头插入“VΩ”插孔，黑色插头插入“COM”插孔；热电偶测量端置于测温点，从仪表显示屏上读取温度值，读数为摄氏度（℃）。

⑨ 二极管的测量。

a. 旋转“功能/量程开关”到“⊣▶⊢”挡。

b. 红色表笔插入“VΩ”插孔，黑色表笔插入“COM”插孔，将表笔跨接于被测二极管两端，仪表显示二极管正向压降，单位为伏（V）；当二极管反接时显示超量程。

⑩ 线路通断蜂鸣声快速检测

a. 旋转“功能/量程开关”到蜂鸣挡。

b. 红色表笔插入“VΩ”插孔，黑色表笔插入“COM”插孔，将测试表笔跨接在待测线路的两端。

c. 被测线路电阻值小于30Ω时，仪表会发出蜂鸣声作为提示。

⑪ 数据保持功能。

按下数据保持键，显示屏出现“H”符号，此时测量的数据被锁定，便于读数、记录。再按该键即可复位，“H”符号消失，仪表恢复测量状态。

⑫ 夜间使用时可以按动背景光按键，液晶显示器会发出绿色背景光，使测量数据更清晰，数秒钟背景光会自动消失。

（2）使用注意事项。

① 使用时注意功能挡位和量程的选择。

② 在更换功能挡位时，应先将表笔取出，再进行选择。

三、汽车专用测试仪

1. 汽车专用数字式万用表

汽车专用数字式万用表如图 10.6 所示，它在普通数字式万用表的基础上增加了一些特殊功能，可以对汽车某些特殊参数进行检测。

（1）汽车专用数字式万用表的主要技术参数。

① 直流电压：400mV～400V（±0.5%），1 000V（±1%）。

② 直流电流：400mA（±1%），20A（±12%）。

③ 交流电压：400mV～400V（±1.2%），750V（±1.5%）。

④ 交流电流：400mA（±1.5%），20A（±2.5%）。

⑤ 电阻：400Ω（11%），4kΩ～4MΩ（±1%），40MΩ（±2%）。

⑥ 频率：4kHz～4MHz（±0.05%），最小输入频率 10Hz。

⑦ 音频：电路通、断音频信号测试。

⑧ 二极管的检测：±（1% rdg+3dg）。

⑨ 温度的检测：-18～300℃（±3%），301～110℃（±3%）。

⑩ 转速：150～3 999r/min（±0.3%），4 000～10 000r/min（±0.6%）。

⑪ 闭合角：±0.5℃。

⑫ 频宽比：±0.2%。

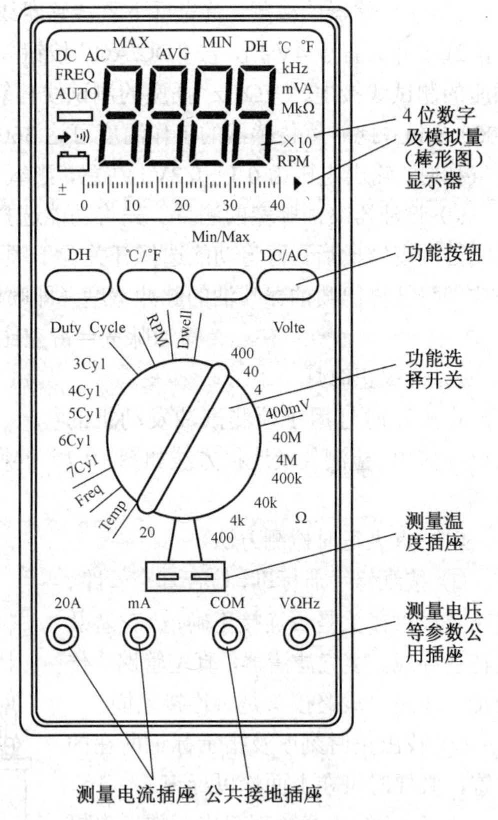

图 10.6 汽车专用数字式万用表

（2）特殊参数测量方法。

① 信号频率的检测。将功能选择开关转至频率挡（Freq），公用接地插座（COM）的测试线接地，“VΩHz”插座的测试线接被测的信号线，此时在显示器上即可读取被测信号的频率。

② 温度的检测。将功能选择开关置于温度挡（Temp），把温度探针插入温度检测插座，按动测量温度选择钮℃/℉，再用温度探针接触被测物体的表面，显示器即显示出所测的温度。

③ 闭合角的检测。将功能选择开关转至相应发动机气缸的闭合角测量位置（Dwell），公用接地插座（COM）的测试线接地，“VΩHz”插座的测试线接点火线圈负极“-”接柱，在发动机运转时显示器即能显示出点火线圈一次电流增长的时间（即导通角）。

④ 占空比的检测。将功能选择开关转至占空比测量位置（Duty Cycle），公用接地插座（COM）的测试线接地，“VΩHz”插座的测试线接被测的信号线，显示器即显示出被测电路一个工作循环（周期）中脉冲信号所保持时间的相对百分数（即占空比）。

⑤ 转速的测量。将功能选择开关置于转速挡（RPM），将测量转速的专用插头插入公用接地插座（COM）和“VΩHz”插座，再将感应式转速传感器的夹子夹到某一缸的高压分线上，在发动机工作时显示器即显示出发动机的转速。

⑥ 起动机起动电流的检测。将功能选择开关置于400mV挡（1mV相当于1A），把霍尔效应式电流传感器的夹子夹在蓄电池的电源线上，按动“最小最大”按钮（Min/Max），拆除点火线并转动发动机曲轴2～3s，显示器即能显示出起动电流。

⑦ 氧传感器的检测。首先拆下氧传感器线束，用一跨接线将此线束与氧传感器相接。然后将功能选择开关置于4V挡，按“DC/AC”按钮并置于DC状态，再按“Min/Max”按钮，使“COM”插座的测试线接地、“VΩHz”插座的测试线与氧传感器的跨接线相连。让发动机运转至快怠速（约2 000r/min），此时氧传感器的工作温度可达360℃以上。排气浓时，氧传感器的输出电压约为0.8V；排气稀时，输出电压为0.1～0.2V。注意，当氧传感器的工作温度低于360℃时，无电压信号输出。

⑧ 喷油器喷油脉宽的测量。先将功能选择开关转至占空比（Duty Cycle）位置，测量出喷油器喷油的占空比后，再将功能选择开关置于频率挡（Freq），测量出喷油器的工作频率。按照下列公式即可计算出喷油器喷油的脉冲宽度（即喷油时间）：

喷油脉宽＝占空比（%）/工作频率（s）

2．点火正时灯

点火正时灯用于检测汽油发动机的点火提前角，检测仪及连接方法如图10.7所示。

（1）点火正时检测方法。

① 按维修手册标准，检查真空管路、线路及线束接头是否连接正确，火花塞及火花塞导线、空气滤清器、真空管路、传动带、线路、线路接头是否连接紧固。

② 找出正时刻度及指示标记所在的位置，必要时可在上面涂以标记。

③ 所有的火花塞都工作正常，电极间隙正确。

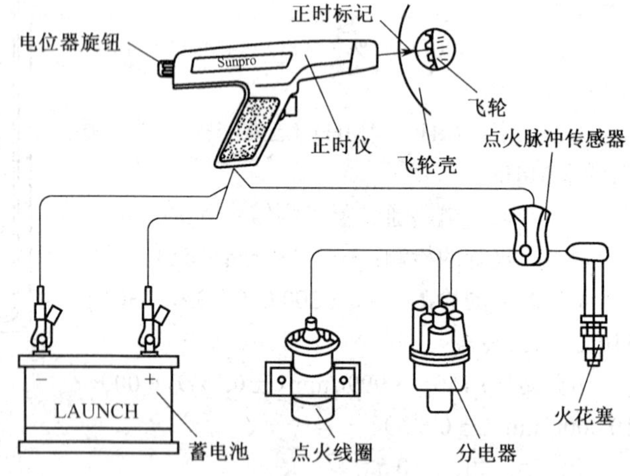

图10.7 点火提前角检测示意图

④ 起动发动机，运转至正常工作温度。连接正时灯之前要关闭发动机，如果可能的话，按厂家规定的要求调整闭合角。

⑤ 连接点火正时灯。

a．关闭点火开关。

b．将感应信号拾取器夹在1缸高压线上。不要使信号拾取器接触到排气歧管或发动机的其他部分。

c．将蓄电池夹夹在车的蓄电池上，红色的连正极（+），黑色的连负极（−）。

d．用感应信号拾取器连线的另一端连接正时灯手柄的底部。

⑥ 检测点火正时。

a．起动发动机。

b．确认正时灯上所显示的点火提前角为“0”。如果不是，按正时灯的置零开关，使提前角显示归零。

c．视需要调整正时灯头，使正时记号的显示清晰。

d．按下闪频灯开关，检查正时刻度与指示标记的相对位置是否正确，如果正时度数在规定的允许值内（通常为+2°），则点火正时是正常的：否则需要更换零部件或调整正时。

e．关闭闪频灯。

f．关闭点火开关，取下正时灯，将检查点火正时时取下的真空管重新连接好。

（2）使用注意事项。

① 发动机运转或点火开关接通时，不要连接正时灯。

② 使用点火正时灯时，应按规定方式连接仪器，按规程操作。

③ 检查分缸线顺序时，应根据不同车型，按维修手册标示进行检查。

④ 进行任何测试前，应仔细检查并排除已发现的机械故障。管路、线路及电器接头连接不牢或损坏都会引起发动机工作不正常。

⑤ 有些点火系统在检查或按规定调整点火时间之前，某些特定的元件需拔下插头、跨接线路或接地。如果不按规定去做，所检查或调整的点火时间将不正确。

⑥ 检查点火提前角时，要确认基准的点火时间与闭合角是正确的。可参照维修手册，了解正确检查程序和技术要求。一定要遵照所有的安全规则。

⑦ 参照维修手册中调整程序和技术要求调整点火正时。不知道调整程序和技术要求时，不要试图去调整点火正时。

3．汽车专用示波器

汽车专用示波器为汽车修理技术人员快速判断汽车电子设备故障提供了有力的工具，汽车示波器按功能分有专用型示波器和多功能型示波器。专用型示波器如美国艾克强袖珍型 MODEL575 双通道示波器/万用表、美国 OTC VISION 四通道示波器；多功能型示波器如美国 FLUKE 公司的 F98，它将双通道示波器、发动机分析仪、运行记录器和数字式万用表组合成一体；国产的有深圳元征科技股份有限公司的 ADC2000 汽车诊断电控单元，它有解码、示波器、万用表和发动机分析等功能。

SNAP-ON 公司的 VANTAGE-MT2400 为波形显示、数字式万用表和诊断数据库三合一的多功能型综合检测分析仪，如图 10.8 所示。

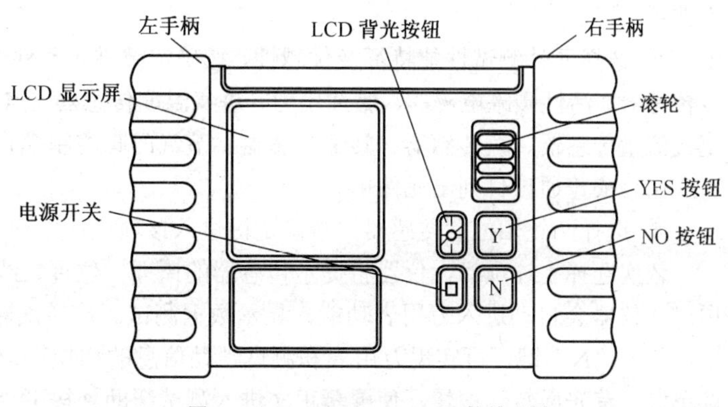

图 10.8 VANTAGE-MT2400 的外观图

（1）仪器简介。

① 综合检测分析仪有一个用于显示数据的液晶显示屏和 4 个按钮、一个滚轮。4 个按钮分别是显示屏幕背景灯的开关按钮、电源开关按钮、用于确定选项的“Y”按钮和用于否定或后退一步的“N”按钮。

② 调整显示屏亮度的方法。按下显示屏背景灯按钮，慢慢滚动滚轮直至满意为止。转动滚轮，

屏幕上的光标移动，可选择所需选项；“Y”键用于激活选定选项，“N”键用于放弃选择或退出选项。按下电源开关，可打开 VANTAGE-MT2400 仪器；关闭时，按下电源开关，保持至仪器关闭为止；也可在常规设置中，设置为一段时间未操作时，仪器自动关闭。

③ 该仪器具有 5 个测试通道接口和一个串行打印机接口，其中两个测试通道 CH3、CH4 可通过一个 9 脚的 mini-DIN 连接器连接压力表和 kV 级模块系统，如图 10.9 所示。

依据通道的选择，该仪器可读出以下内容：直流电流、直流电压、交流电压、电阻、频率、脉宽、压力、真空度、转速、二次电压、循环频率等，还可测试其连续性及二极管压降。

④ 诊断数据库资料。其可提供传感器、动作执行元件、控制信号的测试以及制造商和各系统的信息，如一般元件的工作原理、技术参数、接头位置、正常波形显示等。

单击按钮或者测试帮助信息结束时，追踪到最大/最小值，此时蜂鸣器会发出响声。

该仪器使用两节电池，有熔丝以保护内部线路，机壳侧面有熔丝、电池、记忆卡及更换说明。

（2）使用方法。

① 元件测试设置。打开 VANTAGE-MT2400 时，屏幕上会显示版权及主选单，如图 10.10 所示。

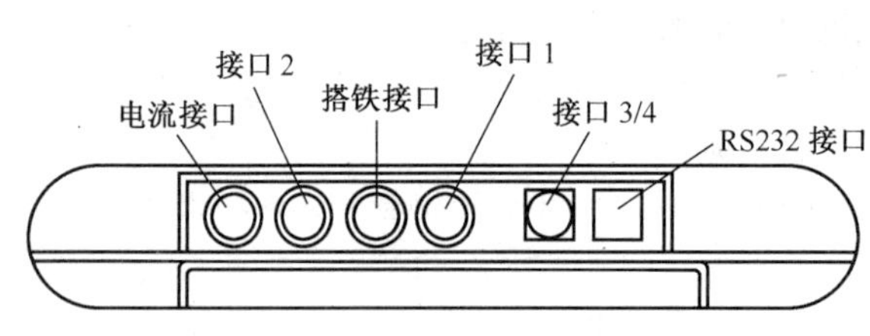

图 10.9 VANTAGE-MT2400 测试接口说明

主选单

元件测试性能特征及优越性
万用表常规设置
波形显示怎样……
存储屏幕 A～Z 的索引
使用者测试
用户设定

图 10.10 屏幕显示的主选单

② 从主选单通过滚轮选择元件测试项，确定后仪器将会列出所选车型：克莱斯勒、福特、通用、吉普、奥迪、宝马、本田、现代、马自达等。

③ 滚动滚轮选择待测车型（例如奥迪），按确定键进入所选车系（奥迪）测试系统（若要改变车系可按“N”键返回车系选择显示）。

④ 选择燃油喷射系统，按确定键进入生产年款选择、发动机型式选择；选好后按确定键返回主选单。

⑤ 选择元件测试性能特征及优越性，按确定键进入元件选项：凸轮轴位置传感器、冷却液温度传感器、活性碳罐电磁阀、燃油压力、进气温度传感器、点火控制模式、喷油器、爆震传感器、空气流量传感器、氧传感器、转速传感器、节气门阀控制模式、故障诊断代码电路、旧术语、缩写应用、依普通项目列出元件单。

⑥ 选择凸轮轴位置传感器，按确定键进入该项目：原理、位置、连接、测试。

依次选择上述项目，仪器将提示传感器的原理、位置、线路连接及测试，例如，当选择测试项时，仪器会自动进入万用表功能，显示数据测试。旋转滚轮，并按下“Y”键，可选定所需选单；按下“N”键，可实现万用表和测试帮助信息的切换；退出测试功能并返回到元件测试选择选单时，首先应转动滚轮，使屏幕正文进入测试帮助处按下“N”键并放开。

⑦ 其他传感器的测试与上述类似。

⑧ 如果在主选单中选择万用表功能，则按确定键进入万用表使用模式。此模式下可做独立的万用表使用，在全屏幕显示时有 4 种主要检测模式：图形、数字、双重显示和单独显示。在半屏

幕显示时可做兼有元件测试功能的万用表使用，有 5 种测试模式：数字、图形、双重显示、全屏显示和单独显示。

⑨ 在万用表状态下的图形模式中，可显示测试波形；与示波器类似，X 轴为时间坐标轴，Y 轴为测试上限，上、下限可通过将光标移动到屏幕的适当位置，转动转轮选择的值来改变。

⑩ 双重显示方式能显示两个波形，可同时比较两组读数、两组波形或一组读数、一组波形。

⑪ 在主选单上可选择操作设定，它可以改变仪器的操作功能，操作者设定包括：断电定时设定、背光定时设定、对比度调节、英—公制切换、最大/最小值声响报警、打印机/波特率设定、转速夹选择。

（3）使用注意事项。

在操作 MT2400 前，要先阅读以下安全操作说明，避免损坏 MT2400 主机或损坏其他附件，因此，为了确保人身及仪器的安全，请遵守以下操作规则。

① 在更换电池、熔丝、数据资料卡之前，一定要拔掉所有测试表笔，并关掉仪器电源。

② 如仪器两端的黑色橡胶保护套没有安装好，不可操作仪器。

③ 测试电流或电压不可超过仪器规定的最大测试值。

④ 任何测试输入端和搭铁端均不可加载 250V 以上的交直流信号。

⑤ 不可用 MT2400 的电流测试端测试交流信号，测试直流信号的电压不可高于 32V。

⑥ 更换的熔丝必须符合规格：10A，32V。

⑦ 测试 60V 以上的直流信号或 24V 以上的交流信号时要特别小心。

⑧ 不可在 RS-232 接口与任何测试口加载 250V 以上的电压。

⑨ 不可在含有可燃性或爆炸性气体的环境使用 MT2400。

⑩ 测量电压值时必须保证电流测试孔不插任何测试笔。

⑪ 在转换测试功能前一定先将表笔从当前的测试电路中拆除，先拆除红色或蓝色表笔，后拆除黑色表笔。

⑫ 在量取电阻值时，一定要将测试的元件从电路中断开（或拆除）。

⑬ 起动发动机进行测试前，要将变速杆放于空挡（手动挡）或 P 位（自动挡），拉紧手刹，抱死驱动轮。

4．电眼睛 X-431 诊断仪

电眼睛 X-431 是元征公司生产的、目前使用较为广泛的一种汽车专用故障诊断设备，其主机如图 10.11 所示。

（1）X-431 的开/关机。

接通主机电源，按下 X-431 正面下方的 POWER ON 按键，系统启动；按住 POWER ON 键片刻即可关闭主机。

LCD 显示屏操作界面说明如下。

【开始】（Start）按钮：单击后弹出开始菜单，X-431 LCD 显示器（触摸屏）操作界面如图 10.12 所示。

【活动任务栏】：可显示和切换正在执行的程序。

【背光灯】：点亮或关闭背光。

【软键盘】：弹出软键盘，有 3 种输入方式可供选择，即笔画输入法、英文输入法、拼音输入法。

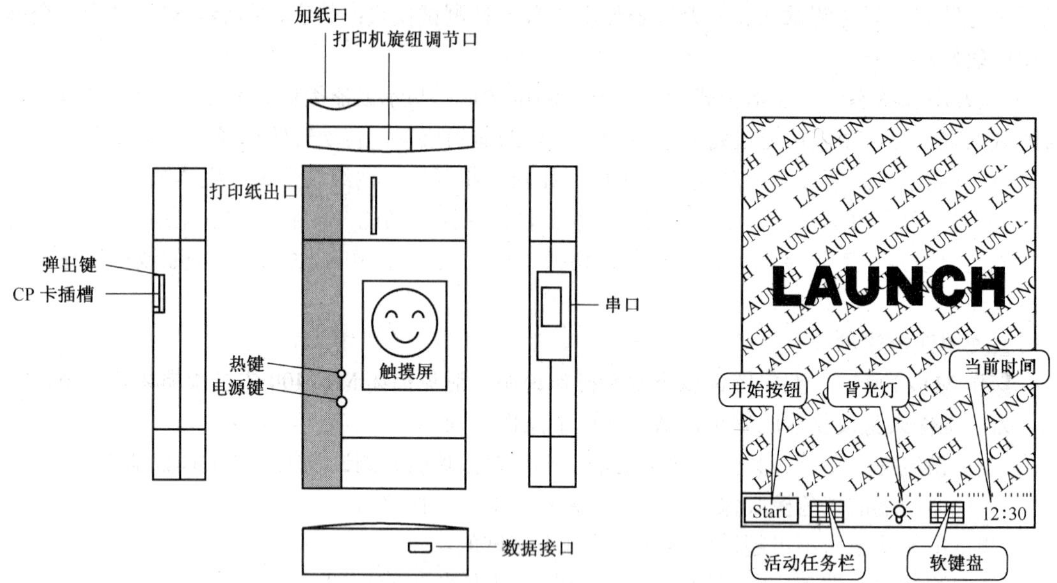

图 10.11 电眼睛 X-431 诊断仪主机示意图　　图 10.12 X-431 LCD 显示器（触摸屏）操作界面

（2）测试的基本步骤。

① 选择测试接头。在进行测试时，测试接头的一端与电眼睛 X-431 主电缆线相连，另一端与汽车电控系统诊断座相连。诊断座和接头的规格很多，根据车系和年代的不同而异，甚至同一种车系的不同车型，其诊断座形式也可能有所不同，因此应根据具体车型正确选择诊断测试接头。

② 连接电眼睛 X-431 故障诊断仪。完成测试准备工作并选择好测试接头后，即可连接电眼睛 X-431。

a．将电眼睛测试主线一端插入电眼睛 X-431 输入插口内，另一端与测试接头相连接。

b．将测试接头的一端插入汽车电控系统诊断座内。

c．将双钳电源线的红色鳄鱼夹接蓄电池的正极接线柱，黑色鳄鱼夹接蓄电池的负极接线柱，以获取电源；如果诊断座是不带电源的，则还需将汽车点烟器取下，并将点烟器线插入点烟器内，如图 10.13 和图 10.14 所示。

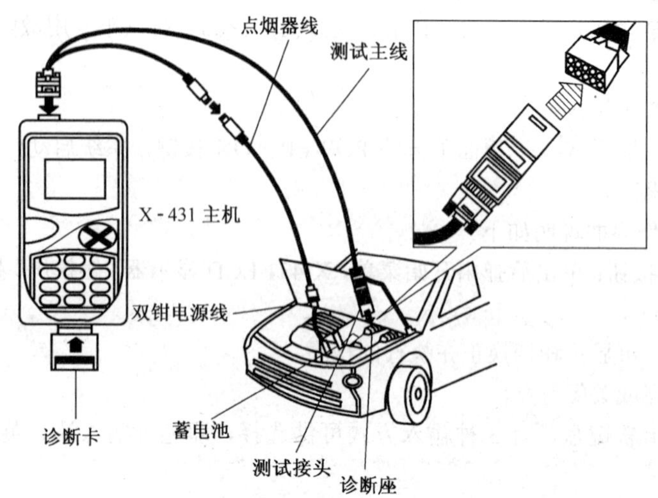

图 10.13 X-431 从蓄电池获取电源接线图

d．仪器通电后将进行自检，如果屏幕显示系统正常，则可以开始进行测试。

e．在屏幕左下角单击开始菜单后，将弹出一个子菜单，可选择测试项目。

f．根据屏幕提示进行车型、年款、发动机型号等各项选择。

g．选择测试项目（如读取故障码或读取数据流等）。

h．根据屏幕提示进行各项操作。

（3）使用注意事项。

① 连接电眼睛 X-431 时，应先关闭点火开关；断开时，应先退出系统后再关闭点火开关。

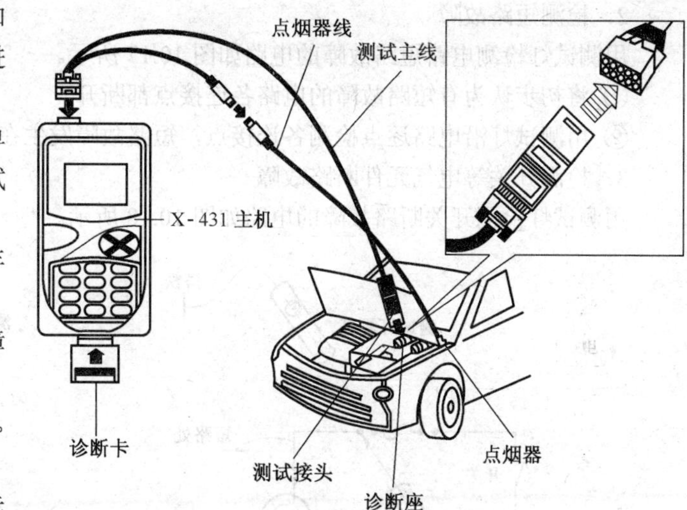

图 10.14　X-431 从点烟器获得电源接线图

② 仪器的使用必须在通风良好的环境下，并且操作场所严禁烟火。

课题实施

汽车常用检测工具的使用

操作一　用自带电源测试灯检测电路故障

1．检测断路故障

方法一：电路如图 10.15 所示。

① 将测试灯一端搭铁，并确认良好。

② 接通控制被检测电路的电源开关。

③ 用测试灯的另一端，沿电路逐点检测各连接点。断路故障发生在测试灯亮与不亮之间的电路。

方法二：电路如图 10.16 所示。

用测试灯的两端沿电路逐段检测两个相邻的连接点。断路故障发生在测试灯亮与不亮之间的电路。

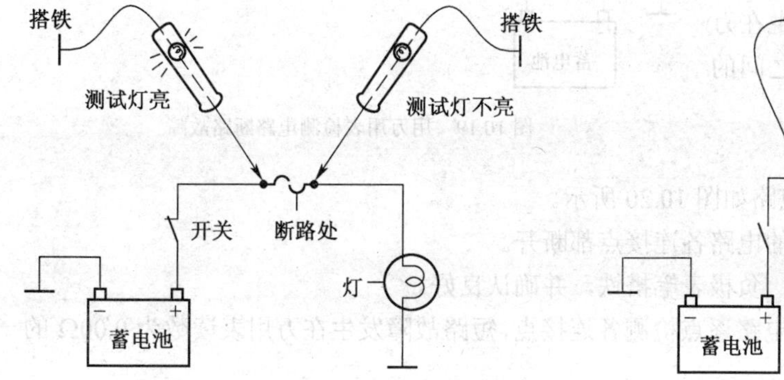

图 10.15　用测试灯检测电路断路故障（一）

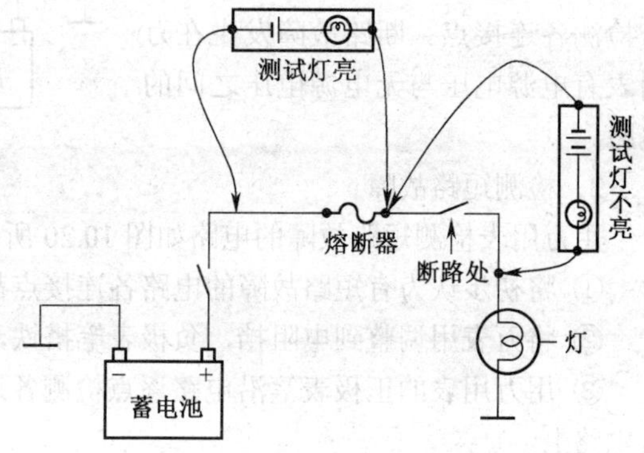

图 10.16　用测试灯检测电路断路故障（二）

2．检测短路故障

用测试灯检测电路短路故障的电路如图 10.17 所示。

① 将初步认为有短路故障的电路各连接点都断开。

② 用测试灯沿电路逐点检测各连接点，短路故障发生在测试灯亮的一段电路上。

3．检测开关等电气元件断路故障

用测试灯检测开关断路故障的电路如图 10.18 所示。

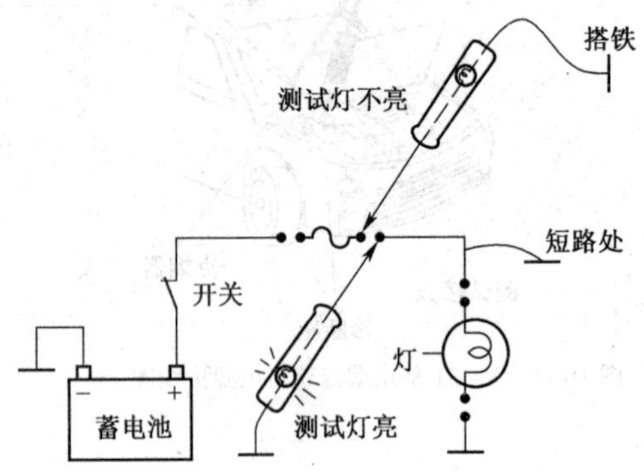

图 10.17 用测试灯检测电路短路故障

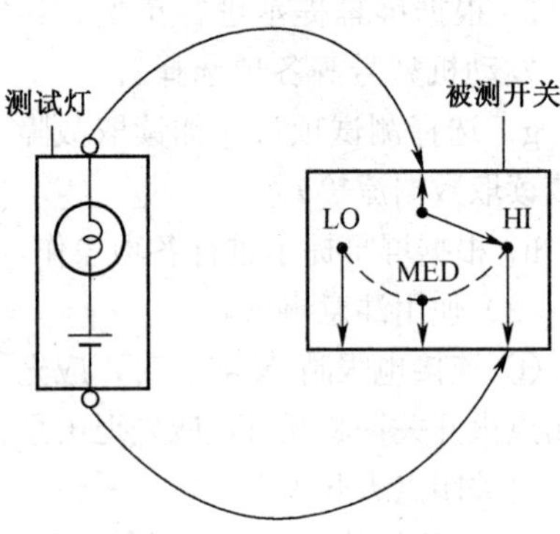

图 10.18 用测试灯检测元件断路故障

① 将要检测的开关（或元件）从电路中拆卸下来。

② 将被检测的开关接通到某一挡位。

③ 用测试灯检测开关接通时，相对应接柱之间的导通情况。若测试灯亮，说明开关良好；若测试灯不亮，说明开关内部断路，应更换。

操作二 用万用表检测电路故障

1．检测断路故障

用万用表检测电路断路故障的电路如图 10.19 所示。

① 将万用表调整到电压挡，将负极表笔搭铁，并确认良好。

② 接通控制被检测电路的电源开关。

③ 用万用表正极表笔沿电路逐点检测各连接点。断路故障发生在万用表有电源电压与无电源电压之间的电路。

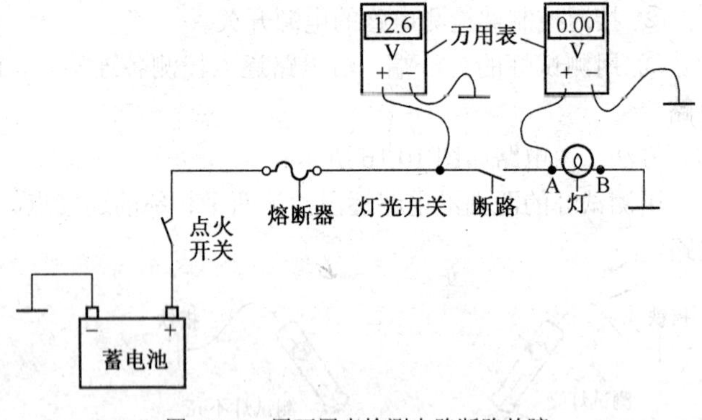

图 10.19 用万用表检测电路断路故障

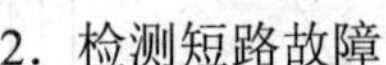

2．检测短路故障

用万用表检测短路故障的电路如图 10.20 所示。

① 将初步认为有短路故障的电路各连接点都断开。

② 将万表用调整到电阻挡，负极表笔搭铁，并确认良好。

③ 用万用表的正极表笔沿电路逐点检测各连接点，短路故障发生在万用表读数为 0.00Ω 的一段电路上。

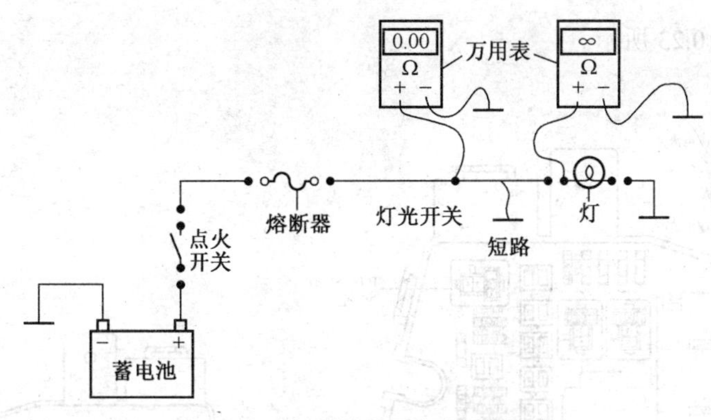

图 10.20　用万用表检测电路短路故障

课题二　汽车配电装置

基础知识

一、中央配电盒

现代汽车一般均设有中央配电盒，汽车电气系统以中央配电盒为核心进行控制。大部分熔断器和继电器都安装在中央配电盒正面，当产生故障时，便于更换和检修。中央配电盒上一般标有线束和导线插接位置的代号及接点的数字号，主线束从中央配电盒背面插接后通往各用电设备。

现代轿车通常设置 1～2 个配电器盒，分别安装在发动机室内和驾驶室内，如图 10.21 所示。

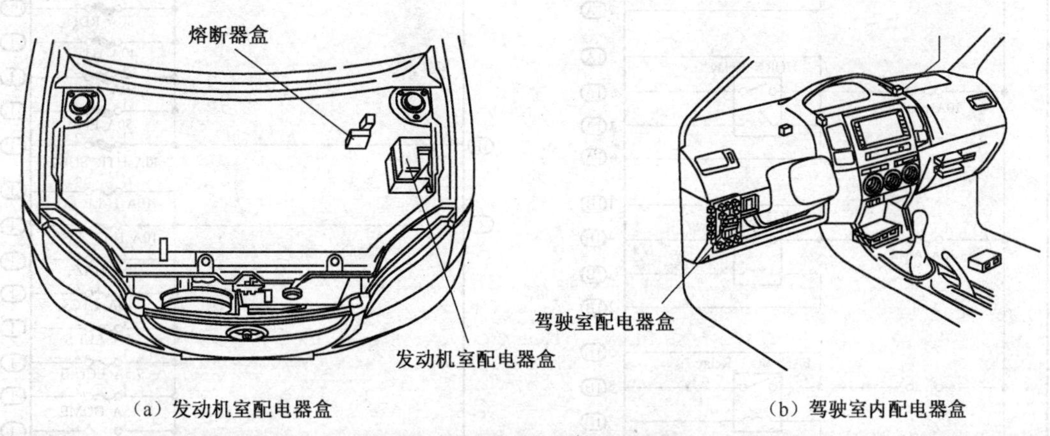

（a）发动机室配电器盒　　（b）驾驶室内配电器盒

图 10.21　威驰轿车配电器盒安装位置

中央配电盒正面的结构如图 10.22（a）所示，安装有继电器和熔断器。各继电器上都标有阿拉伯数字和用电设备名称，该数字表示继电器在中央配电盒正面的插接位置；各熔断器都标明了该熔断器的编号、被保护的电路和额定电流（车型不同和出厂年代不同，熔断器数量和安装装置有所不同）。中央配电盒背面的结构如图 10.22（b）所示，各种插接器的插座均固定在中央线路板背面上，与相应的线束插头连接后通往各个电气部件。每个插座的位置代号均用英文字母标注在线路板上，以便于检查与维修。为方便检测电路故障，各车型的电路维修图中还提供了中央配电盒内部电路，如图 10.23 所示。

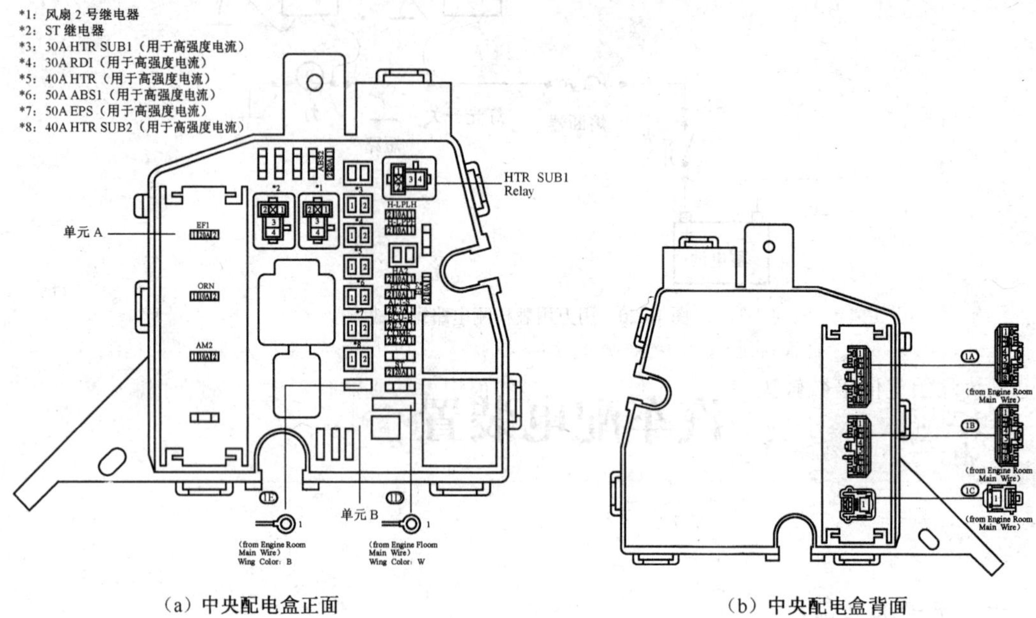

（a）中央配电盒正面　（b）中央配电盒背面

图 10.22　中央配电盒

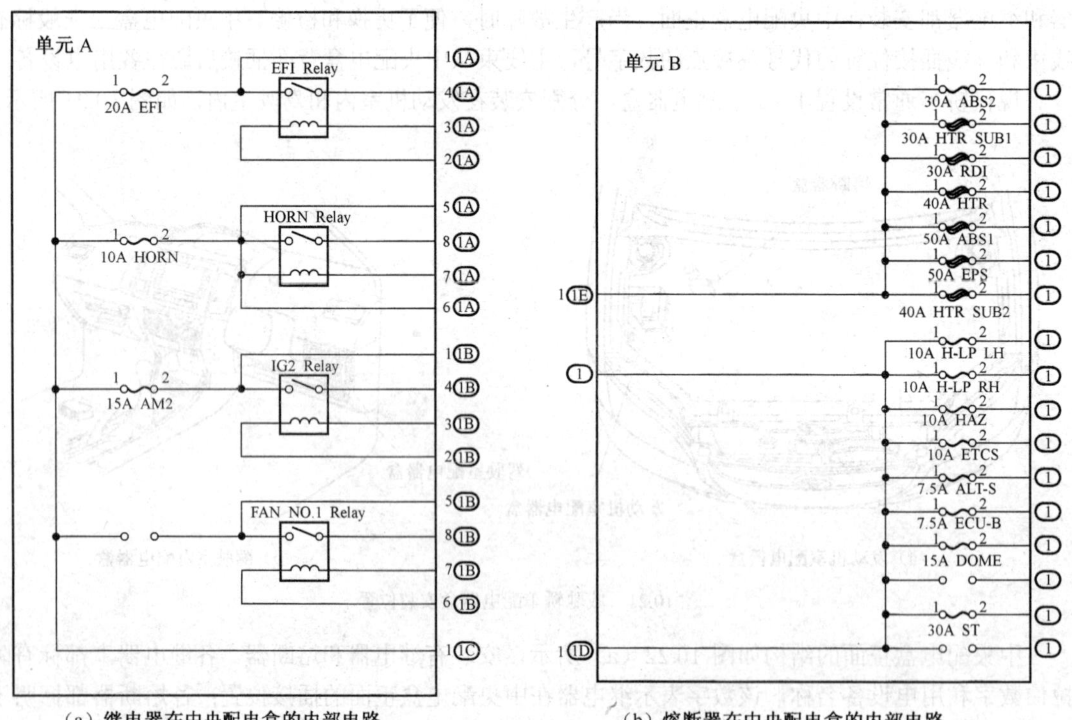

（a）继电器在中央配电盒的内部电路　（b）熔断器在中央配电盒的内部电路

图 10.23　中央配电盒内部电路

二、电路保护装置

电路保护装置串联在电源与用电设备之间，当用电设备或线路发生短路或过载故障时，切断电源电路，以免电源、用电设备和线路损坏。汽车上广泛使用的电路保护装置有熔断器、易熔线和电路断电器。

1．熔断器

如图 10.24 所示，熔断器用于对局部电路进行保护，按形状可分为丝状、管状和片状。

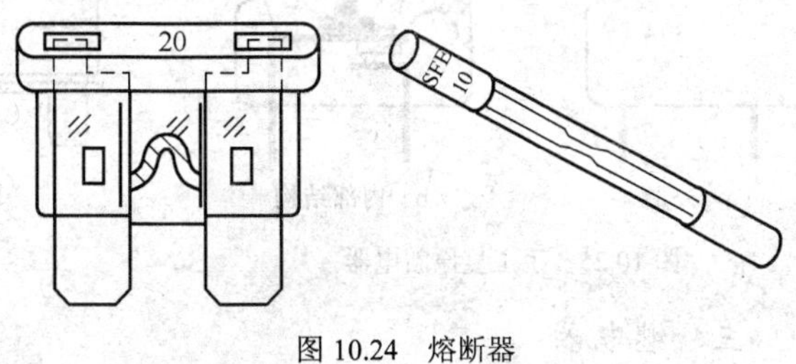

图 10.24 熔断器

熔断器的熔断特性见表 10.3。熔断器能承受长时间的额定电流负载，在过载的情况下，熔断器会很快熔断。熔断器的熔断时间包括两个动作过程，即熔体发热熔化过程和电弧熄灭过程。这两个过程进行的快慢决定于熔断器中流过的电流值的大小和本身的结构参数。当电流超过额定值倍数较大时，发热量增加，熔体很快就达到熔化温度，熔化时间大为缩短；反之，在熔丝过载倍数不是很大时，熔化时间将增长。

表 10.3 熔断器的熔断特性

流过熔断器的电流（标注电流）	熔断器的熔断时间
流过的电流为标注电流 110%时	不熔断
流过的电流为标注电流 135%时	在 60s 内熔断
流过的电流为标注电流 150%时	20A 以内的熔断器，15s 以内熔断
	30A 熔断器，30s 以内熔断

2．易熔线

易熔线是一种截面一定的、可长时间通过额定电流（如 30A、40A、60A 等）的合金导线，用于保护总体线路或较重要电路。例如北京切诺基汽车设有 5 条易熔线，分别保护充电电路、预热加热器、灯光、雾灯及辅助装置电路。

易熔线的规格通常用颜色来加以区别，几种常见易熔线的规格见表 10.4。

表 10.4 易熔线的规格

颜色	尺寸（mm）	心线结构	长度 1m 时的电阻值（Ω）	连续通电电流（A）	5s 以内熔断时的电流（A）
茶	0.3	ϕ0.32×5 股	0.047 5	13	约 150
绿	0.5	ϕ0.32×7 股	0.032 5	20	约 200
红	0.85	ϕ0.32×11 股	0.020 5	25	约 250
黑	1.25	ϕ0.5×7 股	0.014 1	33	约 300

3．电路断电器

对于那些在平常工作时容易过载的电路，一般用电路断电器保护。有些电路断电器须手工复原（如图 10.25 所示），有些则必须撤了电源才能复原（如图 10.26 所示）。循环式电路断电器（如图 10.27 所示）是自己复原的，此种电路断电器利用的是双金属片对过电流起反应的特性。当出现过载或电路故障引起过电流时，双金属片被流过的大电流加热而弯曲，触点副随之张开。触点一旦张开，电流便不再流过双金属片，双金属片自然冷却而再次将触点副闭合。如果电路仍然引起过电流，电路断电器触点再次张开，如此，电路断电器便周期性地张开和闭合，直至不过载为止。

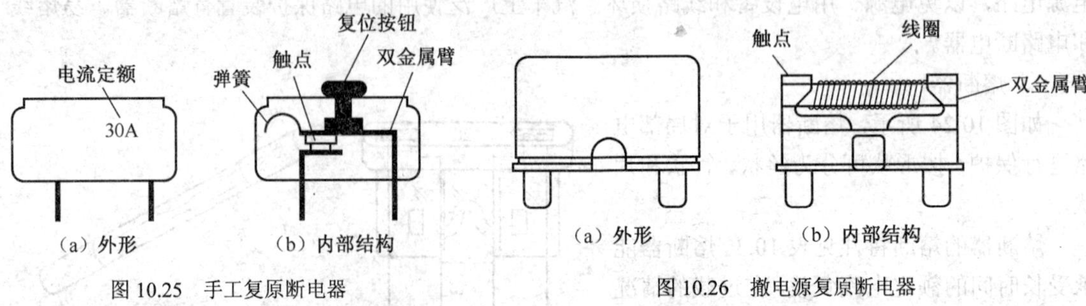

（a）外形　（b）内部结构

图 10.25　手工复原断电器

（a）外形　（b）内部结构

图 10.26　撤电源复原断电器

三、继电器

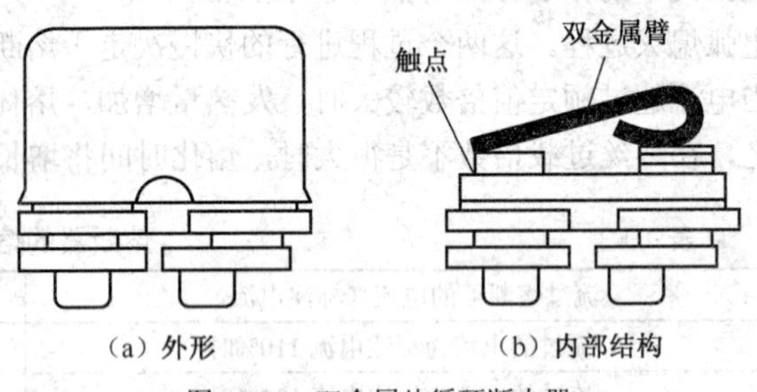

继电器由电磁线圈、触点等组成，其作用是通过线圈的电流控制经过触点的用电器的工作电流。继电器分为电流型和电压型两种。

1．电流型继电器

电流型继电器的特点是电磁线圈通过的电流较大，而经过触点的电流较小。例如舌簧继电器（如图 10.28 所示），圆管玻璃内有两个舌形触点，玻璃管外有电磁线圈。电磁线圈通电时，触点闭合；电磁线圈断电时，触点断开。它常用于对灯的监测电路（如图 10.29 所示），电磁线圈和前照灯串联，触点控制仪表板上的相应故障指示灯的工作。接通前照灯开关，在前照灯点亮的同时，故障指示灯点亮；若前照灯损坏不亮，则故障指示灯也不亮。

（a）外形　（b）内部结构

图 10.27　双金属片循环断电器

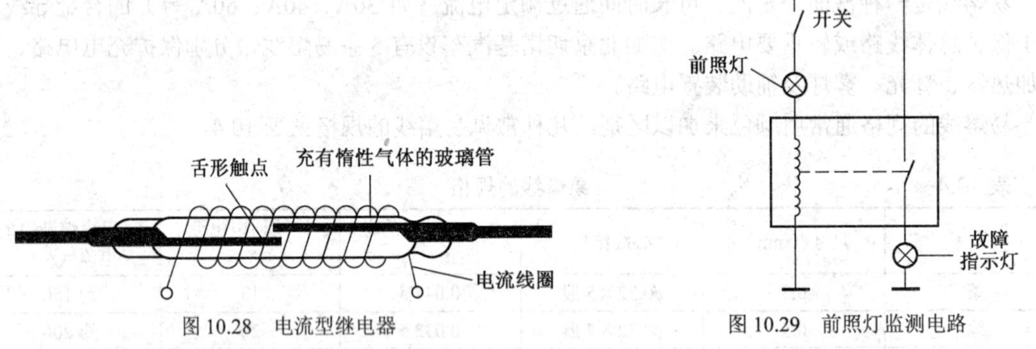

图 10.28　电流型继电器

图 10.29　前照灯监测电路

2．电压型继电器

电压型继电器的特点是电磁线圈通过的电流较小，而经过触点的电流较大。电压型继电器一般有以下几种。

① 常开式：电磁线圈通电时，触点闭合。

② 常闭式：电磁线圈通电时，触点断开。

③ 切换式：同一继电器内有两对触点。一对触点常开，另外一对触点常闭。电磁线圈通电时，常开触点闭合，常闭触点断开。

④ 有多个电磁线圈的继电器：即多个电磁线圈共同控制一对触点，常用于多个控制器件控制同一用电器。

继电器的连接方式有接柱式和插接式两种。接柱式继电器触点容量较大，在国产车的起动电路、喇叭电路中很常见，但是连接烦琐，正逐渐被插接式继电器所取代。插接式继电器因安装方便，体积较小，在国外和国产新型汽车上得到了广泛应用。插接式继电器的外形和内部结构、接线端子如图 10.30 所示。

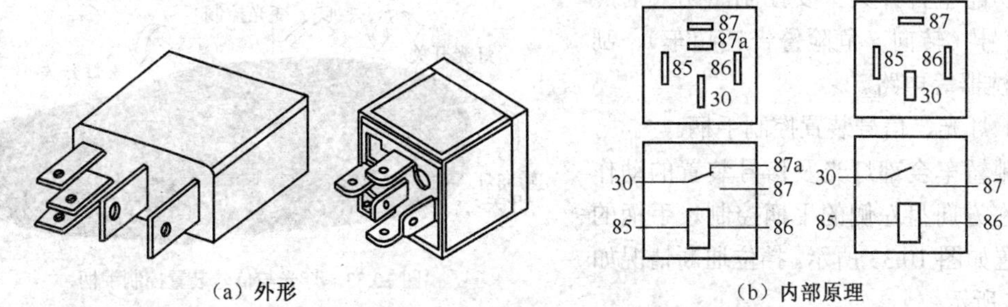

图 10.30　常见继电器的外形与内部原理

当电子控制器件和继电器组装成一体时，要注意区分继电器的各接线端，哪些是属于电子控制器件的，哪些是属于继电器电磁线圈的。哪些是属于继电器触点的。图 10.31 所示为桑塔纳的刮水器继电器，图中 1、T、53S 都与电子控制器件有关。其中 1、T 由刮水器开关分别控制供电，而 53S 则受电子器件控制。根据使用要求，1 或 T 提供信号给电子控制器件。由电子控制器件对 53S 进行控制，从而实现间隙摆动或清洗摆动的功能。

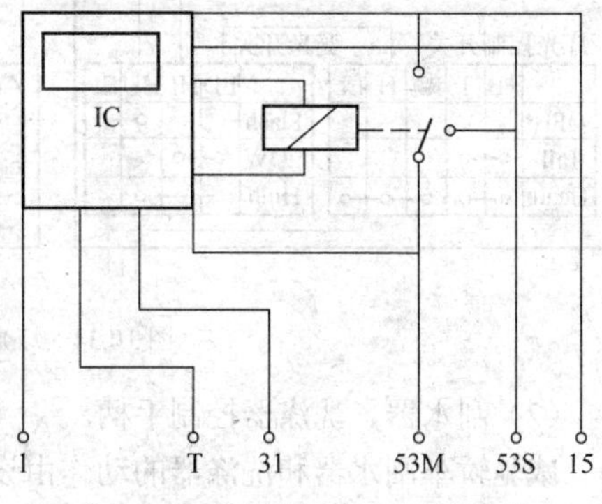

图 10.31　桑塔纳轿车刮水器继电器

四、开关

开关的主要功能是控制电路通断。开关在汽车电路图中的表示方法有结构图表示法、表格表示法和图形表示法。目前，最常见的是表格表示法和图形表示法，如图 10.32 所示。

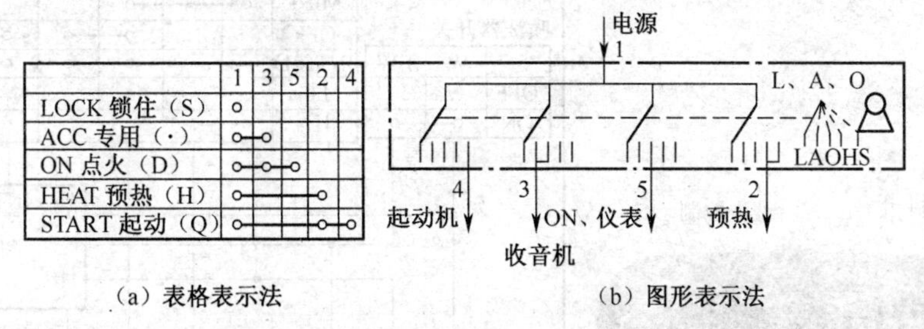

图 10.32　开关电路表示法

汽车上的开关主要有手动开关、压力开关、温控开关等多种形式，其手动开关主要有点火开关、照明灯开关、信号灯开关及各控制面板与驾驶座附近的按键式、拨杆式开关、组合式开关等。

1．点火开关

点火开关用于控制点火电路、发电机激磁电路、仪表的电源电路和起动电路，停车时用钥匙锁住。其功能主要有：锁住转向盘转轴（LOCK），接通点火仪表指示灯（ON 或 IG），起动（ST 或 START）挡、附件挡（ACC 主要是收放机专用），如果用于柴油车则增加预热（HEAT）挡。其中起动、预热挡因为消耗电流很大，开关不宜接通过久，所以这两挡在操作时必须用手克服弹簧力，扳住钥匙，一松手就弹回点火挡，不能自行定位；其他挡点火（ON）、附件（ACC）、锁定（LOCK）均可自行定位。

2．多功能组合开关

多功能组合开关主要控制照明（前照灯）、信号（转向、危险警告、超车）、刮水器/清洗器等电路。

（1）灯光、信号装置控制手柄。

威驰轿车全部灯光及信号装置的动作由设置在方向盘左侧的手柄控制。手柄的工作位置如图 10.33 所示，挡位通断情况如图 10.34 所示。

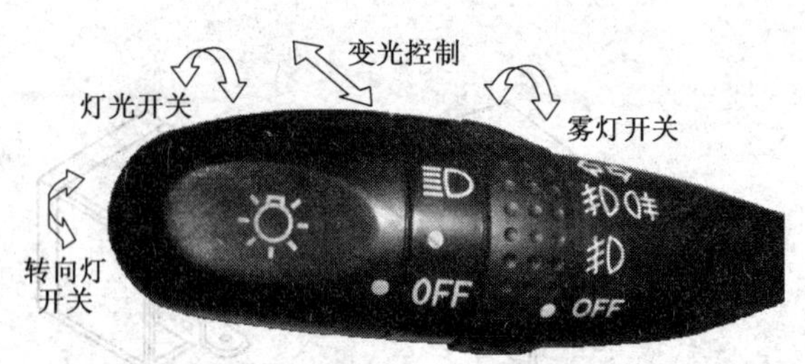

图 10.33　灯光与信号装置控制手柄

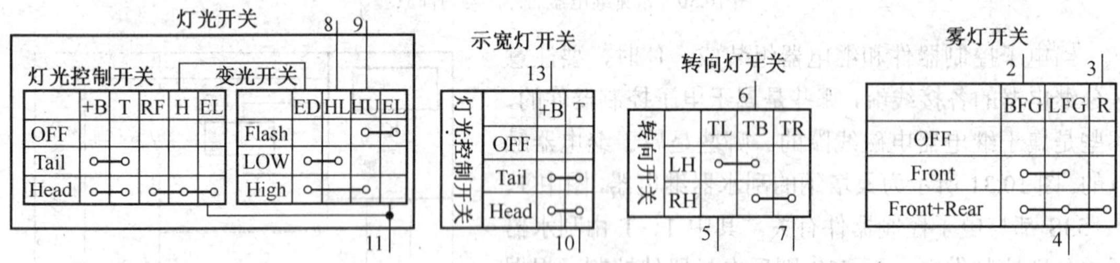

图 10.34　灯光、信号装置开关的挡位通断情况

（2）刮水器、洗涤器控制手柄。

威驰轿车刮水器和洗涤器的动作由设置在转向盘右侧的手柄控制。手柄的工作位置如图 10.35 所示，挡位通断情况如图 10.36 所示。

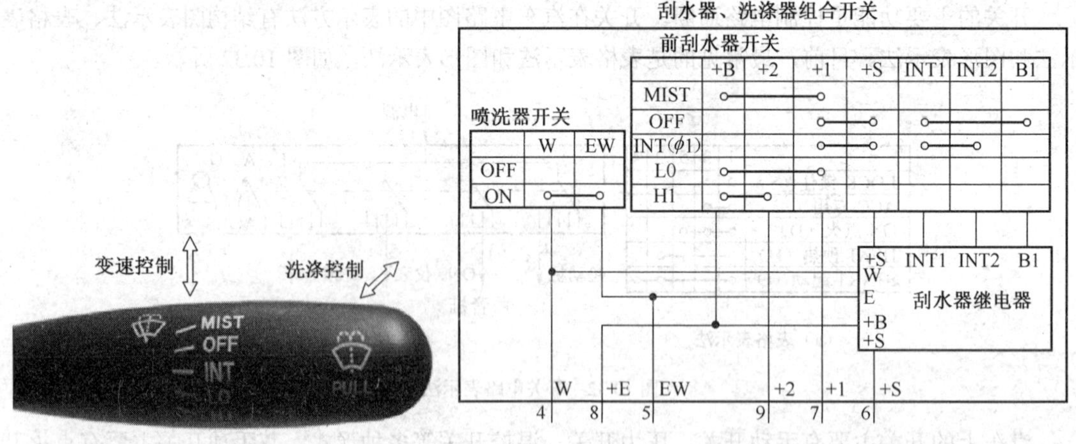

图 10.35　刮水器和洗涤器控制手柄　　图 10.36　刮水器、洗涤器开关的挡位通断情况

五、插接器

插接器又称为连接器，由插头和插座组成。插接器是汽车电路中线束的中继站，线束与线束（或导线与导线）、线束（导线）与电气部件之间的连接一般采用插接器。

为了防止插接器在汽车行驶中脱开，所有的插接器均采用了闭锁装置。

1．插接器的表示方式

插接器的表示方式如图 10.37 所示（这里仅以 4 线插头为例，其他插头或插座的表示方法与此类似，仅是导线数量不同）。

2．插接器的识别方法

（1）插头。

如图 10.37（a）所示，一般在表示插头脚数的方格（长方格或正方格）的一边画一深黑色长方框，方格的数量表示插头的引脚数。长方框有不倒角或倒角的两种，不倒角表示插头采用针式接线端子，倒角表示插头采用片式接线端子

（2）插座。

如图 10.37（b）所示，一般在表示插座脚数的方格（长方格或正方格）的一边用白色（不涂黑色）画一不倒角或倒角的长方框，方格的数量表示插座的引脚数。

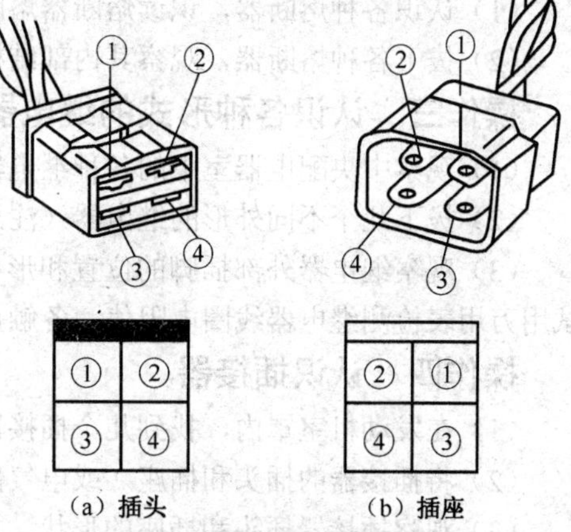

图 10.37 插接器表示方法和实物

3．插接器的连接

插接器一般都有导向槽，导向槽是为了使插接器接合正确而设置的凸凹轨。插接器接合时，应把插头与插座的导向槽重叠在一起，使插头和插孔对准，然后平行插入即可十分牢固地连接在一起。

4．插接器的拆卸

为了防止汽车在行驶过程中插接器脱开，所有的插接器均采用闭锁装置。如图 10.38 所示，要拆开插接器时，首先要解除闭锁，然后把插接器拉开，不允许在未解除闭锁的情况下用力拉导线，这样会损坏闭锁装置或连接导线。

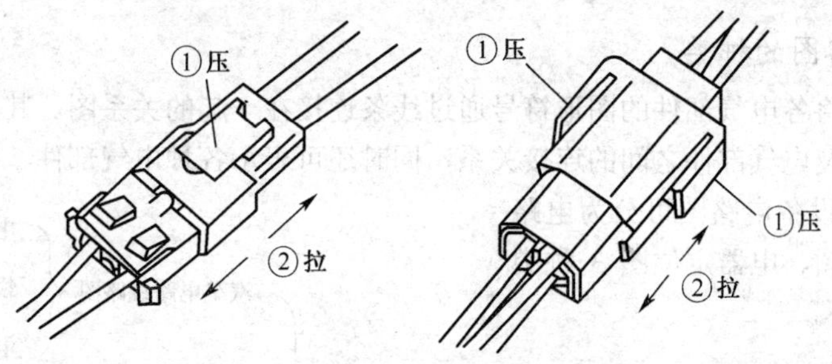

图 10.38 插接器的拆卸

课题实施

汽车配电装置的认识

操作一 认识中央配电盒

（1）开启发动机室罩。

（2）找到中央配电盒。

（3）打开中央配电器盒盖。

（4）根据中央配电器盒盖背面的标识，进行下面的操作。

操作二　认识汽车电路保护装置

（1）认识各种熔断器，识读熔断器熔断的额定电流值。

（2）拔下各种熔断器，观察其内部结构。

操作三　认识各种形式的继电器

（1）观察中央配电器室中的各种继电器。

（2）拔下几个不同外形的继电器（注意拔下时不要损坏闭锁装置）。

（3）观察继电器外部插脚的位置和形状，根据中央配电器盖背面标注的继电器内部结构，尝试用万用表检测继电器线圈电阻值、各触点之间的导通状况。

操作四　认识插接器

（1）在发动机室罩内，找到几个插接器。

（2）将插接器的插头和插座（或电气部件）分开。

（3）观察插接器插头和插座的形状、插头和插座表面的标注数字，对照实验车的电路图观察插接器在图上导线的标号和线束的颜色。

做完上述 4 个操作，复原中央配电盒。

操作五　认识开关

（1）认识灯光开关，并转动灯光开关，同时观察车灯点亮情况。

（2）认识刮水器、洗涤器开关，同时观察拨动开关时，刮水器和洗涤器的工作情况。

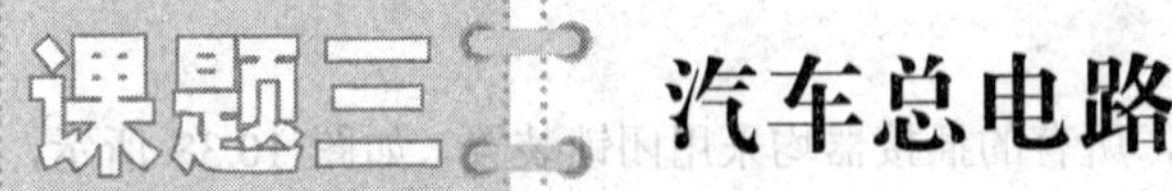

课题三　汽车总电路

基础知识

一、汽车电路图的种类

汽车电路图是将各电气部件的图形符号通过线条连接在一起的关系图。其主要用于表达各电气系统的工作原理及电气部件之间的连接关系，同时还可表示各种电气部件、线束等在车上的具体位置。汽车电气设备电路图可分为电路线路图、电路原理图、电器定位图 3 种类型，如图 10.39 所示。

1．电路线路图

（1）电气连接图。

电气连接图是按全车各独立电气系统划分的，该类图表示了各电器在车上的大致布局。图中既有电气设备图形符号，又有电气设备外形特征图形，使整个电路识读起来更为直观简便。

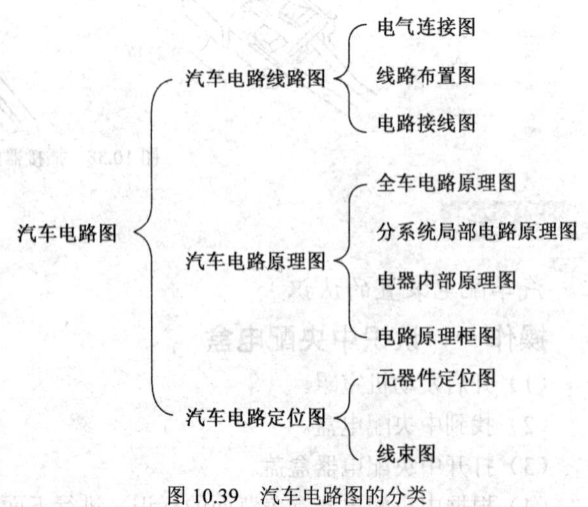

图 10.39　汽车电路图的分类

图 10.40 所示为日产（NISSAN）柴油货车充电和起动系统连接简图。其简图完整地表示了整车的电器及线路连接，但不

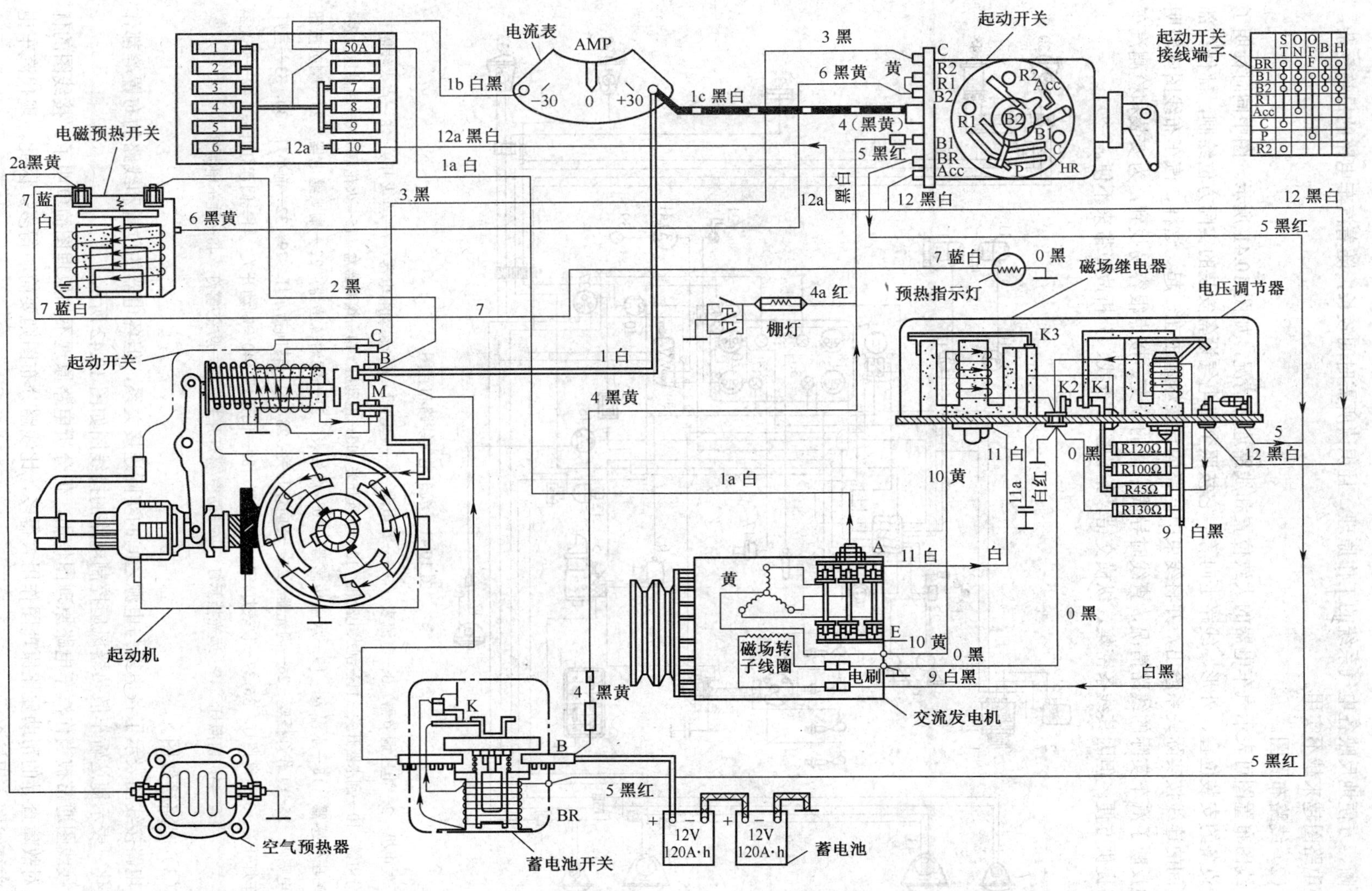

图 10.40 日产（NISSAN）柴油货车充电和起动系统电气连接图

能清晰、方便地反映各电气系统的工作原理，且识读所需时间较长，随着汽车电路的日趋复杂，这类电路图越来越不实用。

（2）线路布置图。

线图布置图可表示汽车电器的大致位置和线路连接情况，如图 10.41 所示。图中同时标明了电气设备的安装位置、外形、线路走向等。它按照全车电气设备安装的实际方位绘制，部件与部件之间的连线按实际关系绘出，并将线束中同路的导线尽量画在一起。这样，汽车布线图就较明确地反映了汽车实际的线路情况，查线时导线中间的分支、接点很容易找到，为安装和检测汽车电路提供方便。但因其线条密集，纵横交错，给识图、查找、分析故障带来不便。

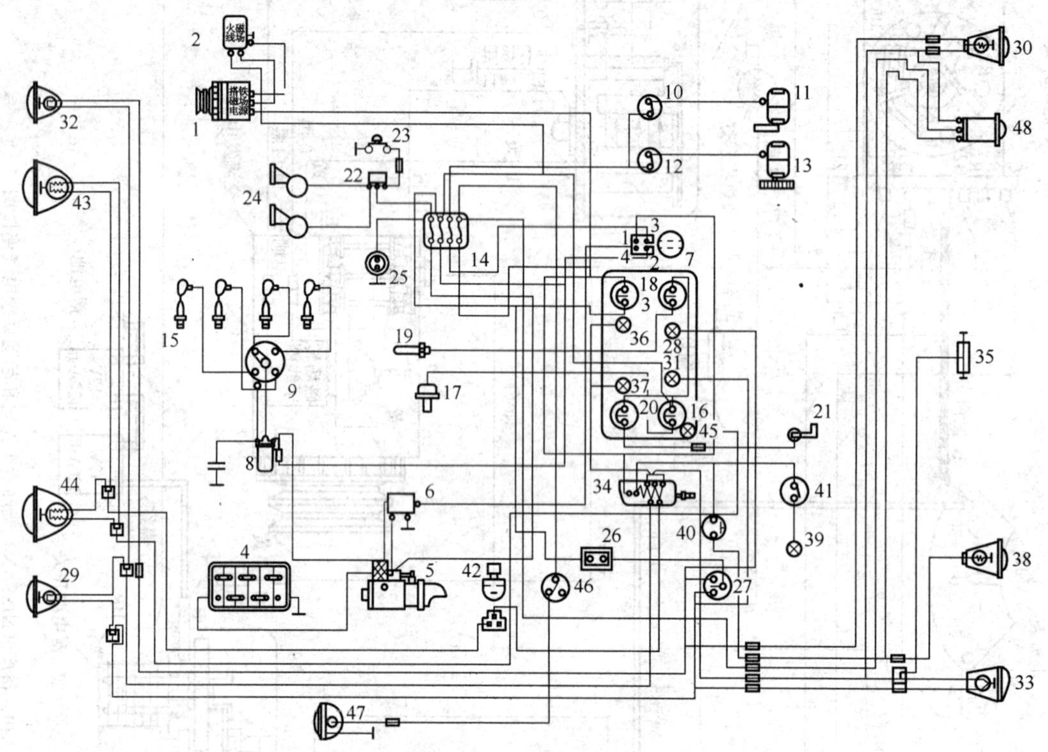

图 10.41 汽车电气线路布置图

1—发电机 2—电压调节器 3—电流表 4——蓄电池 5—起动机 6—起动继电器 7—点火开关 8—点火线圈 9—分电器 10—刮水器开关 11—刮水电动机 12—暖风开关 13—电动机 14—熔断器盒 15—火花塞 16—机油压力表 17—油压传感器 18—水温表 19—水温传感器 20—燃油表 21—燃油传感器 22—喇叭继电器 23—喇叭按钮 24—电喇叭 25—工作灯插座 26—闪光器 27—转向灯开关 28，31—转向指示灯 29，32—前小灯 30，33—室灯 34—车灯开关 35—牌照灯 36，37—仪表灯 38—制动灯 39—阅读灯 40—制动开关 41—阅读灯开关 42—变光器 43，44—前照灯 45—远光指示灯 46—防空/雾灯开关 47—防空/雾灯 48—挂车电源插座

（3）电路接线图。

电路接线图表示了各电器与电源之间的实际连接关系，但各电器的位置和线路的布置等都作了简化。表示捷达轿车散热器风扇控制电路的接线图如图 10.42 所示。

接线图通常被当作汽车电路原理图使用，但分析电路原理不如原理图简单明了。接线图的优点是对故障查寻的帮助要比原理图作用大得多，比线路分布图则要简明得多。因此，现代汽车电路图中接线图应用较多。

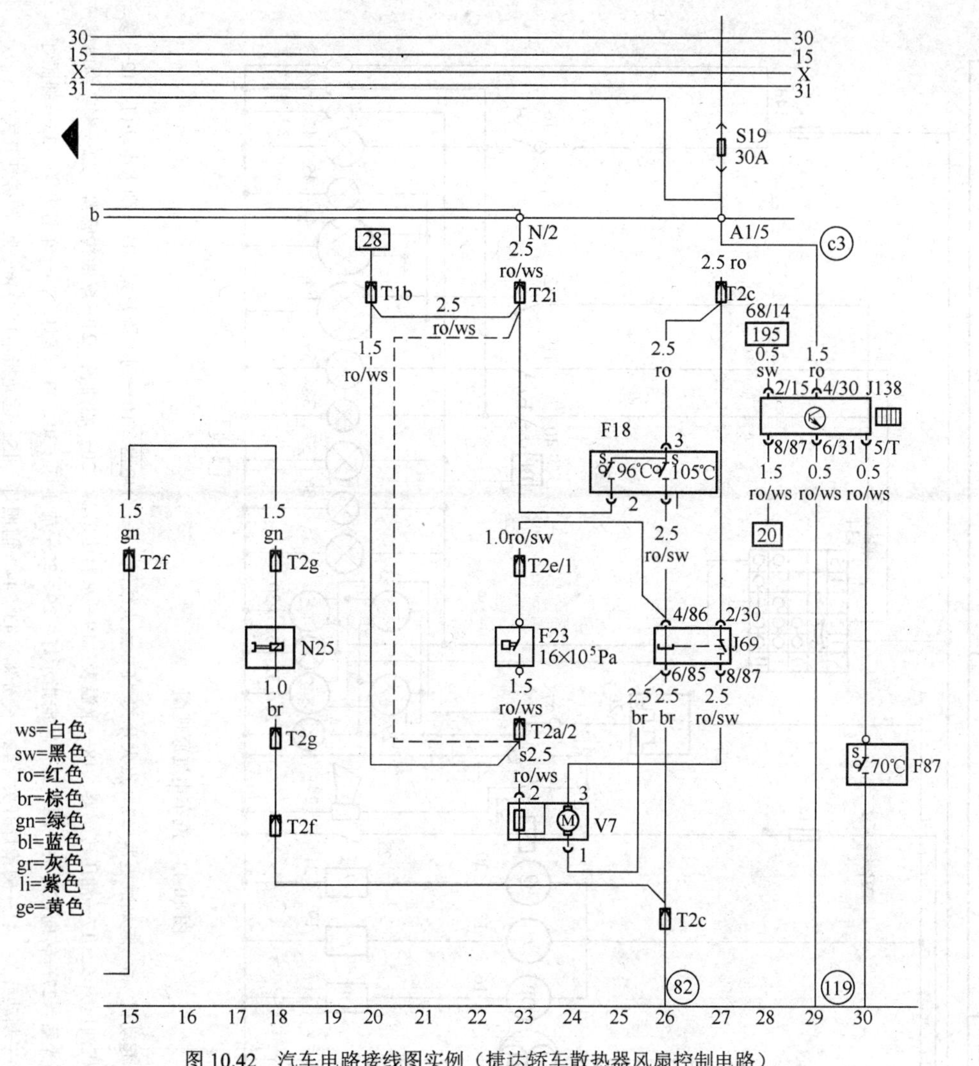

图 10.42 汽车电路接线图实例（捷达轿车散热器风扇控制电路）

F18—散热器风扇热敏开关 F23—高压开关 J69—风扇二挡继电器 J138—风扇控制单元 N25—空调电磁离合器 T1b—单孔插接器 T2c—2 孔插接器 T2e、T2f、T2g、T2i—2 孔插接器 V7—散热器风扇 F87—风扇起动温度开关

2．电路原理图

电路原理图将各个电器、线路的布置等都简化成最简单、清晰的方式。其特点如下。

① 电气元件表达简单明了。在汽车电路原理图中，用规定的符号表示电气元件。有的电器或电子控制部件符号通常还载有其功能与基本结构信息。

② 电路连接关系清晰。汽车电路的电源线与搭铁线通常是上下布局，电路经简化后较少迂回曲折，使各电器的串并联关系十分明确。

③ 系统电路原理图分析方便。用局部汽车电路原理图表达某个汽车电气系统的电路原理，全车电路原理图通常按系统布置，方便了系统电路原理分析。

（1）全车电路原理图。

全车电路原理图如图 10.43 所示，有如下特点。

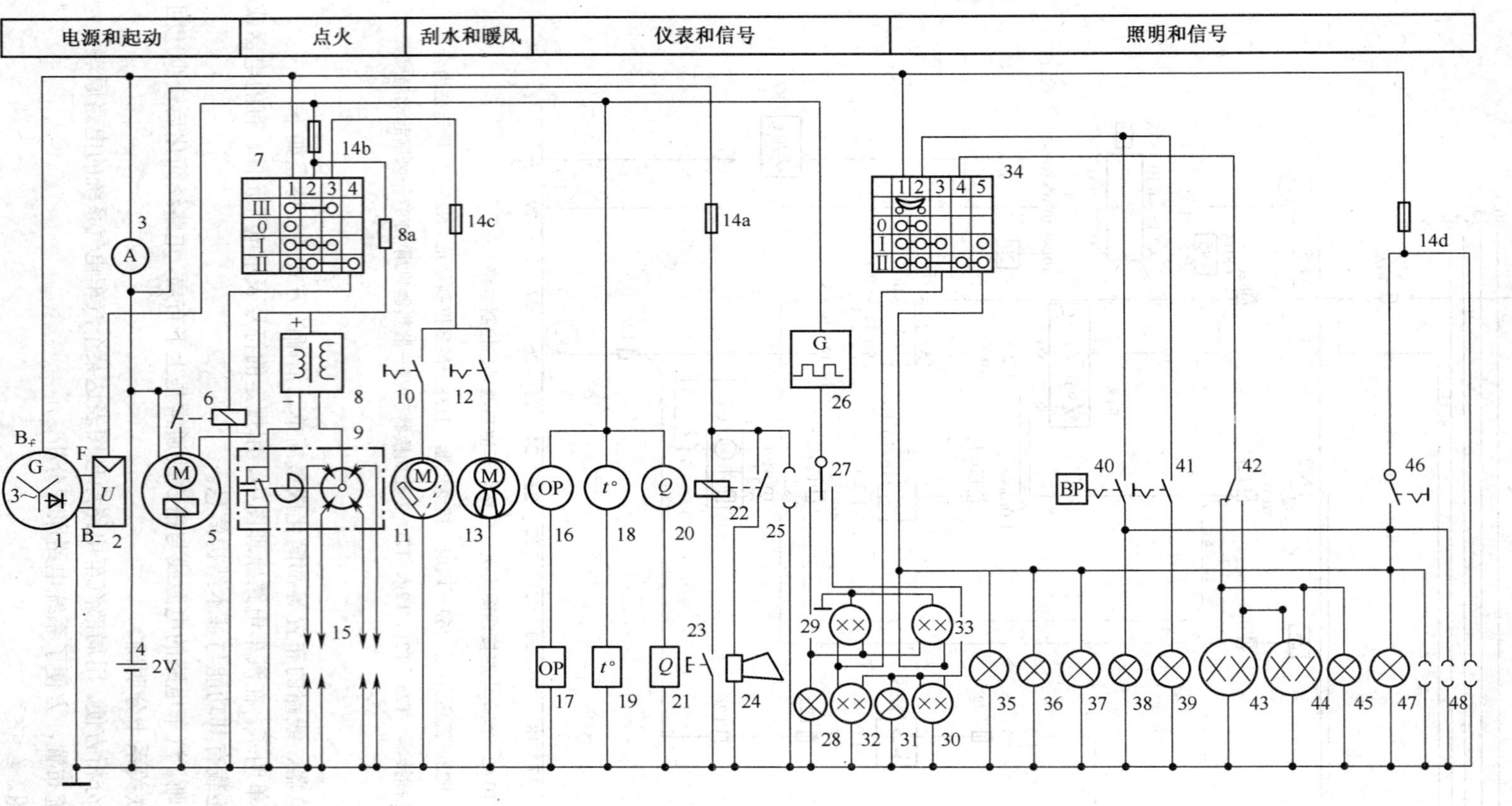

图 10.43 汽车电气原理图

1—发电机 2—电压调节器 3—电流表 4—蓄电池 5—起动机 6—起动继电器 7—点火开关 8—点火线圈 9—分电器 10—刮水器开关 11—刮水电动机 12—暖风开关 13—电动机 14—熔断器盒 15—火花塞 16—机油压力表 17—油压传感器 18—水温表 19—水温传感器 20—燃油表 21—燃油传感器 22—喇叭继电器 23—喇叭按钮 24—电喇叭 25—工作灯插座 26—闪光器 27—转向灯开关 28、31—转向指示灯 29、32—前小灯 30、33—室灯 34—车灯开关 35—牌照灯 36、37—仪表灯 38—制动灯 39—阅读灯 40—制动开关 41—阅读灯开关 42—变光器 43、44—前照灯 45—远光指示灯 46—防空/雾灯开关 47—防空/雾灯 48—挂车电源插座

① 在图上按各电气系统进行分区。

② 用电气符号表示各种电气部件。

③ 电源线在图上方，搭铁线在图下方，电流方向自上而下。电路图中电器串、并联关系清楚，易于识读。

④ 各电器依据工作原理，在图中合理布局，使各系统处于相对独立的位置，从而易于对各用电设备进行单独的电路分析。

⑤ 各电器旁边标注电器名称及代码（如控制器件、继电器、过载保护器件、用电器、铰接点及搭铁点等）。

⑥ 所有开关及用电器均处于不工作的状态，例如点火开关是断开的，发动机不工作，车灯关闭等。

⑦ 导线标注有颜色和规格代码，有些车型还标注有该导线所属电气系统的代码。根据以上标注，易于对照定位图找到该电器或导线在车上的位置。

（2）分系统局部电路原理图。

分系统局部电路原理图如图 10.44 所示。这类图将汽车电气系统的各部分分别用图表示。在某一系统出现故障时，为故障的分析和诊断提供了方便。

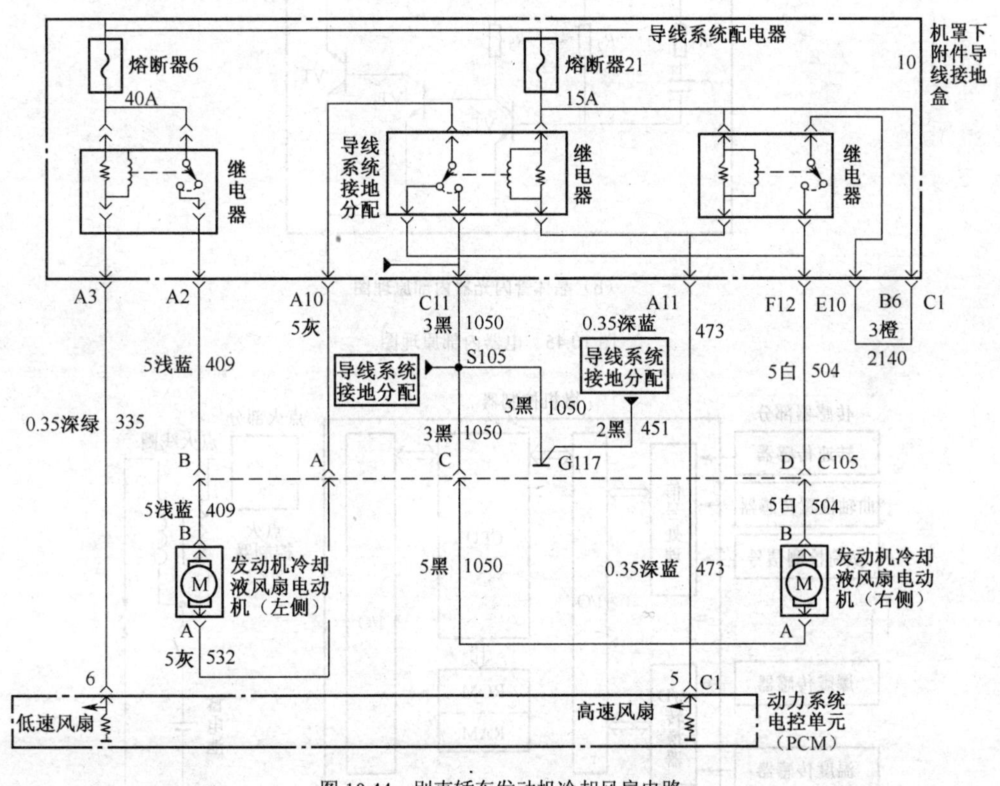

图 10.44 别克轿车发动机冷却风扇电路

（3）电器内部原理图。

电器内部原理图如图 10.45 所示。它通常用来表示某些控制部件（如电压调节器、继电器、点火开关、组合开关等）内部端子的连接关系。这类图对分析电路状态非常重要。

（4）电路原理框图。

电路原理框图是把一个完整电路划分成若干部分（如图 10.46 所示），各个部分用方框表示，每一方框再用文字或符号说明功能，各方框之间用线条连接起来，用以表明各部分的相互关系。不必画出元器件和它们之间的具体连接情况。方框图是为说明电路的工作原理服务的。

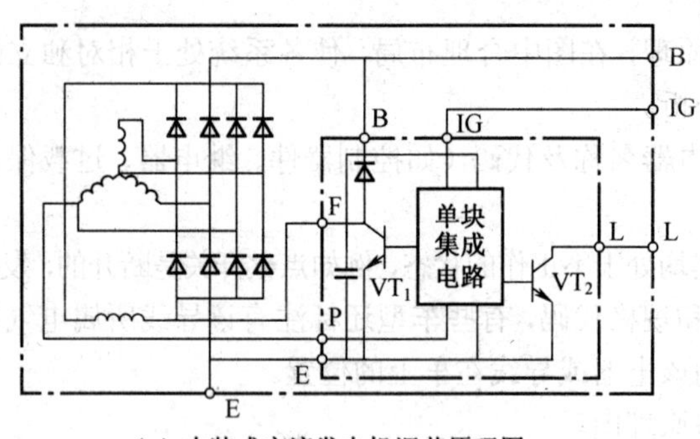

（a）内装式交流发电机调节原理图

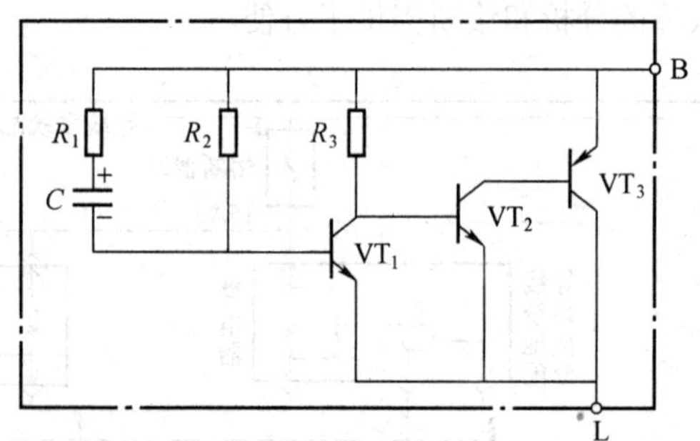

（b）晶体管闪光器内部原理图

图 10.45 电器内部原理图

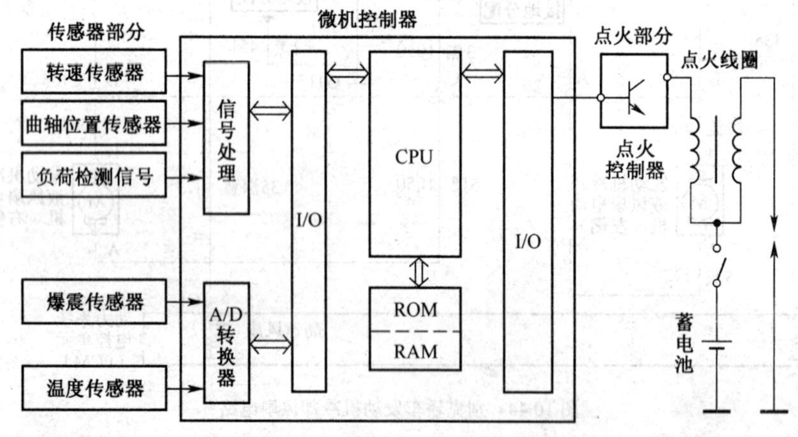

图 10.46 电路原理框图

总之，电路原理图是分析电气系统工作原理以及维修电气系统的最基本、最实用的资料。

3．电器定位图

电路定位图用于指示各电器及导线的具体位置。一般采用绘制的立体图或实物照片的形式，立体感强，能直观、清晰地反映电器在车上的实际位置，具有很高的实用价值。

（1）元器件定位图。

元器件定位图用于确定各电气元件、接线盒（内含继电器、熔断器、插接器）、搭铁点、铰接点及诊断座等的分布位置，如图 10.47 所示。

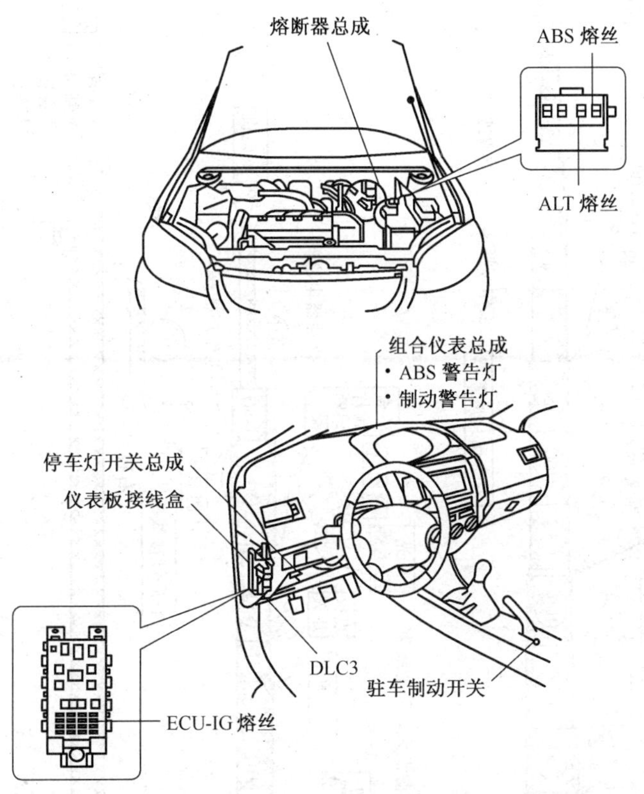

图 10.47　电气元件定位图

（2）线束图。

线束图常用于汽车厂总装线和维修车辆时的连接、检修与配线。线束图主要表示汽车线束与各用电器的连接部位、接线端子的标记、线头、插接器的形状和具体布置位置，它是人们在汽车上能够实际接触到的汽车电路图。根据侧重点不同，线束图可分为线束结构图、线束定位布线图。

① 线束结构图。

线束结构图用以表示汽车电路线束的结构，图 10.48 为东风 EQ1090 汽车电路线束结构图。在制作汽车线束时，可根据该图确定连接各元件之间的线束长度，同时表示电气元件的安装位置，线束的走向、连接点及线束固定等信息。

② 线束定位布线图。

线束定位布线图用于表示某个电路系统的线束及所连接电气部件的分布情况。图 10.49 所示为富康轿车 TUSJP/K 发动机电路线束的定位情况。

二、电路图常用图形符号及标志

汽车电路图中的常用图形符号主要分为限定符号，导线、端子和导线的连接线的连接符号，触点与开关符号，电气元件符号，仪表符号，各种传感器符号，电气设备符号，见表 10.5。

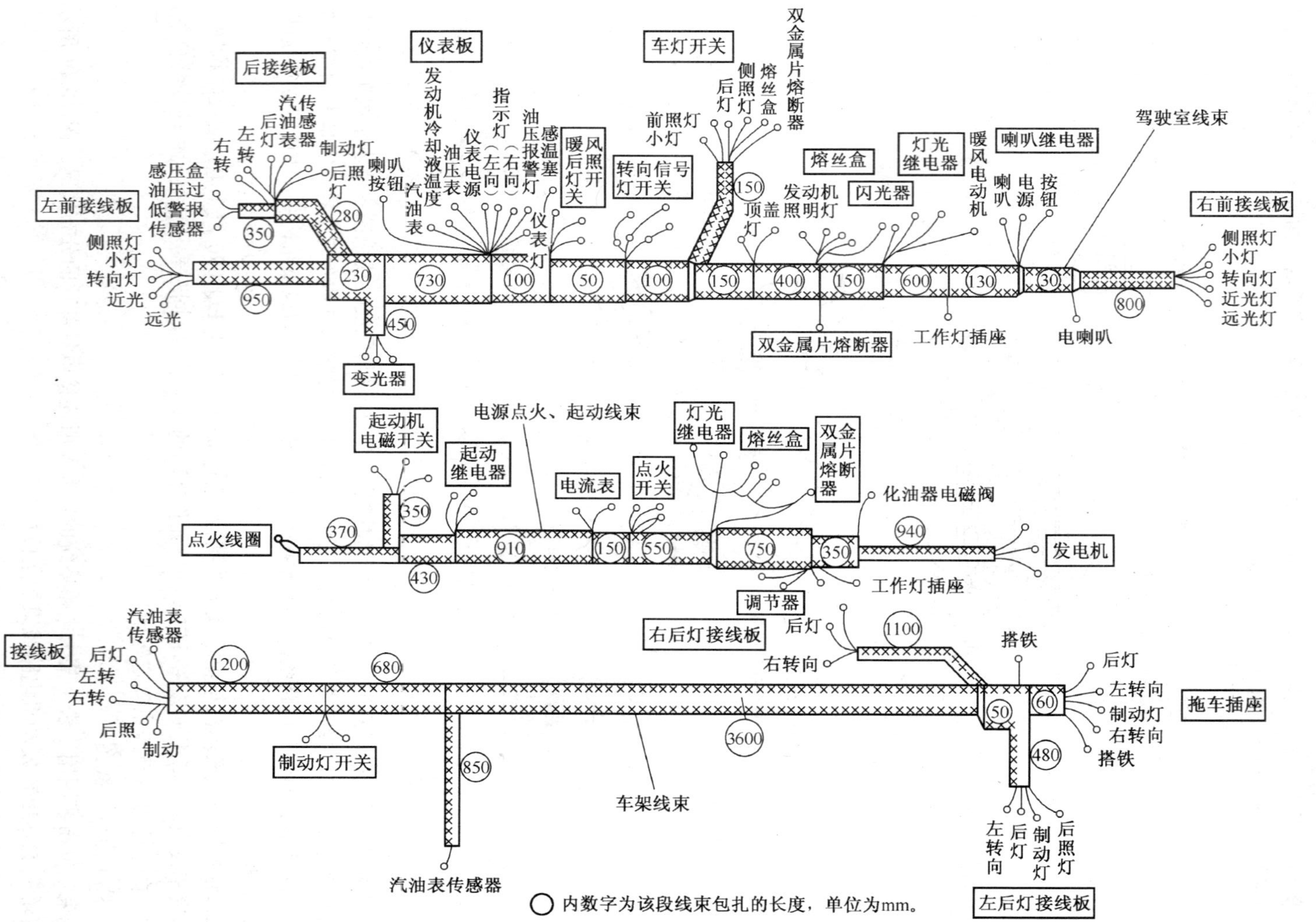

图 10.48 东风 EQ1090 车电路线整结构图

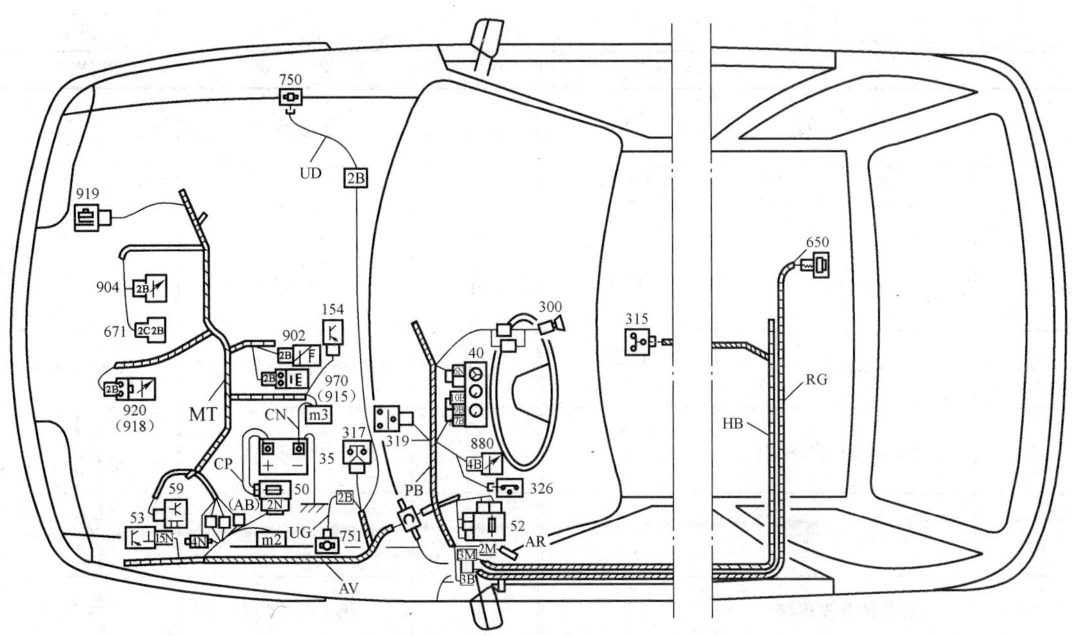

图 10.49　富康 988 轿车线束定位布线图

35—蓄电池　40—仪表板　50—发动机盖下熔断器盒　52—驾驶室内熔断器盒　53—冷却液温度控制盒　300—点火开关　315—驻车制动灯开关　317—液面开关　319—制动灯开关　326—阻风门开关　650—燃油表传感器　671—机油压力传感器　750—左前制动摩擦片　751—右前制动摩擦片　880—仪表照明变阻器　919—冷却液温度传感器　59、154、902、904、918、920、970—未用

表 10.5　常用图形符号

序　号	名　　称	图形符号	序　号	名　　称	图形符号
1	交流	~	14	插头与插座	—(—
2	直流	—/- -	15	多级插头与插座	—(— —(— —(—
3	正极	+	16	边界线	-·-·-
4	负极	−	17	可拆卸的端子	Ø
5	中性点	N	18	导线的连接	—○—○—
6	磁场	F	19	导线的跨越	┼
7	搭铁	E/⊥	20	导线的交叉连接	┼ (带点)
8	交流发电机输出端子	B	21	接通的连接片	—○○—
9	磁场二极管输出端子	D^+	22	断开的连接片	—○/○—
10	接点	●	23	屏蔽	┌ - - - ┐
11	端子	○	24	屏蔽导线	—(-)—
12	插头的一极	▬—	25	动合（常开）触点	\
13	插座的一个极	—(	26	动断（常闭）触点	└/

续表

序　号	名　　称	图形符号	序　号	名　　称	图形符号
27	先断后合的触点		48	拉拔开关	
28	中间断开的双向触点	或	49	旋转开关	
29	双动合触点		50	液位控制开关	
30	双动断触点		51	机油滤清器报警开关	OP
31	单动断双动合触点		52	热敏开关动合触点	$t°$
32	手动控制的一般符号		53	热敏开关动断触点	$t°$
33	导线的分支连接		54	热继电器触点	
34	拉拔操作		55	旋转多挡开关位置	0 1 2
35	旋转操作		56	推拉多挡开关位置	0 1 2
36	推动操作		57	钥匙开关	0 1 2
37	一般机械操作		58	节流阀开关	
38	钥匙操作		59	电阻器	
39	热执行器操作		60	可变电阻器	U
40	温度控制	$t°$	61	压敏电阻器	θ
41	压力控制	p	62	热敏电阻器	$t°$
42	制动压力控制	BP	63	滑线式可变电阻器	
43	液位控制		64	滑动触点电位器	
44	凸轮控制		65	仪表照明调光电阻	
45	联动开关		66	光敏电阻器	
46	手动开关的一般符号		67	加热元件	
47	按钮开关		68	电容器	

续表

序 号	名 称	图形符号	序 号	名 称	图形符号
69	可变电容器		90	瓦特表	W
70	极性电容器	+	91	油压表	OP
71	穿心电容器		92	转速表	n
72	二极管一般符号		93	温度表	t°
73	稳压管符号		94	燃油表	Q
74	发光二极管		95	车速里程表	v
75	光敏二极管		96	时钟	
76	PNP 型晶体管		97	数字式时钟	
77	NPN 型晶体管		98	传感器的一般符号	
78	电感器、线圈、绕组		99	温度表传感器	t°
79	带磁心的电感器		100	水温传感器	t°_{w}
80	熔断器		101	空气温度传感器	t_a
81	易熔丝		102	燃油表传感器	Q
82	电路断电器		103	油压表传感器	OP
83	永久磁铁		104	空气质量传感器	m
84	常开触点继电器		105	空气流量传感器	AF
85	常闭触点继电器		106	氧传感器	λ
86	电压表	V	107	爆震传感器	K
87	电流表	A	108	转速传感器	n
88	电压电流表	A/V	109	速度传感器	v
89	欧姆表	Ω	110	空气压力传感器	AP

续表

序号	名称	图形符号	序号	名称	图形符号
111	制动压力传感器	 BP	129	电磁离合器	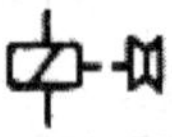
112	单丝灯		130	点烟器	
113	双丝灯		131	间隙刮水继电器	
114	荧光灯	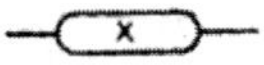	132	防盗报警	
115	组合灯	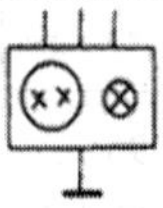	133	天线一般符号	
116	预热指示	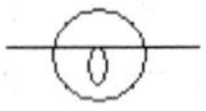	134	收放机	
117	电喇叭	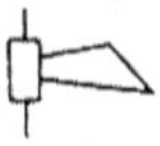	135	点火线圈	
118	扬声器		136	分电器	
119	蜂鸣器		137	火花塞	
120	警报器		138	电压调节器	 U
121	信号发生器	 G	139	直流电动机	 M
122	脉冲发生器	 G	140	起动机	 M
123	闪光器	 G	141	蓄电池	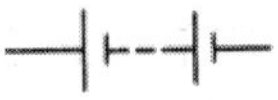
124	霍尔信号发生器	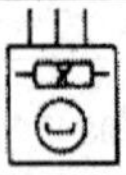	142	喷油嘴	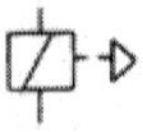
125	磁感应信号发生器		143	门窗驱动电动机	 M
126	电磁阀一般符号	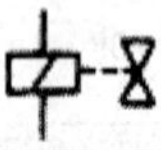	144	加热定时器	 HT
127	常开电磁阀	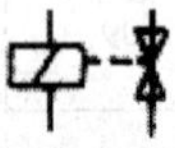	145	自动阻风门	
128	常闭电磁阀	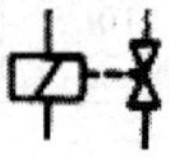	146	功率放大器	 W

续表

序　号	名　　称	图形符号	序　号	名　　称	图形符号
147	空调控制器	A—C	150	防抱死制动系统	ABS
148	汽油机燃油喷射控制系统	EFI	151	门锁驱动电机	M
149	柴油机燃油喷射控制系统	EDIC	152	永磁直流电动机	M

在汽车转向柱和仪表盘上通常安装有许多开关和各种指示灯，为了区别它们的功能，通常用各种图形标志印在其表面，有些车型还使用英文字母来表示。用这种方式显示，既形象又简明，便于人们认识。

仪表盘里安装的各种图形标志（指示灯）在其所工作的系统正常工作时是不会点亮的，只有当某个系统工作失常时，指示该系统的指示灯就会点亮，表示该系统必须进行检查和维修。一般仪表盘的指示灯多以红色和黄色为主。国内汽车常用图形标志见表 10.6。

表 10.6　　常用图形标志

序　号	图 形 标 志	含　　义	序　号	图 形 标 志	含　　义
1	0 1 2 3 4	点火开关	13	(!)	制动系统指示灯
2	4 3 0 1 2	柴油机电源开关	14	(P) PKB	停车制动指示灯
3	OIL-P	机油压力过低报警指示	15		冷却液位指示灯
4	FUEL	燃油量不足报警指示	16		发动机引擎盖拉手标志
5	CHARGE	蓄电池充电指示灯	17		行李箱盖拉手标志
6	CHECK	发动机故障指示灯	18		车门未关报警灯
7	WATER OVER HEAT	冷却液温度过高指示灯	19		喇叭按钮标志
8		阻风门关闭指示灯	20	O/D OFF	超速挡开关指示灯
9		机油温度过高指示灯	21	SRS	安全气囊指示灯
10	r/min RPM	发动机转速表	22	AIR SUSP	电子空气悬架指示灯
11	20:08	数字时钟显示	23	TRAC	驱动力控制指示灯
12	km/h	车速表	24	CRUISE	自动巡航指示灯

续表

序　号	图 形 标 志	含　　义	序　号	图 形 标 志	含　　义
25	EXP TEMP	排气温度高指示灯	37	BELT	安全带指示灯
26		前照灯远光指示灯	38	HEAT GLOW	预热指示灯
27		灯光开关标志	39		点烟器标志
28		危险警报开关标志	40		车外空气循环指示
29		转向信号指示灯	41		车内空气循环指示
30		示宽灯开启指示灯	42		空调系统压缩机开关
31		前雾灯开关标志	43		空调系统鼓风机开关
32		后雾灯开关标志	44		空调系统通风吹脸挡指示
33		顶灯开关指示	45		空调系统通风吹脚挡指示
34	ABS	防抱死制动故障灯	46		空调系统通风上冷下热挡指示
35		制动蹄片磨损超限指示灯	47		空调系统吹脸和除霜挡指示
36		座椅加热器指示灯	48		前挡风玻璃除霜除雾挡指示

三、各汽车公司电路图的识读

各大汽车公司原厂汽车资料中的汽车电路图都有各自成熟的表达方法，本章主要介绍目前我国车型较多的德国大众、法国雪铁龙、日本丰田及美国通用等典型车系汽车电路图的特点及电路符号的含义，以方便读者阅读理解这些汽车电路图。其他车系的电路图特点与典型车系的相同或相近，读者如果熟悉上述典型车系电路特点和电路符号的含义，其他车系的电路图阅读也会比较容易。

1．大众车系汽车电路图

国产大众车系的桑塔纳、捷达、帕萨特、波罗等轿车的中文维修资料中，其电路图大都沿用了德国大众公司的汽车电路图绘图标准。大众车系电路图的表示方法如图 10.50 所示。

（1）大众车系汽车电路图的特点。

大众车系的电路图反映了电气系统的实际接线关系，并具有如下特点。

① 用不同的线条表示不同的连接。

电路图的连接导线用粗实线表示，并都标明导线的颜色和截面积，内部连接（非导线连接）

用细实线表示。

② 用符号和代号表示电气元件。

在电路图中，各个电气元件都用规定的符号画出，一些符号形象地表示了该电气元件的作用和原理。每个电气元件用字母或字母和数字组成的代号标注。

③ 汽车电气系统线路铰接点和接地点清晰。

在电路图中标示出线路各个铰接点和接地点代号，并在图注中说明铰接点和接地点的确切位置。

大众车系电路图的这些特点给按图查寻汽车电路故障提供了方便，但分析工作原理则要比汽车电路原理图复杂一些。

（2）大众车系汽车电路图标注说明。

① 线路代号。

线路代号表示在中央配电器盒的内部线路，“30”为常相线，来自蓄电池正极的电源线，在发动机处于熄火状态或停车时均有电，为停车灯、制动灯、报警灯、顶灯、冷却风扇等供电；“15”点火开关在点火或起动位置时与“30”电源线接通，为小功率用电器电源线；“X”点火开关在点火或起动位置时与“30”电源线接通，为大功率用电器电源线；“31”表示接地线；图 10.50 中的“C”则表示是中央线路板中的内部线。

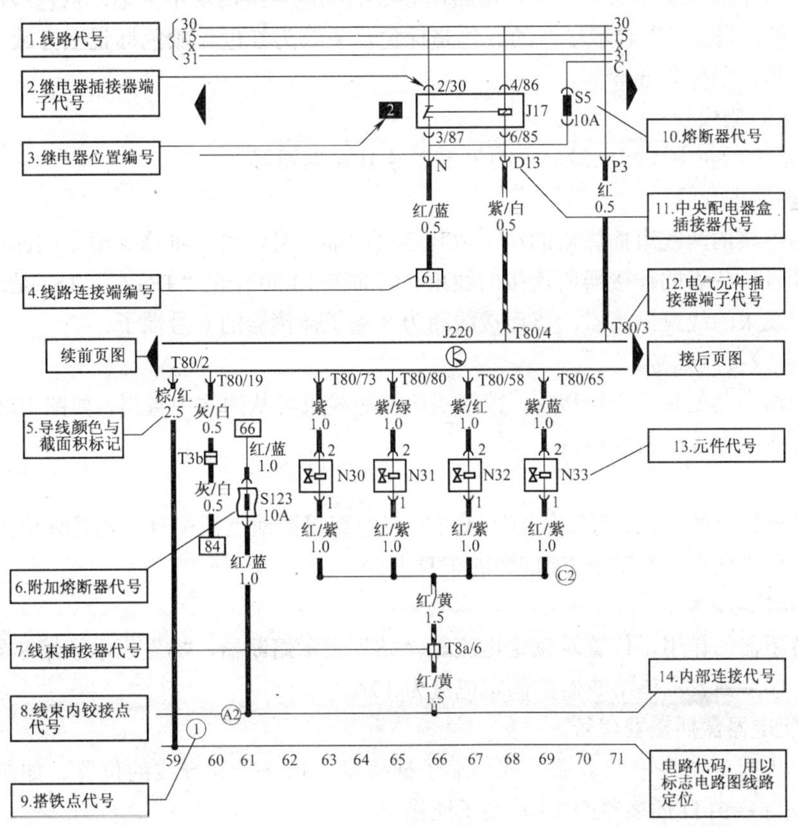

图 10.50　大众车系电路图表示方法

①—接地点，在发动机 ECU 旁的车身处　A2—正极接线，在发动机线束内　T8a—发动机线束与发动机右线束插接器　C2—在发动机右线束内　S123—熔丝　N30—第一缸喷油器　N31—第二缸喷油器　N32—第三缸喷油器　N33—第四缸喷油器　J17—燃油泵继电器　J220—Motronic 发动机 ECU　S5—燃油泵熔断器

② 继电器插接器端子代号。

继电器插接器端子代号表示继电器插接器连接端子的端子号及接线端子标记。“2/30”中的“2”表示该继电器位于中央配电器盒上的 2 号继电器插孔，“30”表示连接该接脚的接线端子为 30。

③ 继电器的位置编号。

用方框黑底白字的数字表示该继电器在中央配电器盒中的位置。“2”表示该继电器在中央配电器盒中的 2 号位置。该继电器的名称和作用可通过元件代号了解到。

④ 线路连接编号。

为方便读图，大众汽车公司采用了断线代号法。其方法是：如某一条电路的上半段在电路号码为 66 的位置上，而下半段在电路号码为 61 的位置上，则在上半段电路终止处画一小方框，内标 61，说明下半段电路应在电路号码为 61 的位置上；在下半段电路开始处的电路号码为 61 位置上也画一小方框，内标 66，说明上半段电路应在电路号码为 66 的位置上。通过数字将上、下两半段电路联系在一起。接续的导线可能在本页图中，也可能在另页图中。

⑤ 导线颜色与截面积标记。

导线的颜色通常用代码标记，各代码的含义为：ws 代表白色；sw 代表黑色；ro 代表红色；br 代表棕色；gn 代表绿色；bl 代表蓝色；gr 代表灰色；ge 代表黄色；li 代表紫色。

一些大众汽车的中文图书资料中，电路图导线的颜色直接用汉字标记。双色线的两种颜色用“/”分隔。比如，“棕/红”表示导线的底色是棕色，条纹为红色。颜色标记上方或下方的数字表示导线的截面积，单位为 mm^2。

⑥ 附加熔断器代号。

“S123”是表示在中央配电器盒上的第 123 号 10A 熔断器。

⑦ 线束插接器代号。

其代表相连接的两线束插接器的端子数和连接的端子号，可从维修手册中的图注或元件说明表中查到该代号所代表的插接器所连接的线束。例如图 10.50 中的“T8a/6”，T8a 是连接发动机线束和发动机右线束的线束插接器，该连接线路为 8 端子插接器的 6 号端子。

⑧ 线束内铰接点代号。

其表示线路在此处有一个铰接点，铰接点所在的线束可从图注中查得，如图 10.50 中的“A2”表示是正极接线，在发动机线束内。

⑨ 搭铁点代号。

其表示该搭铁点的位置，可以从图注或说明表中查得接地点在车身上的具体位置。如图 10.50 中的“①”表示搭铁点在发动机 ECU 旁的车身上。

⑩ 熔断器代号。

其表示熔断器的作用、位置及额定电流等。“S”表示熔断器，“5”表示该熔断器在熔断器盒的 5 号位置；10A 则表示该熔断器的额定电流为 10A。

⑪ 中央配电器盒插接器代号。

其表示中央配电器盒中的多端子或单端子插接器、端子号和导线的位置。如图 10.50 中的“D13”表示该导线由 D 插接器的 13 号端子连接。

⑫ 电气元件插接器端子代号。

其表示电气元件插接器的端子数、连接的端子号等。如图 10.50 中的“T80/3”表示该元件连接线束的插接器有 80 个端子，该导线连接的是 3 号端子。

⑬ 电气元件代号。

大众车系电路图中的元件均用字母和数字组成的代号表示，并通过图注或列表说明各元件代号所代表的电气元件。

⑭ 内部连接代号

其表示该导线与其他页电路图中标注相同字母的内部连接是相连的。

2．丰田车系汽车电路图

丰田车系汽车的丰田皇冠（CROWN）、凌志（LEXUSS ）、凯美瑞（CAMRY）等车型在我国拥有一定的数量，国内生产的夏利 2000、威驰、威乐、威姿、花冠等轿车在国内也有一定的市场占有率。这些车型的中文维修资料都源自丰田公司原厂资料，其电气与电子控制系统电路图通常都保留了丰田原厂资料汽车电路图的绘图风格。丰田车系电路图的表示方法如图 10.51 所示。

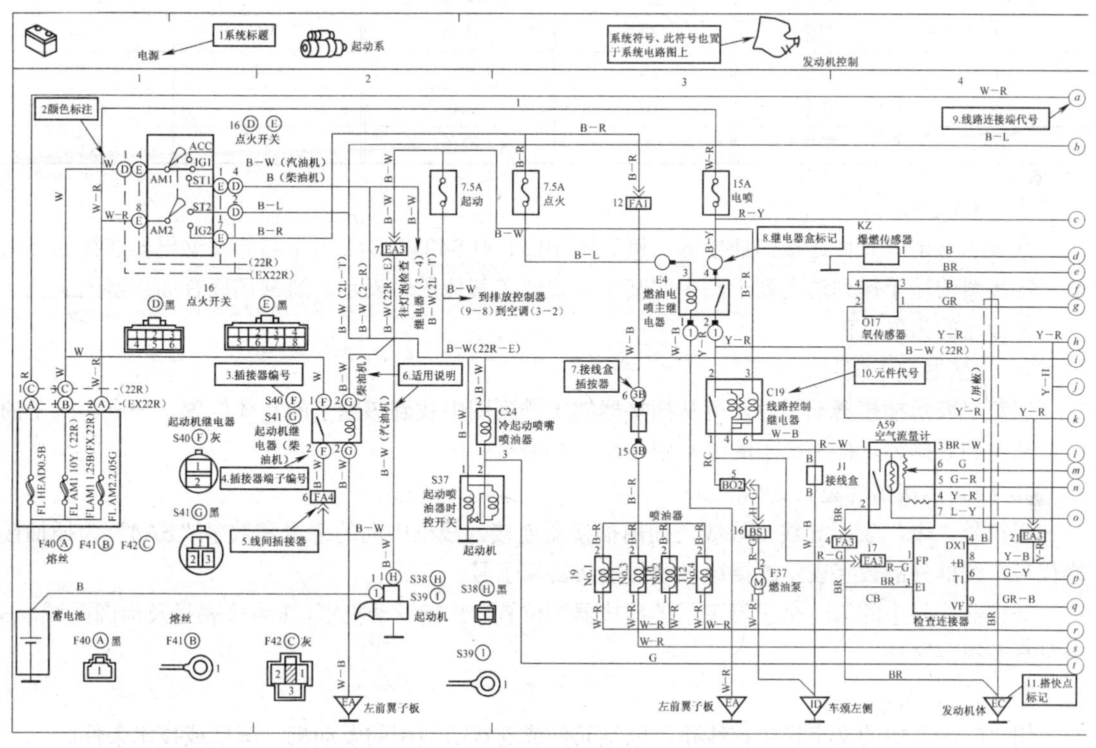

图 10.51 丰田车系电路图表示方法

（1）丰田车系汽车电路图的特点。

① 电路图中的电气元件用文字标注。

丰田汽车电路图中各个电气元件通常用文字直接标注，识图比较方便。

② 整车电路图各系统电路标示明确。

丰田汽车整车电路图中的各系统电路按长度方向逐个布置，并在电路图的上方标出各系统电路的区域和代表该电路系统的符号及文字说明，使电路比较清晰，阅读方便。

③ 线路搭铁点标示明确。

电路图中不仅绘出了搭铁点，并标注该搭铁点代号与文字说明，使读者可以从电路图中直观明地了解线路搭铁点。

④ 元件连接端子标示清楚。

对于连接端子较多的电气元件，各电路连接端子通常用字母组成的符号标示。一些电路图中，有的还直接标出线路插接器的端子排列和各端子的使用情况，给识图和电路故障查寻提供方便。

（2）丰田车系汽车电路图标注说明。

① 系统标题。

在电路图上方用刻线划分区域内，用文字和系统符号表示下方电路系统的名称。

② 导线颜色标注。

导线颜色用代码标注在该线路的旁边，各颜色代码见表 10.7。双色线用代表两种颜色的代码中间加“-”表示。如“W-R”表示导线的底色是白色，条纹为红色。

表 10.7 丰田车系电路图导线颜色代码

颜色代号	导线颜色	颜色代号	导线颜色	颜色代号	导线颜色
B	黑色	LG	浅绿	W	白色
L	蓝色	V	紫色	GR	灰色
R	红色	G	绿色	P	粉红
BR	棕色	O	橙色	Y	黄色

③ 插接器编号。

其表示与电气元件连接的插接器，例如图 10.51 中 S40 和 S41 表示与起动继电器连接的插接器。插接器的端子排列情况列于图中的某个位置或在其他图中表示。通常还标有插接器的颜色，其中未标注的为乳白色。

④ 插接器端子编号。

用数字表示插接器端子号，可从插接器端子排列图中找到该端子的具体位置。插座各端子的编号从左到右排列，插头端子的编号则相反。

⑤ 线间插接器标记。

用符号“⽊”表示导线与导线之间用插接器连接。线框中间的字母和数字“EA4”为插抽接器代号，线框外的数字表示连接该导线的插接器端子号。

插接器代号中的第一个字母表示了插接器的位置。E 指发动机室，I 为仪表盘及周围区域，B 为车身及周围区域。

⑥ 适用说明。

用“（ ）”中的文字说明该线路、电气元件或连接所适用的发动机、车型或技术条件。

⑦ 接线盒标记。

用带黑影的“▲”符号表示导线从接线盒插接，圆线框中间的数字和字母“3B”为插接器代号，其中数字“3”表示该插接器位于 3 号接线盒，圆线框外的数字“6”表示该导线连接插接器的 6 号端子。

⑧ 继电器盒标记。

用带黑影的“▲”符号表示导线从继电器盒插接，圆线框中间的数字表示继电器盒号码，“1”表示该继电器位于 1 号位置，圆线框外的数字表示继电器端子号。

⑨ 线路连接端代号。

用圆圈内的字母表示该线路与下一页标有相同字母的导线相连接。

⑩ 元件代号。

用字母或字母加数字表示电气元件，通常在该元件代号旁注有元件的中文名称，无中文注释的，可根据元件代号从相关的表中查得该元件代号所代表的元件。

⑪ 搭铁点标记。

用符号“▽”表示搭铁点位置，符号中间的字母为搭铁点代号，代号中的第一个字母表示了搭铁点位置：E 指发动机室，I 为仪表板及周围区域，B 为车身及周围区域。电路图中通常在搭铁标记旁用中文说明搭铁点的具体位置。

3．通用车系汽车电路图

上海通用汽车公司成立后，通用车系在我国的保有量迅速上升。目前通用车系汽车的别克、君威、凯越、雪佛兰等车型在我国占有一定的比例。通用车系汽车电路图的表示方法如图 10.52 所示。

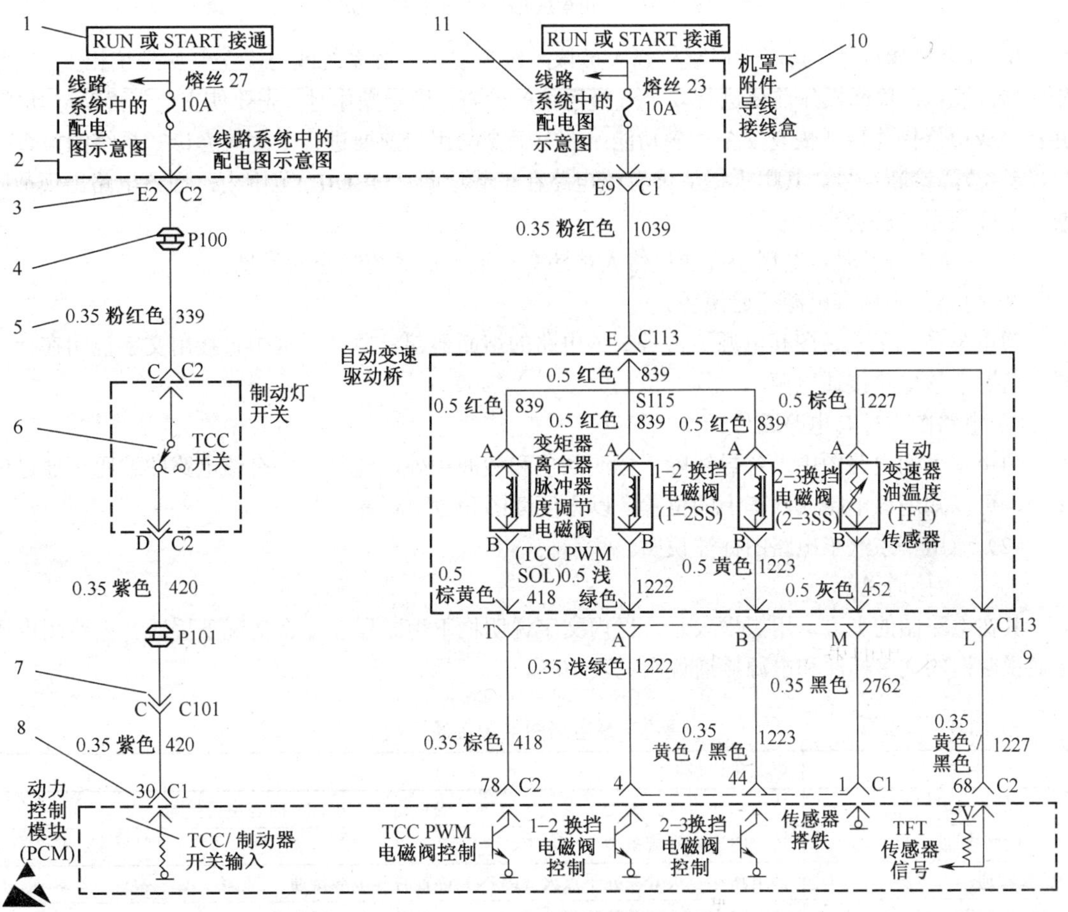

图 10.52　通用车系电路图表示方法

（1）通用车系汽车电路图的特点。

美国通用车系汽车电路图与前述几种车系的汽车电路图相比有明显的区别，具有如下的特点。

① 电路图中标有特殊的提示符号。

在通用车系电路图中，通常标有特殊的提示符，给汽车检修人员起某种提醒作用。通用车系汽车电路图提示符号如图 10.53 所示，各特殊提示符的含义如下。

a．静电敏感符号。其用于提醒检修人员该系统含有对静电放电敏感的部件，在作检修操作时应注意：在检修操作前通过触摸金属搭铁点，以除去身体上的静电；检修操作中不要用手触摸裸露的端子，也不要用工具接触裸露的端子；若无必要，不要将零件从保护盒中取出；除非是故障诊断必须，不要随意将零部件或插接器跨接或接地；打开零部件保护性包装之前应先将其搭铁。

（a）静电敏感符号

（b）安全气囊符号

（c）故障诊断符号

（d）注意事项符号

图 10.53 通用车系电路图中的特殊符号

b．安全气囊符号。其用于提醒检修人员该系统为安全气囊系统或与安全气囊系统相关，在检修时应注意：在检修操作前要进行安全气囊系统的检查；检修操作时，先要使安全气囊解除功能，并在完成检修操作后，恢复安全气囊功能；在车辆交与用户前要进行安全气囊诊断系统的检查。

c．故障诊断符号。其用于提醒读者该电路在车载诊断（OBDII)范围内，当该电路出现故障时，故障指示灯就会亮。

d．注意事项符号。其用于提醒检修人员还有其他附加系统维修的信息。

② 电路图中标有电源接通说明。

通用车系汽车电路图其电源通常是从该电路的熔断器起，并在黑框中直接用文字说明在什么样的情况下该电路接通电源。

③ 电路图中标有电路编号。

通用车系的电路图中，各导线除了标明颜色和截面积外，通常还标有该电路的编码，通过电路编码可以知道该电路在汽车上的位置，以方便读图和故障查寻。

（2）通用车系汽车电路图标注说明。

① 电源接通说明。

其在电路图的上方，用黑框表示，框内文字说明框下熔断器在什么情况下接通。电路图电源接通说明框的文字标注和电源接通说明见表 10.8。

表 10.8 通用车系电路图电源接通说明

电源接通标注	电源接通说明
RUN 或 START 接通	该电路在点火开关处于点火（RUN）或起动（START）时与电源接通
所有时间接通	该电路连接常接电源
RUN 接通	该电路在点火开关处于点火（RUN）位置时与电源接通
START 接通	该电路在点火开关处于起动（START）位置时与电源接通
ACC 和 RUN	该电路在点火开关处于点火（RUN）或接通部分用电设备（ACC）位置时与电源接通

② 电路配电盒（接线盒）。

用虚线框表示框内元件的位置及额定电流等。图 10.52 所示的“27”和“23”分别表示熔断器在“机罩下附件导线接线盒”中所处的位置，10A 表示熔断器的额定电流。

③ 接线盒插接器连接标注。

“C2”是发动机“罩下附件导线接线盒”插接器代号，“E2”是插接器端子代号。通常插接器代号在右侧，端子号在左侧。该标注表示 339 号导线从 C2 插接器的 E2 号端子接出。

④ 密封圈代号。

在贯穿式密封圈符号旁的“P100”为密封圈代号，其中“P”表示密封圈。

⑤ 电路（导线）标注。

其表示该电路导线的截面积、颜色和电路编号。其中左边数字表示导线截面积，右边数字为电路编号，中间标注导线的颜色。在一些通用车系的电路图中，用颜色代码标注导线颜色，各种颜色的代码见表 10.9。

表 10.9　　通用车系电路图导线颜色代码

颜色代号	导线颜色	颜色代号	导线颜色	颜色代号	导线颜色
BLK	黑色	DK　BLU	深蓝	WHT	白色
BLU	蓝色	LT　BLU	浅蓝	GRY	灰色
RER	红色	PPL	紫色	YEL	黄色
PNK	粉红	GRN	绿色	BRN	棕色
DK　GRN	深绿	ORN	橙色	TAN	深棕
LT　GRN	浅绿	CLR	无色		

⑥ 元件标注。

框内“TCC 开关”注明了此开关的作用（用于液力变矩器中的锁止离合器控制），框外有此元件的名称。

⑦ 线间插接器标注。

用符号“︽”表示导线与导线之间、导线与接线盒之间用插接器连接。导线右侧“C101”是直立式线束插接器的代号，其中“C”表示连接插头。左侧“C”表示该线路通过 C101 插接器的 C 端子连接。

⑧ 控制器插接器标注。

右侧代号“C1”表示是控制器上的 C1 插接器，左侧数字“30”表示是 C1 插接器的 30 号端子。

⑨ 同一插接器标注。

用虚线表示 4、44、1 插脚均为 C1 插接器的端子。“自动变速器驱动桥”框线外的虚线也是表示 T、A、B、M、L 均为“E”连接插头上插接器 C113 的端子。

⑩ 元件标注。

用文字直接注明元件的名称及位置。

⑪ 电路省略标注。

用文字注明了连接的电路，那些电路与本电路不相关，故而省略。

4．雪铁龙车系汽车电路图

我国二汽与法国雪铁龙汽车公司合资的神龙汽车公司生产了富康系列、爱丽舍、毕加索、赛纳等多种汽车，这些汽车的中文维修资料中，其电路图都沿用法国雪铁龙汽车公司的规定画法。雪铁龙车系汽车电路图的表示方法如图 10.54 所示。

（1）雪铁龙车系汽车电路图的特点。

法国雪铁龙车系电路图也表示了电气线路的实际连接关系，其特点如下。

① 电路原理图与线路布置图标识相同。

雪铁龙车系维修资料通常同时提供汽车电路原理图和汽车电气线路布置图，并在两种图上采用相同的标识，以方便对图查寻线路和电气部件的位置。

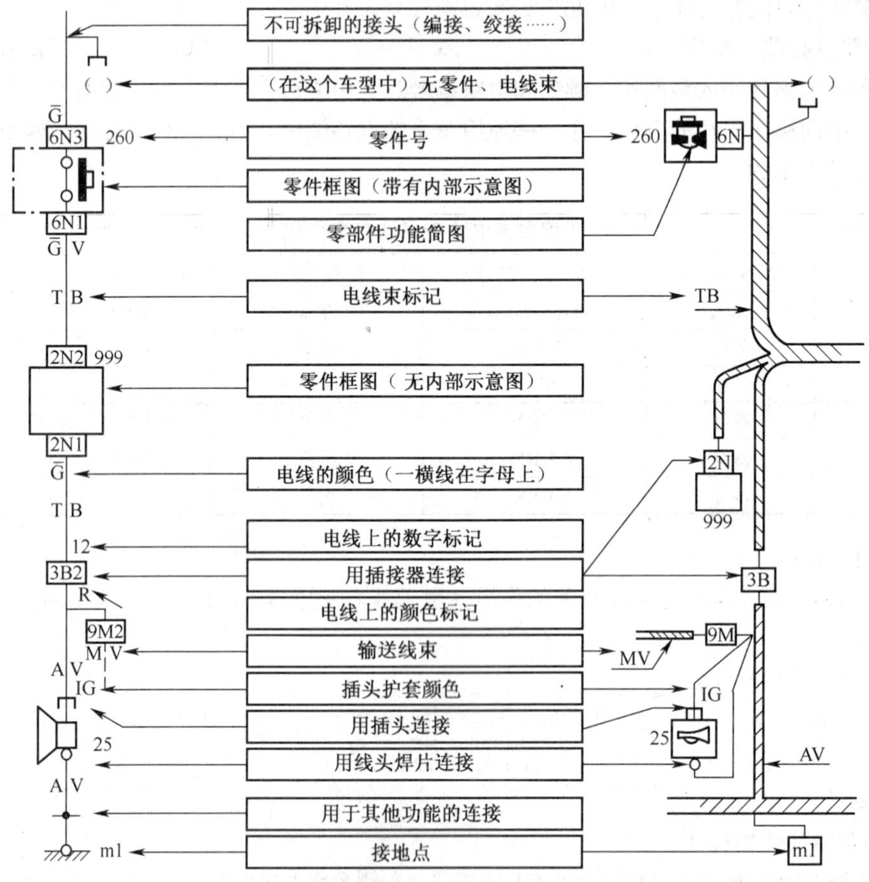

图 10.54　雪铁龙车系电路图表示方法

② 原理图标示导线颜色和所在的线束。

在汽车电路原理图中，不仅用颜色代码标示了各连接导线的颜色，并将该连接导线所在的线束也用代码标示出来，以方便线路故障查寻和维修。

③ 汽车电路图标示插接器及插头护套的颜色。

为方便线路查寻，雪铁龙车系汽车线路各插接器及插头护套采用不同的颜色。在汽车电路原理图和线路布置图中都用颜色代码标示出各线路连接插接器和插头护套的颜色。

④ 线路搭铁点位置明确。

在原理图中，线路接地点用搭铁代码表示，而在汽车线路布置图中则直观地画出了搭铁点的大致位置，并标示相应的搭铁代码。

（2）法国雪铁龙车系汽车电路图标注说明。

① 零件号。

雪铁龙车系电路原理图和线路布置图中各电气元件均用数字编号，可通过图注或零件清单表查得该数字所表示的部件。

② 电线束标记。

在电路图中各导线都标明其所在电线束的代号，给寻找线路的方位和走向提供方便。各线束代号见表 10.10。

表 10.10　　雪铁龙车系电路图线束代号

线束代号	线束名称	线束代号	线束名称	线束代号	线束名称
AV	前部	MT	发动机（和电控喷油系）	PP	乘员侧门
CN	蓄电池负极电缆	MV	电动风扇	RD	右后部
CP	蓄电池正极电缆	PB	仪表板	RG	左后部
EF	行李箱照明灯	PC	驾驶员侧门	RL	侧转向灯
FR	尾灯	PD	右后门	UD	左制动蹄片磨损指示器
GC	空调	PG	左后门	UG	右制动蹄片磨损指示器
HB	驾驶室	PL	顶灯		

③ 导线颜色标记。

电路图中用字母代码标明了各导线的颜色，导线的颜色代码见表 10.11。

表 10.11　　雪铁龙车系电路图导线颜色代码

颜色代号	导线颜色	颜色代号	导线颜色	颜色代号	导线颜色
N	黑色	J	柠檬黄	B	白色
M	栗色	V	翠绿	G	灰色
R	大红	Bl	湖蓝	Lc	透明
Ro	粉红	Mv	深紫		
Or	橙色	Vi	紫罗兰		

导线颜色代码标注在该电路的左边，双色线则将表示两种颜色的代码分别标注在该电路的两侧，左侧代码表示导线底色，右侧代码表示条纹颜色。有的导线颜色代码字母上方加了一横杠，用于区别线束代码。

④ 插接器标记。

雪铁龙车系汽车电路中各种插接器在电路图中均用线框表示，通过标注字母和数字来表示插接器的类型或颜色、插接器的端子数和该端子的位置。不同类型的插接器其表示方法如图 10.55 所示。

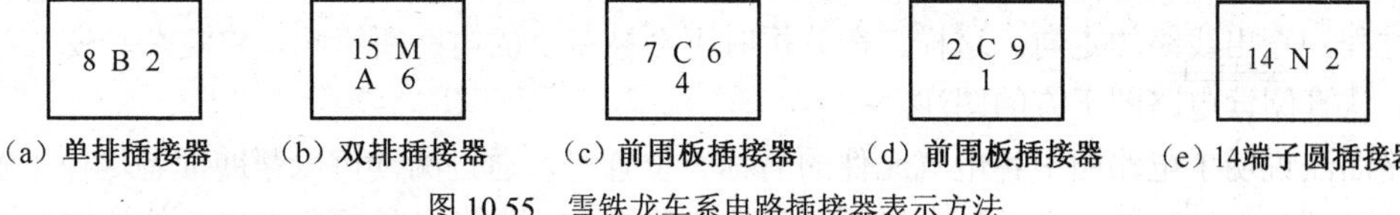

（a）单排插接器　（b）双排插接器　（c）前围板插接器　（d）前围板插接器　（e）14端子圆插接器

图 10.55　雪铁龙车系电路插接器表示方法

a．单排插接器。插接器只有一排插脚或插孔，插接器及各端子在电路图中的表示示例如图 10.55（a）所示，标注说明如下。

左边的数字表示该插接器端子数，此例“8”表示该插脚器有 8 个端子；中间的字母表示颜色，此例“B”表示该插接器为白色；右边的数字表示第几号端子，此例“2”表示是该插接器中的第 2 号端子。

b. 双排插接器。插接器有两排插脚或插孔，插接器及各端子在电路图中的表示示例如图 10.55（b）所示，标注说明如下。

上排数字表示端子数，此例“15”表示该插接器有 15 个端子；上排字母表示颜色，此例“M”表示该插接器为栗色；下排字母表示列数，此例“A”表示是该插接器中的 A 列；下排数字表示第几号端子，此例“6”表示是 A 列的第 6 号端子。

c．前围板插接器。前围板插接器位于风窗玻璃左下侧的车身内，用于前部线束和仪表板线束的连接，它共有 62 个插孔，如图 10.56 所示，由 8 个 7 端子接线板和 3 个 2 端子接线板与之连接。前围板插接器及各端子在电路图中的表示示例如图 10.55（c）和图 10.55（d）所示。

图 10.55（c）说明如下。

上排左边数字表示端子数，此例“7”表示该插接器有 7 个端子；上排中间字母“C”表示是前围板插接器；上排右边数字表示组数，此例“6”表示是第 6 组插接器；下排数字表示第几号端子，此例“4”表示是该插接器的第 4 号端子。

图 10.55（d）说明如下。

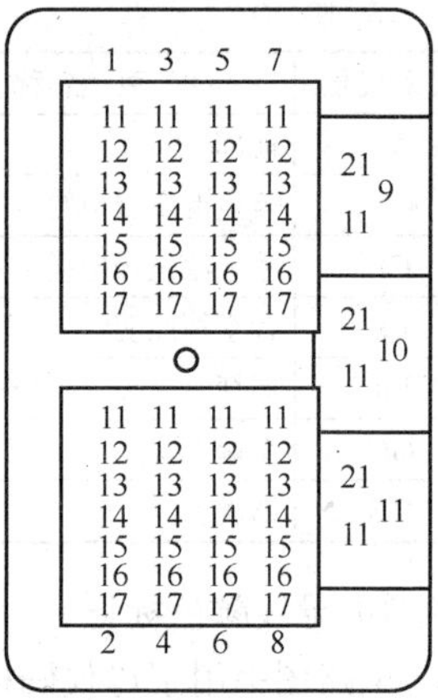

上排左边数字表示端子数，此例“2”表示该插脚器有两个端子；上排中间字母“C”表示是前围板插接器；上排右边数字表示组数，此例“9”表示是第 9 组插接器；下排数字表示第几号端子，此例“1”表示是该插接器的第 1 号端子。

图 10.56　62 端子插接器排列图

d．14 端子圆插接器。该插接器位于发动机罩下左侧的熔断器盒内，用于前部 AV 线束与发动机 MT 线束的连接，呈黑色，插接器及各端子在电路图的表示方法如图 10.55（e）所示，说明如下。

左边的数字“14”表示是 14 端子插接器；中间的字母“N”表示插接器为黑色；右边的数字表示第几号端子，此例“2”表示是该插接器中的第 2 号端子。

四、汽车电路图的识读

1．汽车电路图识读的一般方法

汽车电路图一般为电路原理图和电路接线图，由于电气装置繁多，电路图错综复杂，较为密集，很难看懂。但只要掌握了电路图中的图形符号、相关标志、接线柱的标记以及各电气系统的工作原理，再结合以下几种方法进行识图，就可以完全掌握不同控制形式的电路图了。

（1）对整车电路图进行分解。

从整车电路图中划分出各系统的电路图，只要掌握了单个系统的工作原理，就能按照该系统的工作过程，查出线路的走向。这样，在分析时不会被多余的电路所影响，将复杂转变为简单。

（2）认真阅读电路图下方的图注。

电路图注说明了电路图中各电气元件的名称、位置等，通过阅读可以帮助读者尽快了解该汽车上安装了哪些电气装置，再通过电气装置间的线路走向，就可以掌握各电气元件的控制关系。

（3）熟悉线路的配线和颜色标记。

由于电路中线路的走向是按照一定规律进行布置的，因此，在电路图中也会将电路走向按照不同的配线装置进行划分，在分析时，一定要先阅读各系统的配线说明。另外，对于配线颜色也要有所了解，特别是要记住各种颜色的字母标记。这样，即便线路的跨距很远也不会影响读者的阅读。

（4）熟悉控制元件的作用。

开关的控制在电路图中随处可见。我们必须首先了解开关在电路图中的状态和各位置的功能；其次，要掌握电源是通过什么路径到达该开关的，各个接线柱分别与哪些元器件连接；同时要知道在不同的挡位时，有哪些接线柱可以通电，哪些接线柱不能通电。

（5）熟记回路原则和搭铁极性。

汽车上的电路一般由电源、熔断器、开关、用电器、导线等组成，它的电流流向必定是从电源正极出发，经熔断器、开关、导线等到达用电器，再通过导线搭铁回到电源负极，从而构成一个完整的回路。

2. 汽车电路图识读举例

(1) 丰田车系电路识读。

图 10.57 为丰田车系威驰轿车尾灯和照明灯的控制电路，其工作过程分析如下。

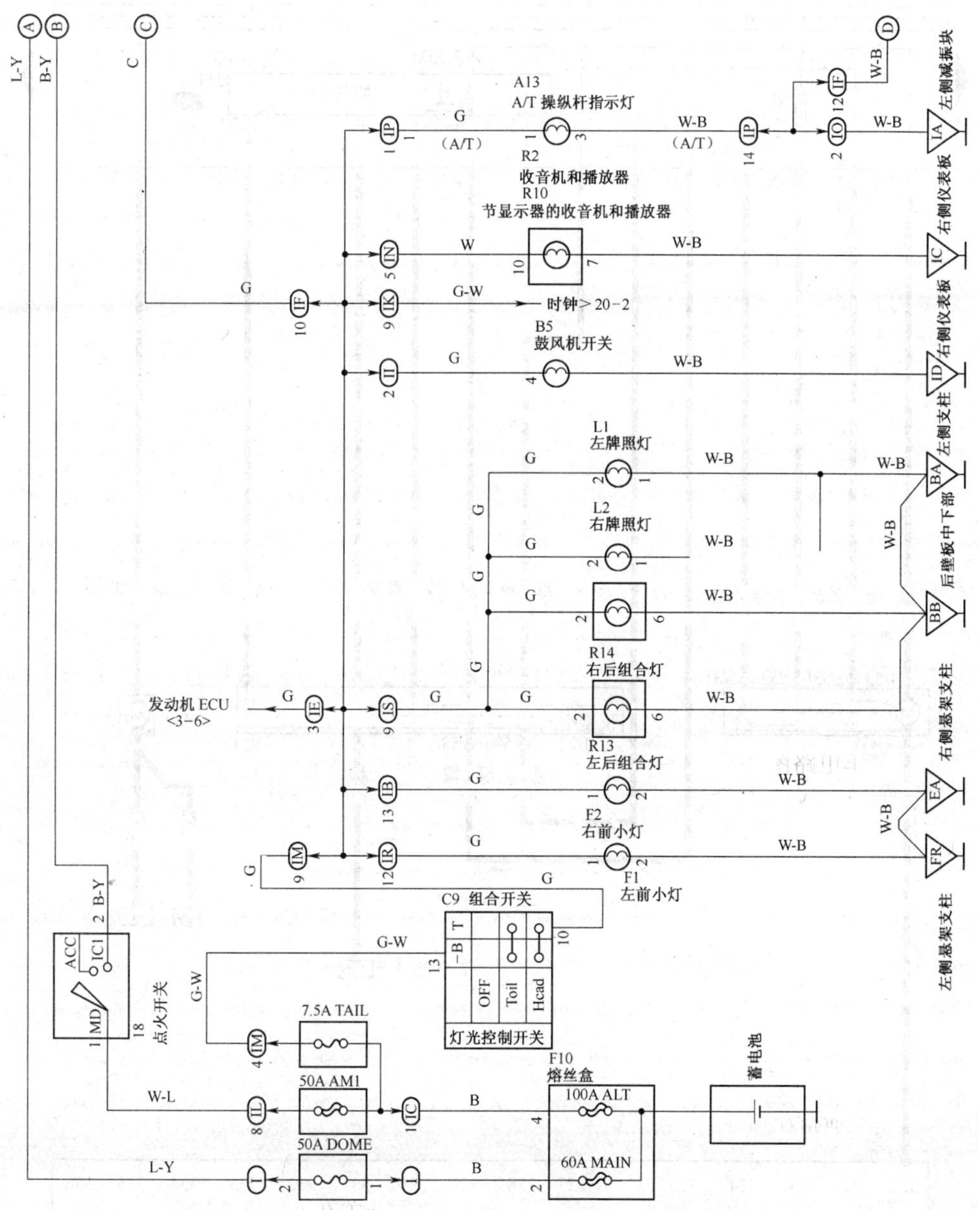

图 10.57　丰田车系威驰轿车尾灯和照明灯控制电路

将灯光组合开关旋钮转到一挡（或二挡）位置接通尾灯和照明灯电路。电源由蓄电池正极→熔丝盒 F10（100A　ALT）→1 号接线盒（J/B）1C 插头的 1 号端子→熔断丝 TAIL（7.5A）→1 号接线盒（J/B）1M 插头的 4 号端子→灯光组合开关→1 号接线盒（J/B）1M 插头的 9 号端子，分别经过 1 号接线盒（J/B）1B 插头的 11 号端子、13 号端子和 1 号接线盒（J/B）1S 插头的 9 号端子将电源送到左前小灯 F1、右前小灯 F2、左后组合灯 R13、右后组合灯 R14 和左右牌照灯 L1、L2，再分别经左侧悬架支柱、右侧悬架支柱、后壁板中下部和左侧立柱搭铁→蓄电池负极。

（2）大众车系电路识读。

下面以桑塔纳 3000 型轿车的雨刮系统控制电路为例进行分析，电路如图 10.58 所示。

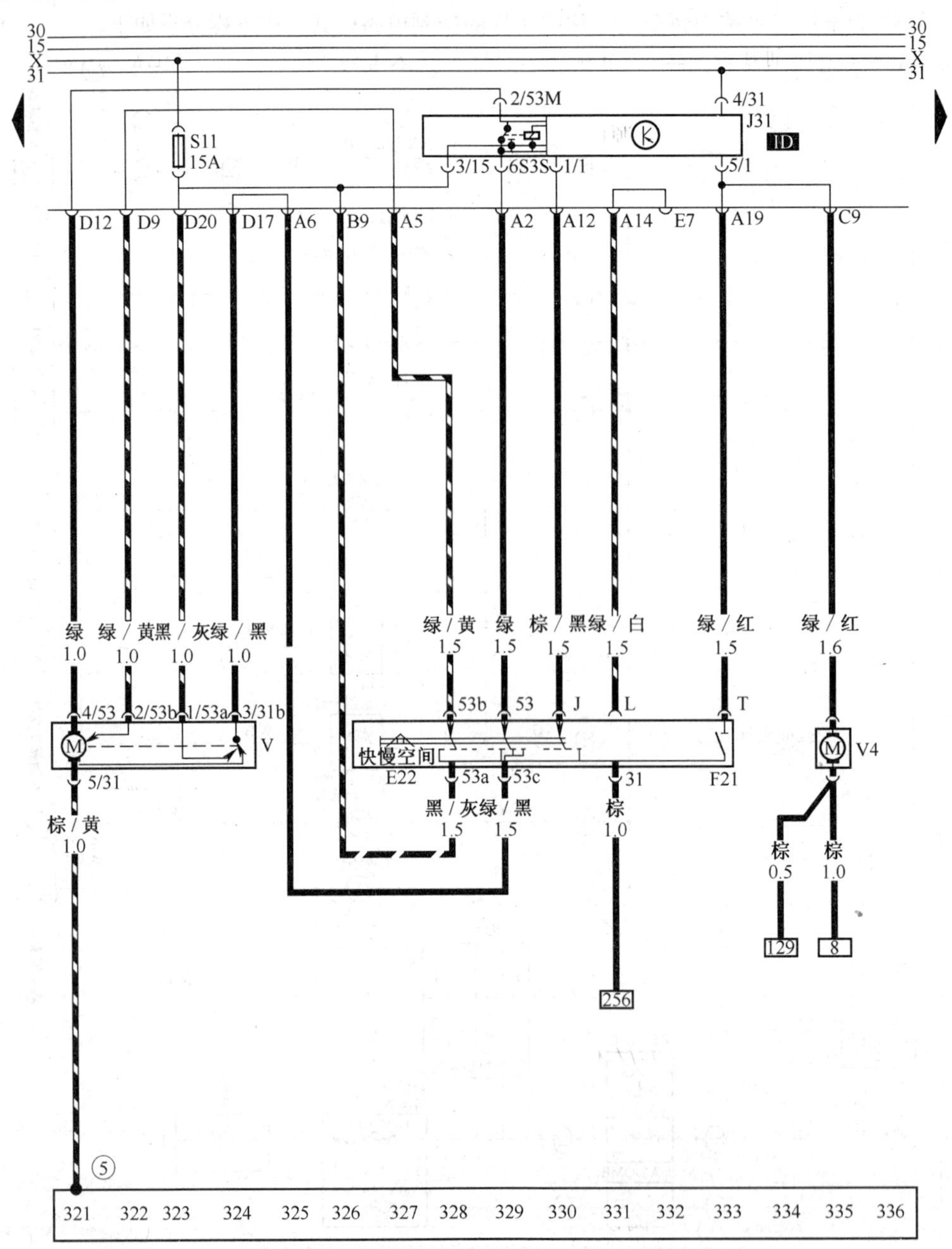

图 10.58 桑塔纳 3000 型轿车雨刮系统控制电路

分析过程如下。

① 当雨刮器处于慢速挡位时，电源由点火开关控制线 X 送入→熔断器 S11（15A）→配电盒 B 插座 9 号端子→雨刮开关 E22（53a 端子）→雨刮开关 E22（53 端子）→配电盒 A 插座 2 号端子→雨刮继电器 J31（6/53S 端子）→雨刮继电器 J31（2/53M 端子）→配电盒 D 插座 11 号端子→

雨刮电动机 V（4/53 端子）→雨刮电动机 V（5/31 端子）→搭铁。

② 当雨刮器处于快速挡位时，电源由点火开关控制线 X 送入→熔断器 S11（15A）→配电盒 B 插座 9 号端子→雨刮开关 E22（53a 端子）→雨刮开关 E22（53b 端子）→配电盒 A 插座 5 号端子→配电盒 D 插座 9 号端子→雨刮电动机 V（2/53b 端子）→雨刮电动机 V（5/31 端子）→搭铁。

③ 当雨刮器处于间歇挡位时，电源由点火开关控制线 X 送入→熔断器 S11（15A）→配电盒 B 插座 9 号端子→雨刮开关 E22（53a 端子）→雨刮开关 E22（J 端子）→配电盒 A 插座 11 号端子→雨刮继电器 J31（1/1 端子）→雨刮继电器 J31 内部控制电路→雨刮继电器 J31（4/31 端子）→搭铁。此时，雨刮继电器被触发。电源由点火开关控制线 X 送入→熔断器 S11（15A）→雨刮继电器 J31（3/15 端子）→雨刮继电器 J31 间歇闭合的触点→雨刮继电器 J31（2/53M 端子）→配电盒 D 插座 11 号端子→雨刮电动机 V（4/53 端子）→雨刮电动机 V（5/31 端子）→搭铁。

④ 当雨刮开关打到停止挡位而刮水片未停止在前挡风玻璃时，电源由点火开关控制线 X 送入→熔断器 S11（15A）→配电盒 D 插座 20 号端子→雨刮电动机 V（1/53a）→雨刮电动机 V（3/31b）→配电盒 D 插座 17 号端子→配电盒 A 插座 6 号端子→雨刮开关 E22（53e）→雨刮开关 E22（53 端子）→配电盒 A 插座 2 号端子→雨刮继电器 J31（6/53S 端子）→雨刮继电器 J31（2/53M 端子）→配电盒 D 插座 11 号端子→雨刮电动机 V（4/53 端子）→雨刮电动机 V（5/31 端子）→搭铁。雨刮器继续工作，直到刮水片摆到前挡风玻璃下角（雨刮电动机内部触点断开）才能停止工作。

⑤ 洗涤控制按下洗涤开关 E21，电源由点火开关控制线 X 送入→熔断器 S11（15A）→配电盒 B 插座 9 号端子→雨刮开关 E22（53a 端子）→洗涤开关 E21（T 端子）→配电盒 A 插座 19 号端子→配电盒 C 插座 9 号端子→洗涤泵 V4→搭铁。同时由于雨刮继电器 J31（5/T 端子）被接通电源而工作，即雨刮器间歇挡投入工作，工作电路如前所述。

（3）通用车系电路识读。

图 10.59 为通用车系别克君威轿车的前照灯控制电路，分析过程如下。

① 前照灯处于近光时的电路控制。将组合开关旋到“端盖”位置，电源由 S235 插头 C 端送入→组合开关（端盖）→前照灯变光器开关（低）→发动机罩下附件导线接线盒 C2 连接插头的 F11 插脚→发动机罩下附件导线接线盒 C3 连接插头的 A11/B11 插脚→直列线束插头 C141 插脚 H/插头 C142 插脚 H→左/右侧前照灯近光灯泡（低）→直列线束插头 C141 插脚 J/插头 C142 插脚 J→G101 搭铁→蓄电池负极。

② 前照灯处于远光时的电路控制。当需要远光照明时，可将前照灯变光器开关置于远光位置（高），电源经组合开关（端盖）→前照灯变光器开关（高）→发动机罩下附件导线接线盒 C2 连接插头的 F11 插脚→发动机罩下附件导线接线盒 C3 连接插头的 A11/B11 插脚→直列线束插头 C141 插脚 F/插头 C142 插脚 F→左/右侧前照灯远光灯泡（高）→直列线束插头 C141 插脚 G/插头 C142 插脚 G→G101 搭铁→蓄电池负极。同时仪表远光指示灯点亮。

（4）雪铁龙车系电路识读。

图 10.60 为富康轿车车内照明系统控制电路，分析过程如下。

① 阅读灯电路控制。当需要阅读灯工作时，将点火开关置于 M 或 A 挡，同时将阅读灯开关闭合。电流走向为：蓄电池正极→蓄电池正极电缆 CP→发动机盖下熔断器 50→黑色 2 脚插接器 1 号线→前部线束 AV→前围板 2 脚插接器第 9 组 1 号线→仪表板线束 PB→黑色 2 脚插接器 1 号线→点火开关 300→灰色 2 脚插接器 1 号线→黑色 2 脚插接器 2 号线→驾驶室内熔断器盒 52 中的 FU9 熔断器→柠檬黄色 4 脚插接器 2 号线→黑色 7 脚双排插接器 B 列 4 号线→顶灯线束 PL→栗色 2 脚插接器 2 号线→阅读灯 660→阅读灯开关（闭合）→栗色 2 脚插接器 1 号线→顶灯线束 PL→黑

色 7 脚双排插接器 A 列 4 号线→仪表板线束 PB→前围板 2 脚插接器第 11 组 1 号线→前部线束 AV→搭铁→蓄电池负极。

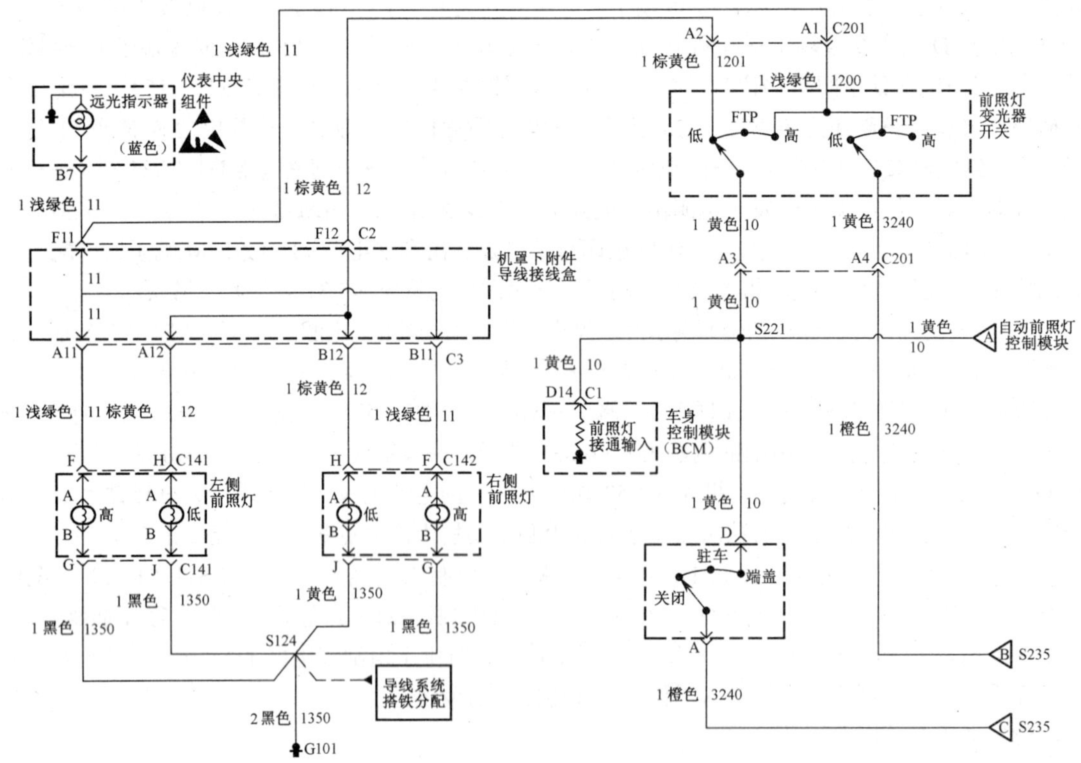

图 10.59 别克君威轿车前照灯控制电路

② 前顶灯电路控制。前顶灯可以由车门监测开关进行控制（用于提示车门开闭状态，起安全警示作用），也可以直接由开关进行控制。下面以前顶灯由车门监测开关控制的电路为例进行分析。将顶灯控制开关拨至车门监测挡，电源由蓄电池正极→蓄电池正极电缆 CP→发动机盖下熔断器 50→黑色 2 脚插接器 1 号线→前部线束 AV→前围板 2 脚插接器第 9 组 1 号线→仪表板线束 PB→黑色 2 脚插接器 1 号线→驾驶室内熔断器盒 52 中的 FU8 熔断器→白色 8 脚插接器 5 号线→仪表板线束 PB→黑色 7 脚双排插接器 A 列 3 号线→顶灯线束 PL→栗色 3 脚插接器 2 号线→前顶灯 742→前顶灯开关（监测挡）→栗色 3 脚插接器 1 号线→顶灯线束 PL→黑色 7 脚双排插接器 A 列 1 号线→仪表板线束 PB→栗色 13 脚双排插接器 B 列 7 号线→驾驶室线束 HB→任一门控开关（车门打开时闭合）310、311、311、313→搭铁→蓄电池负极。

③ 前点烟器和烟灰缸照明电路控制。点烟器和烟灰缸的照明受组合开关小灯挡位控制，其工作电路为：蓄电池正极→蓄电池正极电缆 CP→发动机盖下熔断器 50→黑色 2 脚插接器 2 号线→前部线束 AV→前围板 2 脚插接器第 10 组 2 号线→仪表板线束 PB→白色 5 脚双排插接器 B 列 2 号线→组合开关小灯挡（闭合）211→白色 5 脚双排插接器 B 列 3 号线→仪表板线束 PB→白色 7 脚插接器 7 号线→驾驶室内熔断器盒 52 中的 FU11 熔断器→白色 7 脚插接器 4 号线→仪表板线束 PB→前烟灰缸照明灯 385/前点烟器照明灯 5→白色 3 脚插接器 3 号线→仪表板线束 PB→前围板 2 脚插接器第 11 组 1 号线→前部线束 AV→搭铁→蓄电池负极。

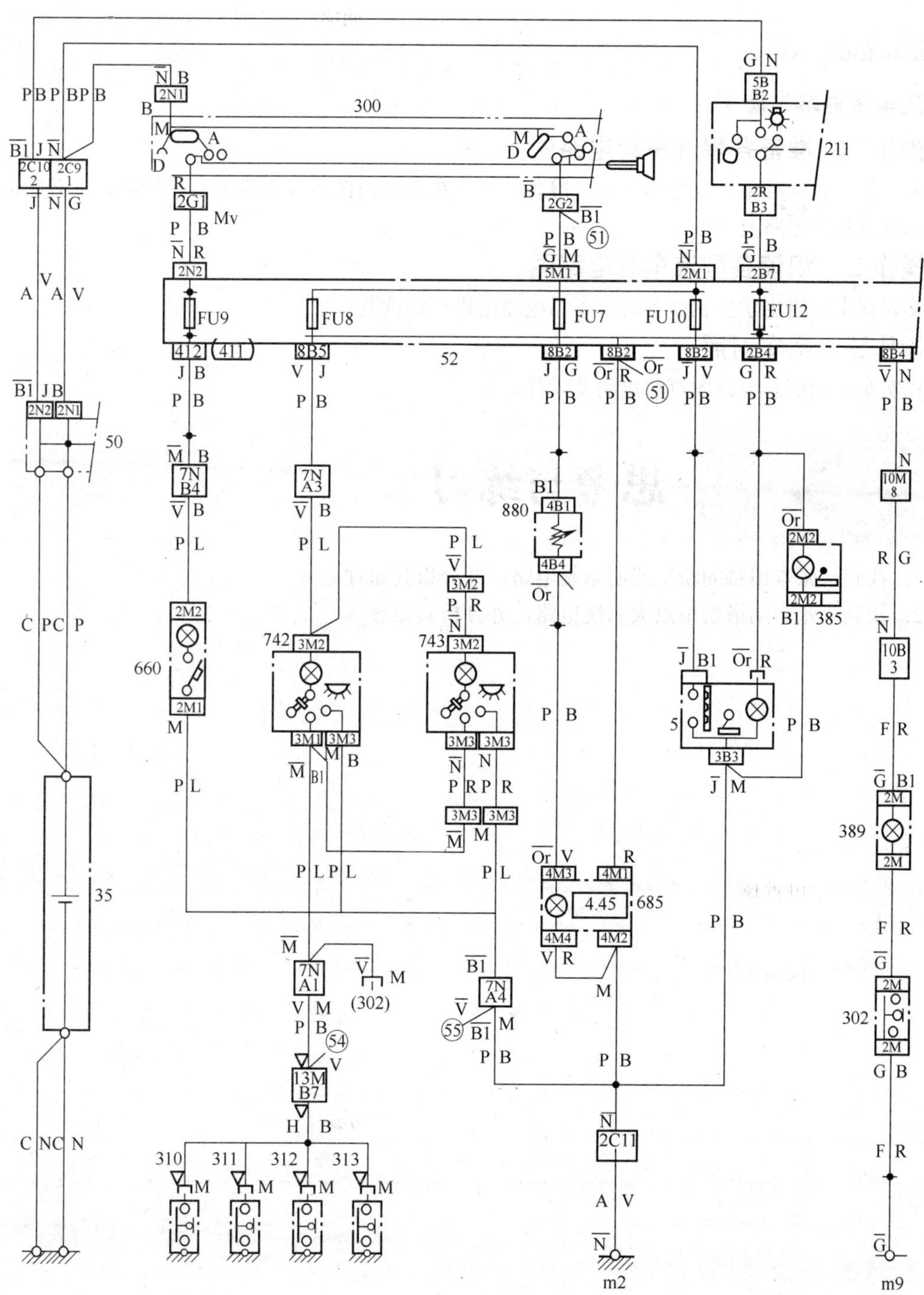

图 10.60 富康轿车车内照明系统电路

35—蓄电池 50—引擎盖下熔断器 300—点火开关 52—驾驶室内熔断器 660—阅读灯 742—前顶灯 310—左前门槽灯开关 311—右前门槽灯开关 211—左组合开关 880—仪表灯变阻器 685—石英钟及照明灯 385—前烟灰缸照明灯 5—前点烟器 38—行李箱照明灯 302—行李箱照明开关 312、313、743—未使用

汽车总电路识读

操作一 准备各型汽车总电路图

本实训由教师准备、或由学生自己准备各型汽车总电路图；并由学生自己到实训室对照准备的总电路查找各电路及元件。

操作二 识读各型汽车总电路图

实训课上分组由学生就准备的汽车总电路图进行识读其原理。

操作三 实车对照

在实车上对照总电路图查对电路及元件。

思考与练习

1. 找到一张本田雅阁轿车照明系统电路，并分析其原理。
2. 找到一张索纳塔轿车点火系统电路，并分析其原理。